Roald Knutsen :   Soissons, France, April 1998.

Roald Knutsen :   Soissons, France, April 1998.

SAINT-MÉDARD

Trésors d'une abbaye royale

SAINT-MÉDARD

Trésors d'une abbaye royale

Textes et iconographie réunis par
Denis Defente

SOMOGY
ÉDITIONS
D'ART

Conception graphique :
Ariane Aubert

Collaboration éditoriale : Adeline Souverain

Corrections : Philippe Rollet

Relecture : Juliette Thomas

Fabrication : Michaële Liénart

Avertissement aux lecteurs

L'unité de cet ouvrage ne s'est pas faite sans choix éditoriaux préalables sur lesquels il nous semble utile d'attirer l'attention des lecteurs.

En effet, cette histoire générale de l'abbaye repose sur une documentation hétérogène à plusieurs égards. Hétérogénéité des sources, tout d'abord, rares pour l'époque mérovingienne, alors qu'elles abondent pour les périodes modernes. Hétérogénéité de la recherche aussi car, si les actes les plus anciens ont été largement étudiés, il n'en va pas de même pour l'immense documentation qui concerne les périodes plus récentes dont une grande partie demeure inexploitée à ce jour. Hétérogénéité, encore, des contributions rassemblées dans cet ouvrage, qui regroupe des textes divers allant d'un catalogue général des sources écrites à l'étude précise d'un élément architectural.

À cet éclectisme des contributions s'ajoute la disparité de leur illustration. Les premiers textes n'appellent aucune iconographie spécifique, alors que les études numismatiques et architecturales nécessitent de nombreuses figures qui font corps avec la démonstration des auteurs. Nous avons donc choisi, afin de pallier ce déséquilibre, d'orner la première partie d'une iconographie libre extraite des plus beaux manuscrits ou représentant des éléments d'architectures provenant des fouilles, qui retracent, à leur manière, une autre histoire de l'abbaye.

Nous souhaitons ainsi avoir préservé ces études dans leur diversité, tout en donnant une certaine unité à l'ouvrage.

« *Les compagnons m'ont indiqué comme chose à voir Saint-Médard, situé à une portée de fusil de la ville, au-delà du pont et de la gare de l'Aisne. Les constructions les plus modernes forment l'établissement des sourds-muets. Une surprise m'attendait là. C'était d'abord la tour en partie démolie où Abailard fut prisonnier quelque temps. On montre encore sur les murs des inscriptions latines de sa main – puis de vastes caveaux déblayés depuis peu, où l'on a retrouvé la tombe de Louis le Débonnaire, formée d'une vaste cuve de pierre qui m'a rappelé les tombeaux égyptiens.*

Près de ces caveaux, composés de cellules souterraines avec des niches çà et là comme dans les tombeaux romains, on voit la prison même où cet empereur fut retenu par ses enfants, l'enfoncement où il dormait sur une natte et autres détails parfaitement conservés, parce que la terre calcaire et les débris de pierres fossiles qui remplissaient ces souterrains les ont préservés de toute humidité. On n'a eu qu'à déblayer, et ce travail dure encore, amenant chaque jour de nouvelles découvertes – c'est un Pompéi carlovingien. »

Gérard de Nerval
Les Filles du feu, Angélique, 1854.

Avant-propos

D'un lieu au passé prestigieux, Gérard de Nerval traduit sa vision romantique, sans presque trahir les rares ruines encore conservées. Car ces ruines sont le fidèle témoignage du temps où l'abbaye éclatait de puissance et ce sont elles qui ont guidé les chercheurs dans leurs travaux. Sans elles, on ne comprendrait ni les textes des archives, ni les gravures, ni les dessins, ni même les tableaux. Ces ruines guident notre mémoire et ce livre voudrait donner à voir ce passé non pas perdu mais simplement enfoui. Les documents nous parlent de l'histoire du lieu, de sa splendeur, de son opulence, mais aussi de sa lente et profonde transformation. Retracer l'histoire de l'abbaye Saint-Médard de Soissons, transmettre ce que l'on en sait ou ce que l'on en a retrouvé, c'est dévoiler à notre ville et à la région ses propres richesses ; c'est aussi faire participer le lecteur au travail des bâtisseurs d'autrefois qui ont si bien su embellir la ville et lui donner tout son rayonnement. Il faut souhaiter que cette entreprise audacieuse soit suivie de beaucoup d'autres, pour le plus grand plaisir des lecteurs.

Emmanuelle Bouquillon,
Député de l'Aisne
Maire de Soissons

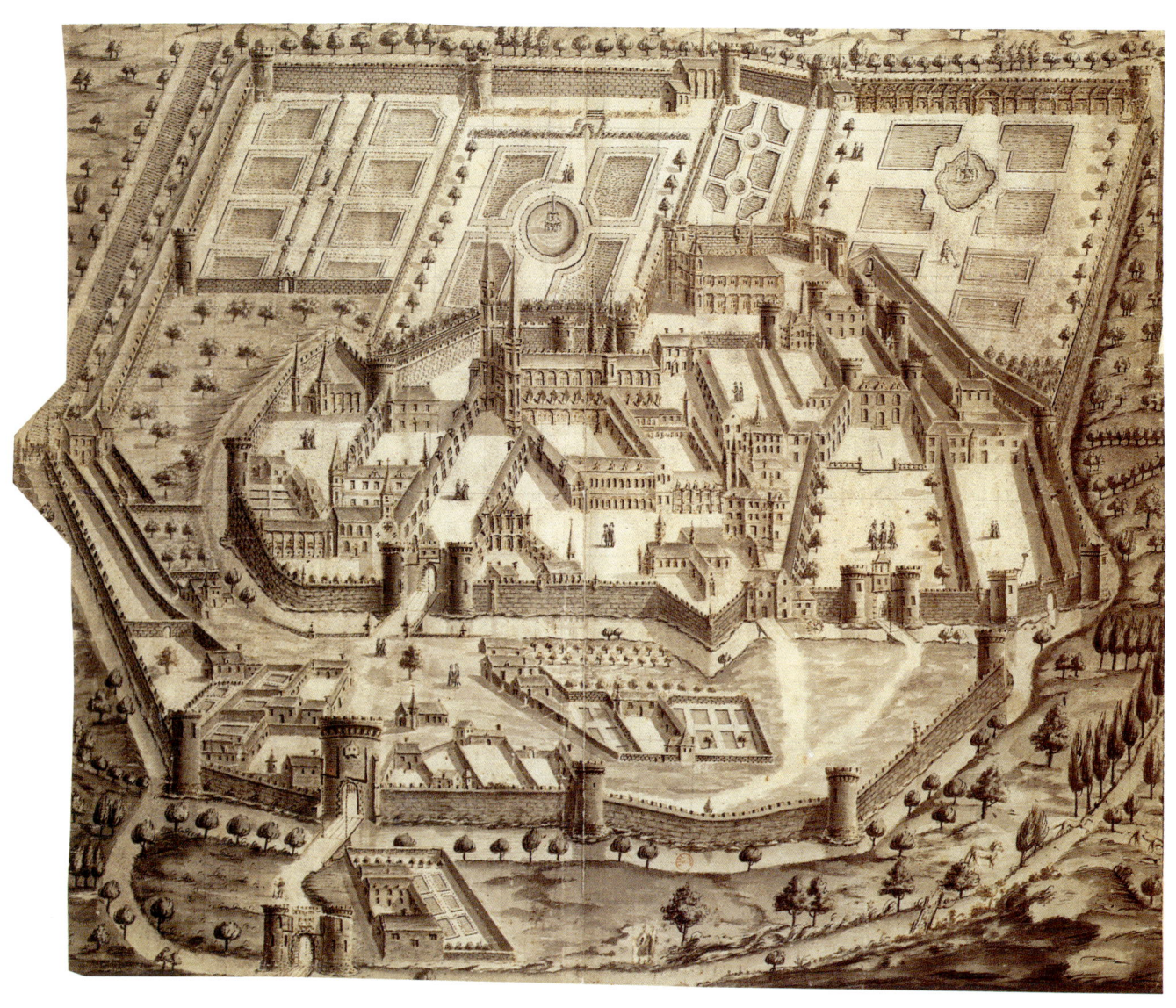

✝ *L'abbaye Saint-Médard de Soissons,*
(Paris, BNF, A 31380)

Préface

C'est un plaisir pour moi de présenter au public soissonnais, et aussi – je l'espère – à un public beaucoup plus large intéressé par les études d'histoire médiévale, ce recueil de contributions consacrées à l'ancienne abbaye Saint-Médard. De ma part, il s'agirait presque d'une réparation à l'égard de Soissons. En effet, vers le temps de ma sortie de l'École des chartes, on m'avait confié, dans la toute neuve Section diplomatique de l'Institut de recherche et d'histoire des textes du C.N.R.S., la mise sur fiches de l'énorme et admirable cartulaire de Notre-Dame de Soissons. Aussi, quand je suis entré aux Archives nationales, Georges Bourgin – qui était alors conservateur en chef de la Section ancienne et qui avait, au début du siècle, consacré sa thèse d'École des chartes, puis de l'École pratique des Hautes Études, à l'histoire de « La commune de Soissons et du groupe soissonnais » – voulut-il me persuader, puisque j'avais fait la mienne sur l'époque carolingienne, de me lancer dans l'histoire des grandes abbayes de Soissons : Saint-Médard, Notre-Dame, Saint-Crépin, le chapitre cathédral. Il m'affirmait que c'était le plus important groupe d'établissements religieux du haut Moyen Âge, avec un extraordinaire ensemble documentaire, complété par des œuvres littéraires et historiographiques, et cela pour une cité qui, en ce temps, était certainement, avec Reims, la plus prestigieuse du Nord de la France. Louis Halphen, alors le grand spécialiste de l'histoire du haut Moyen Âge, me le conseillait aussi. Mais bientôt attiré en Italie par d'autres recherches (comme G. Bourgin l'avait été lui-même), je repoussais de telles suggestions, en espérant toutefois que d'autres reprendraient un jour ce projet.

C'est dire avec quel intérêt j'ai appris la préparation du recueil qui maintenant voit enfin le jour, grâce à l'activité de Denis Defente, qui a mené des fouilles de sauvetage en l'abbaye de Saint-Médard et a aujourd'hui la responsabilité du musée installé dans l'ancien monastère de Saint-Léger. En retrouvant, au cours de sa collecte des fonds documentaires existants, le manuscrit de la thèse que l'abbé Delanchy avait consacrée aux sources écrites sur Saint-Médard de Soissons et en établissant le catalogue de l'iconographie concernant l'abbaye, Denis Defente a rassemblé la documentation de cet ouvrage. C'est grâce aussi au dévouement de Ghislain Brunel qui, conservateur aux Archives nationales, n'a pas oublié son Soissonnais auquel il a consacré en 1983 une thèse excellente, « Peuplement rural et société dans l'ancien diocèse de Soissons aux XIᵉ et XIIᵉ siècles ». Tous deux, en collaboration, avaient déjà publié, pour un très large public cultivé, une *Histoire de Soissons et des villages du Soissonnais des Gallo-Romains à l'an mil*, en grande partie fondée sur les vestiges archéologiques. Le succès de cette publication laisse augurer de celui que devrait légitimement rencontrer le présent ouvrage, œuvre d'excellents spécialistes qui veulent que le plus vénérable témoignage qui subsiste de l'histoire de Soissons, Saint-Médard, ne soit plus ignoré de ceux qui le côtoient sans connaître vraiment la grandeur de son passé et soit désormais mieux connu au-delà des limites de la région.

Pour base de cette histoire de Saint-Médard, les éditeurs ont choisi de publier le très bon travail de l'abbé Delanchy qui, il y a près d'un demi-siècle, s'était promis d'en faire le sujet d'une thèse de doctorat qui ne fut pas soutenue. Le texte, malgré sa date, n'a rien perdu de sa valeur et constitue un ensemble documentaire et historiographique pratiquement exhaustif, à la présentation et à la critique duquel l'abbé Delanchy a affecté le début de son travail. Après avoir évoqué, avec les sources limitées dont on dispose pour l'époque mérovingienne, ce qu'on peut savoir de certain sur la vie même de saint Médard, sur la fondation du monastère au temps des « rois francs de Soissons » et sur la réforme voulue par la reine sainte Bathilde – la fondatrice notamment de l'abbaye de Chelles –, l'abbé Delanchy a donné une étude parfaite de l'abbaye à l'époque carolingienne. Faut-il rappeler ici la place que tint Saint-Médard en ce temps, quand on y transféra solennellement de Rome le corps de saint Sébastien et d'autres reliques insignes ; quand l'empereur Louis le Pieux fut contraint à Soissons de reconnaître ses fautes et y fut déchu de son autorité légitime et enfermé dans le monastère ; quand Charles le Chauve y séjourna ; quand le roi d'Aquitaine

Pépin II, son adversaire, livré à lui, y fut emprisonné ; quand l'un des fils mêmes du roi, Carloman, y fut pourvu de l'abbatiat ; bref, quand le monastère, devenu l'un des plus notables de France dans une ville qui avait été « capitale » royale, fut reconstruit et enrichi d'un temporel auquel peut-être seul celui des grandes abbayes royales de Saint-Denis et de Saint-Germain-des-Prés peut se comparer ? L'abbé Delanchy ne retrace pas avec moins de soin la période douloureuse des invasions normandes, le rôle de ceux qui reçurent la charge de diriger le monastère, et surtout la longue histoire des efforts menés en tous sens par ceux-ci pour le libérer du contrôle des autorités laïques et ecclésiastiques, pour lui faire accorder le privilège pontifical de l'exemption, pour résister aux empiétements de la « commune », pour assurer enfin à l'aube du XIIe siècle sa réforme dans le cadre de l'obédience de Cluny, qui lui permit d'atteindre au siècle suivant un rayonnement intellectuel notable, se marquant notamment par l'œuvre bien connue d'un Gautier de Coincy.

Mais il ne fallait pas que cet ouvrage fût privé de tout l'apport des recherches récentes des historiens et des horizons neufs de l'histoire. Pour éclaircir les problèmes que posent – en raison de diverses falsifications aujourd'hui décelées – les actes délivrés à l'abbaye par les souverains mérovingiens ou carolingiens et pour identifier les domaines qui y sont cités, c'est à Josiane Barbier qu'on a fait appel, parce qu'après avoir rédigé à l'École des chartes une très intéressante thèse sur la localisation et l'administration des fiscs royaux de cette région au haut Moyen Âge, elle achève sur ce sujet, en l'élargissant encore, une thèse de doctorat ès lettres. Quant à Michel Dhénin, qui s'est fait connaître par l'étude approfondie d'un trésor monétaire de l'époque mérovingienne, il complète le volume par un travail neuf sur les monnaies si mal connues de Saint-Médard. On a conservé un certain nombre des pièces frappées à l'abbaye à partir de la période carolingienne – d'un dessin à vrai dire assez fruste – avec le type très caractéristique d'un bras tendu tenant l'étendard de saint Sébastien. Nous pourrons enfin bénéficier de ce que l'iconographie rassemblée par Denis Defente, associée à l'analyse architecturale des derniers vestiges encore en place ainsi qu'aux résultats de ses fouilles et à ceux de ses prédécesseurs du XIXe siècle, nous apprend de neuf sur l'abbaye et surtout sur sa crypte fameuse. Même le problème particulier que posent les constructions de Saint-Médard dans les prévôtés qu'elle avait établies dans ses domaines ruraux, et notamment le « donjon » ou logis (?) de Marizy-Saint-Mard au XIIIe siècle, est évoqué par Jean Mesqui dont les travaux sur l'enceinte de Provins, sur les ponts du Moyen Âge et sur les routes médiévales font autorité.

Bref, on a réussi à faire de cet ouvrage une somme de ce qu'on peut savoir aujourd'hui sur Saint-Médard et, par extension, sur la ville même de Soissons. Qu'on me permette de souhaiter que ce volume ne soit pas le dernier de la savante équipe qui l'a conçu et, en dépit de bien des difficultés, mené à bonne fin. La ville elle-même, sa cathédrale, les autres abbayes ne mériteraient-elles pas elles aussi de faire l'objet de publications dont l'intérêt dépasserait sans aucun doute le cercle étroit des historiens, en faisant mieux connaître l'histoire exceptionnelle de cette cité et le réel intérêt des magnifiques monuments que nous y a laissés le Moyen Âge ?

Robert-Henri BAUTIER,
Membre de l'Institut

Rappel historique

Mausolée royal de Clotaire Ier (511-561), mis sous la protection d'un saint personnage renommé, Saint-Médard de Soissons connaît des débuts éclatants. Avant 566, l'évêque de Trêves, Nicet, dans une lettre à Clodosvinde, reine des Lombards, cite saint Médard parmi les plus grands thaumaturges du royaume, saint Remi, saint Martin, saint Hilaire, saint Germain d'Auxerre et saint Loup. En 575, Sigebert Ier (561-575) est à son tour enterré dans la basilique et saint Médard apparaît, dès le siècle suivant, comme un véritable patron dynastique. Il est mis sur le même pied que saint Denis par Clotaire II (613-629), qui fait jurer fidélité sur les deux tombeaux à l'homme qui avait tenté de le tuer. Comme toutes les basiliques majeures, Saint-Médard de Soissons reçoit la réforme de sainte Bathilde. Les privilèges qu'elle obtient – pleine immunité et libre élection de l'abbé – lui donnent une certaine indépendance. Pourtant, le nouveau monastère devient rapidement l'enjeu de rivalités entre les prétendants aux successions mérovingiennes et, très tôt, les pippinides s'attachent au contrôle de l'établissement. Toutefois, si c'est à Soissons que Pépin, après son élection en novembre 751, est oint par les évêques, celui de la cité étant abbé de Saint-Médard, c'est à Saint-Denis qu'il tient à renouveler cette cérémonie en 754, en y associant ses fils, avec le pape Étienne II. Saint Médard est pourtant absent des premières acclamations liturgiques chantées à la gloire du nouveau pouvoir, alors que saint Crépin et saint Crépinien, protecteurs de Soissons, y sont associés. Il faut attendre le règne de Louis le Pieux (814-840) pour que le monastère retrouve une place de choix dans le royaume. La dualité avec Saint-Denis apparaît à nouveau avec la nomination d'Hilduin, archichapelain et cousin de l'empereur, à la tête des deux établissements auxquels il applique les mêmes programmes. Mais c'est Saint-Médard qui a la faveur insigne d'accueillir les reliques de saint Sébastien, translatées depuis Rome en 826. L'afflux de dons donne une puissance financière sans précédent à cet établissement. Les liens de l'abbaye avec Louis le Pieux sont nombreux et le complexe abbaye-palais devient l'une des scènes où se déroulent les intrigues autour de l'héritage carolingien : l'enfermement et la pénitence de l'empereur, en 833, ont un grand retentissement. L'année 841 voit Charles le Chauve prendre part aux cérémonies de la dédicace de la nouvelle église. Mais les invasions normandes gagnent le Soissonnais : abbaye et palais sont en partie détruits en 886. Toutefois, le duc de Saxe y est enterré l'année suivante. Bien que le monastère soit fortifié par le roi Eudes en 893, les moines, à peine réinstallés, fuient devant la menace hongroise. C'est à nouveau l'exode et une partie des reliques est envoyée à Dijon.

De ces différents raids ont sûrement résulté de grandes ruines, même si elles sont plus tard amplifiées par les chroniques, notamment celles d'Odilon, historiographe de l'abbaye vers 930. À cette époque, hormis la courte main-mise de Raoul entre 932 et 935, le roi ne peut plus intervenir dans les affaires de l'abbaye, tenue par la puissante maison des Vermandois qui ambitionne de succéder aux derniers carolingiens. Bien qu'il n'en soit parvenu aucun témoignage écrit, ceux-là durent faire réaliser d'importants travaux de restauration, car on imagine mal qu'Herbert III de Vermandois (mort vers 980-984) et la reine Ogive, son épouse, se soient faits inhumer dans une abbaye qu'ils auraient laissée en ruines. De même, la visite de l'empereur Otton II en 978 suppose des bâtiments en état.

Ces restaurations sont d'autant plus méritoires que le pouvoir financier de l'établissement décroît durant cette période : les invasions normandes, les invasions hongroises, la dislocation de l'Empire entraînent la perte de ses propriétés les plus lointaines comme, par exemple, celles du pays nantais. Ces pertes sont partiellement compensées par des dons parfois spectaculaires, comme le domaine de Donchery dans les Ardennes, donné par l'empereur Charles le Gros.

Mais la communauté ne peut faire face à l'utilisation progressive de son patrimoine à des fins personnelles par les abbés, par les doyens et par l'aristocratie locale. L'élection d'un abbé régulier, à partir de 970, ne modifiera pas immédiatement ce contexte. Il faut attendre l'abbé Richard (avant 1019-après 1038) pour que les diverses revendications soient clairement énoncées. Le débat est d'abord institutionnel, Richard se réclamant auprès du pape de privilèges d'exemption face aux évêques. L'intervention de Fulbert de Chartres, venu au secours de l'évêque de Soissons, donne un certain retentissement au débat. À cette époque, pendant laquelle Eudes de Blois-Champagne contrôle probablement l'abbaye, les bâtiments semblent en assez bon état comme en témoigne la relation de l'intervention du roi en 1039 au sujet des reliques. Il faut attendre la reprise en main de l'établissement par Henri Ier, qui écarte définitivement le comte de Champagne en 1048, pour qu'une véritable reconquête du temporel soit entreprise. Les années qui suivent sont marquées par les tentatives de réforme d'Arnoul de Pamèle, moine puis abbé de Saint-Médard en 1079-1080, avant qu'il ne devienne évêque de Soissons.

Dès les premières années du XIIe siècle, l'abbé Raoul (1094-1119), disposant d'un temporel restructuré et d'un environnement économique favorable, entreprend une reconstruction générale du monastère. En 1119, Geoffroy Cou de Cerf, nouvel abbé (1119-1131), est chargé d'introduire la réforme clunisienne. C'est à lui que l'on confie Abélard, assigné à résidence dans le monastère à la suite du concile de Soissons en 1121, qui l'avait condamné pour son livre sur la Trinité.

La dédicace de l'église principale par le pape Innocent II, en 1131, marque une étape solennelle dans cette lente restructuration, dont témoignent par la suite les nombreuses consécrations d'autels. Les remparts sont restaurés en 1210 par Philippe Auguste, tandis qu'une reconstruction générale des bâtiments claustraux est poursuivie tout au long du XIIIe siècle. Les écrits de Gautier de Coincy, grand prieur de l'abbaye, révèlent l'activité intellectuelle du lieu, bien que les grands centres soient alors dans les écoles-cathédrales, comme celle du diocèse voisin de Laon, l'une des plus prestigieuses de son temps.

La guerre de Cent Ans met l'institution en difficulté, mais l'abbaye, pour son jubilé de 1530, expose encore à l'occasion de la procession pour la délivrance des enfants de France un fabuleux trésor de reliques à la vénération, dit-on, de 300 000 fidèles. Ce sont les guerres de Religion qui marquent la période la plus difficile pour l'abbaye : le couvent est dévasté de 1567 à 1568. Pourtant, les tentatives pour supprimer cet établissement échouent et l'église, qui s'est écroulée d'elle-même en 1621, est finalement reconstruite à partir de 1630, avant que l'abbaye ne soit intégrée à la congrégation de Saint-Maur en 1636, ce qui rend quelque lustre à Saint-Médard. L'abbaye demeure l'un des établissements importants du diocèse. L'ensemble est détruit à la Révolution. Seule la crypte et quelques rares vestiges ont subsisté et sont parvenus jusqu'à nous.

Denis DEFENTE
Conservateur des musées
de Soissons et de Villers-Cotterêts

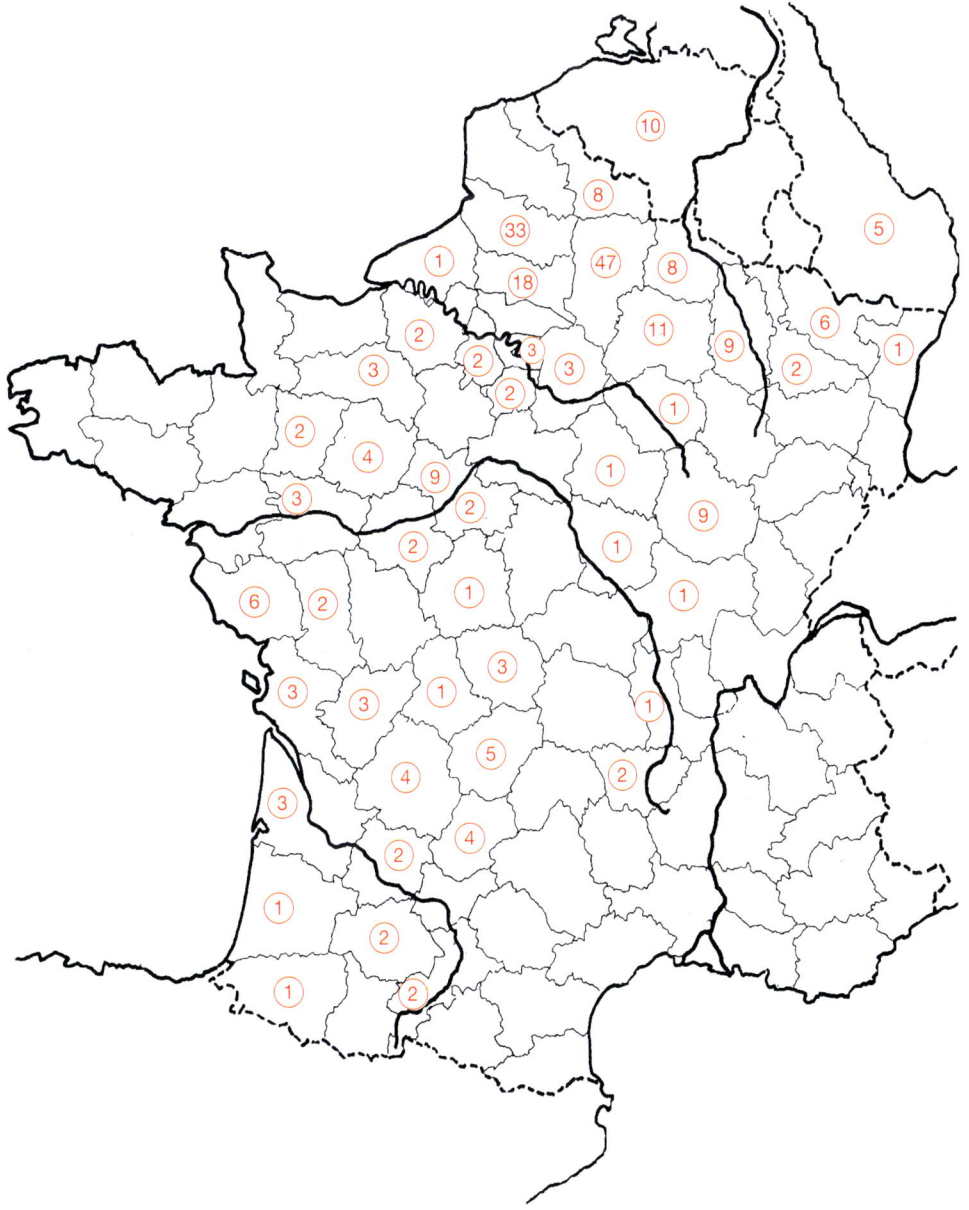

✠ *Répartition du nom de Saint-Médard en France*, d'après R. Dauteuille, «
Villes, villages, hameaux, lieux-dits, églises mis sous le vocable de Saint-Médard »,
in Saint-Médard, son abbaye, son culte, manuscrit, 248 p. (dessin G. Nicolas)

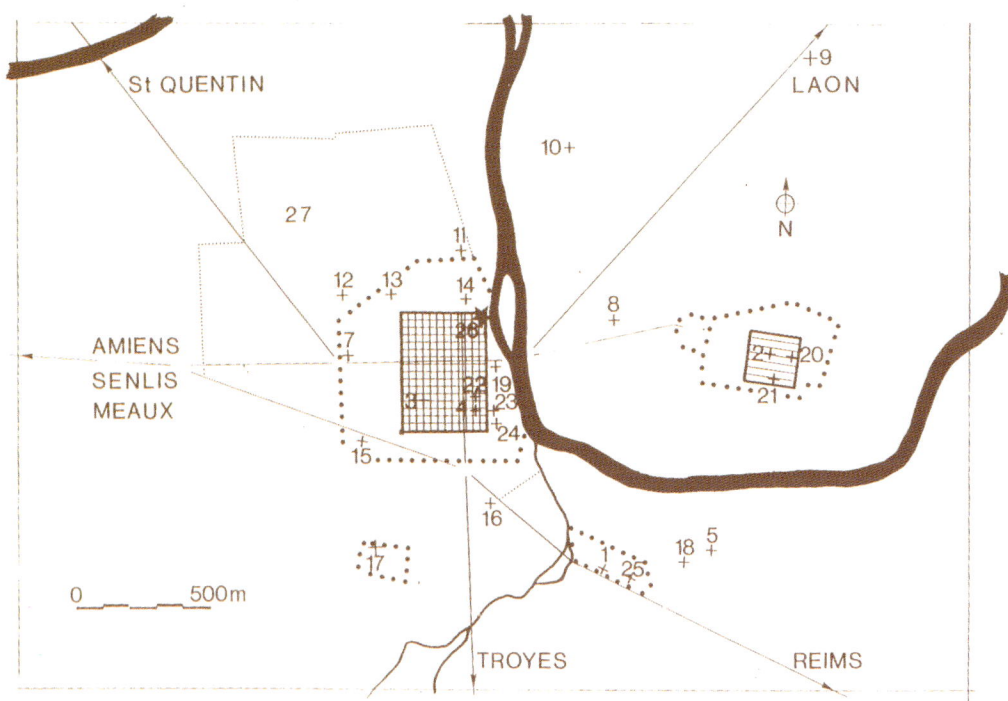

ST MÉDARD

St QUENTIN

LAON

AMIENS
SENLIS
MEAUX

N

0   500m

TROYES

REIMS

✝ *Les églises de Soissons avant l'an mil, ci-*
tées dans le texte.

1. Saint-Crépin ; 2. Saint-Médard ; 3. Cathé-
drale, Saint-Gervais, Saint-Protais ; 4. Notre-
Dame ; 5. Saint-Thècle ; 6. Saint-Georges ; 7.
Saint-Christophe ; 8. Saint-Adrien ; 9. Saint-
Étienne ; 10. Saint-Julien ; 11. Saint-Pierre ;
12. Sainte-Marie ; 13. Saint-Victor ; 14. Saint-
Léger ; 15. Saint-Rémy ; 16. Saint-Martin ;
17. Saint-Jean, devenue l'abbaye Saint-Jean-
des-Vignes en 1076 ; 18. Saint-Germain ; 19.
Saint-Quentin ; 20. La Trinité ; 21. Sainte-So-
phie ; 22. Saint-Pierre ; 23. Sainte-Geneviève ;
24. Sainte-Croix ; 25. Saint-Pierre. En 26, em-
placement de la tour comtale, détruite en 1057
; en 27, quartiers de la ville du Haut Empire,
détruits au IIIe siècle, mais dont les ruines sub-
sistaient autour de l'an mil. En pointillé sont
figurées les fortifications médiévales de la ville,
de Saint-Médard, de Saint-Crépin-le-Grand, de
Saint-Jean-des-Vignes.

Sommaire

Étude historique

par l'abbé Delanchy

(1913-1979)

ABRÉVIATIONS CONTENUES
DANS LES NOTES DE L'ÉTUDE DE L'ABBÉ DELANCHY

AA. SS. *Acta sanctorum Bollandistarum*, Bruxelles, 1643-1658, 56 vol.

AA. SS. ord. S. Ben. J. Mabillon, *Acta sanctorum ordinis sancti Benedicti*, Paris, 1668-1701, 9 vol. in-fol.

AD Archives départementales

AN Archives nationales (Paris)

A.S.M. Annales de Saint-Médard

AV Archives vaticanes

B.A.S. *Bulletin de la société archéologique et historique de Soissons*

B.E.C. *Bibliothèque de l'École des Chartes*

BNF Nouv. acq. fr. Bibliothèque nationale de France (Paris), manuscrit des Nouvelles acquisitions françaises

BNF Nouv. acq. lat. Bibliothèque nationale de France (Paris), manuscrit des Nouvelles acquisitions latines

BNF lat. Bibliothèque nationale de France (Paris), manuscrit latin

Bouquet Recueil des Historiens des Gaules et de la France jusqu'en 1328, Paris, 1738-1833, 19 vol. in-fol.

Boutaric E. Boutaric, *Actes du Parlement de Paris*, Paris, 1863-1867, 2 vol.

BV Bibliothèque vaticane

Cart. ant. Archives départementales de l'Aisne, H 477

Cart. nov. Bibliothèque nationale de France, ms. latin 9986

Compulsoire Chapitre non retrouvé de la thèse complémentaire de l'abbé Delanchy

D.A.C.L. *Dictionnaire d'archéologie chrétienne et de liturgie*

D.G.H.E. Dictionnaire de géographie et d'histoire ecclésiastique

Diplom. « Les plus anciens actes diplomatiques de Saint-Médard » : chapitre non retrouvé de la thèse complémentaire de l'abbé Delanchy

G.C. *Gallia christiana…*, 1715-1865

Greg. Tur. H.F. B. Krusch (éd.), Grégoire de Tours, *Histoire des Francs*, dans *Monumenta Germanicae historia. Scriptores rerum nerasingicarum*, t. I, 1885

Greg. Tur. B. Krusch (éd.), Grégoire de Tours, *In Gloria confess.*

Hist. Litt. Wattenbach, G. Q. W. Wattenbach *Deutschland Geschichtsquellen im Mittelalter* (1866-1886).

J. - W. Jaffé et Wattenbach, *Regesta pontificum romanorum…*, 1885-1888, 2 vol.

Mansi *Sacrorum conciliorum nova et complissima collectio*, Florence-Venise, 1757-1798, 31 vol. in-fol.

M.G.H.AA. *Auctores Antiquissimi*, B. Krusch (éd.), Berlin, 1885

M.G.H.DD. (G. H. Pertz éd.), Hanovre, 1872

M.G.H.SS. *Monumenta Germaniae historica… Scriptores*

Migne, P.L. J.-P. Migne, *Patrologiae latinae cursus completus…*, Paris, 1839-1864, 221 vol. in-4°

P.U. Picardie J. Ramackers, *Papsturkunden in Frankreich. Neue Folge. 4. Picardie*, Göttingen, 1942

R.H.E.F. *Revue d'histoire de l'Église de France*

Saige-Lacaille Gustave Saige, Henri Lacaille et L. H. Labande, *Trésor des chartes du comté de Rethel… (1081 - 1490)*, Monaco, 1902-1916, 4 vol.

LES
SOURCES
DE L'HISTOIRE
DE L'ABBAYE

✠ *DIPLÔME DE CHARLES LE CHAUVE, IXe siècle. C'est le plus vieux document provenant des archives de l'abbaye aujourd'hui conservé. Paris, AN, K 14, n° 9/2.*

LES SOURCES MANUSCRITES

Les archives anciennes de l'abbaye

Le fonds de l'abbaye de Saint-Médard de Soissons aux Archives départementales de l'Aisne[1] est bien pauvre. Hormis un cartulaire du XIIIe siècle[2], il ne possède aucune pièce ancienne[3]. Le dépôt est constitué en grande partie par des terriers modernes : deux du XVIe siècle pour la prévôté de Chivres[4], trois autres du XVIIe siècle – dont un de 1618 dressé par le notaire Bérengier[5] et le grand terrier de 1673[6] ; puis, certains apports du XVIIIe siècle : le Registre Vert, livre de comptes pour les années 1756-1768[7], huit terriers[8], des baux, des arpentages et des déclarations diverses.

Les dépôts des départements voisins, où Saint-Médard avait des prieurés ou des prévôtés, ne sont pas mieux fournis. Ni celui de Beauvais[9], ni celui de Châlons-sur-Marne[10] ne comportent de pièce ancienne. Les Archives du Pas-de-Calais, atteintes il est vrai par la Première Guerre mondiale, n'en comportent plus qu'une[11]. Celles des Ardennes, trop discrètes sur Donchery avant la Seconde Guerre mondiale, ont, pendant la dernière guerre, perdu les séries B et C, et ne gardent que de très rares papiers des XVIIe et XVIIIe siècles[12]. Heureusement, les Archives de la Principauté de Monaco, héritières du fonds du comté de Rethel, ont conservé pour le prieuré de Donchery une belle collection de pièces intéressantes, qui confirment et complètent les données des cartulaires. P. Laurent a fait du fonds un *Inventaire* détaillé malheureusement resté dactylographié[13]. Saige, Lacaille et Labande l'ont publié dans l'excellent *Trésor des chartes du comté de Rethel*[14].

La bibliothèque municipale de Soissons, où se retrouvent les épaves des anciennes bibliothèques monastiques de la ville, est également très pauvre : les quelques documents concernant Saint-Médard dans la collection Périn[15] ou le fonds régional sont des copies trop récentes. Il n'y a plus de fonds d'archives anciennes de l'abbaye de Saint-Médard, comme il peut s'en trouver encore pour d'autres grands monastères maintenant disparus, Corbie par exemple[16]. Les invasions, les guerres civiles, la Révolution les ont détruits et

éparpillés. Les originaux ont disparu depuis longtemps, il n'en subsiste que les copies : copies anciennes des cartulaires, copies modernes faites par les mauristes et dispersées dans les collections des provinces et la collection Moreau de la Bibliothèque nationale de France, qu'il faut rechercher, rapprocher, critiquer, avant de prétendre écrire l'histoire de l'abbaye soissonnaise au Moyen Âge.

La première destruction importante fut, semble-t-il, celle des invasions normandes à la fin du IXe siècle, si l'on en juge par le besoin de reconstruction de pièces anciennes manifeste à la fin du IXe et au début du Xe siècle. Un seul original, un diplôme de Charles le Chauve[17], est le vestige des archives mérovingiennes et carolingiennes de Saint-Médard de Soissons qu'on peut supposer avoir été assez considérables à la mesure du rôle religieux et politique tenu par l'abbaye dans le haut Moyen Âge et jamais plus retrouvé ensuite. On ne peut naturellement affirmer que cette unique pièce ait traversé les invasions normandes. Mais l'ampleur de cette première destruction explique les traces de remaniement et de reconstruction que porte la quasi-totalité des copies anciennes, leur caractère fragmentaire, voire décousu, parfois informe[18].

Les archives accumulées pendant le Moyen Âge eurent un sort moins radical mais la plus grande partie disparut dans le sac de Soissons par les calvinistes en 1567. Lorsque les mauristes, introduits à Saint-Médard par Mazarin, abbé commendataire, se préoccupèrent de ce qu'il restait, ils ne retrouvèrent plus que des bribes et eurent bien de la peine à mesurer les dégâts[19]. C'est cependant d'après ces débris, qui constituaient en réalité une collection encore importante de registres, reliures in-folio d'actes originaux, que travaillèrent les mauristes.

La Révolution de 1789 acheva la destruction des archives du Moyen Âge[20]. La majeure partie disparut et le reste fut dispersé. La meilleure part correspond à deux cartulaires : le *cartularium antiquum* des Archives départementales de l'Aisne et le *cartularium novum* de la Bibliothèque nationale de France. Quelques autres pièces ont été versées aux Archives nationales ou dans diverses collections manuscrites de la Bibliothèque nationale de France.

Le *cartularium antiquum*

elié de cuir noir, le *cartularium antiquum* s'ornait à la fin du XVᵉ siècle de clous de cuivre[21], et au XVIIᵉ siècle de garnitures d'argent : « un daufin en argent des deux costés sur les couverceaux, et, aux quatres coings de chaque couverceau une fleur de lys aussi d'argent[22] ». La reliure actuelle porte encore les traces de ces garnitures. Les fleurs de lys étaient reliées les unes aux autres par des tiges probablement d'argent formant cadre. Les Archives départementales de l'Aisne[23] conservent ce cartulaire du XIIIᵉ siècle avec additions du XIVᵉ au XVIᵉ siècle, souvent appelé « *cartularium antiquum* » ou « premier cartulaire » de Saint-Médard. C'est un volume in-quarto de cent quarante-six feuillets de parchemin, couvert de cuir brun, orné de lettrines bleues et rouges, réunissant deux cent quarante et un documents datés de 633 à 1363. Il fut probablement commencé entre 1277 et 1282, et, pour l'essentiel de son contenu, rapidement terminé. Le cartulaire comporte deux anciennes lacunes peu considérables entre les folios 9 et 10 et les folios 15 et 16, lacunes antérieures au XVIIᵉ siècle, dont la première n'est peut-être pas sans relation avec les enquêtes faites à la suite du traité du Cateau-Cambrésis (1559) pour l'établissement de la frontière entre la France et les Pays-Bas espagnols dans la région de Donchery-sur-Meuse[24].

Une copie sur parchemin de ce cartulaire, exécutée en 1649, est conservée aux Archives nationales[25]. Elle forme un petit in-folio de trois cent soixante-sept pages : c'est le « *chartularium novum in Pergam* » de dom Vrayet[26]. Cette copie, collationnée par des notaires, comporte d'assez nombreuses erreurs mais reste un honnête travail. Elle reproduit les lacunes de l'original et contient en propre une lacune involontaire de peu d'ampleur[27], et une autre beaucoup plus vaste dans la suite des chartes de Donchery, dont l'occasion se trouve peut-être dans les démêlés de justice au XVIIIᵉ siècle entre l'abbé de La Fare, dernier prieur de Donchery, et les gens de Donchery[28] : en tout cas, la lacune n'existait pas du temps de dom Vrayet[29].

Il ne semble pas qu'on puisse admettre l'existence dans les archives de Saint-Médard d'un « cartulaire violet » indépendant de ces deux premiers cartulaires. Les extraits faits en 1785, auxquels renvoie la *Bibliographie des cartulaires* de Stein[30], mentionnent, en effet, « un cartulaire couvert en peau de couleur violette, contenant 367 pages, sur lesquelles sont transcrites des copies collationnées de plusieurs chartes et pièces par Lagnier et Bérengier, notaires royaux à Soissons, suivant leur acte de collation du 12 mars 1649 », cartulaire qui ne peut être que l'actuelle copie LL 1021 des Archives nationales. Quant aux extraits en question, deux sur trois sont bien empruntés à LL 1021. Le troisième, la charte de donation de Donchery par Charles le Gros en 887, qui est donné comme extrait de la fin du cartulaire violet, ne se retrouve plus dans LL 1021. Il en est de même de l'acte de Clotaire IV concernant une donation au Ponthieu, copié au XVIIIᵉ siècle dans le « cartulaire violet in-4° de l'abbaye de Saint-Médard, à la fin […] »[31]. En outre, certaines copies de la collection Moreau, exécutées en double et même en triple exemplaire par dom Grenier et ses collaborateurs, se réfèrent pour un même texte aussi bien au « cartulaire violet » qu'au « cartulaire I »[32], désignations qui s'appliquent indubitablement au H 477 de Laon. Il faut donc admettre que les deux cartulaires des Archives de l'Aisne et des Archives nationales, ou plus exactement les deux versions du même cartulaire, l'originale du XIIIᵉ siècle et la copie du XVIIᵉ siècle, devaient se présenter au XVIIIᵉ siècle sous une même couverture de peau violette. Le « cartulaire violet » est le *cartularium antiquum* tel qu'on le conservait en deux volumes avant la Révolution française : il est vraisemblable que l'un des deux volumes, l'original in-quarto plutôt que la copie, s'augmentait alors d'un certain nombre de copies d'anciennes chartes insérées entre les derniers folios du cartulaire et sa couverture. Il semble en porter encore les traces.

Une autre indication confirme le remaniement assez tardif du *cartularium antiquum*, sans doute au XVᵉ siècle, en tout cas avant que fût exécutée la copie de 1649. Un registre de la droiture de Donchery[33] décrit un cartulaire collationné, le 26 septembre 1457, par Jean Foucart, tabellion au bailliage de Vermandois, qui ne peut être que le *cartularium antiquum*. Mais les articles cités ne se trouvent plus dans le H 477 des Archives de l'Aisne : « f° 14… *Tempore Albericy abbatis quecumque in libro isto compilata fuerunt…* ». Jean Foucart ajoute : « […] Et est assavoir que le cartulaire est cassé au lieu ou en ce présent transcript ou j'ay laissé l'espasse ou je n'ay pu faire vray collacion… » La restauration du registre aurait été l'occasion de ce remaniement dont il n'est pas possible de préciser l'ampleur. La foliotation du cartulaire n'en porte pas de traces.

Carta Archidiaconi Suess. qd̄ dn̄a Agnes quittauit uenditrem de nemore
de baudonial. qm̄ dn̄s Galfridus miles maritus suus fecat.
Carta ad hec signū a tergo.   De retondes. V.

Radulfus de coldno archid suess. omnib; psentes littas inspturi in dno
salute. Nouint uniuli psentes parit ⁊ futuri qd̄ dn̄a agnes de sc̄o
crispino in bosco in psentia nr̄a costituta quitauit ⁊ laudauit uenditorem
qua dn̄s Galfridus miles quonda marit eius fecat Ecclie sc̄i medardi
suess. de pte sua qm̄ ipe. G. habebat in nemore de baudoual. Quitauit et
predca agnes libe ⁊ quiete ⁊ spontanea uolūtate quicq̄d iuris habebat
ratone dotis siue dotalicy in predco nemore fide intpones corpale in
manu nr̄a qd̄ nec per se n per aliū sup prefato nemore dc̄am Ecclia
inqetabit. Qd̄ ut ppetue firmitatis robur obtineat psentes littas
sigilli nr̄i muimine dignū duxim roborari. Actu anno dn̄i. m̄. cc̄.
xx. vij. mense iunio. In die sc̄e trinitatis.

Carta albis ⁊ Conuentus. de consuetudinib; uille nr̄e de bernueil. scilz
de assisia de carrucis. ⁊ pluribz alijs.
Carta ad hec signū a tergo.   De retondes. vj.

Ego bertranni dei gra abbas sc̄i medard; ⁊ captm̄; Notu facim tam fu
turis qm̄ psentib; qd̄ p̄ melioratem uille ⁊ hoium nror tete
tionem, hoimib; de bernoil cocessim ut saluis iusticiis ⁊ redditib; ⁊ cetu
⁊ omnib; alijs cosuetudinib; quas ibi habe solebam, qui equm unu ul to
uerii aut plures ad carruca habiunt; aut si duo uel plures uni equi
uel bouis pticipes fiunt, singli singlis annis in festo sc̄i remigii ad assi
sam tres solidos ⁊ duos denarios nob; psoluat, qm̄ unioparti uo, duos
solidos et unu denariū. maiore ⁊ decano ⁊ scabinis ab huim di assisa

✛ *CARTULARIUM ANTI-QUUM, XIIIe siècle. Ce volume, probablement commencé entre 1277 et 1282, réunit 241 documents. Laon, AD, Aisne, H 477.*

Le *cartularium novum*

La Bibliothèque nationale de France conserve un autre cartulaire de l'abbaye[34], commencé peu après celui des Archives de l'Aisne dans le dernier quart du XIIIᵉ siècle, et peut-être même écrit par la main qui exécute la plus grande partie de celui-ci. Une seule addition paraît plus tardive et date peut-être du début du XVᵉ siècle[35]. Comme le *cartularium antiquum*, ce cartulaire est écrit en belles lettres de forme. Les présentations sont les mêmes et les documents sont classés par ordre topographique. Le second cartulaire complète visiblement le premier pour un certain nombre de rubriques, il en ajoute d'autres qui lui sont propres. C'est le « *cartularium novum* » qu'A. Duchesne désignait « *chartularium parvum* »[36] et dom Grenier « cartulaire neuf » ou « second cartulaire »[37]. Il forme un volume in-quarto de cent cinquante-neuf feuillets à lettrines bleues et rouges, semblables encore à celles du *cartularium antiquum*. Il rassemble deux cent quarante-huit documents divers, datés de 1101 à 1333, dont quatre avaient été transcrits dans le premier cartulaire. La foliotation originelle, qui se montre parfois fantaisiste[38], présente deux lacunes assez considérables, mais relativement récentes[39]. Ces lacunes n'existaient pas au milieu du XVIIᵉ siècle lorsque dom Vrayet entreprit de résumer les cartulaires[40]. On peut combler partiellement la seconde lacune à l'aide de copies faites au XVIIIᵉ siècle par dom Grenier dans le cartulaire encore intact[41]. Quant à la première lacune, il n'est peut-être pas téméraire de la mettre en rapport avec les difficultés qu'eut l'abbaye au XVIIIᵉ siècle pour conserver la prévôté de Marizy. Car on retrouve non seulement l'essentiel des pièces manquantes dans les résumés de dom Vrayet[42], mais la copie complète des huit pièces intéressant Marizy dans le mémoire de dom Grenier à ce sujet[43]. Il est curieux que la lacune, ancienne celle-là, du *cartularium antiquum* entre les folios 15 et 16 nous ait privés de quatre chartes concernant également Marizy.

Copies des cartulaires

Le projet d'un érudit de la fin du XIXᵉ siècle de publier le texte de ces deux cartulaires n'a jamais été réalisé[44]. Un nombre assez considérable de pièces a été édité dans divers recueils et ouvrages[45]. De nombreuses copies, des extraits et des résumés se retrouvent dans les collections manuscrites de la Bibliothèque nationale de France[46] et également dans les papiers d'érudits locaux qui se sont intéressés à l'histoire de l'abbaye de Saint-Médard ou à l'histoire de la ville ou du diocèse de Soissons[47].

Les copies exécutées à partir de 1767 pour le Cabinet des chartes sous la direction de dom Grenier, qui indiquait dans les cartulaires les pièces à copier et qui les annotait fréquemment[48], par dom Muley, religieux de Saint-Crépin, puis par dom de Vaines après 1772[49], sont celles qui ont le plus d'intérêt. Dom de Vaines ne travaillait pas d'après les cartulaires mais d'après les originaux reliés dans les nombreux livres d'archives de l'abbaye (qui furent détruits sous la Révolution). Il y avait alors au moins quarante-quatre énormes in-folios de la sorte, sans compter un certain nombre d'autres registres[50]. Les copies confirment en partie l'excellent travail des copistes et livrent quelques pièces intéressantes pour les XIVᵉ et XVᵉ siècles. Il y en a près de trois cents dans la collection Moreau[51].

On trouve également dans les cartulaires des abbayes et des églises de Soissons et du nord de la France – cartulaires édités ou non – des actes concernant Saint-Médard qui confirment parfois ou complètent heureusement les données du *cartularium antiquum* et du *cartularium novum*[52]. Il subsiste même quelques originaux aux Archives nationales[53].

Signalons enfin que les deux cartulaires de Saint-Médard ont été transcrits sur fiches et reproduits sur microfilms par les soins de l'Institut de recherche et d'histoire des textes.

Le cartulaire de Choisy-au-Bac

Le cartulaire du prieuré Saint-Étienne de Choisy-au-Bac[54] présente un intérêt particulier. Un des prieurs de Choisy, Robert de Morcourt, devenu grand prieur de Saint-Médard, profita des facilités offertes par cette fonction pour faire exécuter un cartulaire de son prieuré d'après le chartier de l'abbaye. Le copiste fut Colin François qui data la collation du 24 mars 1403 (n. st.). Il écrivit en lettres de forme assez grossières. La mort de Robert de Morcourt dut survenir avant l'achèvement du livre[55]. On ajouta peu après, en cursive, quelques actes datés de décembre 1407[56], et plus tard un dénombrement de février 1462 (n. st.)[57].

Le cartulaire est tout à la fois un censier, un formulaire, un livre de chronique et un recueil de chartes. Certaines sont les plus anciennes copies possédées d'actes faux qui ornent les origines de l'abbaye : les privilèges des papes Grégoire Iᵉʳ et Eugène II, et aussi les chartes de Louis le Pieux et du roi

✛ *PLAN DE LA MAIRIE SAVART, XVIIe siècle. Plan des parcelles situées aux abords de l'abbaye Saint-Médard. Paris, AN, L 743, n° 35 (détail infra DEFENTE, fig. 20 p. 289).*

Eudes ; quelques autres, intéressant particulièrement le prieuré, ne sont connues que par ce registre. C'est une source de très nombreux renseignements sur l'histoire et la fortune immobilière ou seigneuriale du prieuré. Il se présente comme un volume in-quarto de quatre-vingt-quatre feuillets en parchemin à lettrines de couleurs. La reliure, nouvellement restaurée, porte les traces d'anciennes applications en métal.

Dom Grenier a laissé des extraits d'un « cartulaire en papier du prieuré de Choisy-au-Bac dans les archives de Saint-Médard », mais sans autre référence. C'était peut-être une copie car les deux textes retrouvés collationnés avec le cartulaire en parchemin donnent des variantes trop peu sensibles pour attester l'existence d'une source indépendante différente de ce cartulaire[58].

Le terrier de Vic-sur-Aisne

La bibliothèque de Compiègne[59] conserve un terrier de la châtellenie de Vic-sur-Aisne, daté de 1454, qui fut confectionné dans les années qui suivirent la guerre de Cent Ans lorsque l'abbaye se préoccupa de relever ses ruines et de reconstituer ses titres de propriété. Mais le manuscrit dans son état actuel – deux cent quatre-vingt-un feuillets de papier – ne représente qu'une partie du terrier de la châtellenie de Vic, comme en avertit sur la première page de garde[60] une note d'Adrien Picart, lieutenant de la châtellenie, qui fit relier le volume en 1640. Il ne concerne en réalité que Vic, Saint-Christophe-à-Berry avec Sacy et Bonval, Touvent, Hautebraye, Berny-Rivière avec Hors, Berneuil, Bitry, Moulin-sous-Touvent ; et encore il ne manque pas de lacunes[61]. Le terrier n'en constitue pas moins un témoin important de la restauration du temporel au milieu du XVe siècle.

Coutumier de la seigneurie de Donchery

C'est le cartulaire perdu mentionné par la *Bibliographie* de Stein, n° 1217, d'après des extraits de BN Duchesne 22, 213, qui est, en réalité, un coutumier ou « traité des droits » de la seigneurie de Donchery, établi par commun accord entre l'abbé de Saint-Médard et les habitants de Donchery en 1320. Expression d'un droit domanial appelé à durer, il est le témoin du droit « renouvelé » de cette seigneurie, qui trouve

cependant toujours son fondement dans la charte d'avouerie de 1190[62]. La « droiture » de Donchery éclaire cette stabilité de la seigneurie rurale dans la région ardennaise de la Meuse.

Le coutumier est conservé en plusieurs exemplaires de rédaction malheureusement plus tardive, du dernier quart du XVe siècle[63]. On le désigne assez souvent sous le nom de « papier-terrier » de Donchery[64].

Terriers de la Croix-Saint-Ouen et de Rethondes

Des deux terriers du prieuré de la Croix-Saint-Ouen conservés par les Archives départementales de l'Oise, l'un date de 1724 et fut composé à la requête de l'abbé commendataire Arnauld de Pomponne[65]. L'autre date de 1546 : c'est le registre de dom Rappouel[66], qui contient de nombreux dénombrements et d'intéressants renseignements sur la seigneurie des XVe et XVIe siècles. Dom Rappouel, prieur de la Croix-Saint-Ouen depuis le 20 décembre 1520, se réfère à un terrier du XIVe siècle, celui de dom Vaillant[67] apparemment perdu.

Quant au « registre et papier terrier du prieuré de Saint-Pierre de Retondes couvert de basane verte contenant deux cent soixante-sept feuillets tant escrits que non escrits » et collationné au *cartularium antiquum* de Saint-Médard le 12 juin 1532, on n'en connaît que des extraits[68].

Collections modernes

Aux cartulaires et aux terriers de l'abbaye, il faut joindre deux recueils importants de documents, de compilation plus tardive mais sur lesquels s'élabora l'historiographie des mauristes jusqu'au XVIIIe siècle.

1. Un « *Epitome sive compendium privilegiorum abbatiae Sancti Medardi Suessionensis a pontificibus, imperatoribus, regibus concessorum* », dont rien ne permet de dire à quelle date il fut composé, sans qu'il soit antérieur au XVIe siècle. C'est un recueil où furent ramassés, souvent résumés, les actes les plus anciens intéressant Saint-Médard de Soissons : bribes de chartes mérovingiennes, diplômes plus ou moins reconstruits de l'époque carolingienne. Les copies et les tables qu'ont laissées les mauristes ont permis la reconstitution de l'*Epitome* aujourd'hui perdu[69].

2. Un recueil des XVIe-XVIIe siècles que dom Grenier appelle parfois « *chartularium papiriceum* »[70], et qu'on nomme plus couramment le « compulsoire ». En termes stricts de droit, le compulsoire était le mandement d'un juge pour contraindre à présenter des titres[71]. Les religieux de Saint-Médard donnèrent par extension le même nom à la copie de ces titres faite sur mandement du juge et collationnée aux originaux qui étaient en leur possession. La rédaction du recueil avait été commencée le lundi 13 janvier 1567 (n. st.)[72]. Sans doute interrompue par le pillage de 1567, elle fut continuée plus tard. L'assignation à paraître au compulsoire fut demandée en novembre 1628 par dom Moreau, « aulmosnier de l'Hostel Dieu de l'abbaye Saint-Médard », et le compulsoire eut lieu, suivant l'usage, qui dura jusqu'en 1667, devant le grand portail de la cathédrale[73].

Ce recueil, qui se présentait sous la forme d'un registre assez volumineux de papier couvert de parchemin[74], est maintenant perdu, mais il permit la conservation de nombreux actes que recopièrent ensuite les mauristes[75]. Les auteurs du *Monasticon Benedictinum* ont transcrit les tables de la partie la plus ancienne[76] : ce qui en a permis aussi la reconstitution[77]. Cette partie comportait surtout des documents pontificaux : quinze sur vingt-deux au total ; quatre autres émanaient des souverains de France, deux de chancelleries épiscopales, un d'un concile. Ils comptent parmi les plus intéressants pour l'étude des privilèges d'exemption et d'immunité, mais aussi parmi les plus suspects des archives de l'abbaye.

Registres du Parlement et Archives nationales

Quant aux rapports de l'abbaye avec le pouvoir royal, ils ont laissé des traces sensibles aux Archives nationales dans les layettes et les registres du Trésor des Chartes[78], ainsi que dans les nombreux registres du Parlement de Paris. La consultation de ces derniers, quand ils n'ont pas été inventoriés, reste assez difficile malgré les renseignements de la Table de Le Nain, et surtout très lente[79]. Les autres séries des Archives nationales offrent relativement moins de documents[80]. Même la série L est pauvre : quelques actes originaux connus en majorité par leurs copies dans les cartulaires[81].

Documents pontificaux et Archives vaticanes

Il ne subsiste rien des anciens bullaires de l'abbaye, sinon quelques références[82]. De rares originaux de bulles ou de lettres pontificales sont conservés dans les collections les plus diverses[83]. Il faut chercher copie des autres dans les registres des papes publiés jusqu'ici, et dans les collections des érudits des XVIIe et XVIIIe siècles. Les *Analecta Vaticano Belgica* de l'Institut historique belge de Rome n'apportent que peu de documents pour le prieuré d'Hanzinnes.

Aux Archives vaticanes[84], il ne faut pas chercher de documents pour Saint-Médard de Soissons antérieurs au XIIIe siècle. Dans la série la plus ancienne des registres, celle dite « du Vatican », il n'y a plus rien avant Innocent III (1198-1216), sauf les registres de Jean VIII et de Grégoire VII[85]. Les registres postérieurs (jusqu'à la fin de la papauté d'Avignon en 1378) ont été, pour leur meilleure partie, relevés et publiés par l'École française de Rome et les Chapelains de Saint-Louis-des-Français[86]. Le recours aux registres n'en reste pas moins assez souvent nécessaire, un tel genre de publication ne pouvant porter que sur des résumés ou des extraits plus ou moins larges.

Les registres dits « d'Avignon » (Reg. Avin.), du moins dans la mesure où on peut y accéder assez rapidement par l'inventaire de Pierre de Montroy[87], ont fourni pour Saint-Médard un certain nombre d'actes émanant de Grégoire XI, Clément VII et Benoît XII, le plus souvent en matière bénéficiale[88].

Aux registres du Latran, dont la série s'ouvre tardivement avec Boniface IX (1389-1404), j'ai eu recours au fichier de Garampi.

Quant aux volumineux registres de l'immense fonds des Suppliques, il n'a été possible d'y faire que des sondages assez limités pour la seconde moitié du XIVe siècle. Les recherches y sont malcommodes[89].

En l'absence des multiples inventaires qui seraient indispensables, le fichier de Garampi est encore l'instrument de travail le plus pratique :

• n° 26. - Beneficii 26 (Indice 470), p. 30'*sq.* mentionne les nominations aux bénéfices dépendant de Saint-Médard à partir du XVIe siècle d'après les registres du Vatican.

• n° 63. - Vescovi 33 (Indice 507), p. 45A *sq.* : peu de choses.

• n° 87. - Miscellanea Ia, n° 20 (Indice 531), p. 14'*sq.* donne de nombreuses références aux registres du Vatican, majoritairement à ceux déjà publiés, mais aussi de précieuses références aux « *Instrumenta Miscellanea* » et aux diverses parties du fonds caméral.

• n° 94. - Abbates 2 (Indice 537), p. 147A *sq.* fournit des renvois aux registres des « *Obligationes et Solutiones* », dont H. Hoberg[90] a donné un catalogue où on serait en droit de trouver les noms propres des bénéficiaires. Ces registres de comptabilité gardent la trace des engagements fiscaux pris par les abbés nouvellement promus envers la chancellerie pontificale. La situation des comptes est refaite à chaque mutation avec le reliquat des sommes non payées par les prédécesseurs dont les noms sont relevés.

• n° 123. - Miscellanea IIa, n° 10 (Indice 679), f° 69' : peu de choses.

Les références de Garampi aux « *Instrumenta Miscellanea* » se sont avérées particulièrement intéressantes pour l'histoire économique du monastère pendant la seconde partie du XIVe siècle, en renvoyant, entre autres, à un rôle du trentième dans le diocèse de Soissons (1355-1359), à un mémoire sur les ressources de l'abbaye en 1366 à propos d'une demande en remise de la décime biennale et à une supplique à Benoît XII à propos des dilapidations de l'ancien abbé Jean (18 août 1395)[91].

Le fonds de la Chambre apostolique est devenu plus accessible après le récent travail de Mgr P. Guidi, « *Inventario del fondo Camerale* », resté jusqu'ici dactylographié.

Les « *Introitus et Exitus* », recettes et dépenses de la Chambre apostolique, permettent de suivre le paiement du cens dans le premier tiers du XIVe siècle[92].

Les « *Collectorie Camere* », qui ont conservé des registres de la collectorie de Reims et de la sous-collectorie de Soissons, éclairent la situation économique du monastère entre 1380 et 1406 : les subsides et les décimes qui lui sont imposés, son aptitude à s'en libérer[93].

Les « *Obligationes et Solutiones* », auxquels ne dispense pas de recourir le livre de H. Hoberg, corrigent des séries abbatiales reçues jusqu'alors, qui vont du XIVe au XVIe siècle[94]. Dans le « Fondo dell'Archivio di Stato di Roma », les « *Libri annatarum* » comportent un « *Index alphabeticus diocesium* » dactylographié, tout récent (1951), par Ercoli et Burchi[95]. Il permet de connaître des nominations aux bénéfices de l'abbaye pour le premier tiers et la fin du XVe siècle[96] mais il reste muet pour le plein milieu de ce siècle. Il en est de même pour les « *Obligationes Communes* »[97].

✠ *PAGE DE MANUSCRIT MÉDIÉVAL avec notations musicales réemployée au XVIIe siècle pour la reliure d'un terrier de l'abbaye. Laon, AD, Aisne, H 517.*

LES SOURCES
IMPRIMÉES
ET L'HISTORIOGRAPHIE

Odilon

Avec Odilon[98] apparaît au début du Xe siècle le premier historiographe de l'abbaye. C'est plus précisément un hagiographe qui se donne pour tâche de légitimer la dévotion aux reliques conservées dans son monastère (celles de saint Médard, surtout de saint Sébastien et aussi de saint Grégoire), au moment où, après les invasions normandes, l'abbaye s'efforce de faire revivre ses traditions et probablement ses pèlerinages.

Sans parler de la *Vita Medardi*[99] de la fin du IXe siècle qui pourrait être de lui, on attribue habituellement[100] à Odilon trois sermons sur saint Médard[101], dont un où saint Gildard est associé à ce dernier[102], et, principalement, la *Translatio SS. Sebastiani et Gregorii*, précédée de l'*Epistola ad Ingrannum*[103], qui fut réclamée à Odilon vers 920 par Ingran, « doyen » de l'abbaye avant de devenir évêque de Laon (932)[104].

Le récit de la translation même est suivi du récit des miracles qui l'ont accompagnée et de la *Conquestio domni Chludovici imperatoris*[105].

Quant à la *SS. Tiburtii, Marcellini, Mariae, Marthae et Audifacis translatio Suessionensis apud S. Medardum*[106], attribuée à Odilon depuis Mabillon[107], elle datait du XIe siècle : c'est un pastiche de la *Translatio SS. Marcellini et Petri* d'Eginhard[108].

✢ *Saint Sébastien comparaissant devant Dioclétien et Maximien. Bréviaire à l'usage de l'église du Saint-Sépulcre. Cambrai, vers 1290, Médiathèque, ms. 102, fol. 387.*

La valeur historique de cette hagiographie est sujette à caution. Œuvre d'édification et d'apologétique, elle développe le plus souvent des faits réels mais en acceptant trop facilement le merveilleux et tout ce qui est pensé naïvement contribuer au prestige de l'abbaye[109].

Hariulf

Au XIIe siècle, les œuvres d'Hariulf, chroniqueur de Saint-Riquier devenu abbé d'Oudenbourg (1105-1143), éclairent les relations de Saint-Médard avec la Flandre.

La source la plus importante est sa *Vita Arnulphi*[110], dont la valeur historique a été signalée à plusieurs reprises[111]. Saint Arnoul de Pamèle, moine et abbé de Saint-Médard, évêque de Soissons et restaurateur de l'abbaye d'Oudenbourg, a contribué efficacement à la réforme grégorienne dans la région soissonnaise. Hariulf a composé sa vie en 1114, vingt-six ans après la mort de saint Arnoul, en utilisant un *Tractatus de ecclesia Sancti Petri Aldenburgensis* rédigé après 1084[112] et les souvenirs d'Arnoul, neveu du saint, d'Adzila, sœur du saint, et d'Everolphus, moine de Saint-Médard. Cette *Vie* avait pour fin la canonisation de saint Arnoul. L'évêque de Soissons, Lisiard, l'avait revue quand son auteur la présenta au concile de Beauvais (17 octobre 1120). Hariulf ajouta le troisième livre après la canonisation qui eut lieu le 1er mai 1121.

À côté de la *Vita Arnulphi*, les *Gesta Hariulphi contra abbatem Sancti Medardi Suessionensis* sont de moindre ampleur, moins connus mais très suggestifs. Ils ont été écrits entre 1141 et 1143, aussitôt après le voyage à Rome d'Hariulf qui alla défendre auprès d'Innocent II l'indépendance d'Oudenbourg vis-à-vis de Saint-Médard de Soissons, et ils révèlent dans l'incident l'influence prépondérante d'Alvise que redoute Hariulf ; celui-ci ne le désigne que sous sa fonction : l'évêque d'Arras[113].

Cette influence d'Alvise et aussi de Goswin son disciple, tous deux abbés d'Anchin, sur Saint-Médard se justifie encore par la *Vita sancti Goswini*[114], dont l'auteur n'a pas la personnalité d'Hariulf mais se trouve être son contemporain.

Gobert de Coincy : les Annales de Saint-Médard

Comme d'autres grandes abbayes, Saint-Médard a eu ses *Annales* : elles sont l'œuvre de Gobert de Coincy, grand-prieur de Saint-Médard de 1254 à 1260[115], et furent composées avant l'entrée en charge de Gobert comme grand-prieur, pendant le long séjour qu'il fit comme moine, puis comme prieur à Vic-sur-Aisne, entre 1223 et 1254. La dernière chronique est en effet celle de 1254, année de sa promotion au grand-priorat. Les années 1254-1260 amenèrent trop de difficultés au chroniqueur devenu grand-prieur : il ne continua pas les *Annales*. La chronologie est dans le style de Pâques.

Les *Annales* furent transcrites à l'abbaye même[116], peut-être du vivant de l'auteur, en tout cas vers la fin du XIIIe siècle, sur un manuscrit conservé à la Bibliothèque nationale de France[117]. Au cours du XIVe siècle, on leur ajouta seulement quelques compléments d'un caractère plus personnel, écrits dans la retraite par Gobert de Coincy après 1260 : dans l'ensemble ce sont des notes intimes plutôt qu'une continuation de la chronique. Ceci explique la distribution des *Annales* dans le manuscrit, où le texte primitif occupe les f° 29A à 32B sous le titre « *Incipiunt quedam excepta de cronicis* », le complément étant rejeté après divers paragraphes sur Mahomet et ses successeurs, la généalogie de Rollon et les dates d'apparition des ordres religieux. Le tout occupe quatorze colonnes.

Après être resté à la bibliothèque de l'abbaye, le manuscrit fit partie de la bibliothèque de Colbert[118] dont Étienne Baluze dressa le catalogue[119]. Il intitula ces *Annales* « *Chronicon S. Medardi Suessionensis* », titre qu'il écrivit de sa main sur le manuscrit au f° 29A. Elles furent incomplètement édi-tées sous ce titre par Luc d'Achery[120], et en extraits par dom Bouquet et ses successeurs, ainsi que par Waitz dans les *Monumenta Germaniae Historica*. Il faut leur donner le nom d'« Annales de Saint-Médard », comme avaient déjà tenté de le faire L. Delisle et G. Waitz[121]. C'est sous ce titre qu'une transcription complète a été entreprise[122].

Dom Gillesson

Dom Gillesson (†1666) travailla quant à lui avec indépendance : il semble qu'on lui en tint grief. Religieux de l'abbaye Saint-Crépin-le-Grand, il s'intéressa à toute l'histoire soissonnaise[123]. La plupart de ses œuvres sont restées inachevées, et aussi inédites, peut-être parce que d'une lecture souvent difficile et trop peu tentée. Le manuscrit *Français 18769* de la Bibliothèque nationale de France réunit la plus grande partie de ses pages sur Saint-Médard, dont il avait esquissé de monumentales *Antiquités* en six livres et six cents chapitres[124]. Les actes anciens du monastère attribués à l'époque mérovingienne ne sont connus que par ses copies. Il y a beaucoup à retenir de ses travaux sur la ville de Soissons, sur les abbayes Notre-Dame et Saint-Jean-des-Vignes[125], Saint-Crépin[126] et sur le prieuré de Choisy-au-Bac[127].

Les premiers mauristes

Après que l'abbaye eut reçu de Mazarin la réforme de Saint-Maur (1637), les bénédictins réformés entreprirent des recherches sur l'histoire de Saint-Médard de Soissons. À côté du travail très limité de dom Muldrac (1605-1667), religieux cistercien de Longpont, sur les origines de Saint-Médard[128], après dom Anselme Le Michel († 1644) qui défendit les plus anciens privilèges de l'abbaye contre l'évêque de Soissons[129] et la tentative avortée de dom Bretagne[130], prieur à Saint-Médard de 1657 à 1663, la méthode et le programme de Luc d'Achery († 1685), continués par Mabillon († 1707), s'imposèrent aux bénédictins soissonnais[131].

Dom Vrayet

Dom Ildefonse Vrayet († 1675) fut le premier à entreprendre d'étudier systématiquement les archives de Saint-

Chronicon S. Medardi Suessionensis

✝ ANNALES DE SAINT-MÉDARD, par Gobert de Coincy, XIIIᵉ siècle. Paris, BNF lat. 4998.

Médard bien éprouvées lors du pillage de 1567[132]. Son projet d'écrire une histoire de Saint-Médard aboutit à un certain nombre de travaux.

a. Les *Libri utriusque probationum* comprenaient un grand et un petit livres que dom Grenier appelle aussi cartulaires[133]. Ces cartulaires de papier n'existent plus, mais les tables sont conservées, groupant actes officiels – copies ou extraits – d'après la qualité des expéditeurs : papes, évêques, conciles, rois, etc., et aussi les récits les plus divers : vies de saints, translations de reliques et un *De mirabilibus monasterii Sancti Medardi* écrit en 1663[134]. Leur contenu, dans leur presque totalité, se retrouve dans les deux cartulaires ou dans les papiers des érudits des XVIIᵉ et XVIIIᵉ siècles qui les exploitèrent fréquemment. On peut dire qu'ils servirent de base aux travaux postérieurs des mauristes. Il en subsiste aussi un résumé par dom Grenier[135].

b. Les *Libri utriusque probationum* étaient suivis d'un troisième tome : « Mémoire pour l'histoire de Saint-Médard », également perdu, auquel se référait dom Grenier[136] et qui est peut-être le même livre que ce qu'il appelle ailleurs « Histoire manuscrite des abbés de Saint-Médard »[137].

c. Il subsiste enfin de dom Vrayet des notes et des lettres qui ont encore leur intérêt[138].

Dom Michel Germain

L'historiographie de Saint-Médard progresse encore avec dom Michel Germain (1645-1694), auteur d'une *Histoire de l'abbaye royale de Notre-Dame de Soissons*[139], à laquelle Mabillon, compagnon de travail de dom Germain à Saint-Germain-des-Prés, emprunta sa méthode. Dom Germain composa entre 1690 et 1693 une notice sur Saint-Médard destinée au *Monasticon Gallicanum*[140], en utilisant les matériaux divers qui devaient servir au *Monasticon Benedictinum*, continuation des *Annales ordinis Sancti Benedicti* de Mabillon :

a. l'*Historia regalis monasterii Sancti Medardi Suessionensis in compendium redacta* (1673), notice n° 25[141] ;

b. le *Chronicon regalis monasterii Sancti Medardi ab anno 561 usque ad annum 1690*[142]. C'est une histoire des abbés de Saint-Médard, adressée avec la précédente à dom Germain par dom Guillaume Camus. Elles avaient été transcrites à Saint-Médard par dom Charles du Bled et Jérôme Jossond[143].

C'est cette notice de dom M. Germain que la *Gallia christiana*[144] a éditée, en supprimant le catalogue abbatial de dom Vrayet[145].

En 1708, dom Vigreux, prieur de Saint-Médard, avait fait composer un catalogue intitulé « *Sancti Medardi Suessionensis abbates* »[146], poursuivi jusqu'à la commende d'Arnaud de Pomponne (1690), qu'il adressa à dom Denis de Sainte-Marthe[147]. L'auteur d'un mémoire insignifiant accompagnant ce catalogue reste inconnu[148].

Dom Grenier

Les historiographes de la province de Picardie, dom Caffiaux et surtout dom Grenier (1725-1789), qui résida plusieurs années à Saint-Médard de Soissons, continuèrent l'œuvre de dom M. Germain et de la *Gallia christiana*.

Il reste de la main de dom Grenier, avec la première rédaction d'une histoire de l'abbaye[149], une *Histoire chronologique de Saint-Médard jusque 1661*, date de la mort du cardinal Mazarin, abbé commendataire. Elle est suivie d'une *Description de l'abbaye de Saint-Médard*, qui reprend l'*Histoire chronologique* en la corrigeant parfois, d'aperçus divers sur l'abbaye et d'un catalogue abbatial[150] poursuivi jusqu'à Arnauld de Pomponne. Tous ces travaux semblent être l'œuvre de dom Grenier qui a utilisé pour leur rédaction les fragments d'une *Histoire de Soissons* par dom Caffiaux[151].

Il y a enfin aux Archives nationales, dans le « Dictionnaire historique des monastères bénédictins » préparé par dom Jacques Fortet de l'abbaye du Bec et laissé inachevé, une notice sur Saint-Médard de la main de dom Fortet († 1770) qui traduit visiblement celle de la *Gallia christiana*[152]. Elle n'a pas la valeur des œuvres de dom Grenier qui récapitulent toute l'érudition bénédictine concernant Saint-Médard avant la Révolution française.

Travaux récents

Depuis sa destruction en 1790, l'abbaye de Saint-Médard de Soissons n'a pas encore eu son historien.

Au milieu du XIXᵉ siècle, l'abbé Poquet, directeur de l'Institut des sourds-muets et des jeunes aveugles installé dans les ruines de l'abbaye, édita les *Miracles* de Gautier de Coincy d'après le manuscrit dit « du Grand Séminaire de Soissons »[153], publia quelques articles[154], tenta même une traduction des *Annales* de Saint-Médard[155], mais laissa inédite son « Histoire de l'abbaye de Saint-Médard »[156].

✠ *Miracles de Notre-Dame. Texte de Gautier de Coincy, copie du XIVᵉ siècle. Frontispice. Paris, BNF Nouv. acq. fr. 24541, fol. Av.*

E. Lefèvre-Pontalis s'est intéressé à la question archéologique[157].

Au début du XXe siècle, à côté de l'étude fragmentaire de Louis Halphen sur « la pénitence de Louis le Pieux à Saint-Médard de Soissons »[158], J. Dauverné a consacré à Saint-Médard une thèse de sortie de l'École des Chartes : il n'en subsiste que les *Positions*. Récemment, un autre chartiste, Hassan El-Helwa, a étudié « Le temporel de l'abbaye de Saint-Médard des origines au XIIIe siècle »[159]. G. Bourgin, dans une étude sur « la commune de Soissons et le groupe communal soissonnais »[160], a jeté dans l'histoire de l'abbaye quelques coups de sonde trop rapides. Un érudit allemand a tenté, à propos du manuscrit de Nithard qui fut longtemps à l'abbaye, le premier essai critique des sources historiques et hagiographiques de Saint-Médard[161]. Le Père bollandiste B. de Gaiffier s'est dernièrement fait l'écho de ce travail en apportant une mise au point dans deux articles remarquables des *Analecta Bollandiana*[162]. Clovis Brunel, dans les *Mélanges d'histoire du Moyen Âge*, dédiés à Louis Halphen, a publié le catalogue des « actes mérovingiens pour l'abbaye de Saint-Médard de Soissons »[163]. Enfin, très récemment, Monsieur Depouilly, conservateur du musée, a éclairé des aspects de la question archéologique[164].

Histoire locale

On ne prospectera pas la bibliographie soissonnaise sans consulter les catalogues, déjà anciens, de la collection Périn[165], qu'on complétera avec l'introduction du livre de G. Bourgin sur la commune de Soissons[166], excellent guide, et le vigoureux chapitre de F. Vercauteren sur l'histoire de Soissons jusqu'au XIe siècle dans ses *Études sur les civitates de la Belgique seconde*[167]. Un article de H. Leclercq, paru en 1951 dans le *Dictionnaire d'Archéologie chrétienne et de Liturgie*[168], emprunte beaucoup à ce dernier travail ainsi qu'aux travaux plus anciens de A. Blanchet et de E. Lefèvre-Pontalis.

On doit enfin citer les meilleures histoires du diocèse, de la ville et des grandes abbayes de Soissons :

• les *Annales du diocèse de Soissons*, de l'abbé Pécheur, en dix volumes : livre classique de l'érudition locale à la fin du XIXe siècle[169] ;

• les histoires de Soissons : celle de Gillesson[170], riche de détails ; celle, classique aussi, de Dormay[171], plus acces-

sible et la moins vieillie ; celle déjà critique de Cabaret[172], celle très discutable de M. Leroux[173] ;

• l'histoire de Saint-Jean-des-Vignes par P. Legris[174] ; l'excellente *Histoire de l'abbaye royale de Notre-Dame de Soissons* par dom M. Germain[175] ; celle parallèle de Saint-Crépin-le-Grand par dom Jean Hélie[176], datée de 1689 et restée manuscrite ; l'introduction au *Cartulaire de Saint-Léger de Soissons* par l'abbé Pécheur[177]…

La Société archéologique de Soissons, fondée en 1846, publie, depuis plus d'un siècle, un *Bulletin* d'intérêt varié, où les articles relatifs directement à Saint-Médard ont été assez rares[178].

Il faut ajouter aujourd'hui le mémoire de Maîtrise d'A. Bracque, « Recherches sur le temporel de l'abbaye de Saint-Médard de Soissons au XIIIe siècle et au début du XIVe siècle », d'après le *cartularium antiquum* conservé aux Archives départementales de l'Aisne (H 477), Université de Lille, 1972-1973, ainsi que la thèse de doctorat de M.-P. Flèche, « Recherches sur les monuments sculptés du haut Moyen Âge dans le nord de la Gaule », Université de Paris IV-Sorbonne, mars 1990.

Parmi les dossiers consacrés à Saint-Médard, citons le manuscrit de R. Dauteuille « Saint-Médard, son abbaye, son culte », les études de fonds notariés des XVIe-XVIIe siècles réalisées par Y. Gueugnon et l'irremplaçable documentation rassemblée par B. Ancien pour les XIXe et XXe siècles. Ces dossiers sont consultables à la bibliothèque de la Société archéologique, historique et scientifique de Soissons, au service des Archives de la Ville de Soissons ainsi qu'au Musée de Soissons. Il faut ajouter à ces travaux récents, l'ouvrage de R. Attal, *Le Soissonnais dans tous ses états, La décennie révolutionnaire (1789-1799)*, Ville de Soissons, où celui-ci décrit, pour la période révolutionnaire, la vente des domaines de l'abbaye, ainsi que l'article de D. Defente, « Saint-Médard de Soissons », *L'Aisne méridionale*, Congrès archéologique de France, vol. II, 1994, qui présente l'état de la question pour la datation de l'ensemble crypte-église.

M. Perdereau doit publier une étude sur le missel provenant de Saint-Médard de Soissons, aujourd'hui conservé à la Bibliothèque municipale de Soissons et dont de nombreuses figures sont reproduites dans cet ouvrage.

Enfin, un catalogue de l'ensemble des relevés réalisés par G. Nicolas pour le monastère lui-même et par D. Rolland pour les vestiges architecturaux des anciens domaines de l'abbaye paraîtra prochainement *(note des éditeurs)*.

[1] AD Aisne, H 477 à 519.

[2] H 477.

[3] H 498 : c'est une confusion qui a fait attribuer cette pièce au fonds de Saint-Médard. Le patronage de l'église de Dammard n'appartenait pas à l'abbaye.

[4] H 479. H 492-493.

[5] H 480-481.

[6] H 484 à 487.

[7] H 477 bis.

[8] H 488-489. H 499. H 504. H 507. H 509. H 515. H 519.

[9] Cf. *infra*, « Terriers de La Croix-Saint-Ouen ».

[10] Une liasse, et non un « carton » comme il est spécifié dans l'*État général par fonds* de 1903, col. 464, mais non cotée à la série H : surcensements, baux et reconnaissances diverses des XVIᵉ, XVIIᵉ et XVIIIᵉ siècles pour Damery. Il s'agit des actuelles liasses 15 H1 et 2 (baux et reconnaissances de cens pour Damery, 1532-1770) des Archives départementales de la Marne (Châlons) (note des éditeurs).

[11] Éditée de façon incorrecte par L. RICOUART, *Les biens de l'abbaye de Saint-Vaast dans les diocèses de Beauvais, Noyon, Soissons et Amiens*, 1888, p. 64. L'état général par fonds de 1903 (f° 567-568) mentionne des documents pour le prieuré de Choisy. Ils ont brûlé en juillet 1915. On ne peut savoir ce qu'ils représentaient. En fait, parmi les 37 pièces de la liasse cotée H 1237 aux Archives du Pas-de-Calais et relative aux possessions de Saint-Vaast à Berny et à Vic-sur-Aisne, deux concernent Saint-Médard : elles datent respectivement du XIIᵉ siècle et de 1464 (note des éditeurs).

[12] E 950, H 4, F 20 (copie du XIXᵉ siècle de la droiture de Donchery). Pièces détruites : C 404-405-406 (du XVᵉ au XVIIIᵉ siècle, concernant les incessants débats autour du pont de Donchery). La monographie sur Donchery, rapidement écrite par le comte de Sars et restée inédite (exemplaire dactylographié aux Archives départementales de Mézières), n'utilise que des documents connus.

[13] Inventaire des archives du comté et du duché de Rethel-Mazarin du Palais de Monaco.

[14] SAIGE, LACAILLE et LABANDE, *Trésor des Chartes du comté de Rethel (1081-1490)*, archives du Prince de Monaco, 5 vol. in-4°, Paris-Monaco, 1902-1916.

[15] Ch. PÉRIN, *Recherches bibliographiques sur le département de l'Aisne, catalogue et tables des livres, chartes composant la bibliothèque de Ch. Périn*, Soissons, 1883.

[16] L. DUBAR, *Recherches sur les offices du monastère de Corbie jusqu'à la fin du XIIIᵉ siècle, Bibliothèque de la société d'histoire du droit des pays flamands, picards et wallons*, fasc. 22, Paris, 1951.

[17] A. N. K 14, n° 9/2.

[18] M. DELANCHY, thèse secondaire : les plus anciens documents diplomatiques, Introduction. L'auteur renvoie ici à sa thèse complémentaire qui

n'a pas été retrouvée. Elle correspondait à une transcription des principaux textes relatifs à Saint-Médard et répartis en trois chapitres : 1 – les plus anciens documents diplomatiques, que nous abrégerons en « diplom. » lors des renvois en note. 2 – le compulsoire : cité « compulsoire ». 3 – les annales : citées « annales » (note des éditeurs).

[19] G. BOURGIN, *La commune de Soissons et le groupe communal soissonnais*, Paris, 1908, « Bibliothèque de l'École pratique des Hautes Études, fasc. 167 », p. XXIV-XXV, qui donne des extraits des rapports.

[20] A. MATTON, *Inventaire sommaire des archives départementales de l'Aisne*, t. III, séries G-H, Laon, 1885, Introduction.

[21] F. LAGNEAU, *Annales du prieuré de la ville et de l'hospice de Donchery*, Sedan, 1874, p. 14, 15, d'après un texte en mauvais état.

[22] AN LL 1021, p. 366.

[23] AD Aisne, H 477.

[24] AN J 767, n° 37, 133, 135, 136. Bibliothèque de l'Institut, collection Godefroy, t. 139, f° 19 *sq.*

[25] AN LL 1021.

[26] BNF Nouv. acq. lat. 2295, f° I. Par abréviation, dom Vrayet, qui était à Saint-Médard à cette époque, a écrit parfois « chartul. novum » (f° 27), ce qui peut prêter à confusion avec le cartulaire BNF lat. 9986 ainsi appelé par dom Grenier, mais que dom Vrayet appelait « chartul. antiq. » (f° II et 36, corrigé par la suite) ou « chart. nigrum » (f° 29).

[27] Page 210, le copiste a oublié l'acte de 1294 obtenu contre Charles de Valois (*chart. antiq.* f° 89). Édit. Boutaric, *Actes du Parlement*, I, p. 451, n° 864.

[28] Chronique de Donchery par A. SÉNÉMAUD, *Revue historique des Ardennes*, t. V, 1867, p. 338 *sq.*

[29] AN H 3173. BNF Nouv. acq. lat. 2295, f° I. Un cahier entier a été arraché au LL 1021, entre les p. 16 et 33.

[30] AN H 3173. *Bibliographie générale des cartulaires français*, Paris, 1907, n° 3725. Il existe à la bibliothèque de l'Institut un supplément manuscrit à cette bibliographie. L. CAROLUS-BARRÉ l'a mis aimablement à ma disposition.

[31] BNF Picardie 233, f° 6.

[32] BNF Moreau 78, f° 138-139-140-141-212, et Moreau 81, f° 155-156.

[33] Archives de Monaco : T. 583, f° 40'.

[34] BNF lat. 9986, ancien cartulaire 106.

[35] BNF lat. 9986, f° 114'.

[36] BNF Baluze 46, f° 479.

[37] BNF Picardie 18, f° 44' *sq.*

[38] De 90 à 100, elle porte XC, IXC, VIIIC, VIIC... IIIIC, etc. (déjà relevé par M. PROU, *Manuel de paléographie latine et française du VIᵉ au XVIIᵉ siècle, suivi d'un Dictionnaire des abréviations*, Librairie A. Picard, Paris, 1924, (4ᵉ éd. refondue, avec la collaboration de A. DE BOUARD), qui la date du XIVᵉ siècle), p. 271.

[39] F° XLVIII à LV et f° LVII à LX.

[40] BNF Nouv. acq. lat. 2295, f° 13'.

[41] BNF Moreau 137, f° 40 et 103.

[42] BNF Nouv. acq. lat. 2295, f° 14.

[43] BNF Picardie 18, f° 44' à 48.

[44] *B.A.S.* 1888, p. 3 : offre d'E. de Barthélemy à la société.

[45] G. SAIGE *et alii, op. cit.* (v. n. 14).

[46] Picardie : 39, 89, 233, 243, 281, 289, 293, 294, 295 ; Moreau : 1, 17, 24, 28, 40, 41, 44, etc. Clairambault 561 ; Baluze 46, etc.

[47] Collection Ch. Périn à la bibliothèque de Soissons. Collection de l'abbé A.-E. Poquet (archives privées).

[48] BNF Picardie 41, f° 124, 219, 231, etc.

[49] BNF Picardie 41, f° 30'.

[50] BNF Moreau 207, f° 175, et AN H 3173, qui en signale un pour Donchery numéroté 47°.

[51] H. OMONT, *Inventaire des manuscrits de la collection Moreau*, Librairie A. Picard, Paris, 1891, avec deux tables, dont une manuscrite, par fonds d'archives. Certaines copies furent faites d'après un cartulaire relié en veau noir contenant 320 pages de parchemin in-12, que dom Muley a trouvé dans les archives de l'abbaye, et appelé « cartulaire de Vervins » à cause des nombreuses pièces intéressant la Thiérache. Ces copies permettraient de reconstituer le cartulaire. D'après dom Grenier, c'était une mauvaise copie du XVIᵉ siècle (Moreau 156, f° 156 et 156').

[52] L. PÉCHEUR (éd.), *Cartulaire de Saint-Léger de Soissons*, 1870, n° XXXII, p. 83. L. A. GORDIÈRE, *Le prieuré de Saint-Amand dépendant de l'abbaye Saint-Martin de Tournai*, 1886, p. 157, 175, 193, 251, 252, 299, 323. M. PEIGNÉ-DELACOURT, *Cartulaire de l'abbaye d'Ourscamp*, 1865, p. 56-60-62 *sq.* -74... P. GUYNEMER, *Le cartulaire de Royallieu*, 1911, Compiègne. Ch.-E. MOREL, puis L. CAROLUS-BARRÉ, *Cartulaire de l'abbaye de Saint-Corneille de Compiègne*, Société historique de Compiègne, Librairie H. Champion, Nouvelles éditions latines, 3 vol., Paris, 1904, 1909, 1977, etc. Archives départementales de l'Aisne : H 455, cartulaire de l'abbaye de Saint-Crépin-le-Grand ; H 1508, cartulaire de l'abbaye de Notre-Dame de Soissons, etc.

[53] AN L 1009 A.

[54] AN LL 1023 : tables dans BNF lat. 12665, f° 26-28.

[55] F° 10 : « *Explicit : qui hunc librum scribi fecit in societate omnium sanctorum [...] sit [...]* ».

[56] F° 13 à f° 19.

[57] F° 84.

[58] BNF Moreau 103, f° I = AN LL 1023, f° 80 ; Moreau 191, f° 153 = LL 1023, f° 83.

[59] Ms. 50.

[60] F° A.

[61] La dernière désignation du f° 38' ne se poursuit pas au f° 39. Le f° 163 est lacéré. Le f° 278 commence un acte à la moitié du texte.

notes

[62] *Cart. ant.*, f° 2.

[63] Exemplaires reconnus :

- AN J 767, n° 129, un registre petit format (160 x 220 mm) de quatre cahiers de papier reliés sous parchemin ; 136 pages foliotées I à LXVIII ; filigranes Briquet (*Les filigranes*, 4 vol. in-4°, Leipzig, 1923), n° 1038 = Mézières 1472, et n° 11417 = Mézières 1481. Ce doit être le « cartulaire » de Donchery des Archives de Monaco T. 99 : écriture de P. Camart, début XVIIe siècle d'après P. LAURENT, *Inventaire dactylographié des archives du comté de Rethel*, p. 186.

- BNF Franç. 19834 : livre du comté de Rethel, dont la première partie (f° 1-62) contient la « droiture » de la seigneurie de Donchery. Filigrane : Briquet 1741 = Mézières 1468.

- Archives de Monaco : T. 583 : registre in-4° de 44 feuillets de papier, fin XVe siècle : droiture de la seigneurie de Donchery. • T. 584 : registre in-4° de 154 feuillets de papier, fin XVIe-début XVIIe siècle. Registre de la droiture de la seigneurie suivi (jusqu'au f° 46) d'un recueil de titres relatifs à la prévôté de Donchery. • T. 585 : copie du précédent : 48 feuillets de papier, fin du XVIIe siècle ; aux paragraphes numérotés 1 à 85. • T. 586 : droiture de Donchery (28 feuillets grand format : fin XVIIe-XVIIIe siècles, d'après une copie de 1629).

- AD Ardennes : F 20 : copie par A. Sénémaud (in-f° 116 feuillets de papier) vers 1860. Des extraits ont été publiés dans la *Revue historique des Ardennes*, t. III, 1866, p. 274.

Une autre copie, maintenant perdue, existait au XVIIIe siècle au prieuré de Donchery, en un registre de 468 pages, couvert de parchemin et intitulé « Déclaration de tous les droits appartenant au prieuré de Donchery en 1320 ». À la suite de la « droiture », on avait transcrit d'autres actes postérieurs (AN H 3173). Le registre était coté 47° aux archives de l'abbaye.

[64] AN J 767, n° 37, etc. Extraits : BNF Clairambault 561, p. 126, 127, DUCHESNE 22, 213.

[65] A.D. Oise, H 2314. Contient un inventaire de 1623.

[66] Non coté aux Archives de l'Oise en mai 1951. Cf. Rapport de l'archiviste de 1930.

[67] Registre de dom Rappouel, p. 438.

[68] AN S 4317, d. 3.

[69] Diplom, *op. cit.* (v. n. 18).

[70] BNF Picardie 243, f° 318.

[71] Art. « Compulsoire », dans DURAND DE MAILLANE, *Dictionnaire de droit canonique*, 2 vol. in-4°, Paris, 1761, t. I, p. 331.

[72] BNF lat. 12665, f° 28', et Clairambault 561, p. 128.

[73] BNF Clairambault 561, p. 130.

[74] *Idem*, p. 130.

[75] Dom Vrayet en recopia des extraits au t. II de ses *Libri Utriusque Probationum*, p. 369 à 483 : BNF Picardie 243, f° 169'. Nombreux emprunts aussi de dom Gillesson, dom Grenier, etc.

[76] BNF lat. 12665, f° 28' et 29. Lat. 12684, f° 227 et 229.

[77] Compulsoire, *op. cit.* (v. note 18).

[78] AN - Série J : 169, n° 2 ; 197 A, n° 5 ; 307, n° 20 ; 345 A, n° 53 ; 345 B, n° 106 ; 387, n° 2 ; 414 A, n° 43 ; 426, n° 25 ; 443 B, nos 4-176 ; 483, n° 215 ; 484, n° 294 ; 738, nos 2, 8 ; 767, nos 6, 37, 128, 136 ; 938, n° 45 ; 1026, n° 24.

- Série JJ : 40, n° 153 ; 46, nos 112-152 ; 53, n° 257 ; 56, nos 62-238 ; 59, n° 613 ; 66, nos 192, 385, 564, 865, 1380 ; 69, n° 338 ; 70, nos 14-321 ; 72, n° 498 ; 73, n° 304 ; 81, n° 205 ; 91, n° 510 ; 122, n° 101.

[79] Table de Le Nain, vol. 43 : AN U 534, f° 265. La bienveillance de l'administration des Archives nationales m'a permis de dépouiller de très nombreux registres dont :

- dans la sous-série X1a : 15, f° 182, 355 ; 1471, f° 429 ; 1473, f° 199' ; 1474, f° 338' ; 1485, f° 236, etc.

- dans la sous-série X1c : 2 (30 janv. 1342) ; 13 A (14 février 1362) ; 14 (12 décembre 1364) ; 71 B (17 avril 1396) ; 95 A (15 mars 1408) ; 171, 76-79 (avril 1447) ; 184, 116-117 ; 247 B, 59-62.

[80] K 14, n° 9/2 : diplôme de Charles le Chauve, seul original subsistant des archives carolingiennes. P 2290, 637. P 2319, 301.

[81] L 1009 A : vingt pièces. Quelques rares bulles, voir ci-dessus.

[82] BNF Picardie 243, f° 313 ; lat. 12684, f° 234.

[83] AN L 274, n° 10 ; L 334, n° 8 ; L 1009 A, n° 28.

BNF Picardie 282, n° 44 ; 294, n° 67. Nouv. acq. lat. 2591, n° 69 ; Baluze 382, nos 112 et 117.

[84] La récente édition de K. A. FINK, *Das Vatikanische Archiv. Einführung in die Bestände und ihre Erforschung*, Rome, 1951 (2e éd.), met à jour et complète : M. FRANÇOIS, « L'histoire religieuse de la France au Vatican », dans *Introduction aux Études d'histoire ecclésiastique locale* de V. CARRIÈRE, t. I, les sources manuscrites ; t. II, l'histoire locale à travers les âges ; t. III, questions d'histoire générale à développer dans le cadre régional ou diocésain, Bibliothèque de la société ecclésiastique de France, Paris, 1934-1936-1940, t. I, p. 379-434.

[85] E. CASPAR (éd.), « Das Register Gregors VII », dans *M.G.H. ES*, 2 vol., Berlin, 1955.

[86] Dernier état des publications dans K. A. FINK, *op. cit.*, p. 168 (v. note 84).

[87] Archivio Segreto Vaticano, Indice, 557-641.

[88] A.V. Reg. Avin. 174, f° 233 ; 178, f° 148 ; 180, f° 163, 362 ; 185, f° 138 ; 205, f° 57 ; 208, f° 400 ; 215, f° 101', 191' ; 216, f° 252' ; 383, 414 ; 228, f° 333 ; 230, f° 182' ; 232, f° 561', 621 ; 283, f° 103.

[89] L'*Inventario dei registri delle suppliche* de B. KATTERBACH est une simple liste chronologique.

[90] H. HOBERG, *Taxae pro communibus servitiis ex libris obligationum ab anno 1295 usque ad annum 1455 confectis*, Città del Vaticano, Studi e testi, fasc. 144, 1949, p. 278. E. M. GÖLLER, *Die Einnahmen der apostolischen Kammer unter Johann XXII*, Paderborn, 1910, p. 662, 672, 675.

[91] A.V. Instr. Miscellanea : 2012, 2040, 2450, 3190, 3514, 3663.

[92] A.V. Instr. et Exit. : 5, f° 3', 4 ; 13, f° 4' ; 16, f° 4' ; 32, f° 5 ; 58, f° 115 ; 65, f° 4 ; 66, f° 3 ; 81, f° 2' ; 563, f° 14' ; 565, f° 6.

[93] A.V. Collect. 189, f° 141 *sq.* ; 190, f° 410' ; 192, f° 4, 129', 182 ; 193, f° 425, 447' ; 194, f° 3, 218 ; 195, f° 3'.

[94] A.V. O. S. I, f° 42, 55 ; 2, f° 16, 30, 114' ; 3, f° 4, 75, 127 ; 4, f° 174 ; 5, f° 117' ; 6, f° 35, ço, 215', 223 ; 10, f° 62 ; 14, f° 85', 93 ; 16, f° 95, 103' ; 20, f° 1', 16 ; 27, f° 6-35, f° 91' ; 36, f° 143 ; 43, f° 62, 130', 144', 182' ; 49, f° 41', 73 ; 53, f° 91, 103 ; 60, f° 182 ; 64, f° 66 ; 83, f° 120.

[95] Non mentionné dans K. A. FINK, *op. cit.* (v. note 84).

[96] A.V., Annales 1, f° 219 ; 3, f° 65 ; 4, f° 57', 149, 243 ; 31, f° 148, 157' ; 35, f° 161' ; 36, f° 101', 236.

[97] A.V., O.C. 3, f° 151 ; 4, f° 211 ; 12, f° 155.

[98] U. CHEVALIER, *Bio-bibliog.* 3392. A. MOLINIER, *Sources*, 1, n° 767, p. 236. WATTENBACH, G. Q. 1953, 1, 254. *Hist. Litt.*, V, 661 ; VI, 173 ; X, 406. MIGNE, P.L. 132, 575 *sq.* G. BOURGIN, *op. cit.*, p. XI (v. note 19).

[99] B.H.L., 5865. *AA.SS.* juin 11, p. 82-87.

[100] L'attribution à Odilon de la *Translatio SS. Sebastiani et Gregorii* est seule pleinement justifiée par la lettre à Ingran qui la précède. Les autres œuvres, *Conquestio* et sermons, sont sous son nom parce qu'on les a relevées dans le même manuscrit : *Hist. Litt.*, VI, 175. Quant à la *Vita Medardi*, c'est G. Bourgin qui la rapproche du sermon, dans G. BOURGIN, *op. cit.*, Intro, p. XI (v. note 19).

[101] MIGNE, P.L. 132, c. 629-642.

[102] MIGNE, P.L. 132, c. 634-639.

[103] *AA. SS.* juin 11, 87-95. MIGNE, P.L. 132, 579, 622. *M.G.H. SS.*, XV, 377-391 ; HOLDER-EGGER a confondu les deux principaux manuscrits : le *codex Jolianus* de Migne = BNF lat. 18311, du Xe siècle, provenant de Saint-Médard. C'est lui qui porte la marque des deux copistes Gondacer et Hildebrand (?) : L. DELISLE, *Cabinet des manuscrits*, II, 4408. Le *codex Resbacensis* est le lat. 13345, à peu près de la même époque, qui passa au fonds de Saint-Germain-des-Prés.

[104] P. LAUER (éd.), *Les Annales de Flodoard*, Paris, 1905, « Collection de textes pour servir à l'étude et à l'enseignement de l'histoire, fasc. 39 », p. 54, a. 932. Il est bien difficile de préciser la

date de rédaction de cette *Translatio* : HOLDER-EGGER, *M.G.H. SS.*, XV, 377, n° 3.

[105] Ce chapitre (*AA.SS.* = 40, Migne = 44) de la « Translation » est une composition originale insérée sans doute par Odilon dans son œuvre et connue par : BV Ottob. lat. 3064, f° 227-230 (XIe-XIIe siècles). Regin. lat. 1244, f° 59-60 (recension tardive et courte) ; cf. HOLDER-EGGER, *M.G.H. SS.* XV, 378. D. BOUQUET, VI, 323. *AA.SS.* janv. II, 293. Traduction française du XIIIe siècle dans *Les grandes chroniques de France*, J. VIARD (éd.), t. IV, p. 112-117. Aussi : WATTEMBACH, G. Q., 1904, 1, 232. E. MÜLLER, « Die Nithard-Interpolation und die Urkunden und Legendenfälschungen im St-Medardus-Kloster bei Soissons », dans *Neues Archiv*, t. 34, 1909, p. 683-722; p. 702, E. Müller résume la critique allemande à ce sujet. M. BUCHNER, « Entstehunsgzeit und Verfasser der "Vita Hludowici" des Astronomen », dans *Historisches Jahrbuch*, t. 60, 1940, p. 14-45, attribue bien improbablement la *Conquestio* à Hilduin II le Jeune, abbé de Saint-Médard au milieu du IXe siècle.

[106] *AA. SS.* ord. S. Ben., t. IV, 1, p. 411-414. MIGNE, P.L. 132, c. 623-628. Extraits par HOLDER-EGGER : *M.G.H. SS.* XV, 1, 391, 395. WATTEMBACH, G. Q., 1, 212.

[107] *AA.SS.* ord. S. Ben., t. IV, 1, p. 410.

[108] HOLDER-EGGER dans *M.G.H. SS.* XV, 1, 392. A. MOLINIER, *Sources*, I, n° 754, p. 231. M. BONDOIS, *La translation des saints Marcellin et Pierre. Étude sur Eginhard et sa vie politique de 817 à 834*, Paris, 1907, « Bibliothèque de l'École pratique des Hautes Études, fasc. 160 ».

[109] E. MÜLLER, *op. cit.*, p. 700 (v. n. 105). B. DE GAIFFIER, « Les sources latines d'un miracle de Gautier de Coincy », dans *Analecta Bollandiana*, t. L XXI, 1953, p. 100-132, et plus particulièrement p. 108.

[110] Vitae SS., Surius (éd.), 15 août, IV, 689-713 (d'après le texte de 1114). J. MABILLON, dans *AA.SS.* Ord. Ben., VI, II, 502-505 (d'après le texte en 3 livres de 1121), reproduit par MIGNE, P.L. 174, c. 1371-1433, et *AA.SS.* août III, 230-259. Extraits dans *M.G.H. SS.* XV, II, 872-904 ; et D. BOUQUET, XIV, 52-62.

[111] Manitius, III (1931), 541 et 544. F. LOT (éd.), « Hariulf, chronique de Saint-Riquier », p. XIV-XV. A. MOLINIER, *op. cit.*, II, 42, n°s 1127 et 1140 (v. n. 98). WATTEMBACH, G. Q. II, 173. G. BOURGIN, *op. cit.*, introd. p. XV (v. note 19). *Hist. Litt.* XII, 204-217. HOLDER-EGGER dans *M.G.H. SS.* XV, II, 872.

[112] MIGNE, P.L. 174, c. 1459-1470. *M.G.H. SS.* XV, II, 867, 872.

[113] *Gesta Hariulphi abbatis Sancti Petri Aldenborgensis contra abbatem Sancti Medardi Suessionensis* : E. MÜLLER (éd.), *Neues Archiv*, t. 48, 1929, p. 97 à 115. MIGNE, P.L. 174, c. 1544-1554. CLEYS, *Vie de saint Arnold*, p. 119.

[114] A. MOLINIER, *op. cit.*, II, 1766, (v. note 98). WATTENBACH, G. Q., II, 176. *AA.SS.* oct. IV, 1084-1094. *Hist. Litt.* XIII, 605-606. F. LOT

(éd.), *La chronique de Saint-Riquier*, Int., p. IV, n. 1.

[115] L. DELISLE, *Hist. Litt.*, XXXII, 235-237.

[116] L. DELISLE, *op. cit.*, II, p. 408 (v. note 103).

[117] BNF lat. 4998.

[118] Colbert fut l'intendant de Mazarin dans l'administration de ses nombreuses abbayes et en particulier dans celle de Saint-Médard dont Mazarin fut abbé commendataire de 1639 à 1661. Peut-être est-ce à cette occasion que Colbert s'intéressa au manuscrit et s'en rendit ensuite propriétaire. Cf. Dom CHARVIN, « Colbert intendant des abbayes de Mazarin », dans *Revue Mabillon*, 1946, p. 15-47 et 87-119.

[119] Codex 433. BNF nouv. acq. franç. 5692, f° 56.

[120] *Spicilegium*, L. D'ACHERY (éd.), t. II, 1723, p. 486-492.

[121] *Hist. Litt.* XXXII, p. 236. *M.G.H. SS.* XVI, p. 518.

[122] Annales, *op. cit.* (v. note 18). Sur la valeur historique de l'œuvre de Gobert de Coincy, voir *infra*.

[123] Sur Gillesson, voir U. BERLIÈRE, *Nouveau Supplément à l'histoire littéraire de la congrégation de Saint-Maur*, t. I, p. 252 ; t. III, p. 51.

[124] F° 127 *sq*.

[125] BNF franç. 11672, 18762, 18769 à 18773.

[126] BNF lat. 12777, 833-868.

[127] BNF Picardie 21, 686.

[128] BNF Picardie 218, f° 127, 132 : daté de 1649.

[129] BNF Picardie 218, f° 126' ; lat. 13818, f° 312-319.

[130] BNF Picardie 49, f° 34.

[131] Correspondance à partir de décembre 1648 : BNF Picardie 49, f° I. ; Picardie 65, f° 44. ; Picardie 236, f° 191 *sq*.

[132] BNF Picardie 49, f° 4.

[133] BNF Picardie 7, f° 43'. Après une transcription, dom Grenier écrit : « [...] D'après Cartulaire I : ce premier cartulaire est écrit par dom Vrayet ». La dernière référence du cartulaire I porte p. 975 : c'est le grand livre. La dernière référence au cartulaire II ou petit livre porte p. 347 : cf. également BNF Picardie 243, f° 161 et 170'. Le cartulaire mentionné par J. RAMACKERS, *Papsturkunden in Frankreich (Picardie)*, p. 47, est, en fait, le double livre de dom Vrayet.

[134] BNF Picardie 169, f° 23.

[135] BNF Picardie 7, f° 243'. Picardie 243, f° 161 *sq*., 210' et 311 *sq*. Également BNF lat. 12665, f° 26' où dom Vrayet a écrit en marge : « *Haec bulla deest in probationibus meis* ».

[136] BNF Picardie 243, f° 307 et Picardie 236, f° 171-172.

[137] BNF Picardie 18, f° 50'. Ce troisième tome aurait comporté au moins 334 pages : BNF Picardie 236, f° 172.

[138] BNF Nouv. acq. lat. 2295. Les f° 23 à 26 de ce manuscrit sont bien de la main de dom A. Le Michel : L. DELISLE, *Manuscrits latins et français ajoutés...* Paris, 1891, p. 595, 596 : mais le reste est de la main de dom Vrayet. Comparer, par exemple, avec BNF Picardie 236, f° 191.

[139] M. GERMAIN, *Histoire de l'abbaye royale de Notre-Dame de Soissons*, in-4°, Paris, 1675.

[140] BNF lat. 11818, f° 121-132. L'édition de M. PEIGNÉ-DELACOURT, Paris, 1882, t. II, pl. 101, donne une vue aérienne du monastère très utile.

[141] BNF lat. 12684, f° 187-197.

[142] BNF lat. 12684, f° 198-224.

[143] *Idem*, f° 274.

[144] Paris, 1751, t. IX, c. 405-410.

[145] TASSIN, *Histoire littéraire de la congrégation de Saint-Maur*, 1770, p. 83.

[146] BNF lat. 12684, f° 247-266.

[147] *Idem*, f° 269'. Lettre du 20 février 1708 : f° 272.

[148] *Idem*, f° 271-285.

[149] BNF Picardie 169, f° 21' à 37.

[150] BNF Picardie 243, f° 201-289.

[151] BNF Picardie 243, f° 290 *sq*. et f° 299' ; Picardie 64, f° 182-242.

[152] AN M 726, liasse n° 5 : outre diverses notes, une rédaction de 40 feuilles en 6 petits cahiers.

[153] A.-E. POQUET (éd.), *Gautier de Coincy : Les miracles de la Sainte Vierge*, in-4°, Paris, 1857.

[154] « Pèlerinage à l'ancienne abbaye de Saint-Médard-les-Soissons », extrait des *Annales de l'Institut des Sourds-muets*, t. I, Paris, 1849 (2e éd.). *Promenade historique à Saint-Médard de Soissons*, résumé du pèlerinage, Reims, 1880.

[155] *La Petite Revue : lettres, arts, sciences, industrie et histoire locale du Nord de la France*, t. III, Ier supplément, 1874, p. 1-30.

[156] Archives particulières.

[157] E. LEFÈVRE-PONTALIS, « Étude sur la date de la crypte de Saint-Médard », dans *54e congrès archéologique de France*, Paris 1887, p. 303-324 ; éditée à part, Caen, 1889. *Soissons, Guide archéologique*, Caen, 1913 : une très jolie plaquette, tirée à part du congrès archéologique de France, 78e session, Reims, 1911. p. 315-364. E. LEFÈVRE-PONTALIS, *L'architecture religieuse dans l'ancien diocèse de Soissons*, in-f° , Paris, 1894-1896.

Depuis le travail de l'abbé Delanchy, les fouilles entreprises sur le site à partir de 1980 ont renouvelé la connaissance de l'église principale et de sa crypte (cf. *infra*, D. DEFENTE, « Les derniers vestiges ») (note des éditeurs).

[158] *Troisièmes mélanges d'Histoire du Moyen Âge*, publiés sous la direction de A. LUCHAIRE, Bibliothèque de la Faculté des Lettres de Paris, t. XVIII, Paris, 1904, p. 177-185 ; réédité dans *À travers l'Histoire du Moyen Âge*, Paris, 1950, n° IV, p. 58-66, où l'auteur renvoie à son *Charlemagne et l'Empire carolingien*, 1949 (2e éd.), p. 292-295.

n o t e s

[159] *Position de Thèses*, École des Chartes, 1907, p. 57-69 et 1958, p. 35-38.

[160] G. BOURGIN, *op. cit.* (v. note 19).

[161] E. MÜLLER, *op. cit.* (v. note 105).

[162] B. DE GAIFFIER, *op. cit.* (v. note 109) ; B. DE GAIFFIER, « Le calendrier d'Héric d'Auxerre », dans *Analecta Bollandiana*, t. LXXVII, 1959, p. 392-425.

[163] C. BRUNEL, « Les actes mérovingiens pour l'abbaye de Saint-Médard de Soissons », dans *Mélanges d'histoire du Moyen Âge dédiés à la mémoire de L. Halphen*, Presses Universitaires de France, Paris, 1951, n° X, p. 71-81. Il a manqué surtout à l'auteur de retrouver le manuscrit de dom Gillesson : BNF Franç. 18769.

[164] J. DEPOUILLY, « À propos de trois chapiteaux du musée de Soissons », dans *Revue des arts*, 10ᵉ année, 1960, p. 157-162.

[165] Ch. PÉRIN, *Recherches bibliographiques sur le département de l'Aisne*, 3 vol. in-8°, 1866.

[166] G. BOURGIN, *op. cit.* (v. note 19).

[167] F. VERCAUTEREN, *Études sur les civitates de la Belgique seconde ; contribution à l'histoire urbaine du Nord de la France, de la fin du IIIᵉ à la fin du XIᵉ siècle*, Bruxelles, 1934, p. 106-134.

[168] *D.A.C.L.*, t. XV, fasc. 170-171, c. 1554-1557. Cet article est en fait antérieur à 1945 et date de la mort de son auteur.

[169] L. PÉCHEUR, *Annales du diocèse de Soissons*, 10 vol. in-8°, Soissons, 1863-1895.

[170] GILLESSON, *Histoire de la très noble et ancienne ville et cité de Soissons* : BNF Franç. 11672.

[171] C. DORMAY, *Histoire de la ville de Soissons et de ses rois, comtes et gouverneurs*, 2 vol. in-4°, Soissons, 1663-1664.

[172] CABARET, *Mémoires pour servir à l'histoire de Soissons et du Soissonnais*, Bibliothèque de Soissons, ms 224 en deux volumes ; copie dans la collection Ch. Périn, ms 4674.

[173] M. LEROUX, *Histoire de la ville de Soissons*, 2 vol. in-8°, Soissons, 1839.

[174] P. LEGRIS, *Chronicon breve abbatialis canonicae Sancti-Johannis*, in-8°, Paris, 1619.

[175] M. GERMAIN, *L'histoire de l'abbaye royale de Notre-Dame de Soissons*, in-4°, Paris, 1675.

[176] BNF Franç. 18776-18777 ; copie non retrouvée à la Bibliothèque de Soissons : ms 7136.

[177] L. PÉCHEUR, *op. cit.* (v. note 52).

[178] *Bulletin de la Société archéologique, historique et scientifique de Soissons*, à partir de 1847.

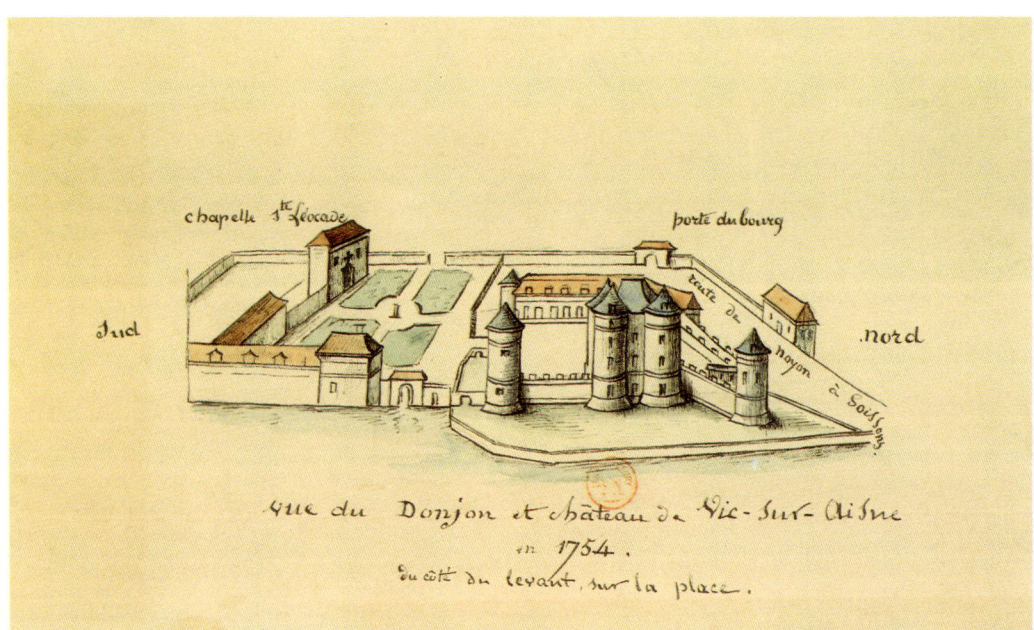

✠ *VUE DU DONJON ET DU CHÂTEAU DE VIC-SUR AISNE EN 1754,*
(Paris, BNF, M233053)

notes

LA
BASILIQUE
MÉROVINGIENNE

*L*a vie de saint Médard, sur laquelle se greffe l'histoire de l'abbaye de Soissons, se dégage sans trop de peine de l'appareil hagiographique et légendaire dont l'enveloppèrent les moines, eux-
mêmes désireux d'édifier pèlerins ou futurs pèlerins et de voir grandir le culte des reliques de saint Médard, auquel l'abbaye devait sa
fondation et dut sa raison d'être durant plusieurs siècles...

✠ *VIE DES PÈRES ET HO-MÉLIES DE SAINT CÉSAIRE (Frontispice). Texte recopié à la fin du VIIe siècle sur l'ordre de Nomédius, abbé de Saint-Médard. C'est l'un des plus anciens manuscrits mérovingiens datés. Bruxelles, Bibliothèque royale, ms. 9850-52.*

LA VIE
DE SAINT MÉDARD

Les sources hagiographiques

En effet, l'apparition des premiers récits hagiographiques concernant saint Médard suivit de près la mort du saint qui eut lieu dans les toutes dernières années du règne de Clotaire Ier. Moins de vingt ans après, du vivant même de son successeur[1] Sigebert, au plus tard en 575, Fortunat, qui deviendra évêque de Poitiers en 597, chantait déjà saint Médard et ses miracles dans un *carmen*, appelé communément par la suite « la vie en vers de saint Médard », écho possible aussi de la gratitude de sainte Radegonde envers l'évêque de Noyon, dont Sigebert avait terminé la basilique.

À la même époque, vers 575[2], Grégoire de Tours qui, sans avoir connu saint Médard, avait visité[3] son tombeau, composait les quatre premiers livres de son *Historia Francorum*. Les renseignements recueillis dans l'*Histoire des Francs*, concernant saint Médard et les origines de l'abbaye soissonnaise, restent succincts. Grégoire de Tours réserve à saint Médard un chapitre d'un autre ouvrage « *In gloria confessorum* »[4], composé avant 588[5], d'après un livre de miracles de saint Médard. Ce dernier livre auquel fait allusion Grégoire de Tours est-il le *carmen* de Fortunat, ou bien une composition plus ancienne utilisée par Fortunat avant Grégoire de Tours, qu'aurait reprise l'auteur de la *Vita Medardi* du VIIe siècle et que nous n'aurions plus ? Il semble bien difficile de le préciser[6].

Quant à la *Vita Medardi* en prose[7], longtemps attribuée à Fortunat parce qu'elle dépend visiblement du *carmen* de Fortunat[8], elle est l'œuvre d'un hagiographe mérovingien qui la composa dans la deuxième moitié du règne de Théodebert, entre 602 et 612[9], plutôt vers 602. Écrite naturellement dans le style édifiant de l'époque, elle est exacte dans ses précisions géographiques et reste la source principale la moins remaniée et la plus sûre, malgré l'indigence et les difficultés de chronologie qu'elle souligne, à cinquante ans, peut-être moins, de la mort de saint Médard[10].

Des autres *Vitae Medardi*, beaucoup plus tardives, l'une « *legenda prima* »[11], rédigée dans le monastère après 886, cherche trop ouvertement à pallier l'insuffisance de l'information donnée par la *Vita* mérovingienne, l'autre, « *legenda secunda* »[12], écrite vers 1076 par Radbod, évêque de Tournai-Noyon (1068-1098), avec une intention encore moins pure, vise plus à combattre le sentiment d'indépendance des Tournaisiens que l'évêque de Noyon voulait conserver sous sa houlette épiscopale, qu'à faire œuvre historique[13]. On ne peut également utiliser qu'avec une extrême réserve les *Vies*, composées au XIIe siècle, de saint Éleuthère et de saint Bandry[14], tous deux évêques du temps de saint Médard. La *Vie* de sainte Radegonde[15], composée à Poitiers même par Fortunat son contemporain, est un témoignage plus sûr.

Sa vie

De ces sources trop rares, trop fragmentaires aussi, la silhouette de saint Médard s'esquisse, se dessine même en un portrait inégal et incomplet, aux éclairages divers, aux ombres trop fortes[16].

D'une famille connue dans le Vermandois, de père franc et de mère gallo-romaine, apte ainsi à se faire recevoir dans la société mêlée de son temps, Médard montre tout jeune une grande charité envers les pauvres et les malheureux. Il sait se priver pour eux de nourriture, même de l'habit que lui a fait faire sa mère et qu'il donne un jour à un aveugle. Il allait parfois garder les troupeaux de ses parents.

Il aurait été à l'école le compagnon d'études et de jeux d'Éleuthère, à qui il aurait prédit sa double promotion à la dignité comtale et, quand il aurait trente ans, à l'épiscopat. S'il semble à peu près exclus qu'Éleuthère ait pu être comte de Tournai avant d'accéder à l'épiscopat dans cette cité[17], son épiscopat du moins ne fait pas de doute. On s'est demandé comment saint Médard et saint Éleuthère avaient pu se rencontrer « *in scolis* » à l'âge où on

✠ *RADEGONDE DEVANT LE ROI CLOTAIRE.*
La Vie de sainte Radegonde (vers 520-587), copie
du début du XIIᵉ siècle de l'œuvre de Fortunat
écrite à la fin du VIᵉ siècle. Poitiers, Bibliothèque
municipale, ms. 250, fol. 22 v.

✠ *SAINT MÉDARD ORDONNANT LA REINE RADE-*
GONDE. La Vie de sainte Radegonde (vers 520-
587), copie du début du XIIᵉ siècle de l'œuvre
de Fortunat écrite à la fin du VIᵉ siècle. Poitiers,
Bibliothèque municipale, ms. 250, fol. 27 v.

va à l'école, serait-ce même au palais. Cela n'était pas impossible. Ils étaient nés vers 480-485 : ce qui respecte l'embryon de chronologie de l'hagiographe mérovingien.

Ordonné prêtre, Médard fut vite remarqué par l'évêque du Vermandois. Les qualités de son esprit, la vigueur de son caractère, l'austérité et le désintéressement de sa vie, son immense bonté, même envers les voleurs et surtout envers les plus déshérités, et sa puissance surnaturelle l'imposèrent à l'admiration de toute la contrée et même du roi Clotaire Iᵉʳ. Médard devint naturellement évêque de Vermandois à la mort de l'évêque de Saint-Quentin, et le resta quinze années.

La tradition qui attribuait à saint Médard le transfert du siège de Vermandois à Noyon est maintenant très discutée[18]. Les *Vitae* des VIIᵉ et IXᵉ siècles ne disent expressément rien de ce

transfert. Radbod, écrivant sa *Vita Medardi* au XIᵉ siècle, est le premier, dans un contexte très intentionnel, à faire de saint Médard le premier évêque de Noyon en titre.

L'installation de saint Médard à Noyon, à un titre ou à un autre, semble cependant certaine, avant qu'un de ses successeurs, Berhtmundus[19], présent au concile de Paris de 614, soit dit « *ex civitate Nocciomo* ». Surtout c'est à Noyon ou à Salency[20], dans son domaine tout proche, que Médard semble s'être fixé. Il y a sa *villa*. Clotaire envoie le trouver à Salency pour tirer d'embarras ses convois alourdis par le pillage. D'après la *Vita Radegundis*, c'est à Noyon (« *Novomago*[21] ») que sainte Radegonde, épouse de Clotaire, vint exiger de l'évêque qu'il la consacrât à Dieu. Saint Médard hésita à se rendre aux désirs de la reine, pensant aux représailles possibles de Clotaire dont elle était l'épouse légitime. Les *proceres* du roi savaient le lui rappeler sur l'heure. Mais sainte Radegonde revêtit elle-même le costume de moniale et vainquit par sa fermeté les scrupules de Médard qui lui imposa les mains et la consacra « diaconesse »[22], c'est-à-dire qu'il bénit sa consécration au service de Dieu, avant qu'elle ne se retire à Poitiers et y fonde le monastère Sainte-Croix. Premier exemple sans doute dans les Gaules de pareille consécration royale où se manifestent l'esprit de décision de la reine mais aussi l'autorité dont jouissait saint Médard auprès du roi, reconnue de Radegonde elle-même.

Saint Médard ne recueillit point la succession d'Éleuthère, mort évêque de Tournai ou à Tournai à une date inconnue. Ce n'est que plus tard que l'évêché de Tournai sera réuni à celui de Noyon, entre 614 et 627 sous l'évêque Acharius[23].

Ses missions apostoliques chez les Flamands relèvent aussi de la légende « noyonnaise » du XIe siècle et ont été inventées pour appuyer les prétentions de Radbod[24]. Évêque de Vermandois siégeant à Noyon, Médard apparaît comme le premier personnage de la cité, le chef autant que le pasteur, préoccupé de tous ceux qui vivent autour de lui et de tous leurs intérêts. Mais son rayonnement spirituel s'impose jusqu'à la cour, particulièrement auprès de Clotaire.

C'est à Noyon encore, selon l'hagiographe carolingien[25], que saint Médard passa sa dernière maladie. Il y mourut à un âge avancé et Clotaire le fit enterrer à Soissons en grande pompe[26] ; ce qui explique qu'on fit parfois de saint Médard, sans autre raison, un évêque de Soissons[27].

Ce devait être dans les années 557-560, très probablement en 557[28]. Il avait été le contemporain de Benoît de Nursie, mort toutefois dix ans plus tôt.

L'ORGANISATION MONASTIQUE

La fondation de Clotaire et de Sigebert

C'est dans un des nombreux domaines que le roi franc possédait dans la région soissonnaise, sans doute pour les avoir hérités de la puissance romaine en les confiscant à son profit, que Clotaire avait fait porter le corps de saint Médard : le fisc de Crouy[29], qui s'étendait sur la rive droite de l'Aisne aux portes mêmes de Soissons sa capitale. L'endroit aurait été, si l'on en croit la tradition du IXe siècle qui prétendait en contrôler les vestiges – un *bifrons lapideus* à la porte de l'église ou du monastère –, un ancien lieu de culte païen. Cette affirmation peut n'être qu'un cliché hagiographique pour l'auteur de la *Vita Medardi*, de même que la nécessité d'un préalable défrichement du lieu choisi. Bref, Clotaire ayant décidé la construction d'une basilique[30], il fallut bien entreprendre quelques travaux préliminaires. Un abri provisoire s'imposait pour le corps de saint Médard. En attendant la construction projetée, on éleva sur le tombeau du saint un oratoire fait de branches taillées et tressées[31], qui resta jusqu'à la dédicace de la basilique.

Fin novembre ou décembre 561, Clotaire Ier mourut, loin de Soissons. Ses quatre fils portèrent sa dépouille en grand apparat à Soissons, et l'enterrèrent dans la basilique, « *ut ipse jusserat* » ajoute Aimoin[32]. Celle-ci cependant n'était pas achevée. Clotaire dut être transporté près de saint Médard qui vraisemblablement y reposait déjà[33]. Lors du partage des États de Clotaire, Soissons échut à Chilpéric ; mais Chilpéric n'y résida pas longtemps. Ayant porté la guerre dans le royaume de Sigebert, il en fut chassé et perdit même Soissons qu'occupa Sigebert[34]. Sigebert acheva la basilique entreprise par son père et l'embellit[35].

Ainsi fut fondée par Clotaire et Sigebert la basilique de Saint-Médard à Soissons. Acte de bienveillance envers l'Église d'un souverain arrivé à la fin de sa vie et qui jusque-là lui avait montré peu de sympathie[36]. Acte de dévotion envers saint Médard, dont Clotaire avait subi le prestige, et à l'égard duquel il pouvait avoir une certaine gratitude, c'est certain, même si Sigebert poursuivit la fondation par une sorte de déférence superstitieuse envers la volonté de son père. Une tradition carolingienne ajoute que la fondation fut pour Clotaire geste de remords et occasion de réparation après le meurtre de ses neveux et de son fils Chramne[37]. Il semble aussi que les rois de Soissons aient voulu se ménager un lieu de sépulture à proximité de leur capitale, comme les rois de Paris avec la basilique de Saint-Vincent, plus tard Saint-Germain-des-Prés, puis celle de Saint-Denis[38]. Sigebert réclama, comme son père, d'être enterré dans cette basilique, il y fut transporté après sa mort[39].

Le développement du pèlerinage aurait, à lui seul, rendu nécessaire cette construction. C'est le sens d'ailleurs du mot « basilique » qui, dans la langue de Grégoire de Tours, désigne une église à reliques qui n'est pas une cathédrale[40], et que les textes de l'époque appliquent à la première construction de Clotaire sur le tombeau de saint Médard. Peu après sa mort, saint Médard est reconnu comme un des plus grands thaumaturges de son temps. Saint Nicet, évêque de Trêves, dans une lettre écrite avant 568 à Clodosvinde, fille de Clotaire Ier devenue reine des Lombards, le met sur le même pied que saint Martin, saint Hilaire, saint Remi, saint Germain d'Auxerre et saint Loup[41].

Le tombeau de saint Médard est devenu un sanctuaire très fréquenté, où Grégoire de Tours a pu voir, conservées en « ex-voto », les chaînes des prisonniers délivrés par l'intercession du saint[42]. À partir des branchages qui avaient servi à l'oratoire primitif, on taillait de petites brochettes, dont l'application devait guérir les maux de dents. Ainsi guérit, selon le témoignage de Grégoire de Tours, Charimer, qui devint référendaire de Childebert ; et peut-être est-ce l'authentique d'une de ces brochettes que L. Delisle a reconnu dans un des petits parchemins découverts dans le reliquaire de Saint-Vivant de Vergy[43].

Mais selon la coutume du temps qui voulait qu'on mît les églises sous le patronage de la Vierge, d'un apôtre ou de quelque martyr, la basilique mérovingienne ne fut pas dédiée à saint Médard, qui malgré son caractère épiscopal et tous ses miracles n'était qu'un confesseur. Liturgiquement et officiellement, elle fut la basilique de Sainte-Marie, de Saint-Pierre et de Saint-Étienne[44]. L'usage courant ne la sépara pas toutefois de saint Médard : c'est dans la « basilique de Saint-Médard », écrit Grégoire de Tours[45], que le charpentier Modeste vint remercier le saint de sa délivrance.

Les coutumes martiniennes

À cette basilique il fallait un personnel. Dans leur désir de se rattacher à la tradition bénédictine la plus ancienne, à la souche même de l'ordre, les moines de Saint-Médard racontaient que Clotaire avait fondé le monastère en y installant l'abbé Daniel et trente religieux que, passant à Saumur, il avait obtenus de saint Maur, le disciple préféré de saint Benoît, envoyé en Gaule par saint Benoît lui-même pour y faire connaître sa règle[46]. Ces affirmations ne peuvent être acceptées, car la venue du disciple de saint Benoît en Anjou et la fondation par saint Maur du monastère de Glanfeuil ont été reconnues comme une autre légende de même intention que les prétentions des moines soissonnais[47].

Grégoire de Tours ne signale rien de l'établissement d'une communauté monastique auprès de la basilique de Saint-Médard. À cette époque, la fondation soissonnaise est une *basilica* comme Saint-Denis, Saint-Martin de Tours, Saint-Hilaire de Poitiers, les *praecipua loca sanctorum* du temps… Elle réalise une institution bien définie, distincte d'une institution monastique[48].

La basilique est de droit épiscopal : c'est l'évêque de Soissons, saint Ansery, que les plus anciens

✠ *ÉLÉMENT DE CEINTURE*
(fer damasquiné d'argent) provenant d'une sépulture de Saint-Médard.
VIIe siècle. Musée de Soissons, inv. 93.14.1.

44

documents mentionnent avant tout nom d'abbé, qui se préoc-
cupe du temporel de la fondation sur lequel il semble bien
avoir une certaine responsabilité. Il demande vers 610-612
une confirmation de legs pour la basilique à Théodebert II, roi
d'Austrasie[49].

Mais si la basilique dépend de l'évêque, celui-ci dé-
lègue pour l'administration du sanctuaire un « *abbas* »[50]. Le
« *vir* » Gairoldus, qui sollicita de Dagobert (629-639) la rati-
fication de la donation de Favières, devait en remplir la fonction[51]. À partir d'Audobert, sous Clotaire III (656-673), les
qualifications des *abbates* de Saint-Médard semblent plus régulières. Plus tardivement, Nomedius, contemporain de Childebert III (694-711), est signalé « *abba rector monasterii
sancti Medardi* »[52]. Cet « *abba* » ou « *abbas* » est le supérieur
non seulement du clergé basilical nécessaire à la vie religieuse
et à l'organisation du pèlerinage – et on peut penser qu'il réside dans les dépendances de la basilique – mais encore de
fratres attirés par le tombeau de saint Médard, les grâces qui
en découlent et les merveilles qui s'y opèrent… Attirance
spontanée qui a fait apparaître rapidement autour de la basilique, comme autour des « basiliques à laure* » d'Orient ou
des monastères irlandais, une population nouvelle désireuse
de perfection religieuse, qui s'est agglomérée au gré des circonstances, recherchant la vie commune ou plus souvent la
solitude dans l'entourage de la basilique. La protection des
souverains[53], très généreux pour Saint-Médard de Soissons,
et peut-être aussi de l'évêque de Soissons, favorisa cette
croissance en organisant matériellement la basilique et en
dirigeant la vie de piété.

La nécessité d'organiser cette anarchie et d'y remédier
devait faire imiter auprès du tombeau de saint Médard ce qui
s'était fait autour des basiliques plus anciennes. L'influence
de Saint-Martin de Tours sur ces anciennes basiliques a été
reconnue prédominante[54]. Les *fratres* adoptèrent – spontané-
ment ou par voie d'autorité – les coutumes que saint Martin
avait empruntées au monachisme oriental, surtout pakho-
mien[55], pour ses deux fondations de Ligugé et de Marmoutier, et qu'on imite ensuite à Saint-Martin de Tours : pas de
vœu, aucun bien propre, vie en cellules mais prière, travail et
repas en commun, frugalité de la nourriture, austérité de vête-
ment[56] : ce qui ne constituait, malgré la présidence de l'abbé,
qu'une ébauche de vie monastique, au sens du moins où nous
l'entendons, puisqu'il n'y avait pas de vie « régulière ».

Il n'est pas possible de dire dans quelle mesure les
coutumes de Saint-Martin de Tours furent suivies ou adaptées
à Saint-Médard de Soissons. Nous savons seulement qu'elles
organisèrent le premier institut religieux de *fratres*. Il est fort
probable que cet institut, malgré le prestige de Saint-Martin
de Tours, resta très autonome sous le gouvernement de son
abbas[57].

Sa place dans la vie religieuse
du royaume franc

À la fin du VIe siècle, Saint-Médard est devenu un des
grands lieux saints de Gaule, une de ses basiliques maîtresses
(basilicae seniores). C'est un centre de vie religieuse où le
prestige de saint Médard attire, parmi de nombreux pèlerins,
des membres de la famille royale. Avec les autres grands
lieux saints, la basilique de Saint-Médard partage le privilège d'être
un lieu d'asile particulièrement recherché : moins qu'ailleurs
on osera violer un sol aussi saint. Peut-être aussi la vaste
domus basilicae offre-t-elle de plus grandes facilités matérielles
de refuge. La femme du duc soissonnais Rauching, célèbre par
ses cruautés et assassiné par Childebert, y trouva asile en
587-588[58]. Les serments qu'on y fait participent à son caractère sacré et solennel : en 627, le fils du défunt maire du palais Garnier, qui avait été accusé par sa femme répudiée
d'avoir voulu tuer Clotaire II, reçut du roi l'ordre de se laver
de cette accusation en allant prêter serment sur les *praecipua
loca sanctorum* de Saint-Médard et de Saint-Denis[59].

Cette réputation porte la basilique de Saint-Médard au
premier rang des fondations soissonnaises. Sans parler des abbayes de femmes, dont la plus importante, Notre-Dame de Soissons[60], ne fut fondée qu'au cours du VIIe siècle, cent ans après
Saint-Médard, la basilique de Saint-Crépin-le-Grand[61],
construite elle aussi hors-les-murs mais sur la rive gauche de
l'Aisne, et qui conservait les corps de saint Crépin et de saint
Crépinien, les deux martyrs fondateurs de l'Église de Soissons,
représentait une tradition plus ancienne, plus vénérable même
pour les Soissonnais, parce que plus attachée à leur ville que
saint Médard, évêque d'une cité voisine. Mais, à la fin du
VIe siècle, le prestige de saint Médard, la faveur et la popularité
de son pèlerinage dans la région parisienne et le nord du
royaume franc l'emportent définitivement sur Saint-Crépin,
comme en témoigne cette anecdote des chroniqueurs[62]. En 580,
Chilpéric, redevenu roi de Soissons après la mort de Sigebert, et
Frédégonde, qui avaient déjà perdu au berceau leur premier fils

---

* Basiliques à laure (du grec *laure,* cloître) : monastère où les religieux, qui vivent seuls dans leurs cellules, sont cependant soumis à un abbé et
se réunissent seulement une fois par semaine (le samedi et le dimanche) pour
entendre l'office et faire les repas en commun.

Samson, voyant leur second fils très gravement malade, le portèrent à Saint-Médard, en demandant au grand thaumaturge un miracle de plus, le priant sans doute de récompenser la ferveur poétique que Chilpéric mettait à composer des hymnes en son honneur[63]… Mais saint Médard n'accéda point à leurs vœux… Le petit Clodebert mourut et fut enterré dans la basilique des saints Crépin et Crépinien : petite rancune d'un roi franc… À deux reprises seulement d'ailleurs[64], Grégoire de Tours mentionne dans son œuvre la basilique de Saint-Crépin ; mais elle restera toujours la rivale jalouse de l'abbaye de Saint-Médard.

Aucune autre fondation dans le diocèse de Soissons ne connaît la prospérité de la basilique de saint Médard, dont le tombeau semble avoir été révéré presque à l'égal de celui de saint Martin.

La réforme de sainte Bathilde

Saint-Médard de Soissons fut touchée par la réforme de sainte Bathilde, comme les autres basiliques maîtresses du royaume franc, les *seniores basilicae* où s'étaient maintenues jusqu'alors les coutumes martiniennes : Saint-Martin de Tours naturellement, et celles qu'on pourrait presque dire ses filiales, Saint-Denis, Saint-Germain d'Auxerre, Saint-Pierre le Vif de Sens, Saint-Aignan d'Orléans. Alors qu'elle exerçait la régence sous la minorité de Clotaire III, son fils, après la mort de Clovis II (657), sainte Bathilde, conseillée semble-t-il par saint Ouen[65], substitua à ces traditions un « *sanctus regularis ordo*[66] », c'est-à-dire la pratique d'une règle.

L'attachement porté par sainte Bathilde à cette règle et la rapide extension de cette règle dans le nord-est de la France font

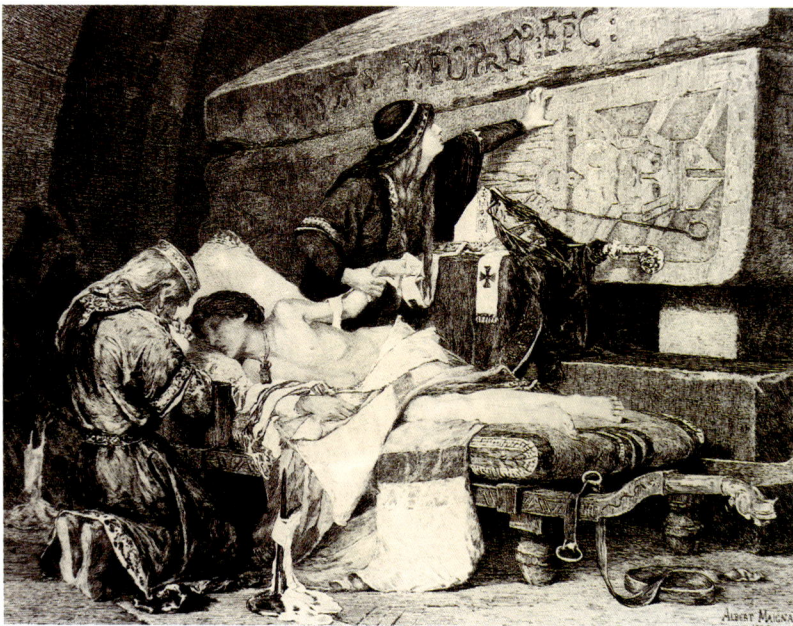

✠ *LES DERNIERS MOMENTS DE CLODEBERT AU TOMBEAU DE SAINT MÉDARD*
(gravure de A. Maignan), XIXe siècle. Coll. part.

comprendre qu'il s'agissait de ce compromis entre les usages colombaniens et la règle de saint Benoît, élaboré à Luxeuil au début de l'abbatiat de Waldebert (629-670). La discipline de saint Colomban, dont l'austérité et la rigueur paraissent avoir été inspirées de Bangor d'Hibernie, le vaste monastère irlandais, et qui représentait, malgré sa valeur religieuse, un code insuffisant, sinon inadapté d'organisation monastique[67], avait été régularisée et aménagée dans un esprit de modération et de discrétion, selon les prescriptions de saint Benoît qu'on commençait à connaître dans le royaume franc, et qui avaient de plus en plus de vogue[68].

Pour faire accepter plus facilement sa réforme, sainte Bathilde incita les évêques dont dépendaient les basiliques à leur concéder un « *privilegium* », c'est-à-dire une reconnaissance de leur situation, sinon de leur émancipation ecclésiastique, tandis qu'elle leur concéda elle-même des « *emunitates* », c'est-à-dire des franchises vis-à-vis de l'autorité royale. C'était vouloir fixer dans l'Église et dans l'État le statut spécial et légal de ces importantes églises, dont l'influence religieuse et politique ne faisait que croître.

Saint-Médard a-t-elle reçu de fait à l'époque *privilegium* et *emunitates* ? L'histoire ne peut retenir comme authentiques les bulles de Jean III de 562 et de Grégoire Ier de 593[69], orgueil du monastère constitué par ces papes – à la demande des évêques de Soissons, saint Bandry et saint Ansery –, avec l'approbation de l'épiscopat franc et du sénat romain, comme « *monasteriorum caput totius Galliae* ». On voudrait retrouver pour Saint-Médard, moins remanié cependant, un privilège comparable ou parallèle à celui que saint Drausin, évêque de Soissons, aurait accordé en 664 à l'abbaye-sœur de Notre-Dame de Soissons[70]. Saint Drausin accorda précisément aux religieuses de ce monastère la permission de vivre « *secundum votum saepe dictorum Deum timentium qui construxerant regulam et cursum sancti Benedicti* », mais « *ad modum Luxoviensis monasterii quem Colombanus tenuit »*. C'était la règle reçue à Saint-Médard depuis peu.

Pour Saint-Médard, les chroniqueurs ne mentionnent pas plus de privilège épiscopal que de diplôme d'immunité. Toutefois, le diplôme d'immunité donné par Charlemagne entre 769 et 774[71] se réfère à une concession antérieure de pleine immunité par un roi Clotaire, dont l'abbé Ursion dut sans doute présenter justification à la chancellerie de Charles pour obtenir la confirmation sollicitée. Celle-ci reprend même les termes du diplôme mérovingien. S'il est impossible d'admettre, ce que fit pourtant la tradition du monastère, que Clotaire Ier ait octroyé cette immunité – il avait suffi qu'il concédât de son fisc –, il est moins déraisonnable de penser à Clotaire III, fils aîné de la reine Bathilde. Ce dernier régna de 657 à 673, quelque temps même sous la régence de sa mère, avant qu'elle ne fût contrainte, devant le soulèvement de Sigobrand, de se retirer dans sa fondation de Chelles (664).

La réforme de sainte Bathilde fut un élément très influent sur le développement de l'abbaye de Saint-Médard. Elle a introduit dans l'abbaye le principe même de la vie monastique, la soumission à une « règle ». Partant d'un principe plus strict d'autorité, qui s'est exercé dans un effort d'organisation intérieure et de centralisation, mais a valu aussi un épanouissement de vie religieuse qui facilitera ensuite la pratique pure et simple de la règle de saint Benoît. Mais il n'est pas possible de fixer une date à cette nouvelle évolution : aucun texte ne permet d'affirmer que ce fut avant la fin de la dynastie mérovingienne.

La concession de l'immunité intégrale au monastère, conséquence de la réforme de sainte Bathilde, étendit à l'ensemble du temporel les privilèges régaliens attachés jusqu'ici aux donations royales du fisc : l'abbaye se fermait, sur toute l'étendue de son domaine, aux agents du roi, échappant à toute exigence d'impôts et assumant désormais son administration et sa justice.

Le temporel au début du VIIIe siècle

Riche de prestige, la basilique de Saint-Médard s'enrichit aussi des dons des pèlerins, des grands et des souverains. Elle reçut beaucoup en monnaie, en métal précieux aussi : vases liturgiques et ornements de prix[72]. Des legs allèrent au trésor de Saint-Médard : de la part d'un évêque de Reims, Sonnatius († 655)[73] et de la part d'un évêque du Mans, Bertrand[74]. Une immense fortune immobilière s'accumule, concédée par les souverains ou leurs familles, à l'occasion par des particuliers. S'il est impossible d'en faire un relevé exhaustif dans l'état actuel des archives mérovingiennes de l'abbaye – bribes de textes retranscrits à maintes reprises, remaniés, reconstitués à l'occasion après les grandes catastrophes et sur lesquels la critique s'exerce avec peine[75] –, on peut du moins en énumérer une bonne partie avec la plus grande probabilité.

Clotaire lui avait donné pour s'établir le fisc de Crouy, sans doute davantage[76]. Sigebert († 575) lui abandonna le fisc de *Letinas* « *cum mina plumbi* » et le territoire d'Olfi dans le Hainaut[77], peut-être aussi Bonneveau dans le Maine : cette possession était en tout cas dans le temporel de Saint-Médard au milieu du VIIe siècle[78]. Dagobert (629-639) remit la villa d'*Arlatum* sur le Loir en Vendômois[79]. C'est naturellement dans le Soissonnais et les régions voisines, Tardenois et Vermandois, que ce temporel prit le plus de consistance. Chilpéric fit des dons aux églises soissonnaises après la mort de Clodebert[80]. Il remit à la basilique de Saint-Médard les biens que Godin avait reçus du fisc royal en territoire soissonnais, mais que le roi lui avait repris après sa trahison[81]. Saint-Médard tenait au moins de lui Braye[82], peut-être aussi Saint-Mard, hameau d'Auger-Saint-Vincent[83], à moins que ce ne soit de Chilpéric II[84]. Cuisy-en-Almont fut un don de Brunehaut († 613), qui légua

✤ *RELIQUAIRE DE WARNEBERTUS, deuxième moitié du VIIe siècle.*
L'inscription sur le reliquaire laisse à penser qu'il s'agit de Warnebertus,
évêque-abbé de Saint-Médard. Beromünster, Stiftkasse, Suisse (cf. infra, note 211, p. 240).

aussi Morsain. Une femme donna Favières ; une autre, Ersende, Montigny ; une troisième, Flavia, Longpont, le 10 février 716. Clotaire III (656-673) concéda *Tarvaniaca* en Vermandois ; Clovis III (690-694) une maison à Soissons ; Clotaire IV (718-720) *Noviomum* dans le Ponthieu près d'Abbeville et Berny dans la vallée de l'Aisne[85].

Le rapport des domaines éloignés parvenait à Saint-Médard, après avoir été vendu ou échangé contre les produits du pays dont l'abbaye pouvait avoir besoin et qui étaient plus facilement transportables. De Bonneveau dans le Maine, arrivaient à Soissons des chariots de miel, de sel et autres denrées[86].

L'économie d'un monastère, à cette époque, repose sur le troc et l'échange dans un système qui fut cependant moins clos qu'on ne le croit. Mais il y a des échanges nécessaires. Pour les faciliter, l'abbaye battait-elle monnaie ? Il n'est pas possible d'interpréter fermement ce qu'on donne habituellement pour la monnaie mérovingienne de l'abbaye : un tiers de sou d'or, dont on ne connaît qu'un exemplaire[87]. Les particularités du revers surprennent les numismates. On peut croire à un faux, ou plus probablement à une usurpation et un abus qu'auraient favorisés l'immunité[88] et la décadence du pouvoir royal. À moins qu'on ne considère cette frappe comme une industrie reconnue, de droit ou de fait, dans l'exercice même du privilège d'immunité, ce que semble justifier le nombre d'églises ayant battu monnaie à l'époque[89]…

L'extension et la dispersion de ce temporel, malgré les privilèges dont il jouissait, en particulier sur les anciennes terres fiscales – les plus nombreuses – restées sous l'immunité[90], malgré même la concession intégrale de l'immunité qu'on peut supposer, à bon droit, accordée par Clotaire III, créèrent cependant des difficultés de gestion administrative, d'autant plus grandes que les domaines étaient plus éloignés de Soissons. Certaines donations royales n'étaient pas sans intention politique, et l'extension du culte de saint Médard fut sans doute moins recherchée par elles que la discrète propagande de moines gagnés au régime et fixés dans des régions non encore gagnées. Les possessions du Maine et du Vendômois donnèrent lieu à des litiges où l'autorité royale soutint naturellement les moines soissonnais. Il est révélateur que la résistance soit venue du clergé local, tel cet évêque Ediculus, non identifié, qui subissait sans doute cette colonisation comme une provocation. Chilpéric II (715-721) fit restituer à Saint-Médard toute l'étendue du domaine d'*Arlatum*[91]. Mais il fallut les interventions successives de Clotaire III (657-673), Childebert III (694-711), Dagobert III (711-715) et Thierry IV (721-737) pour maintenir Bonneveau intact dans le temporel de l'abbaye[92]. Ces possessions n'en étaient que plus précaires. On peut présumer que Saint-Médard aura du mal à les conserver.

Les biens acquis en Hainaut furent les premiers éléments d'un patrimoine que l'abbaye maintint dans les pays de la Sambre, parce que déjà moins éloignés.

Et dès cette époque s'ébauche, sur la rive nord du cours d'eau, de Cuisy-en-Almont à Berny avec prolongements vers Braye et Morsain, l'axe futur de la vie économique du monastère : la vallée de l'Aisne.

Le plus grand danger pour l'abbaye et sa fonction spirituelle vint de l'ampleur même de cette fortune immobilière, qui devenait une tentation pour le souverain en mal de finances. L'abbaye était une fondation royale : elle s'était développée grâce aux largesses royales. Le roi conservait sur elle une mainmise d'autant plus forte qu'il lui avait concédé l'immunité. Il se réservait très probablement la nomination des abbés. Si rien ne permet d'affirmer que le temporel de l'abbaye ait pâti de l'usage que Charles Martel fit des biens des églises franques, il semble bien qu'avant celui-ci l'abbaye ait été pour son détriment l'objet de marchandages, où l'intérêt du roi trouvait son bénéfice plus que la ferveur de la vie monastique. L'épisode de Warimbert, connu par l'auteur de la *Vita Medardi*[93], qui écrivait à la fin du IXe siècle, était une leçon et un avertissement aux abbés de son temps[94].

Abbé de Saint-Médard, Warimbert l'était devenu par la désignation du roi. C'était un familier du palais, et non des moins importants… Peut-être devait-il sa nomination à Ébroïn, le maire du palais dont les attaches avec le Soissonnais sont connues. Quelques années passèrent, et vers 674 l'évêque de Soissons, saint Drausin, vint à mourir : et l'abbé de Saint-Médard de postuler sa succession… Warimbert devint évêque de Soissons. Jusqu'ici, tout pouvait être régulier. Mais, devenu évêque, il n'avait guère de joie à abandonner la crosse abbatiale : ne fût-elle que de bois, elle lui valait beaucoup… Cela n'alla pas tout seul ; tout de même, il réussit « *maxima summa* », en donnant la grosse somme, à conserver le gouvernement de l'abbaye en même temps que son diocèse : premier évêque-abbé, à notre connaissance, qui portât les deux crosses…

Les religieux de Saint-Médard ne pouvaient lui faire grief de son élévation à l'épiscopat, pas même, à un moment où la volonté du roi s'imposait, de la faveur royale qui l'avait fait abbé puis évêque. Ils s'affectèrent beaucoup de voir Warimbert résider plus souvent dans sa cité de Soissons qu'à l'abbaye, et les revenus de l'abbaye être consommés pour la subsistance du nouvel évêque de Soissons. Warimbert avait pris, en effet, l'habitude de s'approprier les revenus du lointain domaine de Bonneveau dans le Maine, dont les produits arrivaient chaque année à Soissons par chariots et que Warimbert faisait maintenant décharger à l'évêché… Une année, le convoi fut annoncé. Warimbert était absent. Magnifique occasion : les moines vont au-devant des chariots, les dirigent vers Saint-Médard, en remplissent leurs greniers. Puis ils s'enferment chez eux, s'en remettant à leur saint patron.

Il fallut bien que l'évêque-abbé rentrât, qu'il apprît ce qui s'était passé. Warimbert courut à Saint-Médard et, de colère, assomma d'un coup de bâton le frère portier qui lui ouvrait la porte de la basilique, où les moines s'étaient réfugiés. Saint Médard cette fois se devait d'intervenir, en délivrant sur-le-champ ses moines de ce forban. Touché d'un mal soudain, Warimbert s'écroula devant le tombeau même de saint Médard…

La tradition du monastère

Faute de documents, il est difficile de se faire une idée de la vie religieuse de l'abbaye pendant que se prépare et se consomme la crise dynastique qui aboutira au sacre de Pépin le Bref à Soissons. Mais peut-être n'est-il pas sans signification que le seul manuscrit qui subsiste de la bibliothèque mérovingienne de Saint-Médard, écrit dans le scriptorium même de l'abbaye sous l'abbatiat de Nomedius, contemporain de Childebert III (694-711)[95], contienne dix homélies et une exhortation de saint Césaire, insérées entre un fragment des *Vitae Patrum*, une décrétale mutilée du pape Gélase et une explication des quatre Évangiles. Sainte Radegonde, consacrée à Dieu par saint Médard, et qui a joué un rôle important dans la diffusion des œuvres de l'évêque d'Arles, avait sans doute

trouvé facilement audience à Soissons[96]. Des coutumes martiniennes à la règle bénédictine, l'évolution monastique semble avoir conservé tout ce qui l'achemine vers le dépouillement évangélique : c'est ce qui fait sa richesse et son progrès.

Quant au manuscrit conservé à la Bibliothèque royale de Bruxelles, c'est une œuvre de luxe en écriture onciale, avec un frontispice remarquable et des enluminures qui témoignent du meilleur métier[97]. L'abbaye avait donc son scriptorium. Avait-elle son école ? S'il y en eut une, elle n'a laissé aucune trace[98].

De la même façon qu'elle revendique une école ou une « académie », la tradition du monastère a accaparé avec une facilité déconcertante bien des événements qui n'ont pas eu lieu à Saint-Médard. Étant admis que Saint-Médard était l'église soissonnaise la plus importante, on y situa des faits qui eurent lieu en réalité à Soissons, mais en dehors de Saint-Médard[99]. C'est surtout vrai pour la crise dynastique qui amena au pouvoir les Carolingiens. Aucun texte étranger au monastère n'affirme que le synode neustrien tenu par Pépin à Soissons les 2 et 3 mars 744 ait eu lieu dans l'église de Saint-Médard[100] ; que saint Boniface, à supposer qu'il fût réellement l'auteur du sacre de Soissons[101], ait procédé au sacre de Pépin dans cette basilique vers la Noël 751[102]. Peut-être le dernier roi mérovingien Childéric III a-t-il été tondu à Saint-Médard avant d'être envoyé à Saint-Bertin[103]. Mais il est sûr que c'est à Saint-Denis en avril, plutôt que le 28 juillet 754, que le pape Étienne II consacra la dynastie carolingienne[104]. Il n'y a pas non plus de témoignage prouvant que le couronnement de Carloman à Soissons en octobre 768[105] ait eu lieu à Saint-Médard.

[1] *Fortunati carminum*, lib. II, 16 (v. 161-162). Traduction de Nisard dans « Collection des auteurs latins », Paris, 1887, *Poésies de Fortunat*, p. 72. *M.G.H. AA*, F. LÉO (éd.), Berlin, 1881, IV, 1re part., p. 44-48 (166 vers).

[2] B. KRUSCH (éd.), *M.G.H. SS. rer. merov.* I, 1951, p. XXI.

[3] Greg. Tur., *H.F.*, IV, 19. -V, 50.

[4] Greg. Tur., *In Glor. Confess.*, c. 93. *M.G.H. SS. rer. merov.* I, 807-808.

[5] D'après B. KRUSCH (éd.), *M.G.H. SS. rer. merov.* I, p. 455 et 808, n° 2.

[6] Parenté curieuse de ses sources : Grégoire de Tours (*In glor. conf.* c. 93) et Fortunat (II, 16, v. 105-122) et l'hagiographe mérovingien (*Vita Medardi*, c. 14). VAN DER ESSEN, dans *Annuaire de l'Université catholique de Louvain*, 1904, p. 376.

[7] *M.G.H. AA*, IV, 2e part., p. 67-73.

[8] Comparer chap. IX de la *Vita* et v. 13-17 du *Carmen* ; chap. XI-XIV et v. 35-46; chap. XXXVII et v. 167. La dépendance va presque jusqu'à l'identité d'expression.

[9] *M.G.H. AA*, IV, 2e part., p. XXV, XXVI, d'après FRÉDÉGAIRE, *Chronicarum quae dicuntur Fredegarii scholastici libri IV*, B. KRUSCH (éd.). B. Krusch conteste l'attribution à Fortunat. Son argumentation est critiquée par VAN DER ESSEN, *op. cit.* p. 372-379 (v. note 6), pour qui l'attribution à Fortunat reste toutefois douteuse. Cette *Vita* et le *carmen* de Fortunat sont connus par un excellent manuscrit du VIIe siècle : ms. lat. 3514 de la bibliothèque de Munich, malheureusement amputé des éléments chronologiques, mais qui n'a peut-être pas été assez étudié. C. HALM, G. LAUBMANN, G. MEYER, *Catal. codd. latin. bibliothecae regiae Monacensis*, 1871, II, p. 83. *M.G.H. SS. rer. merov.* I, 878. - *M.G.H. AA*, IV, 2, XXVI.

[10] Mgr Duchesne en acceptait la valeur pour Éleuthère, cf. L. DUCHESNE, *Les fastes épiscopaux de l'ancienne Gaule*, 3 vol., Paris, 1894, 1900, 1915, et plus particulièrement t. II, p. 114.

[11] *AA.SS.* juin, II, 82, 86. Sur cette tendance à l'apocryphe : PALANQUE, *R.H.E.F.*, XXXVIII, 1952, p. 64.

[12] *AA.SS.* juin, II, 87-94. J. WARICHEZ, *Les origines de l'Église de Tournai*, Université de Louvain, Recueil des travaux publiés par les membres des conférences d'histoire et de philosophie, fasc. 10, Louvain, 1902, p. 17, 18, 60, 61.

[13] E. DE MOREAU, *Histoire de l'Église en Belgique*, t. II, *la formation de l'église médiévale du milieu du Xe siècle au début du XIIe siècle*, Museum Lessianum, Section Historique n° 2, l'édition universelle, Bruxelles, (2e éd. remaniée et complétée), 1947, p. 63.

[14] *Vita Eleutherii* : AA. SS. février, III, 187-189 et 189-195. J. WARICHEZ, *op. cit.*, introduction p. X sq. (v. note 12), *Vita Bandaridi*, composée sous l'évêque Joscelin de Vierzy : *AA. SS.* août, I, 63-68. *Hist. Litt.* XII, p. 431, 432.

[15] *M.G.H. AA*, IV, 2, p. 38-49 et p. XVI sq.

[16] Étude d'ensemble et bibliographie dans *D.A.C.L.*, art. « Médard (saint) » par dom H. LECLERCQ (1932), t. XI, 1re part., p. 102-108. A. POTTHAST, *Biblioteca historica medii aevi*, Wegweiser durch die Geschichtswerke des europäischen Mittelalters bis 1500, 2 vol., Berlin, 1896, (2e éd.), t. II, 1477.

[17] F. VERCAUTEREN, *op. cit.*, p. 239 (v. note 167, C. I). E. DE MOREAU, *op. cit.*, I, 58 (v. note 13), malgré H. LECLERCQ, art. « Tournai », *D.A.C.L.*

[18] F. VERCAUTEREN, *op. cit.*, p. 167 (v. note 167, C. I). H. LECLERCQ, *D.A.C.L.*, XI, 105.

[19] L. DUCHESNE, *op. cit.*, III, 103 (v. note 10). MAASSEN (éd.), *M.G.H. Concilia aevi merov.* p. 192.

[20] Oise, arrdt. et canton de Noyon.

[21] *Vita Radegundis*, c. 12. *M.G.H. AA*. IV, 2, 41.

[22] R. AIGRAIN, *Sainte Radegonde* (vers 520-587), Librairie V. Lecoffre, 1918, p. 50 sq. L'auteur examine les questions de droit ecclésiastique posées par cette décision de saint Médard. H. LECLERCQ, *D.A.C.L.*, 1947, XIV, 2046. L. VEDING, « Geschichte der Klostergründungen der frühen Merowingerzeit », dans *Historische Studien*, vol. CCLXI, Berlin, 1935, p. 205.

[23] F. VERCAUTEREN, *op. cit.*, p. 168, n° 2 (v. note 167, C. I).

[24] AA.SS. juin, II, *Vita Medardi*, c. 19 et 20, p. 90, 91. J. WARICHEZ, *op. cit.*, p. 42 sq. et 58 sq. (v. note 12). VAN DER ESSEN, *op. cit.*, p. XII et 323 (v. note 6). D'HERBOMEZ, « L'évêque de Tournai-Noyon », dans *Messager des sciences historiques de Belgique*, 1891, p. 478-491 ; 1892, p. 210-224 et p. 300-310, critiqué par J. WARICHEZ, *op. cit.*, p. 402-404 (v. note 12). A. LESORT, dans *Bulletin critique*, 15 mars 1904, p. 141-145. VAN DER ESSEN, *op. cit.*, p. 372-379 (v. note 6).

[25] *AA.SS.* juin, II, 83.

[26] *Vita Medardi* mérovingienne, chap. XII. Greg. Tur., *H.F.* IV, 19.

[27] Greg. Tur., *H.F.*, p. 747 : « Sessionum episcopo ». Orderic Vital, V, 9, A. LE PREVOST (éd.), I, 341. E. LESNE, *La propriété ecclésiastique en France aux époques romaine et mérovingienne*, Faculté des Lettres de l'Université de Paris, fasc. XIX, t. I et II, fasc. 1 et 2, Lille-Paris, 1926, et plus particulièrement p. 304 et 457. L. MAÎTRE, « Le culte de Saint-Médard dans le diocèse de Nantes et dans l'ouest », dans *Annales de Bretagne*, t. XV, 1899-1900, p. 292-298.

[28] Greg. Tur., *Miracula*, p. 807, n° 2. H. LECLERCQ, *D.A.C.L.*, 1932, col. 106 et 108. B.H.L., II, 857 : en 556. D. CAFFIAUX d'après D. VRAYET : 558 : BNF Picardie 243, f° 201 et 249. J. ÉLIE, *Origine du christianisme dans le Soissonnais ou Histoire de l'abbaye royale de Saint-Crépin le Grand de Soissons de l'ordre de Saint-Benoît*, Bibliothèque Nationale de France (manuscrit non publié, français 18776-18777), 1689, p. 321.

[29] *AA.SS.* juin, II, p. 84 et mai III, p. 205. *De sancto Onesimo : « Sepultus est* (saint Onésime, mort vers 360)... *in vico Croviaco, qui postea nomine sancti Medardi dictus atque insignitus habetur »*, texte du VIIIe ou IXe siècle : E. MÜLLER, *op. cit.*, p. 710, 711 (v. note 105, C. I).

[30] Greg. Tur., *H.F.*, IV, 19, p. 152.

[31] Greg. Tur., *In gloria confess.*, c. 93, p. 807.

[32] Greg. Tur., *H.F.*, IV, 21, p. 154. *Liber hist. Franc.*, c. 29, p. 289. D. BOUQUET, III, 65.

[33] A.S.M. a. 567.

[34] Greg. Tur., *H.F.* IV, 22-23, B. KRUSCH (éd.), p. 154, 155.

[35] Greg. Tur., *H.F.*, IV, 19, B. KRUSCH (éd.), p. 152. F. LEO (éd.), *Fortunati carm.* II, v. 161-162, p. 48.

[36] L. VEDING, *op. cit.*, p. 240 (v. note 22).

[37] *AA. SS.* juin, II. 83. Greg. Tur., *H.F.*, IV, 20.

[38] Greg. Tur., *H.F.* IV, 20 ; V, 34 ; VI, 46 ; VIII, 10. L. LEVILLAIN, « Études sur l'abbaye de Saint-Denis à l'époque mérovingienne », dans *B.E.C.*, 86, 1925, p. 97.

[39] Greg. Tur., *H.F.*, IV, 51, 189. FRÉDÉGAIRE, *op. cit.*, IV, 54 : *M.G.H. SS. Rer. mer.* II, 147 (v. note 9). AIMOIN, D. BOUQUET, III, 72. *Liber hist. Franc.* 32 : *M.G.H. SS. Rer. mer.* II, p. 297.

[40] L. LEVILLAIN, *op. cit.*, p. 44 sq. (v. note 38).

[41] *M.G.H. Epp. merov. et karol. aevi*, I, 119.

[42] Greg. Tur., *H.F.*, IV, 19, p. 152 ; Greg. Tur, *In glor. conf.* 93, p. 807.

[43] L. DELISLE, « Authentiques reliques de l'époque mérovingienne (avec fac-similés) », dans *Bulletin d'histoire et d'archéologie religieuse du diocèse de Dijon*, 1884, p. 129-134. H. LECLERCQ, art. « Reliques et Reliquaires », dans *D.A.C.L.*, XIV, 2340.

[44] J.-W., 1239 ; fausse bulle de saint Grégoire. *Analecta Bollandiana*, t. VIII, 402. BORETIUS-KRAUSE (éd.), *M.G.H. Capitularia*, II, 53. La basilique prit ensuite le nom de Saint-Pierre-Saint-Etienne, peut-être à cause du voisinage de Notre-Dame de Soissons. L'équivoque ne put cependant être complètement évitée : BNF Picardie 243, f° 250.

[45] Greg. Tur., *H.F.*, V, 49, p. 260 ; également V, 34, p. 240 ; IX, 9, p. 423, etc.

[46] J. MABILLON, *Annales ordinis St. Benedecti*, 6 vol., Lucques, 1739-1745, I, 113-114. BNF Picardie 243, f° 201.

[47] H. LECLERCQ, art. « Glanfeuil », dans *D.A.C.L.*, 1924, VI, 1283. A. MALNORY, *Quid luxovienses monachi discipuli Sancti Columbani ad regulam monasteriorum atque ad communem ecclesiae profectum contulerint*, Librairie Bouillon, Paris, 1894, p. 20-26.

[48] *M.G.H. Concilia aevi merov.*, MAASSEN (éd.), p. 264, « basilica » ; L. LEVILLAIN, *op. cit.*, p. 44 (v. note 38).

[49] Diplom., *op. cit.*, n° 9 (v. note 18, C. I), compte tenu, évidemment, des fausses bulles de Jean III et de Grégoire Ier.

[50] Ch. DEREINE, art. « Chanoines », dans *D.G.H.E.*, XII, 360-363 (1951). L. LEVILLAIN, *op. cit.*, p. 52 (v. note 38).

[51] Diplom., *op. cit.* (v. note 18, C. I).

[52] Diplom., *op. cit.* (v. note 18, C. I).

[53] *Liber hist. Franc.*, c. 29 et 34 ; *M.G.H. SS. Rer. merov.* II, p. 288, 301.

[54] L. LEVILLAIN, *op. cit.*, p. 74 (v. note 38).

[55] DE CLERCQ, dans *Mélanges Louis Halphen*, Paris, 1951.

[56] SULPICE-SÉVÈRE, *Vita Martini*, HALM (éd.), Vienne, 1866, p. 120. A. MALNORY, *Saint Césaire*, p. 246 *sq*.

[57] Il n'est pas impossible que quelque chose de cette tradition martinienne ait été conservé à travers tout le Moyen Âge : cf. les *Annales de Saint-Médard* composées au XIIIᵉ siècle par Gobert de Coincy, a. 320, a. 362-375-399-446 et les bons rapports entre les deux abbayes, même avec le chapitre de Saint-Martin sous le bienheureux Hervé de Tours.

[58] Greg. Tur., *H.F.* IX, 9, p. 423. TIMBAL, *Le droit d'asile*, p. 127, 128.

[59] FRÉDÉGAIRE : *M.G.H. SS, Rer. merov.* II, p. 147, *op. cit.* (v. note 9).

[60] COTTINEAU, 3051.

[61] COTTINEAU, 3050.

[62] Greg. Tur., *H.F.* V, 34, p. 240 ; *Liber hist. Franc.*, c. 34, p. 300. AIMOIN, III, 31, D. BOUQUET (éd.), III, 82.

[63] *M.G.H. Poetarum latin. karol. aevi*, IV, I, 1914, p. 455-457. *Analecta Bollandiana*, t. XXIII, 1904, p. 500, n° 263. C. BLUME, *Analecta hymnica medii aevi*, t. LI, n°ˢ 179 et 180 p. 179, 180.

[64] En outre, Greg. Tur., *H.F.* IX, 9, p. 423.

[65] *Vita s. Bathildis*, B. KRUSCH (éd.). *M.G.H. SS. Rer. merov.* II, p. 487.

[66] *Vita s. Bathildis* (rédaction A écrite peu après la mort de Bathilde [658]), c. 9, B. KRUSCH (éd.), p. 493. Et le commentaire de L. LEVILLAIN, *op. cit.*, p. 50 (v. note 38) et dans *B.E.C.*, t. 87, 1926, p. 20.

[67] *Mélanges colombaniens*, Paris, 1951, p. 76 et *passim*.

[68] BRÉHIER-AIGRAIN, *Grégoire le Grand, les États barbares et la conquête arabe*, 1938, p. 516.

[69] J.-W., 1039 et 1239.

[70] M. GERMAIN, *op. cit.*, p. 421-424 (v. note 139, C. I) - *AA.SS.* mars, I, 405.

[71] *M.G.H., Karoli Magni*, n° 75, p. 108. Le diplôme de Clovis III, supposé par F. VERCAUTEREN, *op. cit.*, p. 116 et n° 5 (v. note 167, C. I), peut aussi bien avoir été un diplôme de son père réel ou supposé, Clotaire III, comme lui roi de Neustrie et de Bourgogne, la chancellerie ayant très probablement conservé le même formulaire. L. VEDING, *op. cit.*, p. 241 (v. note 22).

[72] AIMOIN, III, 31, D. BOUQUET (éd.), III, 82.

[73] FLODOARD, *Histoire de l'Église de Reims*, trad. par P.-J.-F. Lejeune, publié par l'Académie impériale de Reims, Reims, 1854, I, 260-3, II, 5 et 6.

[74] H. LECLERCQ, art. « Le Mans », dans *D.A.C.L.*, X, 1513. BUSSON-LEDRU, « Actus pontificum », dans *Archives historiques du Maine*, t. II, p. 132.

[75] Diplom., *op. cit.*, introduction (v. note 18, C. I).

[76] *AA.SS.* juin, II, 84. *Liber hist. Franc.* c. 29, B. KRUSCH (éd.), p. 288. Fausse bulle de Jean III : Diplom, *op. cit.* (v. note 18, C. I).

[77] Diplom., *op. cit.* (v. note 18, C. I).

[78] *Idem*.

[79] *Idem*.

[80] *Lib. hist. franc.*, c. 34, p. 300.

[81] Greg. Tur., *H.F.* V, 3, p. 196.

[82] Diplom., *op. cit.* (v. note 18, C. I).

[83] Oise, arr. Senlis, cant. Crépy-en-Valois.

[84] C'est le seul renseignement qu'il soit possible d'accepter du temporel mérovingien confirmé par la bulle d'Eugène II (P.U. Picardie, n° 2, p. 56) considérablement amplifiée par l'atelier de Guernon.

[85] Sur toutes ces donations, cf. Diplom., *op. cit.* (v. note 18, C. I).

[86] *AA. SS.* juin, II, 86.

[87] Cabinet des Médailles, n° 1061 (bis), début VIIᵉ siècle. M. PROU, Catalogue, p. LVI-LVIII et fig. 25. A. BLANCHET et A. DIEUDONNÉ « Manuel de numismatique française », 4 vol., Librairie A. Picard, Paris, 1912-1936, t. I, *Monnaies frappées en Gaule depuis les origines jusqu'à Hughes Capet*, p. 209.

[88] F. VERCAUTEREN, *op. cit.*, p. 117 (v. note 167, C. I).

[89] A. BLANCHET, *op. cit.*, t. I, p. 235 (v. note 87).

[90] L. LEVILLAIN, « Note sur l'immunité mérovingienne », dans *Revue historique de droit français et étranger*, 1927, vol. VI, p. 38.

[91] Diplom., *op. cit.* (v. note 18, C. I).

[92] *Idem*.

[93] *AA. SS.* juin, II, 85-86.

[94] Carloman et les plaintes des moines : *M.G.H. Epp. Karol. aevi*, IV, p. 179, n° 25, II.

[95] Diplom., *op. cit.* (v. note 18, C. I).

[96] C.-F. ARNOLD, *Caesarius von Arelate und die gallische Kirche seiner Zeit*, J. C. Hinrichs'sche Buchhandlung, Leipzig, 1894, p. 424 *sq*.

[97] Bibliothèque royale de Belgique, Bruxelles, ms. 1221, ancien catalogue 9850-2. Le manuscrit est daté au premier feuillet : HIC LIBER VITAS PATRVM SEU VEL HUMILIAS SANCTI CAESARII EPISCOPI QVOD VENERABILIS VIR NOMEDIVS ABBAS SCRIBERE ROGAVIT ET IPSUM BASILICAM SANCTI MEDARDI CONTVLIT DEVOTA MENTE SI QVIS ILLVM EX EADEM AUFERRE TENTAVERIT IVDICIVM CVM DEO ET SANCTO MEDARDO SIBI HABERE (NON DVBITET). Ce manuscrit a été utilisé pour l'édition de D. MORIN, *Sancti Cesarii Arelatensis sermones*, Maredsons, 1934, t. I, XXXIII.

[73] E. LESNE, *op. cit.* IV, 228 (v. note 27). J. VAN DES GHEYN, *Catalogue des manuscrits de la Bibliothèque royale de Belgique*, Bruxelles, 1902, II, p. 224, n° 1221. TRAUBE-LEHMAN, *Vorlesungen...* n° 27, p. 178. L. DELISLE, *Notices et extraits des manuscrits de la BNF*, t. XXXXI, I (1884). « Notice sur un manuscrit mérovingien de Saint-Médard de Soissons », extrait de la *Revue archéologique* (nouvelle série), XLI, 1881, p. 257-160, et p. IX.

[98] Abbé E. VACANDARD, *La Vie de saint Ouen* (p. 18, n° 3) fait justice de la légende de saint Ouen éduqué à Saint-Médard, en dénonçant le faux diplôme de Dagobert (*M.G.H. DD*, G. H. PERTZ (éd.), n° 33, p. 152) sur lequel elle repose.

[99] Les mauristes acceptent trop facilement cette tradition : cf. les conciles énumérés dans BNF Picardie 243, f° 277 ou ms. fr. 7869, 15, et dans *G.C.* IX, 407-408.

[100] E. MÜHLBACHER (éd.), *Regesta Imperii*, sous la direction de Johann Friedrich Böhmer. *Die Regesten des Kaiserreichs unter den Karolingern (751-918)*, Verlag der Wagner'schen Universitäts-Buchhandlung, Innsbrück, 1889, 55 (53). *M.G.H. Capitul. reg. franc.*, BORETIUS-KRAUSE (éd.), I, 28.

[101] J. DE PANGE, *Le Roi très Chrétien. Essai sur la nature du pouvoir royal en France*, Librairie A. Fayard, Paris, 1949, p. 136.

[102] F. LOT, C. PFISTER, F.-L. GANSHOF, *Les destinées de l'Empire en Occident de 395 à 888*, Histoire générale Glotz, Histoire du Moyen Âge, t. I, Presses Universitaires de France, Paris, 1928, p. 407. A.S.M. a. 750 ont suivi à la lettre les *Annales Laurissenses* a. 750, *M.G.H. SS*, I, 138 mais en ajoutant « in monasterio Sancti Medardi Suessionensis ». Le sacre aurait eu lieu entre le 30 octobre 751 et le 23 janvier 752 d'après B. KRUSCH, *M.G.H. SS. rer. merov.* VII, 508-511 ; entre novembre et décembre 751 d'après L. LEVILLAIN, « L'avènement de la dynastie carolingienne et les origines de l'État pontifical », dans *B.E.C.*, 94, 1933, p. 225-295, qui fait remarquer, p. 229, n° I, que « le manuscrit C (2) de l'édition des Annales Royales porte à la place des mots *"in Suessionis civitate"* qui ont été grattés, les mots *"in monasterio sancti Medardi"* et en marge l'addition *"quod situm est in Suessionis civitate"*, le tout d'une main du XIᵉ siècle ». Correction sans valeur historique. Le texte des *Annales* invite au contraire à placer le sacre dans la cathédrale de Soissons... Ce manuscrit, maintenant à Saint-Pétersbourg dans la collection de Dubrowsky, a été écrit au XIᵉ siècle à Saint-Médard, a été gratté et surchargé par un moine de l'abbaye au siècle suivant. Cf. *Annales regni Francorum*, KURZE (éd.), 1895, p. X et 10.

[103] E. MÜHLBACHER, *op. cit.*, 64 (62) a (v. note 100), qui taxe d'erreur les *Annales Lobienses* a. 750, *M.G.H. SS.* II, 195, -SS. XIII, 228, - SS. XXV, 393. A.S.M. a. 741.

[104] E. MÜHLBACHER, *op. cit.*, 76 (74) e (v. note 100). L. LEVILLAIN, *op. cit.*, p. 294 (v. note 102).

[105] E. MÜHLBACHER, *op. cit.*, 115 d (v. note 100).

notes

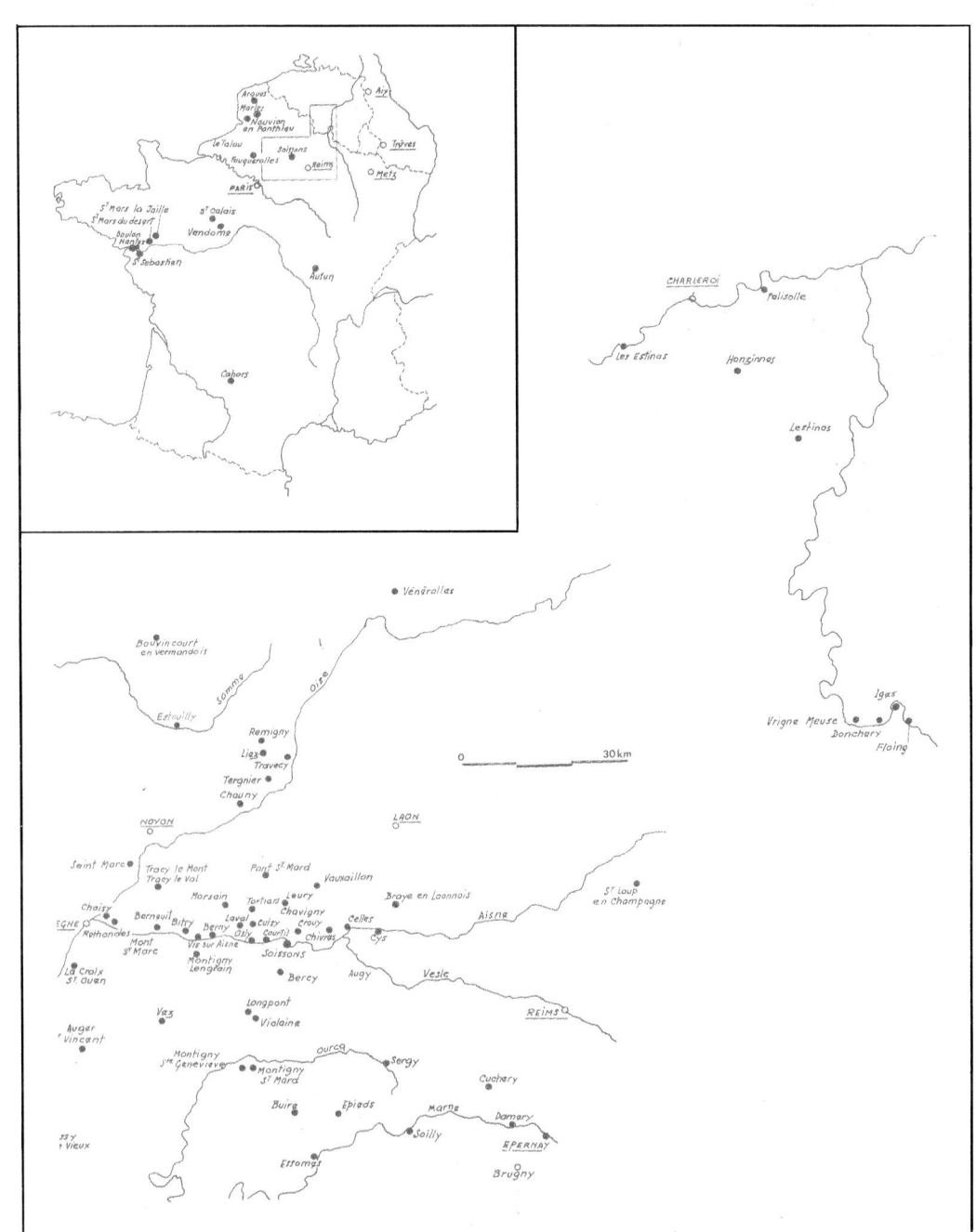

✝ Principales possessions de Saint-Médard au haut Moyen Âge
citées dans les sources écrites (dessin G. Nicolas) ; cf. infra, Delanchy, Barbier.
Les points blancs et les noms de villes et villages soulignés correspondent à des villes repères.

L'ABBAYE
CAROLINGIENNE

ine

hel

mu

an

dinusa unitas conf

LA NOUVELLE ORGANISATION
DU MONASTÈRE

C'est à l'époque carolingienne que se fixe définitivement – pour plusieurs siècles – l'organisation intérieure de l'abbaye de Saint-Médard de Soissons, par son incorporation au monachisme bénédictin, dans lequel désormais elle vivra, malgré d'inévitables vicissitudes et après une longue agonie, jusqu'à la Révolution française.

La règle bénédictine
et l'influence irlandaise

Dans son effort de centralisation et d'unification politico-religieuse, la nouvelle dynastie, en accord avec saint Boniface, les évêques francs et la papauté[1], choisit la règle bénédictine comme base de la réorganisation monastique. Dès avant le coup d'État de Pépin, la chose est décidée sinon réalisée. Après le concile germanique (742) et le concile d'Estinnes (743) qui imposent explicitement la règle[2], le concile de Soissons du 2 mars 744 en parle déjà comme d'un choix qui ne se discute plus.

La pratique pure et simple de la règle de saint Benoît ne se réalisa pas immédiatement. Rien ne permet d'affirmer que les moines de Saint-Médard n'aient pas accepté la nouvelle règle. Il est curieux cependant de trouver à la tête de l'abbaye vers les années 741-747 et, semble-t-il, jusque dans les années 760-762 un Childegaudus ou Hildigangus, « episcopus et abba »[3], que le dénouement apporté à l'épisode de son prédécesseur Warimbert n'avait pas détourné de conserver en ses mains le gouvernement de l'abbaye et du diocèse de Soissons. Il n'est pas impossible que l'abbé de Saint-Médard, devenu en fait le personnage ecclésiastique le plus important du diocèse, voire devant l'évêque, ait pu s'imposer comme le candidat le plus digne à l'élection épiscopale… À moins qu'on ne se trouve devant un nouveau Warimbert… Le moins qu'on puisse dire est que ce cumul n'était pas conforme à l'esprit de la règle bénédictine.

Il est probable cependant que l'adoption de la règle bénédictine était chose faite quand, dans les derniers jours de l'année 804, le pape Léon III séjourna à l'abbaye de Saint-Médard. Après avoir passé la Noël avec lui à Quierzy, Charlemagne s'était rendu au monastère de Chelles où sa sœur Gisèle était malade, laissant le pape à Saint-Médard avant de reprendre avec lui son voyage[4].

L'abbaye resta autonome selon la règle bénédictine. Il n'y avait pas d'autre lien entre les abbayes bénédictines que la pratique de la même règle. Son prétendu rattachement au monastère de la Novalaise en Maurienne est une fable[5].

L'abbaye ne rompt pas non plus avec sa tradition. À côté de la vie régulière cénobitique, il subsiste un certain anachorétisme que semble favoriser l'influence irlandaise toujours forte dans cette région. Cette influence avait précédé saint Colomban[6] ; elle se poursuit après lui par ses disciples, et dans la règle mitigée imposée par sainte Bathilde, qu'on peut supposer avoir été suivie à Saint-Médard pendant trois quarts de siècle. L'acceptation de la règle de saint Benoît n'a pas supprimé cette imprégnation « scote ». Des Irlandais passent et séjournent à Saint-Médard. Héric d'Auxerre rencontre à Saint-Médard vers 862-865 un vieil et saint évêque celte, mais formé en Irlande, Marc, qui vivait en reclus[7]. Vers la même époque, un moine irlandais, moins mystique, composait un divertissement facétieux à l'égard de Carloman et de son précepteur l'abbé Vulfade[8]. Celui-ci était d'ailleurs l'ami de Jean Scot Érigène après avoir été son collaborateur. Jean Scot, qui probablement enseigna à Laon, lui avait dédié son De divisione naturae[9]. La protection de Vulfade n'aurait-elle pas couvert à Saint-Médard une petite colonie irlandaise ?

C'était un même désir de solitude qui avait poussé l'archevêque de Lyon Leidrade à se retirer au début du règne de Louis le Pieux à Saint-Médard, où il mourut le 28 décembre 816[10]. Il semble qu'à travers le Moyen Âge la pratique de la réclusion à l'intérieur du monastère ait subsisté sinon de façon continue, du moins par intermittence[11].

La règle de saint Benoît apportait aux moines de Saint-Médard une nouvelle spiritualité, mais par la pratique de nouveaux usages qui modifiaient sensiblement leur genre de vie. Il n'est pas étonnant que les abbayes bénédictines se soient constituées sur un même plan : la nouvelle règle exige une transformation des bâtiments sous l'empire de mêmes besoins. Sous Charlemagne se serait construit le premier cloître de Saint-Médard[12]. L'hospitalité, pratiquée comme une règle de charité, fit surgir des locaux pour recevoir les hôtes et les pèlerins : le règlement d'Hilduin de 827 précise qu'ils continuent à être reçus comme de coutume au réfectoire[13]. Les hôtelleries des nobles et des pèlerins s'aménagent à la place des anciennes annexes de la basilique ; le service de l'aumônerie s'organise aux portes de l'abbaye. La vie en commun réclame aussi des dortoirs. D'ailleurs les constructions mérovingiennes, la basilique de Clotaire et de Sigebert et les dépendances qu'on avait dû construire au fur et à mesure des besoins, tombaient en ruine. Jusqu'au milieu du IXe siècle, l'abbaye ne cesse de se transformer : elle fait peau neuve…

L'abbatiat des Hilduin

Pendant près de quarante ans (823-860) l'abbaye fut gouvernée successivement par deux grands personnages, unis par la parenté jusqu'à l'homonymie et par la similitude sinon la continuité des fonctions. Tous deux étaient – l'un sous Louis le Pieux, l'autre sous Charles le Chauve – archichapelains du palais, c'est-à-dire les premiers personnages ecclésiastiques de la cour, aumôniers de l'Empire et ses ministres du culte, puisque d'eux dépendait par le roi le choix des évêques et des abbés, tous deux d'ailleurs abbés de plusieurs abbayes :

- Hilduin Ier dit l'Ancien ou de Saint-Denis, un cousin germain de Louis le Pieux et de Rotrude, abbé de Saint-Denis, de Saint-Germain-des-Prés et de Saint-Médard de Soissons avant 823 et jusqu'en 830 ;

- Hilduin II dit le Jeune ou de Saint-Martin, parent, neveu peut-être du précédent et abbé de Saint-Martin de Tours, de Saint-Germain-des-Prés et de Saint-Médard de Soissons jusqu'en 860[14].

Il est certain que ces Hilduin sont avant tout de grands fonctionnaires du royaume carolingien. Les abbayes qui leur ont été remises doivent leur permettre de faire face aux dépenses de leur charge et de soutenir leur rang. Décrivant la cour impériale de 829, le poète Stabon[15], après avoir présenté Louis le Pieux et l'impératrice Judith, fait aussitôt le portrait de l'archichapelain du palais : « Immédiatement, à la suite et en tête du merveilleux cortège, s'avance le grand Aaron, vêtu du costume de sa charge, où les grenades alternent avec les clochettes sonores… ». Ce nouvel Aaron était Hilduin Ier, archichapelain après la mort de l'archevêque de Cologne Hildebold (3 septembre 818). Ces archichapelains résidaient habituellement à la cour, ne pouvant loger que passagèrement dans leurs abbayes. Ce ne sont du moins pas des laïcs. Hilduin Ier était clerc et avait sans doute fait profession monastique. Malgré la règle bénédictine qui prévoyait l'élection de l'abbé par les moines, malgré les efforts de saint Benoît d'Aniane au concile d'Aix-la-Chapelle de 817 pour libérer les abbayes de la tutelle royale[16], l'abbaye de Saint-Médard est au service de la monarchie carolingienne, livrée à l'arbitraire impérial pour la désignation de ses abbés, remise en bénéfice aux mains des chefs ecclésiastiques de l'Église franque. Comme les autres riches abbayes sacrifiées comme elle aux intérêts du prince, elle ne figure pas sur la *Notitia de servitio monasteriorum*. Son temporel d'ailleurs recevra en donation des compensations largement suffisantes.

On pourrait craindre dans cette situation un fléchissement de la vie régulière. Rien ne permet de le dire. D'ailleurs, le pouvoir central, surtout sous Louis le Pieux, veille et contrôle sur place grâce à ses agents. Mais par sa situation l'abbaye est nécessairement engagée dans le jeu politique. Accolée à une résidence royale qui se construit ou se restaure au midi de son enceinte, elle devient une des scènes de ce jeu politique où se dénouent à plusieurs

reprises les intrigues engagées autour de l'héritage carolingien.

C'est à la suite d'une de ces intrigues qu'Hilduin Ier perdit l'abbaye de Saint-Médard. Dans le différend qui sépara Louis le Pieux et ses fils sur la question impériale, Hilduin, comme Wala et d'autres grands ecclésiastiques, avait pris avec fougue le parti de Lothaire. La révolte de 830 le compromit gravement devant l'empereur. Lorsque celui-ci recouvra son autorité au plaid de Nimègue en octobre 830, il reprocha à son archichapelain l'appareil guerrier dont il s'entourait et l'envoya passer l'hiver au camp de Paderborn[17]. Puis, condamné à mort à l'assemblée d'Aix-la-Chapelle en même temps que les autres conjurés, Hilduin fut finalement exilé à Corvey et perdit ses abbayes (février 831)[18]. Rentré en grâce après 834 par l'œuvre d'Hincmar alors moine de Saint-Denis, Hilduin Ier continua sa carrière politique et militaire, devint très probablement archichancelier de Lothaire, après qu'il eût pris en octobre 840 le parti de Lothaire contre ses frères. Mais de cette carrière on ne suit pas les étapes avec certitude. Encore apparaît-il à peu près certain que Saint-Médard ne lui fut pas rendu avec ses autres abbayes.

L'abbaye aurait alors été remise à son neveu Hilduin II, éduqué à Fulda, venu à Saint-Denis sous le gouvernement de son oncle, abbé de Saint-Martin de Tours, de Saint-Germain-des-Prés et de Saint-Médard de Soissons, puis archichapelain de Charles le Chauve. Cet Hilduin II le Jeune ou de Saint-Martin serait mort le 19 novembre 860, et fut enterré à Saint-Médard, « où l'on voyait encore la pierre qui couvrait son tombeau au côté droit du grand autel avant la ruine de l'église par les calvinistes »[19].

La pénitence de Louis le Pieux à Saint-Médard

C'est bien la scène la plus spectaculaire de la lutte de Louis le Pieux contre ses fils qui se déroula à Saint-Médard dans les jours d'octobre 833. Mais pourquoi l'abbaye de Saint-Médard fut-elle choisie par Lothaire, qui y conduisit son père Louis le Pieux tombé entre ses mains au Champ du Mensonge (30 juin 833) ? On ne peut admettre que l'empereur ait été relégué dans une abbaye dont Lothaire ne fût point sûr. La collusion du premier Hilduin avec Lothaire a-t-elle suffi à conduire ce choix ? Nous ne pouvons affirmer qu'Hilduin II fût déjà à la tête de l'abbaye. Mais s'il y était, il n'aurait pu recevoir Saint-Médard que de Louis le Pieux à qui il serait plutôt resté fidèle. Ou bien Lothaire espéra-t-il par un geste habile, avant d'en venir à la force, obtenir plus aisément de l'empereur la renonciation au pouvoir qu'il attendait de lui ? Saint-Médard était aussi facilement accessible aux principaux acteurs de la comédie qui se préparait, Ebbon l'archevêque de Reims le premier.

Le plaid de Compiègne (1er octobre 833) décida d'envoyer à l'empereur prisonnier, sous la direction d'Ebbon, une délégation d'évêques qui l'exhorteraient à mesurer ses péchés et à songer au salut de son âme. Louis le Pieux parut leur céder et se débarrassa d'eux en remettant sa réponse à un autre jour. Mais au jour dit, les évêques revinrent à la charge, devant toute la diète transportée dans la basilique de Saint-Médard, Lothaire en tête. Le vieil empereur dut capituler, et de façon plus définitive qu'à Compiègne trois ans auparavant. Prostré devant le maître-autel, il dut confesser ce que les évêques voulaient lui faire dire, et solliciter pour tous ses crimes, dont la reconnaissance écrite fut déposée sur l'autel, la pénitence publique. Puis il quitta le baudrier, le mit sur l'autel et changea ses vêtements pour la cagoule de pénitent. Alors les évêques lui imposèrent les mains, consacrant ainsi sa pénitence publique et son passage dans un état de vie dont il ne pouvait plus revenir[20].

C'était en apparence le succès des évêques, désireux de voir revivre en Lothaire l'idée impériale, sans la désunir. En fait, Lothaire ne s'y trompa point, qui ramena son père « *illo nolente* » de Soissons à Compiègne[21], pour l'y tenir sous sa propre surveillance et l'emmener désormais à sa suite : l'avenir restait trop incertain.

Louis le Pieux ne resta donc à Saint-Médard que peu de jours après sa pénitence publique. Et la décision de Lothaire d'enlever rapidement son père de Saint-Médard confirmerait peut-être la présence d'Hilduin II de Saint-Martin à la tête de l'abbaye soissonnaise sur qui il n'aurait pu compter suffisamment.

✣ *Initiale P. Missel provenant de Saint-Médard de Soissons, manuscrit du XIVe siècle. Un prêtre, en position inclinée, dit la prière de la Préface. Soissons, Bibliothèque municipale, ms. 89, fol. 177.*

✣ *Initiale P. Missel provenant de Saint-Médard de Soissons, manuscrit du XIVe siècle. Un prêtre, en position d'orant, dit la prière de la Préface. Soissons, Bibliothèque municipale, ms. 89, fol. 169.*

✛ *CHÂSSE DES RELIQUES DE SAINTE LÉOCADIE, XVIIe SIÈCLE. Église d'Haramont (Aisne).*

LE CULTE DES RELIQUES ET LES NOUVELLES ÉGLISES

Devenu abbé de Saint-Médard, la première préoccupation d'Hilduin fut de rendre vie aux pèlerinages qui avaient fait le renom de l'abbaye. On pourrait croire que le tombeau de saint Médard attirait toujours des pèlerins, mais comme le fait dire Odilon au prévôt Rodoin, substitut d'Hilduin dans le gouvernement du monastère, en s'adressant à l'archichapelain de Louis le Pieux : il était temps de donner à saint Médard, le protecteur de l'abbé et le seul patron de l'abbaye, un collègue[22]. Le culte des reliques était alors la manifestation collective la plus fervente, la plus goûtée aussi par la piété populaire, du sentiment religieux. Si Saint-Médard voulait maintenir son prestige, il lui fallait rechercher, comme les églises voisines ou les autres grands monastères, des reliques capables d'exalter l'imagination des foules. De par sa situation au palais, de par ses nombreuses relations dans tout le royaume franc et jusqu'à Rome[23], il ne devait pas être trop difficile à Hilduin d'acquérir ces précieuses reliques qui, avec celles de saint Médard, seraient la richesse de l'abbaye. Selon Gautier de Coincy, Hilduin aurait eu sa part du butin en reliques ramené par les expéditions d'Espagne qui se succédèrent contre les Sarrasins à partir de 815 : des reliques

de sainte Léocadie, la célèbre patronne de Tolède[24]. En fait, les hagiographes ne voient pas comment. Selon Gautier de Coincy, Louis le Pieux aurait eu les reliques après la destruction de Tolède, mais ce transfert peut paraître douteux[25].

La translation de saint Sébastien

Au pape Eugène II, Hilduin arracha des reliques de saint Sébastien[26], cet officier de la maison impériale qui servit de cible dans le cirque aux archers de Dioclétien en 303, et qui était très honoré à Rome *(Apostolorum Petri et Pauli tertius)* où on lui attribuait depuis 680 la fin d'une épidémie de peste pendant laquelle on avait porté en procession ses reliques[27]. Mais il semble bien, malgré les prétentions d'Odilon qui, un siècle plus tard, réclamait pour son monastère l'exclusivité des reliques du fameux martyr, que Rodoin n'obtint pas tout le corps de saint Sébastien[28]. Le chef de saint Sébastien et d'importantes reliques restèrent à Rome[29]. Les reliques de saint Sébastien qui arrivèrent à Soissons le 9 décembre 826 paraissent d'une authenticité fondée, même s'il est impossible d'en préciser la nature.

On ne peut pas en dire autant des reliques du pape Grégoire le Grand, qu'Odilon, chroniqueur de la *Translation de saint Sébastien*, raconte avoir été rapportées par les envoyés d'Hilduin, qui les auraient subrepticement volées dans la basilique de Saint-Pierre de Rome. Encore faut-il prouver que le vol a été possible et a été effectivement réalisé. Or il est incon-

et fera toutes les concordes m̃

De saint hyldefonde arceuesque de tholete.

N arceuesque out
a tholete
Qui mena uie sai
te et nete
hyldefonsus estoit
nommez
coit reu hauz cers
et renômez

✠ *INVENTION DES RELIQUES DE SAINTE LÉOCADIE. Miracles de Notre-Dame. Texte de Gautier de Coincy (vers 1177-1236), copie du XIV* siècle. Paris, BNF Nouv. acq. fr. 24541, fol. 21.*

✠ *CHÂSSE DE SAINT SÉBASTIEN. Limoges, XIIIᵉ siècle. C'est l'une des plus vieilles châsses ayant contenu des reliques de ce saint, qui soit parvenue jusqu'à nous. À gauche, deux évêques nimbés sont identifiés, par une inscription horizontale, à saint Martin et saint Cézaire ; à droite, on reconnaît le martyre de saint Sébastien. Paris, Musée national du Moyen Âge (Cluny), CL 86.68.*

testable que les reliques de saint Grégoire sont demeurées intouchées à Rome jusqu'à cette époque[30]. On peut supposer que, dans leur désir d'enrichir de reliques leur monastère, Rodoin et ses comparses ont dû se procurer, auprès d'un courtier en reliques quelconque, un « corps saint » qui leur aurait été cédé pour celui de saint Grégoire. La fable des gardiens de Saint-Pierre, achetés et complices, aurait été forgée en accord avec le courtier préoccupé de ne pas se laisser découvrir. Odilon avait assez de sens historique pour en soupçonner au moins l'invraisemblance. Comme c'était la seule explication du culte qu'on commençait, à son époque, à rendre à ces reliques, il l'inséra dans son récit, mais avec une méfiante discrétion. On ne fera pas croire que sur les quatre mille cent soixante-dix miracles, dont il prétend avoir en mains le témoignage, il n'y en ait pas eu suffisamment pour manifester plus glorieusement l'efficience surnaturelle de saint Grégoire.

Autres translations romaines

De Rome également, seraient arrivées à Saint-Médard de Soissons le 14 juillet 828, Dieu seul sait comment, des reliques honorées sous le nom de saint Tiburce, des saints Pierre et Marcellin, et aussi des saints Marius, Marthe, Audifax et Abacuc… À Saint-Médard, on prétendit bien plus tard les devoir à l'amitié d'un diacre romain

Deusdona, de passage à Soissons avec la cour impériale, qui aurait promis à Hilduin le corps de saint Tiburce. Une expédition dans les catacombes, organisée grâce à la complicité de Deusdona, aurait procuré aux gens envoyés par Hilduin, avec le corps de saint Tiburce, les six autres corps[31].

En réalité, cette explication fut une réplique bien tardive des moines de Saint-Médard du XIᵉ ou du XIIᵉ siècle peut-être, au récit de la translation laissé par Eginhard[32]. Ce dernier, ému des prétentions, élevées dès le retour de l'expédition, à posséder des reliques qu'il montrait maintenant dans sa récente fondation de Mühleim, avait fait immédiatement une mise au point sur l'origine des reliques. L'expédition commune dans les catacombes, montée avec les invités de Deusdona, avait été menée par le notaire d'Eginhard, Ratleik, pour le compte du futur Seligenstadt, et par un prêtre de Soissons, Hunus, pour le compte d'Hilduin et de Saint-Médard. Il est impossible de démêler ce qui se passa. Hunus, déçu de ne pas découvrir le corps de saint Tiburce que Deusdona avait promis à Hilduin, aussi facilement que Ratleik s'était emparé des corps des saints Pierre et Marcellin, s'appropria à Rome ou sur le chemin du retour une partie des reliques de son compagnon. Lesquelles ? Hilduin prétendait en posséder de saint Pierre et de saint Marcellin. Eginhard aurait conservé les reliques de saint Pierre. Hilduin, par la suite, aurait rendu à Eginhard le corps de saint Marcellin : restitution notée par Eginhard au 4 avril 828, dimanche des Rameaux[33].

Qu'on ait pu, à Soissons, mettre de côté des parcelles de ces reliques avant de les rendre, c'est possible et vraisemblable[34]. Mais l'affaire en elle-même n'est pas claire. Elle est de plus brouillée par la jalousie d'Eginhard[35] envers Hilduin, dont les reliques de saint Sébastien, obtenues pour Saint-Médard de Soissons par concession officielle du pape, étaient hors de conteste. Si les reliques arrivées dans ce commerce à Soissons, quelles qu'elles soient, n'étaient déjà fort douteuses, le nom même de Deusdona suffirait à les discréditer, comme il discrédite toutes les reliques exportées par son officine à Seligenstadt et à Fulda[36]. La crédulité d'Eginhard, abbé laïque de trop nombreux monastères, se procura de bonnes raisons.

Quant aux moines de Saint-Médard, ils continuèrent à exposer, comme venues de Rome, des reliques, non seulement de saint Tiburce, des saints Pierre et Marcellin, des saints Marius et Marthe, Audifax et Abacuc, mais encore des saints Marc, Abdon, Sennen, Prothe et Hyacinthe[37]. Elles étaient si nombreuses et leurs provenances si confuses, qu'au XIIIe siècle, le chroniqueur de l'abbaye, Gobert de Coincy, fut incapable d'en préciser l'origine : avant de consigner la translation de saint Marcellin et de saint Pierre en 828, il se contenta maladroitement de noter en 826 la translation de saint Sébastien, de saint Grégoire et « de certains autres saints »[38].

Reliques rouennaises

Pendant le règne de Charles le Chauve, vraisemblablement dans les années qui suivirent la première prise de Rouen par les Normands en mai 841[39], de nouvelles reliques arrivèrent à Soissons.

Arguant du danger que les reliques continuaient à courir à Rouen, faisant valoir peut-être pour la première fois, sur l'incidence commune de leurs fêtes du 8 juin, des liens de parenté imaginaires entre saint Médard et saint Gildard, un ancien évêque de Rouen[40], les moines de Saint-Médard auraient obtenu de Charles le Chauve le transfert du corps de saint Gildard à Soissons ; mais comme le mauvais vouloir des Rouennais ne se prêtait pas à la translation et devenait même mena-

✛ INITIALE N. Missel provenant de Saint-Médard de Soissons, manuscrit du XIVe siècle. Représentation de saint Pierre, à gauche, et de saint Paul, à droite. Soissons, Bibliothèque municipale, ms. 89, fol. 208.

çant, ils auraient accepté de laisser à Rouen le chef de saint Gildard contre remise du reste de son corps et, en outre, de la tête de saint Romain et du corps de saint Remi, deux autres anciens évêques de Rouen[41].

À partir de cette époque, le culte de saint Gildard sera lié étroitement à celui de saint Médard. On honorera les deux saints comme deux frères jumeaux nés et baptisés le même jour, tonsurés, ordonnés prêtres et sacrés évêques ensemble, mourant le même jour et entrant par la main en paradis[42]. Cette parenté hagiographique est déjà énoncée entre 866 et 869 dans le diplôme de Charles le Chauve qui confirma la mense conventuelle et dans celui de Louis le Bègue qui, en 878, reprit à son compte cette confirmation : saint Gildard, frère de saint Médard, y est inséré en bonne place, aussitôt après saint Médard et avant saint Sébastien, les patrons du monastère. Le calendrier liturgique de l'abbaye (1121-1131) conserva les deux fêtes en une seule du 8 juin, mais réserva au 17 juin le souvenir de l'arrivée des reliques de saint Gildard dans l'abbaye[43].

Nithard et la translation de 841

Au XIe ou au XIIe siècle, le moine de Saint-Médard qui interpola le manuscrit de Nithard conservé dans la bibliothèque de l'abbaye, au récit de la translation de 841 présidée par Charles le Chauve, prétendait légitimer d'autres reliques encore. Aux reliques déjà identifiées et reconnues, il ajouta celles de saint Onésime, sainte Méresme, saint Marian, saint Pélage, saint Maur, saint Florian et ses six frères, saint Serein.

Les reliques de saint Onésime sont attestées suffisamment par la Vita[44] du saint évêque écrite, sans doute au IXe ou au Xe siècle, par un moine de Saint-Médard. Cet évêque de Soissons, mort dans la seconde moitié du IVe siècle, inhumé d'abord dans l'église Saint-Georges-hors-les-murs, aurait été transporté au cours du VIIe siècle dans la basilique de Saint-Médard élevée non loin de là[45].

Des reliques de saint Serein, conservées à La Celle-sous-Chantemerle[46], auraient été rapportées à Soissons après la réunion de cette fondation à l'abbaye de Saint-Médard, vers 771 selon la tradition du monastère[47].

La tradition du monastère fait de sainte Méresme une sœur de saint Médard[48], déposée près de son frère au cours du VIIe siècle[49]. Le Père de Gaiffier a montré récemment[50] que cette sainte Méresme, ainsi dénommée dans l'interpolation de Nithard, est une sainte inconnue, Médrisme ou Médérasme[51], parfois invoquée à la suite de sainte Léocadie, que les moines de Saint-Médard « suivant une loi de l'évolution de la légende, ont arbitrairement apparentée à saint Médard, dont ils avaient fait le frère de saint Gildard ». Le calendrier liturgique atteste que l'annexion était faite avant le début du XIIe siècle.

Marian, Maur et Pélagie, martyrs de Maurétanie[52], sont inscrits au martyrologe d'Usuard. La liturgie du monastère leur adjoignait Florian et ses six frères, comme compagnons de martyre dans la même contrée, mais leur célébrait une fête particulière le 11 mai[53], sans qu'on puisse soupçonner comment les reliques des uns et des autres seraient venues jusqu'à Saint-Médard.

Abdon et Sennen, Prothe et Hyacinthe ont laissé dans la liturgie romaine des traces de culte authentique[54]. Sauf pour Hyacinthe, des translations de reliques partielles ne seraient pas possibles.

Je suppose que le désir de posséder des reliques de saints, légendairement mêlés au cycle de saint Sébastien, a pu faire rechercher par les moines de Saint-Médard des reliques des martyrs Marc et Marcellin[55].

On comprend à la lecture de ce long catalogue de reliques inséré dans l'œuvre de Nithard, qu'un esprit non prévenu, ignorant de l'interpolation, ait pu faire de Nithard un moine de Saint-Médard[56]... À la veille du pillage protestant de 1567, l'abbaye de Saint-Médard pourra dresser un extraordinaire inventaire de reliques[57] (cf. *infra,* p. 373-376).

Le critique allemand Müller[58] a eu le mérite d'attirer l'attention sur ce passage de Nithard[59], et de déblayer à cette occasion l'hagiographie et la diplomatique du monastère. Après son analyse, il subsistera toujours un doute sur l'étendue du remaniement qu'ont pu opérer les moines de Saint-Médard dans l'œuvre

de Nithard, du moins aussi longtemps que nous ne la connaîtrons que par ce manuscrit. Toutefois, il n'est pas certain que ce manuscrit ait été écrit à Saint-Médard à la fin du IXe ou au début du Xe siècle[60] ; ce qui rend plus difficile, sans l'exclure, l'hypothèse de l'interpolation totale du paragraphe, comme la présente Müller.

Ce qui est certain, c'est que les moines de Saint-Médard ont essayé ensuite d'exploiter le texte tel qu'il était, le récit de la translation par Charles le Chauve, en y insérant des noms de saints qui n'avaient rien à y faire, pour justifier le long catalogue de leurs reliques. Cette intention ne s'est pas cachée. Une grille rouge à croix potencées dans la marge du manuscrit veut attirer les regards sur les lignes grattées et la liste des noms ajoutés. Vers le XIIe siècle, le texte servait visiblement à légitimer les reliques énumérées... Non sans naïveté : des noms de saints portés dans la marge du manuscrit, Gildard et Remi appartiennent à la translation rouennaise du règne de Charles le Chauve, en fait postérieure au récit de Nithard. On s'étonne de ne pas y trouver le nom de saint Romain qui appartenait au même groupe : oubli plutôt que manque de place dans la marge ? La *Vita* de saint Serein n'est pas antérieure au XIIe siècle ; peut-être s'est-on alors souvenu seulement que le monastère pouvait revendiquer ses reliques, s'il prétendait avoir réuni le prieuré de Saint-Serein à son temporel.

Mais si on décèle facilement ces additions, en marge ou en interligne, on soupçonne moins aisément le grattage qui, peu après la transcription du manuscrit, a remanié la liste des corps saints qui auraient fait l'objet de la translation. On ne peut, à coup sûr, énumérer les noms qui, dans le texte, ont été ajoutés. Les trois derniers, Onésime, Méresme, Léocadie le sont probablement – c'était déjà l'opinion de Lauer[61] – : leurs reliques ne se rattachent pas aux translations romaines. Mais la tentation est grande de croire que le nom aussi de saint Grégoire a été glosé dans la liste à sa place habituelle dans l'énumération des saints protecteurs du monastère, après saint Médard et saint Sébastien, par une main contemporaine d'Odilon ou quelque peu postérieure.

La reconstruction : ses ressources

L'afflux de toutes ces reliques dans l'abbaye de Saint-Médard rendit la faveur aux pèlerinages et donna au monastère une prospérité qu'il n'avait sans doute pas connue jusqu'ici. La translation de saint Sébastien surtout avait fait sensation dans le royaume carolingien ; Eginhard lui-même l'atteste[62]. Elle donna, en fait, le branle à une série de translations de reliques romaines vers d'autres églises, le sens commercial de Deusdona s'efforçant de répondre à toutes les demandes. Odilon, avec les nombreux miracles qui accompagnèrent le transport des reliques de saint Sébastien, énumère complaisamment tout le revenu qu'en tira son église : quatre-vingt-cinq boisseaux de différentes monnaies d'argent, sans compter les bijoux, la vaisselle précieuse, les vases liturgiques et neuf cents livres d'or[63].

Louis le Pieux était trop dévot pour ne point faire le pèlerinage aux reliques de saint Sébastien dans l'abbaye de Saint-Médard[64]. Sa visite valut au monastère un calice d'or avec sa patène au monogramme de Charlemagne, un évangéliaire écrit en caractères d'or sous une reliure de lamelles d'or[65], un encensoir d'or de quarante-huit sicles et une immense amphore d'huile pour le luminaire. Odilon prétend même que ce fut en cette occasion que l'abbaye reçut de surcroît le droit de monnaie et l'abbaye Saint-Étienne de Choisy, dont dépendaient sept cents familles.

On pouvait maintenant envisager de donner à ces reliques un sanctuaire digne d'elles, qui fût suffisamment vaste pour recevoir l'afflux des pèlerins et mieux adapté aux nécessités des pèlerinages. Hilduin était en état de payer ces grands travaux. On dit même qu'il fit fondre une couronne d'argent massif, d'une grandeur prodigieuse, qui fut suspendue comme un lustre dans le chœur de la basilique et aurait été volée en 1544 par les soldats de Charles Quint, de passage à Soissons[66].

La chapelle de la Sainte-Trinité

Toutes ces ressources firent que les constructions allèrent bon train. La basilique mérovingienne ne devait plus avoir grand aspect. Avant d'entreprendre sa réfection totale, Hilduin Ier avait fait aménager à l'est de la future construction et dans son axe un oratoire dédié à la Sainte Trinité, à la Sainte Vierge et à tous les saints, et devant servir provisoirement d'église.

Cette petite église devait être en voie d'achèvement, sinon terminée, quand, le 14 janvier 824, Berthe, la fille de Charlemagne, remit à l'abbaye son domaine de Berneuil-sur-Aisne. Son intention était de doter cette église de reve-

nus, d'aider Hilduin tout en obtenant des prières pour elle et son père. En compensation d'ailleurs, les moines s'étaient engagés à lui laisser en viager l'usufruit de leur bien de Cuchery[67] contre un cens annuel de onze sous[68].

Sur le plan reconstitué du XVIIe siècle, cette chapelle se présente comme une église à une nef de quatre travées : avec un chœur d'une travée, dédoublée dans le sens de la longueur de l'édifice, fermé vers l'est par un hémicycle inscrit dans le mur d'enceinte. Une anecdote d'Odilon laisse à comprendre que cet hémicycle portait au moins une fenêtre[69]. La longueur dans l'œuvre aurait été de dix-sept toises, soit trente-deux mètres, la largeur de six toises, plus de onze mètres[70].

Cette chapelle ne semble avoir été en usage qu'au IXe siècle[71]. Il n'y a pas de raison de penser que le gros œuvre ait été modifié dans la suite. Bien plutôt, cette construction d'Hilduin, un peu laissée à l'abandon après l'achèvement de la basilique, plus encore après le passage sans doute dévastateur des Normands, ne subira, semble-t-il, aucune restauration, pas même au XIIe siècle lors de la reconstruction générale du monastère. Ses ruines subsisteront dans l'enceinte du monastère, comme en témoignent les plans connus et les historiens soissonnais[72].

Les aménagements apportés par l'abbé Hilduin à la basilique de l'abbaye Saint-Denis, qu'il gouverna en même temps et plus longtemps que Saint-Médard, permettent de mieux comprendre les dispositions générales des importantes constructions dont il fut l'initiateur à Saint-Médard de Soissons, bien qu'il ne dut pas en voir l'achèvement. Ce sont les mêmes formules ou des formules voisines qu'il appliqua ici et là, en particulier lorsqu'il fit creuser à Saint-Denis, au-delà de la crypte, une chapelle dédiée à la Vierge, à saint Jean et à tous les saints ; tandis qu'à l'intérieur de la basilique il érigeait un autel à la Sainte Trinité en avant de l'autel principal (832). Mais la chapelle de la Sainte-Trinité à Saint-Médard ne fut pas enterrée. Le diplôme de Charles le Chauve la qualifie de « superior »[73].

L'église abbatiale et sa crypte

À Saint-Médard, l'architecture de la grande église abbatiale dut s'élever assez rapidement. En 833, l'humiliation de Louis le Pieux eut lieu devant les restes de saint Médard et de saint Sébastien[74], dans l'ancienne basilique, la « *modica ecclesia* » dont parle un autre diplôme de Charles le Chauve[75]. L'événement n'eut pas de conséquence grave sur les travaux sans doute déjà en cours auxquels s'intéressait Louis le Pieux[76], puisque la crypte était terminée pour la cérémonie de 841, tandis que se poursuivait probablement l'aménagement des parties supérieures de l'édifice.

L'ordonnance architecturale de l'église est malheureusement inconnue. Il n'est pas impossible que son plan à double transept et certaines structures aient subsisté dans l'église qui fut rebâtie au XIIᵉ siècle, et dont le plan nous est connu par une restauration du XVIIᵉ siècle[77].

La crypte, qui s'étendait sous le chevet de l'église, est restée, non sans remaniements, non sans amputations même. En août 1944, sa partie sud, la chapelle du XIIᵉ siècle de « Notre-Dame-sous-Terre »[78], où les Allemands avaient entreposé des munitions, a été entièrement découverte par une explosion qui a fait éclater la voûte et tomber les murs. On voudrait, malgré les hésitations des Monuments historiques, espérer la restauration de cette chapelle dont Lefèvre-Pontalis a laissé la description[79]. Malgré ces mutilations, la crypte reste un monument important et assez homogène : une longue galerie de trente mètres de long, voûtée en plein cintre sous quatre mètres de haut, coupée en voûtes d'arêtes à angle droit par trois caveaux parallèles, qui s'enfoncent sous le chœur de l'église. Vers l'est, la galerie ouvre sur sept chapelles parallèles qui, à l'époque, devaient avoir sensiblement le même développement.

Sa décoration est très sobre : l'élément le plus original est constitué par une trentaine de niches creusées sans profondeur, réparties dans les chapelles les plus extérieures, qui servaient peut-être de stalles[80].

Ces dispositions devaient faciliter l'accès des pèlerins au tombeau de saint Médard, aux reliques de saint Sébastien et aux autres corps saints, tout en pourvoyant à la sécurité des précieuses reliques. Mais nous ne savons pas exactement. Le tombeau de saint Médard se situait, sans doute possible, dans le caveau central[81]. Les reliques de saint Sébastien devaient en occuper un autre. Celles présentées comme appartenant à saint Grégoire le troisième et à saint Gildard pouvaient également prétendre à une place d'honneur. L'extrémité de ces caveaux qui s'enfonçaient sous le chœur

était probablement fermée[82]. Mais laissait-elle une ouverture permettant de voir ou de faire toucher les *corpora sanctorum*, selon une formule connue ? On n'en sait rien.

L'autre extrémité semble s'être prolongée vers l'est au-delà du couloir central de la crypte par une chapelle, où on put dans la suite mettre un autel permettant de dire la messe devant le tombeau ou les reliques. Mais les nombreux remaniements de détail qui modifièrent la face orientale de la crypte empêchent toute certitude. Dans le désir de reposer au plus près des corps saints, d'importants personnages, abbés, bienfaiteurs ou personnages politiques, eurent bientôt leur sépulture dans la crypte, soit dans les chapelles, soit dans les caveaux. Les rois fondateurs s'étaient réservé les places privilégiées. Clotaire Iᵉʳ reposait dans le caveau central au pied du tombeau de saint Médard ; Sigebert, un peu plus loin dans la chapelle axiale correspondante, le long du mur sud[83].

De l'église, on devait accéder à la crypte par les bas-côtés. Les fouilles récentes, entreprises par le service des Monuments historiques, ont révélé, de part et d'autre de l'arrière-chœur du XVIIᵉ siècle, un niveau en plan incliné, témoin certain dans l'église du XIIᵉ siècle de l'inclinaison régulière du sol dans les bas-côtés. Débouchant à leurs extrémités de plain-pied dans la crypte par les deux côtés, ce plan incliné permettait une circulation très facile à partir de l'église jusque devant les corps saints par le couloir central de la crypte. Cette solution, très simple et très commode, a beaucoup de chance d'avoir été héritée de l'église carolingienne.

La dédicace de la crypte

À l'occasion d'un passage de Charles le Chauve dans la région, un 27 août, probablement en 841, eurent lieu la dédicace de la crypte et le transfert des reliques.

La date du 27 août est certaine, lorsqu'on a corrigé celle du 26 inscrite au calendrier liturgique de l'abbaye pour la « *dedicatio cripte* »[84]. Cet anniversaire est, en effet, porté au même jour que la fête de saint Rufus, martyr en Italie, qui est au 27 août[85].

L'examen manuscrit confirme l'erreur du copiste qui, ayant involontairement avancé d'un jour les fêtes des 27, 28 et 29 août et s'étant rendu compte de son erreur, a gratté les rubriques des 27 et 28 août : on devine à ces dates « *Hermetis et Augustini. Decollatio Sancti Johannis Baptistae* ». Il a oublié cependant de rectifier celle du

26 août, qui est en réalité celle du 27 : « *Rufi martyris et dedicatio cripte* », comme il a oublié de récrire celles des 28 et 29 août puisque saint Hermès, saint Augustin et la décollation de saint Jean-Baptiste ont leur office propre dans le missel en question[86].

Qu'il y ait eu ce 27 août une dédicace de la crypte, cela est certain. Le témoignage du calendrier liturgique, en pareille matière, est irrécusable. C'était une des solennités liturgiques de l'année, attestée, dès avant la rédaction du calendrier, dans la seconde moitié du XIe siècle[87].

Il y eut, en même temps, une translation de reliques. C'est le même événement que mentionnent, et le calendrier liturgique, et les *Annales* de Saint-Médard, composées au XIIIe siècle par Gobert de Coincy : « *Ipse (Karolus Calvus) enim mutare fecit corpora santorum Medardi et Sebastiani et Gregorii et aliorum et ponere in criptas sexto kalendas septembris*[88] ».

✠ *INITIALE D. Missel provenant de Saint-Médard de Soissons, manuscrit du XIVe siècle. Représentation de saint Jean-Baptiste : le personnage debout tient dans sa main gauche un agneau auréolé qui porte une croix, l'agnus dei. Soissons, Bibliothèque municipale, ms. 89, fol. 203.*

Ce n'est d'ailleurs pas étonnant quand on sait la part importante que tient le transport des reliques dans la liturgie romaine d'une consécration d'autel ou d'église, et que réclamait plus encore le sacramentaire grégorien utilisé à l'époque dans le royaume carolingien[89]. Non seulement la dédicace de la crypte a dû comporter un transfert de reliques dans la crypte, comme l'affirme Gobert de Coincy, au XIIIe siècle il est vrai, mais la mise en place des corps saints dans la crypte a été l'essentiel même de la dédicace, l'église supérieure n'étant considérée dans la mentalité de l'époque que comme le prolongement du *martyrium* et se trouvant consacrée par la présence même des tombeaux, situés immédiatement sous le maître-autel de l'église principale, dont jamais il ne fut dit qu'elle ait été consacrée en une autre occasion.

C'est à cette procession, descendant à la crypte les reliques de saint Médard, de saint Sébastien et des autres, de leurs reposoirs de l'ancienne église ou plus probablement de la chapelle où on les avait momentanément déposées pendant les travaux (celle de la Sainte-Trinité, voire celle de Sainte-Sophie), que le roi Charles aurait pris part « *propriis humeris* »[90].

La chapelle de Sainte-Sophie

Cette première moitié du IXe siècle vit s'élever, toujours dans l'enceinte de l'abbaye, une autre chapelle encore, celle de Sainte-Sophie, dédiée à la sainte Sagesse du Sauveur, comme la pratique s'en confirmait depuis le VIIIe siècle.

C'était une chapelle palatine qui tenait au palais carolingien[91]. Il y a tout lieu de croire que Louis le Pieux l'avait fait construire à son usage, moins pour se montrer l'émule de Justinien et imiter Sainte-Sophie de Constantinople – qu'il ne vit jamais – que pour céder au goût du temps, venu peut-être d'Italie, où les rois lombards avaient déjà, à Bénévent, leur chapelle palatine Sainte-Sophie. Alcuin avait composé un office propre pour la « *Sophia sancta* », à laquelle était dédiée l'église d'York, sa patrie. Au Mans, en 834, l'évêque Aldric avait consacré un autel au même vocable[92].

La chapelle de Sainte-Sophie s'appuyait au mur méridional de l'enceinte, au-delà duquel se prolongeait probablement la résidence royale. Le plan reconstitué que nous connaissons[93] la dessine selon un plan basilical orienté et sans transept, terminé par trois absides.

En tout cas, la chapelle fut restaurée au début du XIIe siècle, à l'époque où on pouvait encore espérer la restauration du palais royal[94]. L'autel en fut consacré par Ansculphe de Pierrefonds, évêque de Soissons[95]. Réduite en cendres en 1436, elle aurait été reconstruite dans le genre cruciforme porté sur le plan du XVIIe siècle[96], redévastée en 1567 et se serait écroulée en 1663[97]. Des vestiges en subsistaient à la veille de la Révolution[98].

Cette destinée moins éphémère que celle de la chapelle de la Sainte-Trinité, la chapelle de Sainte-Sophie la doit à son collège de chanoines qui lui fut attaché jusqu'à la Révolution. Ces chanoines se réclamaient d'un privilège d'institution, obtenu par Louis le Pieux, qui leur aurait été accordé par le pape Eugène II (824-827) et les aurait soustraits à l'autorité épiscopale pour les soumettre à la juridiction de l'abbé[99]. Leur chapelle est qualifiée dans le diplôme original de Charles le Chauve[100] et dans ses confirmations par le concile de Douzy[101] et par Jean VIII[102] d'« *inferior* », peut-être parce qu'elle se trouvait en contrebas par rapport à l'abbaye et à demi-enterrée, par opposition à l'église « *superior* » de la Trinité. Plus tard, la bulle de Calixte II du Ier novembre 1119[103] et celle d'Innocent II du 11 février 1132[104], après la dédicace de 1131, confirmèrent de nouveau à Saint-Médard le « *monasterium Sanctae Sophiae cum canonicis ibi servientibus* ». Le *Privilegium commune* d'Alexandre III du 8 février 1175[105] inclut enfin définitivement dans l'exemption « *ecclesiam Sancte Sophie cum canonicis in ea servientibus* ».

SOUS CHARLES LE CHAUVE

Les séjours du roi

Sous Charles le Chauve, l'abbaye de Saint-Médard reste en pleine prospérité. Elle est un lieu de séjour fréquent du roi, qui convoque assemblées et conciles dans la basilique – dont l'achèvement s'est poursuivi après la dédicace de la crypte en 841 – ou dans l'église de la Trinité.

En mai 863, il reçut quelque temps à Saint-Médard les légats du pape Nicolas Ier : Radoald, évêque de Porto, et Jean, évêque de Ficoclé, qui, en attendant l'ouverture du concile de Metz retardé jusqu'à la mi-juin, étaient venus demander la grâce du comte de Flandre Baudoin, enfui avec la fille du roi, Judith, et réfugié à Rome[106].

Par sentiment religieux peut-être, le roi y passe les époques de fêtes, Noël de préférence[107]. Mais, en dehors de ces périodes fériées, il reste un hôte assez assidu, suivant l'itinéraire que les circonstances ou simplement le besoin de nourrir son palais lui imposent. Après les partages de l'héritage carolingien, Charles le Chauve ne dispose plus, comme Charlemagne ou Louis le Pieux, de nombreux palais. Il exerce d'autant plus volontiers un droit de gîte, auquel le roi se gardera bien de renoncer, car il reste le droit du propriétaire[108].

L'épisode de Pépin II d'Aquitaine

En septembre 852, Saint-Médard redevint prison royale. Pépin II d'Aquitaine, qui faisait figure auprès de Charles le Chauve de compétiteur, fut livré par Sanche, comte de Gascogne, à Charles, qui le fit tonsurer et enfermer à Saint-Médard « pour y être gardé et éduqué[109] ».

Le roi compta-t-il avec trop d'assurance sur le dévouement attentif de son archichapelain, l'abbé de Saint-Médard, Hilduin II, qui autrefois avait dirigé la chancellerie de Pépin ? Avant la fin de l'année, Pépin avait trouvé des complices : deux moines l'aidèrent à préparer son évasion. On découvrit le complot. Le roi Charles vint à Soissons et les deux moines qui avaient tenté de faire évader Pépin de Saint-Médard comparurent devant le concile qui siégea, à partir du 22 avril 853, dans l'église de la Trinité, sous la présidence du roi et d'Hincmar, archevêque de Reims. Ce concile venait de statuer sur les ordinations d'Ebbon[110]. Les inculpés furent condamnés, déposés et relégués dans de lointains monastères[111]. Toute la communauté de Saint-Médard avait dû désavouer publiquement les deux comparses et se désolidariser de leur entreprise. Quant à Pépin, il fut contraint de prêter serment de fidélité à Charles, de revêtir l'habit monastique et de promettre qu'il observerait la règle, bref d'entrer véritablement dans l'état religieux. Mais, l'année suivante, il parviendra à s'échapper, non vraisemblablement sans avoir trouvé de nouvelles complicités dans le monastère, peut-être même celle de l'abbé[112].

L'occasion était belle pour Hincmar d'intervenir à nouveau dans les affaires soissonnaises. Charles le Chauve avait publié pendant le concile un capitulaire, en donnant aux *missi dominici* des instructions pour assurer l'exécution des décisions conciliaires dans les paroisses et les monastères[113]. En application de la volonté royale, Hincmar rappela à Rothade la nécessité d'intervenir à Saint-Médard « *pro ordinatione monasterii Sancti Medardi et restituenda in eo regula*[114] ». On ne sait ce qu'il advint, en regrettant de ne pas mieux connaître ce qu'étaient, à l'époque, les rapports entre le monastère et l'évêque de Soissons.

✝ *Lettre D. Missel provenant de Saint-Médard de Soissons, manuscrit du XIVe siècle. Soissons, Bibliothèque municipale, ms. 89, fol. 7 v.*

L'internement de Rothade

Même à Saint-Médard, on est insuffisamment renseigné sur ce point. Rothade, l'évêque de Soissons, était trop peu souple au gré de son métropolitain Hincmar : il fut déposé fin 862 par un concile qui se tint à l'issue de celui de Pîtres[115], « *in suburbio Suessorum civitatis*[116] », et emprisonné à la suite de ce synode.

Rothade a raconté lui-même au pape Nicolas Ier la façon dont il avait ensuite été traîné en divers lieux (« *per diversa loca distractus* »), et les manifestations populaires fomentées en sa faveur à l'occasion de la visite à Soissons des deux légats, Radoald de Porto et Jean de Ficoclé. La population se refusait à accepter le nouvel évêque Engelmod, qu'on lui avait imposé, et l'évêque de Châlons Erchanraus aurait été impuissant à faire cesser le tapage[117]. Aucun texte ne situe à Saint-Médard la prison de Rothade. Mais les lettres de Nicolas font allusion à une prison « monastique »[118].

La tradition du monastère a exploité les incidents qui accompagnèrent la visite des légats pontificaux, dont on sait qu'ils séjournèrent à Saint-Médard, pour affirmer que Rothade y était alors détenu. C'est vraisemblable, mais pas absolument certain. À supposer que ce fût exact, Rothade n'a pas pu rester longtemps à Saint-Médard, dont l'abbé était alors Vulfade, un autre adversaire d'Hincmar qui avait invalidé ses ordinations. Il apparaît difficile que Vulfade ait autorisé des procédés désavouables à l'égard de l'évêque déposé. D'ailleurs, on sait que le sort de Rothade fut adouci durant l'été 863, à cause des insistances du pape auprès du roi et d'Hincmar, ou de celles de ses légats devant le concile de Metz[119]. Les deux ans de détention de Rothade à Saint-Médard sont de la légende[120].

Vulfade, abbé de Saint-Médard

C'est encore à Soissons – car le lieu était propice à cette sorte d'assemblée, puisque la ville était sous la juridiction d'Hincmar, mais dans le royaume de Charles le Chauve – que se tint, à partir du 18 août 866, le concile imposé par le pape Nicolas Ier pour régler définitivement l'affaire des ordinations d'Ebbon, prédécesseur d'Hincmar sur le siège archiépiscopal de Reims. Il se termina à Saint-Médard le dimanche 25 août par le couronnement de la reine Hirmintrude, femme de Charles le Chauve depuis vingt-quatre ans déjà, dont le roi aurait voulu avoir d'autres enfants[121].

La réintégration par le concile des clercs ordonnés par Ebbon avait été surtout celle de l'abbé de Saint-Médard, Vulfade. Maître de l'abbaye depuis quelques années[122], Vulfade, resté diacre, avait été déposé par le concile de 853, qui avait invalidé les ordinations d'Ebbon. C'était une victime d'Hincmar, comme Rothade, – ce qui dut les rapprocher –, mais beaucoup plus souple, moins obstinée. Vulfade était un ambitieux certain de sa revanche. Dès 853, il n'avait pas accepté sa défaite et avait trouvé l'excuse adroite de la maladie pour ne pas se présenter au concile. Esprit très curieux, il était ami de Jean Scot Érigène. On a pu affirmer qu'il tint une place importante dans le cercle d'où provinrent les Fausses Décrétales. Par ailleurs, très influent sur le roi, précepteur du prince, il était devenu abbé de Rebais et de Montier-en-Der, avait même fait une tentative – déjouée par Hincmar – sur l'évêché de Langres[123].

Sa restauration fut d'autant plus éclatante que, loin d'avoir perdu la confiance du roi, dont il était le dé-

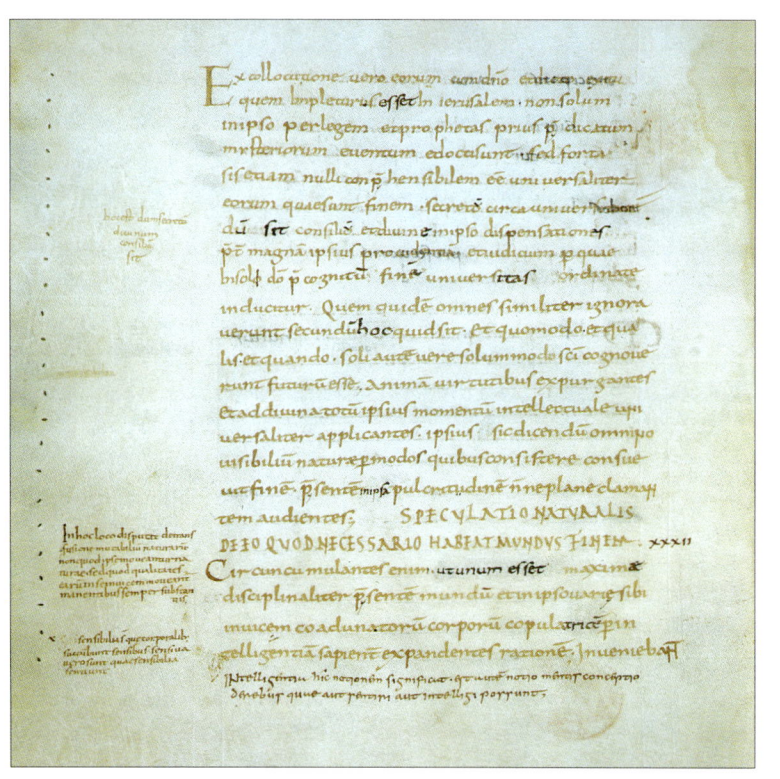

✛ *Ambigua ad Iohannem de J. Scot l'Érigène, IXe siècle.*
Ce manuscrit provient probablement du scriptorium de Saint-Médard.
Paris, Bibliothèque Mazarine, ms. 561, fol. 67 v.

✝ *TOURNOI D'ANI-MAUX. Missel provenant de Saint-Médard de Soissons, manuscrit du XIVe siècle. Soissons, Bibliothèque municipale, ms. 89, fol. 11.*

voué auxiliaire palatin, il fut fait sur-le-champ archevêque de Bourges par Charles le Chauve et malgré Hincmar. Dès le mois de juillet, Charles le Chauve avait écrit au pape Nicolas Ier pour lui vanter les mérites de son candidat. Avant même que la réponse fût revenue, Vulfade était installé à Bourges par son élève, Carloman, fils de Charles le Chauve, qui devint à son tour abbé de Saint-Médard[124].

Carloman, abbé de Saint-Médard

Carloman n'était pas destiné à régner. Ses deux frères, Charles et Louis, l'avaient devancé dans la vie. Aussi avait-il été orienté par son père vers l'état ecclésiastique, comme son autre frère Lothaire, un boiteux. Charles le Chauve espérait ainsi éviter des compétitions qui, sous le règne de ses prédécesseurs, s'étaient révélées désastreuses pour le royaume carolingien. De Carloman encore tout jeune, il avait donc fait un oblat, le faisant ensuite tonsurer (854). Bon gré mal gré Carloman dut recevoir les ordres sacrés jusqu'au diaconat[125]. En même temps, son père le dotait de nombreuses abbayes : Saint-Amand, Lobbes, Saint-Riquier, Saint-Arnoul de Metz, Saint-Médard en 866[126]. Il ne semble pas que ce père de tant d'abbayes ait été partout un mauvais abbé[127]. Mais quand, après la mort de leur frère Charles, les menées ambitieuses de Louis rendirent à Carloman l'espoir d'arriver au pouvoir, celui-ci se mêla aux intrigues politiques et prit la tête des mécontents. Il eut besoin d'argent, et les rapports furent moins bons avec les moines de Saint-Médard[128].

Carloman ne fut pas plus de quatre ans abbé de Saint-Médard, de 866 à 870. Comme il persévérait dans ses intrigues, son père, à la diète synodale d'Attigny (mai-juin 870), lui retira ses abbayes et le fit enfermer à Senlis[129]. Les envoyés du pape et d'autres interventions rendirent à Carloman sa liberté, mais celui-ci passa dans le camp des ennemis de Charles le Chauve. Hincmar, archevêque de Reims, avait un moment intercédé en sa faveur auprès du roi et obtenu qu'il pût demeurer paisiblement avec une suite peu nombreuse sur des terres de Saint-Médard[130]. Mais l'hostilité entre le père et le fils était trop violente. L'accord n'eut pas de suite. Réincarcéré, dégradé, aveuglé, Carloman alla mourir en réfugié sur les terres de Louis le Germanique à l'abbaye d'Echternach.

LE TEMPOREL CAROLINGIEN

L'extension lointaine

Dans l'ouest du royaume franc, l'intelligence politique de Charlemagne continua et intensifia l'effort des rois mérovingiens, en mettant à profit la puissance religieuse de Saint-Médard. Il remit à l'abbaye soissonnaise l'abbaye Saint-Donatien-Saint-Rogatien[131] de Nantes, fondée par lui, pour qu'elle y entretînt soixante-dix religieux. Sorte de colonisation monastique, destinée sans doute à comprimer le particularisme de l'esprit breton en faisant prévaloir la règle bénédictine et l'esprit franc.

Cela n'alla d'ailleurs pas si facilement. Mais les consignes impériales furent maintenues ; vers 824-827, les religieux, sans abandonner Saint-Donatien-Saint-Rogatien, où il subsista une trentaine de moines, s'installèrent en dehors de la ville de Nantes, à Doulon, où ils établirent une communauté en l'honneur de saint Médard[132]. Sans doute aussi faut-il leur attribuer la fondation de paroisses voisines, où s'implanta le culte de saint Médard : Saint-Mars du Désert, Saint-Mars-la-Jaille[133], ou celui de saint Sébastien[134]. Épisode, entre bien d'autres[135], de la compétition entre l'église celtique, toujours jalouse de son indépendance vis-à-vis du pouvoir temporel comme vis-à-vis du pouvoir ecclésiastique séculier, et l'église franque officielle.

Il n'est pas impossible que Charlemagne ait essayé, plus loin encore, la même politique. C'est ce qu'on pourrait déduire de la bulle d'Eugène II, si on y ajoute foi, qui fait état du rattachement à Saint-Médard de Soissons de Sainte-Marie de Cahors, fondée au milieu du VIIe siècle par saint Didier. Cet évêque de Cahors y installa des moines sous le gouvernement de l'abbé Claude, mais on ne sait ce que devint sa fondation jusqu'au moment où les bénédictins la reprirent sous le nom de Notre-Dame de la Daurade[136]. La bulle d'Eugène II ajoute simplement que le pape l'aurait concédée pour la célébration de son anniversaire et des anniversaires de Louis le Pieux et des siens.

Il est difficile de cerner la valeur historique d'une autre donation, censée avoir été concédé au luminaire de l'abbaye soissonnaise par la même bulle d'Eugène II : une abbaye d'Autun, fondée par l'évêque Syagrius. Saint-Médard fut-il sollicité pour relever les ruines de l'abbaye de Saint-Martin d'Autun, fondée par Brunehaut à la fin de la prise d'Autun de 731[137] ? Ce serait moins improbable que pour Saint-Andoche, qui fut bien fondé par Syagrius, mais qui semble s'être relevé dès le début du IXe siècle[138].

Plus problématique encore est le rattachement à Saint-Médard d'un monastère que la tradition de l'abbaye[139] fait remonter au VIIIe siècle sur le témoignage de la *Vita Sereni*[140]. La renommée de saint Serein parvenant jusqu'à la cour des rois francs, Charles, son frère Carloman[141] et leur mère Berthe allèrent visiter l'oratoire du saint et enrichirent de leurs biens sa fondation. Mais lorsque, la guerre revenant, les rois francs eurent réuni leurs troupes « *in castrum almi Medardi* », ils jugèrent plus puissante l'intercession de saint Médard que celle de saint Serein et remirent à l'abbaye de Saint-Médard « *in appensione prefatum beati Sereni locellum* ». Le lieu est connu : c'est à la Celle-sous-Chantemerle[142] qu'il faut situer la fondation de saint Serein[143], par la suite prieuré uni à Montier-la-Celle[144]. Mais la *Vita Sereni*, très suspecte à l'éditeur des *Acta Sanctorum*[145], a été écrite tardivement, sur la tradition légendaire du temps, pour remplacer une première *Vie* volée ou perdue[146], et ne mérite aucun crédit[147].

Aucun autre texte ne confirme le rattachement, pas même la bulle d'Eugène II, qui énumère avec tant de complaisance les abbayes soumises au monastère soissonnais. Sans doute le remaniement de la bulle est-il antérieur à la composition de la *Vita Sereni*. Mais si la bulle s'est amplifiée autour

d'une bulle authentique, son silence condamne la donation de Saint-Serein qui, chronologiquement toute proche, aurait été confirmée avec les autres donations. Si la bulle a été fabriquée de toutes pièces aux XIe-XIIe siècles, il est possible que le rattachement, qui n'aurait été en toute hypothèse que momentané, ait été oublié. Peut-être resterait-il quelque chose de cette ancienne allégeance dans la désignation de quelques lieux-dits[148].

Le domaine proche

Moins incertaines, encore que probablement éphémères, furent les donations de Louis le Pieux sur le rivage de la Manche : dans le Talou, une famille de serfs, une pêcherie et un manse, et des dépendances du fisc d'Arques, sans compter deux bateaux pour la pêche du gros poisson[149].

Au contraire, les donations de Carloman, entre 741 et 747, Hanzinnes et Vénérolles, resteront dans le temporel de l'abbaye[150], comme les donations plus proches de Vez dans le Valois par Hilduin « *antiquior abbas*[151] », de Vauxaillon non loin de l'Ailette par Charles le Chauve[152].

C'est dans l'Aisne surtout que se trouve la majeure partie des donations carolingiennes. En amont de Soissons, Cys fut remis par Louis le Pieux[153]. En aval, Vic-sur-Aisne fut une donation de Berthe[154], et le *vicus* bientôt fortifié[155] accroît le domaine de l'abbaye dans cette région où les moines de Saint-Médard multiplient leurs installations jusqu'au confluent de l'Oise. Après Berneuil donné par Berthe en 824, Choisy et Berny enrichissent leur temporel.

L'abbaye Saint-Étienne de Choisy-au-Bac[156] fut très probablement remise à Saint-Médard de Soissons par Louis le Pieux après la translation de saint Sébastien (826). Communauté monastique dès le VIIe siècle qui avait donné passagèrement un évêque au siège de Soissons[157], nécropole de Childebert III et sans doute d'autres rois mérovingiens[158], elle était une *cella*, dont Alcuin eut les ressources, s'il n'en fut pas un des derniers abbés[159]. À l'époque de Charles le Chauve, elle était déjà réunie à l'abbaye de Saint-Médard[160]. Comme Odilon prétend qu'elle fut donnée à Saint-Médard après la translation de saint Sébastien vers 827, il y a lieu de s'en tenir à son témoignage, sans tenir compte de la bulle d'Eugène II et sans surestimer le faux diplôme de Louis le Pieux, daté du 4 août 827 et peut-être reconstitué par Odilon pour justifier le récit de la visite de Louis le Pieux et de Judith aux reliques de saint Sébastien[161]. Fort à cette époque de sept cents feux[162], le

PAGE AVEC NOTATIONS MUSICALES. Missel provenant de Saint-Médard de Soissons, manuscrit du XIVe siècle. Soissons, Bibliothèque municipale, ms. 89, fol. 7 v.

prieuré de Choisy-au-Bac restera dans le domaine de l'abbaye un des plus importants. Planté sur un éperon au confluent de l'Oise et de l'Aisne, commandant les passages, les bacs, sur l'une et l'autre rivière, il sera un centre stratégique et économique essentiel de la vie de l'abbaye, protégeant la vallée de l'Aisne – où l'abbaye se sent de plus en plus chez elle – et également antenne avancée lui ouvrant la route de l'Oise.

À l'occasion de sa visite de 841, Charles le Chauve aurait, d'après Nithard[163], donné à l'abbaye le domaine de Berny. « Il est sûr, en effet, que Charles le Chauve a fait expédier en faveur de Saint-Médard un précepte portant donation de Berny […] tout au début du règne. » Ainsi conclut G. Tessier dans une étude du diplôme attribué à Charles le Chauve à l'occasion de la dédicace de 841, et qui aurait été remanié considérablement à deux reprises, au début du Xe siècle et vers les XIe-XIIe siècles[164]. Berny aurait été enlevé à Pépin, fils de Bernard roi d'Italie, que Louis le Pieux avait fait aveugler en 818, après son ralliement à la cause de Lothaire en octobre 840, sans qu'on puisse dire dans quelles conditions il avait reçu ce domaine[165]. Il est possible que, dès avant 755, Berny ait été enlevé à Saint-Médard qui l'avait reçu de Clotaire IV[166]. C'était en tout cas une *villa* importante, où les rois mérovingiens aimaient résider, et toute proche de Vic-sur-Aisne. Ainsi se consolidait dans cette région, sur la rive nord de l'Aisne, à mi-chemin de Choisy et de Soissons, une large zone domaniale, relevant de Saint-Médard et contrôlant la rivière et la vallée.

Le droit de monnaie

C'est aussi à cette même époque que l'abbaye reçut le droit de monnaie – de Louis le Pieux et dès la translation de saint Sébastien, si l'on en croit Odilon[167] –, de Charles le Chauve, si on ajoute foi à un diplôme de Charles le Chauve du 21 septembre 871[168] qui remet à Saint-Médard pour le luminaire de l'église, entre autres revenus, « *monetam […] quam positam habemus in Suessionis civitate* ». Mais cet acte est un faux, probablement une reconstitution postérieure pour justifier, avec le droit de monnaie, le rattachement à Saint-Médard des abbayes de Rethondes et de La Croix-Saint-Ouen.

Depuis 820, les ateliers royaux avaient été réglementés et placés sous le contrôle des comtes[169]. Le droit de monnaie concédé fut donc l'exploitation de l'atelier royal (*moneta publica*) existant à Soissons, avec ses enclumes (*incudes*) et ses coins, dont un familier de l'abbaye, devenu monnayeur (*trapezeta*), eut la responsabilité, et cela vis-à-vis de l'autorité

royale qui garda la propriété de l'atelier, et de l'abbaye, qui eut désormais, au moins en partie, les revenus de l'exploitation. On ne conserve toutefois aucune monnaie de Louis le Pieux qui serait d'un type particulier à l'abbaye : ce qui laisse planer un doute sur le récit d'Odilon, qu'un précepte même authentique de Charles le Chauve en faveur d'un droit de monnaie à l'abbaye n'infirmerait pas cependant. Après l'édit de Pîtres (864), qui avait restreint le nombre des ateliers royaux, il fallait une nouvelle intervention du pouvoir officiel pour continuer à jouir du droit de monnaie[170].

La monnaie de Saint-Médard ne se différencie qu'à partir de Charles le Chauve. Cette monnaie reste de type royal, mais avec le nom de saint Médard. Les fabrications de l'atelier de Soissons au nom de l'abbaye semblent avoir été, à l'époque, sensiblement moins nombreuses qu'au nom de la ville. La monnaie de Saint-Médard apparaît presque comme une variété de monnaie de l'atelier royal[171].

Le règlement d'Hilduin

Cette extension lointaine de l'abbaye, encouragée par le pouvoir politique pour aider à l'assimilation et à l'unification du royaume carolingien, les donations nombreuses des souverains et des particuliers destinées au trésor de l'abbaye, du fait du culte des reliques lors des translations et des pèlerinages, les legs occasionnels, comme celui de saint Anségise, abbé de Fontenelle, Luxeuil et Saint-Germer[172], et les bénéfices du droit de monnaie ont constitué autour de l'abbaye un temporel considérable, dont nous mesurons mal les dimensions réelles, dans l'état où se trouvent les archives carolingiennes. On ne peut aussi qu'entrevoir l'organisation de ce temporel et de son administration.

L'ensemble des revenus de cette immense fortune, surtout immobilière, a en effet, au IXe siècle, une double affectation. Il ne s'agit plus seulement de faire vivre une communauté nombreuse de moines qui ont besoin de loisirs, donc de revenus, pour vaquer, sous la direction continue et présente de leur abbé, à la prière, à l'office, l'*opus Dei*, aux exercices spirituels nécessaires pour atteindre une vie religieuse régulière, sans parler des ressources nécessaires à l'exercice de la charité et de l'hospitalité, autre obligation onéreuse de la règle, mais primordiale. Les abbés du IXe siècle, les Hilduin, Vulfade, voire Carloman, grands fonctionnaires de l'empire ou de la monarchie, le plus souvent moines eux-mêmes, sont plus présents à leur charge d'archichapelain ou d'auxiliaire palatin que dans

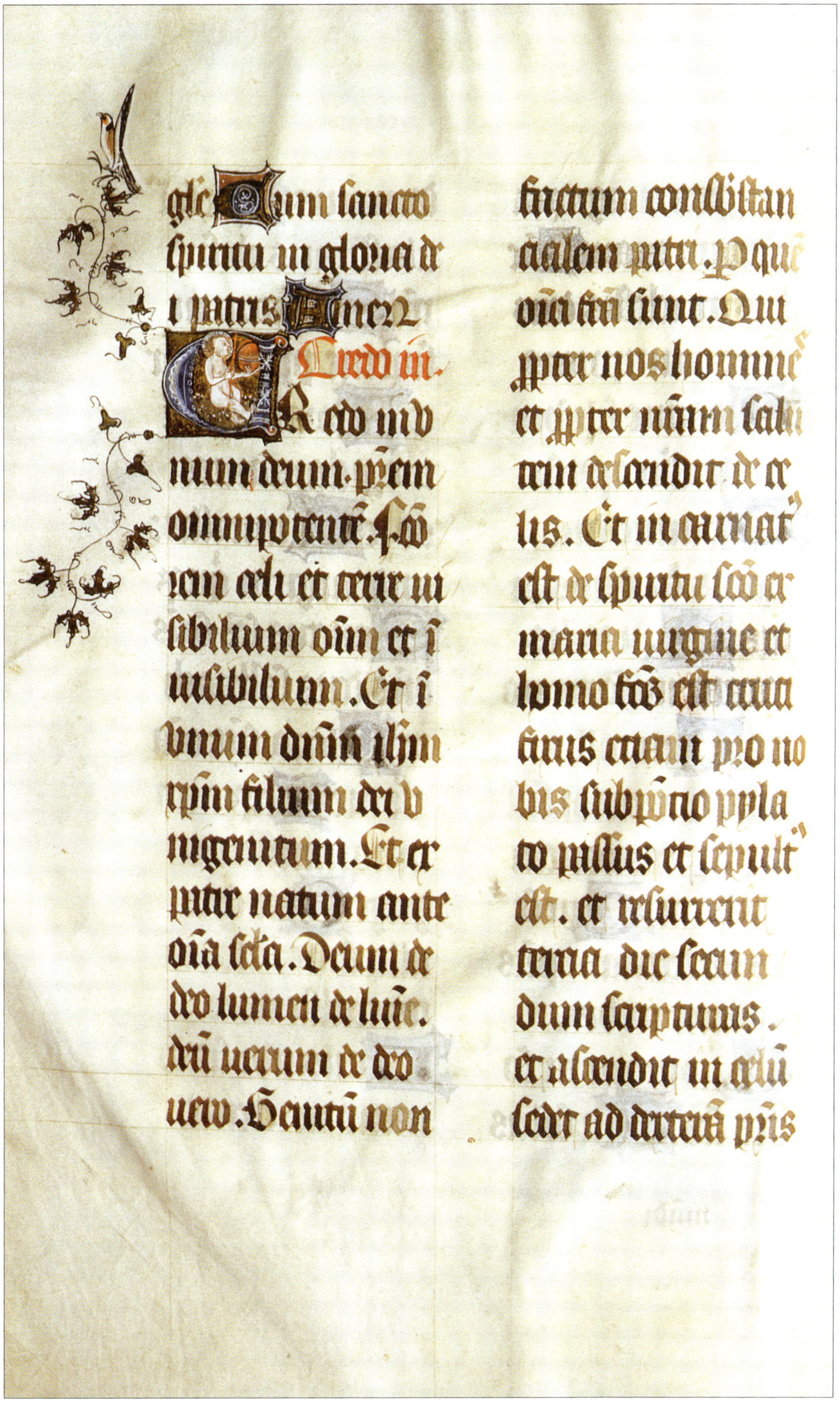

gl'e [cum sancto]
spiritu in gloria de-
i patris. Amen. Credo in
Credo in
unum deum. p̄rem
omnipotentem. fa-
torem celi et terre in
uisibilium oim et i-
uisibilium. Et i-
unum dn̄m ihm
xp̄m filium dei u-
nigenitum. Et ex
patre natum ante
oia secla. Deum de
deo lumen de lue.
dm̄ uerum de deo
uero. Genitu non

factum consubstan-
cialem patri. P que
oia fta siint. Qui
ppter nos homine
et ppter nr̄am salu-
tem descendit de ce-
lis. Et incarnat
est de spiritu scō ex
maria uirgine et
homo fcō est cruci-
fixus etiam pro no-
bis sub pncio ppla-
to passus et sepult
est. et resurrexit
tercia die secun-
dum scripturas.
et ascendit in celū
sedet ad dexteram pr̄is

✠ *PAGE AVEC MOTIFS DÉCORATIFS. Missel provenant de Saint-Médard de Soissons, manuscrit du XIVᵉ siècle. Soissons, Bibliothèque municipale, ms. 89, fol. 8 v.*

✛ *INITIALE V. Missel provenant de Saint-Médard de Soissons, manuscrit du XIVᵉ siècle. Représentation de l'Ascension : au premier plan, deux personnages assis regardent monter au ciel Jésus, dont seuls les pieds sont visibles. Soissons, Bibliothèque municipale, ms. 89, fol. 48.*

les abbayes dont ils cumulent les titres abbatiaux, d'ailleurs plus pour les revenus dont ils ont besoin pour servir le roi, que pour la direction spirituelle des communautés monastiques, où ils ne peuvent résider que de temps à autre. C'est du roi qu'ils ont reçu leurs abbayes, et le roi entend aussi les payer du rôle de *ministeriales* qu'ils accomplissent auprès de lui : façon pour le prince de remettre au service de l'État une partie de ce temporel qui s'est agglutiné auprès des établissements religieux, alors que ses propres domaines s'amenuisaient.

Ce partage était la rançon du système politico-religieux à l'œuvre et d'une trop large prospérité monastique. Encore fallait-il que la part de revenus dont pouvait disposer l'abbé ne mît pas en cause la fonction même de l'abbaye et de la communauté : la vie monastique. D'où l'idée de réserver à la communauté des moines une « mense », comme on dira plus tard, c'est-à-dire un ensemble de revenus inaliénables qui leur seraient destinés et que l'abbé devrait tenir régulièrement à leur disposition. L'ensemble du temporel de leur maison n'étant plus exclusivement à leur usage, les moines se verraient du moins garantir l'usage d'une part suffisante pour vivre selon leur règle. Ce régime fut prévu dès 819 dans l'entourage de Louis le Pieux et de Benoît d'Aniane pour les abbayes dont le souverain se réservait la nomination de l'abbé[173].

Ainsi s'explique le règlement qu'Hilduin Iᵉʳ établit pour Saint-Médard de Soissons en 827[174]. Il n'est pas impossible qu'il ait été élaboré à la suite de la visite des *missi* chargés par Louis le Pieux d'enquêter sur l'état des monastères, qui durent visiter Saint-Médard, comme ils visitèrent les autres abbayes[175].

Pour éviter que la situation de l'abbaye dans la main du roi ne portât préjudice à la vie de la communauté et que cette dernière ne pâtisse de l'administration de ses successeurs, Hilduin, avec la volonté d'engager les abbés qui lui succéderaient, arrêta que la communauté des religieux serait, dans l'avenir et de façon permanente, de cent trente moines[176]. Il rassurait ainsi les moines de Saint-Médard sur la stabilité de leur communauté, et empêchait les abbés de la laisser péricli-

ter pour augmenter d'autant leurs revenus. Il fixait de plus le vestiaire qui, de règle, serait raisonnablement attribué chaque année aux religieux : frocs, pelisses, capes noires et blanches, chemises, culottes, molletières, feutres, peaux de cerfs et ceintures – ce qui semblait conforme au capitulaire monastique[177]. Il garantissait, en outre, que rien ne serait changé dans les coutumes d'hospitalité : les hôtes et les pèlerins continueraient d'être reçus au réfectoire, et avec tous les égards habituels.

Simple règlement d'administration domestique, destiné à apaiser les inquiétudes des religieux, la décision d'Hilduin n'en marquait pas moins une étape vers la constitution d'une mense conventuelle par les garanties qu'elle donnait aux religieux sur l'assignation à leur usage d'une partie de leur temporel, même si ce temporel n'était pas défini avec plus de précision dans ses revenus et dans ses affectations.

L'organisation de la mense

C'est Charles le Chauve qui constitua officiellement la mense conventuelle, sinon en la créant de toutes pièces, du moins en sanctionnant un certain nombre de coutumes antérieures. Le régime de la mense ne pouvait être que l'aboutissement d'une certaine pratique administrative, dont les moines de Saint-Médard avaient peut-être hâte de recevoir la confirmation juridique, depuis qu'ils avaient Carloman comme abbé.

Le diplôme[178] qui sanctionna le nouveau régime administratif – le seul document original qui soit parvenu jusqu'à nous des archives carolingiennes de l'abbaye – ne porte pas de date mais fut délivré entre le 25 août 866, date de l'accession de Carloman à l'abbatiat de Saint-Médard, et le 6 octobre 869, date de la mort d'Hirmintrude, mentionnée encore vivante dans la notification[179].

La mense est désormais constituée. Les religieux n'ont plus seulement la garantie qu'il sera pourvu, d'une façon globale, à leurs besoins de bouche, de vestiaire et d'hospitalité. La mense met à leur disposition les revenus d'un certain nombre de domaines et diverses ressources, qui, sous la protection de l'autorité royale, sont affectées à un usage particulièrement exclusif, un religieux prenant la responsabilité de chaque grand service dans la communauté des moines.

Le service le plus important est celui du trésorier, qui doit pourvoir aux besoins généraux des moines, surtout à celui de la nourriture. Il disposera pour cela des domaines de Berny, Crouy, Damery, Soilly, de Berzy et de son moulin, des deux Marizy, d'Épieds, Morsain, Sergy et Vez, auxquels le roi ajoute, de son propre chef, un manse à Morsain, des étangs

74

et des pêcheries sur la mer, vingt-quatre bonniers de terre à Bouvancourt, cinq manses à Remigny, un morceau de pré ailleurs et des manses dans la *villa* de Leury.

Le service de la chambre et du vestiaire, sous la responsabilité du camérier, disposera de trois domaines : Chivres, Augy, Essômes-sur-Marne.

L'hôtellerie des nobles aura, « selon l'antique coutume », la none de tous les domaines de l'abbaye, plus Choisy et des bois.

L'hôtellerie des pèlerins aura la dîme traditionnelle de tous les domaines et Tancourt.

Ces assignations sont toutefois grevées de réserves. Les quatre religieux chefs de service, le trésorier, le portier, l'hôtelier des nobles[180] et le camérier, assureront alternativement sur leurs disponibilités une *refectio plenaria* à tous les moines deux fois l'an pendant les octaves de Noël et de Pâques. À l'anniversaire de la translation des saints Tiburce et Gildard, le trésorier seul devra servir le repas aux moines. Tous concourront à l'entretien du matériel et des bâtiments à l'usage de leurs services. Aux fêtes de saint Médard et de saint Sébastien, aux anniversaires de Louis le Pieux, de Judith, de Charles le Chauve, d'Hirmintrude et de leurs enfants, c'est sur le revenu de la *villa* de Berny que seront servis les repas des religieux. Mais à l'anniversaire de Carloman, plus tard à l'anniversaire de sa mort, c'est sur le revenu des autres domaines qu'on prendra la *refectio plenaria*. Quant au domaine de Berneuil, que le roi continue d'appeler « villa sua » malgré et à cause de la donation de Berthe, il subviendra au repas-anniversaire de Berthe, la grand-mère du roi et au luminaire des deux chapelles « *ecclesiae sanctae Sophiae inferiori et sanctae Trinitati superiori* ».

Le roi confirme ensuite toutes les donations pieuses faites aux religieux et celles à venir, ce qui laisse entendre que leur mense s'en agrandira « *absque alicujus rectoris contradictione* ». Mais avec ces revenus, qui leur sont remis avec toutes leurs dépendances corporelles et incorporelles, mobilières et immobilières, y compris les serfs, ils devront subvenir à leur nourriture, leur boisson et à tous leurs besoins.

Enfin, le roi menace de contrainte spirituelle et temporelle les *rectores* qui se succéderont à l'abbatiat et qui oseront enfreindre son règlement – soit en soustrayant à la mense, soit en s'attribuant quelque bien, soit en le concédant en bénéfice – ou qui useront d'exaction, les religieux et tous leurs biens restant sous la protection et la mainbour du roi.

Le roi ne mentionne pas ce qui revient à l'abbé sur le temporel de l'abbaye. Il est bien entendu que ce qui n'a pas été énuméré est à la disposition du *rector*. Assigner la part des religieux, c'était former du reste du patrimoine de Saint-Médard le lot de l'abbé, laissé à son libre et personnel usage. Mais rien ne permet d'apprécier ce que pouvait être cette future mense abbatiale ; la liste, qu'on pourrait établir, des domaines connus appartenant à Saint-Médard à cette époque et non énumérés dans la mense conventuelle, serait trop incomplète et souvent incertaine. Il est impossible de mesurer la fortune immobilière totale de l'abbaye à la veille des invasions normandes.

Les confirmations de la mense

Les menaces contre les *rectores* qui s'opposaient à la mise en application de la mense conventuelle n'étaient pas des clauses de style. Il ne fallut pas longtemps aux religieux de Saint-Médard pour s'en apercevoir. Carloman, ayant rompu avec son père, refusa de leur abandonner les domaines assignés par le roi, ou plutôt ne consentit à le faire que s'ils ouvraient à son profit le trésor de l'église. C'est du moins ce que laissent entendre les derniers mots de la lettre que les moines de Saint-Médard envoyèrent à Charles le Chauve au sujet des difficultés soulevées par leur *senior* Carloman et son entourage, lettre qui n'a pas été conservée entièrement[181]. On peut croire que ces difficultés continuèrent jusqu'à la déposition de Carloman à la diète d'Attigny (870).

Quant aux moines de Saint-Médard, devenus prudents par cette expérience, ils jugèrent que la confirmation de leur mense par l'autorité royale ne suffisait pas. Ils présentèrent le diplôme royal au concile de Douzy (871) qui confirma, avec l'assentiment de Charles le Chauve, les dispositions antérieures prises par celui-ci, et les garantit contre les agissements éventuels des *rectores*. De plus, le concile stipula que la mense conventuelle, ainsi fixée, correspondait au chiffre de religieux jadis fixé – allusion au règlement d'Hilduin – et que si, par l'intervention du roi ou des *rectores*, dans l'avenir, le nombre des religieux et des familiers dépassait ce chiffre, la mense serait proportionnellement accrue. La confirmation fut signée par les membres présents au concile[182].

Sur l'instance encore des religieux, Charles le Chauve fit aussi confirmer son diplôme pour Saint-Médard par le pape lors de son voyage à Rome, le 2 janvier 876. La bulle « *Quotiens illa* » de Jean VIII[183] ajouta ses anathèmes à ceux du concile de Douzy pour les contempteurs des sauvegardes des moines. Et comme Charles le Chauve vint à mourir sur ces entrefaites, les moines profitèrent du séjour de Louis le Bègue, nouveau roi de Francie occidentale, à Saint-Médard, où il passa la Noël 877[184], pour solliciter, par l'intermédiaire de la reine Adélaïde, une confirmation de l'organisation que Charles le Chauve avait donnée à leur temporel. Elle leur aurait été donnée de Ferrières le 8 février 878[185].

[1] *M.G.H. Epp. aevi kar.* III, 368.

[2] *M.G.H. Concilia*, II, BORETIUS-KRAUSE (éd.), p. 4-7.

[3] Diplom., *op. cit.* (v. note 18, C. I). L. DU-CHESNE, *Fastes*, III, 91 (v. note 10, C. II).

[4] E. MÜHLBACHER, *op. cit.*, 408, B (v. note 100, C. II). *Annales Mettenses*, a. 804, *M.G.H. SS.* XIII, 33.

[5] Faux diplôme de Charlemagne du 6 juin 774 (M.G.H. DD. Karoli Magni, n° 225, p. 301) critiqué par C. CIPOLLA (éd.), *Monumenta Novaliciensia vetustiora*, Instituto Storico Italiano Fonti per la Storia, 31-3, 2 vol., Rome, 1898-1901, t. I, n° XII, p. 51 et n° XVIII, p. 65. A. GROS, « La Maurienne et les faux de la Novalaise », dans *Travaux de la Société d'histoire de Maurienne*, t. IX, 1942, p. 305-312. A. GROS, *Histoire de Maurienne*, t. I, 1946, p. 88. Voir la *Chronique de la Novalaise* éditée par C. Cipolla (cf. *supra*), t. II, p. 195 et la légende de l'abbatiat d'Hugues fils de Charlemagne.

[6] Nombreux saints dans l'hagiographie laonnoise et soissonnaise : Germain, Précord, Bertrand et Armand, Trésain, Gibrien, etc.

[7] HÉRIC, *Mirac. Germani*, I, 8. M.G.H. *Poetae lat. aevi kar.*, III, 422. L. GOUGAUD, *Les chrétientés celtiques*, Bibliothèque de l'enseignement de l'histoire ecclésiastique, Librairie V. Lecoffre, J. Gabalda, 1911, p. 289. MIGNE, P.L. 124, 1245.

[8] *M.G.H. Poetae lat. aevi kar.*, III, 690.

[9] CAPPUYNS, *Jean Scot Érigène*, p. 166, n° I et p. 188. MIGNE, P.L. 122, 1022.

[10] ADON DE VIENNE : *M.G.H. SS.*, II, 320. C'est la tradition unanime qui précise Saint-Médard : G. PARADIN, *Mémoires de l'histoire de Lyon*, 1573, p. 105. DUBREUL, *Histoire de Saint-Germain-des-Prés* : BNF lat. 12837, f° 354'. J. MABILLON, *op. cit.*, II, 413 (v. note 46, C. II). *Hist. Litt.* IV, 435. WATTENBACH, G. Q. 198.

[11] *Vita Arnulphi*, c. VII : MIGNE, P.L. 174, 1382.

[12] *AA.SS.* juin, II, 75.

[13] Diplom., *op. cit.* (v. note 18, C. I).

[14] L. LEVILLAIN, « Wandalbert de Prüm », dans *B.E.C.*, t. CVIII, 1949-1950, p. 5-35. M. BUCHNER, *op. cit.*, p. 180-208. E. LESNE, *op. cit.*, t. II, fasc. II, 1926, p. 145, 147, et n° 3 (v. note 27, C. II). M. CHAUME, *Les origines du duché de Bourgogne*, 1925, I, 551 (tabl. général). F. LOT, *Le Moyen Âge*, 1903, t. XVI, p. 248-282 ; 1904, t. XVII, p. 338-342 ; et dans *B.E.C.* t. LXVI, 1905, p. 277-280. CALMETTE dans *B.E.C.*, 1904, t. LXV, 530-536.

[15] *Carmina* XXIII, 209-211 : M.G.H. *Poetae aevi carol.*, II, 376.

[16] E. LESNE, « Les ordonnances de Louis le Pieux et la Notitia de servitio monasteriorum », dans *R.H.E.F.*, 1920, t. VI, p. 161-175 ; p. 321-338 ; p. 449-488 ; E. AMANN, *L'époque carolingienne*, 1937, 1937, p. 260.

[17] E. MÜHLBACHER, *op. cit.*, 876, (847) c (v. note 100, C. II).

[18] E. MÜHLBACHER, *op. cit.*, 881, (852) a (v. note 100, C. II).

[19] FÉLIBIEN, *Histoire de l'abbaye de Saint-Denis*, 1706, p. 80, d'après G. DUBOIS, *Histoire ecclésiastique*, Paris, 1690, I, 391. Son tombeau aurait été ouvert en 1610 : on y trouva un abbé en habits sacerdotaux qui « s'en alla en fumée, sauf la crosse qui était d'ébène » (BNF Picardie 243, 277). Peut-être est-ce son sarcophage qui subsiste actuellement dans la crypte, marqué HILD. E. FLEURY, dans *Antiquités*, II, p. 282 et dans *B.A.S.* 1853, p. 48 un lu : « Hildeboldus ».

[20] *M.G.H. Capitularia*, II, 51-57. G. WAITZ (éd.), *Annales Bertiniani*, p. 6, 7. L. HALPHEN, *Charlemagne et l'Empire carolingien*, Bibliothèque de synthèse historique ; L'évolution de l'humanité, vol. 33, Paris, 1947, p. 29, et son œuvre de jeunesse : « La pénitence de Louis le Pieux à Saint-Médard de Soissons », dans *Troisièmes Mélanges d'Histoire du Moyen Âge*, Bibliothèque de la Faculté des Lettres de l'Université de Paris, Paris, 1904, p. 177-185. E. AMANN, *op. cit.*, p. 222 (v. note 16). H.-X. ARQUILLIÈRE, *L'augustinisme politique. Essai sur la formation des théories politiques au Moyen Âge*, Université de Paris-Faculté des Lettres, Librairie J. Vrin, Paris, 1934, p. 122 *sq*.

[21] E. MÜHLBACHER, *op. cit.*, 926 (897) (v. note 100, C. II). G. WAITZ (éd.), *op. cit.*, p. 7 (v. note 20). La tradition voulut naturellement conserver le souvenir de la résidence forcée de Louis le Pieux à Saint-Médard et localisa dans deux étroits caveaux ce qu'on appela la prison de Louis le Débonnaire, qu'on montrait encore au XIXᵉ siècle. Des vers français écrits sur un mur auraient été composés par le prisonnier : J. MABILLON, *op. cit.*, p. 300 (v. note 46, C. II) ; L. PÉCHEUR, *op. cit.*, I, 360, n° I (v. note 169, C. I) ; *B.A.S.*, 1885, p. 131-143 ; lettre de L. G. Cahier sur la prison dite de Louis le Débonnaire. Une anecdote d'Odilon précise l'endroit. Une nuit, Louis le Pieux, d'une fenêtre de l'oratoire de la Sainte-Trinité proche de sa prison, aurait fait à un garde endormi au pied du mur d'enceinte la mauvaise plaisanterie de lui subtiliser son arme avec une corde et de la lancer « *in altas et squalentes... latrinas* ». Ces commodités se retrouvent sur les plans anciens et encore maintenant, drainées jadis par un détournement du ru. (MIGNE, P.L. 132, 618).

[22] MIGNE, P.L. 132, 584.

[23] Cependant, le voyage préalable à la translation d'Hilduin à Rome, dont parle Odilon, n'a jamais eu lieu : HOLDER-EGGER, *M.G.H. SS.* XV, 380, n° 4.

[24] *AA. SS.* martyr Tom. (1940), 9 décembre, p. 574. B.H.L., 4848. H. DELEHAYE, « Les origines du culte des martyrs », dans *Subsidia Hagiographica*, vol. XX, Bruxelles, 1933, p. 420. BNF Picardie 243, 207 et Picardie 236, 191'. E. MÜLLER, *op. cit.*, p. 711, n° 5 (v. note 105, C. I).

[25] B. DE GAIFFIER, *op. cit.*, p. 123 (v. note 109, C. I).

[26] *Annales Regni Francorum*, a. 826, KURZE (éd.), p. 171-172. A.S.M. a. 826.

[27] H. CHÉRAMY, *Saint-Sébastien hors les murs. La basilique, le souvenir apostolique, le cimetière « ad catacumbas »*, Maison de la bonne Presse, Paris, 1925, p. 17, 18.

[28] Chronique d'Adon de Vienne, bien informé des événements de Rome où il séjourna.

[29] F. GROSSI-GONDI, « La tomba e l'altare di S. Sebastiano, nelle basilica dell'Appia », dans *La Civilta Cattolica*, t. LXIX, 1918, vol. I, p. 238-244. H. CHÉRAMY, *op. cit.*, p. 25. E. MÜLLER, *op. cit.*, p. 698 et n° 5 (v. note 105, C. I). H. LECLERCQ, « Sébastien (saint) », dans *D.A.C.L.*, XV, Iᵉ p. 1125. H. DELEHAYE, « Cinq leçons sur la méthode hagiographique », dans *Subsidia Hagiographica*, vol. XXI, Bruxelles, 1934, p. 84 et 87, semble avoir été moins bien inspiré que de coutume en choisissant le cas de saint Sébastien comme exemple de création spontanée de reliques nouvelles, par continuation du culte dans le lieu où le saint était honoré avant la translation.

[30] *Translatio S. Sebastiani*, c. 15, MIGNE, P.L. 132, 594. E. MÜLLER, *op. cit.*, p. 699 (v. note 105, C. I). GROSSI-GONDI, *op. cit.*, p. 240 (v. note 29).

[31] Récit attribué à Odilon, mais probablement des XIᵉ-XIIᵉ siècles, HOLDER-EGGER (éd.), *M.G.H. SS.* XV, I, 391-395 ; MIGNE, P.L. 132, 623-628, d'après le BV Ottob. lat. 811. P.I., qui au f° 104 présente la page frontispice : « *Epistola ad Ingrannum* » qui a trompé J. Mabillon, cf. J. MABILLON, *op. cit.*, IV, I, p. 411-414 (v. note 46, C. II). WATTENBACH, G. Q.,1904, I, 209. A. MOLINIER, *op. cit.*, I, 231, n° 754 (v. note 98, C. II). AA.SS. juin, I, 206-208. D. BOUQUET, VI, 319. E. MÜLLER, *op. cit.*, p. 715 (v. note 105, C. I). M. BONDOIS, *op. cit.*, p. 42 (v. note 108, C. I).

[32] G. WAITZ (éd.), *M.G.H. SS*, XV, I, p. 238-264. HENSCHEN (éd.), *AA.SS.* juin, I, p. 181-206. TEULET (éd.), *Œuvres complètes d'Eginhard*, avec traduction, Société de l'histoire de France, t. III, 1843, p. 175-396. M. BONDOIS, *op. cit.* (v. note 108, C. I). H. LIEBESCHÜTZ, « Wesen und Grenzen des Rationalismus », dans *Archiv für Kulturgeschichte*, t. XXXIII, 1950, p. 39 *sq*.

[33] M. BONDOIS, *op. cit.*, p. 22 (v. note 108, C. I).

[34] M. BONDOIS, *op. cit.*, p. 42 (v. note 108, C. I).

[35] KLEINCLAUSZ, *Eginhard*, p. 107 *sq*.

[36] H. LECLERCQ, art. « Reliques et reliquaires », dans *D.A.C.L.*, XIV, 2320. M. BONDOIS, *op. cit.*, p. 34 (v. note 108, C. I). J. GUIRAUD, « Le Culte des reliques au IXᵉ siècle », dans *Mélanges G.B. de Rossi*, p. 81.

[37] *Incipit epistola ad Ingrannum...* MIGNE, P.L. 132, 623. Le tombeau de saint Hyacinthe a été retrouvé inviolé en 1845 par le P. Marchi : M. BONDOIS, *op. cit.*, p. 35 (v. note 108, C. I). Deusdona avait envoyé les reliques de saint Hyacinthe à Seligenstadt. Reliques d'Abdon et de Sennen à Saint-Médard : J. MABILLON, *op. cit.*, II, 325 (v. note 46, C. II).

[38] A.S.M. a. 826 et 828.

[39] P. LAUER, « Les translations de reliques », dans *Bulletin philologique et historique du Comité*

n o t e s

des travaux historiques et scientifiques, 1921, p. 126, 127, n° I.

40 *AA. SS.* juin, II, 67. L. Duchesne, *op. cit.*, p. 402-405 (v. note 10, C. II). E. Müli fr, *op. cit.*, p. 712 (v. note 105, C. I). Le texte a certainement été aligné sur le récit de Nithard, où les noms de Gildard et de Remi sont interpolés en marge. La translation rouennaise est postérieure à 841.

41 H. Leclercq, art. « Rouen », dans *D.A.C.L.* XV, 121-124.

42 A.-E. Poquet, dans *Bulletin historique et philosophique du Comité des travaux historiques et scientifiques*, 1892, p. 240. A. Poncelet, dans *Analecta Bollandiana*, t. VIII, 389. Odilon, *Sermon*, Migne, P.L. 132, 637, 638. Bécu, dans *Comité archéologique de Noyon*, compte rendu et mémoires, II, 1867, p. 307. A. Le Prévost (éd.), *Orderic Vital*, V, 9, I, 341.

43 L'arrivée des reliques est placée par le chroniqueur le 16 juin, dans *Analecta Bollandiana*, t. VII, p. 405. C'était le jour octave de la fête de saint Médard et de saint Gildard. N'a-t-on pas voulu ménager une fête liturgique à saint Gildard seul et en reculer d'un jour la commémoration ?

44 *AA.SS.* mai, III, 203-206. E. Müller, *op. cit.*, p. 711 (v. note 105, C. I). B. de Gaiffier, *op. cit.*, p. 115 (v. note 109, C. I).

45 BNF lat. 12684, 199. Mis en doute par dom Élie, BNF fr. 18777, 107.

46 Marne ; arr. Epernay, cant. Anglure.

47 BNF lat. 12684, 200. *Vita « fabulosa » s. Sereni* : AA.SS. oct. I, 345-352.

48 BNF lat. 11818, 122, sous le nom de sainte Médrisme.

49 BNF lat. 12684, 200. Inscrite au calendrier liturgique le même jour que sainte Cécile, le 22 novembre. Mais le missel ne porte que le nom de sainte Cécile, sans mémoire de sainte Medrisme : BNF lat. 15614, 253.

50 B. de Gaiffier, *op. cit.*, p. 121 (v. note 109, C. I).

51 Martyrol. de Raban Maur : Migne, P.L. 110, 1180.

52 *AA.SS.* nov. I, 605 : le 3 novembre au calendrier de l'abbaye « *sanctorum... Pelagii* » sans autre qualification.

53 B. de Gaiffier, *op. cit.*, p. 120, 121 (v. note 109, C. I).

54 *AA.SS.* martyr. Rom. (1940), 30 juillet, p. 314 ; 11 septembre, p. 391.

55 *AA.SS.* martyr. Rom. (1940), 18 juin, p. 243. B.H.L., 7543.

56 BNF Picardie 243, 332' : « *Ait Locrius in sua historia* », mais rien dans *Chronicon Belgicum*.

57 Chronique de N. Berlette, bourgeois soissonnais : *Antiquités de Soissons recueillies de divers auteurs et chroniques*, Bibliothèque municipale de Soissons, ms 223 (entre 1575 et 1582), dans *B.A.S.*, t. XIX, 2e série, 1888, en suppl. p. 109 *sq.* = ms original : BNF Picardie 243, 189 *sq.* et ce qu'en pensait D. Grenier : Picardie 243, 359. On

relève : la verge du prophète Aaron, trois œufs d'autruche et deux langues de serpents, la corne de Charlemagne, trois deniers de la vente de Notre Seigneur, des reliques des dix mille vierges. Pour Donchery au début du XVIIe siècle : P. Laurent, *Annales de D. Ganneron, prieuré des Essuens*, p. 170.

58 E. Müller, *op. cit.*, p. 683-722 (v. note 105, C. I).

59 BNF lat. 9768, f° II B.

60 G. Tessier, « Un diplôme inédit de Charles le Chauve », dans *Bulletin philologique et historique du Comité des travaux historiques et scientifiques*, 1948-1950, p. 76 et 77 n° I.

61 P. Lauer (éd.), *Nithard. Histoire des fils de Louis le Pieux*, les Classiques de l'histoire de France au Moyen Âge, vol. VII, Les Belles Lettres, Paris, 1926.

62 *Translation de saint Pierre et saint Marcellin*, G. Waitz (éd.), *M.G.H. SS.* XV, I, p. 240.

63 C. XXXVI *ad finem*, Migne, P.L. 132, 604.

64 C. XLIII, Migne, P.L. 132, 615.

65 Somptueux manuscrit qui perdit sa reliure d'or probablement à la fin du IXe ou au Xe siècle. L'abbé Ingrand y pourvut en 1169 par une couverture en lamelles d'argent doré. Le manuscrit passa en 1790 à la Bibliothèque du roi : L. Delisle, *op. cit.*, I, 4 ; III, 245, n° 5, pl. XXII (v. note 103, C. I.) E. Fleury, « Note sur l'évangéliaire donné par Louis le Débonnaire à l'abbaye de Saint-Médard », dans *B.A.S.* t. XIX, 1865, p. 49-117 et 5 planches, et dans les manuscrits de la bibliothèque de Soissons, étudiés au point de vue de leur illustration, avec 16 planches lithographiées, Paris, 1865, p. 3-47. A. de Bastard d'Estang, *Peintures mystiques tirées d'un livre des Évangiles écrit pour Charlemagne et donné par Louis le Débonnaire à l'abbaye de Saint-Médard*, in-f° , s. l. n. d., et *Peintures et ornements des mss*, pl. XCI-CIV (collections de Bastard d'Estang). J. Labarte, *Histoire des arts industriels au Moyen Âge et à l'époque de la Renaissance*, 3 vol., Paris, 1866, III, 92 ; 1872 (2e éd.), II, 197. Sylvestre, *Paléographie universelle*, 1841, *Prolégomènes* et pl. CXXIV. Menzel, Corsen, etc., *Die Trierer Ada Handschrift*, 1889, p. 89, pl. XXXI-XXXIV. H. Leclercq, art.« Évangéliaire », n° 116, dans *D.A.C.L.* V, 812-822, 1922, qui donne un bon aperçu d'ensemble. R. Lantier et H. Hubert, *Les origines de l'art français. La préhistoire, l'art celtique, l'art gallo-romain, l'art mérovingien, l'art carolingien*. Nouvelle encyclopédie illustrée de l'art français, Paris, 1947, p. 157 *sq.* fig. 86-88-99. Complément de bibliographie dans *Les manuscrits à peintures en France du VIIe au XIIe siècle*. Catalogue de l'exposition, BNF, Paris, 1954, n° 26 (en rectifiant la notice) p. 17, 18.

66 J. Mabillon, *op. cit.*, II, 449 (v. note 46, C. II), d'après J. Dubreul : BNF lat. 12837, 60.

67 Marne ; arr. Reims, cant. Châtillon-sur-Marne.

68 D. Bouquet, VI, 661.

69 Migne, P.L. 132, 618 : « *cum per fenestram extra intuitum dirigerem...* ».

70 Plan publié par J. Hubert, *L'art pré-roman*, Collection « Les monuments datés de France », éd. d'art et d'histoire, Paris, 1938, pl. 2.

71 Flodoard, *op. cit.*, I. II, c. 40, et II, 51 (v. note 73, C. II).

72 AN N III Aisne 67. Publiés par J. Hubert, *op. cit.*, pl. II, a, b (v. note 70).

73 G. Tessier, *Recueil des actes de Charles II le Chauve*, roi de France, Chartes et diplômes relatifs à l'Histoire de France, t. II, Paris, 1943-1952, p. 253. S. Mac Knight Crosby, *L'abbaye royale de Saint-Denis*, 1953, p. 18 et fig. 25, p. 68. J. Hubert, *op. cit.*, 1938, p. 20 (v. note 70). S. Mac Knight Crosby, *The Abbey of St-Denis*, t. I, 1942, p. 165 sq., p. 179, n. 54 et plan 88 (chapelle d'Hilduin). R. Lantier et H. Hubert, *op. cit.*, p. 138 et p. 172 (v. note 65). S. Mac Knight Crosby, *Académie des Inscriptions et Belles-Lettres*, compte rendu des séances, 1947, p. 401-410. G. Brière et P. Vitry, *L'abbaye de Saint-Denis*, Petites monographies des grands édifices de France, H. Laurens, Paris, 1948, p. 7. J. Hubert, *L'architecture religieuse du haut Moyen Âge en France*, « Collection chrétienne et byzantine », École pratique des Hautes Études, section des Sciences religieuses, Paris, 1952, n° 76 et pl. XXI.

74 *M.G.H. Capitul.*, Boretius-Krause (éd.), II, 53. *Vie de Louis le Pieux* par l'Astronome (Migne, P.L. 104, 964) : « ... *ante corpus s. Medardi confessoris et s. Sebastiani martyris, arma deponere et ante altare ponere cogunt* ». Comme si les reliques étaient placées sur ou sous l'autel devant lequel l'empereur fut contraint de désarmer...

75 G. Tessier, *op. cit.*, II, p. 526 (v. note 73).

76 *Idem*, p. 527 : « *a fundamentis ecclesie cepit, et maxima ex parte sua authoritate augustissime struxit...* ».

77 J. Hubert, *op. cit.*, p. 23 (v. note 70).

78 Chapelle A du plan de E. Lefèvre-Pontalis. Plan II : AN N III Aisne 67.

79 E. Lefèvre-Pontalis, *op. cit.*, Paris, 1894, p. 168 et pl. I, n°s 5 à 7 (v. note 157, C. I).

Pour une description plus détaillée de la crypte, cf. *infra*, D. Defente, « Les derniers vestiges » (note des éditeurs).

80 Sur la crypte : E. Lefèvre-Pontalis, *op. cit.*, p. 167-172 et pl. I (v. note 157, C. I). L'échelle indiquée est inexacte : en réalité 1 cm. pour 2 m. Les vraies dimensions sont données p. 167, n. 3. J. Hubert, *op. cit.*, p. 23, 24, 89, 103 sq. et pl. II, IX, X, XI, XVI, XVII (v. note 70). L'échelle des fig. 37 et 40 est inexacte. J. Hubert, *op. cit.*, n° 80, p. 67 et pl. XXIII (v. note 73) : erreur d'échelle et d'orientation signalée à l'auteur. BNF lat. 17689, f° 24 : plan de la crypte sans échelle (XVIIIe siècle). J. Hubert, « *Cryptae inferiores* et *cryptae superiores* dans l'architecture religieuse de l'époque carolingienne », dans *Mélanges Louis Halphen*, Paris, 1951, p. 351, 357.

n
o
t
e
s

[81] Situation traditionnelle du tombeau de saint Médard ; ainsi au XVIIIe siècle, BNF latin 17689, f° 24.

[82] C'est seulement au XVIIe siècle qu'on ouvrit les caveaux, sauf celui du milieu, pour leur donner un accès direct sous l'arrière-chœur : BNF lat. 17689, f° 24.

[83] Recherche des tombeaux des rois mérovingiens, le 14 juillet 1655, devant Dom Vrayet : BNF Picardie 243, 247'. Dom Grenier précise que le tombeau de Clotaire n'était pas sous la pierre qui le représentait et qui avait été mise à côté du tombeau de Sigebert et en face par symétrie : BNF lat. 17689, f° 24.

[84] V. LEROQUAIS, *Missels*, I, 201.

[85] *AA. SS.* août, VI, 9.

[86] BNF lat. 15614, f° 227 *sq.*

[87] *Vita sancti Arnulphi* : MIGNE, P.L. 174, 1388.

[88] A.S.M. a. 839. La rubrique commence avec la mort de Louis le Pieux, le 20 juin 840.

[89] P. DE PUNIET, art. « Dédicace », dans *D.A.C.L.* IV (1920), 393.

[90] P. LAUER (éd.), *op. cit.*, p. 88 (v. note 61). Les *Miracula* du XIIe siècle (*AA. SS.* mars II, 749 et *Catal. codd. hag. Bruxelles*, I, 239) confirment sans équivoque la dédicace de la crypte, mais l'intention apologétique qui les dirige, l'*exaltatio* des reliques, surtout celles de saint Grégoire, les égare.

[91] ODILON, *Translation de saint Sébastien* : MIGNE, P.L. 132, 616.

[92] J. HUBERT, *op. cit.*, p. 24 (v. note 70). *Bulletin de la société des antiquaires de France*, 1934, p. 99, 100. M.-Th. D'ALVERNY, « La Sagesse et ses sept filles. Recherches sur les allégories de la philosophie et des arts libéraux du IXe au XIIIe siècle », dans *Mélanges dédiés à la mémoire de Félix Grat*, 1946, I, p. 245-278.

[93] AN N III Aisne 67, 2.

[94] Philippe Ier y séjourne encore en 1075 : M. PROU, *Recueil des actes de Philippe Ier*, p. 199.

[95] A.S.M. a. 1157.

[96] AN N III Aisne 67, 2.

[97] M. LEROUX, *op. cit.*, t. I, p. 276 (v. note 173, C. I).

[98] J. MABILLON, *op. cit.*, p. 300 ; J. MABILLON, *op. cit.*, I, 127 (v. note 46, C. II). LEMOINE, *Histoire des antiquités de Soissons*, I, 175.

[99] J. RAMACKERS (éd.), P.U. Picardie, n° 2, p. 56 *sq.* « [...] et canonicos congregationum illi loco commissarum ita ditioni ipsius abbatis et fratrum perhenniter subjugamus, ut nulli archiepiscoporum, episcoporum, archidiaconorum rationem ecclesiarum prefate basilice reddant nec sinodi leges exsolvant, sed sicut privilegium canonicorum sancte Sophie a nobis apostolica auctoritate indultum canit, ita securi in subiectione supradictorum fratrum permaneant et, si causa capitalis vicii a gradibus deponuntur, episcopus qui ipsos per iussionem abbatis et fratrum ordinavit, presente ipso abbate et monachis a gradibus deponatur ».

[100] Compulsoire, *op. cit.*, n° 9 (v. note 18, C. I).

[101] M. GERMAIN, *op. cit.*, p. 432 (v. note 175, C. I).

[102] J.-W. 3033.

[103] J.-W. 6775.

[104] Compulsoire, *op. cit.*, n° 3 (v. note 18, C. I).

[105] J.-W. 12507.

[106] G. WAITZ (éd.), *op. cit.*, a. 863, p. 62 (v. note 20).

[107] *Idem*, a. 872, p. 121 (Charles le Chauve, Noël 872) ; a. 878, p. 140 (Louis le Bègue, Noël 877) (v. note 20).

[108] Charles le Chauve est à Saint-Médard du 22 au 26 avril 853 (concile, cf. *infra*) ; en mai 863 avec les légats en question ; le 26 juillet 864 (BNF lat. 9852, 57 = charte pour Saint-Crépin) : G. TESSIER (éd.), *op. cit.*, 1943-1952, II, p. 109, n° 271 (v. note 73) ; en avril 866 (concile, cf. *infra*).

[109] G. WAITZ, *op. cit.*, a. 852, p. 41 (v. note 20). *Annal. Fuld. : M.G.H. SS*, I, 367. L. AUZIAS, *L'Aquitaine carolingienne*, p. 267.

[110] G. WAITZ, *op. cit.*, a. 853, p. 42 (v. note 20). *M.G.H. Capitul. Reg. Franc.*, BORETIUS-KRAUSE (éd.), II, 263 et 267. MANSI, XIV, 980.

[111] Il est possible qu'Hainoard ait obtenu assez vite son pardon du roi et soit rentré à Saint-Médard sur l'intervention d'Hincmar : FLODOARD, *op. cit.*, III, c. 25, et II, 329 (v. note 73, C. II). J. MABILLON, *op. cit.*, III, 24 (v. note 46, C. II). SCHROERS, *Hinkmar*, p. 559, 588.

[112] Une intervention d'Hilduin II s'expliquerait assez bien : L. AUZIAS, *op. cit.*, p. 278 (v. note 109). M. BUCHNER, *op. cit.*, t. 60, p. 45 (1940) (v. note 105, C. I), attribue à Hilduin II la composition de la *Conquestio Ludovici*, en supposant que sous le nom du vieil empereur elle s'adresse en réalité à son petit-fils.

[113] *M.G.H. Capitul.*, BORETIUS-KRAUSE (éd.), II, 267.

[114] FLODOARD, *op. cit.*, l. 3, c. 21, p. 221 (v. note 73, C. II), ne fait que mentionner cette lettre qui est perdue. SCHROERS, *op. cit.*, p. 522, n° 63 (v. note 111).

[115] Eure ; arr. Louviers, cant. Pont de l'Arche.

[116] G. WAITZ, *op. cit.*, a. 862, p. 59 (v. note 20). Cela ne veut pas nécessairement dire Saint-Médard. Le synode de 861, qui avait déposé Rothade « donec obediat », s'était tenu « apud martyrium sanctorum Crispini et Crispiani secus civitatem Suessionis » (*Annal. Bertin* a. 861, p. 56).

[117] MANSI, XV, 685.

[118] J.-W., 2712 (début 863). *M.G.H. Epp. kar. aevi*, IV, 53. J.-W., 2737 (sept. 863). *M.G.H. idem*, p. 373.

[119] *M.G.H. Idem*, p. 373. SCHROERS, *op. cit.*, 252 (v. note 111).

[120] L. PÉCHEUR, *op. cit.*, I, 439 (v. note 169, C. I). L'envoi sous escorte de Rothade à Rome fut décidé au concile de Verberie du 29 octobre 863 (HÉFÉLÉ-LECLERCQ, IV, I, 349). Après diverses péripéties, Rothade était à Rome vers juin 864. SCHROERS, *op. cit.*, p. 257 (v. note 111).

[121] G. WAITZ (éd.), *op. cit.*, a. 866, p. 83 (v. note 20). *M.G.H. Capitul.*, BORETIUS-KRAUSE (éd.), n° 301, p. 453, qui reproduit avec l'allocution préliminaire de deux évêques, le formulaire de la bénédiction et du couronnement. J. DU PANGE, *op. cit.*, p. 219 (v. note 101, C. II).

[122] 857, si l'on s'en tient à l'acte qui fait intervenir Vulfade pour Notre-Dame de Soissons : G. Tessier, *op. cit.*, I, n° 197, p. 509 (v. note 73) : plus probablement à partir de 860. Cf. G. TESSIER, *op. cit.*, II, 639, n° 494 (v. note 73).

[123] SCHROERS, *op. cit.*, p. 273 *sq.*, (v. note 111). MANSI, XV, 708, 709, 799, 825. CAPPUYNS, *op. cit.*, p. 166 (v. note 9). F. LOT, « Une année du règne de Charles le Chauve », dans *Le Moyen Âge*, 1902, p. 393-438 ; F. LOT, *Études sur le règne de Hugues Capet et la fin du Xe siècle*, p. 366,367 : réfuté par HALLER, *Nikolaus*, p. 114-117 et p. 170 *sq.*

[124] G. WAITZ, *op. cit.*, a. 866, p. 83 (v. note 20). MANSI, XV, 707 (lettre de Charles le Chauve à Nicolas Ier) et p. 709 (lettre de Nicolas Ier, à dater du 29 août : J.-W., 2811).

[125] G. WAITZ, *op. cit.*, a. 854, p. 44 ; a. 868, p. 97 (v. note 20). Hincmar, lettre LV : MIGNE, P.L. 126, 277.

[126] G. WAITZ, *op. cit.*, p. 83 (v. note 20). *M.G.H. SS.* XIII, 80 = *Heirici monachi S. Germani Autisiodorensis Annales breves*, a. 860 : « Karlemannus filius Karoli accepit abbatiam S. Medardi » ; 861 : « Exultatio mundaliorum S. Medardi ». WATTENBACH, G. Q., I, 302 le juge très sévèrement : « *wenig Sinn für geschichtliche Aufzeichnungen* ».

[127] *Carm. Centul.*, CV dans *M.G.H. Poetae lat.*, III, 336.

[128] Cf. *infra*, p. 68-69.

[129] G. WAITZ, *op. cit.*, a. 870, p. 109 (v. note 20).

[130] FLODOARD, *op. cit.*, l. III, c. 18, p. 1744 (v. note 73, C. II). SCHROERS, *op. cit.*, p. 540, n° 296 (v. note 111).

[131] Diplom., *op. cit.* (v. note 18, C. I). COTTINEAU, 2029.

[132] COTTINEAU, 995. L. MAÎTRE, « Considérations sur les origines de Doulon », dans *Bulletin de la société archéologique de Nantes*, t. XLV, 1904, p. 225-245.

[133] L. MAÎTRE, *op. cit.*, p. 294 (v. note 27, C. II).

[134] Saint Sébastien sur les communes de Nantes et de Pornichet.

[135] F. LEMARIGNIER, *Études sur les privilèges d'exemption et de juridiction ecclésiastique des abbayes normandes depuis les origines jusqu'en 1140*, Paris, 1937, p. 24.

[136] COTTINEAU, 557. G.C., I, 137, 158, 189. BEAUNIER-BESSE, IV, 30. POUPARDIN, *La vie de saint Didier, évêque de Cahors (630-655)*, publiée d'après les manuscrits de Paris et de Copenhague, Paris, 1900, p. 22, 23. REY, *Un grand bâtiment au temps du roi Dagobert...*, note 12, p. 289.

notes

[137] COTTINEAU, 214. V. TERRET, art. « Autun », dans *D.H.G.E.*, 1931, V, 912.

[138] COTTINEAU, 213.

[139] BNF lat. 12684, 200. Picardie 243, 204.

[140] AA. SS. octobre, I, p. 352.

[141] Le texte parle de Charles et de son frère Pépin.

[142] Marne, arr. Épernay, cant. Anglure.

[143] COURTALON-DELAISTRE, *Topographie historique de la ville et du diocèse de Troyes*, III, 234.

[144] Aube, arr. Troyes, hameau de la commune de Saint-André. COTTINEAU, 647, 1952. ROSEROT DE MELIN, *Dictionnaire historique de la Champagne méridionale (Aube) des origines à 1790*, publié par J. Roserot de Melin, 24 fasc., Angers, 1942-1948, II, 946. BEAUNIER-BESSE, VI, p. 156.

[145] BYEUS, *Comment. praev.* : AA. SS. oct. I, p. 337-345 : « *vita fabulosa s. Sereni* ».

[146] Fin de la *Vita Sereni* éditée dans Catal. Codd. hag. lat. BNF, III, 103.

[147] Dans le récit du passage des reliques de saint Sébastien à La Celle-sous-Chantemerle et lors de leur translation de Rome à Soissons, déjà raconté par Odilon (MIGNE, P.L. 132, 596, c. XX), l'hagiographe affirme qu'on vénérait, dès cette époque, à La Celle-sous-Chantemerle, le chef de saint Sébastien – un de plus – obtenu autrefois par l'entremise de saint Serein.

[148] Ch. LALOU, *Cartulaire de Montier-la-Celle*, p. 50 : « *in memore beati Medardi* ».

[149] Diplom., *op. cit.* (v. note 18, C. I).

[150] Diplom., *op. cit.* (v. note 18, C. I).

[151] Diplôme original de Charles le Chauve, cf. Compulsoire, *op. cit.* (v. note 18, C. I).

[152] Diplom., *op. cit.* (v. note 18, C. I).

[153] Diplom., *op. cit.* (v. note 18, C. I).

[154] C.A. 104. F. SOEHNÉE, *Catalogue des actes d'Henri Ier*, Paris, 1907, « Bibliothèque de l'École pratique des Hautes Études, fasc. 161 », n° 80, p. 84. A.S.M. a. 814. E. MÜLLER, *op. cit.*, p. 693, n° 1 (v. note 105, C. I).

[155] Diplôme d'Eudes, dans Compulsoire, *op. cit.* (v. note 18, C. I).

[156] COTTINEAU, 777. A. RENDU, *Notice historique et archéologique sur le palais, l'abbaye et les deux églises de Choisy-au-Bac*, 1856. BNF Picardie 21, 686-702 (D. Gillesson).

[157] *Vita s. Drausii* : AA. SS. mars I, 405-411. Daterait du Xe siècle, d'après *Hist. Litt.* VI, 330. A. MOLINIER, *op. cit.*, 441 (v. note 98, C. I). B.H.L. 2335. L. DUCHESNE, *op. cit.*, III, 90 (v. note 10, C. II).

[158] A. S. M. a. 712. *Annal. Mettenses* a. 711 : *M.G.H. SS.* I, 322. Clovis III (mort en 694), Dagobert III († 715) et Clotaire IV († 720) y auraient été inhumés : BNF Picardie 203 et 203', 243 (D. Grenier) ; Picardie 21, 688 (D. Gillesson). Berthe, mère de Charlemagne, mourut à Choisy le 13 juillet 783 : *M.G.H. SS.* XIII, 30'. RENDU, *op. cit.*, p. 10, 11 (v. note 156).

[159] *M.G.H. Epp. kar. aevi*, II, p. 246 (lettre 150). KLEINCLAUSZ, *Alcuin*, p. 198 et p. 267 (lettre 165) « *ad Cosiacam Sancti Stephani cellam* ».

[160] Diplôme orig. Charles le Chauve, cf. Compulsoire, *op. cit.* (v. note 18, C. I).

[161] G.C. X, 95. D. BOUQUET, VI, 539. E. MÜHLBACHER, *op. cit.*, 842 (816) (v. note 100, C. II). E. MÜLLER, *op. cit.*, p. 704 (v. note 105, C. I). G. TESSIER, *op. cit.*, 1948-1950, p. 85 (v. note 60).

[162] ODILON, *Translation.*, c. 43.

[163] P. LAUER (éd.), *Nithard*, p. 88.

[164] G. TESSIER, *op. cit.*, 1948-1950, p. 83 (v. note 60). A. LONGNON, « La villa Brennacum », *Bulletin de la société de Paris et Île-de-France*, 1895, p. 57-62.

[165] G. TESSIER, *op. cit.*, 1948-1949-1950, p. 84 (v. note 60).

[166] L. LEVILLAIN, « Campus martius », dans *B.E.C.*, 107, 1947-1948, p. 62-68, qui commente la chronique (3e continuation des chroniques dites de Frédégaire), c. 36-37 : *M.G.H. SS. rer. merov.* II, 183, B. KRUSCH (éd.). C. BRUNEL, *op. cit.*, p. 80 (v. note 163, C. I).

[167] MIGNE, P.L. 132, 616.

[168] Diplom., *op. cit.* (v. note 18, C. I).

[169] *M.G.H. Capitularia*, BORETIUS-KRAUSE (éd.), I, 299.

[170] *M.G.H. Capitularia*, BORETIUS-KRAUSE (éd.), II, 315.

[171] Le Cabinet des médailles ne conserve qu'un exemplaire de monnaie carolingienne de Saint-Médard : un denier du type de Charles le Chauve (Cab. Méd. monnaies caroling., n° 287 bis). On a identifié encore un autre denier de Charles le Chauve, découvert à Arras (GABRIEL, II, n° 228, p. 246), et un denier de Carloman (GABRIEL, II, n° 14, p. 263, d'après COMBROUZE). Les autres identifications sont incertaines.

[172] *Gesta sanctorum patrum Fontanellensis coenobili*, F. LOHIER et J. LAPORTE (éd.), Paris-Rouen, 1936, p. 115.

[173] E. LESNE, *L'origine des menses dans le temporel des églises et des monastères au IXe siècle*, Librairie A. Champion, Paris, 1910, p. 82.

[174] Diplom., *op. cit.* (v. note 18, C. I).

[175] E. LESNE, *op. cit.*, p. 83 (v. note 173).

[176] À rapprocher des autres constitutions d'Hilduin : pour Saint-Germain-des-Prés (13 janvier 829), POUPARDIN, *Chartes de Saint-Germain*, I, n° XXVIII, p. 46 (120 religieux) ; et pour Saint-Denis (22 janvier 832) : *M.G.H. Conc. aevi karol.* I., 690. Saint-Denis avait 126 religieux en 838 ; FÉLIBIEN, *op. cit.*, p. LVIII (v. note 19).

[177] *M.G.H. Capitularia*, édit. BORETIUS-KRAUSE, I, 345.

[178] AN K 14, n° 9 (2). Tardif, n° 212, p. 135. Fac-similé publié dans F. LOT, P. LAUER et G. TESSIER (éd.), *Diplomata Karolinorum*, V,

n° VII (83 de l'ensemble) qui datent le diplôme entre fin août 866 et août 871. Cf. G. TESSIER, *op. cit.*, t. II, p. 248, n° 338 (v. note 73) et p. 82, n° 2 (v. note 60), qui le date entre le 25 août 866 et avril 870. L. LEVILLAIN le date du 25 août 866 ; cf. dans *B.E.C.*, vol. CVIII, p. 32, n° 2.

[179] G. WAITZ, *op. cit.*, a. 866 et 869, p. 83 et 107. E. MÜLLER, *op. cit.*, p. 693 (v. note 105, C. I).

[180] Le portier devait avoir la charge de la porte et de l'hôtellerie des pèlerins. L'*hospitalarius* en question est l'hôtelier des nobles. Noter que l'hôtellerie de nobles reçoit plus de revenus que l'hôtellerie des pèlerins.

[181] *M.G.H. Epp. karol. aevi*, IV, 179, n° 25, II. N.A. 25, p. 189-191 ; E. DÜMMLER, « Briefe aus der Zeit Karls des Kahlen ».

[182] M. GERMAIN, *op. cit.*, p. 432-434 (v. note 139, C. I). BRÉQUIGNY, I, 294. Compulsoire, *op. cit.* (v. note 18, C. I).

[183] J.-W., 3033. Compulsoire, *op. cit.* (v. note 18, C.I). Les menaces contre les *rectores* ont pris un tour plus général : « *[…] ut nemini mortalium liceat […]* ».

[184] G. WAITZ, *op. cit.*, a. 878, p. 140 (v. note 20).

[185] Mentionné par F. GRAT, « Étude diplomatique sur les actes de Louis II le Bègue, Louis III et Carloman », dans *Position de Thèses, B.E.C.*, 1923, p. 49-57, au n° 3. Ce diplôme est moins suspect qu'on ne le dit mais ajoute, sans raison semble-t-il, Berneuil à la dotation de l'hôtellerie des nobles (Compulsoire, *op. cit.* [v. note 18, C. I]). E. MÜLLER, *op. cit.*, p. 694 (v. note 105, C. I), n'a connu que le texte fautif édité par J. MABILLON, *op. cit.*, p. 548, 549 (v. note 46, C. II) et D. BOUQUET, IX, 416, d'après Nouv. acq. franç. 22210, f° 282. Il faut, en réalité, restituer le texte d'après BNF Nouv. acq. lat. 2295, f° 39 : « *Insuper ex prefatis aliis villis in dilectissimi fratris nostri Carolomanni anniversario plenariam refectionem fieri ipsis monachis in anniversario Berthe amite nostre* », ce qui coupe court à la critique de E. MÜLLER, tout en confirmant son opinion d'une simple reprise en forme de confirmation du diplôme de Charles le Chauve. BNF Clairambault, 561, f° 130' (d'après le compulsoire f° 63, p. 2), bien qu'en extraits, confirme également cette lecture : « *in dilectissimi fratris nostri Carolomanni anniversario plenariam refectionem* ».

Il est évident que ces diverses confirmations ont recopié le diplôme de Charles le Chauve. Il n'y a donc pas lieu d'attacher d'importance aux variations orthographiques des noms de lieux dans ces textes, ni aux confusions de certaines copies, entre Berny et Berneuil par exemple. Je signale toutefois l'interprétation particulière de ponctuation de J. MABILLON, *op. cit.*, III, 631 (v. note 46, C. II), dans la bulle de Jean VIII, suivie par DU CANGE (*Glossarium mediae et infimae latinitatis…*, Paris, 1845, t. 4, p. 296) au mot *marisiacus* (marais) : « *Verziacum una cum molendino, Berziso marisiacos duos atque Spicarium* ».

notes

Le
Siècle
des Rectores

S *i elles étaient restées sans lendemain, les extravagances et les exigences financières de Carloman comme abbé de Saint-Médard auraient pu être un épisode sans grande conséquence sur la vie du monastère. Mais ce clerc malgré lui n'eut guère pour successeurs que des rectores laïques. Pendant plus d'un siècle, Saint-Médard n'aura plus d'abbés réguliers. Reçu en bénéfice, c'est un bien qu'on échange, qu'on lègue ou qu'on reçoit en héritage, qu'on partage ou qu'on disperse, un bien exposé de plus aux convoitises des Normands et des Hongrois, et qui se trouve par sa situation géographique au centre de la lutte pour l'héritage carolingien. Les comtes de Vermandois et les Robertiens se l'arrachent tour à tour.*

Dans l'inconsistance de l'autorité royale et l'instabilité de son assise politique, Saint-Médard ne peut que traverser une période difficile, balloté d'une part entre cette autorité affaiblie qui, dans sa lutte contre le morcellement et le particularisme, s'efforce de la retenir à elle et de ne point la laisser partir à la dérive, et d'autre part les forces de division toutes prêtes à la saisir pour s'appuyer sur elle.

C'est le prestige et l'autorité croissante de la nouvelle dynastie qui relieront les liens distendus entre le roi et l'abbaye.

LES INVASIONS
NORMANDES

Depuis le règne de Charles le Chauve, un grave danger menaçait. Les Normands attaquaient de toutes parts le royaume, et il eut été bien improbable qu'une ville riche comme Soissons, avec ses multiples églises et établissements religieux, ne reçût pas une fois ou l'autre leur visite. Les abbayes les attiraient, surtout lorsqu'elles s'élevaient, comme Saint-Médard, à l'écart des villes. Leurs attaques de monastères ne se comptaient plus[1]. Les moines de Saint-Médard sentaient grandir la menace.

L'incendie de l'abbaye

En 859, en un raid de nuit audacieux, leur bande surprenait Noyon, emmenant l'évêque et le clergé pour les massacrer en chemin[2]. Malgré ce qu'en dit Dudon, doyen du chapitre de Saint-Quentin, les pirates ne s'avancèrent pas cette année-là jusqu'à Saint-Médard[3]. Après 880, d'autres bandes ravagèrent les limites du Soissonnais. En 882, installés à Laon, ils pillèrent tout à l'entour, menaçant Reims, Soissons, Noyon[4]. Le roi Carloman sauva la situation : il battit les Normands, mais point suffisamment pour empêcher qu'ils ne se retranchassent dans le voisinage de l'Aisne[5].

Fin août 886, l'armée de l'empereur Charles le Gros, en marche vers Paris assiégé par les Normands, séjournait dans les pays de l'Oise et de l'Aisne. Le 28 août 886, ses éléments de reconnaissance ramenèrent le corps de leur chef, le comte Henri, qui dirigeait, pour l'empereur, les opérations contre les Normands jusqu'en Francie Occidentale. Surpris dans une embuscade par les Normands, il avait été tué et fut enterré dans la basilique de Saint-Médard[6]. Son épitaphe nous est restée[7].

Dans les premiers jours de novembre, Charles le Gros, de retour du siège de Paris avec son armée, était à Saint-Médard. Pour exciter leur zèle hésitant, il distribuait des terres entre ses hommes d'armes[8]. Mais, par terre et par eau, Siegfried continuait la poursuite, suivait la vallée de l'Oise,

mettant tout à feu et à sang. Les incendies annoncent son approche rapide. Charles le Gros, refusant la bataille, abandonna alors Soissons et gagna l'Alsace. « *Post haec Sicfridus famosissimam ecclesiam beati Medardi igne cremavit, monasteria, vicos, palatia regia, interfectis et captivitatis accolis terrae*[9] ». L'incendie ravagea l'abbaye de Saint-Médard et en même temps qu'elle, des monastères, des faubourgs, des résidences royales, tandis que la population qui s'était laissé surprendre était massacrée ou emmenée en captivité. Le chroniqueur des *Annales Vedastiani* ne le précise pas, mais il semble bien que la ville de Soissons resta épargnée, tandis que les églises du *suburbium*, comme Saint-Médard et sans doute Saint-Crépin, avec leurs *vici*, furent la proie des pillards et des flammes. Le palais royal qui se serrait contre l'abbaye de Saint-Médard connut le même sort[10].

La fuite et le retour des moines

En alerte depuis longtemps, les moines de Saint-Médard n'avaient pas dû se laisser surprendre. Après avoir mis à l'abri tout ce qu'ils purent, ils avaient certainement fui, emportant ce qu'ils avaient de plus précieux : leurs reliques.

Il est possible qu'ils aient cherché refuge vers l'est à la suite des troupes impériales. Pour les dédommager de l'incendie de leur abbaye livrée par lui sans combat à Siegfried, Charles le Gros, le 23 juin 887, leur donna le domaine royal de Donchery-sur-Meuse « *ad eorum scilicet usus, stipendia atque refugium ingruentis persecutionis*[11] ». Ce domaine, mis sans doute sur leur demande hors d'atteinte des *rectores*, devait leur permettre de construire une *cella* et d'attendre en sécurité la fin de l'invasion.

Il est possible aussi que les moines de Saint-Médard n'allèrent pas si loin et qu'à la date du diplôme, la plupart étaient rentrés dans les murs calcinés de leur abbaye, aussitôt après que Siegfried eut évacué la région. Le risque était par-

✚ *LA CRUCIFIXION. Missel provenant de Saint-Médard de Soissons, manuscrit du XIVe siècle. Soissons, Bibliothèque municipale, ms. 89, fol. 167 v.*

tout. Même à Donchery, la sécurité n'était pas plus grande. En 892, une nouvelle expédition normande se développait de la rive gauche du Rhin sur les Ardennes[12] et coupait les communications entre Reims et Cambrai[13].

Au plus tard à la mort du roi Eudes (1er janvier 898), les religieux auraient été de retour à Soissons, où le roi aurait entrepris de faire fortifier leur monastère en prévision de nouvelles attaques des Normands. Ce serait l'interprétation naturelle des Annales de Saint-Médard à l'année 898 : « *Iste Odo rex ecclesiam beati Medardi in sua mundeburde et successorum suorum in perpetuum suscepit. Fecit etiam predictus rex Odo castrum de Vyco et de Sancto Medardo firmare propter insurgentium Danorum insolentiam* », si ce texte n'avait été inspiré par un faux diplôme du roi Eudes[14], construction tardive destinée, semble-t-il, à légitimer les droits de Saint-Médard sur ses multiples possessions de la vallée de l'Aisne.

On peut donc penser que l'incendie de l'abbaye n'avait pas ruiné le gros œuvre des constructions, et que même les églises, malgré les tas de pierres brûlées dont parle Odilon[15], purent être remises en état assez rapidement[16].

Le regroupement du temporel monastique

Les ravages des Normands n'avaient pas atteint que le monastère. Un grand nombre de domaines de l'abbaye, dont la majorité était répartie dans les pays de l'Aisne, de l'Oise et de la Marne, furent touchés par leurs pillages. S'il n'est pas certain que Choisy, au confluent de l'Oise et de l'Aisne, ne fut pas épargné par la grande armée normande dans le raid de 886[17], c'est bien à Choisy que la bande commandée par Huncdens établit ses quartiers d'hiver en 896-897[18], et son camp y resta jusqu'au milieu de l'année 897[19].

Les invasions normandes firent perdre aussi à l'abbaye, et plus facilement encore, ses possessions lointaines. À cause des ruines et des dévastations qu'elles laissaient derrière elles, plus encore à cause de l'isolement administratif et moral qu'elles imposaient, elles provoquèrent un regroupement des dépendances monastiques. Les petites colonies de religieux durent émigrer, s'agglomérer à d'autres communautés ou disparaître. Les dépendances moyennes un peu lointaines, coupées de l'abbaye par les incursions incessantes des pillards, laissées momentanément à leurs propres ressources, furent rattachées par une autorité ecclésiastique ou séculière à des abbayes plus proches par qui elles furent aidées et qu'elles aidèrent. Saint-Médard y perdit, avec ses posses-

⊹ CHRIST EN GLOIRE. Missel provenant de Saint-Médard de Soissons, manuscrit du XIVe siècle. Soissons, Bibliothèque municipale, ms. 89, fol. 168.

sions de la Manche, ses dépendances du Maine et du pays nantais, mais y gagna sans doute les petites abbayes plus proches de La Croix-Saint-Ouen et de Rethondes.

Les pertes du temporel

De 853 à 857, les Normands installés à l'embouchure de la Loire pillèrent la Touraine, l'Orléanais et les régions avoisinantes[20]. La fondation de Cellé, près de Bonneveau, ravagée, passa alors, vers 856-860, sur l'intervention de Robert, évêque du Mans, à l'abbaye de Corbion, Saint-Laumer de Blois, elle-aussi saccagée[21]. L'hagiographe de la fin du IXe siècle qui conte l'apologue de Warimbert[22] parle de Bonneveau comme d'une possession sortie du temporel de Saint-Médard.

Plus exposés encore à l'embouchure de la Loire, l'abbaye Saint-Donatien-Saint-Rogatien de Nantes, le monastère de Doulon, dispersés par les irruptions successives des Normands en 843, 853, 886 et 919, inévitablement laissés par Soissons sans renfort de personnel, se vidèrent jusqu'au moment où il fallut bien les repeupler et les agréger à d'autres communautés. En 952[23], le duc Alain Barbetorte offrit Saint-Médard de Doulon à l'abbaye de Landévennec dans le Finistère, revanche partielle du particularisme sur l'esprit franc. En 1004, l'évêque de Nantes Héroïcus et le comte de Nantes feront de même avec Saint-Donatien-Saint-Rogatien dont ils disposeront en faveur de l'abbaye de Déols en Berry[24].

En ce début du XIe siècle, il est difficile de préciser ce qu'il restait à l'abbaye de Saint-Médard de ses possessions dans les pays de la Loire. La lettre de l'abbé Richard au doyen Odulger et au bienheureux Hervé de Tours († 1022) demandant au chapitre de Saint-Martin de prendre sous sa protection les familiers de Saint-Médard vivant dans ces parages, fut moins une sollicitation réelle qu'une réponse d'abord d'acquiescement, et aussi de bon ton monastique, à une initiative de Saint-Martin de Tours, qui avait davantage besoin de la protection de Saint-Médard pour ses familiers du Nord de la France, que Saint-Médard pour les siens en ces régions[25].

Les gains du temporel

Les mêmes causes qui firent perdre à Saint-Médard de Soissons ses possessions lointaines, jouèrent en sa faveur et regroupèrent autour d'elle des communautés rapprochées, qui lui étaient jusqu'ici extérieures, et dont il semble bien

qu'elles entrèrent alors sous son influence.

Saint-Pierre de Rethondes[26] était une petite communauté fondée vers 660 par saint Drausin, évêque de Soissons, sur une terre achetée à Bettolen, abbé de Choisy[27]. On observa à l'origine, semble-t-il, la règle mitigée de Luxeuil[28]. Malgré les actes apocryphes de Saint-Médard de Soissons (bulle d'Eugène II, charte de Charles le Chauve, diplôme du roi Eudes) qui revendiquent le rattachement de Rethondes à l'abbaye soissonnaise au cours du IXᵉ siècle, cette *cella* n'était pas encore sous l'administration de Saint-Médard en 883, quand son abbé Hugues obtint du roi Carloman la concession d'un marché hebdomadaire, le mercredi, sur le territoire du monastère, et la confirmation du droit de monnaie obtenu de Louis III, trois ou quatre années auparavant[29]. La frappe de deniers « ROTUNDAS CELLA » a été constatée pour cette même époque[30]. Ce n'est, au plus tôt, qu'aux dernières années du IXᵉ siècle ou au début du Xᵉ que Saint-Pierre de Rethondes fut réuni à Saint-Médard de Soissons. Il devint alors un prieuré dont les possessions, unies à Berneuil sur la rive droite de l'Aisne et contiguës à la forêt de Laigue, furent le trait d'union entre les prieurés de Choisy-au-Bac et de Vic-sur-Aisne, nouvelle consolidation sur l'axe économique de l'Aisne.

Les origines du prieuré de La Croix-Saint-Ouen sont plus mystérieuses encore et s'égarent dans une jolie légende insérée au *cartularium antiquum* de l'abbaye, sous la forme d'un diplôme de Dagobert[31]. Un jour de mai que Dagobert et sa suite étaient à la chasse dans la forêt de Cuise, son archichapelain Ouen fut saisi de trouver dans une clairière une croix de neige qu'il s'empressa de montrer au roi. Écoutant son inspiration, il demanda à Dagobert de lui céder l'endroit pour y construire une basilique en l'honneur de la Sainte Croix. Il y adjoignit une petite ville puis remit sa fondation aux religieux de Saint-Médard qui l'auraient instruit et élevé.

La Croix-Saint-Ouen n'est mentionné, comme Saint-Pierre de Rethondes, que dans les mêmes actes d'Eugène II, de Charles le Chauve et du roi Eudes, dont le crédit est nul.

L'hypothèse de Lauer[32] selon laquelle le prieuré aurait été fondé par les moines de Saint-Ouen de Rouen fuyant leur abbaye après l'incendie de 841 par les Normands et déposant là provisoirement leurs reliques de saint Leufroy, de saint Agofroid, voire celles de saint Ouen (réfugiées un moment à Condé-sur-Aisne), a surtout pour elle d'établir une réplique de la création plus certaine de Saint-Philibert de Tournus par les moines de Saint-Philibert de Grandlieu. Mais il n'y a pas lieu de retenir la date des diplômes de Charles le Chauve (871) et d'Eudes (893) comme *terminus ad quem* de la fondation de La Croix-Saint-Ouen, puisque ces documents sont frelatés. Si l'abbaye de La Croix-Saint-Ouen dans l'Oise a une relation avec les translations de reliques rouennaises, comme son nom voudrait l'indiquer, sa fondation doit avoir eu lieu avant 918, date reconnue pour le retour des reliques de saint Ouen à Rouen. On ne peut d'ailleurs admettre que ce séjour de reliques à La Croix-Saint-Ouen ait été de longue durée. L'Oise était une des grandes artères offensives des Normands venant de la Seine ou d'ailleurs.

Il est vraisemblable que ce prieuré, établi dans les bois au sud de la forêt de Cuise, à sept ou huit kilomètres au sud de Compiègne, et dont les ressources resteront toujours limitées, est passé dans le temporel de Saint-Médard au début du Xᵉ siècle.

Autres ressources

Dans les limites où on peut en juger, le courant des donations au monastère par des particuliers ne semble pas se ralentir dans les premières années du Xᵉ siècle. Sous l'abbatiat du comte Conrad, le 22 septembre 901 ou 906, l'abbaye reçut d'un certain Raban le domaine seigneurial d'Estouilly en Vermandois, avec l'église de Saint-Sulpice, sept autres manses et leur personnel[33]. Un nommé Odilon, dont on peut se demander s'il n'est pas à la veille d'entrer au monastère où il serait devenu l'historiographe que l'on sait, remit le 6 novembre 907 son domaine de Brugny-en-Omois, avec les vingt

manses qui en dépendent et leurs serfs[34].

Pour achever cette perspective sur le temporel monastique au début du Xe siècle et l'étude des textes qui le concernent, il faut enfin signaler certains droits mal définis : none et dîme de tonlieux ou de droits de visite et procuration, remis le 26 mai 918 par Charles le Simple à la chapelle de Saint-Clément de Compiègne, alors qu'il les tenait de l'évêché de Soissons et de l'abbaye de Saint-Médard[35].

L'exode de 901

Pour comble d'infortune, lorsque le danger normand diminua puis fut liquidé après le traité de Saint-Clair-sur-Epte (911), d'autres pillards apparurent dans l'Est et le Nord-Est de la France, de façon plus épisodique, mais faisant sentir plusieurs fois leurs menaces. Ce sont les Hongrois, que les anciens historiens soissonnais appellent les Vandales[36].

Il est douteux que Saint-Médard fut à nouveau entièrement ravagé par eux en 901[37]. Mais leurs incursions de 917, 937 et 954, mentionnées aux *Annales* de l'abbaye, sont plus certaines[38]. Seule la dernière, qui se développa dans la région de Cambrai, Laon, Reims, Châlons, aurait pu toucher Saint-Médard, mais c'est peu probable. L'incendie de Donchery en 946 n'a comme témoin que la chronique de Mézières, dite de Signy[39], compilation trop intéressée des XVIIe-XVIIIe siècles[40]. Puisque la date de 901 est confirmée par des sources étrangères, il serait plus conforme à ce que nous savons de ces expéditions de penser qu'en 901 la menace normande, toujours proche sur la Basse-Seine[41], a dû réapparaître imminente sur Soissons. Tandis que les religieux de Saint-Crépin-le-Grand envoyaient leurs reliques de saint Crépin et saint Crépinien à Mons dans le Hainaut[42], ceux de Saint-Médard, après avoir dispersé les moins précieuses, prenaient la route avec celles de saint Médard.

La translation dijonnaise

Sans doute, depuis quarante années de vicissitudes, s'étaient-ils décidés à faire comme tant d'autres monastères, qui avaient dirigé leurs corps saints vers la Bourgogne[43], dans l'espoir d'y trouver la sécurité. Si l'on en croit les « deux relations récentes sur renseignements exacts[44] » de la tradition dijonnaise, ils auraient été surpris en chemin par l'escorte du comte de Dijon Aimar et, la prenant pour des Normands, se seraient enfuis au plus vite, abandonnant leurs reliques, au moins celles de saint Médard, que le comte trop content aurait rapportées à Dijon… Évidemment, les moines de Soissons regardèrent toujours ce récit comme une fable, mais sans pouvoir nier que leur saint patron avait trouvé asile à Dijon[45]. Ils l'auraient transporté, disaient-ils, parce que la forteresse de Dijon passait pour imprenable. Bref, porté par les moines de Soissons ou procuré de bonne ou de mauvaise foi par le comte de Dijon, saint Médard fut déposé dans la basilique de Saint-Étienne. Son prestige, ses miracles firent même donner un temps son nom à l'église. Les chanoines construisirent alors, près de Saint-Étienne, une nouvelle église qui fut dédiée à saint Médard, probablement vers 930[46].

On ne peut dire à quelle date le corps de saint Médard réintégra Soissons. Ce ne fut pas avant 907, puisque le moine Odilon, probablement l'historiographe du monastère, donnait cette année-là ses biens de Brugny à l'abbaye, les remettant « *ad capitium martyris Sebastiani Suessionensis monasterii*[47] ». Ce qui laisse à entendre que les reliques de saint Sébastien, si elles avaient quitté le monastère, y étaient déjà rentrées. Quant au corps de saint Médard, il est certain que des reliques importantes restèrent aux Dijonnais, soit que les moines soissonnais les leur aient données en reconnaissance de l'asile reçu, soit que les Dijonnais se soient eux-mêmes payés du service rendu. Ces reliques dijonnaises furent fractionnées pour des consécrations d'autels, et l'essentiel replacé en 1238 à Saint-Étienne de Dijon par le légat Jacques cardinal de Préneste[48].

L'incendie de 886, les pérégrinations répétées des moines avec leurs reliques, la menace normande ou hongroise portèrent des coups fatals à la prospérité de l'abbaye.

✢ *Initiale M. Missel provenant de Saint-Médard de Soissons, manuscrit du XIVe siècle. Représentation des Saints Apôtres. Soissons, Bibliothèque municipale, ms. 89, fol. 282.*

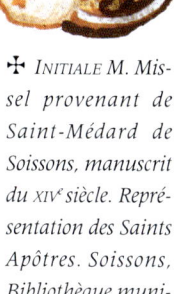

✢ *Initiale M. Missel provenant de Saint-Médard de Soissons, manuscrit du XIVe siècle. Représentation du Martyre de saint André. Soissons, Bibliothèque municipale, ms. 89, fol. 280.*

RECTORES ET DOYENS

Elle n'est plus dans la main d'un moine préoccupé d'abord de vie spirituelle et de grandeur religieuse. Elle est la chose d'un *rector* laïque, un grand seigneur, plus soucieux de rentes que de moines. Le *rector* a la propriété des revenus qui ne sont pas affectés à la mense conventuelle. La communauté monastique est, en fait, dirigée par des doyens, peut-être élus, en tout cas choisis parmi elle.

Aumar

On ne sait qui succéda à Carloman. Mais, dans les dernières années du IXe siècle, l'abbaye est dans les mains du comte Aumar, qui l'aurait détenue, selon Aubri de Trois-Fontaines[49], « *jure hereditario* » : ce qui se comprend mal, à moins qu'il ne l'ait reçue du roi Eudes du fait de sa parenté avec ce dernier. Il semble que ce comte ait été apparenté de près à Robert le Fort dont il assiste les fils ; vraisemblablement cousin germain d'Eudes, il était un de ses soutiens[50]. M. Chaume l'identifiait aussi avec le comte Aimar, l'artisan intéressé de la translation de saint Médard à Dijon[51].

Foulque l'archevêque de Reims

Le comte Aumar ne conserva pas l'abbaye au-delà de 899. À cette époque, l'archevêque de Reims, Foulque, ayant reçu de Charles le Simple l'abbaye Saint-Vaast d'Arras qui se trouvait à son gré trop loin de sa résidence, l'échangea, après négociations, avec le comte Aumar qui avait reçu du roi le *castrum* d'Arras, contre Saint-Médard de Soissons (899)[52]. Foulque était chancelier de Charles le Simple qui, lui devant sa couronne, le tenait en grande faveur. Mais Foulque fut assassiné le 17 juin 900 par un vassal du comte de Flandre, à qui il avait reproché son attitude à l'égard du clergé, et à qui le roi avait enlevé Arras[53].

Conrad

L'abbaye passa ensuite dans les mains d'un comte Conrad, qu'il est difficile d'identifier parce qu'on ne possède qu'une mention de son nom dans un acte de donation aux éléments chronologiques insuffisants. L'acte, du 22 septembre, peut être de 901 ou de 906 selon l'interprétation de l'année de règne[54]. Il semble qu'il doive être recherché parmi les partisans de Charles le Simple, qui la lui auraient remise après la mort de l'archevêque de Reims : peut-être un comte de Lorraine.

Herbert de Vermandois et le roi Raoul

En tout cas, il est quasi certain qu'Herbert Ier de Vermandois ne posséda pas l'abbaye[55], puisque entre 900 et 907 il fut assassiné en représailles par un vassal de Baudoin de Flandre. C'est par les mains d'Herbert II, son fils, que l'abbaye entra dans le domaine de la maison de Vermandois : puissante famille d'origine carolingienne, issue, par Pépin l'usurpateur de Berny, de Bernard roi d'Italie. Les comtes de Vermandois se constituèrent de la Somme à la Marne et jusqu'à Troyes, un immense fief qui devait peser dans la crise dynastique.

Herbert II de Vermandois (Herbert Ier dans la chronologie des abbés de Saint-Médard) possédait à Soissons, avec Saint-Médard, l'abbaye rivale de Saint-Crépin-le-Grand. C'est lui qui est mentionné par Odilon, le 6 novembre 907, dans la confirmation par Charles le Simple de la donation de Brugny à Saint-Médard : « *venerabilis comes Heribertus abba*[56] ». Il rompit avec la politique de sa maison qui, jusqu'ici, soutenait le Carolingien. De la défaite de Charles le Simple à Soissons (15 juin 923), à laquelle il contribua, et qui fut consommée sous les murs de l'abbaye de Saint-Médard, ainsi que de la disparition du roi Robert, mort dans la bataille, il attendait peut-être pour lui la couronne royale. Mais ce fut Raoul qui, le dimanche 13 juillet 923, fut couronné à Saint-Médard par Gautier, archevêque de Sens[57]. Herbert riposta en s'emparant, par traîtrise, de Charles le Simple, son cousin et son roi. Le roi Raoul, entamant la lutte contre Herbert, prit peu à peu toutes ses positions. En 932, il s'empara par surprise de Saint-Médard, qui resta dans le domaine royal de Raoul durant trois ans[58]. Lorsqu'un arrangement intervint en 935, il rendit ses biens au comte de Vermandois et Herbert continua de jouir de Saint-Médard jusqu'à sa mort en 943[59].

Herbert II

Au partage de sa succession, Saint-Médard, avec quelques dépendances de l'archevêché de Reims[60], échut à Herbert (Herbert II dans la chronologie des abbés de Saint-Médard) qui n'est plus comte de Vermandois mais qui devient probablement, à la mort de son frère Robert en 967, l'héritier des comtés de Troyes et Meaux[61].

La lourde succession de 943 ne se fit pas cependant sans remous. Bien que les trois frères eussent fait la paix avec Louis d'Outremer à Compiègne cette même année[62], le traité ne fut pas tenu et, dans de mutuelles escarmouches, l'abbaye de Saint-Médard fut pillée par Renaud de Roucy – l'abbé laïque que Louis IV avait établi à Saint-Crépin de Soissons – en représailles pour la mise à sac de Saint-Crépin par les fils d'Herbert[63].

L'abbaye de Saint-Médard pâtit plus tard d'un autre incident de famille avec les Carolingiens. Vers la fin de 951, la reine Ogive, femme de Charles le Simple (mort dans les prisons d'Herbert de Vermandois) et mère de Louis IV d'Outremer, s'enfuit de Laon avec quelques partisans et se rendit auprès d'Herbert qu'elle épousa. Elle avait au moins quarante-cinq ans[64]. Lui l'aurait reçue « *pro summa dote* », précise la mauvaise langue d'un chroniqueur[65]. Comme, en représailles, Louis IV lui avait enlevé le fisc d'Attigny et l'abbaye de Notre-Dame de Laon pour les donner à sa femme Gerberge, Herbert lui constitua une dot sur les biens de Saint-Médard : « *dotavitque eam de substantia non sua, videlicet de bonis Domini quae beato Medardo et loco sancto generositas contulerat*[66] ». Une autre version spécifie : « *domos, rura, oppida, villas et alia beneficia*[67] ». Ogive fut néanmoins enterrée à Saint-Médard[68].

On peut présumer qu'Herbert continua à user des biens de Saint-Médard pour son plus grand profit et pour celui de sa famille. D'après une charte du 26 mars 963 où, traitant avec l'abbé d'Homblières, il s'intitule « *Dei misericordia comes et abbas*[69] » et qui a été souscrite par le roi Lothaire, l'abbé de Saint-Médard avait cédé « *in beneficio* » à son frère Albert,

✚ *LA REINE OGIVE. Histoire de France, F. de Mezeray, 1685, p. 638. La reine Ogive a été enterrée à Saint-Médard. Soissons, Bibliothèque municipale, inv. 2747.*

comte de Vermandois – qui l'avait sous-inféodé à un vassal – ce que possédait Saint-Médard à Remigny, peu de choses il est vrai puisque ne comprenant que deux manses.

Les moines de Saint-Médard se vengèrent au moins de sa mémoire. Après sa mort qui dut survenir vers 983[70], ils racontèrent que le vieux comte, ayant refusé, à ses derniers moments, à l'abbé de Saint-Médard de mettre ordre à ses affaires et de restituer ce qu'il avait volé, les saints protecteurs du monastère – saint Sébastien, saint Grégoire et saint Médard – n'avaient pas permis que son corps restât inhumé derrière la chapelle de Saint Tiburce où ses *milites* l'avaient enterré. Son cadavre avait immédiatement été enlevé avec son âme par le diable pour la damnation éternelle[71].

Les doyens

Sous la dynastie de Vermandois, pour qui l'abbaye de Saint-Médard ne fut qu'une source de revenus, une forteresse aussi à l'occasion, capable, avec sa double enceinte fortifiée,

d'assurer un bastion de défense du comté, ce furent les doyens qui, à l'intérieur de l'abbaye, se substituèrent aux abbés pour contrôler l'observation de la règle monastique, la vie religieuse du monastère, et entretenir même une certaine activité intellectuelle. Plusieurs d'entre eux, par les maigres renseignements qui subsistent, ont laissé, à des titres divers, des traces dans la vie de l'abbaye.

Ingran

Après avoir été doyen (*decanus*) de Saint-Médard, Ingran devint évêque de Laon à la mort de Gosbert en 932[72]. Situation curieuse : pour l'avoir installé ainsi à Laon, le roi Raoul comptait certainement sur cet ancien représentant d'Herbert à Saint-Médard pour empêcher le retour du comte dans la place de Laon que le roi venait de lui reprendre quelques mois avant Saint-Médard[73]. Le comte-abbé s'y était fait vraiment peu d'amis. À moins que les doyens, peut-être élus par les moines, aient été davantage leurs représentants que ceux du comte et abbé… Durant son décanat, il demanda au moine Odilon de faire le récit de la translation des reliques de saint Sébastien à Saint-Médard où elles étaient depuis un siècle, avec l'intention de faire connaître ce récit en Italie, où on devait naturellement mettre en doute plus que partout ailleurs la réalité de la translation[74].

Fouchier

Un autre doyen, Fouchier, successeur d'Ingran, devint aussi évêque, après avoir supplanté Flodoard, l'historien rémois du Xe siècle, pourtant régulièrement élu le 20 juillet 950[75], sur le siège de Noyon-Tournai en 951. C'est ce qui ressort d'une lettre assez curieuse de l'archevêque Adal-

gag de Brême à Flodoard du 29 septembre 951, qui laisse pressentir qu'il y a eu compétition entre ces deux personnages à ce sujet et que l'élection à cette date s'est faite au profit de Fouchier, sans doute par l'intervention du pouvoir politique[76].

Or la sérénité des *Annales* de Flodoard, non compromise dans le débat, ne situe la consécration épiscopale de Fouchier qu'en 954[77], où elle est insérée entre la mort de Louis IV d'Outremer (10 septembre 954) et le sacre de Lothaire (12 novembre 954). Fouchier aurait été sacré vers le mois d'octobre, sans qu'on puisse taxer Flodoard d'erreur pour une cérémonie ayant eu lieu à Reims.

En outre, les *Annales* relèvent la mort de Fouchier en 955[78]. Si l'on s'en tient à cette notation dont il n'y a pas de raison de douter, il faut fixer la mort de Fouchier au milieu de l'année puisque la consécration de son successeur Adolphe, notée en 955 par Flodoard[79], aurait tardé cinq mois. Ce qui implique pour l'épiscopat de l'ancien doyen de Saint-Médard au maximum dix mois[80]. Et les documents contemporains n'affirment rien de plus, laissant place à bien des conjectures sur ce retard de trois ans apporté au sacre de Fouchier. Peut-être l'élément déterminant a-t-il été la mauvaise volonté d'Hugues le Grand, encouragée par les surenchères de l'élection, vaincue enfin par l'obstination du parti carolingien constitué de Louis, du jeune Lothaire et de leur entourage[81].

Les chroniqueurs du XIIe siècle sont moins réticents et font aussi bien du doyen de Saint-Médard que du nouvel évêque de Noyon-Tournai un portrait peu flatteur. D'après ceux de Saint-Médard, *Fulchoinus*, Fouchier aurait, à l'occasion de sa consécration épiscopale, offert à un Lothaire de treize ans sa propre statue fondue avec les objets d'or et d'argent du monastère, en particulier un coffret de grand prix qu'un chef normand nommé Richard aurait donné au tombeau de saint Gildard[82]. Hermann de Tournai, qui fait de Fouchier le fils du chef-cuisinier du roi, et les chroniques qui dépendent de son récit[83] lui re-

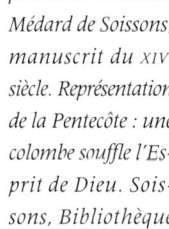

prochent sa naissance, sa simonie, sa vie indigne et encore ses pillages à Noyon et à Tournai, sous la pression et la protection des *milites*. Sa mort rapide ne pouvait être qu'une punition méritée. Du témoignage de toutes ces

chroniques mises à caution, car on finit par se demander comment un évêque a pu faire tant de mal en si peu de temps, il résulte cependant que Fouchier fut un partisan des derniers Carolingiens : ce que redoutait Hugues, ce qui lui vaut sans doute les mauvaises grâces d'Hermann de Tournai…

Il ne semble donc pas que la mainmise des comtes de Vermandois et de Champagne sur l'abbaye de Saint-Médard ait imposé aux doyens de l'abbaye une attitude politique conforme à leurs vœux. La nomination d'Ingran par Raoul au siège de Laon en 932, la nomination de Fouchier à Noyon-Tournai en 951 attestent plutôt, avec une certaine indépendance vis-à-vis des *rectores*, une attitude loyaliste du monastère en face du souverain reconnu, fils de Richard de Bourgogne ou descendant légitime de Charlemagne.

Gérard

Gérard n'est connu que par la lettre[84] accompagnant l'envoi à Hugues, archevêque de Rouen (942-989) d'une *Vita s. Romani* dont il est l'auteur. Comme il s'y intitule « *gratia Dei venerabilis pater coenobitarum* », on en fait ordinairement depuis Mabillon[85] un des doyens de cette époque, un successeur d'Ingran et de Fouchier, précédant Fulguin, entre les années 951 et 963, sans qu'on puisse affirmer que cette liste connue des doyens de Saint-Médard soit exhaustive. Les derniers mots de la lettre laisseraient à entendre que Gérard était déjà bien avancé en âge quand il envoya son œuvre à l'archevêque de Rouen.

À cause de circonstances particulièrement défavorables, Gérard, en effet, n'avait pu répondre dans un délai normal à l'attente de l'archevêque qui lui avait demandé ce travail. Braine, qui appartenait à l'église de Rouen, et où Gérard devait trouver, probablement déposée là à cause des Normands, la documentation nécessaire pour composer la

Vie de saint Romain, fut mise à sac une seconde fois[86], en 951, par les hommes de Renaud de Roucy[87]. Dans l'un ou l'autre pillage, la *Vita* de saint Romain avait été perdue avec de très nombreux autres livres. Ce ne fut que plusieurs années plus tard que la nièce de Gérard, religieuse de Notre-Dame de Soissons, parvint à la récupérer par l'intermédiaire d'un clerc soissonnais qui l'avait achetée à celui qui l'avait retrouvée.

Bref, Gérard envoya à l'archevêque une *Vie* ancienne de saint Romain, écrite en vers, que lui-même a utilisée et qui prouvera ses sources, et la *Vie* qu'il vient de composer en prose[88]. Gérard conservait, sans l'envoyer à Rouen, « *pro nimia vetustate* », une autre *Vie de saint Romain* en prose[89]. Il termine sa lettre en rappelant à l'archevêque la promesse faite de lui envoyer des reliques de saint Romain « *ut et nos condigne celebrare queamus ejus memoriam* » : ce qui ne s'explique guère puisque l'abbaye de Saint-Médard, depuis plus d'un siècle, prétendait avoir obtenu le chef de saint Romain, transféré à Soissons avec les corps de saint Gildard et saint Remi[90].

Cela prouve au moins que Gérard n'est pas l'auteur du récit de la translation de Rouen à Soissons[91] qui, avec la *Vita s. Gildardi* qui l'accompagne[92], semble bien être sorti de l'abbaye de Saint-Médard à la fin du Xe ou au XIe siècle[93]. On pourrait en dire autant de la *Vita Onesimi*[94] par la précision avec laquelle elle note les lieux. En revanche, les auteurs de l'*Histoire littéraire*[95] ont attribué aussi à Gérard la composition d'une *Vie de saint Remi*, évêque de Rouen, antérieure au retour de ces reliques à Rouen au XIe siècle, dont la conclusion semble bien trahir un religieux de Saint-Médard[96].

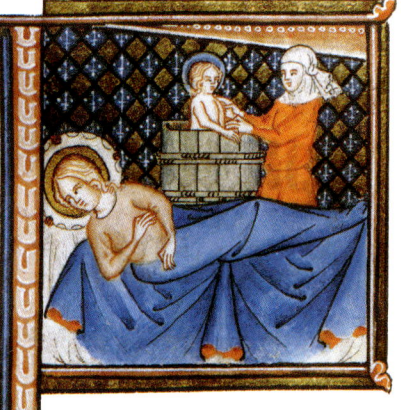

Fulguin

Fulguin est le dernier doyen connu. Seule sa souscription – notifiée aussitôt après celle du roi Lothaire et du comte-abbé – à la charte d'Herbert II du 26 mars 963, traitant avec l'abbaye d'Homblières, nous révèle son existence[97].

ODILON
ET SES ŒUVRES

Le moine historiographe

i le moine Odilon, historiographe de l'abbaye[98] au premier tiers du Xe siècle, est cet Odilon qui, le 6 novembre 907, remettait au monastère ses propriétés de Brugny[99], à quelques kilomètres au sud-ouest d'Epernay, au pied de la côte du vignoble, il s'agirait d'un Champenois de famille riche. C'est un vaste domaine, avec vingt manses et les familles serves en dépendant, qu'il abandonnait à l'abbaye de Saint-Médard où il allait entrer, s'il n'y était déjà. L'hypothèse pourrait trouver sa confirmation dans le texte même de la donation, offerte « *ad capitium martyris Sebastiani Suessionensis monasterii* », alors qu'on eût pu l'attendre concédée à saint Médard, au moins associé à saint Sébastien. Il n'est pas impossible que l'auteur de la translation de saint Sébastien ait déjà mis en chantier à cette date une œuvre qui lui fut demandée par le doyen Ingran avant qu'il devienne évêque de Laon en 932[100]. Mais, dans l'ignorance de la date d'entrée en fonction d'Ingran comme doyen de l'abbaye, il vaut mieux penser qu'en l'absence du corps de saint Médard non rentré à Soissons, Odilon a offert son domaine au trésor de l'abbaye, confié pour le moment à la garde de saint Sébastien.

Cet Odilon était, en outre, assez cultivé pour répondre au désir de son doyen et composer une histoire de la translation de saint Sébastien et des miracles qui s'en étaient suivis[101], histoire dont il existait déjà une première relation. Au retour de Rome, d'où il rapporta les reliques de saint Sébastien, Rodoin avait, à l'intention d'Hilduin, écrit une notice, compte rendu de son voyage « *in qua numerosa plurimum capitulatione virtutum ejus insignia breviata personaliter habentur inserta, quorum summa in conum redacta, surgit in milibus quatuor centum septuaginta*[102] ». Dans sa lettre-préface, Odilon s'excuse auprès d'Ingran, qui le pressait de terminer pour saisir une occasion d'envoyer son travail en Italie, de n'être point un Homère. Il cite saint Jérôme et, comme première source de son travail, le long passage des *Annales royales*[103] qui rapporte la translation de saint Sébastien, en attribuant ce passage à Eginhard. On connaît, par une autre lettre, ses excellentes relations avec Hucbald de Saint-Amand († 930) : ils échangeaient leurs compositions hagiographiques. Odilon lui avait envoyé sa *Translation de saint Sébastien* en lui demandant son jugement. Il n'avait pas été peu étonné de recevoir, en retour, la *Vita s. Lebuini* qu'Hucbald lui demandait de revoir et de corriger au besoin[104].

Odilon possède un sens de la narration historique qu'on retrouve également dans ses sermons[105]. Mais il a inséré dans la translation de saint Sébastien le récit inexact de la translation à Saint-Médard des reliques de saint Grégoire. Parce qu'il est à l'origine de cette légende que d'autres, après lui, sauront exploiter à des fins bien plus intéressées encore que les siennes, il en porte la responsabilité.

Il ne faut pas cependant exiger d'un moine du Xe siècle le sens critique d'un historien moderne. Les moines de Saint-Médard n'auraient pas accepté qu'un des leurs dénigrât les reliques qu'ils présentaient comme celles de saint Grégoire. Odilon accepta le témoignage de Rodoin sur cette translation parce qu'il ne pouvait faire autrement. Il aurait été, d'autre part, dangereux et compromettant d'insister sur le vol de reliques, puisqu'Ingran destinait l'ouvrage à des milieux romains ou italiens. C'était aussi bien une translation de saint Sébastien qui lui était demandée, non celle de saint Grégoire. À moins que lui et Ingran n'aient voulu faire d'une pierre deux coups : d'une façon aussi adroite que possible, légitimer la présence des reliques de saint Sébastien et celle des reliques de saint Grégoire… Pour l'instant, les religieux de Saint-Médard, pas plus Odilon qu'Ingran, ne soupçonnaient tout ce que leurs successeurs pourraient extorquer des prétendues reliques de saint Grégoire. Et cependant, en accordant dans les développements du récit si peu de place à l'efficacité miraculeuse de saint Grégoire, c'était attirer le doute sur la vérité du fait, le miracle étant, pour les contemporains, le signe nécessaire de l'authenticité. On peut se demander si cette maladresse ne trahit pas le propre doute de l'auteur.

rexit d[omi]ns et apparuit pe[tro]
alla p[er] [x]p[u]m i nob.
Onccde Alla.
q[ue]s omp[oten]s deus:
ut qui peccator[um] n[ost]ro
rum pondere p[re]mim[ur]
a cunctis malis imi
nentib[us] p[er] hec pascha
lia festa liberem[ur]. P.
Onccde q[ue]s All'.
omp[oten]s d[eu]s: ut fe
sta paschalia que ue
nerando colimus: et
am uuiendo teneam[us]
Deus q[ui] Al'. P.
ppl'm tuum
de hostis callidi seru
tute liberasti: p[re]ce...

eius misericorditer res
pice: et adiuuantes ei
tua ut[...]tute p[er]s[on]e. p.
qua sa fer. iii.
Apientie potauit
eos alla firmabitur i
illis et no flectetur all'
et exaltabit eos in eter
num alla alla p Con
fitemini d. oro
Deus qui ecclesi
am tuam nouo sem
p[er] fetu multiplicas. co
cede famulis tuis: ut
sacramentu uiuen
do teneant q[uo]d fide p[er]
ceperunt per lectio
actuum aplorum.

Le restaurateur d'archives

Odilon a comme excuse d'avoir travaillé, après le passage des Normands, sur des sources assez rares et déjà dispersées, sinon détruites dans l'exode ou l'incendie. D'où une activité à laquelle il est facile de prêter les mobiles les plus divers : celle d'un regroupement et d'une reconstruction des archives. Je croirais volontiers qu'il a tenté de reconstituer les archives, avec l'intention d'en faire authentifier certaines par la chancellerie royale, comme le fit son ami Hucbald de Saint-Amand[106], comme il fut fait exactement à la même époque, au moins pour deux monastères du diocèse de Soissons, Saint-Corneille de Compiègne et Morienval[107]. Nanti de quelques *Vitae* mérovingiennes et carolingiennes et de quelques œuvres antérieures, Odilon a utilisé un minimum d'instruments d'archives, non sans trahir cependant ses préoccupations et celles de son temps.

Il semble admis qu'il est l'auteur du diplôme de Louis le Pieux du 4 août 827, lors de son pèlerinage à saint Sébastien. Le texte corrobore trop bien le récit d'Odilon dans sa *Translation*, ce qu'il avance, en particulier, de la générosité de l'empereur en cette occasion tout en laissant deviner les craintes des moines de Saint-Médard, au début de ce Xᵉ siècle, pour leur temporel et les entreprises de leurs *rectores*[108].

Le diplôme de Charles le Chauve à l'occasion de la dédicace de 841, où se retrouvent, avec certaines divergences de style, les mêmes précautions, a dû subir, par les mains d'Odilon, un premier remaniement encore décelable[109]. Un autre diplôme de Charles le Chauve, qu'on daterait du 21 septembre 871[110], d'un style plus sobre et plus près des normes diplomatiques (sans y être conforme, malgré des emprunts à la chancellerie de Charles le Chauve, probablement par le seul original que nous connaissons), semble tout préparé en vue d'une authentification officielle.

Le diplôme du roi Eudes

Quant au diplôme du roi Eudes[111], daté du palais de Compiègne en 893, il apparaît comme une reconstitution maladroite, développée à plusieurs reprises, d'un acte authentique de confirmation de la mense, qui reprenait des parties des actes précédents de Charles le Chauve, du concile de Douzy de 871 et peut-être aussi de la bulle « *Quotiens illa* » de Jean VIII. Il n'est pas improbable que le premier travail ait été opéré par Odilon mais, dans l'ensemble, le texte conservé est d'une facture plus tardive. La mention de saint Grégoire auprès de saint Médard et de saint Sébastien, parmi les patrons

du monastère, décèle une main qui ne peut être antérieure au XIᵉ siècle, plutôt plus tardive. La trop longue liste des souverains bienfaiteurs de l'abbaye avant Charles le Chauve est, au premier regard, suspecte, et fait penser à un travail de reprise par l'atelier de Guernon au XIIᵉ siècle. La volumineuse énumération des établissements de l'abbaye sur la vallée de l'Aisne, depuis Cuisy-en-Almont, « *fiscum nostrum* », dont on sait qu'il est dans le temporel de l'abbaye depuis Brunehaut mais dont le diplôme détaille toutes les dépendances, spécifiées remises à Saint-Médard (Le Soulier, Tartiers, Milly, Comelancourt, Fouquerolles, Osly, Courtil, Laval, Bitry, Chavigny, pour celles qu'on peut identifier, et sans parler de Vic, fortifié depuis Charlemagne, de Saint-Pierre de Rethondes, de Saint-Étienne de Choisy et de La Croix-Saint-Ouen), semble légitimer le domaine le plus complet de l'abbaye sur ses possessions de la « potée » de Cuisy et de la *Riparia*, dont on sait qu'elles ne furent point pour l'abbaye de toute tranquillité.

Dès le XIᵉ siècle, il fallut l'intervention vigoureuse de Philippe Iᵉʳ pour conserver à l'abbaye la justice de cette région contre les entreprises du seigneur de Coucy, Aubri, avoué du lieu (1066)[112]. Le diplôme aurait été exhibé aux XIIᵉ et XIIIᵉ siècles pour prouver les droits anciens de l'abbaye, peut-être aussi pour tenter de confondre, sous le même droit, les gens de la « potée » et ceux de la « Rivière ». Les quatre villages de la potée : Cuisy, Tartiers, Courtil, Villers-la-Fosse, finirent, après de longues négociations, par faire prévaloir leurs droits en 1217[113]. À plusieurs reprises au XIIIᵉ siècle, l'abbaye devra devant le Parlement produire ses titres et défendre ses droits dans la *Riparia*[114]. Et après ces difficultés, d'autres déjà avaient surgi, les habitants ne répondant au service d'ost que contraints …

LE RETOUR
DANS LA MAIN DU ROI

L'abbaye sous la potestas champenoise

Avec Herbert II de Vermandois, devenu à la mort de son frère Robert, en août 967, comte de Troyes[115], l'abbaye de Saint-Médard était passée, en fait, aux comtes de Champagne. Mais Herbert II fut le dernier des *rectores* de l'époque. Avant sa mort (983), il avait permis à Saint-Médard l'élection d'un abbé régulier, Odelée, dont on sait la participation au deuxième synode de Mont-Notre-Dame entre 977 et 983[116], et qu'il était encore en fonction en 995[117].

Le comte Herbert se laissa sans doute porter par le courant de réforme monastique qui entraînait les Grands, dans la seconde moitié du Xe siècle, à abandonner la direction de leurs abbayes à de vrais abbés religieux, ce dont elles ne pouvaient que profiter[118]. C'était aussi, vis-à-vis de l'autorité ecclésiastique et bientôt vis-à-vis du Capétien, d'une façon plus intéressée, un moyen pour lui de conserver l'abbaye. La reprise des élections régulières, du même coup, justifiait le maintien de la *potestas* champenoise sur l'abbaye en enlevant au roi un prétexte pour la reprendre. Grâce à cela, l'abbaye resta encore plus de soixante ans sous la coupe des comtes de Champagne.

En 978, elle recevait la visite – sans dommage – de l'empereur Otton II, entraînant avec lui Charles de Lorraine, le compétiteur de Lothaire, proclamé roi à Laon. À Soissons, Otton « vénéra saint Médard », comme il avait fait à Reims « de grandes dévotions à saint Remi[119] ».

Après Herbert le Vieux, les comtes de Troyes gardèrent l'abbaye, laissant élire, semble-t-il, une succession régulière d'abbés : après Odelée, Boson, Richard, Raoul, Thierry[120]. À la mort d'Eudes II (1037), elle passa avec la Champagne à son fils, le comte Étienne. Dans la guerre avec le roi de France qui reprit autour de cette succession, Henri Ier enleva au comte certains territoires de l'abbaye. Il est difficile de savoir comment[121] mais les *Miracula s. Sebastiani*[122] prétendent que le domaine de Donchery était revenu au roi et que ce dernier, à cause de son éloignement, le remit en bénéfice à Gothelon, duc de Lorraine, qui l'avait aidé à vaincre Eudes II à Bar[123]. Il est peut-être plus simple et plus exact de penser que, pendant qu'Henri Ier bataillait contre Étienne et Thibaut comte de Blois, Gothelon s'en empara avec l'assentiment plus ou moins explicite du roi de France. Gothelon fit dresser l'inventaire du bénéfice et l'emporta, prenant les moines de Saint-Médard au dépourvu.

Contre ce qu'il jugeait un abus de pouvoir, l'abbé Richard mit l'abbaye en interdit, faisant cesser le culte et déposer les reliques. Le chroniqueur, dont il est facile de percer les intentions, assure que saint Grégoire fit administrer par saint Sébastien, sous la surveillance de saint Médard et de saint Gildard, une leçon bien sentie à l'usurpateur. Ce qui paraît certain, c'est que Gothelon renonça assez rapidement au bénéfice de Donchery. L'interdit fut levé le 20 avril 1039, vendredi après Pâques, et l'événement commémoré, par la suite, chaque année par une fête liturgique[124].

L'abbaye dans la mainbour du roi

Quand la guerre se termina par la déroute, en 1044, des deux frères, Étienne comte de Champagne et Thibaut comte de Blois, Henri Ier enleva à Étienne tout droit sur Saint-Médard et retint l'abbaye en sa propre mainbour. D'après les *Annales* de Saint-Médard, cela se fit en 1045 : « *Iste Henricus rex in XV anno regni sui abbatiam beati Medardi de potestate Stephani comitis eripuit et in sua mundeburde suscepit propria*[125] ».

Le concile de Senlis, à la Pentecôte de l'an 1048, le 23 mai, en donna acte officiellement à la requête du duc de Normandie Guillaume le Bâtard et, sur l'initiative de l'abbé Renaud, le roi rendit en même temps à Saint-Médard le *castrum* de Vic-sur-Aisne que l'incurie du comte Étienne lui avait fait perdre[126].

Dès la Noël 1047, de Laon, Henri Ier avait souscrit à la cession, à Saint-Médard, des villages de Violaine et Vuillery et de propriétés à Roches et à *Villacurtis*, qui étaient tenus en fief[127] par un seigneur Hugues, restitution déguisée et probablement contrainte.

Quelques années plus tard, en 1049, Henri Ier, sollicité par l'abbé Renaud, intervenait plus vigoureusement contre un seigneur des environs, un Robert de Choisy plutôt qu'un Robert de Coucy[128]. Celui-ci fut contraint de comparaître dans l'église de Saint-Étienne de Choisy et de renoncer à des pratiques, assez anciennes déjà, d'injustice et d'arbitraire envers l'abbaye de Saint-Médard. Il est spécifié en outre, sans doute pour préciser un des objets du litige, que, dans l'exercice de sa justice foraine, « *sicuti de ledis aut aliis tortitudinibus* », l'abbaye recevra la totalité des bénéfices quand elle pourra les requérir par ses propres moyens. Quand elle fera appel à Robert ou à ses successeurs, en sollicitant leur intervention, ceux-ci en recevront la loi, c'est-à-dire le tiers des fruits de justice.

Après Henri Ier, Philippe Ier suivra la même politique auprès de l'abbaye (1066), en interdisant certaines pratiques d'avouerie à Aubri, seigneur de Coucy bien connu[129], et les coutumes qu'imposait à Saint-Médard le comte de Soissons Guillaume Busac[130].

Auprès de l'abbaye, le roi capétien pouvait jouer maintenant le justicier. Pour Henri Ier, cela allait dans le sens de son comportement habituel d'autorité, que les circonstances lui imposaient en face des petits et des grands vassaux. Mais il n'avait pu le faire jusqu'ici, bien que l'abbaye fût de fondation royale, parce que le comte de Champagne détenait, par droit héréditaire, un titre réel de garde sur l'abbaye, dont les ancêtres, les « *comes et abbas* », avaient été les *rectores*. En intervenant par la force pour en finir avec cette situation, Henri Ier liquidait l'héritage des *rectores*, dont les Carolingiens n'avaient pu empêcher l'installation arbitraire.

En ce sens, le retour à la protection royale, dont l'abbaye s'était toujours réclamée, manifestait le regain d'autorité de la nouvelle dynastie capétienne. Avec cette remise en ordre politique s'effectuait la condition préalable à une nouvelle prospérité monastique.

Annexe : Robert de Choisy ou Robert de Coucy ?*

Le choix entre Robert de Choisy et Robert de Coucy est bien difficile à faire. La solution la plus simple est de faire de Robert l'ancêtre des seigneurs de Coucy. Mais la lecture du texte, sans les rubriques des moines de Saint-Médard, impose impérieusement Robert de Choisy. Le mot *Codiciacus* est, à proprement parler, le seul nom de lieu de la charte. On l'y rencontre deux fois : il semble difficile de ne pas lui donner dans les deux acceptions la même traduction. Appliqué une première fois à une église, il semble certain, à cause du patron de l'église, qu'il s'agit de Saint-Étienne de Choisy. Appliqué une seconde fois à un nom de personne, il devrait s'agir de Robert de Choisy.

Codiciacus n'est cependant pas une forme régulière pour Choisy (AN LL 1023, cartulaire de Choisy), alors qu'elle le serait pour Coucy (MATTON, *Dictionnaire topographique de l'Aisne*, p. 77). Même si l'argument ne doit pas être trop utilisé à cause de nombreuses confusions entre Coucy, Choisy et Cuisy, il faut savoir que l'église de Coucy était dédiée au Saint-Sauveur.

En outre on ne connaît ni Robert de Choisy – pas même dans le cartulaire de Choisy – ni Robert de Coucy. Il est vrai que la généalogie des châtelains de Choisy et la liste continue des premiers seigneurs de Coucy sont mal connues (de Sars, *Le Laonnois féodal*, 1931, IV, p. 199 *sq.* ; Rendu, *Notice sur Choisy-au-Bac*, p. 17).

Que les moines de Saint-Médard aient fait de Robert un « *dominus de Couciaco* » dans la rubrique du cartulaire « de Coucy Ia », l'argument est de taille, d'autant plus que la confection du cartulaire paraît, dans l'ensemble, avoir été bien faite et qu'on n'y rencontre pas d'erreur semblable. Mais l'erreur n'est pas improbable et aurait entraîné celle de Gobert de Coincy (A.S.M., a. 1031) ; l'attribution de cette charte à la rubrique « Coucy » étant déjà pour eux la solution

la plus simple, la première à se présenter à leur esprit. D'abord parce que le prieuré de Choisy était plus lointain, avait ses archives, aura même au XVe siècle son cartulaire. Il n'y a dans le *cartularium antiquum* qu'une charte classée « Choisy » (f° 15'), que précisément le copiste a commencé à reproduire par erreur une seconde fois. Et encore s'agit-il d'un échange avec le prieuré de Rethondes, qui a sa rubrique dans le *cartularium antiquum*. Il n'y a aucune autre charte pour Choisy dans le *cartularium novum*. Et ajoutons tout de suite qu'il n'y a pas eu de lignée de seigneurs de Choisy au voisinage turbulent pour Saint-Médard ou pour son prieuré de Choisy.

Par contre, les seigneurs de Coucy ont de nombreuses chartes dans le *cartularium antiquum* précisément, sous des rubriques diverses il est vrai. Une lecture rapide de la charte de 1049 expliquerait le classement de l'acte sous la rubrique « Coucy », traduction normale de « *Codiciacus* », avant la charte de Philippe Ier contre Aubri de Coucy (*Cociacensis*), le copiste attribuant naturellement les mauvaises coutumes reprochées ici à Robert, à un seigneur de Coucy, dont le voisinage laissa toujours mauvais souvenir aux moines de Saint-Médard (A.S.M., a. 1130 : « *persecutor ecclesie pessimus* » à propos de Thomas de Marle). Son château reconstruit par Enguerrand le Grand étalait encore au XIIIe siècle toute l'ambition, quand le copiste de Saint-Médard transcrivait ses cartulaires. Il n'en aurait plus été de même au XIVe siècle (BNF Moreau 239, 201).

Encore faut-il faire de Robert de Choisy un seigneur étranger aux dépendances du prieuré de Choisy, peut-être entre Attichy et Blérancourt ?

---

* Sur cette identification, on peut consulter l'interprétation de Dominique Barthélemy, « Les Sires de Coucy et Saint-Médard de Soissons », dans *Mémoires de la Fédération des sociétés d'histoire et d'archéologie de l'Aisne*, t. XXXI, 1986, p. 135-142. *(note des éditeurs)*

[1] *M.G.H. SS.* XIII, 729.

[2] F. LOT, « La grande invasion normande de 856-862 », dans B.E.C., t. 69, 1908, p. 33.

[3] J. LAIR (éd.), *Mémoires de la société des antiquaires de Normandie*, 1865, p. 131. F. LOT, *op. cit.*, p. 35 (v. note 2).

[4] G. WAITZ, *op. cit.*, a. 882, p. 154 (v. note 20, C. III).

[5] *Idem*, p. 154. E. FAVRE, *Eudes, comte de Paris et roi de France (882-898)*, Paris, 1893, « Bibliothèque de l'École pratique des Hautes Études, fasc. 99 », p. 225.

[6] Chron. Regin. a. 887 (chronologie fautive) : *M.G.H. SS.* I, 596 ; MIGNE, P.L. 132, 1244. Ce qui a induit en erreur : BNF Picardie 243, f° 210, 277 : L. PÉCHEUR, *op. cit.*, I, 501 (v. note 169, C. I) et F. VERCAUTEREN, *op. cit.*, p. 123 (v. note 167, C. I), qui situent l'épisode d'Henri de Saxe en 887, un an après l'incendie.

[7] E. DÜMMLER, *Geschichte des Ostfränkischen Reiches*, Leipzig, 1887-1888, t. III, n. 2, p. 169, 170. La date est donnée par le nécrologe de Fulda : *M.G.H. SS.* XIII, 185. E. FAVRE, *op. cit.*, p. 57 (v. note 5).

[8] Les *Annales Vedast.* n'en disent pas plus. G. BOURGIN, *op. cit.*, p. 12 (v. note 19, C. I), a pensé assez naturellement aux terres de l'abbaye. F. VERCAUTEREN, *op. cit.*, p. 121 (v. note 167, C. I), croit qu'il s'agissait plutôt des terres du fisc, assez abondantes, dit-il, dans la région.

[9] *Annal. Vedast.* a. 886 : *M.G.H. SS.* I, 524 ; II, 202-203. W. VOGEL, *Die Normannen und das fränkische Reich*, Heidelberg, 1907, p. 334-336. E. MÜHLBACHER, 1733 (1686) c.

[10] E. FAVRE, *op. cit.*, p. 63 (v. note 5). G. BOURGIN, *op. cit.*, p. 12 (v. note 19, C. I). F. VERCAUTEREN, *op. cit.*, p. 123 (v. note 167, C. I).

[11] KEHR (éd.), *M.G.H. DD*, Karoli III, n° 163. E. MÜHLBACHER, *op. cit.*, 1754 (1707) (v. note 100, C. II). E. MÜLLER, *op. cit.*, p. 69 (v. note 105, C. I). Diplôme probablement composé par les bénéficaires qui se prémunirent d'éventuelles difficultés avec leurs *rectores*.

[12] *Regin. Chron.* a. 892 : M.G.H., SS, I, 604.

[13] E. FAVRE, *op. cit.*, p. 135 (v. note 5).

[14] Compulsoire, *op. cit.* (v. note 18, C. I). E. MÜLLER, *op. cit.*, p. 696 (v. note 105, C. I). G. BOURGIN, *op. cit.*, p. 5, n° 10 (v. note 19, C. I). Il y a deux versions du texte. Le cartulaire de Choisy : AN LL 1023, f° 66, donne la copie la plus ancienne et la version sans doute la meilleure : « *propter eorumdem Danorum violentiam* ».

[15] *Sermo* I, MIGNE, P.L. 132, 631 : « *Solum superstes relictus est immensus congestarum lapidum acervus* ».

[16] La dédicace de 878, d'après G.C. IX, 406, n'est attestée par aucun texte.

[17] M. PEIGNÉ-DELACOURT, *Les Normands dans le Noyonnais aux IXᵉ et Xᵉ s.*, dans *Comptes rendus et mémoires du Comité archéologique de Noyon*, t. 4, 1872, p. 10.

[18] *Annal. Vedast.* 896 : *M.G.H. SS.* I, 530.

[19] E. FAVRE, *op. cit.*, p. 187-189 (v. note 5).

[20] W. VOGEL, *op. cit.*, p. 139 *sq.* (v. note 9).

[21] L. FROGER, « Fondation du prieuré de Cellé dans l'ancien diocèse du Mans (856-860) », dans *Revue d'histoire et d'archéologie du Maine*, t. I, 1876, p. 490-496 ; la charte de fondation est éditée p. 495. R. DE SAINT-VENANT, *Dictionnaire topographique du Vendômois*, I, 166, 267.

[22] *AA.SS.* juin II, 85-86.

[23] R. LATOUCHE, « L'abbaye de Landévenec aux IXᵉ et Xᵉ siècles », dans *Le Moyen Âge*, t. LXV, 1959, p. 21 (traduction de la plus grande partie du diplôme ducal).

[24] L. MAÎTRE, *op. cit.*, p. 230-233 (v. note 27, C. II).

[25] BNF lat. 12875, f° 609, original sur parchemin édité par MONSUYER, *Abberrimae S. Martini Turonensis ecclesiae historia generalis*, Paris 1663, p. 205, et E. MARTÈNE, *Thesaurus novus anecdotorum*, 5 vol., Paris, 1717, I, col. 125.

[26] COTTINEAU, 2451.

[27] *Vita s. Drausii*, AA. SS. mars, I, 408.

[28] M. M. DUBOIS, *Saint Colomban*, p. 273 et n° 184.

[29] Diplom., *op. cit.* (v. note 18, C. I).

[30] Cabinet des Médailles : Monn. Carol. n° 288. M. PROU, Catal. p. 44 et pl. VII. *B.A.S.* 1867, p. 61.

[31] *Cart. ant.* f° 71, M. PARDESSUS (éd.), Diplomata, n° 263, t. II, p. 27 et G.H. PERTZ (éd.), *M.G.H. DD.* n° 33, p. 152. Abbé E. VACANDARD, *Vie de saint Ouen*, p. 18, n° 3.

[32] P. LAUER, *op. cit.*, p. 119-136 (v. note 39, C. III).

[33] Diplom., *op. cit.* (v. note 18, C. I).

[34] P. LAUER, *op. cit.*, p. 125 et n° LVIII (v. note 39, C. III).

[35] P. LAUER, *op. cit.*, p. 218, n° 95 (v. note 39, C. III) *canda* ou *circada* ? Sur la none, voir BROUETTE, « La none dans le Namurois du XIᵉ siècle au XIIIᵉ siècle », dans *Revue historique de droit français et étranger*, fasc. 4, Variétés II, 1951, p. 585.

[36] N. BERLETTE, *op. cit.*, p. 113 (v. note 57, C. III). G. BOURGIN, *op. cit.*, p. 13 (v. note 19, C. I).

[37] BNF Picardie 243, f° 210. G.C. IX, 408.

[38] A.S.M. a. 917, 937, 954. D. GILLESSON, ch. 213 : BNF franç. 11672, f° 177-179. P. LAUER, *Le règne de Louis IV d'Outremer*, Paris, 1900, « Bibliothèque de l'École pratique des Hautes Études, fasc. 127 », p. 230. LÜTTICH, *Ungarnzüge in Europa im 10 Jahrhundert*, 1910, p. 68, 72, 89, 99.

[39] Dom N. LE LONG, *Histoire ecclésiastique du diocèse de Laon...*, Chalon-sur-Saone, 1783, p. 594.

[40] A. LONGNON, *Étude sur les pagi du diocèse de Reims*, 1872, p. 123-134.

[41] W. VOGEL, *op. cit.*, p. 384 (v. note 9).

[42] L. PÉCHEUR, *op. cit.*, I, 519 (v. note 169, C. I).

[43] M. CHAUME, « Les comtes de Dijon de la seconde race. Étude sur la translation des reliques de Saint-Médard de Soissons en l'an 901 », dans *Mémoires de l'Académie des sciences, arts et belles-lettres de Dijon*, 1923, p. 27-51. M. CHAUME, *op. cit.*, I, 334 (v. note 14, C. III). W. VOGEL, *op. cit.*, p. 384 (v. note 9).

[44] A. MOLINIER, *op. cit.*, I, 277, n° 909 (v. note 98, C. I). *AA.SS.* juin, II, p. 95-98.

[45] L. PÉCHEUR, *op. cit.*, I, 520 (v. note 169, C. I). BNF Picardie 243, f° 210.

[46] M. CHAUME, *op. cit.*, p. 41 (v. note 43).

[47] P. LAUER et F. LOT (éd.), *Recueil des actes de Charles III le Simple, roi de France (893-923)*, Paris, 1949, p. 126, n° LVIII, 6 novembre 907.

[48] AA.SS. juin, II, 9. Elles sont à l'origine des reliques noyonnaises.

[49] D. BOUQUET, IX, 62.

[50] Il assiste les fils de Robert le Fort dans les deux seules chartes connues où il est mentionné : LASTEYRIE, *Cartul. génér. de Paris*, I, p. 70, n° 52. M. CHAUME, *op. cit.*, I, 537 (v. note 14, C. III). P. LAUER, *op. cit.*, n° LVII, p. 123 (v. note 47).

[51] M. CHAUME, *op. cit.*, p. 27-63 (v. note 43).

[52] R. LATOUCHE (éd.), *Richer, Histoire de France (888-995)*, les Classiques de l'histoire de France au Moyen Âge, t. I et II, Les Belles-Lettres, Paris, 1930, et plus particulièrement t. I, I, 17, p. 43. FLODOARD, *op. cit.*, IV, 10 (v. note 73, C. II). *Annales Vedast.* a. 899 : *M.G.H. SS* II, 209. A. ECKEL, *Charles le Simple*, Paris, 1899, « Bibliothèque de l'École pratique des Hautes Études, fasc. 124 », p. 51.

[53] *Reginon Chron.* a. 903. FLODOARD, *op. cit.*, IV, 10 (v. note 73, C. II). A. ECKEL, *op. cit.*, p. 52 (v. note 52).

[54] Diplom., *op. cit.* (v. note 18, C. I).

[55] H. D'ARBOIS DE JUBAINVILLE, *Histoire des ducs et des comtes de Champagne depuis le VIᵉ siècle jusqu'à la fin du XIᵉ*, Librairie A. Durand, 6 vol., Paris, 1859-1867, I, 90, n. I. L'auteur l'affirme d'après G.C. IX, 408.

[56] P. LAUER, *op. cit.*, t. I, p. 125, n° LVIII (v. note 47).

[57] A.S.M. a. 922. FLODOARD, *op. cit.*, a. 923, p. 14 (v. note 104, C. I). P. LAUER, *Robert Iᵉʳ et Raoul de Bourgogne, rois de France*, Paris, 1910, « Bibliothèque de l'École pratique des Hautes Études, fasc. 188 », p. 12.

[58] FLODOARD, Annales a. 932, P. LAUER (éd.), p. 53.

[59] RICHER, *op. cit.*, II, 37, p. 186 (v. note 52).

[60] *Miracula SS. Sebastiani et Gregorii* : D. BOUQUET, IX, 126. P. LAUER, *op. cit.*, p. 139 (v. note 57).

[61] F. LOT, *Études sur le règne de Hugues Capet et la fin du Xᵉ siècle*, Paris, 1903, « Bibliothèque de l'École pratique des Hautes Études, fasc. 147 », p. 406.

[62] FLODOARD, *op. cit.*, a. 943, p. 88 (v. note 104, C. I).

[63] FLODOARD, *op. cit.*, a. 944, p. 91 (v. note 104, C. I) ; *Hist. Eccles. Rem.* IV, 30, P. J. F. LEJEUNE (éd.), II, 545.

notes

[64] FLODOARD, *op. cit.*, a. 951, p. 132 (v. note 104, C. I). RICHER, *op. cit.*, II, 101, p. 292-293 (v. note 52).

[65] *Catal. Codd. hag. Bruxelles*, I, 2, p. 241.

[66] *Miracula SS. Sebastiani et Gregorii*, D. BOUQUET, IX, 126.

[67] *Catal. Codd. hag. Bruxelles*, I, 2, p. 241.

[68] Morte un 26 décembre. Épitaphe encore visible au XVIIIe siècle : BNF lat. 11818, f° 131'. *Hist. Litt.* VI, 280. J. MABILLON, *Vetera Analecta*, Paris, 1723, 377-378 et BNF Picardie 243, f° 61'.

[69] L. HALPHEN et F. LOT, *Recueil des actes de Lothaire et Louis V, rois de France (954-987)*, Paris, Librairie C. Klincksieck, 1908, n° XIX, p. 39. F. LOT, *Les derniers rois carolingiens, Lothaire, Louis V, Charles de Lorraine*, Paris, 1891, « Bibliothèque de l'École pratique des Hautes Études, fasc. 87 », p. 297. BRÉQUIGNY, I, 436. E. LESNE, *op. cit.*, II, p. 74, n° 3 (v. note 27, C. II).

[70] F. LOT, *op. cit.* (v. note 61).

[71] *AA. SS.* mars, II, 750. *Catal. codd. hag. Bruxelles*, I, 2, p. 241.

[72] FLODOARD, *op. cit.*, a. 932, p. 54 (v. note 104, C. I).

[73] P. LAUER, *op. cit.*, p. 69 (v. note 57).

[74] *Epist. ad Ingrannum* : MIGNE, P.L. 132, 580.

[75] G. MARLOT, *Histoire de la ville, cité et université de Reims*, 4 vol., Reims, 1843-1847, I, 609.

[76] FLODOARD, *op. cit.*, p. XXII (v. note 104, C. I). La lettre se trouve également dans MIGNE, P.L. 135, 14.

[77] FLODOARD, *op. cit.*, p. XXII, p. 139 (v. note 104, C. I).

[78] *Idem*, p. 142.

[79] *Idem*, p. 142.

[80] Cinq mois selon *Catal. codd. hag. Bruxelles*, I, 2, n° 4, p. 241.

[81] P. LAUER, *op. cit.*, p. VIII, p. 214, n° 2 et p. 254, n° 4 relève les différentes opinions (v. note 57).

[82] *Catal. codd. hag. Bruxelles*, I, 2, p. 240, 241, n° 4.

[83] H. DE TOURNAI et *Historiae Tornacenses* : *M.G.H. SS.* XIV, 309, 319 *sq.*, 335 *sq.*, 339, 351, 359. G. MARLOT, *op. cit.*, I, 586 (v. note 75).

[84] *AA. SS.* octobre, X, 91. MIGNE, P.L. 138, 171.

[85] J. MABILLON, *op. cit.*, p. 429 (v. note 68).

[86] FLODOARD, *op. cit.*, a. 931, p. 49 (v. note 104, C. I) : cette première fois par les gens d'Herbert de Vermandois.

[87] *Idem*, p. 128.

[88] *AA. SS.* octobre, X, 92. Cette *Vie*, et probablement la précédente, étaient encore à Rouen dans la bibliothèque de l'archevêque Geoffroi (1111-1128) : « *libri Gerardi* ». Ch. DE LINAS, « Le trésor de l'église métropolitaine de Rouen », dans *Revue de l'art chrétien*, III. Série, t. IV, 1886, p. 457, n° 2. MANITIUS, III, 495.

[89] *AA. SS.* octobre, X, 74.

[90] Cf. *infra*.

[91] A. PONCELET (éd.), dans *Analecta Bollandiana*, t. VIII, 1889, p. 402-405.

[92] *Idem*, p. 389.

[93] BNF lat. 13345, f° 142.

[94] *AA. SS.* mai, III, 204-206. C'était déjà l'opinion de D. HÉLIE : BNF franç. 18777, f° 107. B.H.L. 6333. B. DE GAIFFIER, *op. cit.*, p. 115 n° 2 (v. note 109, C. I).

[95] *Hist. Litt.* VI, 277.

[96] E. MARTÈNE, *Thesaurus nov. anecdot.*, 1665-1670, 1718.

[97] L. HALPHEN et F. LOT, *op. cit.*, p. 41 (v. note 69).

[98] Cf. Introduction.

[99] P. LAUER, *op. cit.*, 1949, 125, n° LVIII.

[100] FLODOARD, *op. cit.*, a. 932, p. 54 (v. note 104, C. I).

[101] MIGNE, P.L. 132, 579-622.

[102] MIGNE, P.L. 132, 622.

[103] KURZE (éd.), *In usum scholarum*, 1895, p. 171, 172.

[104] MIGNE, P. L. 132, 627-630. B.H.L. 4812. *M.G.H. SS.* II, 361, 364.

[105] Le premier : MIGNE, P.L. 132, 629, reprend visiblement la *Vita Medardi* carolingienne : *AA.SS.* juin, II, 85, à partir du chap. II.

[106] Diplôme de Charles le Simple de 899 en faveur de l'abbaye Saint-Amand, véritable « *praeceptum de chartis perditis* » inspiré par Hucbald de Saint-Amand : AD Nord, 12 H 1, f° 85, 86.

[107] P. LAUER et F. LOT (éd.), *op. cit.*, I, n° LXXV, p. 167 (913-922) et n° XC, p. 202 (917) (v. note 51). Pour MORIENVAL, n° CV, p. 249 (920).

[108] *G.C.* X, 95. E. MÜHLBACHER, *op. cit.*, 842 (816) (v. note 100, C. II). E. MÜLLER, *op. cit.*, p. 704 (v. note 105, C. I).

[109] G. TESSIER, *op. cit.*, p. 86 (v. note 60, C. III). G. TESSIER. *op. cit.*, p. 525, n° 462 (v. note 73, C. III).

[110] E. MÜLLER, *op. cit.*, p. 693 (v. note 105, C. I). G. TESSIER, *op. cit.*, p. 634, n° 493 (v. note 73, C. III), qui pense à un « faussaire qui avait fabriqué la prétendue donation de Choisy », travaillant « dans la première moitié du Xe siècle ».

[111] Compulsoire, *op. cit.* (v. note 18, C. I).

[112] M. PROU, *op. cit.*, n° XXVII, p. 79 (v. note 94, C. III).

[113] AD Aisne, H 477, f° 145.

[114] R. BEUGNOT, *Les Olims ou registres des arrêts rendus par la cour du Roi sous les règnes de saint Louis, de Philippe le Hardi, de Philippe le Bel, de Louis le Hutin et de Philippe le Long*, collection « Documents inédits sur l'histoire de France », Imprimerie nationale, 3 vol., Paris, 1839-1848, (1re série, Histoire politique), I, 8, XIV (1256) ; I, 49, XXI (1258) ; II, 87, I (1277) ; II, 130, I (1279) ; II, 235, VI (1284) ; II, 427, XXVII (1298) ; II, 302, XI (1290). L'ensemble de ces textes est incompréhensible si on identifie *Riparia* et Rivière (maintenant Berny-Rivière). Il s'agit de la Rivière (de même pour *cart. ant.* 145 [1217]). Le nom est passé dans les juridictions ecclésiastiques : il y

avait un archidiaconé de Rivière au XIVe siècle, qui allait de Soissons à Compiègne ; cf. R. BEUGNOT, *Les Olims* [...], III, 1186, LXXXV (1317) ; A. LONGNON, *Pouillés de la province de Reims, Recueil des historiens de la France*, t. IV, fasc. 1-2, Imprimerie nationale, Paris, 1907, p. 89.

[115] F. LOT, *op. cit.*, p. 406 (v. note 61).

[116] F. LOT, *Les derniers rois carolingiens, Lothaire, Louis V, Charles de Lorraine*, Paris, 1891, « Bibliothèque de l'École pratique des Hautes Études, fasc. 87 », p. 70, n. 2. MANSI, XIX, 34. G.C. X, 10.

[117] J. MABILLON, *op. cit.*, IV, 88 et 634 (v. note 46, C. II). Souscrit à cette date une restitution faite par le comte Gautier à Saint-Crépin le Grand, et non à Saint-Médard, comme le dit Carlier, *Histoire du Valois*, I, 159.

[118] A. AMANN et A. DUMAS, *L'Église au pouvoir des laïques (888-1057)*, « Histoire de l'Église depuis l'origine jusque nos jours », vol. VII, 1940, p. 307.

[119] RICHER, *op. cit.*, III, 74, et II, 93 (v. note 52).

[120] Succession donnée par le rouleau de Guifred (1051), L. DELISLE (éd.), n° XIX, p. 92. Le dernier nom n'est connu que par ce document.

[121] H. d'ARBOIS DE JUBAINVILLE (*op. cit.*, I, 357) suppose que les fils d'Eude II refusèrent l'hommage ou prirent l'initiative (v. note 55). A. LUCHAIRE (*Histoire des institutions monarchiques sous les premiers Capétiens*, 2 tomes en 1 vol., Librairie A. Picard, Paris, 1883, II, 16) donne l'initiative au roi qui se serait opposé à leur prise de possession. Rien ne permet de dire que le roi ait occupé Saint-Médard et la vallée de l'Aisne avant 1045. L'abbaye avait souffert pendant sept ans des agissements du comte Étienne lorsqu'elle fit retour au roi. Vic ne semble avoir été rendu qu'en 1048 sur simple décision royale (*Cart. ant.*, f° 104).

[122] D. BOUQUET, XI, 455.

[123] Raoul GLABER, *Historiarum sui temporis libri quinque*, éd. M. PROU, Paris, 1886.

[124] B. DE GAIFFIER, *op. cit.*, p. 114 (v. note 109, C. I).

[125] A.S.M. a. 1031.

[126] F. SOEHNÉE, *Catalogue des actes d'Henri Ier*, Paris, 1907, *op. cit.*, p. 84, n° 80 (v. note 154, C. III).

[127] *Idem* n° 75, p. 79. Les références sont inexactes. Corriger : *cart. ant.*, 66'. Le cartulaire de Saint-Médard, f° 65 = ancienne foliotation du *cart. ant.* Allure curieuse de l'acte rédigé à Saint-Médard, alors que la cession s'est faite à Notre-Dame de Soissons et que la souscription du roi est datée de Laon. Précautions diverses aussi de style et de fond [...].

[128] F. SOEHNÉE, *op. cit.*, p. 91, n° 88 (v. note 154, C. III). Voir note finale : Robert de Choisy ou Robert de Coucy ? (p. 96).

[129] M. DE SARS, *Le Laonnois féodal*, IV, 1924, 202.

[130] M. PROU, *op. cit.*, n°s XXVII et XXVIII, p. 79 *sq.* (v. note 94, C. III).

À LA
CONQUÊTE
DE L'EXEMPTION

LES ÉTAPES
DE L'ÉMANCIPATION
MONASTIQUE

KI

			K	Brigide uirg
ii	c	iiii	E	purificat
xix	f	iii	L	Blasii epi c
viii	g	ii	L	
	A	Non		Agathe ug
xvi	b	viii	L	Walri c
v	c	vii	L	
	d	vi	H	
xiii	e	v	L	Apollonie

LES PRÉTENTIONS
DES PLUS ANCIENS PRIVILÈGES

Les plus anciens privilèges

L'ancienneté de l'abbaye de Saint-Médard, haut lieu de la Gaule mérovingienne et un de ses pèlerinages les plus courus, son rôle premier dans la vie religieuse et politique du monde carolingien avaient certainement valu à l'abbaye soissonnaise des privilèges importants. Les souverains lui concédèrent l'immunité royale qui, en soustrayant l'abbaye aux agents du pouvoir central, la rattachait plus personnellement au roi, sous la garde duquel elle restait, et lui assurait une autonomie fiscale et judiciaire à peu près complète. Si la date de la première concession n'est pas attestée, l'immunité en fut très vite acquise.

Il n'en est pas de même de l'exemption de l'ordinaire, c'est-à-dire l'affranchissement par privilège pontifical de toute autorité ecclésiastique en dehors du Saint-Siège. Si l'on en croit la tradition de l'abbaye, Saint-Médard aurait toujours joui de ce privilège, dans une jalouse indépendance vis-à-vis de l'évêque de Soissons et de l'archevêque de Reims. Depuis le haut Moyen Âge, on conservait, au trésor de l'abbaye, les papyrus des premiers privilèges obtenus des pontifes romains[1], qui affranchissaient Saint-Médard de toute autorité civile ou religieuse, fiscale ou judiciaire. Ceux-ci faisaient du monastère soissonnais le chef des monastères de tout le royaume franc, dans une situation unique vis-à-vis des rois et des évêques, car relevant directement de Rome.

Le plus ancien était un privilège de Jean III, daté du 11 mars 562, à peine postérieur à la mort de Clotaire qui l'aurait sollicité pour sa fondation avec le consentement de Bandry, évêque de Soissons[2]. Cette première bulle aurait procuré, déjà, tout l'essentiel de l'exemption à une communauté vivant avec zèle sous la houlette de l'*abbas* Daniel la règle de saint Benoît ! La formule devait passer dans les confirmations postérieures : « *Ne tentae sublimitatis locus vilescat, quem caput constituimus monasteriorum totius Galliae, nulliusque ditioni patimur esse subjectum, sed semper sub regali custodia positus, hujus sanctae romanae Sedis antistitum auctoritate in advoca-*

tionem beati Petri habeant. » Les rois sont invités à s'abstenir des mauvaises coutumes et à garantir aux moines leur temporel, dont ils ont besoin pour louer le Seigneur. L'évêque de Soissons et l'archevêque de Reims n'avaient pas à s'opposer aux bénédictions abbatiales ou aux ordinations, pas plus qu'aux cérémonies liturgiques accomplies dans le monastère.

Mais le document le plus connu, celui dont on faisait plus volontiers état, car il était présenté sous le nom du grand saint Grégoire dont on honorait les reliques dans le monastère, était un privilège de Grégoire Ier du 25 mai 593[3]. Il apparaît surtout comme une confirmation et une amplification du précédent. Brunehaut et son petit-fils Thierry l'auraient réclamé au pape avec le consentement, non seulement d'Anseri, évêque de Soissons, mais de tout le Sénat romain. La bulle semble, étrangement, prévoir les incidents postérieurs qui purent éclater avec le pouvoir épiscopal et mettre l'abbé à l'abri d'éventuelles difficultés. L'abbé de Saint-Médard ne peut pas être déposé sans intervention du pontife romain. Son autorité s'exerce sur les autels et les églises dépendant de l'abbaye. Le document étend toutefois, plus qu'il ne le semble, le privilège de Jean III. Le « *quicumque inquietaverit [...]* » de la clause finale est devenu : « *si quis regum antistitum [...]* », sur lequel gloseront les théoriciens du pouvoir pontifical et du pouvoir royal au XVIIe siècle[4].

La bulle d'Eugène II[5], obtenue vers 824 sur l'intervention de Louis le Pieux, aurait apporté une nouvelle confirmation de tous ces privilèges et, de plus, la soumission à l'autorité abbatiale de tous les clercs ou chanoines desservant des églises ou des chapelles de l'abbaye. Mais la bulle était surtout une énumération fabuleuse de toutes les donations faites par les rois, les reines, les empereurs, etc. – dépendances de l'abbaye dispersées à travers tout le royaume franc, abbayes rattachées directement à Saint-Médard –, confirmation apostolique du caractère exclusivement royal de l'abbaye, qui la rendait naturellement inviolable et légitimait sa situation unique vis-à-vis de Rome.

Le quatrième document complétait admirablement les privilèges précédents en fournissant la renonciation, tant désirée, des évêques de Soissons à leur juridiction sur l'abbaye. Dans une lettre de l'évêque Rothade[6] à son métropolitain Hincmar de Reims et à l'évêque de Laon Ostruold (écrite à la suite de la translation de 826), l'évêque de Soissons – rapportant le transport des reliques de saint Sébastien et de saint Grégoire à Saint-Médard – confirmait, avec les privilèges de l'abbaye, de prétendus actes de ses prédécesseurs Anseri, Bandry et Drausin, qui avaient avant lui reconnu la situation toute spéciale de Saint-Médard : « [...] nulli (monasterio) [...] intra Gallias religione, scientia opumque copia [...] secundus ».

Leur caractère apocryphe

Mais ces textes ont soulevé de graves soupçons.

Les bulles de Jean III et de Grégoire Ier, le « privilège de Saint-Médard », furent au XVIIe siècle l'objet de violentes polémiques et réveillèrent même un moment l'antique querelle entre le prieur de Saint-Médard et Charles de Bourlon qui veillait jalousement sur l'évêché de Soissons reçu, depuis peu, en héritage de son oncle Simon Legras (1656)[7]. Depuis la disparition des moines de Saint-Médard, elles ont perdu tout défenseur[8].

La bulle d'Eugène II et le privilège de Rothade, moins divulgués, justifient une critique ni plus ni moins sévère. Ramackers[9] a déjà souligné la similitude d'origine de la bulle d'Eugène II avec celles de Jean III et de Grégoire Ier. Les quatre documents sont de la même veine et très probablement du même atelier. Ils trahissent non seulement leur fabrication, mais la supercherie, un dessein bien déterminé de procurer à l'abbaye les armes juridiques nécessaires pour donner à son exemption le recul chronologique suffisant, la rendre invincible et prévoir les modalités diverses de son exercice.

De ces documents, la bulle d'Eugène II est certainement celle qui a contribué le plus à faire naître autour de l'abbaye la légende de l'archimonastère de Gaule, placé par les papes à la tête des autres monastères, étendant ses possessions depuis la Flandre et la Frise jusque sur le Rhin et en Saxe, et d'Auvergne jusque dans les Alpes, regroupant autour de lui maintes abbayes. Le falsificateur a accumulé au monastère des réunions qui ne se firent que plus tard ; il en a affirmé d'incontrôlables. Choisy-au-Bac a été remis à Saint-Médard par Louis le Pieux le 4 août 827. La mention de la Croix-Saint-Ouen à cette date semble impossible. Saint-Pierre de Rethondes était encore autonome en 883. Une bonne partie des noms cités échappe à toute identification. On ne peut faire confiance à l'ensemble du texte, encore qu'il ne soit pas impossible que la supercherie ait développé un acte authentique du pape Eugène II qui aurait accompagné le don des reliques de saint Sébastien. On reconnaît dans le texte certaines bribes qui auraient pu appartenir à cet acte authentique : ainsi l'abbaye nantaise, ce qui est dit du Talou, etc. Mais ces lambeaux sont perdus dans l'appareil dont on les a extraits pour fabriquer les titres dont on avait besoin.

✠ INITIALE R. Missel provenant de Saint-Médard de Soissons. Manuscrit du XIVe siècle. Une servante lave la Sainte Vierge debout dans un baquet de bois (cf. scène complète p. 91). Soissons, Bibliothèque municipale, ms. 89, fol. 250 v.

LA RÉSISTANCE
ÉPISCOPALE

Foulques (1019) et la bulle de Benoît VIII (avant 1024)

Dès le début du XIᵉ siècle, les rapports semblent assez difficiles entre Saint-Médard et l'évêque de Soissons, soit que celui-ci abuse de son autorité pour disposer du temporel de l'abbaye, soit que les religieux, eux-mêmes fatigués par ces abus ou plus simplement enclins à se libérer de la tutelle de l'évêque, s'efforcent de réaliser *de facto* une exemption qu'ils ne possèdent pas encore en droit.

Le premier incident date de l'épiscopat de Foulques, évêque de Soissons aux premières années du XIᵉ siècle, prélat autoritaire qui vivait entouré de *milites*, dont il prétendit payer les services avec les biens de l'abbaye. Il convoitait en particulier un domaine du patrimoine de Saint-Médard. En mettant ses desseins à exécution, il trouva sur son chemin l'abbé Richard, « *fortiter resistens* ». Cela ne l'empêcha pas de s'approprier ces biens et d'en disposer en faveur de ses hommes d'armes. C'est saint Grégoire qui sauva les religieux : atteint par le saint d'un mal violent, l'évêque de Soissons mourut subitement (6 août 1019)[10].

L'abbé Richard avait probablement porté ses plaintes à Rome : il reçut de Benoît VIII (1012-1024) une bulle qui, si le résumé qui en est resté est conforme au texte authentique, concédait des privilèges importants[11]. Le pape demandait aux évêques de Soissons, Laon, Noyon et à l'archevêque de Reims d'excommunier les usurpateurs des terres de l'abbaye.

Il accordait encore :

a. des pouvoirs liturgiques de type épiscopal : à titre permanent, Richard et ses successeurs pourront, comme les évêques, prendre la parole pendant la messe solennelle et donner la bénédiction épiscopale ;

b. le pouvoir de coercition ou d'anathème sur toute l'abbaye. L'expression employée, « *per omnem abbatiam tuam* », indiquerait plutôt que le pouvoir d'excommunication était accordé uniquement à l'abbé Richard ;

c. Celui-ci seul d'ailleurs, et non ses successeurs semble-t-il, était soustrait au pouvoir de juridiction épiscopale et n'aura à rendre compte d'accusation grave que devant le pape ou avec sa permission.

Cette bulle de Benoît VIII marquait pour les moines de Saint-Médard une étape importante dans la voie de leur émancipation.

Fulbert de Chartres au secours de Bérold vers 1025

Sous l'épiscopat de Bérold (1021-1052), neveu de Foulques, l'abbé Richard devait prendre trop d'assurance en face de l'évêque de Soissons. Dans des circonstances que nous ignorons, les familiers de l'abbaye répandirent le sang dans l'église et dans le cimetière : c'est du moins ce qu'a appris Fulbert de Chartres (mort en 1028). Ayant également appris que l'abbé Richard, sans doute après avoir fait lui-même la cérémonie de réconciliation, en tout cas sans recourir à l'évêque dont c'était une attribution canonique, a repris le culte dans l'église, Fulbert[12] brandit ses foudres, en l'espèce le canon 4 du concile de Chalcédoine (451)[13]. Il menaça de citer l'abbé devant un nouveau concile si, à l'avenir, il osait encore se soustraire à la juridiction épiscopale, ajoutant : « [...] *positi namque estis omnino sub potestate ipsius (episcopi). Ad subjectionem episcopi vestri simpliciter redeatis.* » L'évêque en question était Bérold, qui écoutait volontiers l'évêque de Chartres. Le canon 4 du concile de Chalcédoine était une arme précieuse pour les évêques contre les moines. L'abbé Richard était d'ailleurs dans son tort en usurpant une fonction épiscopale. Fulbert en profitait pour lui rappeler vigoureusement le droit commun.

Les recours des moines de Saint-Médard à Rome devinrent sans doute plus insistants. En 1047, une bulle de Clément II[14] semble les avoir davantage détachés de l'autorité

SAINT-MÉDARD, TRÉSORS D'UNE ABBAYE ROYALE

épiscopale. Malheureusement, le résumé qui en subsiste est trop bref et trop peu sûr : il comporte des fautes de lecture évidentes. Le pape dut confirmer les privilèges antérieurs, sans doute celui de Benoît VIII. Peut-être accorda-t-il aussi à l'abbaye la dispense du droit de visite et des procurations habituelles à cette occasion : « *nec praesumat aliquas consuetudines in eadem ecclesia levare* ». L'abbé aurait reçu encore l'autorisation d'ériger des églises sur les terres de l'abbaye.

Les élections abbatiales de saint Arnoul de Pamèle et de saint Gérard de Corbie

Ces élections, vers 1078-1079, furent encore régulièrement sous contrôle épiscopal. Le clergé de Soissons devait y avoir part, les vassaux de l'abbaye aussi, et il semble que l'évêque présidait. Arnoul fut élu « *communi consilio fratrum atque ecclesiae casatorum, concordante clero ac populo* » ; et lorsqu'il voulut se donner Gérard comme successeur, il fit préparer l'élection « *convocate vobis episcopum et omnes prelatos ecclesiarum urbis*[15] ». C'est le témoignage d'Hariulf, auteur de la *Vita Arnulphi*, écrite en 1114.

Hugues de Pierrefonds et l'abbé Raoul

C'est néanmoins à propos d'une élection abbatiale que surgit un nouveau conflit, dans les dernières années du XIe siècle, entre l'évêque de Soissons et l'abbé de Saint-Médard. Deux courtes lettres d'Hugues de Pierrefonds (1092-1103), évêque de Soissons, à son collègue Lambert d'Arras (1093-1115) font connaître l'incident[16].

Le prédécesseur de l'abbé Raoul à la crosse de Saint-Médard, s'était, pour une raison inconnue, démis de sa charge et, comme il devait le faire, semble-t-il, avait remis sa démission entre les mains de l'évêque de Soissons. Raoul fut élu, mais il tenta de se soustraire à la juridiction épiscopale en ne demandant pas la confirmation de l'évêque : le nouvel abbé ne devait pas être convaincu de la régularité de son élection. Hugues de Pierrefonds ne l'entendit pas de la sorte. Cité par lui à comparaître au concile de Reims, sans doute celui de septembre 1094[17], l'abbé de Saint-Médard fut excommunié et déposé. Il resta néanmoins en place. Fort, on le devine, de l'appui du roi, l'évêque de Soissons ne pouvait que l'excom-

munier à son tour et demander à son collègue d'Arras (nouvel évêque à l'époque, qui avait donc prêté serment à Reims) d'excommunier lui aussi[18] « ce voleur et ce brigand ». Le ton de la lettre est très violent et dépasse l'exagération de style qu'autorisait l'amitié entre les deux prélats.

Averti par Lambert d'Arras, Raoul se soumit néanmoins et reconnut sa faute. L'évêque de Soissons le releva alors de la censure en confirmant son élection et en lui remettant le bâton pastoral : « *[…] remissa nobis a vetere abbate illius monasterii cura et baculo pastorali et praesentata electione […] abbatem fecimus.* » Mais il ajoute, en en rendant compte à son ami Lambert d'Arras, que le roi lui a écrit qu'il supportait mal cette agitation et que c'était pour détourner son ressentiment qu'il avait terminé cette affaire « *plenitudine juris roborata* ». On ne peut guère se sentir plus sûr de soi et de son droit que ne l'était vers 1095-1096 Hugues de Pierrefonds, évêque de Soissons, vis-à-vis de l'abbé de Saint-Médard. Quelques années plus tard, vers 1103, les moines de Saint-Médard n'en obtenaient pas moins un privilège de Pascal II, malheureusement perdu[19].

Annexe : Le diplôme de Philippe Ier pour Harlebeke

Un seul document, à ma connaissance, présente une difficulté, beaucoup plus d'ailleurs par l'allure un peu surprenante du texte que par son contenu réel.

C'est l'acte de Philippe Ier pour le collège de chanoines d'Harlebeke en Flandre (1063) (PROU, *Recueil des actes de Philippe Ier*, n. 15, p. 45 et 434). Après avoir confirmé la fondation du collège, le roi ajoute : « *sicut Aquensis abbacia Karoli magni institutione et largitione fundata a dominatione Leodicensis episcopi est libera, et sicut Medardi abbatia ab episcopo Suessionensi manet quieta necnon et sancti Martini ab archiepiscopo Turonensi, ita et ista ab episcopo Noviomensi […]* ».

En réalité, il ne s'agit pas d'exemption dans ce texte. Prou faisait déjà remarquer (*idem*, p. 46, note) que la présente fondation ne fut pas en fait exempte par la suite. Quelle que fût la situation au milieu du XIe siècle de la fondation carolingienne d'Aix ou de Saint-Martin de Tours, on ne peut en faire un argument pour l'exemption de Saint-Médard avant la fin du XIe siècle. Il s'agit seulement dans le diplôme d'une garantie, octroyée par le roi aux chanoines réguliers d'Harlebeke, contre certains abus temporels, certaines exactions possibles de l'évêque, qui seront éventuellement punis de cent livres d'or d'amende. Et le roi d'assimiler, non sans flatterie, cette communauté régulière aux anciennes fondations monastiques : Aix, Saint-Martin de Tours, Saint-Médard, qui ont grandi sous la protection royale. Mais ce n'était, au fond, ni une immunité, parce qu'il n'était pas question pour Philippe Ier de renoncer à ses droits, ni une exemption, puisque le roi ne portait pas atteinte à la juridiction spirituelle de l'évêque, qu'il s'efforça bien plutôt de maintenir en général contre les prétentions de Rome. Philippe Ier semblait donner plus qu'il ne le faisait, et la façon inhabituelle dont le texte s'incorpore au diplôme proprement dit, tout en excluant une interpolation puisque l'original existe encore, fait penser à une conclusion honorifique ou laudative maladroitement ajoutée, qui importait peu à l'essentiel de l'acte (PROU, p. 46 note, et p. 434. FLICHE, *Le règne de Philippe Ier*, p. 496).

L'APPUI DU SAINT-SIÈGE

Saint-Médard, monastère censier sous la protection apostolique

À partir de Calixte II, l'abbaye de Saint-Médard jouit d'un nouveau privilège, la *libertas*, en signe de quoi, elle paie un cens au Siège apostolique. La même formule se retrouve dans les trois bulles de Calixte II (Ier novembre 1119), Innocent II (10 février 1132) et Alexandre III (8 juillet 1175) : « *ad indicium perceptae a romana ecclesia libertatis dimidiam argenti libram persolvetis* », formule connue pour être celle de la chancellerie pontificale depuis Urbain II (1089)[20].

Si ces documents, dans l'état où ils sont parvenus, laissent subsister bien des doutes, on doit apporter plus de crédit au *Liber censuum* romain. Or, la mention de Saint-Médard de Soissons existait dans la table de Censius (1192)[21] et aussi dans la compilation du cardinal Albinus, que les éditeurs du *Liber censuum* font remonter à Boson, camérier à la mort d'Adrien IV (1159)[22]. Enfin le monastère soissonnais est noté dans une liste d'*abbatiae Sancti Petri* où on est « bien tenté de voir […] un fragment du polyptyque de Benoît le

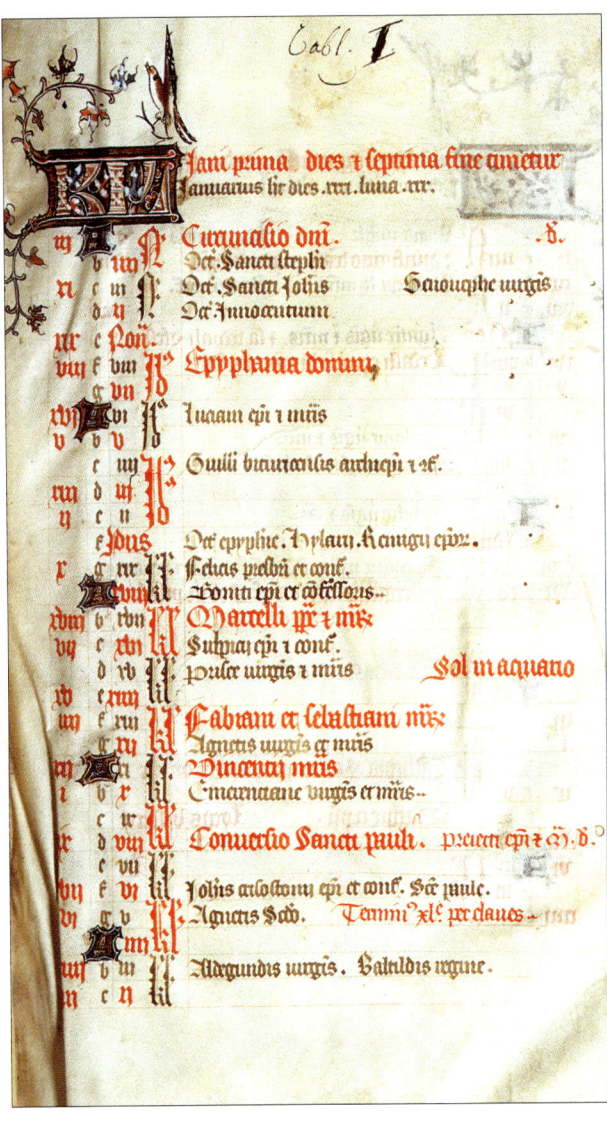

chanoine » dont la recension fut achevée avant la mort d'Innocent II (1143)[23].

Il ne serait donc pas impossible de faire remonter – malgré l'état souvent lamentable des bulles conservées – jusqu'à Calixte II l'octroi de la *libertas* par le Saint-Siège. Non pas que Saint-Médard aurait été transféré en propriété à Saint-Pierre comme Cluny par exemple. Saint-Médard appartient au roi de France qui l'a fondé et ne prétend point s'en défaire. La demi-livre d'argent qu'il paie chaque année n'est pas un cens récognitif de la propriété de Saint-Pierre : elle est simplement le prix et le symbole d'une franchise spirituelle.

Cette franchise était-elle une véritable exemption ? L'expression ne fait pas de doute dans la bulle d'Alexandre III où elle accompagne le *decretum* même d'exemption[24]. Il est difficile de l'affirmer dans les deux bulles antérieures. Une

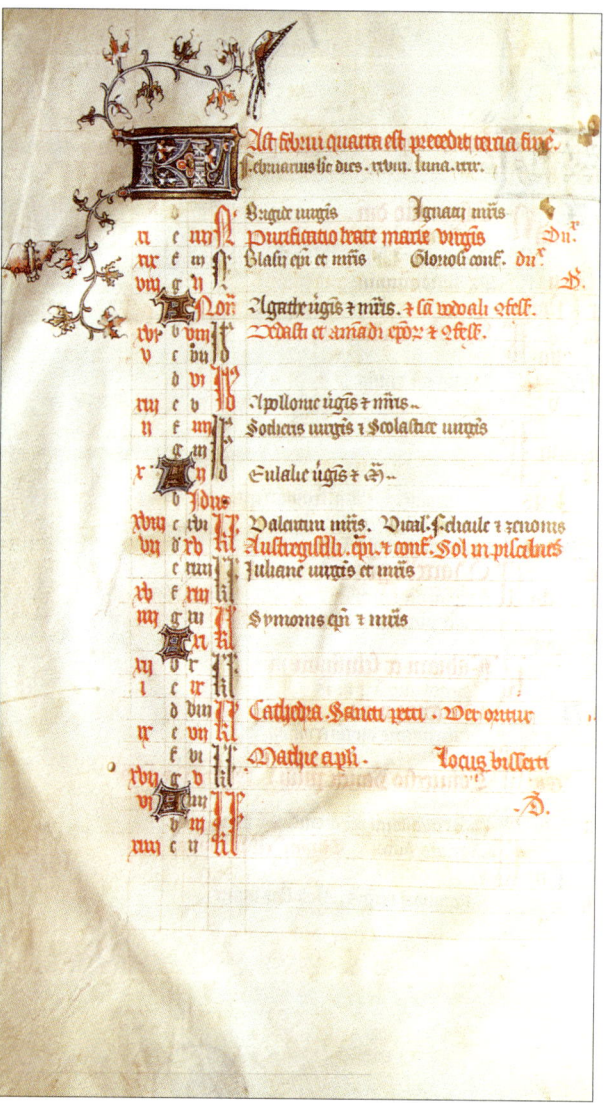

étude de l'exemption pour l'abbaye de Saint-Médard de Soissons pâtit trop de l'état résumé et remanié des documents, de la disparition même de l'un ou de l'autre. La *libertas* reconnue aux monastères par le Siège apostolique au début du XIIe siècle est une notion confuse et qui évolue[25]. Elle semble avoir désigné pour Saint-Médard, d'abord au moins, la protection apostolique, et ensuite davantage.

La bulle de Calixte II[26] aurait été accordée aux derniers jours de l'abbé Raoul, à l'époque du concile de Reims (1er novembre 1119). Que la bulle intacte ait concédé alors une véritable exemption, c'est psychologiquement impossible : Raoul était un simoniaque notoire, soutenu par la faveur de Philippe Ier qui l'avait défendu contre les poursuites de l'évêque et les dénonciations. Pascal II, à son égard, avait dû temporiser. Tant que vivrait Raoul, la réforme de Saint-

Médard resterait à faire. L'exemption ne pouvait venir qu'après la réforme. Pour Calixte II, la *libertas* qu'il concéda fut le moyen de faire pièce à cette indépendance du monastère ; elle contraignait Raoul à reconnaître plus sensiblement l'autorité du Saint-Siège. Avec la confirmation de privilèges antérieurs, la bulle accordait la garantie de l'autel de Damery, rendu à Saint-Médard par Hugues de Pierrefonds, évêque de Soissons, en 1101[27], du *monasterium* de Sainte-Sophie avec son collège de chanoines, de l'église Saint-Sauveur de Choisy déjà exempte de la juridiction épiscopale.

Le résumé de la bulle par dom Grenier[28] semble retranscrire un paragraphe interpolé : « *obeunte te nunc ejus loci abbate […]* », sans doute emprunté à la bulle d'Alexandre III puisque la liberté du choix du consécrateur prétendument concédée à l'abbé de Saint-Médard est démentie par les faits. Quelques années plus tard en effet, lorsque sur la proposition de saint Bernard qui refusait pour lui-même l'épiscopat, Geoffroi Cou de Cerf, abbé de Saint-Médard, eût été fait évêque de Châlons-sur-Marne, Innocent II nomma à la tête de Saint-Médard un chanoine de Reims, Eudes, et lui conféra lui-même la bénédiction abbatiale le 30 septembre 1131 à Orléans « *nolente sed contradicente episcopo Suessionensi[29]* ». L'expression très forte du chroniqueur de Saint-Médard ne laisse pas de doute. Joscelin de Vierzy, évêque de Soissons, fit opposition à cette bénédiction abbatiale parce qu'elle lui revenait de droit, les abbés de Saint-Médard n'étant pas jusqu'alors libres de choisir un autre prélat pour présider à leur bénédiction.

L'incident ne pouvait que favoriser les prétentions des moines de Saint-Médard : le pape avait paru prendre le parti de leur indépendance face à celui de l'évêque de Soissons. De surcroît, Innocent II accepta de consacrer la nouvelle église abbatiale dont la reconstruction s'achevait et cette dédicace eut lieu le 15 octobre 1131. Réformée, régénérée par les observances clunisiennes, l'abbaye se donnait une nouvelle église et restaurait ses murs. On attendrait pour elle, dans cette renaissance, avec le privilège d'exemption, une situation enfin claire face à l'évêque de Soissons.

D'Innocent II il subsiste des débris de deux bulles. L'une datée de Cluny le 10 février 1132[30] fut accordée avant que le pape ne quittât la France. Ce qui en reste ne fait rien connaître de plus sur l'exemption de Saint-Médard. Le texte a été tellement maltraité qu'il faut suppléer ce qui subsiste pour retrouver la formule « *ad indicium perceptae a romana ecclesia libertatis […]* ». Il a conservé toutefois les souscriptions et le type de date d'une grande bulle, et je ne suis pas loin de croire que ce *privilegium* ait été *de facto* la pièce maîtresse de l'exemption. À partir de ce moment, la situation de l'abbaye vis-à-vis de

l'évêque de Soissons semblerait à peu près fixée. La seconde bulle, du 17 mars 1139[31], adressée à l'abbé Gautier, est mieux conservée, encore que l'ordonnance du texte soit bizarre : il se retrouve avec sa bonne construction dans la bulle d'Alexandre III. Dans la mesure où l'on peut se fier à ce texte, les abbés de Saint-Médard se seraient vu accorder ou confirmer le pouvoir d'excommunier les malfaiteurs et les perturbateurs des biens de l'abbaye qui ne seraient pas venus à composition après trois avertissements, sans que personne d'autre puisse les réconcilier.

La tutelle spéciale du Saint-Siège et les *jura pontificalia*

Dans l'état déplorable du bullaire de l'abbaye, une lettre à Suger d'Eugène III exprime nettement la protection apostolique sur l'abbaye de Saint-Médard, en en manifestant l'efficacité. La lettre est datée du 10 mars 1146[32]. Le pape demande à l'abbé Suger d'user de son crédit auprès de Louis VII pour qu'il intervienne en faveur de l'abbaye de Saint-Médard sujette aux exactions du comte de Soissons, Yves de Nesle. Pour justifier son intervention, il précise sa situation de tutelle « spéciale » vis-à-vis du Saint-Siège : « *notitiae tuae non exstat incognitum monasterium beati Medardi Suessionensis juris beati Petri existere, et ad defensionem ejus et sanctae romanae ecclesiae specialiter pertinere*[33] [...] ».

C'est encore en vertu de cette protection apostolique que, vers le 26 avril 1148, Eugène III adressait une bulle[34] à Samson, archevêque de Reims, à Joscelin de Vierzy, évêque de Soissons, Barthélemy de Joux, évêque de Laon, et Henri évêque de Liège, leur demandant d'étudier avec attention les plaintes déposées auprès d'eux par l'abbé de Saint-Médard, d'en décider avec justice, en contraignant au besoin par les censures canoniques leurs diocésains à comparaître et à réparer leurs torts.

Mais la protection apostolique n'exclut pas l'exercice de certaines fonctions épiscopales dans l'abbaye même, où l'évêque exerçait encore ses *jura pontificalia*. Dans les nombreuses consécrations d'autels ou de chapelles qui eurent lieu à la suite de la dédicace de 1131, soit à Saint-Médard au fur et à mesure que s'achevait et s'aménageait la nouvelle église abbatiale ou que se restaurait l'église Sainte-Sophie, soit dans les prieurés de Rethondes ou de Laval, il est notable que ce fut toujours (au moins entre 1131 et 1157) l'évêque de Soissons, Joscelin de Vierzy ou Ansculphe de Pierrefonds, qui

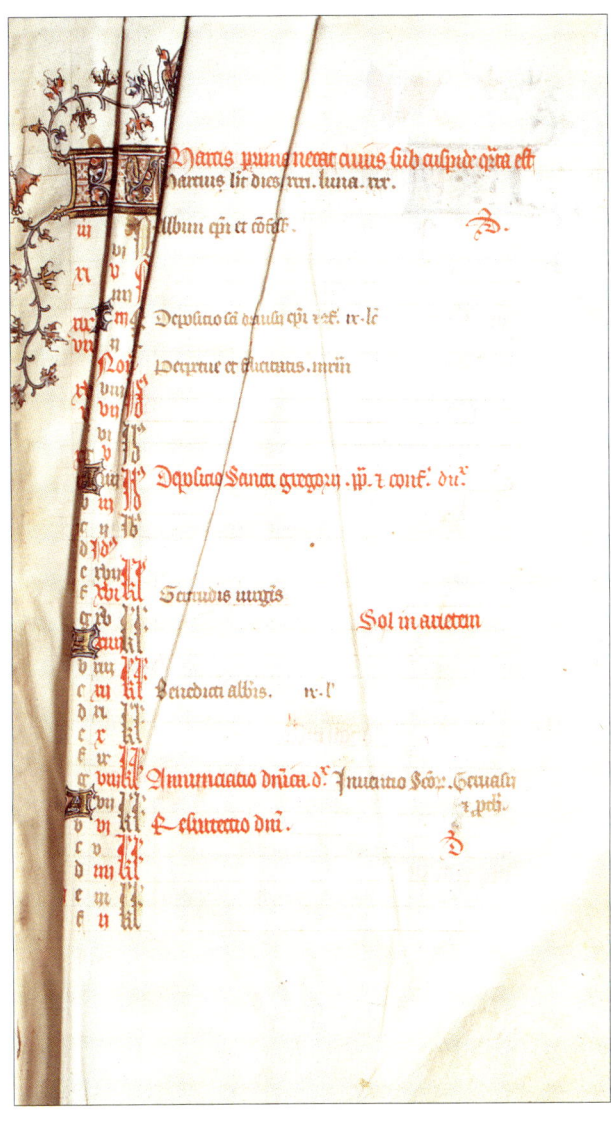

✢ *MARS (CALENDRIER DES SAINTS). Missel provenant de Saint-Médard de Soissons, manuscrit du XIVe siècle. On note la Déposition de saint Drausin, le 5, et celle de saint Grégoire le 12. Soissons, Bibliothèque municipale, ms. 89, fol. 2.*

intervint. Les *Annales* de Saint-Médard[35] relèvent, entre ces dates, neuf consécrations. On peut supposer que, si les religieux de Saint-Médard avaient eu la liberté du choix de l'évêque, ils en auraient usé au moins une fois ou l'autre, ne serait-ce que pour affirmer leur privilège. Ils ne jouissaient donc vraisemblablement pas de cette faveur avant 1157.

La dispense de l'interdit

Les privilèges obtenus du Saint-Siège par l'abbaye de Saint-Médard de Soissons lui conféraient au milieu du XIIe siècle une situation unique dans l'évêché de Soissons.

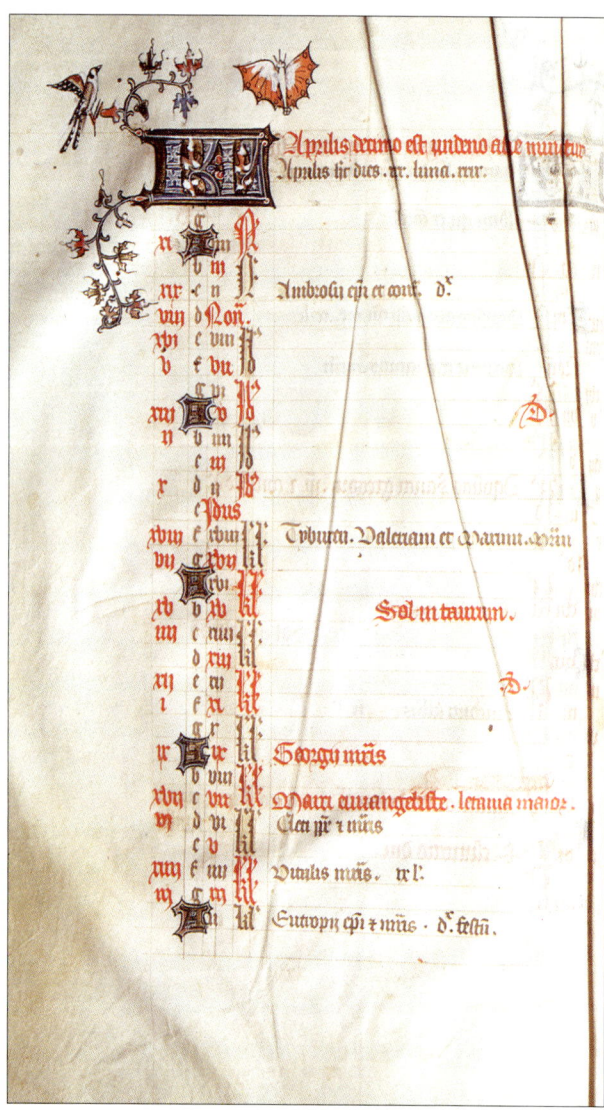

Le chapitre Saint-Gervais-Saint-Protais de la cathédrale prétendait, contre l'évêque naturellement, jouir d'une coutume qui l'autorisait à poursuivre sur tout le diocèse, par l'interdit ou l'excommunication, ceux qui lui avaient fait du tort, et obliger ainsi en cas d'interdit toutes les églises de Soissons à cesser le culte. Le pape Adrien IV avait confirmé cette coutume le Iᵉʳ juin 1157 ou 1158[36]. Comme l'évêque Hugues de Champfleury contestait ce droit, Louis VII, auprès de qui Hugues de Champfleury exerçait une charge officielle, s'entremit en 1169[37] ; Alexandre III en 1170[38] confirma le bien-fondé de l'attitude des chanoines.

Seule de toutes les églises de Soissons, Saint-Médard était soustraite à l'interdit. Cette dispense toutefois n'était pas portée dans la bulle d'Adrien IV. On ne sait si le privilège des moines de Saint-Médard était antérieur à cette bulle et si

ceux-ci ne le firent reconnaître qu'ensuite, ou s'ils l'obtinrent dans ces années-là. La dispense est du moins inscrite dans le règlement royal de 1169 et dans la confirmation d'Alexandre III de l'année suivante[39].

Il faut remarquer cependant que la dispense d'interdit n'est ordinairement interprétée comme le signe de l'exemption totale[40] que lorsqu'elle est une dispense effective du pouvoir de correction de l'évêque. Est-ce le cas pour Saint-Médard ? D'après les textes en question, l'abbaye n'est exempte que de l'interdit porté par le chapitre de la cathédrale. Il est possible, en un certain sens, que cette situation soit l'effet d'un privilège plus vaste dispensant de l'interdit épiscopal. On n'en sait rien, c'est pourquoi il subsiste des doutes sur l'exemption de l'abbaye de Saint-Médard avant la bulle d'Alexandre III du 8 juillet 1175.

Alexandre III et le *privilegium commune* du 8 juillet 1175

Alexandre III poursuivit, pour Saint-Médard, la même politique d'intervention que ses prédécesseurs en usant de son influence auprès d'Henri de France devenu archevêque de Reims, à qui le pape devait beaucoup[41]. C'est tantôt pour défendre l'abbaye contre les héritiers de l'usurier Godin[42], tantôt pour faire restituer les biens usurpés par Hugues, l'avoué de Donchery[43], ou mettre fin aux exactions du comte de Rethel[44], tantôt pour régler des affaires de dîmes, soit avec l'abbaye de Saint-Jean des Vignes à Épieds[45], soit avec le chapitre de la cathédrale de Soissons[46].

Dans ces occasions, il justifie son intervention. Saint-Médard est comptée parmi les églises « *quae ad provisionem Sedis apostolicae noscuntur specialiter pertinere*[47] ». Et avec plus de force encore : « *bona et possessiones ejusdem monasterii tanto propensiori cura defensare tenemur, quanto ad jus et proprietatem*[48] *B. Petri et nostram specialim pertinere dignoscitur* ». Ce sont d'ailleurs là de simples lettres. Le caractère de l'expression « *ad proprietatem* » n'en est pas moins surprenant. La mainmise directe et totale de l'autorité pontificale sur Saint-Médard de Soissons était chose presque faite, si elle n'était pas accomplie déjà.

Il n'est donc pas étonnant de trouver sous le nom d'Alexandre III le *privilegium commune* qui, dans l'état de nos recherches, fait le mieux connaître ce qu'était l'exemption de Saint-Médard[49]. La grande bulle solennelle du 8 juillet 1175 semble énumérer tous les privilèges que l'exemption comporte pour Saint-Médard :

a. la protection apostolique : Alexandre III reconnaît la situation particulière de Saint-Médard parmi les églises « *que ad jus sancte romane ecclesie pertinere noscuntur* », prend l'abbaye sous la protection de saint Pierre et du Saint-Siège et confirme les privilèges de ses prédécesseurs dont il nomme Jean III, Grégoire Ier – ces deux noms semblent interpolés –, Benoît VIII, Pascal II, Innocent II, Eugène III. Pas de mention de Calixte II ;

b. la garantie du temporel : l'autorité pontificale confirme tous les biens présents ou à venir de l'abbaye, en particulier le monastère et toutes ses dépendances, les autels de Donchery, Foncquevillers, Damery, l'église Sainte-Sophie avec son chapitre de chanoines, l'église Saint-Sauveur de Choisy déjà soustraite à la juridiction ordinaire ;

c. le pouvoir de correction, déjà accordé aux abbés de Saint-Médard par Benoît VIII, Innocent II et Eugène III. Il comporte le pouvoir d'excommunier les malfaiteurs et les perturbateurs des biens de l'abbaye qui ne seraient pas venus à résipiscence après les trois avertissements canoniques. Aucune autorité étrangère ne pourra les absoudre avant leur amendement ;

d. l'extension de l'exemption aux officiers et serviteurs de l'abbaye, soustraits à la juridiction ordinaire « *quamdiu eos ad justitiam in vestra curia habueritis* », pour les délits qu'ils peuvent commettre dans l'exercice de leurs fonctions ;

e. la liberté du choix de l'évêque, pourvu qu'il soit « catholique », c'est-à-dire en union avec le Saint-Siège[50], pour les fonctions d'ordre épiscopal : saintes huiles, consécration d'autels et de basiliques, ordination des religieux.

f. la liberté de l'élection de l'abbé, assurée selon la règle de saint Benoît par le *communi consensu* des religieux ou la *pars consilii sanioris* et la bénédiction de l'abbé nouvellement élu par le pape ou un évêque « catholique » choisi par l'abbé ;

g. l'exemption proprement dite[51] accordée par le *decretum* : « *decernimus ergo ut nulli omnino hominum liceat prefatum locum temere perturbare aut ejus possessiones aufferre vel ablatas retinere seu quibuslibet vexationibus fatigare, sed omnia integra conserventur eorum pro quorum gubernatione et sustentatione concessa sunt usibus omnimodis profutura* ».

Suivent la clause de réserve, « *salva Sedis apostolice auctoritate* », et l'imposition du cens : en témoignage de cette *libertas* devenue une exemption complète dans la terminologie de l'époque, l'abbaye paiera chaque année au Saint-Siège une demi-livre d'argent. La bulle se termine par les clauses finales habituelles[52], les éléments chronologiques avec la rota et les souscriptions cardinalices dont on n'a conservé que le témoignage global.

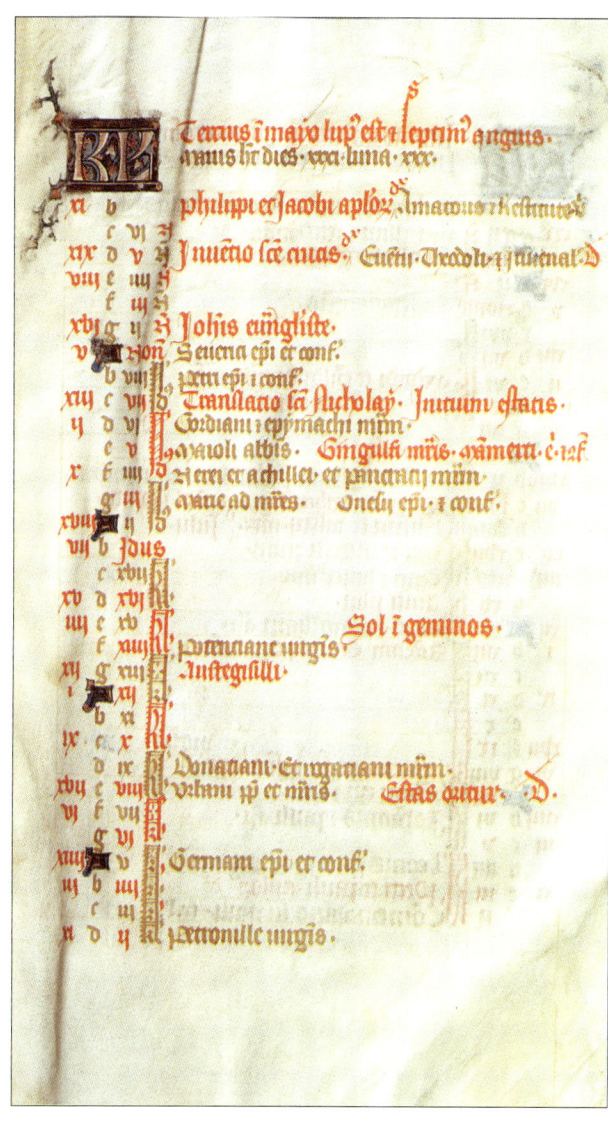

L'EXTENSION DE L'EXEMPTION

Dès la fin du XIIe siècle, et par la suite, les religieux de Saint-Médard s'employèrent à obtenir des confirmations de leurs privilèges et à assurer leur efficacité, en sollicitant du Saint-Siège de nouvelles interventions auprès des autorités ignorantes ou peu disposées à les reconnaître. Ils sollicitèrent aussi un certain nombre de droits complémentaires de l'exemption proprement dite.

✠ *JUIN (CALEN-DRIER DES SAINTS). Missel provenant de Saint-Médard de Soissons, manuscrit du XIVe siècle. On note les fêtes de sainte Clothilde reine, le 3, de saint Médard et saint Girard, le 8, de saint Gervais et de saint Protais, le 19. Soissons, Bibliothèque municipale, ms. 89, fol. 3 v.*

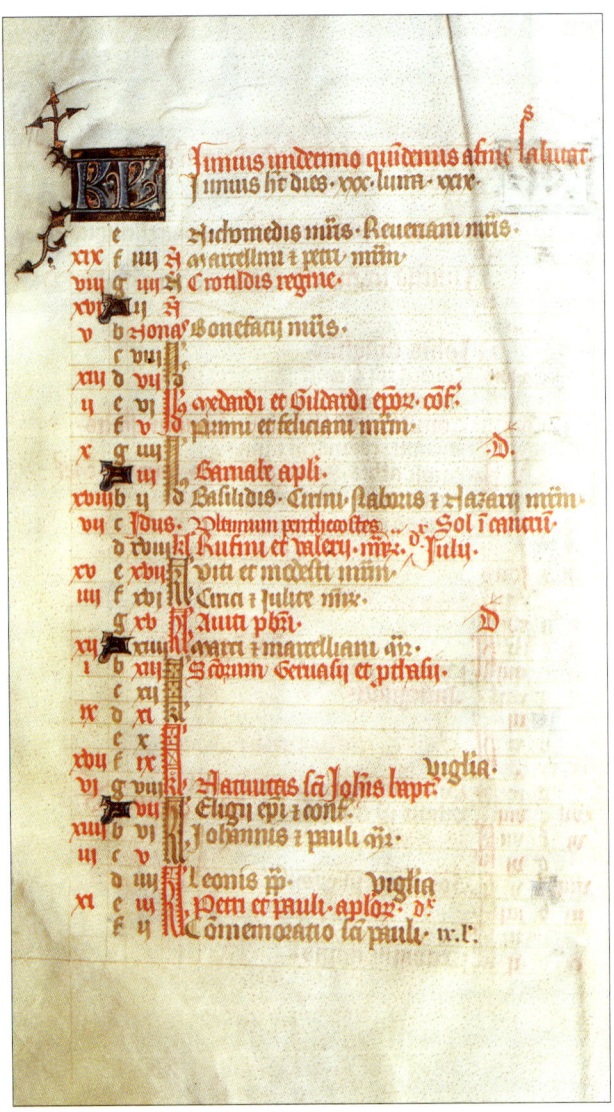

Le début du XIIIe siècle

Sous Célestin III (31 décembre 1192)[53], la protection apostolique fut étendue à la nouvelle hôtellerie construite par l'abbé Bertrand et garantit au monastère les autels d'Iges et de Torcy[54], du Mont-Saint-Hubert et de Vénérolles.

Innocent III, à son tour, confirma la prévôté d'Hanzinnes (10 mai 1199) et les quatre muids annuels de blé donnés par Nicolas de Bazoches, neveu de l'abbé Milon (17 janvier 1208)[55]. Il donna mandat à l'abbé de Saint-Corneille de Compiègne d'exiger le paiement des redevances dues à l'abbaye de Saint-Médard[56]. Une bulle du 23 décembre 1201[57] accorda l'exemption de dîmes des novales et des produits de leur récolte ou de leur élevage. L'abbé Aubri obtint surtout que le pape confirmât son pouvoir d'excommunication

et intervînt auprès des ordinaires intéressés pour que ce privilège fût reconnu (28 janvier 1205)[58]. Quelque temps plus tard, le 8 janvier 1210[59], Innocent III invita les mêmes juridictions à ne pas user de l'excommunication ou de l'interdit sur les hommes ou les biens de Saint-Médard « *absque causa manifesta et rationabili* ». Il défendit aussi, à deux reprises, les religieux de Saint-Médard contre les usuriers[60].

À partir d'Honorius III (30 mars 1219)[61], la chancellerie utilise la formule qui deviendra usuelle : « *monasterium quod ad Sedem apostolicam nullo pertinet mediante* ». Le 10 février 1220, Honorius III confirme à nouveau la protection apostolique sur le monastère, en particulier sur les églises de La Croix-Saint-Ouen et de Rethondes, les chapelles de Vic-sur-Aisne, de Rethondes et de Saint-Laurent devant la porte du monastère[62]. Mais il accorde à l'évêque de Soissons, qui se plaint que l'abbé de Saint-Médard et les autres supérieurs des églises de son diocèse « *qui a jurisdictione ipsius asserunt se exemptos [...]* » ne présentent pas volontiers leurs privilèges, de pouvoir en exiger la communication (12 janvier 1222)[63].

Sous Grégoire IX, les réclamations des religieux soissonnais contre les ordinaires, toujours réticents devant leurs privilèges, obtinrent du Saint-Siège le 27 juillet 1237 un *mandatum* aux abbés de Saint-Valéry, de Saint-Riquier et de Saint-Vaast d'Arras[64], qui devaient exiger des évêques d'Amiens et d'Arras le respect des privilèges d'exemption. À la même date, les religieux de Saint-Médard virent, confirmée par Grégoire IX, la dispense des dîmes novales et des dîmes du bétail[65].

Innocent IV (1243-1254)

À partir d'Innocent IV, les interventions de l'autorité romaine semblent se multiplier. Celles qui ont été conservées ne représentent pas toutefois la totalité des documents pontificaux à l'adresse de l'abbaye de Saint-Médard. Il manque l'acte du 14 mars 1245 que la table du compulsoire du XVIe siècle[66] présente comme « *confirmans omnes libertates et immunitates monasterii S. Medardi* », et certainement d'autres.

Les bulles connues révèlent le souci des moines de Saint-Médard de ne pas laisser leurs privilèges se perdre par prescription[67] ou s'amenuiser par la juridiction des ordinaires[68], et de ne pas donner occasion à l'évêque de Soissons, même mandaté par le pape pour la visite des monastères exempts, de pénétrer chez eux[69] et d'y exercer une autorité. Ils réagissent vigoureusement lorsque celui-ci fait porter l'interdit sur leur

« *castrum de Villare* » et obtiennent d'Innocent IV sa levée (17 septembre 1243)[70]. Ils reçoivent encore du Saint-Siège la dispense des droits de péage, vinage, rouage pour les denrées qu'ils faisaient acheminer vers le monastère (26 août 1247)[71] et des garanties contre les exigences de pension que pourraient former la chancellerie pontificale et le légat[72].

Deux actes d'Innocent IV achevèrent de donner à l'abbé exempt de Saint-Médard le prestige liturgique épiscopal. Le 4 juillet 1247[73], l'abbé de Saint-Médard Jean de Méricourt recevait à titre personnel le privilège de porter l'anneau, la mitre et les autres ornements pontificaux. Le 13 décembre 1253[74], le privilège était renouvelé à son successeur et étendu à tous les abbés de Saint-Médard à venir. Quant aux moines, il leur avait été, entre-temps, concédé l'usage du bonnet pendant les offices (8 octobre 1250)[75].

D'ailleurs le pape se sert de l'indépendance et de l'autorité qu'il confère à l'abbé de Saint-Médard par les privilèges d'exemption pour en faire son intermédiaire auprès de la hiérarchie. L'abbé de Saint-Médard est appelé par Innocent IV à citer l'archevêque de Reims à comparaître devant le pape (6 septembre 1245)[76] pour répondre des plaintes formulées contre lui par ses suffragants, à absoudre *ad cautelam* les ecclésiastiques de Soissons qui ont pris parti pour leur évêque contre le métropolitain (25 novembre 1245)[77], à calmer l'animosité du chapitre cathédral contre la commune de Soissons (23 août 1247)[78], à défendre les privilèges des prémontrés[79] et des moines de Sainte-Colombe de Sens[80].

Vers la stabilisation

Alexandre IV fait encore intervenir l'abbé de Saint-Médard pour défendre les privilèges de Saint-Denis (23 mai 1258)[81], puis ceux de Saint-Corneille contre la commune de Compiègne (15 octobre 1258)[82], et ceux de Sainte-Colombe contre l'archevêque de Sens[83].

Cependant les interventions de la papauté en faveur des privilèges de Saint-Médard deviennent moins nombreuses. L'exemption de l'abbaye semble désormais reçue, sinon entièrement acceptée. Lorsque l'archevêque de Reims, prévoyant son passage à Soissons, demande l'hospitalité à l'abbaye exempte, il souligne que sa visite ne portera en rien atteinte à ses libertés (1er juillet 1259)[84]. La question des dîmes est toutefois encore âprement débattue avec l'évêque de Soissons Nivelon de Bazoches, sans qu'on puisse préciser l'objet litigieux[85]. Alexandre IV a donné raison à Saint-

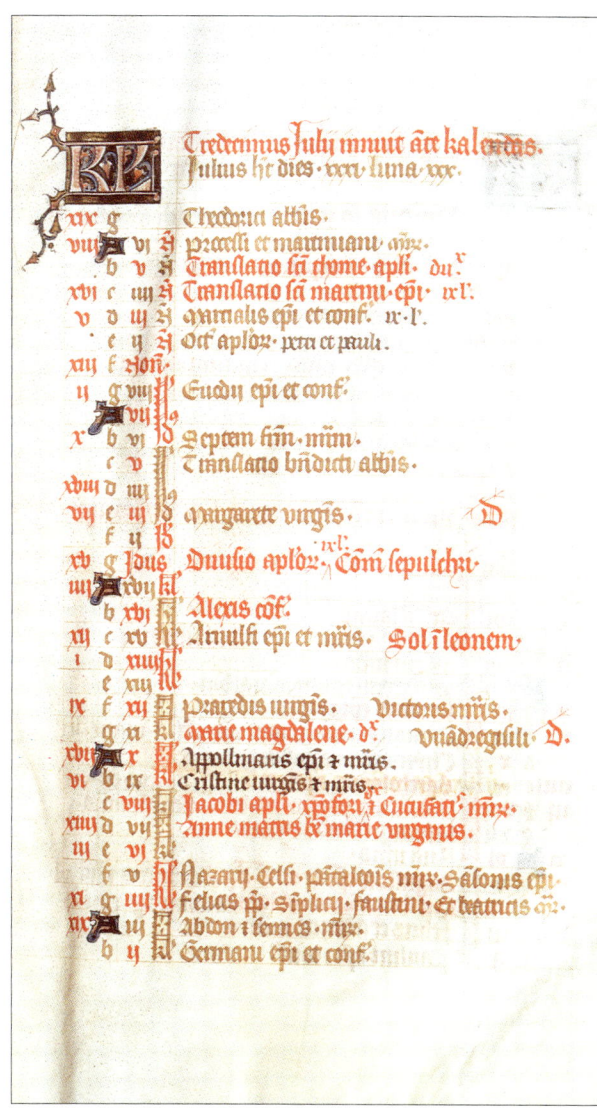

Médard contre l'évêque (22 avril 1255) et, l'année suivante (avril 1256), le pape confirme le principe de la dispense des dîmes novales[86]. En outre, l'abbaye obtint de lui le renouvellement du privilège d'Innocent IV sur le statut des exempts (10 mai 1258)[87], une intervention de l'abbé d'Ourscamp en faveur de ses biens (11 mai 1258)[88] et une autre de l'archevêque de Reims contre le puissant Jean de Chatillon, seigneur d'Avesnes, qui s'était emparé du bois de Vénérolles (18 décembre 1255)[89].

Après Alexandre IV (1254-1261), les interventions pontificales se font encore plus rares. Le 19 septembre 1274[90], Grégoire X donne aux religieux de Saint-Médard des armes contre les usuriers. Boniface VIII fait intervenir l'abbé Philippe pour le respect des droits de l'abbaye de Saint-Valéry (11 juillet 1295)[91] et des prémontrés (9 juin 1300)[92].

✠ *Août (Calendrier des saints). Missel provenant de Saint-Médard de Soissons, manuscrit du XIVᵉ siècle. On note les fêtes de saint Baudry, le 1ᵉʳ, de sainte Radegonde reine, le 13, de saint Arnould, le 16, de saint Ouen, le 24 et le 27, la translation des reliques des cryptes vers la nouvelle basilique. Soissons, Bibliothèque municipale, ms. 89, fol. 4 v.*

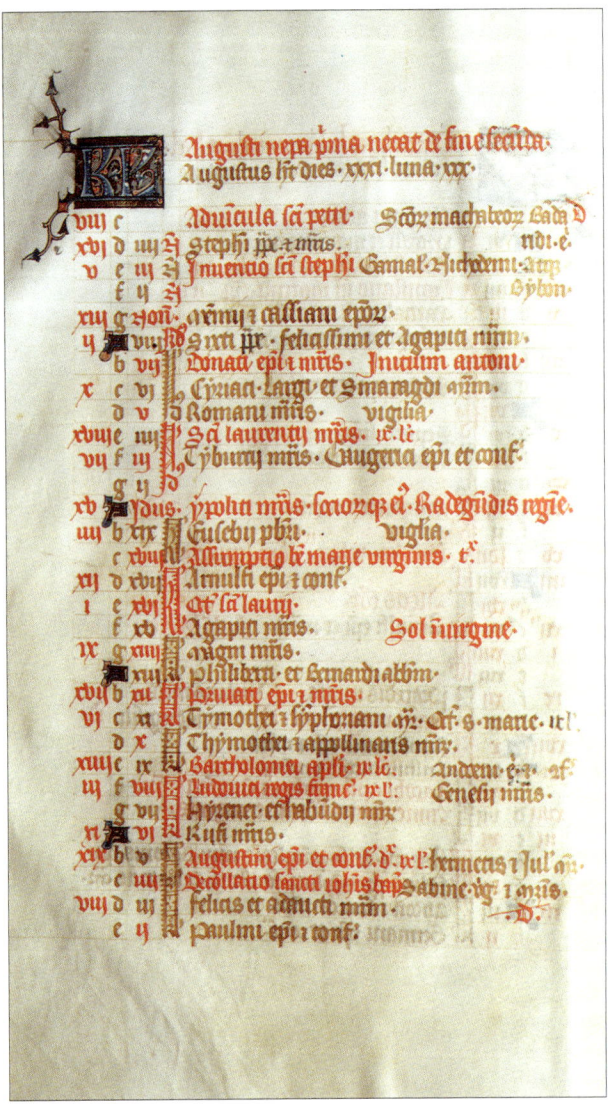

Le 4 novembre 1316, Jean XXII fait exiger le paiement de redevances dues à l'abbaye[93]. Ces interventions, qui n'ont plus la même portée, se poursuivront jusqu'au XVIᵉ siècle[94]. Elles garantissent à Saint-Médard de Soissons la protection apostolique, le respect de ses privilèges, la confirmation de ses droits, mais ne sont, au fond, que le résultat de l'exemption même qui a directement rattaché le monastère à l'administration romaine. Elles témoignent désormais du jeu de cet appareil administratif ; elles ne sont plus une conquête.

Un formulaire de l'administration pontificale au XIVᵉ siècle[95] a conservé les traces du contrôle exercé par le Saint-Siège sur la gestion temporelle du monastère. Ce contrôle est assez serré et joue, malgré l'éloignement, de façon souple et complexe à la fois. En vertu de la protection apostolique, l'abbé et le couvent ne peuvent sans son assentiment, ni alié

ner, ni utiliser à d'autres fins que celles fixées par la coutume ou les conventions, ni *a fortiori* hypothéquer les biens du monastère. Les aliénations non autorisées, les usages abusifs et naturellement les taux usuraires sont révoqués par son autorité. On comprend que l'abbé et les religieux aient sollicité de temps à autre pareille intervention, faisant même appel à Rome ou à Avignon contre les décisions des représentants de l'autorité apostolique qui ne leur donnaient pas satisfaction. La contrainte s'exerçait par l'excommunication, et on ne la ménageait guère. Il arrivait d'ailleurs que le Saint-Siège choisisse parmi les religieux de Saint-Médard ses représentants appelés à contrôler la gestion temporelle d'autres abbayes exemptes : le 28 janvier 1289, Nicolas IV donne mandat au prieur de Saint-Médard de faire restituer à l'abbaye de Saint-Denis les biens illicitement aliénés ou détournés[96].

Le paiement du cens, dont le taux annuel est resté fixé à la demi-livre d'argent, prix symbolique de ce rattachement, ne semble pas avoir été régulièrement effectué, sauf sous le pontificat de Jean XXII (1316-1334). Mais les exigences du Saint-Siège provoquent des rappels. Après un retard de quarante années, l'abbé Gérard verse, le 10 août 1292, à Albert de Grondola, de passage à Soissons, cent cinq livres tournois pour le montant de cette échéance[97]. Les *Introitus et Exitus* de la Chambre apostolique constatent ensuite pendant le premier tiers du XIVᵉ siècle des paiements échelonnés. La demi-livre d'argent est alors comptée trente-sept gros tournois et demi, que les procureurs versent à la cour d'Avignon par année écoulée : le 1ᵉʳ octobre 1302 pour une année[98] – cette année-là, le cens est encore payé à Rome en or –, le 18 janvier 1317 pour trois années échues[99], le 30 janvier 1325 pour l'année écoulée[100], le 11 février 1326 pour une nouvelle année terminée[101], le 27 juin 1333 pour les sept dernières années[102]. Il n'a pas été retrouvé de traces de versements postérieurs à la mort de Jean XXII (1334).

Au XIVᵉ siècle, la stabilisation marque également les rapports de l'abbaye avec l'évêque de Soissons. Le statut des monastères exempts est maintenant reconnu sans discussion par les ordinaires qui ont dû entériner les larges brèches ouvertes dans leur juridiction par les grands ordres exempts, mendiants et autres. Le contrôle régulier et permanent de l'abbaye étant écarté par l'exemption même, il arrive maintenant que le Saint-Siège charge l'évêque d'interventions précises et limitées. C'est lui, par exemple, qui est pour son diocèse le commissaire député à la collecte de la décime biennale ; le 10 juillet 1366, les religieux de Saint-Médard s'adressent à lui pour obtenir remise du solde de leurs obligations[103]. L'évêque de Soissons peut être aussi chargé de vérifier les aptitudes d'un candidat à un bénéfice de l'abbaye[104].

Les révélations
de Geoffroi Cou de Cerf

L'épisode est pour le moins curieux. Il est connu par Gilles du Perche, évêque d'Évreux dans les années 1170-1180[105], qui transmit à Alexandre III le compte rendu[106], soussigné par l'archevêque de Rouen, d'une conversation que le pape Innocent II aurait eue durant le concile de Reims (octobre 1131) avec cet archevêque de Rouen, Hugues d'Amiens, et les abbés élus de Saint-Ouen et de Jumièges, Rainfroi et Guillaume. Comme le pape s'enquérait auprès de l'abbé de Saint-Ouen de la situation de son abbaye vis-à-vis de la juridiction de l'archevêque, Geoffroi Cou de Cerf, évêque de Châlons, intervenant, aurait révélé que, du temps où il était abbé de Saint-Médard – c'est-à-dire entre 1119 et 1131 –, un de ses moines, nommé Guernon, reconnut avant de mourir avoir fabriqué des faux et procuré des soi-disant privilèges apostoliques à diverses églises, dont Saint-Ouen de Rouen et Saint-Augustin de Cantorbéry. L'évêque de Châlons aurait été prêt à se porter garant, par serment, de la vérité de ce qu'il avançait.

À cause des soupçons qu'elle fait peser sur les moines de Saint-Médard et de l'obscurité qui subsiste autour de la rédaction des deux documents, la lettre de Gilles du Perche, accompagnée du témoignage d'Hugues d'Amiens, a jusqu'ici pu être appréciée diversement. Les deux textes ont, au XVIIIe siècle, provoqué une polémique ; ils n'en sont pas moins authentiques[107].

Les faux privilèges
de Saint-Ouen de Rouen

L'apparition de faux privilèges apostoliques au début du XIIe siècle n'est pas un fait isolé[108]. La création d'apocryphes ou l'altération de pièces authentiques est un signe assez fréquent de l'autodéfense des monastères dans la lutte qu'ils ont entamée contre le pouvoir laïque ou épiscopal. Comme les moines d'autres abbayes, ceux de Saint-Ouen de Rouen, on pourra dire aussi ceux de Saint-Augustin de Cantorbéry, eurent besoin de privilèges anciens. Or les monastères n'en n'avaient pas parce que jusqu'ici c'était surtout la puissance politique qui les avait distribués : au IXe siècle, dans la province ecclésiastique de Reims même, on fabriquait les documents dont on avait besoin, au nom de l'empereur ou du souverain[109]. À la fin du XIe siècle et au début du XIIe siècle, le

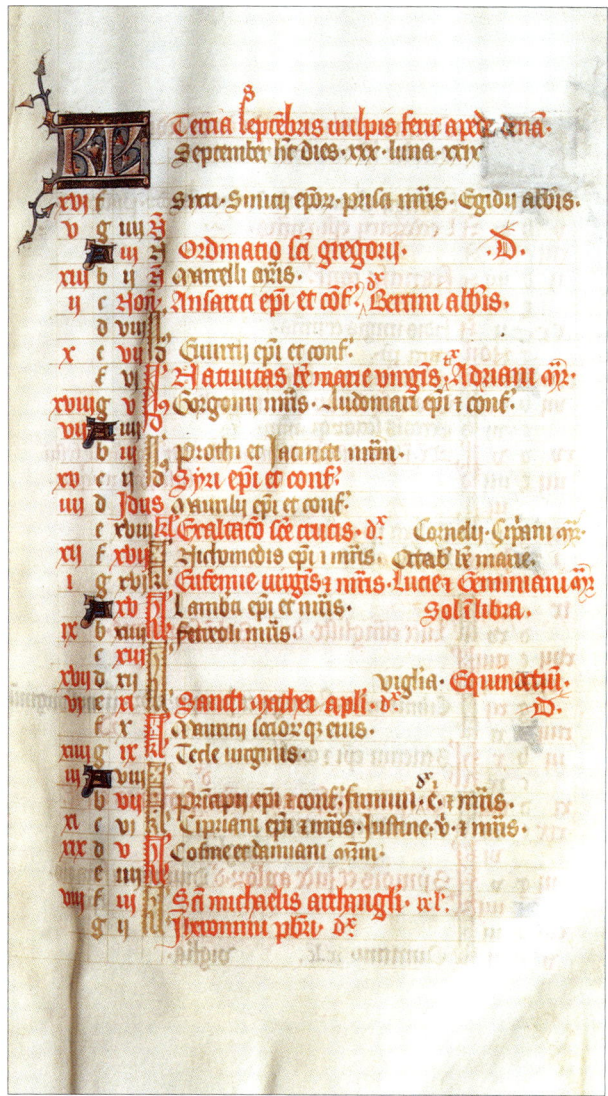

✢ SEPTEMBRE (CALENDRIER DES SAINTS). Missel provenant de Saint-Médard de Soissons, manuscrit du XIVe siècle. On note l'Ordination de saint Grégoire le 3, les fêtes de saint Ansery le 5 et saint Prince le 25. Soissons, Bibliothèque municipale, ms. 89, fol. 5.

pape apparaissait surtout comme le dispensateur des privilèges ecclésiastiques. Urbain II avait revendiqué[110] de pouvoir soustraire n'importe quel établissement monastique à la juridiction épiscopale. Après Urbain II, Calixte II, Innocent II, dans leurs voyages en France, dispensaient largement des privilèges qui consolidaient et accroissaient leur propre autorité : Saint-Médard en avait profité. Mais ces nouveaux privilèges ne furent le plus souvent concédés que sur titres, c'est-à-dire sur présentation de bulles anciennes sans lesquelles il était très difficile aux églises d'obtenir confirmation de leurs privilèges, a fortiori d'autres faveurs[111]. Il est certain que les religieux de Saint-Ouen se sont pourvus à Soissons de « bulles anciennes » qu'ils n'avaient pas dans leurs archives.

De bonnes relations existaient entre les deux cloîtres, surtout depuis l'époque carolingienne, à cause de plusieurs

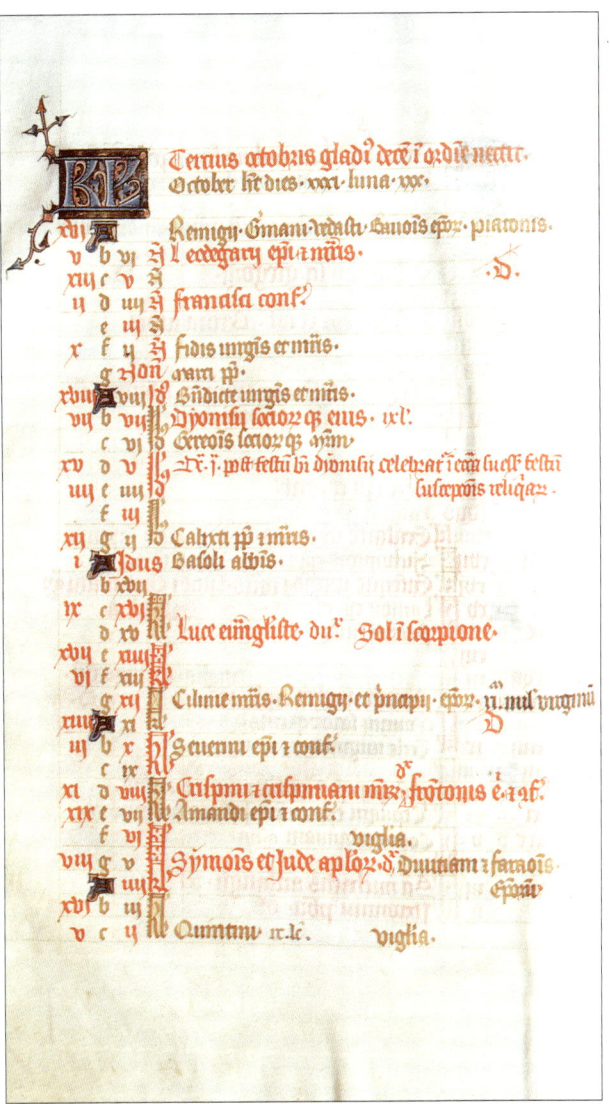

✝ *OCTOBRE (CALENDRIER DES SAINTS). Missel provenant de Saint-Médard de Soissons, manuscrit du XIVᵉ siècle. On note la fête des Reliques de saint Denis, celle de saint Crépin et de saint Crépinien le 25, et la fête de saint Quentin le 31. Soissons, Bibliothèque municipale, ms. 89, fol. 5 v.*

parentés de culte entre les deux églises. De saint Gildard, évêque de Rouen au début du VIᵉ siècle[112], dont la tradition hagiographique avait fait le frère jumeau de saint Médard, l'abbaye soissonnaise avait, sous Charles le Chauve, réclamé les reliques comme lui revenant de droit. Les Rouennais avaient désiré conserver le chef de saint Gildard mais avaient offert en échange le chef de saint Romain et le corps de saint Remi, fils de Charles Martel, deux autres évêques de Rouen des VIIᵉ et VIIIᵉ siècles[113]. Au XIᵉ siècle, les moines de Saint-Ouen négocièrent avec ceux de Saint-Médard le retour à Rouen d'une bonne partie de ces reliques. Les meilleures relations liaient déjà l'abbé Nicolas (1042-1092) à l'abbé Eudes « *sibi dudum familiarissimus* » ; il était l'ami d'Eudes « *suus dilector* ». Venu à Soissons débattre l'affaire, le religieux n'eut pas de peine à convaincre l'abbé Eudes : il apportait de

splendides et très précieux ornements d'église. Moyennant l'autorisation royale il obtint ce qu'il voulut et revint à Rouen avec la tête de saint Romain, le bras droit et une partie des membres de saint Gildard, une grande partie aussi du corps de saint Remi, sans compter d'autres reliques de saint Médard, de saint Serein et de saint Bandry. La translation serait datée du 28 avril 1090[114].

Les bulles fabriquées à Soissons à l'intention de Saint-Ouen de Rouen furent sans doute détruites comme l'affirma Gilles du Perche[115] ; il en existe encore cependant des copies, et le décalque des prétendus privilèges de Saint-Médard est si grossier[116] qu'il n'est pas possible de s'y tromper. Les auteurs durent penser que puisque les deux monastères pouvaient remonter leur origine jusqu'au VIᵉ siècle, il suffisait d'établir le même type de privilège.

La bulle attribuée à Grégoire Iᵉʳ (590-604)[117] a emprunté son début au faux privilège de Jean III : « *totius orbis principibus machinam mundi [...]* » et de larges passages au faux privilège de Grégoire Iᵉʳ, sans parler des signatures des évêques et des souverains qui terminent la pièce. Une autre sous le nom de Martin Iᵉʳ (31 août 649) reprend le préambule du faux privilège d'Eugène II pour Saint-Médard : « *omnibus orthodoxae fidei [...]*[118] ». Celle qui porte le nom de Léon II[119] est plus indépendante des textes de Saint-Médard, mais la facture trahit l'origine : c'est la même que la fausse bulle de Vigile expédiée au concile de Chalcédoine (553), qui a été éditée dans les « Papsturkunden » par Ramackers[120]. Quant à la bulle d'Eugène II pour Saint-Ouen, Ramackers, en la publiant, a déjà signalé sa parenté avec les faux de Saint-Médard[121]. Elle reprend le préambule de la bulle de Jean VIII pour Saint-Médard[122] : « *Quociens illa a nobis pio desiderio [...]* » ; et de la même façon qu'Eugène II, après Jean III et Grégoire Iᵉʳ, aurait confirmé Saint-Médard « *caput monasteriorum totius Galliae* », il aurait fait de Saint-Ouen son émule en Neustrie : « *caput monasteriorum tocius Neustriae* ». Récemment, G. Tessier a souligné encore la similitude, dans ces faux, des clauses concernant la consécration des fonts et les scrutins baptismaux[123]. Ces bulles sont sorties de l'atelier de Guernon, véritable atelier de décalcomanie.

Hugues d'Amiens, mis en garde par les révélations de l'évêque de Châlons au concile de Reims (1131), réagit avec d'autant plus de vigueur. Quand les moines de Saint-Ouen tentèrent d'exploiter leurs bulles d'importation soissonnaise, il déclara ces lettres fausses et soutint de le prouver en cour de Rome. L'abbé de Saint-Ouen tergiversa et, arguant des difficultés du voyage et de la dépense, n'osa pas relever le défi. Ces lettres auraient été alors détruites avant que l'archevêque ne confirmât leurs droits antérieurs, plus certains[124].

Après cette fin de non-recevoir opposée par l'archevêque aux moines de Saint-Ouen, les bulles en question ne trouvèrent jamais grand crédit.

Les faux privilèges de Saint-Augustin de Cantorbéry

L'abbaye de Saint-Augustin de Cantorbéry était, à l'époque de la conquête normande (1066), une abbaye prestigieuse. Son abbé jouissait de la plus grande autorité et il l'exerçait effectivement. Un chroniqueur le décrit jugeant et décidant « *sicut archiepiscopus in diocesi sua*[125] ». Les archevêques de Cantorbéry eux-mêmes apparaissaient comme les chefs de l'Église d'Angleterre, ayant d'autant plus besoin d'être reconnus comme tels qu'ils avaient à défendre les droits de cette Église en face de la politique autoritaire des nouveaux maîtres de l'Angleterre. Entre les abbés et les moines de Saint-Augustin, et les archevêques de Cantorbéry soutenus par leur chapitre, le conflit, inévitable, se prolongea jusqu'à la fin du XIVe siècle[126].

Les controverses renaissant à chaque élection abbatiale lors de la bénédiction et surtout de la *professio*[127], le pape Alexandre III espéra établir enfin une trêve. En février 1179, circonvenu d'abord, le pape donna lui-même à Rome la bénédiction abbatiale à Roger, nouvel élu de Saint-Augustin, en confirmant les privilèges de son abbaye, non sans semoncer l'archevêque de Cantorbéry[128]. Le mois suivant se tint le troisième concile de Latran. Gilles du Perche, l'évêque d'Évreux, y vint[129]. Homme de confiance du pape depuis les affaires de saint Thomas Beckett[130], il dut être reçu par lui et lui remit sans doute les documents que nous connaissons. Le 3 mai 1179, Alexandre III révoqua auprès de l'archevêque sa lettre du 16 février précédent[131] « *quia pro certo comperimus ea transcripta pro parte maxima falsa esse, quosdam antecessorum nostrorum professionem abbatis sancti Augustini decessoribus tuis sententialiter adjudicasse* ». Et le lendemain, il lui rendait le droit de recevoir la profession des abbés de Saint-Augustin : « *quoniam quorumdam suggestionibus et quibusdam privilegiis falsis, sicut postea manifeste comperimus […] et qui beatus Thoma martyr Christi nobis propter hoc in visione frequenter apparuit*[132]. » La querelle n'en reprit pas moins bientôt[133], les habitudes d'hostilité étant trop fortes.

Malheureusement une enquête sur les plus anciens documents pontificaux de Saint-Augustin de Cantorbéry est moins facile que pour Saint-Ouen de Rouen. W. Holtzmann,

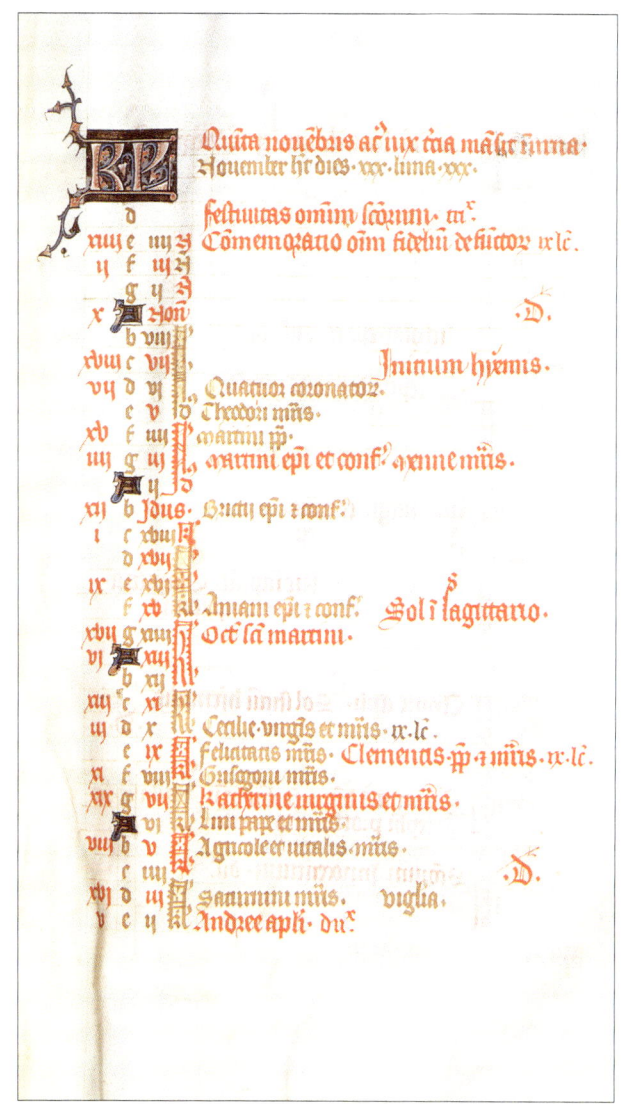

✝ NOVEMBRE (CALENDRIER DES SAINTS). Missel provenant de Saint-Médard de Soissons, manuscrit du XIVe siècle. On note la fête de saint Aignan, le 17. Soissons, Bibliothèque municipale, ms. 89, fol. 6.

à la suite de ses recherches sur les « Papsturkunden » en Angleterre, a reconnu que cette étude diplomatique était encore à faire[134], et il taxe de faux toutes les bulles pour Saint-Augustin antérieures au XIIe siècle. L'étude des textes en cause convainc de leur caractère suspect ou altéré. Les différentes bulles n'ont pas été copiées sur celles de Saint-Médard comme celles de Saint-Ouen. Le travail est moins grossier et s'apparenterait à la fabrication même des privilèges de Saint-Médard, encore que dans un genre différent. Même si leur mode de composition apparaît encore peu clairement, il semble bien qu'elles représentent les pièces dénoncées par Alexandre III avec lesquelles les moines de Saint-Augustin avaient abusé de la bonne foi des pontifes précédents, et il y a lieu de présumer qu'elles sont sorties de l'atelier de Guernon[135].

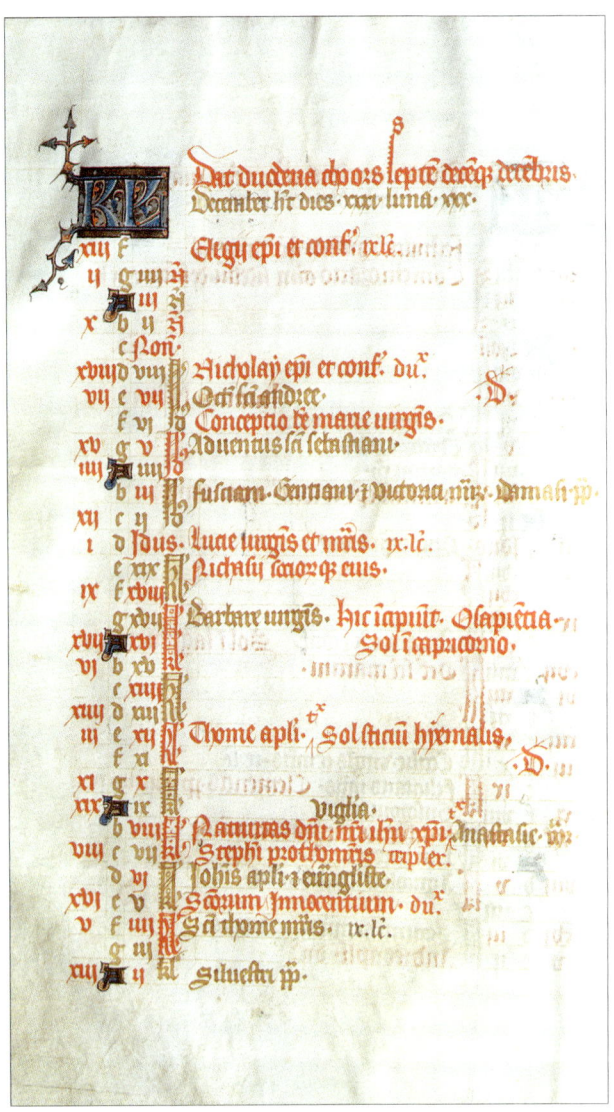

Guernon et son abbaye

Guernon a-t-il travaillé pour son propre monastère ? Est-il l'artisan des faux privilèges de Saint-Médard attachés aux noms de Jean III, Grégoire Iᵉʳ, Eugène II et de l'évêque Rothade ?

Qu'il ait décalqué ceux-ci, et d'autres, pour Saint-Ouen de Rouen, c'est certain. Qu'il ait travaillé pour Saint-Augustin de Cantorbéry, c'est plus que probable. Si l'on s'en tient au témoignage de Geoffroi, l'évêque de Châlons, il aurait travaillé aussi pour « diverses » églises. Et il n'aurait pas fait profiter son propre monastère du fruit de ses talents ? C'est peu vraisemblable : on dira plutôt qu'il a dû mettre plus d'application et d'ingéniosité au service de son cloître.

Il n'est pas impossible que Guernon ait commencé à trafiquer avant la translation de 1090, ce qui expliquerait les excellentes relations entre les deux cloîtres, au moins entre leurs abbés, les modalités faciles et rapides des négociations. Les cadeaux qui furent offerts à Saint-Médard par l'abbé Nicolas de Saint-Ouen (riches chasubles, chapes ornées d'orfrois, aubes, dalmatiques, etc., sans compter un calice avec sa patène et deux chandeliers précieux), en échange de l'insigne relique de saint Romain et des autres reliques transférées à Rouen, pourraient être les *preciosa ornamenta* que Guernon reconnut avoir reçus pour prix de son habileté[136]. Il serait naturellement aventureux de dire que l'estimation des reliques a été surfaite pour déguiser un autre commerce. Ces présents permirent au moins de camoufler l'origine des dons faits plus tard à Guernon, que celui-ci remit à la sacristie de Saint-Médard.

La personnalité de l'abbé Eudes ne paraît pas exclure cette possibilité, surtout si cet abbé, qui reçut l'abbaye de Saint-Médard après l'indigne Pons, est bien le moine qui noua des intrigues contre saint Arnoul et fut l'artisan de son départ[137]. Plus certainement, Eudes fut l'organisateur du coup monté qui devait procurer à Saint-Médard les reliques de saint Arnoul conservées à Oudenbourg[138]. La faveur royale qui avait soutenu Pons avant lui n'avait pas dû lui manquer. « *Honestatis usurpator et virtutis simulator* » le qualifie Hariulf dans sa *Vie de saint Arnoul*. C'est encore Philippe Iᵉʳ qui fit élire son successeur. Après les incidents soulevés par son élection et sa demi-capitulation devant Hugues de Pierrefonds, évêque de Soissons, Raoul s'employa sans nul doute à forger les titres dont l'abbaye avait besoin pour justifier les prétentions de ses origines et qu'il désirait lui-même pour s'affranchir de la tutelle épiscopale. Le manque d'intégrité et de scrupules de Raoul, reconnu par le pape alors qu'on l'accusait avec instance de simonie en synode provincial, a couvert et guidé les entreprises de Guernon dont l'atelier put travailler aussi longtemps que vécut Raoul. Ainsi apparurent, vers la fin du XIᵉ ou au début du XIIᵉ siècle, les « bulles anciennes » de Saint-Médard de Soissons.

Il semble que les bulles fabriquées pour Saint-Ouen, qui les décalquent trop bien, soient nées après elles, mais aussitôt et peut-être en même temps qu'elles. On comprendrait mal que les Rouennais, sans parler des autres clients, aient pu venir à Soissons se fournir en faux s'il n'existait pas auparavant à Saint-Médard un atelier en activité. Il n'est pas impossible qu'on puisse retrouver un jour les modèles dont on s'y servit pour satisfaire à la demande de Saint-Augustin de Cantorbéry.

L'EXEMPTION
DANS LA LITTÉRATURE
HAGIOGRAPHIQUE ET LA DÉVOTION
À SAINT GRÉGOIRE

Jusqu'au XIIe siècle

La dévotion à saint Grégoire dans l'abbaye soissonnaise est née de la « pieuse fraude » de Rodoin qui a prétendu avoir rapporté les reliques de saint Grégoire à Saint-Médard. Mais jusqu'au Xe siècle et jusque dans la *Translatio sancti Sebastiani* d'Odilon, cette fraude reste discrète[139] : craint-on des censures, des protestations ?

Toujours est-il que saint Grégoire tient très peu de place dans le récit d'Odilon. Il y est dit[140] comment son corps fut dérobé avec la complicité d'un « sanpietrino »… Mais c'est vite dit, sans détails et comme à regret. La vertu miraculeuse de saint Grégoire n'apparaît efficace que dans le dernier chapitre[141] – et encore ! – où il surgit à côté de saint Médard et de saint Sébastien pour assister à la verte leçon donnée par saint Sébastien à Ostrold, l'évêque de Laon qui mettait en doute les reliques soissonnaises de saint Sébastien. Il est patent que le culte à saint Grégoire est pratiquement inexistant, éclipsé par la dévotion à saint Sébastien. On fait à l'époque le pèlerinage à saint Médard, et surtout le pèlerinage à saint Sébastien : on ne fait pas encore le pèlerinage à saint Grégoire.

Au cours du XIe siècle, il ne semble pas que la dévotion à saint Grégoire ait fait beaucoup de progrès. Le « *Miraculum* »[142] qui illustre les démêlés de l'abbaye avec le duc de Lorraine Gothelon au sujet de Donchery, vers 1038, fait le récit d'une apparition semblable à celle de la *Translation* d'Odilon, où les protecteurs de l'abbaye – saint Sébastien au centre, parce qu'il fut martyr, saint Grégoire à droite de saint Sébastien, en raison de son caractère pontifical, saint Médard et saint Gildard à gauche, comme de simples confesseurs – contraignent le duc à venir à résipiscence. Saint Grégoire n'est toutefois plus le témoin passif de la correction administrée par saint Sébatien à sa nouvelle victime. C'est lui qui prend l'initiative de la punition et donne l'ordre à saint Sébastien de frapper.

Aux premières années du XIe siècle, il est de bon ton de se réclamer des grands papes d'autrefois, de saint Grégoire en particulier[143]. Sans parler des faux diplômes où s'insère le nom de saint Grégoire[144], l'abbé et les moines de Saint-Médard, qui en font état dans leur correspondance[145], font reconnaître implicitement le dépôt précieux de ses reliques dans leur monastère – « *monasterium SS. Medardi et Sebastiani atque Gregorii pape* » – par la chancellerie d'Henri Ier et l'acte du concile de Senlis (1048) qui rendit à l'abbaye le *castrum* de Vic « *ob reverentiam et meritum beati Gregorii pape cui antiquis temporibus […] donatum fuerat* »[146].

Le calendrier liturgique attaché au missel de Saint-Médard[147], qui semble avoir été rédigé sous l'abbatiat de Geoffroi Cou de Cerf, entre la canonisation de saint Arnoul (1121) dont le nom est inscrit au 16 août et la dédicace de la basilique dont la mémoire aurait été portée si le calendrier avait été composé après 1131, n'atteste pas à Saint-Médard d'un culte multiplié et plus particulier envers saint Grégoire dans ce premier tiers du XIIe siècle. On le fête le 12 mars à son *dies natalis*, le 3 septembre à son « *ordinatio in Pontificem Romanum* »[148]. Son arrivée à Saint-Médard le 9 décembre n'est pas même mentionnée alors que celle de saint Sébastien l'est. De même on y célèbre l'*elevatio* de saint Sébastien le 13 octobre, sans faire mention à cette date de saint Grégoire. Le calendrier témoigne indiscutablement de la prépondérance du culte de saint Sébastien avant 1130. Ce n'est que tardivement qu'on multipliera les mentions de saint Grégoire à côté de saint Sébastien dans la liturgie de l'abbaye, et les fêtes en son honneur jusqu'à en faire un patron du monastère[149].

À partir du premier quart du XIIe siècle, sa dévotion s'affermit sensiblement. Mais ce n'est pas sans hésitations. Tandis que saint Goswin introduisait à Saint-Médard les observances clunisiennes vers 1120-1125, il tomba malade, et son honnête biographe raconte qu'il fut guéri par un remède que lui administra saint Grégoire. Le prieur aurait préféré cacher le miracle et n'en point parler ; mais à la réflexion, il ne manque pas de se réjouir du miracle pour la confusion de ceux qui ne croyaient pas à la présence de saint Grégoire en ce lieu[150].

C'était une première victoire.

Guibert de Nogent
et les *Miracula* du XIIᵉ siècle

Vers le milieu du XIIᵉ siècle, la dévotion à saint Grégoire se développe, largement soutenue par une littérature hagiographique dont l'intention apologétique s'étale naïvement.

C'est que dans le monastère de Saint-Médard on éprouve le besoin de justifier un culte dont Guibert de Nogent, dans son abbaye voisine, attaquait les excès. Vers 1119, ce dernier achevait son *De pignoribus sanctorum* dont les moines de Saint-Médard faisaient les frais[151]. L'apparition de cette œuvre hardie n'avait pas été sans commentaires : la composition du livre le laisse entendre. Le culte de saint Grégoire à Saint-Médard n'était pas particulièrement visé par Guibert. À propos de l'histoire du moine impudique, Guibert écrit : « *sed abbati [...] nescio quis sanctorum inibi [...] apparui* »[152], sans relever la présence de saint Grégoire pourtant mentionnée dans le miracle visé[153]. Mais il importait aux moines de Saint-Médard que ce culte ne fût pas affecté par la polémique, et sa légitimité étant assez communément mise en doute, il était nécessaire de faire connaître la puissance convaincante de ses miracles. Ces récits furent largement diffusés au XIIᵉ siècle dans les monastères amis de Normandie, de Picardie et du Nord de la France, comme en témoignent les variantes de plusieurs manuscrits[154].

Il n'était pas si aisé de répondre à l'abbé de Nogent-sous-Coucy. Une de ces suites de *Miracula*[155], composée vers le milieu du siècle sur des schémas alignés selon l'ordre chronologique, donne cette impression de réplique lancée à la mordante critique de Guibert. Intentionnellement, le *libellus* où Guibert avait lu les prodiges accomplis soit par la Dent de Lait du Christ[156], soit par les saints protecteurs du monastère[157], est repris, remis en forme. Les deux miracles dont il s'était moqué sont réaffirmés[158]. Le choix, d'ailleurs, est éclectique. Les miracles opérés par la fameuse dent sont entassés[159], multiples et indiscutables. Saint Médard, saint Gildard, saint Sébastien, en plusieurs occasions, se maintiennent à hauteur de leur réputation. La relique du bras de saint Laurent a aussi son efficience. Saint Grégoire n'a pas, dans tous ces premiers miracles, de part prépondérante, mais ses ripostes n'en sont pas moins incisives. À l'évêque de Soissons Foulques qui s'appropriait le temporel de l'abbaye « *destruens quae beatus papa Gregorius constituerat [...] : cur mea meorumque antecessorum confundis decreta ? Cur meam inquietas abbatiam ?* »[160]. Et quand, avec saint Sébastien, il apparaît à une malade : « *nescis dolens quod jacemus in Francia penes beati Medardi membra [...]* »[161]. Première mention

qui signale et soutient l'apparition du faux privilège de saint Grégoire. Et apologie nécessaire de ses reliques soissonnaises.

Mais le miracle irréfragable, celui que ne put connaître Guibert de Nogent mort en 1124 et dont peuvent témoigner tous ceux qui subsistent des années 1130[162], c'est la délivrance de Soissons et du Soissonnais sous l'épidémie de peste par l'intercession de saint Grégoire. À plusieurs reprises, avec un pic en septembre 1128 et une reprise en 1139[163], le « mal des ardents », *pestis* ou *lues inguinaria* comme la nomment les chroniqueurs[164], sévit cruellement. Chaque jour, les malades meurent par dix, par vingt, par trente. La population désespérée se tourne vers les saints protecteurs de la cité. Elle aurait de son propre chef suggéré des supplications solennelles à saint Grégoire, qui avait vaincu à Rome la peste de 590 pendant laquelle il fut élu pape. La procession de ses reliques conservées à Saint-Médard rend la santé à la ville. Beaucoup vont à l'abbaye Saint-Médard boire à la coupe de saint Grégoire : on en emporte aussi comme une eau minérale. L'hagiographe parle de plus de vingt mille personnes qui, à l'époque, défilent à Saint-Médard. Le village entier de Septmonts fait les quelques kilomètres qui le séparent de Soissons pour obtenir sa guérison[165].

Ce développement sur l'intercession de saint Grégoire dans l'épidémie du mal des ardents est d'autant plus curieux qu'il semble ignorer momentanément le prestige de saint Sébastien, saint « pesteux » par excellence, plus renommé que saint Grégoire, et qu'on invoquait comme le « premier marichal contre la peste »[166]. Dans la suite, et à travers tout le Moyen Âge, c'est saint Sébastien qu'on viendra prier à l'abbaye de Saint-Médard à l'occasion de pareilles épidémies[167]. De là à penser que cette dévotion passagère ait été moins spontanée que le veut le chroniqueur et qu'elle ait été suggérée et dirigée par les moines de Saint-Médard, saisissant habilement l'occasion que leur offrait l'ampleur du fléau pour soutenir leur apologétique grégorienne et faire valoir les reliques de saint Grégoire, on le croira volontiers.

On sait, d'ailleurs, que ces manifestations autour des reliques de saint Grégoire ne furent pas les seules auxquelles se livrèrent les Soissonnais pendant l'épidémie. Hugues Farsit s'est fait le chroniqueur des nombreux miracles opérés par le Soulier de la Vierge conservé à l'abbaye de Notre-Dame, et des multiples dévotions autour de cette relique qui guérissait aussi du mal des ardents[168].

Des récits en question il existe une autre relation assez voisine, compilée après la mort de Joscelin de Vierzy (1152) sur les mêmes schémas et intitulée *Miracula SS. Gregorii et Sebastiani Suessione in monasterio S. Medardi*[169] : titre que

Hic liber est Beate Marie de Nogento si quis eum abstulerit anathema sit

ac vere discretionis magistro NORBERTO *fr Guibertus monachus nomine peccator operibus: plusquam suorumque gaudere* 1103 *Successibus,*

TPIS VETERIB, horrescendum

presentis prophetie pelagus aggressurum ad te liberalissime doctor tanti ausus causas tue conscientie humilitatis inferimus. Cui verba excusationis non ambigo quod modestia tua tam ante suscipiat qua a me intentione apud tuas sobrias aures promi constat.

✝ *Guibert de Nogent présente au Christ son commentaire sur plusieurs livres de l'Ancien Testament. Paris, BNF lat. 2502, fol.1.*

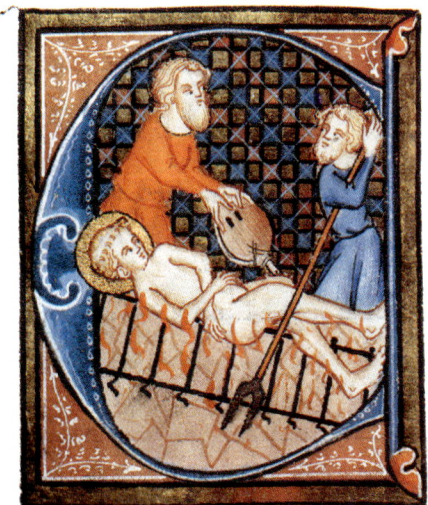

✝ *INITIALE C. Missel provenant de Saint-Médard de Soissons, manuscrit du XIVᵉ siècle. Représentation de saint Laurent : celui-ci, nu, est allongé sur son gril ; à gauche, un bourreau souffle sur le feu, tandis qu'à droite, un autre bourreau tient une fourche à deux dents. Soissons, Bibliothèque municipale, ms. 89, fol. 233 v.*

dom Vrayet corrigea en *Mirabilia quaedam olim gesta meritis sanctorum quiescentium in monasterio S. Medardi Suessionensis auctore incerto S. Medardi monacho circa annum MCL*, mais de façon inexacte, puisqu'il ne s'agit plus, en réalité, que de miracles de saint Grégoire. Les récits sur la dent de l'Enfant Jésus n'ont pas été rapportés. Saint Sébastien tient moins de place que saint Grégoire dans la *Translation* d'Odilon, comme si au culte de saint Sébastien on avait réussi à substituer celui de saint Grégoire. À peine saint Sébastien et saint Médard paraissent-ils une fois[170] en même temps que saint Grégoire, comme dans la *Translatio*. Dès le premier miracle, on est averti du prestige de saint Grégoire « *cui primatus debetur suae prerogativa Sedis : hoc autem contra illos qui non credunt illum Francorum penetrasse fines* »[171]. L'intention s'étale sans artifice, avec beaucoup plus de maladresse encore que dans la première relation. Dans ce livret de propagande « grégorienne » et d'apologétique un peu grosse, les chiffres paraissent volontairement amplifiés[172]. On rappelle que l'abbaye doit à saint Grégoire ses *decreta*[173]. Sauf le premier paragraphe qui sert de banale introduction, la relation n'aurait rien d'original si la conclusion ne dévoilait un des centres de résistance les plus tenaces à l'effort de conviction des moines de Saint-Médard : le monastère rival de Saint-Crépin-le-Grand, dont les religieux ont refusé à l'évêque Joscelin de Vierzy de porter les reliques de leurs patrons saint Crépin et saint Crépinien, martyrs fondateurs de la cité, au-devant d'un confesseur, fût-il saint Grégoire. Et l'hagiographe d'affirmer que l'abbé, le prieur et dix religieux de Saint-Crépin en moururent de mort inopinée. La punition aurait été si manifeste que l'évêque de Soissons, jusqu'à sa mort, répétait à qui voulait l'entendre qu'on ne pouvait pas douter de la présence de saint Grégoire à Saint-Médard et que les Romains qui prétendaient le contraire mourraient tous[174].

Bien entendu, les moines de Saint-Crépin ne furent jamais convaincus[175]. Mais, dans l'esprit de ceux de Saint-Médard, cette conclusion devait donner à réfléchir à tous ceux susceptibles d'abuser de leur puissance et de leur autorité sur la vie et le temporel de l'abbaye : les évêques de Soissons et les abbés de Saint-Crépin étaient incités à mieux respecter ce que saint Grégoire pouvait protéger.

Conclusion

Il fallait souligner cette part prépondérante donnée à saint Grégoire dans l'hagiographie du XIIᵉ siècle, en même temps qu'apparaissent les faux privilèges qui revendiquent son autorité. La mention même des *decreta* dans cette littérature ne laisse aucun doute sur son rôle dans la lutte menée par les moines de Saint-Médard pour leur exemption. Il n'y a pas à s'étonner qu'il eût fallu cinq siècles pour découvrir ces *decreta* dans les archives de l'abbaye. S'ils y avaient été, Odilon les aurait mentionnés.

L'effort des moines a réussi à consolider le culte de saint Grégoire à Soissons. La reconnaissance de ce culte par Thomas Beckett prouve bien le progrès réalisé en ce sens. En séjour à Soissons pour la fête de l'Ascension en 1166, Thomas Beckett, avant de partir pour Vézelay où il lancera sa sentence d'excommunication contre Henri II, passa trois veilles en prière : deux à l'abbaye de Notre-Dame, auprès de la Vierge et du tombeau de saint Drausin, la troisième à l'abbaye de Saint-Médard près des reliques de saint Grégoire fondateur de l'Église d'Angleterre[176]. Le rituel soissonnais qui décrit les usages des églises de Soissons à la même époque confirme la pratique liturgique du culte à saint Grégoire. Au troisième jour, la station se faisant à Saint-Médard, on y chantait l'oraison de saint Grégoire après celles de saint Sébastien mais avant celles des confesseurs, les saints Médard et Gildard[177]. Il y aura toujours cependant des détracteurs : les moines de Saint-Crépin-le-Grand ne pardonneront jamais à ceux de Saint-Médard de les avoir ridiculisés dans les *Miracula*[178]. Quant aux moines de Saint-Médard, leur dévotion s'exprima désormais en un élan de gratitude vers celui qui leur a donné leurs privilèges.

Ce culte apportait en effet une garantie d'efficacité aux privilèges d'exemption qui expliquaient le désir qu'avaient eu les moines de se procurer les reliques de saint Grégoire et justifiaient en un certain sens la présence des reliques. Nul n'oserait nier la valeur des privilèges parce qu'on pouvait craindre que les reliques ne fussent vraies. Cela avait été l'adresse des falsificateurs, Guernon et l'abbé Raoul, de mettre sous le nom de Grégoire Iᵉʳ la plus importante bulle d'exemption. Leur escroquerie n'en expliquait que mieux la

fraude de Rodoin d'avoir voulu pour son monastère des reliques d'un pape qui passait pour avoir été libéral à son égard. C'était aussi un judicieux camouflage de leur entreprise : la *Translatio* d'Odilon, malgré son silence sur le principe, semblant *a posteriori* le justifier si on venait à en douter. L'escroquerie du privilège et celle des reliques se couvraient réciproquement.

La conviction qu'ils possédaient dans leur église les reliques de saint Grégoire, et dans leurs archives un des plus anciens privilèges d'exemption au nom de l'illustre pape, donna aux religieux de Saint-Médard cette conscience surfaite qui, à travers le Moyen Âge, porta leur abbaye à une hautaine grandeur et trop souvent à une dédaigneuse insolence vis-à-vis des voisins. En droit, il suffisait de faire état devant l'autorité ecclésiastique du *Privilegium commune* d'Alexandre III de 1175 : il procurait, de fait, le statut de monastère exempt. Mais vis-à-vis des autres abbayes exemptes et des nouveaux ordres exempts, les prétentions des « anciennes bulles » reculaient dans le passé le plus lointain, jusqu'aux origines du monastère, la concession d'un privilège qui, maintenant généralisé, n'avait pu être à l'époque qu'une exception. Elles devenaient pour les moines de Saint-Médard une arme contre le modernisme, après avoir été une revendication d'indépendance face à l'évêque de Soissons.

✢ *INITIALE M. Missel provenant de Saint-Médard de Soissons, manuscrit du XIV*e *siècle. Représentation de saint Louis : il porte un sceptre dans la main droite et une chapelle, la Sainte-Chapelle, dans la main gauche. Soissons, Bibliothèque municipale, ms. 89, fol. 243.*

[1] Compulsoire, *op. cit.* (v. note 18, C. I).

[2] J.-W., 1039.

[3] J.-W., 1239.

[4] D'une part le juriste gallican G. BARCLAY (*De potestate pape,* in-8°, Pont-à-Mousson, 1609, chap. XXXIX, p. 325), d'autre part le cardinal BELLARMIN (*Tractatus de potestate Summi Pontificis in rebus temporalibus adversus Gulielmum Barclaium*, in-8°, Rome, 1610, chap. XL, p. 265) et le bénédictin anglais R. WIDRINGTON (*Apologia cardinalis Bellarmini pro jure principum*, in-8°, Cosmopoli, 1611, n° 380 *sq.*) en firent état dans leurs controverses sur les rapports du pouvoir pontifical et du pouvoir temporel, et discutèrent l'interprétation du texte. Sur le fond des principes gallicans, le cardinal DUPERRON rejeta catégoriquement la valeur du privilège dans sa « Harangue faicte de la part de la Chambre ecclésiastique en celle du Tiers État, sur l'article du Serment » aux États Généraux de 1614 (édit. 1615, p. 22). D. BLONDEL (*Pseudo-Isidorus et Turrianus vapulantes : seu editio et censura nova epistolarum omnium, quas piissimis Urbis Romae praesulibus a B. Clemente ad Siricium, nefando ausu, infelici eventu, Isidorus cognomento Mercator supposuit, Franciscus Turrianus Jesuita, adversus Magdeburgensium, aculeato stylo defendere conatus est*, in-4°, Genève, 1628, p. 647-664) publia et annota le privilège de saint Grégoire en l'attribuant à quelque moine de Soissons qui aurait connu le privilège de Grégoire Ier pour Saint-Andoche d'Autun. L'archevêque de Paris, P. DE MARCA (*De concordia sacerdotii et imperii seu de libertatibus Ecclesiae gallicanae*, in-4°, Paris, 1641, p. 561) dénia également au texte toute valeur.

[5] P.U. Picardie, n° 2, p. 56 *sq.* C. BRUNEL, *op. cit.*, p. 72, n° 3 (v. note 163, C. I).

[6] Compulsoire, *op. cit.* (v. note 18, C. I).

[7] L. PÉCHEUR, *op. cit.*, VI, p. 413 *sq.* (v. note 169, C. I) B.M. Soissons : Ch. Périn, 4253. L'instigateur fut J. DE LAUNOY qui prit parti pour Ch. de Bourbon et contre le privilège de Saint-Médard, comme il le fit d'ailleurs contre d'autres privilèges monastiques : *Inquisitio in privilegium quod Gregorius papa primus monasterio Sancti-Medardi dedisse fertur*, petit in-8°, Paris, 1657. Un mauriste, dom R. DE QUATREMAIRES, tenta la défense du privilège ; J. DE LAUNOY répliqua : *Assertio inquisitionis in monasterii Sancti Medardi Suessionensis privilegium*, in-4°, Paris, 1661, faisant remonter (p. 57) la falsification au pontificat d'Alexandre II et à l'abbatiat de Renaud vers 1063 : cf. J-W, 4527. A. DADIN DE HAUTESERRE, dans ses *Notae et observationes in XII libros epistolarum + B. Gregorii papae*, in-4°, Toulouse, 1669, p. 332-336, se refusa à mettre en doute l'authenticité du registre de Grégoire Ier, ce qui provoqua une nouvelle réplique de J. DE LAUNOY : *Confutatio annotationum Ant. Dudini Alteserrae in privilcgium S. Medardi Suessionensi*, petit in-8°, Paris, 1670, sous la forme d'une lettre adressée à M. Gérard, abbé de Verteuil, attribuant une date

plus tardive dans le XIIIe siècle à l'apparition du faux, après le concile de Reims de 1201 qui était intervenu contre les abbés de la province s'étant promis assistance mutuelle face à un évêque qui procéderait contre l'un d'eux (p. 64).

[8] E. MÜLLER, *op. cit.*, p. 692 (v. note 105, C. I). J. DAUVERNÉ, *Position de Thèses*, École des Chartes, 1907, p. 57 *sq.* J. RAMACKERS : P.U. Picardie, n° 2, p. 56, 1942. C. BRUNEL, *op. cit.*, p. 72 (v. note 163, C. I). G. TESSIER, dans *B.E.C.* 1951, t. CIX, p. 107.

[9] J. RAMACKERS, P.U. Picardie.

[10] P. B. GAMS, *Series episcoporum*, p. 633. *Miracula sancti Gregorii* : *AA.SS.*, mars II 750, autre édition 940. La date de 1025 est inexacte puisque la mort de Foulques est bien connue. Légères variantes dans *Catal. Codd. hagiogr.* Bruxelles, I, 2, 242.

[11] P.U. Picardie, p. 48, n° I, d'après : BNF Picardie 243, f° 313. Il faut préférer : BNF Clairambault 561, p. 653 (XVIIe siècle) dont voici la transcription : « *carissimo filio catholici caetus altissimo abbati Richardo Petri apostoli licet indignus Dei disponente gratia pape Benedictus [...].* Sur les plaintes qu'on lui avoit faict que quelques meschants usurpoient les terres de St-Mard, il mande aux évesques de Soissons, Laon, Noyon, et à l'archevesque de Reims qui les excommunient [...]. *Tibi autem et successoribus tuis charissimis filiis potestatem concedimus inter missarum sacramento* [au lieu de *sacramento* lire : *sollemnia*] *verbum facere ad populum et post peractas missas eumdem bennedicere sicut moris est episcopis ; bannum quoque permittimus et anathematisandi licentiam per omnem abbatiam tuam. Placuit item nobis de nullo capitali crimine te apud aliquem causam reddere nisi ante nostram praesentiam sine nostra duntaxat permissione. Valete* » (sans date).

[12] Lettre 91 de Fulbert : MIGNE, P.L. 141, c. 244. La tradition du monastère a confondu deux incidents ; et encore C. PFISTER, *De Fulberti Carnotensis episcopi vita et operibus*, Nancy, 1885, p. 119, qui attribue à Bérold ce que les *Miracula Gregorii* mettent sous le nom de Fulchosius. Le récit des *Miracula* cadre mieux avec ce que nous savons de Foulques qu'avec le portrait de Bérold : *D.H.G.E.*, t. VIII, 878 (Lecomte, 1935).

[13] MANSI, VII, 374.

[14] P.U. Picardie, p. 47, n° 4 d'après : BNF Picardie 243, f° 213, à compléter par : BNF Clairambault 561, p. 653 (XVIIe siècle) dont voici la transcription (texte en mauvais état) : « *Clemens abbati Rainaldo et omni congregationi Sancti Medardi sanctique Sebastiani necnon Gregorii papae* : il renouvelle les privilèges accordés par ses prédécesseurs [le manuscrit donne « successeurs », que nul evesque les puisse troubler [...], *nec praesumat aliquas consuetudines in eadem ecclesia levare* [...], que l'evesque (l'abbé ?) soit exempt de sa puissance, qu'il puisse ériger des églises dessus ses terres » (sans date).

[15] MIGNE, P.L. 174, c. 1384 et 1390.

[16] GOUSSET, *Actes de la province ecclésiastique de Reims*, II, 136. MIGNE, P.L. 162, c. 659. D. BOUQUET, XV, 182. BALUZE, *Miscellan.*, II, 141. WAUTERS, *Table chronologique des chartes de Belgique*, I, 602 et 608 (vers 1096).

[17] HÉFÉLÉ-LECLERCQ, t. V, Ire part., p. 387.

[18] La discipline de l'excommunication voulait que celui qui était excommunié par un évêque le fût aussi par les évêques voisins, et que ceux-ci ne pussent lever l'excommunication avant celui qui l'avait portée le premier : J. LECLERCQ, « L'excommunication et l'interdit d'après les lettres de Fulbert de Chartres », dans *Revue historique de droit français et étranger*, 1944, p. 75.

[19] P.U. Picardie, p. 47, n° 5. BNF Picardie 243, f° 215. La bulle manquait au temps de dom Grenier et même au siècle précédent : *idem,* f° 161 : dom Vrayet regrettait aussi de n'avoir pu la transcrire dans ses *Libri utriusque probationum*. Disparition peut-être intentionnelle pour ne pas contredire les faux privilèges. Je ne pense pas qu'il s'agisse de la lettre à l'archevêque de Reims : J-W, 5995. Un véritable privilège de Pascal II à Saint-Médard semble possible.

[20] P. FABRE, *Étude sur le Liber Censuum de l'église romaine*, « Bibliothèque des Écoles françaises d'Athènes et de Rome, fasc. 62 », Paris, 1892, p. 94.

[21] A.V. Miscellanea, Arm. XV, I, f° 31'. P. FABRE et L. DUCHESNE (éd.), *Le Liber Censuum remanié sous Grégoire IX et Innocent IV, avec ses suppléments jusqu'au XVe siècle d'après le manuscrit de Riccardiamus 228*, « Bibliothèque des Écoles françaises d'Athènes et de Rome, 2e série », 3 tomes en 2 vol., Paris, 1901, I, p. 74, n° 770 et p. 193.

[22] *Idem*, I, p. 74, n° 770 et II, p. 119 (v. note 21).

[23] *Idem*, I, p. 243, 246, 249 n. 18 (v. note 21).

[24] P. FABRE, *op. cit.*, p. 101 (v. note 20).

[25] J.-B. MAHN, *L'ordre cistercien et son gouvernement des origines au milieu du XIIIe siècle (1098-1265)*, 1945, p. 126. G. SCHREIBER, *Kurie und Kloster im 12. Jahrhundert*, Stuttgart, 1910, I, p. 42. J.-F. LEMARIGNIER, *L'exemption monastique et les origines de la réforme grégorienne*, Travaux du congrès de Cluny, 1951, p. 288-340. W. SZAIVERT, « Die Entstehung und Entwicklung der Klosterexemtion bis zum Ausgang der 11. Jahrhundert », dans *Mitteilungen des Institut für Österreichische Geschichtsforschung*, t. LIX, 1951, p. 265-298 : recension par J.-F. LEMARIGNIER dans *Revue historique de droit français et étranger*, 1952, t. XXX, p. 583-585.

[26] J.-W., 6775.

[27] *Cart. novum.*, f° 21.

[28] BNF Picardie 243, f° 312. U. ROBERT (éd.), *Bullaire de Calixte II*, n° 95, p. 137.

[29] A.S.M. 1131.

[30] Compulsoire, *op. cit.*, n° III (v. note 18, C. I).

³¹ Compulsoire, *op. cit.*, n° XVIII (v. note 18, C. I).

³² J.-W., 8880.

³³ MIGNE, P.L. 180, c. 1118. Sur la tutelle spéciale : G. SCHREIBER, *Kurie und Kloster*, I, 207.

³⁴ P.U. Picardie, p. 48, n. 2, d'après : BNF Picardie 243, f° 313 (et aussi f° 217'). Meilleur texte dans BNF CLAIRAMBAULT 561, p. 652, dont voici la transcription : « *Eugenius [...] venerabilibus fratribus S. Remensi archiepiscopo, G. Suessionensi, B. Laudunensi et H. Leodiensi episcopis mandamus quatenus cum ipsius monasterii abbas de parrochianis vestris questas in praesentia vestra proposuerit, eas attentius audientes controversias ipsas dictante justitia decidatis. Si vero memorati parrochiani vestri vestrae se conspectui praesentare et praedicto abbati super offensis quasi rogare suae salutis immemores praesumpserint, satisfactionem condignam exhibere contempserint, canonicam et ipsis justitiam faciatis. In territorio Trecensi apud Brennam sexto calendas maii.* » (le 23 avril 1148, Eugène III était dans la région de Troyes, à Brienne-le-Château, et le 26 à Clairvaux. J.-W., 9249-9250).

³⁵ A.S.M. a. 1133-1157.

³⁶ J.-W., 10372.

³⁷ *G.C.*, X, 125. A. LUCHAIRE, *Étude sur les actes de Louis VII*, Paris, Librairie A. Picard, 1885, n° 577-578.

³⁸ J.-W., 11785.

³⁹ L. PÉCHEUR, *op. cit.*, p. 40 (v. note 52, C. I). G.C. X, 125 .

⁴⁰ J.-B. MAHN, *op. cit.*, p. 129 (v. note 25).

⁴¹ J.-B. MAHN, *op. cit.*, p. 142 *sq.* (v. note 25).

⁴² J.-W., 11950 : 2 décembre 1170-1172 ; J.-W., 12209 : 20 mars 1173.

⁴³ J.-W., 12039 : 10 avril 1171-1172.

⁴⁴ J.-W., 12302 : 16 juin 1173-1174.

⁴⁵ MIGNE, P.L. 200, c. 813 : 11 avril 1171-1172.

⁴⁶ J.-W., 12301 : 16 juin 1173-1174.

⁴⁷ MIGNE, P.L. 200, c. 956.

⁴⁸ MIGNE, P.L. 200, c. 813 : 10 avril 1171-1172. Sur le sens de cette propriété : G. SCHREIBER, *op. cit.*, I, p. 39 (v. note 25). P. FABRE, *op. cit.*, p. 100 (v. note 20).

⁴⁹ Compulsoire, *op. cit.*, n° XVI (v. note 18, C. I).

⁵⁰ J.-B. MAHN, *op. cit.*, p. 89, n° 5 (v. note 25).

⁵¹ J.-B. MAHN, *op. cit.*, p. 128 (v. note 25).

⁵² A. GIRY, *Manuel de diplomatique. Diplômes et chartes, chronologie technique, éléments critiques et parties constitutives de la teneur des chartes, les chancelleries, les actes privés*, Paris, Librairie Hachette, 1894, p. 676.

⁵³ P.U. Picardie, p. 48, nᵒˢ 3 et 4, à compléter par BNF Clairambault 561, p. 125 et 652, dont transcription : « *Celestinus episcopus servus servorum Dei. Dilectis filiis abbati monasterii S. Medardi Suessionnensis [...] Preces quae a veritatis tramite non discordant [...] Vestrae itaque petitioni [...] domum hospitalariam quam de novo construere curabistis cum omnibus quae impresentiarum ratio-*

nabiliter possidet aut licitum adipisci poterit in futurum, sub protectione beati Petri et nostra recipimus, et praesentis scripti patrocinio communimus. Decernimus ergo ut nulli omnino hominum liceat [...] Datum Laterani 2 kal. januarii, pontificatus nostri anno 2° ».

⁵⁴ Ardennes ; arrond. et canton : Sedan ; prieuré de Donchery.

⁵⁵ BNF Picardie 243, f° 313', et BNF Clairambault 561, p. 652.

⁵⁶ 11 mai 1198 ? BNF Picardie 243, f° 222 et 314 ; BNF Clairambault 561, p. 650.

⁵⁷ BNF Picardie 243, f° 230' et 314 (Innocent IV par erreur : éléments chronologiques seulement possibles pour Innocent III), et BNF Clairambault 561, f° 650.

⁵⁸ AN LL 1023, f° 27.

⁵⁹ BNF Picardie 243, f° 314', et BNF Clairambault 561, p. 652.

⁶⁰ 21 novembre 1208 et 8 janvier 1209 : BNF Picardie 243, f° 223' et 314 ; BNF Clairambault 561, p. 650.

⁶¹ R. P. Honorius III, 1980. BNF Moreau 1180, f° 248, et Moreau 1784, f° 6355.

⁶² Compulsoire, *op. cit.*, n° IV (v. note 18, C. I).

⁶³ R. P. Honorius III, 3716. BNF MOREAU 1182, f° 50 et Moreau 1784, f° 6359.

⁶⁴ Compulsoire, *op. cit.*, n° I (v. note 18, C. I).

⁶⁵ BNF Picardie 243, f° 316 ; BNF Clairambault 561, p. 650.

⁶⁶ Compulsoire, *op. cit.*, n° XXI (v. note 18, C. I).

⁶⁷ Bulle du 26 août 1247 : Compulsoire, *op. cit.*, n° XXII (v. note 18, C. I).

⁶⁸ Compulsoire, *op. cit.*, n° XVII (v. note 18, C. I).

⁶⁹ Vers 1248 : BNF Picardie 243, f° 231.

⁷⁰ BNF Picardie 243, f° 230 et 314 ; BNF Clairambault 561, p. 653.

⁷¹ BNF Picardie 243, f° 231 et 314 ; BNF CLAIRAMBAULT 561, p. 652.

⁷² 22 novembre 1253 ? BNF Picardie 243, f° 222 et 313' ; BNF Clairambault, 561, p. 651.

⁷³ R. P. Innocent IV, 3052. A.V. : Reg. Vatic. 21, f° 439, n° 3.

⁷⁴ R. P. Innocent IV, 7109. A.V. : Reg. Vatic. 23, f° 35, n° 286. BNF Moreau 1784 (6381).

⁷⁵ BNF Clairambault 561, p. 651.

⁷⁶ R. P. Innocent IV, 1625.

⁷⁷ R. P. Innocent IV, 1653, 1658.

⁷⁸ *Mandatum* original : BNF Picardie 282, n° 44.

⁷⁹ R. P. Innocent IV, 2102 (20 juin 1246) et 3568 (9 janvier 1248).

⁸⁰ AD Yonne (Sens) H1, n° 11 (29 mars 1253. Original sans bulle, cité : BNF Picardie 243, f° 231'.

⁸¹ BNF Picardie 243, f° 233.

⁸² Ch.-E. MOREL, *op. cit.*, II, 464 (v. note 52,.C. I).

⁸³ AD Yonne (Sens) : H1 n° 16 (original sans bulle), cité : BNF Picardie 243, f° 233'.

⁸⁴ BNF Clairambault 561, p. 662.

⁸⁵ Compulsoire, *op. cit.*, n° XX (v. note 18, C. I).

⁸⁶ BNF Picardie 243, f° 232' et 314' ; BNF Clairambault 561, p. 650.

⁸⁷ R. P. Alexandre IV, 2547.

⁸⁸ R. P. Alexandre IV, 2548.

⁸⁹ BNF Picardie 243, f° 314'.

⁹⁰ BNF Picardie 243, f° 316 ; BNF Clairambault 561, p. 650.

⁹¹ R. P. Boniface VIII, 234.

⁹² R. P. Boniface VIII, 3696. POTTHAST, 24964.

⁹³ BNF Picardie 243, f° 237 et 316 ; BNF Clairambault 561, p. 650.

⁹⁴ Compulsoire, *op. cit.*, n° XIX (v. note 18, C. I).

⁹⁵ A.V. Arm. XXXI, vol. LXXII, n° MCCLIV, f° 178'.

⁹⁶ Original : AN L 274, n° 10. J. DOUBLET (éd.), *Histoire de l'abbaye de Saint-Denis*, p. 617 ; G. LEBEL, *Catalogue...*, n° 1486. R. P. Nicolas IV, 7354.

⁹⁷ A.V. Collect. 108, f° 6. P. FABRE (éd.), *op. cit.*, p. 13 (v. note 20). A. MARTÈNE, *Ampliss. collect.*, II, 1303.

⁹⁸ A.V. *Intr. et Exit.* 5, f° 3' et 4. Somme versée : 7 florins d'or et 8 sous de «petits ».

⁹⁹ A.V. *Intr. et Exit.* 13, f° 4' ; 16, f° 4' ; 563, f° 14'.

¹⁰⁰ A.V. *Intr. et Exit.* 58, f° 115 ; 65, f° 4 ; 66, f° 3.

¹⁰¹ A.V. *Intr. et Exit.* 81, f° 2' ; 82, f° 2'.

¹⁰² A.V. *Intr. et Exit.* 32, f° 5 ; 565, f° 6.

¹⁰³ A.V. Instrum. Miscell. 2450.

¹⁰⁴ Pour H. Gautier, trésorier de Soucy ; A.V. Reg. Vatic. 283, f° 88' par Grégoire XI : 23 mai 1372.

¹⁰⁵ BONNENFANT, *Histoire générale du diocèse d'Evreux*, Paris, 1933, t. I, p. 20.

¹⁰⁶ WARTON, *Anglia Sacra*, Londres, 1691, t. II, p. IV-V. MIGNE, P.L. 200, 1411. D. BOUQUET, XV, 961.

¹⁰⁷ P. COUSTANT, *Vindiciae veterum codicum confirmatae*, in-8°, Paris, 1715 p. 671-700, pars sexta, cap. XI et XII. *Mémoires de Trévoux* (Mémoires pour l'histoire des sciences et des arts), mars 1716, p. 501-543, (art. XXXIV) : « Défense d'un acte qui fait foi qu'un moine de Saint-Médard de Soissons, nommé Guernon, fabriqua des faux privilèges au nom du Saint-Siège en faveur de plusieurs églises vers le commencement du XIIᵉ siècle, contre les remarques du R.P.D. Coustant qui prétend que cet acte est supposé ». L'article est de CLÉROT, avocat à Rouen, et fut repris par LE BRASSEUR, *Histoire civile et ecclésiastique du comté d'Evreux*, in-4°, Paris, 1722, p. 154 et supplément, p. 4. TASSIN-TOUSTAIN, *Défense des titres et*

notes

des droits de l'abbaye de Saint-Ouen [...] avec la réfutation de l'écrit d'un anonyme intitulé « Défense d'un acte qui fait foi qu'un moine de Saint-Médard de Soissons nommé Guernon fabriqua de faux privilèges au nom du Saint-Siège en faveur de plusieurs églises vers le commencement du XIIᵉ siècle », in-4°, s. l., 1743, p. 260-332. TASSIN-TOUSTAIN, *Nouveau Traité de diplomatique*, t. III, p. XV. BRIAL, *Histoire littéraire de la France*, 1817, t. XIV, p. 18-21. CHASSANT-SAUVAGE, *Histoire des évêques d'Evreux*, 1846, p. 50. FABRICIUS, *Bibliotheca latine medie et infimae aetatis*, t. III, 1859, p. 122B. L. PÉCHEUR, *op. cit.*, t. VI, p. 419 et t. II, p. 316 (v. note 169, C. I).

[108] J.-F. LEMARIGNIER, *Étude sur les privilèges d'exemption et de juridiction ecclésiastique des abbayes normandes depuis les origines jusqu'en 1140*, Paris, 1937, p. 216 *passim*. V. LEBLOND-LECOMTE, *Les privilèges de Rebais*, Melun, 1910. Pour Saint-Denis : *B.E.C.*, t. LXXXVII, 1926, p. 30.

[109] Concile de 853 à Saint-Médard : MANSI, XIV, 981.

[110] Concile de Clermont de 1095 : HÉFÉLÉ-LECLERCQ, t. V, Iʳᵉ p., p. 405, n. I.

[111] J.-F. LEMARIGNIER, *op. cit.*, p. 180, n° 7 et p. 204. J.-F. LEMARIGNIER, *op. cit.*, p. 307-314 (v. note 108).

[112] L. DUCHESNE, *op. cit.*, II, p. 207 (v. note 10, C. II). *AA.SS.* juin II, 68.

[113] *Analecta Bollandiana*, t. VIII, p. 389. E. MÜLLER, *op. cit.*, p. 7 (v. note 105, C. I).

[114] *AA.SS.*, octobre, X, 83 qui date vers 1079.

[115] MIGNE, P.L. 200, c. 1412.

[116] J.-F. LEMARIGNIER, *op. cit.*, p. 214, n° 126 (v. note 108).

[117] J.-W., 1927. BNF lat. 12 777 (= Stein, 3242). AD Seine-Maritime, 14 H 151, p. 109-112 : copie XVᵉ siècle.

[118] J.-W., 2077. BNF lat. 12 777, p. 112-114. *Vidimus* de 1525 : AD Seine-Maritime, 14 H 140 et 151.

[119] J.-W., 2124. BNF lat. 12 777, p. 106-109.

[120] P.U., Normandie, p. 48, n° I. Copies de 1610-1622 : AD Seine-Maritime, 14 H 151-152.

[121] J.-W., 2562. J. RAMACKERS (éd.) : P.U., Normandie, p. 52, n° 2. Cf. P.U., Picardie, p. 56, n° 2.

[122] J.-W., 3033.

[123] G. TESSIER, recension de *Regesta Pontificum Romanorum* et de *Papsturkunden in Frankreich*, dans *B.E.C.*, 1951, t. CIX, p. 107.

[124] J.-F. LEMARIGNIER, *op. cit.*, p. 213 (v. note 108). AD Seine-Maritime, 14 H 151 : *Vidimus* du 20 octobre 1418. « *Abbas vero timuit grave iter et stipendium. Nobit arripere deffensionem earum sed compositione facta per abbatem Elniacensem archiepiscopo privilegia tradidit [...] quia*

haec predicta concessimus [...] pro privilegiis que per abbatem destruximus [...] ».

[125] J.-F. LEMARIGNIER, *op. cit.*, p. 110 et 112, n° 104 (v. note 108).

[126] *D.H.G.E.*, art. « Cantorbéry », par W.A. PANTIN, t. XI, 809 (1949). D. KNOWLES, *The Monastic Order in England*, p. 177.

[127] G. SCHREIBER, *op. cit.*, t. I, p. 134 (v. note 25).

[128] J.-W., 13291 à 13294.

[129] MANSI, XXII, 464.

[130] BONNENFANT, *op. cit.*, t. I, p. 21 (v. note 105).

[131] J-W, 13291-13292.

[132] P.U. Angleterre, II, n° 190-191, p. 388-390.

[133] P.U. Angleterre, I, n° 201 *sq.*, p. 470 et n° 280 *sq.*, p. 575. Angleterre, II, n° 217, p. 410.

[134] P.U. Angleterre, I, p. 231 ; « Die Urkunde (Calixte II, 2 mars 1120 = J-W, 6878) scheint das erste rechte Papstprivileg von St-Augustine's zu sein, womit ein *terminus ante quem* für die darin zitierten Fälschungen [...] ».

[135] P.U. Angleterre, I, p. 70. Les textes sont dans HARDWICK (éd.), « Thomas of Elmhan », dans *Rolls Series*, vol. VIII, 1858, p. 129-172-244-246. Les bulles seraient : J-W, 1997 : Boniface IV, 27 février 610, « *Omnipotentis Dei* ». J.-W., 2104 : Adéodat, 23 décembre 673-675, « *Evangelicis atque* ». J.-W.,... Agathon, 15 mai 678, « *Quoniam semper* ». J.-W. 3678-3679 : Jean XII, 22 avril 956, « *Studio divini* » et « *Inter preclaras* ».

[136] MIGNE, P.L. 200, c. 1412. *AA.SS.*, octobre, X, 84.

[137] *Vita Arnulphi* : MIGNE, P.L. 174, c. 1388.

[138] Cf. *infra* et MIGNE, P.L. 174, c. 1536.

[139] E. MÜLLER, *op. cit.*, p. 700 *sq* (v. note 105, C. I).

[140] *Translatio*, cap. XV.

[141] *Idem,* cap. XXXVII.

[142] B.H.L., 7548, 7549. *AA.SS.* mars II, 127-128. G. WAITZ (éd.), *M.G.H. SS.* XV, 771-773.

[143] J.-F. LEMARIGNIER, « L'exemption monastique et les origines de la réforme grégorienne », tiré à part des *Travaux du Congrès de Cluny*, Dijon, 1951, p. 303.

[144] Cf. le diplôme sous le nom du roi Eudes, dans Compulsoire, *op. cit.* (v. note 18, C. I).

[145] Lettre de l'abbé Richard à Saint-Martin de Tours : BNF lat. 12875, f° 609 (original sur parchemin).

[146] F. SOEHNÉE, *op. cit.*, p. 79, n° 75 (25 décembre 1047) (v. note 154, C. III), *cart. ant.* f° 66' et n° 80, p. 84 (23 mai 1048), *cart. ant.* f° 104.

[147] BNF lat. 15614, f° 285'-288. V. LEROQUAIS, *Les sacramentaires et les missels manuscrits...*, t. I, p. 198, n° 88.

[148] Confirmé par *cart. nov.* f° 149.

[149] BNF lat. 18770, f° 244 (dom GILLESSON) ; *AA.SS.* mars II, p. 126 (dom VRAYET).

[150] *AA.SS.* mars II, 942 ou 752. WATTENBACH, G.Q. II, 175.

[151] MIGNE, P.L. 156, 607-680. A. LEFRANC, « Le traité des reliques de Guibert de Nogent et les commencements de la critique au Moyen Âge », dans *Études d'Histoire du Moyen Âge dédiées à G. Monod*, Paris 1896, p. 285-307. B. MONOD, *Le moine Guibert et son temps*, 1905. G. BOURGIN (éd.), *De vita sua*, 1907, cf. Introduction.

[152] MIGNE, P.L. 156, 664.

[153] *Catal. codd. hag. Bruxelles*, I, 2, 240.

[154] E. MÜLLER, *op. cit.*, p. 717 (v. note 105, C. I).

[155] B.H.L. 7547. *Catal. codd. hag. Bruxelles*, I, 2, p. 238-248. E. MÜLLER, *op. cit.*, p. 708 (v. note 105, C. I).

[156] L'histoire de la dent miraculeuse du Christ connue par ces *Miracula* est à compléter par A. PONCELET, *Catal. codd. hag. Biblioth. Vatic.* p. 546, n° 7, qui publie d'après un manuscrit écrit à Saint-Médard (Regin. lat. 1864, f° 42) l'épisode du concile de Reims de 1049, où un démoniaque se présenta à Léon IX en déclarant qu'il ne pouvait être guéri que par cette relique. L'épisode aurait été écrit XIᵉ-début XIIᵉ siècle par un moine de Saint-Médard pour soutenir la relique du témoignage de Léon IX. Ce récit est la source latine, comme l'a montré B. DE GAIFFIER (*Neuphilologische Mitteilungen*, vol. LIV, 1953, p. 195-201). Poème sur la découverte de la dent de lait de Jésus-Christ, publié par REINSCH dans *Archiv für das Studium der neueren Sprachen und Litteraturen*, 67, 258, 1882, et par A. LÄNGFORS dans *Annales [...] Helsinki*, B, XXXIV, L et 294, qui y voit un pastiche de Gautier de Coincy, le poème n'étant que dans deux manuscrits de Gautier. DUCROT-GANDERYE, dans *Annales [...] Helsinki*, B., XXXV, 2, p. 157, l'attribue à Gautier de Coincy. Cette relique existait encore en 1649. Dom VRAYET la décrit : « la Sainte Dent de laict de Nostre-Seigneur enchassé en fin ou enrichy à l'entour de trois rondeurs de pierreries dont la première est de grosses et grandes perles [...] » (BNF Picardie 236, f° 191).

[157] MIGNE, P.L. 156, c. 664 : « *imo scripti illius vilis admodum probatur indignitas. Nam in eorum libello qui super dente hoc et sanctorum loci miraculis [...] ut pagina illa refert [...]* »

[158] MIGNE, P.L. 156, c. 662 et 664. *Catal. codd. hag. Bruxelles*, p. 238 et 240, nᵒˢ I et 3.

[159] Nᵒˢ I, 9, 10, 11, 12, 13.

[160] *Catal. codd. hag. Bruxelles*, I, 2, n° 6, p. 242.

[161] *Idem*, p. 243, n° 8.

[162] *Idem*, n° 14.

[163] L. JACQUEMIN, *Annales de Joscelin de Vierzy...*, nᵒˢ XIX et CVIII, p. 15 et 66. E. FLEURY, *La peste dans les diocèses de Laon et de Soissons*, 1875, p. 16 et 38. L. PÉCHEUR, *op. cit.*, II, p. 293 et 394 (v. note 169, C. I). C. DORMAY, *op. cit.*, II, 99 (v. note 171, C. I). J. ÉLIE, *op. cit.*, mns, p. 135 (v. note 28, C. II).

[164] *Catal. codd. hag. Bruxelles*, I, 2, 245. AA.SS. mars II, 940. D. H. CHAUMENTIN, *Le mal des ardents*, p. 131.

[165] N° 8. *AA.SS.* mars II, 940 A. Le hanap de saint Grégoire conservé au trésor de l'abbaye décrit par N. BERLETTE, *op. cit.*, p. 111 (v. note 57, C. III).

[166] *Analecta Bollandiana*, t. LX, 1942, p. 238.

[167] Épidémie de 1349, dans H. LEMAÎTRE (éd.), *Annales de Gilles le Muisit*, a. 1349, p. 258. Épidémie de 1482 : H. LUGUET, dans *B.A.S.*, t. VIII, 4ᵉ série, 1940-1943, p. 35 (d'après Archiv. hospit. Laon). Reliques de saint Sébastien à Paris en 1444, dans MICHAUD (éd.), *Journal d'un Bourgeois de Paris sous le règne de Charles VII*, a. 1444, 1837, p. 294.

[168] L. JACQUEMIN, *Annales de Joscelin de Vierzy*, n° XIX, p. 15. MIGNE, P.L. 179, c. 1774. C. DORMAY, *op. cit.*, II, 101 (v. note 171, C. I).

[169] B.H.L. 7546, p. 1094, n° 5. AA.SS. mars II, 749-751 ou 939-941. Fragm. D. BOUQUET, IX, 126.

[170] N° 5.

[171] N° 3.

[172] *AA.SS.* mars II, 940.

[173] N° 4.

[174] N° 10 *ad finem*.

[175] J. ÉLIE, *op. cit.*, ms., p. 137 (v. note 28, C. II) : « il est facile de faire remarquer que tout ce que l'hagiographe en a dit a été monté de toutes pièces pour faire valoir les reliques de ce grand pape, et pour persuader à tout le monde qu'elles reposaient dans son monastère. »

[176] Lettre de J. de Salisbury à l'évêque d'Exeter : *AA. SS.* mars I, 402 B. J. C. ROBERTSON et J. B. SHEPPARD, « Materials for the History of Thomas Beckett », dans *Rolls Series*, t. V, Londres, 1881, p. 382, n° CXCIV.

[177] A.-E. POQUET (éd.), *Rituale Suession*, 1856, p. 150.

[178] J. ÉLIE, *op. cit.*, mns. p. 135 *sq* (v. note 28, C. II).

n
o
t
e
s

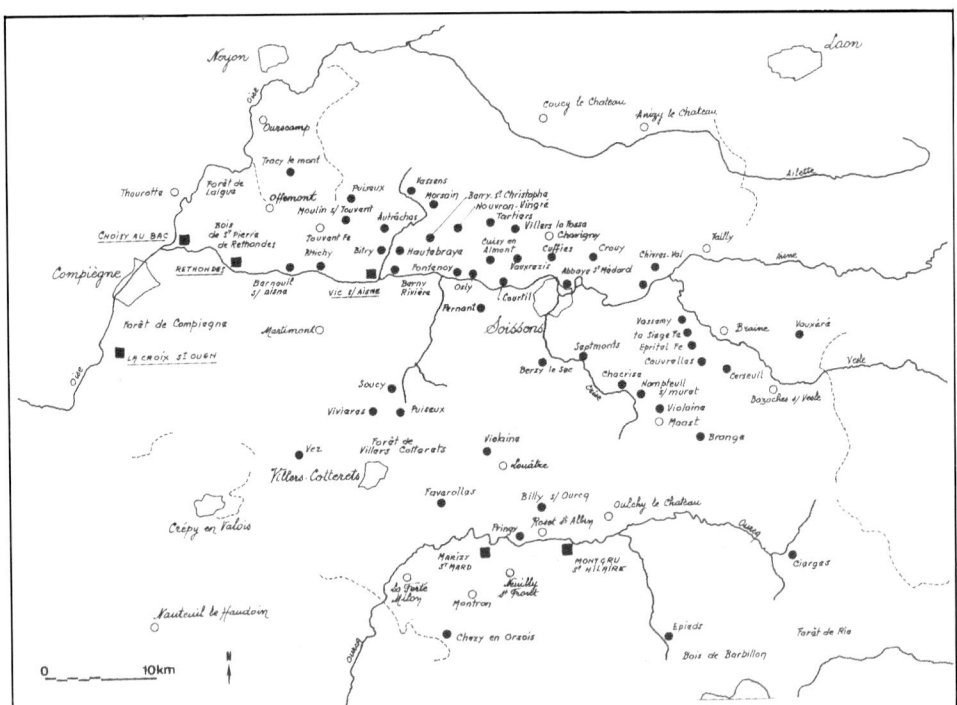

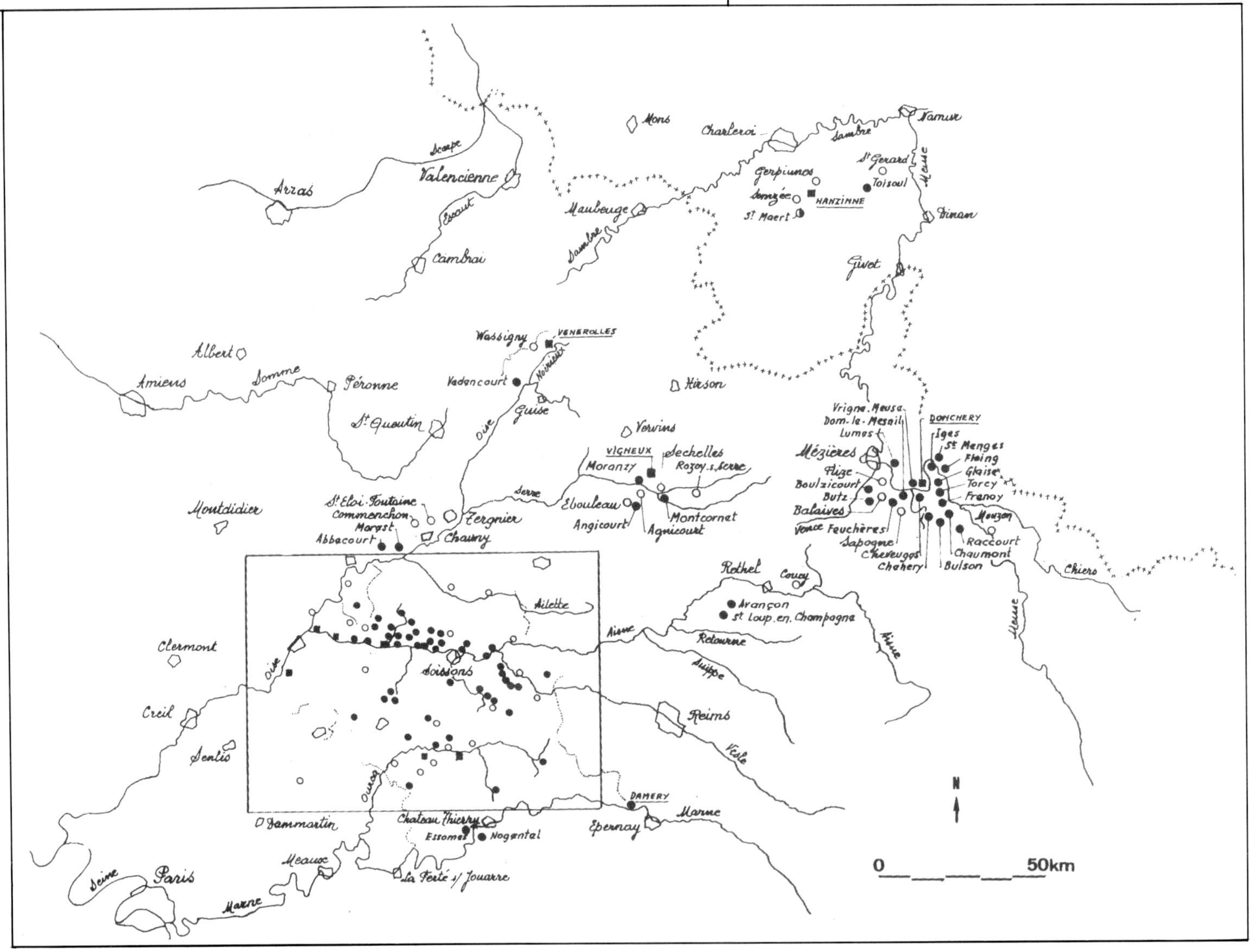

✝ *Possessions de Saint-Médard aux XIIIe et XIVe siècles, d'après A. Bracq, Recherches sur le temporel de l'abbaye de Saint-Médard de Soissons aux XIIIe et au début du XIVe siècles, d'après le cartularium antiquum (AD Aisne, H 477), mémoire de Maîtrise, Université de Lille, 1972-1973 (dessin G. Nicolas).*

Les points blancs correspondent à des villes repères, les points noirs aux possessions de Saint-Médard, les carrés aux prieurés ou aux prévôtés.

L'ABBAYE
ET L'EXPANSION URBAINE
À L'ÉPOQUE DE LA COMMUNE
DE SOISSONS

*S*aint-Médard n'a pas engendré une ville en face de Soissons, comme Saint-Vaast en face d'Arras ou Saint-Remi en face de Reims. Mais il s'en est fallu de peu... L'abbaye a grandi un peu trop loin de l'eau, dans une fière solitude, son bourg serré autour d'elle, impuissante à peupler tout l'espace qui, vers la ville, la séparait de la rivière... C'est la ville qui est allée vers elle, peuplant, au-delà de la rivière dont elle était toute proche, la terra Sancti Medardi, en une tête de pont toujours grandissante. Parce que l'abbaye, de si loin, ne pouvait gagner la bataille du peuplement, les murs de la commune entourèrent le Bourg d'Aisne qu'elle n'avait pu unir à son castrum. Soutenue par le roi contre la commune et les comtes de Soissons, elle put néanmoins gagner une autre bataille : sur sa rive de l'Aisne, ses officiers de justice ne cessèrent pas de faire la loi, et sur les rives éloignées de la Meuse, dans sa seigneurie rurale de Donchery, elle composait avec suffisamment de force et de souplesse pour créer un droit qui devait également traverser le Moyen Âge.

✛ *CHAPITEAU PROVENANT DE SAINT-MÉDARD, première moitié du XIIᵉ siècle. Le personnage vu de dos, à gauche, appartient à une scène du Sacrifice d'Isaac représenté sur les autres faces. Musée de Soissons, inv. 93. 7. 2488.*

LES ORIGINES
D'UN CONFLIT

Les institutions et les juridictions ecclésiastiques étaient trop importantes à Soissons au XIIe siècle pour que le mouvement communal n'y prît point une nuance anticléricale. C'est le sens politique avisé des évêques – Lisiard de Crépy (1108-1126), Joscelin de Vierzy (1126-1152)[1] –, vrais pasteurs d'âmes autant que chefs de cité, qui, en accordant des franchises et une commune, a permis d'éviter des désordres que leurs successeurs ne purent empêcher[2].

Les juridictions
des églises soissonnaises

Dans l'étroite mais solide enceinte romaine où l'*Augusta Suessionum* s'était réfugiée, à l'ouest d'une boucle de l'Aisne, depuis les premières invasions barbares – rectangle assez régulier de trois cents sur quatre cents mètres de côté environ[3], enceinte à peine restaurée à l'époque mérovingienne[4], que longeait la Crise détournée de son cours[5] –, l'abbatiale Notre-Dame avec ses chapelles Sainte-Geneviève et Sainte-Croix, un peu plus tard l'hospice Saint-Voué et sa collégiale Saint-Pierre-au-Parvis, l'église Saint-Quentin non loin du pont sur l'Aisne[6] se serreraient contre la cathédrale. Les juridictions de l'évêque, des chanoines, des religieuses de Notre-Dame et même celle, distincte, de leurs desservants, les chanoines de Saint-Pierre[7], se juxtaposaient à celle du comte, enchevêtrant souvent des droits mal définis sinon mal délimités dans un périmètre exigu.

Hors de l'enceinte, plus nombreuses étaient les églises – leur nombre ne cessa de croître jusqu'au XVIe siècle –, peu à peu englobées dans les murailles plus vastes de la cité[8]. Les abbayes – celles de Saint-Crépin-le-Grand, de Saint-Jean-des-Vignes, Saint-Pierre à la Chaux, les récentes fondations de Saint-Crépin en Chaie (1131) et de Saint-Léger (1139) – poursuivaient leurs droits de justice jusqu'au contact de la ville, ce que faisaient également les Templiers[9]…

La juridiction de Saint-Médard

La rive droite de l'Aisne était jusqu'ici chasse gardée de l'abbaye de Saint-Médard, *terra sancti Medardi*[10]. Non pas que l'abbaye serrât le cours d'eau sur cette rive : elle s'élevait suffisamment loin, à mille mètres environ, pour donner naissance à un *vicus* bien détaché de la ville[11]. Peut-être cerné d'une enceinte sous les derniers Mérovingiens[12], le monastère, simplement clôturé sous Louis le Pieux[13], fut entouré de murailles après le passage des Normands[14]. La partie centrale, les bâtiments conventuels avec leurs dépendances propres prirent l'allure d'un château fort, un *castellum* ; une fois fortifié, le *vicus*, avec les demeures des tenanciers et des serviteurs qui entouraient l'abbaye, devint un *castrum*, enceinte fortifiée limitée sans doute d'abord par un simple fossé puis par un mur.

Pour consolider le système de défense, les religieux étaient allés chercher jusqu'au sud de Crouy, à plus de dix-huit cents mètres, l'eau du ru de Jocienne avant son débouché dans l'Aisne et l'avaient amenée en un ruisseau jusque sous leurs murs, créant en même temps sur cette splendide voie d'irrigation, jardins et viviers, égouts et fossés. Guibert de Nogent[15] décrit les veilles d'un gardien de nuit au *castellum* « *super turritam a parte vivarii portam* ». Les rois carolingiens s'intéressaient d'autant plus à ces défenses qu'ils avaient une résidence contiguë à l'abbaye[16], insérée comme elle dans le *castellum*. Ces fortifications contribuèrent à isoler le *castrum* de Saint-Médard, laissant entre elles et la rivière d'Aisne, du côté de l'ouest, une petite plaine où se déroula, en 923, la bataille entre Charles le Simple et le roi Robert[17].

Mais les religieux de Saint-Médard continuèrent à revendiquer leurs droits juridictionnels dans la même ampleur qu'auparavant, bien au-delà des enceintes du *castellum* et du *castrum*. Ils avaient hérité des rois mérovingiens, leurs fondateurs, le fisc de Crouy, avec des droits étendus sur toute la rive de l'Aisne, face aux abbayes de Saint-Crépin le Grand et de Notre-Dame de Soissons. Leur juridiction s'étendait jusqu'au débouché du pont de Soissons, là où précisément ne cessait de grandir le « Bourg d'Aisne » depuis la construction du pont au IXe siècle[18]. La décision de Joscelin de Vierzy d'installer des chanoines dans ce faubourg en faisant d'une chapelle paroissiale dédiée à saint Waast leur collégiale (1127)[19] fut la conséquence de l'extension du Bourg d'Aisne. Elle ne pouvait cependant entamer les droits de justice de Saint-Médard, droits d'immunité de concession royale. L'intérêt de l'abbaye n'était pas de mettre obstacle au peuplement de ce faubourg. Au XIIIe siècle, la plupart des habitations du Bourg d'Aisne étaient siennes. Autre chose était de le laisser s'incorporer à la cité en tolérant que ce faubourg, devenu quartier de la ville, se fortifiât en face de son propre *castellum*…

Le Bourg d'Aisne

Bien plus, le Bourg d'Aisne était pour l'abbaye d'un intérêt capital : c'était le lieu géographique irremplaçable de sa vie économique. Il est curieux que l'abbaye n'ait pas fait son port sur l'Aisne, à l'est, où la rivière coulait bien plus près de ses murs.

Mais par le Bourg d'Aisne, l'abbaye profitait des échanges créés par la vie urbaine soissonnaise tout en gardant son autonomie à l'écart de l'économie soissonnaise, dont le comte était en bonne partie le maître[20]. C'est ce Bourg d'Aisne qui lui donnait à la fois les contacts dont elle avait besoin avec la rivière et la ville, et son indépendance. Elle gardait le pont, où elle exerçait un certain contrôle puisqu'elle percevait le pontenage au moins sur les étrangers[21]. Et sur sa rive, *terra Sancti Medardi*, elle trouvait le port qui la mettait en communication directe avec ses possessions de la *Riparia*, ses prieurés de Vic, Rethondes, Choisy, La Croix-Saint-Ouen aussi, comme avec les pays plus lointains de l'Oise et de la Seine.

Face aux entreprises des comtes de Soissons, l'abbaye avait réussi, jusqu'ici, à sauvegarder cette situation privilégiée. Maîtres en ville du marché, des tonlieux et maintenant de l'atelier monétaire dont l'abbaye avait une part, sous les Carolingiens, ils restèrent impuissants face au Bourg d'Aisne dont le contrôle continuera de leur échapper. Lors d'un plaid tenu en 1066 dans l'église de Saint-Médard, le comte Guillaume Busac devint tout à coup accommodant après l'intervention de Philippe Ier auprès d'Aubri, seigneur de Coucy[22], qui, sur ses terres d'avouerie, se permettait les plus arbitraires exactions et tracassait les marchands du Vermandois, de l'Amiénois, du

Noyonnais et du Santerre, ceux de Flandre, et même les *conductores vini* des abbayes flamandes en relation avec Saint-Médard ; il dut renoncer à ses prétentions. Il n'empêchera plus les bateaux remontant l'Aisne d'aborder la *terra Sancti Medardi* et renoncera à la justice des charrois comme à quelques autres coutumes[23].

Au XIIe siècle, pour l'abbaye, le danger est certainement moins grand du côté des comtes de Soissons, encore qu'il lui fallut, pour se débarrasser des exactions féodales d'Yves de Nesle, porter plainte auprès du pape Eugène III qui délégua Suger pour intervenir (11 mars 1146)[24]. Si les comtes n'abandonnèrent jamais leurs prétentions à contrôler la rivière, le danger pour le Bourg d'Aisne était d'un autre côté…

Aussi longtemps que la commune de Soissons était restée le droit de la cité enclose dans ses murs en deçà de l'Aisne, elle avait peut-être connu des difficultés avec les établissements monastiques de la ville, mais point avec Saint-Médard dont la juridiction ne commençait qu'au-delà de l'eau. L'obstacle de la rivière, si sérieux qu'il fût, ne pouvait tenir. Le conflit surgit lorsque la commune prétendit s'étendre dans la banlieue au-delà du pont et y imposer son droit comme dans le reste du *suburbium*.

Le conflit était inévitable. La commune ne désirait pas seulement s'étendre dans une partie du *suburbium* qui lui était restée jusqu'ici impénétrable. Elle aussi voulait contrôler le pont, seul passage sur la rivière et vers les routes du Nord ; et elle ne pouvait le faire qu'en gagnant à sa cause la population des pâtés de maisons du Bourg d'Aisne.

La poussée démographique était telle que la ville ne pouvait plus tenir dans l'enceinte tracée depuis l'époque romaine[25]. Le développement rationnel de la cité devait se faire en tête de pont sur la rive droite. La conception ancienne de la ville défendue par son château fort, la tour de Saint-Prince, et se serrant autour de lui, était caduque depuis la destruction de la tour par Henri Ier (1057). Le Château-Gaillard, reconstruit par Guillaume Busac, était le château du comte[26]. La commune, elle, aspirait à étendre la cité au-delà de la rivière en englobant le Bourg d'Aisne et en donnant à la ville des défenses sûres de ce côté-là. L'extension de la ville serait l'extension de la commune : et le serment communal, obligatoire à l'intérieur des murs comme dans le *suburbium*, y serait facilement exigé. « *Cujuscumque dominii sint…* », à quelque seigneurie que les Soissonnais appartinssent, s'ils ne voulaient pas répondre « *de domo et pecunia* », par abâtis de maison et par amende, tous devaient prêter serment[27]. On conçoit que le conflit, inévitable, pouvait devenir assez âpre.

L'ABBAYE
ET LE POUVOIR ROYAL

Le pouvoir royal ne pouvait rester en dehors du litige. Mais, chargé de méfiance envers le mouvement communal soissonnais, il était enclin à soutenir l'abbaye dont il fut en fait le meilleur allié, le seul d'ailleurs. Ce n'est cependant pas en faisant abattre les murs des communiers qu'il lui garda le Bourg d'Aisne. C'est en donnant le droit pour elle, portant par là à la commune soissonnaise un coup supplémentaire – après plusieurs autres – qu'elle devait accuser.

✝ *SCULPTURES PROVENANT DE SAINT-MÉDARD. Les motifs dérivent des schémas antiques gréco-romains ; la polychromie d'origine a entièrement disparu. On reconnaît, dans la partie supérieure, une frise de méandres interrompus à éléments imbriqués, qui est comprise entre deux torsades ; dans la partie inférieure, une série de rainures verticales délimite des carrés. Musée de Soissons, inv. 93. 14. 11.*

Premiers
engagements au Bourg d'Aisne

De Saint-Médard, on ne pouvait que laisser venir en se contentant de veiller au grain.

D'après Gobert de Coincy[28], l'offensive débuta vers le milieu du siècle, sous Louis VII (1137-1180) et l'abbatiat d'Ingran (1148-1177). Probablement après avoir construit leurs murailles sur la rive gauche[29], les communiers se tournèrent vers l'autre rive, entourant le Bourg d'Aisne de leurs murs. « *Et facta est communia in riparia beati Medardi…* », écrit Gobert de Coincy, laissant entendre que la commune s'imposa à la population du Bourg d'Aisne. Sans doute sur l'intervention de l'abbaye, Louis VII[30] fit démolir leur travail. « *Et iterum dissipata* », achève la rubrique des *Annales*, pour noter l'évanouissement aussi rapide de la commune dans le Bourg d'Aisne. C'est sans doute à cette occasion que Louis VII confirma sa charte à la commune de Soissons[31], y mettant comme condition

le démantèlement du Bourg d'Aisne.

S'il ne semble pas que le pacte ait été rompu avant la fin du règne de Louis VII, dès le début du règne de Philippe Auguste l'offensive se réveilla. Les communiers avaient-ils pensé que la rapidité avec laquelle le nouveau roi, à quelques mois de son avènement, avait confirmé leur charte[32] leur permettait de préjuger de ses indulgentes dispositions à leur égard ? Ils montèrent à nouveau leurs murs autour du Bourg d'Aisne. La réplique fut immédiate. Le roi, le prenant de haut et s'estimant personnellement lésé, déclara ne pas pouvoir tolérer que leurs fortifications du Bourg d'Aisne laissassent en dehors des murs le *castellum* de Saint-Médard qui était sien. Il les avait fait abattre et ne souffrirait pas qu'elles fussent reconstruites (1er novembre 1181 - 27 mars 1182)[33].

Il fallut bien que les communiers s'en tinssent là. On peut cependant présumer qu'en réalité leur pression ne cessa pas puisque moins de dix ans plus tard, sous l'abbatiat de Bertrand de Coucy (1186-1195), de nouveaux incidents surgissaient, attestant qu'ils n'avaient pas renoncé[34].

L'abbé Bertrand de Coucy
et sa politique rurale

Devant l'ampleur du mouvement communal dans le Soissonnais et dans tout le pays[35], les moines de Saint-Médard s'efforcèrent moins d'en préserver leurs villages et de le repousser

✛ *SCULPTURE PROVENANT DE SAINT-MÉDARD. Appartient au même ensemble architectural que celui présenté p. 131. On reconnaît, dans la partie supérieure, une frise de cercles adjacents timbrés d'une croix grecque, superposés à d'autres cercles décalés. Cette frise s'inscrit entre deux torsades. La partie inférieure présente une série de moulures verticales. Musée de Soissons, inv. 93.14.12.*

en dehors de leurs dépendances que de le contenir en restant les maîtres, n'hésitant pas à l'occasion à prendre l'initiative du mouvement dans l'espoir de continuer à le contrôler. En 1162, d'entente avec Henri de Marle, l'avoué du lieu, le village de Vigneux fut réorganisé selon la coutume de Vervins[36].

Avec clairvoyance, pour ôter le prétexte aux associations jurées communales, ils accordèrent des aménagements et des franchises aux habitants dans certaines localités « *propter meliorationem villae* ». Ce fut la politique de l'abbé Bertrand de Coucy, qui ne s'en laissa pas distraire par les incartades des communiers soissonnais[37]. Vers 1189-1190, il fixa les coutumes du village de Berneuil dont il organisa la mairie sous la surveillance du prieur de Rethondes. Les droits d'assise, de gîte et de procuration sont précisés et seront recueillis par un maire, un doyen et des échevins au nombre de trois, aidés de sergents[38]. L'abbé Bertrand agit dans la même intention à Sergy, centre d'une prévôté, « *propter pacem eorum* ». L'abbé fixe le montant des trois plaids annuels qui seront répartis par un doyen et deux échevins à la nomination de l'abbé. Ceux-ci s'associeront par cooptation quatre « *legitimos homines* » et tous seront assermentés[39].

L'abbé Bertrand s'efforça d'étendre plus loin encore l'institution des mairies. En 1190 il en établit une à Donchery, où existait dès 1153-1155 une certaine organisation échevinale[40], en face de l'avoué Renaud de Donchery[41]. Le maire de Donchery était choisi par l'abbé sur le conseil du maire et des échevins, entrait en charge « *absque pretio* » et demeurait à la libre volonté de l'abbé « *non propter dampnum advocati* ».

Sept jurés choisis et institués par le prieur et le maire répartissaient et ramassaient la pension annuelle de l'avoué.

Les fortifications de Saint-Médard

Vers 1210, le « chastel Saint-Mard » achève de prendre des allures de château fort. On y refait les murs et les fortifications[42]. Ces travaux avaient sans doute davantage pour but la défense du pays que la protection des moines contre les « insultes » des Soissonnais. Ils faisaient partie d'un plan d'ensemble réalisé en Picardie et en Champagne par Philippe Auguste en prévision d'une éventuelle invasion[43], mais n'en rendaient pas moins les moines insaisissables aux communiers. Il en coûta cinq cents livres au trésor royal pour cinquante toises de mur neuf et deux cent cinquante de mur à réparer. Maître Garnier de Laon reçut commande vers 1211[44] d'un mur de quatre toises jusqu'au parapet, le tout flanqué de six tours – deux tours existantes à consolider et quatre autres neuves à planter aux quatre coins. Les chiffres indiquent qu'il s'agit de l'enceinte du monastère. Il n'y a pas de trace de travaux semblables sur l'enceinte du *castrum*[45].

L'abbaye aménagea aussi profondément qu'elle put son système de sécurité, en interdisant le passage de barques par le ru de Jocienne et en s'efforçant de contrôler la circulation sous ses murs. Le ru de Jocienne, dont les religieux avaient capté les eaux pour en nourrir les fossés, les égouts et les viviers de l'abbaye, où elles étaient retenues par un système de

vannes, fut, malgré l'intervention du comte de Soissons Hugues de Chimay, pourvu de grilles à son débouché dans l'Aisne. Les religieux ne purent cependant empêcher qu'une sente subsistât pour aller à pied ou à cheval sous leurs murs le long de l'Aisne, depuis le Ponceau en direction de Villeneuve[46].

Mais rien n'avait ralenti la pression de la commune sur le Bourg d'Aisne. Les *Annales* de l'abbaye mentionnent, dans la forme brève des chroniques, une nouvelle « insulte » des Soissonnais envers l'église de Saint-Médard en 1236[47], sans que nous en sachions davantage.

Le Parlement et la commune

C'est le Parlement, au fond, qui obligea la commune de Soissons à traiter avec l'abbaye en lui faisant perdre sur une question de procédure un procès – qu'il lui était d'ailleurs difficile de gagner face au pouvoir central – à propos de la justice du sang au Bourg d'Aisne.

Le débat s'était ouvert le jour où la commune fit appel au roi d'un jugement, défavorable à son égard, rendu à la cour de l'abbé de Saint-Médard qui revendiquait depuis toujours pour sa propre juridiction l'exercice de cette justice. Mais le Parlement, le 15 septembre 1259, se refusa à connaître l'appel, parce que telle n'était pas la coutume dans le Soissonnais. Les représentants de la commune à la cour de l'abbé avaient eu le tort de ne pas relever le défi lancé par un des juges qui avait offert son gage pour prouver en duel que le jugement était bon. En s'abstenant et en n'intervenant pas d'autre façon, ils avaient paru accepter la procédure du Soissonnais où on ne connaissait pas encore l'appel au roi[48].

L'attribution de la justice au Bourg d'Aisne resta donc inchangée, l'abbaye de Saint-Médard continuant à l'exercer dans sa totalité. La commune semblait devoir renoncer à l'espoir d'obtenir le droit en passant par le pouvoir central.

À TRAVERS LE DÉCLIN DE LA COMMUNE

La justice Saint-Maart

La fidélité du Bourg d'Aisne à la juridiction de Saint-Médard ne dépendait pas seulement du droit traditionnel, mais au moins autant de l'état d'esprit de la population qui l'habitait. Pour éviter qu'elle n'écoutât les propositions de la commune, qui offrait ses privilèges, l'abbé de Saint-Médard lui concéda des franchises, au moins une justice échevinale dirigée par un maire, « li maires Saint-Maart » aidé par un « serjant »[49].

Cette organisation ne fut pas créée de toutes pièces par une charte, mais fut plutôt le fruit d'une évolution sans doute parallèle à celle du mouvement communal urbain. Ce qui est certain, c'est que cette organisation est constituée au XIIIe siècle. Les cartulaires de Saint-Médard n'ont conservé que des pièces relativement peu nombreuses du XIIe siècle. Il n'est pas impossible qu'elle existât dès la fin du XIIe siècle.

Cette organisation n'est pas propre au Bourg d'Aisne. Elle est commune aux deux agglomérations du Bourg d'Aisne et du « Chastel Saint-Maart », toujours distinctes l'une de l'autre, séparées par le Champ-Bouillant[50]. Cette seconde agglomération est encore appelée « castrum Sancti Medardi[51] », mais aussi « burgus Sancti Medardi[52] », les trois expressions castellum[53], castrum, burgus étant au XIIIe siècle souvent prises l'une pour l'autre. Un de ses habitants, pleige dans une donation de 1220, se réclame « burgensis castri Sancti Medardi[54] ». Le bourg de Saint-Médard avait d'ailleurs été fortifié bien avant le Bourg d'Aisne. Quelques maisons débordaient la nouvelle enceinte « in suburbio castri Sancti Medardi ». En janvier 1257, l'abbaye acense une de ces maisons qui jusqu'ici servait au service de l'argenterie[55], sans doute parce qu'elle se trouvait en moindre sécurité au-delà des murs.

Dans le Bourg d'Aisne comme dans le bourg de Saint-Médard, aucune habitation n'échappait à la justice de Saint-Médard, pas même le pâté de maisons bâties rue des Graviers sur l'emplacement où s'était, au VIIe siècle, élevé pendant quelques années le premier monastère de Notre-Dame, avant de se fixer en 664 sur l'autre rive de l'Aisne, à l'intérieur des murs de la ville. En souvenir de leur première installation en ce lieu, les religieuses de Notre-Dame de Soissons conservaient seulement les droits seigneuriaux de rouage et de forage sur trois maisons. Une quatrième, à la suite d'un différend, fut partagée par compromis entre les deux abbayes[56].

L'exercice de cette justice reste malheureusement assez obscur. On ne sait comment étaient choisis le maire et les échevins. L'abbaye avait certainement la plus grande part

✠ CHAPITEAU PROVENANT DE SAINT-MÉDARD. Ce chapiteau en marbre orné de feuilles d'acanthes est l'un des rares témoignages architecturaux de l'époque mérovingienne. Musée de Soissons, inv. 93.14.10.

dans leur désignation. Le majorat ne semble pas avoir été annuel comme celui de la commune[57] ; il était assermenté[58] et très probablement à la révocation de l'abbé de Saint-Médard. Quant aux échevins, encore qu'il soit parlé d'eux au pluriel, les chartes n'en laissent apparaître que deux[59]. Pour les décisions de justice, maire de Saint-Médard et échevins assistaient probablement le prévôt de l'abbaye qui avait sa prévôté à l'entrée de l'abbaye, dans le même bâtiment que l'officialité à laquelle une chapelle était annexée[60].

De la prévôté dépendait le for civil et public. De l'officialité, le for spirituel et canonique que l'abbé de Saint-Médard exerçait en vertu de l'exemption, non pas tant au Bourg d'Aisne où la paroisse constituée autour de l'église Saint-Waast fut toujours dans une pleine indépendance vis-à-vis de l'abbaye, qu'au Bourg Saint-Médard où la chapelle Saint-Laurent, même devenue chapelle paroissiale, et parfois confiée à des religieux étrangers à Saint-Médard[61], restera sous la juridiction des abbés. Il en fut de même dans les paroisses éloignées de Choisy, Rethondes, La Croix-Saint-Ouen, Rugny, qui étaient à leur collation et soumises à leur juridiction[62].

Vers la conciliation

L'intérêt devait toutefois rapprocher la commune et l'abbaye de Saint-Médard.

En septembre 1232, l'abbé et le couvent de Saint-Médard s'associèrent à la démarche des églises soissonnaises et de la commune auprès de saint Louis pour qu'il intervienne auprès du Maître de l'Hôpital et empêche les Hospitaliers de céder leur maison de Maupas au comte de Mâcon[63].

Dans les années qui suivent, avant la sentence du Parlement de 1259, des abbés de Saint-Médard et des maires de la commune cherchent la conciliation. À deux reprises, les premiers deviennent les arbitres modérateurs des conflits soulevés à Soissons entre la commune et les chanoines de la cathédrale, à Compiègne entre la commune et Saint-Corneille. Le 23 août 1247, Jean de Méricourt est désigné par Innocent IV pour ad-

✠ *CHAPITEAU PROVENANT DE SAINT-MÉDARD, première moitié du XIIe siècle. La qualité de ce simple décor de feuillage atteste du savoir-faire des ateliers de sculpture locaux. Musée de Soissons, inv. 93.14.15.*

monester le chapitre de la cathédrale toujours prompt à fulminer l'excommunication contre les chefs et les membres de la commune[64]. Le 15 octobre 1258, Alexandre IV charge Jérôme de Coincy de semoncer la commune de Compiègne et de faire respecter les droits de Saint-Corneille[65].

Par ailleurs, la mairie de la commune de Soissons fut, au moins à trois reprises, au cours du XIIIe siècle, dans les mains d'un personnage dont il est impossible de mettre en doute la volonté de concorde avec l'abbaye de Saint-Médard. On peut même penser que ce Simon de Juvigny, qui avait son *manerium* largement installé au Bourg d'Aisne, agrandi de différentes acquisitions – un vaste pourpris devant et derrière sa maison s'étalait depuis le *vicus* du pont jusqu'au *vicus* descendant de l'église Saint-Waast sur l'Aisne[66] –, et ne pouvait cacher ses relations amicales avec l'abbaye de Saint-Médard, avait, lui, habitant du Bourg d'Aisne, été choisi comme maire de la ville dans l'intention de consolider une conquête qu'on ne discutait plus, mais cette fois dans un esprit de véritable conciliation. C'était l'intérêt de tous qu'un compromis fût trouvé puisqu'il fallait nécessairement transiger de part et d'autre.

Simon de Juvigny avait eu d'ailleurs à souffrir, dans sa fonction de maire, des conséquences de certains excès. Maire déjà une première fois vers 1225-1226, il avait, après l'assassinat du prévôt de l'évêque Jacques de Bazoches, été destitué et rendu inéligible pour une période de cinq ans par décision royale, pour ne pas avoir assuré la sécurité du prévôt[67]. Il redevint maire de Soissons certainement plusieurs fois. Il l'était à nouveau en décembre 1253[68], encore en février 1258[69] sans

que l'on sache rien de plus que ses largesses à l'abbaye qui, commencées dès 1242[70], se renouvelèrent en août 1245[71], en février 1255[72], en février 1258[73] en décembre 1264[74]. À deux reprises, à vingt ans de distance, il s'était préparé des services anniversaires pour lui et sa femme Hécie à Saint-Médard et à Saint-Étienne de Choisy[75]. En avril 1265/1266, une charte de Jérôme de Coincy le désigne « *karissimus noster et ecclesie nostre amicus*[76] ». L'abbaye lui versait des rentes en céréales qu'il touchait chaque année à la Chandeleur et à la Toussaint à la ferme de la Perrière ou au couvent, et quatre pains conventuels que le monastère lui fournissait chaque jour. Il mourut avant décembre 1272, date à laquelle sa maison du Bourg d'Aisne, léguée à l'abbé, passa à la mense conventuelle[77].

Le compromis de 1291

Il fallut cependant attendre encore bien des années après la mort de Simon de Juvigny pour que l'accord se fasse entre la commune et l'abbaye sur les modalités de l'exercice de la justice dans le Bourg d'Aisne. Au Parlement de février 1291[78], Philippe le Bel en confirma les dispositions qui entérinent la décision du Parlement de 1259 sur la justice de sang exercée par l'abbaye dans le Bourg d'Aisne, en reconnaissant que l'abbaye y a toute justice et toute seigneurie, et prévoient, en vertu du bien public, non seulement la collaboration de la justice communale et de la justice de Saint-Médard, mais l'obligation pour la justice communale de

✛ *LE SACRIFICE D'ISAAC. Chapiteau provenant de Saint-Médard, première moitié du XIIe siècle. « Dieu dit : "Prends ton fils, ton unique, que tu chéris, Isaac et va-t-en au pays de Masiyya et là tu l'offriras en holocauste sur une montagne que je t'indiquerai." Abraham se leva tôt, sella son âne et prit avec lui deux de ses serviteurs et son fils Isaac. Il fendit le bois de l'holocauste et se mit en route. » (Ancien Testament, Pentateuque, Genèse) De gauche à droite, on reconnaît Abraham suivant son âne chargé du bois de l'holocauste et de son fils Isaac en route pour le sacrifice. Musée de Soissons, inv. 93.7.2488.*

déférer à la justice de Saint-Médard les inculpés détenus par elle, si le sergent de Saint-Médard les réclame pour la justice de sang et dans trois autres cas. La commune aura toutefois des garanties de liberté individuelle pour les détenus qu'elle reconduit au-delà du pont, avec la possibilité de récupérer auprès d'eux certaines amendes prévues par le droit communal.

En cas de mêlée à sang dans le Bourg d'Aisne, sur réquisition du sergent de Saint-Médard, le maire et les jurés de la commune renverront « en la terre Saint-Maart », au plus près du pont, les inculpés qu'ils peuvent détenir. Ceux-ci paieront immédiatement l'amende de quinze sous, à moins qu'ils ne préfèrent aller présenter leur défense au « Chastel Saint-Maart » à la prévôté, où ils ne pourront être retenus plus de la journée. Si la commune le lui demande, le maire de Saint-Médard rendra ensuite le prévenu à la commune, qui exigera éventuellement réparation de l'« enfrainture » de la cité[79]. Si les inculpés sont de la commune ou bourgeois de Soissons, la procédure, l'amende et le délai sont les mêmes. Il est seulement précisé que la justice de Saint-Médard ne pourra profiter de l'occasion et les retenir « pour autre cas ni pour celi cas ».

En cas de crime, d'« asseurement brisé » et de « trêve enfrainte », la procédure se fait toujours sur réquisition de la justice de Saint-Médard, à la suite d'une plainte déposée chez elle. Mais dans le cas d'une paix « promise et créantée » devant le maire de la commune ou un de ses jurés, la justice de la commune suivrait son cours habituel.

En cas de doute sur la nature de certains délits (« doute de mort ou d'affolure »), le maire de Saint-Médard pourra requérir la constitution d'une commission d'enquête où lui-même avec un échevin, le maire de la commune et partie de ses jurés, des médecins « et d'autre bonne gent » instruiront l'affaire sans délai et sans fraude.

Le maire de la ville, dans les quinze jours qui suivront l'élection annuelle, pourra être requis de prêter serment au beffroi qu'il respectera « les droits Saint-Maart » et l'accord conclu avec sa justice. De son côté, le maire de Saint-Médard, ou l'officier qui tiendra la justice de Saint-Médard, inclura également le respect de l'accord dans le serment qu'il fait à Saint-Médard.

Un dernier article réservait les accords antérieurs conclus par la commune avec l'évêque. Dans les cas précités, lorsqu'il s'agira de détenus relevant de sa juridiction ou de clercs, il sera

✠ *LE SACRIFICE D'ISAAC. Chapiteau provenant de Saint-Médard, première moitié du XIIe siècle. On reconnaît, de gauche à droite, l'Ange qui arrête le glaive d'Abraham et Isaac prêt à être sacrifié sur l'autel. « Mais l'Ange de Yahvé l'appelle du ciel et dit : "N'étends pas la main contre l'enfant ! Ne lui fais aucun mal ! Je sais maintenant que tu crains Dieu ; tu n'as pas refusé ton fils unique." Abraham lève les yeux et voit un bélier qui s'était pris les cornes dans un buisson. Abraham va chercher le bélier et l'offre en holocauste à la place de son fils. » (Ancien Testament, Pentateuque, Genèse). Musée de Soissons, inv. 93.7.2488.*

fait envers Saint-Médard ce que la cour épiscopale en ordonnera[80].

Le moment de la conciliation étant venu, le règlement des litiges du Bourg d'Aisne avec la commune de Soissons eut sa résonance jusqu'au prieuré de Choisy. En janvier 1296 (nouveau style), l'abbé Philippe traita avec les « communautés » de Thourotte, Cambronne, Machemont, Longueil-Annel, Montmacq, auxquels s'étaient joints, pour leur maison de Louvet, les religieux d'Ourscamp. Contre un cens de vingt sous, il leur accordait des droits d'herbe et de pâturage à Mélicoq, et le droit de pêche sur le Matz, en conformité avec les ordonnances royales[81].

Jean II de Nesle et ses successeurs au comté de Soissons

Le gouvernement de Jean II de Nesle avait marqué aussi un changement dans l'attitude des comtes de Soissons.

Bien disposé envers l'abbaye, il avait remis à Saint-Médard en avril 1255/1256 son droit de timonage – trois oboles de Soissons par charrette de vin – au Bourg d'Aisne, au Chastel Saint-Médard, à Crouy, Braye et à Reclusy (?)[82]. En juin 1264, il régla ses litiges avec elle, renonçant à tous droits de transit : avalage[83], « paiage et winage » pour toutes les marchandises voyageant par terre et par eau, à destination ou en provenance de Saint-Médard et de ses dépendances. Il abandonnait encore à l'abbaye les droits de tonlieu[84] au Bourg d'Aisne qu'il exigeait du vendredi midi au samedi « jusques à vespres ». Le marché de Soissons sera désormais franc pour 16 « estaliers dou chastel Saint-Maart [...] quites de quanque il acheteront[85] ».

L'accord ne pâtit point de l'agitation de la population de Chivres, village de la vallée de l'Aisne appartenant à Saint-Médard, à huit kilomètres en amont de Soissons, dont nous savons seulement qu'il avait fait violence au comte « *in justicia et dominio* » et qu'il avait dû lui payer une amende[86]. Il est aussi significatif de retrouver à la même époque, avec l'ancien bailli du Vermandois Geoffroy de Roncherolles[87], le comte Jean II de Nesle comme arbitre du différend entre l'abbaye de Saint-Médard et son avoué à Donchery, Baudoin III d'Autry, l'archidiacre de Châlons[88].

✠ LE SACRIFICE D'ISAAC. *Chapiteau provenant de Saint-Médard, première moitié du XIIᵉ siècle. « L'Ange de Yahvé appelle une seconde fois Abraham du ciel et dit : "Je jure par moi-même, parole de Yahvé, parce que tu as fait cela, que tu n'as pas refusé ton fils unique, je te comblerai de bénédictions, je rendrai ta postérité aussi nombreuse que les étoiles du ciel ou que le sable qui est sur le bord de la mer, et ta postérité conquerra la porte de ses ennemis, par ta postérité se béniront toutes les nations de la terre en retour à ton obéissance." » (Ancien Testament, Pentateuque, Genèse). Musée de Soissons, inv. 93. 7 . 2488.*

La justice de l'eau

Rien ne confirme mieux cette autonomie économique de l'abbaye sur les bords de l'Aisne, préparée déjà en amont et surtout installée en aval de Soissons jusqu'à Compiègne, que le partage et la justice de l'eau sur la rivière.

L'abbaye de Saint-Médard partageait d'abord cette justice avec Saint-Crépin le Grand, depuis Canivet jusqu'au débouché du ru de Chatillon, sur plus de cinq kilomètres au fil de l'eau. L'abbaye de Saint-Crépin réclamant pour sa seigneurie de Pernant la justice de la rive sud de l'Aisne, et l'abbaye de Saint-Médard celle de la rive nord, un accord en mai 1303 opéra de façon curieuse le partage de la rivière. Il fut convenu que chaque abbaye aurait deux sergents pour assurer cette justice et le bénéfice exclusif de sa justice exercée par ses sergents sur sa moitié de rivière. Mais chacune accordait à l'autre le droit de poursuite par ces sergents sur sa zone d'un méfait commis sur la juridiction de l'autre, moyennant la moitié des profits. Il est prévu aussi une aide mutuelle mais gratuite, avec droit d'arrêt réciproquement concédé sur l'eau de l'autre abbaye – pour délit intéressant cette autre abbaye –, qui n'enlève pas à cette abbaye ses droits de justice. Enfin, au cas où il faudrait intervenir au milieu de l'eau « si comme par deus toises ou la entour », ou bien sur les deux zones de juridiction, ou encore pour une cause commune aux deux parties, s'il y a doute d'une façon ou d'une autre, la justice sera commune. Les bénéfices de cette justice de l'eau devaient être assez considérables pour payer quatre sergents. Ils étaient partagés régulièrement deux fois l'an le lundi de la Pentecôte et le 3 novembre[89].

Mais en février 1304, le comte Hugues de Nesle confirma les abandons de Jean II, ce qui laisse supposer que les comtes des trente dernières années du XIIIᵉ siècle les avaient remis en question, en réclamant sans doute périodiquement le droit de rivage « de chascune nef destaichiée au rivage d'Aisne par devers Saint-Maard », et des droits de transit « par terre et par yaue » à travers le comté. Mais le comte se réservait de fermer le marché de Soissons au grain des moines[90].

Plus tard, en mai 1384, lors d'une fondation de messes à Saint-Médard sur l'autel de saint Sébastien, le comte Enguerrand VII de Coucy confirmera encore une fois l'abandon de tout droit de transit[91].

Ainsi se consolidaient l'autonomie du Bourg d'Aisne et l'indépendance économique de l'abbaye vis-à-vis des comtes de Soissons.

138

✝ *Chapiteau provenant de Saint-Médard, première moitié du XII*ᵉ
siècle. Représentation classique du bestiaire médiéval. Ce chapiteau ap-
partient probablement au même ensemble architectural que le chapi-
teau représentant le sacrifice d'Isaac. Musée de Soissons, inv. 93.14.16.

La mort
de la commune

Le 4 novembre 1325, Charles IV accédait au désir des Soissonnais et mettait un terme à leur administration communale[92]. Des prévôts du roi gouvernèrent alors la ville. Mais la rive droite de l'Aisne continua à jouir de son autonomie sous la justice de Saint-Médard. « Bourg d'Aisne » et « Chastel Saint-Mard », unis dans ce privilège mais toujours nettement séparés l'un de l'autre dans l'agglomération urbaine, rachetèrent les « appeaux volages » en janvier 1368 (en nouveau style) par un fouage de deux sous[93]. La prévôté de Soissons connut un autre régime et les « appeaux volages » subsistèrent encore quatre ans[94], alors qu'ils avaient disparu du Laonnois depuis 1333[95].

À cette époque, il n'y a encore qu'une paroisse pour le Bourg d'Aisne et celui de Saint-Médard : la paroisse Saint-Waast. Mais la population du bourg de Saint-Médard fréquentait naturellement la chapelle Saint-Laurent, plus proche, puisqu'elle était devant la porte de l'abbaye. Le pape Honorius III en avait, le 10 février 1220, confirmé la propriété à Saint-Médard et son exemption, sans doute après sa réfection lors des travaux sur les enceintes du monastère[96]. Comme la paroisse Saint-Waast resta toujours en dehors de l'exemption, c'est au fond, autant que la séparation des deux bourgs, le caractère exempt de cette chapelle et de son quartier qui devait amener la transformation de cette église de secours en église paroissiale. Nous savons sans plus de précisions que c'était fait au début du XVIᵉ siècle et qu'elle était alors desservie par un cordelier[97]. Mais confiée, comme ce fut le cas le plus longtemps, à un religieux de Saint-Médard, ou remise à d'autres religieux ou à des prêtres séculiers[98], elle resta toujours à la collation de l'abbé et sous sa juridiction.

En aval du ru de Chatillon, la justice de la rivière n'avait plus à être partagée. Depuis Fontenoy jusqu'au-delà de Vic, à la hauteur de Bitry, elle appartenait toute à Saint-Médard dont les dépendances s'alignaient sans interruption sur la rive droite, au moins sur plus de dix kilomètres[99].

On veut bien croire que Saint-Médard n'exerça pas cette justice sans incident. Dans l'île Notre-Dame, maintenant rattachée par le comblement d'un bras de l'Aisne, les religieuses de Notre-Dame de Soissons eurent un jour la bonne aubaine d'arrêter un sergent de Saint-Médard qui faisait de l'herbe, et un attelage de l'abbaye qui se rendait à la « couture » voisine. Le bailli de Laon fit poser des bornes et reconnut la basse justice aux religieuses, Saint-Médard conservant le reste[100].

✠ *CHAPITEAU DE SAINT-MÉDARD, première moitié du XIIᵉ siècle. Ce chapiteau appartient probablement au même ensemble architectural que le chapiteau représentant le Sacrifice d'Isaac. Musée de Soissons, inv. 93.7. 2486 et 93. 7. 2487.*

¹ L. JACQUEMIN, *op. cit.* (v. note 163, C. V).

² G. BOURGIN, *op. cit.*, p. 145 (v. note 19, C. I). Au XIIIᵉ siècle, l'assassinat du prévôt de Jacques de Bazoches : BNF MOREAU 216, f° 169.

³ F. VERCAUTEREN, *op. cit.*, p. 107 (v. note 167, C. I).

⁴ Greg. Tur., H.F. : M.G.H., SS. *rer. merov.*

⁵ C. DORMAY, *op. cit.*, I, 35 (v. note 171, C. I). Plans dans M. LEROUX, *op. cit.*, I (v. note 173, C. I) et dans DE LAPRAIRIE, « Les fortifications de Soissons », dans *B.A.S.*, 1853, p. 199-238.

⁶ *Cart. ant.*, f° 123' (1182).

⁷ Confirmée par Alexandre III en 1159 : Arch. Départ. Aisne, G 679.

⁸ E. LEFÈVRE-PONTALIS, *op. cit.*, p. 8 (v. note 79, C. III).

⁹ G. BOURGIN, *op. cit.*, p. 50 (v. note 19, C. I) ; L. PÉCHEUR, *op. cit.*, II, p. 207-209 (v. note 169, C. I).

¹⁰ M. PROU, *op. cit.*, n° XXVIII, p. 83 (v. note 94, C. III).

¹¹ *Vita s. Onesimi* : *AA.SS.* mai III, p. 205 : « *Sepultus est autem in ecclesia Sancti Georgii martyris extra confinia civitatis Suessonicae, citra fluvium Axonae in fisco Croviaco, in vico qui postea nomine Sancti Medardi dictus atque insignitus habetur* ». Annales Vedast. a. 886 : *M.G.H. SS*, I, 524. J. ÉLIE, BNF franç. 18777, 107.

¹² La *Vita Sereni*, bien suspecte il est vrai, fait du *castrum* la base de concentration des troupes de Charlemagne et de Carloman : *AA.SS.* octobre, I, 352.

¹³ La *Conquestio Ludovici* parle d'une *maceries* dans ODILON : MIGNE, P.L. 132, 618.

¹⁴ A.S.M. a. 898 : « *fecit etiam predictus rex Odo castrum de Vyco et de sancto Medardo firmare propter insurgentium Danorum insolentiam* ». Diplôme du roi Eudes, cf. Diplom., *op. cit.* (v. note 18, C. I).

¹⁵ *De vita sua*, G. BOURGIN (éd.), *op. cit.*, p. 125 (v. note 151, C. V).

¹⁶ Sans parler de la légende de la chambre dorée de Charlemagne qui aurait subsisté jusqu'en 1567 : M. LEROUX, *op. cit.*, I, 269 (v. note 173, C. I). ODILON : MIGNE, P.L. 132, 616 : « *ad sanctae Sophiae capellam quae palatio inhaerebat* ». Philippe Iᵉʳ y séjournait encore : charte donnée en 1075 « *in palatio nostro, in castello Sancti Medardi ad orientalem plagam non longe ab urba Suessionis* » : M. PROU, *op. cit.*, n° LXXVIII, p. 199 (v. note 94, C. III).

¹⁷ A. DE TROIS-FONTAINES : « *in planitie prejacente civitati Suessionensium et castro Sancti Medardi* » : *M.G.H. SS.* XXIII, 757.

¹⁸ G. BOURGIN, *op. cit.*, p. 7 (v. note 19, C. I).

¹⁹ P. HOULLIER, *État ecclésiastique et civil du diocèse de Soissons en 1783*, Compiègne, 1783, p. 448.

²⁰ F. VERCAUTEREN, *op. cit.*, p. 126 (v. note 167, C. I).

²¹ BNF MOREAU 212, f° 164, fév. 1352. Les religieuses de Notre-Dame en sont exemptées ainsi que leurs gens, leurs biens, leurs marchandises.

²² M. PROU, *op. cit.*, n° XXVII, p. 79 (v. note 94, C. III).

²³ *Idem*, n° XXVIII, p. 83. H. LAURENT, *La draperie des Pays-Bas en France et dans les pays méditerranéens du XIIᵉ au XVIᵉ siècle*, 1936, p. 41.

²⁴ J.-W., 8880. A. LUCHAIRE, *op. cit.*, 1883, I, 121.

²⁵ DE LAPRAIRIE, *op. cit.*, p. 202 *sq.* (v. note 5).

²⁶ G. BOURGIN, *op. cit.*, p. 30 (v. note 19, C. I).

²⁷ Art. 17 de la charte, G. BOURGIN, *op. cit.*, p. 98 et 427 (v. note 19, C. I). Usages soissonnais : G. BOURGIN, *op. cit.*, p. 123 et 431 (v. note 19, C. I). H.-F. DELABORDE, Ch. DUTAILLIS et J. MONICAT (éd.), *Recueil des actes de Philippe Auguste, roi de France*, t. I et II, Paris, 1916-1943, I, n° 35, art. 16, p. 49 (deux articles de G. BOURGIN en un seul).

²⁸ A.S.M. a. 1148. Le rapprochement des *Annales* de Saint-Médard a. 1148, lues plus exactement, et du diplôme de Philippe Auguste pour Saint-Médard, édité par G. BOURGIN,

notes

✝ *Chapiteau de Saint-Médard, première moitié du* XII*ᵉ siècle. L'autre face de ce chapiteau est représentée p. 140. Musée de Soissons, inv. 93.7. 2486 et 93. 7. 2487.*

(p. 435), impose une interprétation différente des textes. Puisque le diplôme de Philippe Auguste parle d'une première intervention de Louis VII, et que la rubrique des *Annales* pour 1148 signale un mouvement communal sous le même roi, il est très probable que ce fut le même événement. En outre, le ms. lat. 4998, f° 30, A, porte « *in riparia* » et non « *in Riparia* ». Il ne s'agit donc pas de « Rivière » (G. BOURGIN, *op. cit.*, p. 134 (v. note 19, C. I), ni même de « la Rivière » (sens collectif assez fréquent aux XIIᵉ-XIIIᵉ siècles), mais de la « rive » de Saint-Médard, c'est-à-dire le Bourg d'Aisne.

[29] DE LAPRAIRIE, *op. cit.*, p. 224 (v. note 5).

[30] H.-F. DELABORDE *et alii*, *op. cit.*, I, p. 62, n° 44 (v. note 27).

[31] Ce qui retarderait de quelques années les dates de cette confirmation proposées par G. BOURGIN, *op. cit.*, p. 95 (v. note 19, C. I).

[32] Entre le 5 avril et le 31 octobre 1181 : H.-F. DELABORDE *et alii*, *op. cit.*, I, p. 46 n° 35 (v. note 27).

[33] H.-F. DELABORDE *et alii*, *op. cit.*, I, n° 44, p. 62-63 (v. note 27). Les références sont fautives. Lire : *Cart. ant.*, f° 122. La charte n'est pas dans le *Cart. nov.* La traduction de « *castellum Sancti Medardi* » n'est pas heureuse. Ce n'est pas un château royal. Il s'agit du bourg fortifié autour de l'abbaye, près de laquelle subsistait peut-être la résidence royale mentionnée pour la dernière fois

en 1075 (M. PROU, *op. cit.*, n° LXXVIII, p. 199 (v. note 94, C. III). « *Quod nostrum es* » : le roi rappelle que l'abbaye est de fondation royale, sur l'ancien fisc de Crouy, et que c'est à lui que les communiers ont fait insulte.

[34] A.S.M. a. 1185.

[35] G. BOURGIN, *op. cit.*, p. 215 (v. note 19, C. I).

[36] *Cart. ant.* 48'. La première charte de franchise concédée à Vervins le fut par Thomas de Marle († 1130).

[37] A.S.M. a. 1185.

[38] *Cart. ant.* f° 30', datée de 1189-1190 par comparaison avec *Cart. nov.* f° 30'.

[39] *Cart. nov.* f° 30' (1189).

[40] *Cart. ant.* f° 6, G. SAIGE *et alii*, *op. cit.*, I, p. 13 (v. note 14, C. I). Boson est évêque de Châlons à partir de 1153 ; Thibaut, évêque de Senlis, mourut en 1155.

[41] *Cart. ant.* f° 2, G. SAIGE *et alii*, *op. cit.*, I, p. 20 (v. note 14, C. I).

[42] A.S.M. a. 1210.

[43] CARTELLIERI, *Philipp II August König von Frankreich*, IV, 2ᵉ p., p. 319.

[44] Il subsiste encore deux de ces tours : la tour de l'angle sud-est, et celle plus ancienne du mur nord. L. DELISLE, *Le premier cartulaire de Philippe Auguste*, reproduction héliotypie du ms. du Vatican, f° 92. Tuetey, « Rapport sur une mission à

Rome, en 1876, relative au cartulaire de Philippe Auguste », dans *Archives des missions scientifiques et littéraires*, 3ᵉ série, t. VI, 1880, n° 373.

[45] L'enceinte du *castrum* semble bien cependant avoir laissé des vestiges de murailles dans diverses propriétés autour de l'abbaye.

[46] *Cart. ant.* f° 144, fév. 1304, n.s.

[47] A.S.M. a. 1236. La rubrique note d'abord la mort de Gautier de Coincy puis, après un long développement sur les hérétiques du temps, le mouvement communal. Gobert de Coincy, son auteur, aurait certainement signalé les funérailles du poète ensanglantées par l'émeute, si, de fait, l'enterrement avait coïncidé avec les troubles en question, comme le veut A.-E. POQUET, *op. cit.*, introd., p. XLIII (v. note 153, C. I), suivi par G. BOURGIN, *op. cit.*, p. 135 (v. note 19, C. I).

[48] R. BEUGNOT, *op. cit.*, I, p. 453, n° XVII (v. note 114, C. IV). BOUTARIC, I, 31, n° 364.

[49] *Cart. nov.* f° 136 (fév. 1258), où interviennent séparément le maire de Saint-Médard et deux échevins, le maire de la commune et deux échevins. *Cart. nov.* f° 117' (nov. 1273). *Cart. ant.* f° 142' (fév. 1291).

[50] Les cartulaires les distinguent toujours. Les chartes relatives au *castrum* sont rubriquées « *de Sancto Medardo* » (*Cart. nov.* f° 117 *sq.*), celles relatives au Bourg d'Aisne avec « Soissons » (*Cart. nov.* f° 131 *sq.*). G. BOURGIN, *op. cit.*, p. 5 (v. note 19, C. I), les a pris l'un pour l'autre, s'ex-

notes

posant à plusieurs incompréhensions. La distinction semble avoir échappé aussi à F. VERCAUTEREN, *op. cit.*, p. 120 (v. note 167, C. I), qui a eu le désavantage d'utiliser la carte de Soissons reconstituée par DE LAPRAIRIE, *op. cit.* (v. note 5), au lieu d'utiliser un plan ancien comme il le fit pour d'autres *civitates*. De nombreuses chartes opposent les deux agglomérations : « *pro timone [...] de castro Sancti Medardi et de burgo Auxone* » (*Cart. ant.* f° 159, mars 1280) ; « *[...] in burgo Auxone, in castello Sancti Medardi* », tandis que la rubrique porte : « *in burgo Axone, in castro Sancti Medardi* » (*Cart. nov.* f° 106, avril 1255/1256) ; « *de burgo Auxone et de burgo Sancti Medardi* » (*Cart. nov.* f° 147', 1157).

[51] *Cart. nov.* f° 117, 118, 159, etc.

[52] *Cart. nov.* f° 141, 147'. BNF MOREAU 109, 71, etc.

[53] *Cart. nov.* f° 106, 147'.

[54] *Cart. ant.* f° 35', A. DE TARTIERS, fév. 1220 (n.s.).

[55] *Cart. nov.* f° 122'.

[56] AD Aisne, H 1508, 330 (oct. et nov. 1293). Confirmé le 8 février 1353 (n.s.) par le bailli du Vermandois : BNF MOREAU, 212, 164. M. GERMAIN, *op. cit.*, p. 3, 7, 206 (v. note 175, C. I).

[57] *Cart. ant.* f° 14, 143'.

[58] *Cart. ant.* f° 143'.

[59] *Cart. ant.* f° 142'. *Cart. nov.* f° 117', 136.

[60] AN N III Aisne 67 (plan I, n° 3 : « prévôté, dans le bas étage de laquelle étaient la chapelle et l'auditoire de l'officialité »).

[61] A. LONGNON, *op. cit.*, I, 110 (v. note 114, C. IV). BNF MOREAU 261, 134.

[62] A. LONGNON, *op. cit.*, I (v. note 114, C. IV). BNF lat. 13818, 316. AN M 726, n° 41.

[63] BNF Picardie 293, p. 38 (original sur parchemin, sans sceau). G. BOURGIN, *op. cit.*, p. 55 (v. note 19, C. I), parle à tort de Templiers :

E. MANNIER, *Ordre de Malte : les commanderies du Grand prieuré de France*, 1872, p. 541 et 553.

[64] BNF Picardie 282, n° 44 (original sur parchemin, sans bulle).

[65] Ch.-E. MOREL, *op. cit.*, II, p. 464 (v. note 52, C. I).

[66] *Cart. nov.* f° 138, 144', 157'.

[67] BNF Moreau 216, 169. Sentence arbitrale du chancelier Guérin, évêque de Senlis, mort le 18 avril 1227. La fin de la copie, sans éléments chronologiques, est en mauvais état.

[68] *Cart. ant.* f° 115.

[69] *Cart. ant.* f° 136'.

[70] BNF Picardie 18, f° 46'.

[71] *Cart. nov.* f° 138'.

[72] *Cart. ant.* f° 115'. Mentionné seulement « *civis Suessionensis* ».

[73] *Cart. nov.* f° 136.

[74] *Cart. ant.* f° 57.

[75] AN LL 1023, 33. BNF Picardie 18, 46'.

[76] *Cart. ant.* f° 115'.

[77] *Cart. nov.* f° 157'. Ce cartulaire n'a conservé que la rubrique d'une autre charte intéressant Simon de Juvigny et son fils Raoul : *Cart. nov.* f° 142'.

[78] *Cart. ant.* f° 142'. C.A.C. 355-359. BNF franç. 18769, f° 80 (copie par D. Gillesson). Moreau 210, f° 24 (par D. Grenier). L. DELISLE, *Restitution d'un volume des Olim*, dans BOUTARIC, I, p. 438.

[79] G. BOURGIN, *op. cit.*, p. 108 (v. note 19, C. I), sur le sens de ce mot.

[80] G. BOURGIN, *op. cit.*, p. 147 *sq.* (v. note 19, C. I).

[81] AN LL 1023, f° 42'.

[82] *Cart. nov.* f° 106. G. BOURGIN, *op. cit.*, p. 177 (v. note 19, C. I).

[83] G. BOURGIN, *op. cit.*, p. 176 ; *cart. ant.* f° 122 v° (v. note 19, C. I).

[84] G. BOURGIN, *op. cit.*, p. 177 (v. note 19, C. I).

[85] *Cart. ant.* f° 122'.

[86] R. BEUGNOT, *op. cit.*, I, p. 626, n° XX (v. note 114, C. IV). Le bailli de Vermandois réclamait même une seconde amende « *pro rege* » que le parlement de novembre 1265 refusa.

[87] H. WAQUET, *Le baillage de Vermandois aux XIIIe et XIVe siècles. Étude d'histoire administrative*, Paris, 1919, « Bibliothèque de l'École pratique des Hautes Études, fasc. 213 », p. 31.

[88] *Cart. ant.* f° 4'. Compromis de février 1266, G. SAIGE *et alii*, *op. cit.*, I, p. 351 (v. note 14, C. I).

[89] BNF Picardie 294, 69 (original sur parchemin mai 1303) et 41 (Bulle de Célestin III (1143) pour Pernant, original sur parchemin). J. ÉLIE : BNF franç. 18777, 293.

[90] *Cart. ant.* f° 143'.

[91] BNF Moreau 239, 201.

[92] G. BOURGIN, *op. cit.*, p. 205 (v. note 19, C. I).

[93] *Ordonnances des Rois de France*, V, p. 93-95.

[94] *Idem*, V, p. 720-722.

[95] *Cart. nov.* f° 114' ; *Ordonnances*, III, p. 444.

[96] R.P. Honorius III, 2325. BNF Moreau 1181, f° 76.

[97] BNF Moreau 261, 134 (1522-6 nov. 1530).

[98] A. LONGNON, *op. cit.*, I, 110 (v. note 114, C. IV).

[99] R. BEUGNOT, *op. cit.*, III, p. 1086, n° XXIV, 7 mars 1316 (v. note 114, C. IV). L'abbaye avait prouvé ses droits de justice « *a campo de Craon usque ad deffensam de Jaci deversus Bitri ex una parte aque ; et a dicto campo usque ad Hubert-Fosse ex altera parte aque* », sauf la basse justice sur le bac de Vic qui resta au roi.

[100] BNF Moreau 212, 164, fév. 1353 (n.s).

LES ÉTAPES
DE LA PURIFICATION
RELIGIEUSE

✠ *CARREAU DE PAVEMENT DU BAS-CÔTÉ NORD de l'église de Saint-Médard, XIII* siècle. Musée de Soissons, inv. 93. 14. 17.*

SAINT ARNOUL DE PAMÈLE

La nécessité d'une réforme. Les abbés du XIe siècle : Renaud, Gérard, Pons

L'influence des premiers rois capétiens sur l'abbaye de Saint-Médard, surtout celle d'Henri Ier et de Philippe Ier, ne fut pas suffisamment désintéressée pour être entièrement féconde. Certes, elle permit à l'abbaye de maintenir son temporel au milieu des guerres féodales et de le garder contre les trop puissants voisins qu'elle pouvait avoir à Soissons ou dans ses prieurés. Mais parce que ce temporel était une base d'action politique efficace contre de grands féodaux, l'action royale se montra néfaste lorsqu'elle s'exerça sur des hommes qu'elle prétendit maintenir à la tête de l'abbaye simplement parce que le Capétien pouvait compter sur eux ou qu'ils avaient acheté sa faveur, alors qu'ils en étaient incapables, indignes. En intervenant de la sorte, elle contribua à ce que le spirituel même, déjà contaminé par les mœurs souvent rudes et grossières, fût corrompu chez ceux qui avaient charge de le promouvoir dans la communauté monastique. À cet égard l'époque féodale est pour Saint-Médard un moment de moindre vie religieuse.

Renaud était déjà abbé de Saint-Médard vers 1045. Il avait acheté son élection à Henri Ier, marchand bien connu de bénéfices ecclésiastiques. Au synode de Reims d'octobre 1049, présidé par le pape Léon IX, celui-ci demanda des comptes à tous les prélats ou abbés suspects de simonie. Renaud tenta d'esquiver l'enquête et quitta l'assemblée : le 5 octobre, il fut excommunié avec un certain nombre d'autres[1]. Voulant aller à Rome pour régler sa situation, il sortit du royaume sans l'autorisation royale et Henri Ier lui retira la crosse de Saint-Médard[2]. Il semble l'avoir recouvrée quelques années plus tard, après l'abbatiat de Gérard[3], de Philippe Ier cette fois, non sans intrigues sans doute. Car au concile de Chalon-sur-Saône en août 1063, Renaud est à nouveau excommunié par le légat Pierre Damien[4]. Alexandre II écrit à l'archevêque de Reims de s'employer de toutes les façons à le chasser d'une abbaye qu'il détient injustement et de pourvoir à la succession « *digne et canonice*[5] ». Rien n'agit sur Renaud.

Ses moines ne veulent plus de lui : bon nombre se dispersent, certains vont porter leurs plaintes jusqu'à Rome. Nouvelle intervention du pape auprès de l'archevêque Gervais en 1064[6], qui porte l'interdit sur Saint-Médard aussi longtemps que Renaud y restera... Renaud mourut à Saint-Médard en 1076[7].

L'élection du nouvel abbé ne rétablit rien parce qu'elle se fit comme la précédente. Pons, le nouveau promu, « dévora toute la substance » du monastère : il dissipa jusqu'aux ornements d'église. Le culte cessa. Ce fut au point que Philippe Ier, qui lui avait vendu la charge, n'osa refuser aux moines – vivement appuyés par Thibaud de Pierrefonds, l'évêque de Soissons – l'autorisation de se débarrasser de Pons pour élire un autre abbé[8]. L'expérience avait heureusement duré à peine un an. Mais elle eut un épilogue : plusieurs années plus tard, après les brefs abbatiats d'Arnoul de Pamèle et de Gérard de Corbie, par l'influence de Berthe de Frise, épouse de Philippe Ier, Pons reprit la crosse de Saint-Médard et disparut au bout de quelques années.

Pareille situation appelait une réforme.

La réforme d'Arnoul de Pamèle

Le premier épisode de la réforme de Saint-Médard est marqué par le passage dans l'abbaye de saint Arnoul, bien connu par sa *Vie* composée en 1114 par Hariulf de Saint-Riquier, abbé d'Oudenbourg (1105-1143) et chroniqueur[9].

Arnoul de Pamèle était un chevalier de famille brabançonne que son parrain Arnoul d'Audenarde empêcha de s'adonner aux études pour le contraindre à la carrière militaire. Après avoir porté les armes, puisque sa famille l'avait voulu, il était entré à Saint-Médard qui mettait une distance respectable entre sa famille et lui. Profondément influencé par les derniers mois d'un de ses compatriotes qui vivait à Saint-Médard dans la réclusion, *Eremboldus,* Arnoul n'eut de cesse après la mort de ce religieux de vivre à son tour dans la réclusion. Il en obtint la permission et se retira dans un trou qu'il creusa non loin des murs d'une chapelle. Durant trois ans et demi, il vécut ainsi au silence complet dans cette cellule mal aménagée, sans se soucier du froid ni de la pluie qui tombait du toit de la chapelle, passant ses journées en prière et en lecture.

Après le désordre du premier abbatiat de Pons, le renom de sa sainteté imposa Arnoul qui fut malgré lui tiré de sa fosse et, non sans avoir tenté d'y échapper, nommé abbé de Saint-Médard. Arnoul rétablit l'ordre claustral et la discipline monastique dans la rigueur de la règle, rendit à l'église culte et mobilier, remit en honneur la dévotion aux reliques de saint Sébastien. Puis il entreprit une tournée dans les dépendances les plus éloignées du monastère, récupéra les anciennes possessions d'Hanzinnes sur les rives de la Sambre – dont Godefroy de Florennes s'était emparé – et visita le prieuré de Donchery sur les bords de la Meuse.

Son effort devait être prématuré. Saint Arnoul alla-t-il trop vite dans cette œuvre de réforme et dans ses exigences des vertus religieuses ? Il est vrai qu'il était étranger au pays, en parlant mal la langue. Il avait vécu, avant son élection, en reclus dans le monastère, ignorant de ses coutumes. Son austérité, son appareil affiché de pauvreté étaient mal vus de certains moines peu scrupuleux dans leur vie religieuse. Ceux-là comprenaient mal que leur abbé voyageât sur un âne, lui qui avait été un si brillant chevalier et gouvernait maintenant un riche monastère. Les abbés du voisinage allaient en autre équipage !

Un envieux, Eudes, intrigua auprès du roi et souffla à Philippe Ier, qui se préparait à partir en expédition, le moyen de vendre une fois encore la crosse de Saint-Médard. Sur son conseil, le roi convoqua à l'ost royal le contingent de l'abbaye avec son abbé. Arnoul avait d'autant moins d'excuses qu'on connaissait ses faits d'armes et ses prouesses passés. Il se récusa cependant. Le roi lui signifia alors l'ordre de le suivre à la guerre à la tête des vassaux de l'abbaye comme c'était la coutume, ou de se démettre. Sans hésiter, Arnoul retourna dans la réclusion, mais pour sauvegarder son œuvre il proposa aux moines de donner sa succession à Gérard de Corbie, abbé de Saint-Vincent de Laon, qui venait de se démettre parce qu'il n'avait pu imposer ses idées réformatrices. Avec quelques postulants et religieux, Gérard était en quête d'un lieu propice pour la fondation d'un monastère. Il est très probable qu'il se laissa convaincre et accepta le bâton pastoral de Saint-Médard[10]. Mais Gérard à peine installé, Pons rentra soutenu par les mécontents et surtout par la faveur de la reine Berthe de Frise. Gérard gagna alors le sud-ouest de la France et, avec la protection du duc d'Aquitaine Guillaume VIII, fonda en 1079 l'abbaye de la Grande-Sauve, non loin de Bordeaux, dans l'Entre-Deux-Mers[11].

Arnoul avait protesté auprès de la reine, lui prédisant qu'elle serait chassée et abandonnée. Son influence n'était d'ailleurs pas terminée. Il avait regagné sa cellule de reclus par la fenêtre de laquelle on venait le voir, solliciter conseils et miracles. Il fit dire à Aubri, seigneur de Coucy, dont Philippe Ier avait tempéré les empiètements d'avouerie sur Saint-Médard, qu'il perdrait son château et sa seigneurie s'il ne prenait garde aux agissements de sa femme Aveline[12]. Il n'est jusqu'au roi Philippe Ier qui vint lui demander des prières pour que Dieu lui donne un héritier. Arnoul se laissa convaincre avec peine. La reine Berthe, confiante dans l'intercession du saint, en fut toute joyeuse et demanda de lui faire savoir le jour de la naissance. Arnoul ne le put sur l'instant mais il lui fit annoncer la naissance du futur Louis VI quelques mois plus tard par son familier *Everolphus...*

Une fois encore, le reclus fut tiré de sa retraite : le clergé et les laïcs de Soissons l'appelaient à remplacer, sur le siège épiscopal de Soissons, Ursion dont Hugues de Die venait de casser l'élection au concile de Meaux[13].

Arnoul fut bien contraint de se rendre à Meaux : quelques membres du concile vinrent l'en prier sous peine d'anathème. Son élection fut confirmée. Sacré à Die le 19 décembre 1081[14], Arnoul ne put pas rentrer à Soissons à cause de la présence d'Ursion et de ses gens. Il se retira à Oulchy-le-Château, d'où Grégoire VII l'envoya en Flandre négocier avec Robert le Frison et entreprendre des missions pacificatrices[15]. Il y fonda l'abbaye d'Oudenbourg[16], près de Bruges (1084), revint à Soissons où il se désista de l'épiscopat, reprit quelque temps sa vie de réclusion et, sur les instances des Flamands, retourna à Oudenbourg où il mourut bientôt en 1087.

Les moines de Saint-Médard ne réussirent à obtenir les reliques de saint Arnoul ni par persuasion, ni par ruse. À la faveur de la nuit, trois religieux dont le propre neveu du saint, Arnoul comme lui, futur abbé d'Oudenbourg, et deux Flamands, Gobert d'Oudenbourg et *Boldradus* de Bruges, s'efforcèrent d'emmener le corps de saint Arnoul. Mais saint Arnoul lui-même empêcha que son corps quittât Oudenbourg[17].

Leur tentative, tout intéressée qu'elle fût, ne manifeste pas seulement le désir des moines de Soissons d'enrichir leur église de précieuses reliques ; elle rend sensible l'influence du saint personnage sur la vie monastique à Saint-Médard, même après l'échec de sa réforme et après sa mort. On peut d'ailleurs penser qu'Arnoul serait venu à bout des résistances que provoque tout raidissement de discipline et aurait fini par imposer ses vues, si Philippe Ier n'avait en définitive réclamé sa démission. C'est cette intervention du pouvoir royal, plus que la mauvaise volonté des moines, qui avait été la cause de son échec.

✠ *CARREAUX DE PAVEMENT DU BAS-CÔTÉ NORD de l'église de Saint-Médard, XIIIe siècle. Musée de Soissons, inv. 93. 14. 17.*

✠ *Carreaux de pavement du bas-côté nord de l'église de Saint-Médard, XIIIᵉ siècle. Musée de Soissons, inv. 93. 14. 17.*

L'abbé Raoul (1094-1119)

C'est encore une fois l'action royale qui retarda la réforme après la mort de l'abbé Eudes, à l'élection de Raoul vers 1095. Il est hors de doute que Raoul acheta l'abbaye au roi : il valait peut-être mieux qu'il ne demandât pas lui-même sa confirmation à l'évêque de Soissons Hugues de Pierrefonds. Les protestations de celui-ci obligèrent Raoul à le faire ; le roi intervint[18] : l'affaire fut momentanément classée.

Ses difficultés n'étaient toutefois pas terminées. Quelque temps plus tard, dans un synode provincial, Raoul fut accusé de simonie. Il dut se disculper par serment devant six témoins. Mais, après coup, il se plaignit au pape qu'on eût retenu contre lui le témoignage d'une seule personne, et encore d'une personne qui était connue pour être son ennemi depuis longtemps. Pascal II écrivit alors à Manassès, l'archevêque de Reims, de ne pas revenir sur l'accusation, même si dans des conversations l'abbé de Saint-Médard était estimé « *minus integer* ». Lui-même tenait le serment de Raoul « *septima manu* » comme procédure suffisante, du moins tant que d'autres témoins ne se présenteraient pas[19].

La modération de Pascal II est patente en cette affaire. Le pape voulait éviter toute matière de discussion nouvelle avec Philippe Ier à un moment où se préparait la réconciliation personnelle du roi avec l'Église, en même temps que la réconciliation de la royauté capétienne et du Saint-Siège dans la querelle des investitures.

L'abbé Raoul y gagna sans doute de conserver Saint-Médard jusqu'à sa mort : la réforme de l'abbaye, où se prolongeaient les méfaits de l'arbitraire et de la vénalité de Philippe Ier, en fut retardée d'autant.

LES OBSERVANCES CLUNISIENNES À SAINT-MÉDARD

Geoffroi Cou de Cerf

Le second épisode de la réforme de Saint-Médard se joua à la mort de Raoul. Elle eut pour artisan Geoffroi Cou de Cerf qui, après avoir été moine et prieur à Saint-Nicaise de

Reims – alors centre de la réforme monastique, avec l'abbé Joran vers 1103[20] –, était depuis 1112 abbé de Saint-Thierry de Reims. Dans les semaines qui suivirent le concile de Reims de 1119, avant que Calixte II eût quitté la France, probablement avant le 4 décembre 1119[21], lui parvint la nouvelle de la mort de Raoul. De l'autorité du pape, très attaché à Cluny, et de Louis VI, Geoffroi Cou de Cerf fut transféré à Saint-Médard avec la mission d'y introduire les observances de Cluny[22].

C'est ainsi qu'il faut comprendre la courte narration d'Hermann de Tournai, seul témoin de cette intervention royale arbitraire plus que violente : « *deinde Ludovicus rex Francorum videns alias ecclesias per easdem consuetudines proficere, in coenobio Sancti Medardi Suessionensis eas violenter fecit*[23] ». Louis VI se servait de la réforme clunisienne pour maintenir plus aisément sous son autorité l'abbé de Saint-Médard qui ne pourrait pas, au nom de la réforme, se dresser contre lui comme l'avait fait saint Arnoul en face de Philippe Ier.

Cela ne signifie pas pour autant que Saint-Médard fut soumis à l'ordre de Cluny. La réforme clunisienne garda à Saint-Médard les dehors d'une réforme autonome. Comme Anchin, premier monastère de la province ecclésiastique de Reims à avoir adopté les coutumes de Cluny et qui allait devenir son modèle de vie religieuse, Saint-Médard resta indépendant, en acceptant les observances de Cluny, mais sans se soumettre à sa juridiction. Il en fut ainsi dans les monastères français ou belges où se fit sentir l'influence réformatrice de l'abbé Alvise.

Les observances de Cluny ayant été posées comme base de la réforme de Saint-Médard sans doute telles qu'elles furent recueillies vers 1080 par le moine Ulrich de Zell, secrétaire de saint Hugues[24], c'est vers le réformateur d'Anchin, qu'il avait peut-être connu à Reims[25], que se tourna l'abbé Geoffroi. Alvise était devenu l'ouvrier de la réforme clunisienne dans le nord de la France et en Belgique[26], et jusqu'à Soissons même, puisqu'un moine d'Anchin, Goswin, était venu réformer l'abbaye Saint-Crépin-le-Grand. Goswin était retourné à Anchin. Le nouvel abbé de Saint-Médard demanda à Alvise de le renvoyer à Soissons. Goswin devint prieur claustral à Saint-Médard.

Goswin et Abélard

La personnalité très forte de Goswin[27] imposa aisément aux religieux de Saint-Médard une vie religieuse plus régulière. Il n'y eut point de résistances affirmées comme celles qui firent échec à la première tentative de saint Arnoul. Les observances clunisiennes prévalurent à Saint-Médard. Le passage de Pierre Abélard dans le monastère n'entrava pas la réforme. Goswin d'ailleurs y veilla[28], car il s'était, au temps de sa formation à Paris, mesuré à lui[29].

C'est en mars ou avril 1121 que Saint-Médard reçut cet hôte illustre. Sur l'initiative de l'archevêque de Reims, un concile s'était tenu à Soissons[30], présidé par le légat Conon de Préneste. Jugé – Abélard s'en défend –, mais en tout cas condamné à brûler de sa propre main son livre sur la Trinité[31], Abélard fut remis à l'abbé Geoffroi Cou de Cerf et gardé en résidence à Saint-Médard. Son séjour ne dura que quelques jours, malgré la satisfaction des moines de Saint-Médard de le voir établi parmi eux. Aussitôt que les passions furent un peu calmées et les participants du concile dispersés, le légat remit Abélard à Saint-Denis, son monastère.

Quelque temps plus tard, son œuvre achevée à Soissons, saint Goswin porta la réforme clunisienne à Saint-Remi de Reims où les moines de Saint-Bertin avaient échoué et où l'appelait l'abbé Eudes, ancien moine de Morigny et ancien abbé de Saint-Crépin. Il succéda comme abbé d'Anchin à Alvise, devenu en 1131 évêque d'Arras.

✠ *HÉLOÏSE ET ABÉLARD*, « *Le Roman de la Rose, Le Testament* », *Jean de Meung, XIVe siècle, Chantilly, musée Condé, ms. 482/665, fol. 60 v.*

lui demanda de s'entremettre dans le différend qui le séparait d'Alvise à propos d'un moine d'Anchin qui avait rejoint Clairvaux[33]. Quand Geoffroi fut devenu évêque de Châlons-sur-Marne, Pierre le Vénérable le félicita de son zèle pour la réforme clunisienne : « *vos Cluniancensis, imo divini ordinis per totam Franciam primum disseminatorem auctorem, provectorem* [34] ».

Il n'y avait pas dans ces mots que des figures de style. Il est probable que Geoffroi s'efforçait d'organiser, sous l'inspiration de saint Bernard et à l'image des cisterciens, un chapitre régional pour les abbayes bénédictines réformées de la province de Reims, afin d'assurer le maintien de la discipline monastique quand il fut nommé à l'évêché de Châlons-sur-Marne sur l'entremise de saint Bernard[35]. Son effort ne fut pas vain. Il aboutit à une réunion préparatoire des abbés, vraisemblablement autour de saint Bernard, dans les jours du concile de Reims (18 octobre-5 novembre 1131). Puis, après l'éloignement du cardinal légat Mathieu d'Albano, hostile à ces réunions qui, conçues à l'imitation du chapitre cistercien, lui paraissaient une trahison envers Cluny, le premier chapitre se tint à Soissons, probablement en 1132, sans qu'on puisse affirmer que ce fût à Saint-Médard[36].

Le premier chapitre régional des abbayes bénédictines réformées

À lire la *Vita B. Goswini*, la réforme de Saint-Médard semble avoir été l'œuvre de Goswin. Son action est certaine mais ne peut faire oublier l'influence prépondérante de l'abbé Geoffroi, reconnue par ses contemporains Bernard de Claivaux et Pierre le Vénérable, et aussi par Guibert de Nogent qui lui dédia son commentaire sur le prophète Abdias[32]. Saint Bernard

Le rayonnement de Saint-Médard

En tout cas, Saint-Médard est devenu un foyer de réforme monastique. Un de ses moines, Anselme, devient en 1129 abbé de Saint-Vincent de Laon qui deviendra, sous sa direction, une pépinière d'abbés pour toute la province[37]. Anselme sera, en 1146, premier évêque de Tournai lorsque ce diocèse se séparera de Noyon[38]. Un de ses prieurs, Roger, « *ob rei gerendae peritiam virtutumque splendorem*[39] » est élu vers 1150 abbé de Saint-Jean de Laon : abbaye de femmes que la réforme monastique n'avait pu atteindre sans la transformer en abbaye d'hommes. L'amour de la solitude le poussa à se retirer quelques années plus tard dans la chartreuse du Val-Saint-Pierre en Thiérache[40].

Alvise, devenu évêque d'Arras (1131-1148), chercha à étendre cette influence jusque dans son diocèse et jusqu'en Flandre. Il fit don en 1138 au prieuré de Choisy-au-Bac de l'autel de Foncquevillers[41]. Surtout, très écouté du pape Innocent II, il s'efforça[42] de rattacher à Saint-Médard la récente fondation d'Oudenbourg dont la situation était précaire faute de nombreuses donations[43] et dont l'isolement pouvait donner lieu à des craintes pour l'avenir. Oudenbourg relevait de l'évêque de Tournai et du comte de Flandre, mais son fondateur saint Arnoul, sous son caractère épiscopal, était resté moine de Saint-Médard. Son premier successeur, Arnoul, comme son oncle, avait également été moine de Saint-Médard. Pour le moment l'abbé d'Oudenbourg était un vieillard dont on pouvait escompter une rapide soumission.

Innocent II se laissa circonvenir par les arguments d'Alvise et de Gautier, abbé de Saint-Médard, sans doute aussi de Geoffroi, l'évêque de Châlons-sur-Marne. Deux clercs, Raoul et Godwin, semblent avoir servi d'agents de liaison entre Arras et Soissons. Le 1er août 1140, Hariulf, abbé d'Oudenbourg, reçut une bulle lui enjoignant de déposer sa crosse et de faire son obédience à l'abbé de Saint-Médard.

Mais Hariulf n'était pas homme à se laisser faire de la sorte. Il connaissait le pape pour l'avoir rencontré à Saint-Riquier en 1121, alors qu'il était encore le cardinal Grégoire de Saint-Ange[44]. Malgré son grand âge, il se mit en route pour Rome. Tant d'énergie chez un octogénaire bien décidé à faire reconnaître ses droits fit impression à la cour pontificale. Innocent II essaya de rechercher un compromis : il désigna, malgré Hariulf, l'évêque d'Arras parmi les trois juges-arbitres. Mais finalement, l'intransigeance obstinée de l'abbé d'Oudenbourg, défendant l'indépendance de son abbaye posée comme une condition de sa fondation, l'emporta[45].

Oudenbourg ne dépendit jamais de Saint-Médard dont le rayonnement resta limité, malgré le désir d'Alvise et des moines soissonnais de l'étendre jusqu'en Flandre.

[1] J.-W., 4175. MIGNE, P.L. 142, col. 1436.

[2] A.S.M. 1049.

[3] Abbé le 4 mai 1057 : F. SOEHNÉE, op. cit., n° 108, p. 109 (v. note 154, C. III). M. GERMAIN, op. cit., p. 437 (v. note 175, C. I) ; et encore le 23 mai 1059 : D. BOUQUET, XI, 32 ; M. PROU, op. cit., Introd. p. XXIV, n° 2 (v. note 94, C. III).

[4] A. FLICHE, La réforme grégorienne et la reconquête chrétienne (1057-1123), « Histoire de l'Église depuis les origines jusqu'à nos jours, publiée sous la direction d'A. FLICHE et V. MARTIN, vol. VIII », Paris, 1940, p. 36.

[5] J.-W., 4527. MIGNE, P.L. 146, col. 1298.

[6] J.-W., 4548. MIGNE, P.L. 146, col. 1300.

[7] Philippe Ier à Saint-Médard en 1075 : M. PROU, op. cit., n° 78, p. 197 (v. note 94, C. III).

[8] AA.SS. août, III, 233. CLEYS, Saint-Arnold, Gand, 1889, p. 19.

[9] Vita Arnulphi : AA.SS. août, III, 230-259 ; en partie dans M.G.H. S.S. XV, 2, 875-904. A. PRÉVOST, art. « Arnoul de Pamèle », dans D.H.G.E., III, 617-618. J. FERRANT, Un saint de la Flandre au XIe siècle : vie de saint Arnold ou Arnolphe, évêque de Soissons, 2 vol. in-8°, Bruges, 1888.

[10] Dom E. DU LAURA, mauriste qui écrivit en 1683 une histoire de la Grande-Sauve restée manuscrite et utilisée par les bollandistes (AA.SS. avril, I, 411), et dom WYARD, Histoire de Saint-Vincent de Laon, p. 169, ont nié l'abbatiat de saint Gérard à Saint-Médard. Il semble difficile de mettre en doute les témoignages d'Hariulf et de Lisiard de Crépy, évêque de Soissons. Les premiers historiens de la Grande-Sauve et Gérard lui-même auraient tu les incidents de Soissons, épisode très bref d'ailleurs, qui pouvaient paraître un échec. CIROT DE LA VILLE, Histoire de la Grande-Sauve, t. I, p. 490, n° VIII.

[11] COTTINEAU, 1324. Sur saint Gérard de Corbie : AA.SS. ordin. s. Bened. VI, 2, p. 866. MIGNE, P.L. 147, col. 1023. Hist. Litt. VIII, 407. AA.SS. avril, I, 409-431. A. FLICHE, op. cit., p. 447 (v. note 4).

[12] MIGNE, P.L. 174, col. 1397.

[13] MANSI, XX, 573. A. FLICHE, op. cit., p. 94 (v. note 4).

[14] C'est en se rendant à Die que le saint, de passage à Vertus (MIGNE, P.L. 174, col. 1404) et reçu par le comte Thibaut, aurait promis de lui donner les religieux nécessaires à la double fondation de Saint-Sauveur et de Notre-Dame de Vertus. La tradition aurait même retenu le nom du premier abbé de Saint-Sauveur, Sophrone, venu de Saint-Médard avec douze religieux (MAUPASSANT, dans Société d'agriculture, commerce, sciences et arts de la Marne, 1838, p. 137 : notice sur l'abbaye Notre-Dame de Vertus et 1839, p. 211 : notice sur l'abbaye Saint-Sauveur de Vertus. De même AD Marne, série H, inventaire des titres et chartes de Moncheny, p. 13. Repris récemment par C. LAPLATTE, art. « Châlons-sur-Marne », dans D.H.G.E., t. XII, c. 324 -1951). Mais il n'y a aucune allusion à ces fondations dans la Vita Arnulphi ; et rien

d'autre ne permet de les rattacher à la personne de saint Arnould.

[15] E. DEKKERS, « Sint Arnoud en Robrecht de Fries te Rijsel », extrait des Handel. van het Gen. Soc. d'Emulation te Brugge, t. LXXXIV, 1947 : l'auteur fait crédit à l'œuvre d'Hariulf, seul témoin de l'intervention d'Arnoul dans le soulèvement de Lille. Revue d'Histoire Ecclésiastique, XLIII, 1948, nos 1-2, p. 272. Contre Hariulf : E. CASPAR, op. cit., p. 625, n° 1 (v. note 85, C. I).

[16] COTTINEAU, 2157.

[17] Vita Arnulphi, AA.SS. août, III, 255. Chronicon Aldenburgense majus, a. 1091, MIGNE, P.L. 174, c. 1536.

[18] Cf. supra, p. 104.

[19] J-W, 5995, 29 mars 1100-1105.

[20] G. MARLOT, op. cit., t. III, 348 (v. note 75, C. IV).

[21] A. LUCHAIRE, Louis VI le Gros, annales de sa vie et de son règne (1081-1137), Paris, Librairie A. Picard, 1890, nos 269-270.

[22] A.S.M. 1121. Il faut lire MCIXX au lieu de MCXXI, puisque Geoffroi était déjà abbé en 1120 : G.C., IX, 415. Au style de Pâques, l'année 1119 va jusqu'au 18 avril 1120.

[23] G. H. PERTZ (éd.), De restauratione Sancti Martini Tornacensis, dans M.G.H. SS. XIV, 312, n° 81. A. LUCHAIRE, op. cit., n° 230, p. 112 (v. note 21).

[24] MIGNE, P.L. 149, col. 635-778. G. DE VALOUS, Le monachisme clunisien des origines au XVe siècle ; t. I, vie intérieure de l'abbaye de Cluny et les monastères clunisiens ; t. II, l'ordre de Cluny, Université de Paris-Faculté des Lettres, Librairie A. Picard, Paris, 1935, t. I, p. 20.

[25] SPROEMBERG, Alvisus, Abt von Anchin, t. I, p. 89. Ch. VERLINDEN, dans Revue belge de Philologie et d'histoire, 1931, t. X, p. 1156-1162. L. LEVILLAIN, dans B.E.C., t. LXXXXIII, 1932, p. 363-366.

[26] E. DE MOREAU, Histoire de l'Église en Belgique, t. II, La formation de l'église médiévale du milieu du Xe siècle aux débuts du XIIe siècle, Museum Lessianum, Section historique, n° 2, l'Édition universelle, 1947 (2e éd. remaniée et complétée), p. 186.

[27] SPROEMBERG, op. cit., I, 127 (v. note 25).

[28] R. GIBBONS, Vita beati Goswini, Douai, 1620, p. 77.

[29] Idem, p. 12.

[30] Aucun indice que le concile se soit tenu à Saint-Médard. On penserait plutôt à la cathédrale, puisque l'initiative vient de l'archevêque. P. Abélard, dans le récit qu'il fait de sa condamnation, déclare qu'il fut remis à l'abbé de Saint-Médard « qui aderat » (MIGNE, P.L. 178, c. 151), ce qui laisserait aussi peut-être entendre que la scène se passait en dehors de Saint-Médard. Abélard fut envoyé à Saint-Médard parce que Saint-Médard était un monastère bénédictin autonome comme Saint-Denis auquel Abélard était attaché, mais peut-être aussi à cause de la personnalité de Goswin. Cf. Historia calamitatum (écrite par Abélard) : MIGNE, P.L. 178, c. 147 sq. MUCKLE (éd.),

dans Mediaeval Studies, XII, 1950, 196. HÉFÉLÉ-LECLERCQ, op. cit., V, I, 593 sq. VACANDARD, art. « Abélard », dans D.G.H.E., t. I, 1912, 71.

[31] R. STOELZLE, Abälards 1121 zu Soissons verurtheilter Tractatus de Unitate et Trinitate divina ausgefunden und erstmal herausgegeben, Fribourg-en-Brisgau, 1891. A. FOREST - F. VAN STEENBERGHEN - M. DE GANDILLAC, Le mouvement doctrinal du IXe siècle au XIVe siècle, « Histoire de l'Église depuis les origines jusqu'à nos jours, publiée par A. FLICHE et V. MARTIN, vol. XIII », Paris, 1951, p. 93 sq.

[32] Prologue dans J. MABILLON, op. cit., VI, 639 (v. note 46, C. II).

[33] MIGNE, P.L. 182, c. 173 et 170. SPROEMBERG, op. cit., I, 132 (v. note 25).

[34] MIGNE, P.L. 189, c. 265.

[35] Aubri DE TROIS FONTAINES : M.G.H. SS. XXIII, 830.

[36] J.-B. MAHN, op. cit., p. 247 (v. note 25, C. V). U. BERLIÈRE, « Coup d'œil historique sur l'ordre bénédictin en Belgique », dans Revue liturgique et monastique, t. XIV (1928-1929), p. 438-511. On comprend alors la lettre d'excuses de saint Bernard au chapitre de Soissons (MIGNE, P.L. 182, c. 223), mais celle-ci ne parle pas de Saint-Médard. C'est Mabillon qui le fixa à Saint-Médard : J. MABILLON, op. cit., VI, 188 (v. note 46, C. II), et après lui U. BERLIÈRE, « Les chapitres généraux de l'ordre de saint Benoît », dans Mélanges d'histoire bénédictine, 4e série (1902), p. 146.

[37] U. BERLIÈRE, R.H.E., 1901, p. 262.

[38] A. DUBRULLE, art. « Anselme » (19), dans D.H.G.E., t. III, 1921, c. 460.

[39] G.C. IX, 595.

[40] COTTINEAU, 3267.

[41] Cartul. de Choisy : AN LL 1023, f° 30'. Charte non signalée dans les Regesten de SPROEMBERG, op. cit., I, p. 168 (seulement les textes imprimés) (v. note 25).

[42] Dans les Gesta Hariulphi... contra abbatem Sancti Medardi, les réponses d'Hariulf au pape en récusant l'arbitrage d'Alvise : « quia totam istam molestiam ipse concitaverit [...] », dans E. MÜLLER (éd.), Neues Archiv, t. XXXXVIII, 1929, p. 112 et « quoniam pertinax est in zelo suo et imputatur ei instigacio huius laboris mei », idem, p. 113. Et l'insistance du pape à maintenir Alvise dans la commission d'arbitrage. C'est bien là le nœud du débat.

[43] Charte de Simon, évêque de Tournai-Noyon, en 1130 : MIGNE, P.L. 174, c. 1570 (« Cum manifeste comperissem monasterium [...] rerum copia nunquam suffultum ac proinde monachos [...] angustiis plerumque teneri [...] »).

[44] E. MÜLLER (éd.), op. cit., p. 108, (v. note 42).

[45] Chronicon Aldenburgense majus : E. MÜLLER, op. cit., p. 97-115 (v. note 42). MIGNE, P.L. 174, c. 1544-1554. CLEYS, Vie de saint Arnold, p. 119-121. Hariulf était à Rome fin 1140, début 1141 : le chancelier Aimer dont il est question dans le récit cessa ses fonctions le 20 mai 1141.

notes

LA VIE INTELLECTUELLE AU XIIIe SIÈCLE

LA FAMILLE DES COINCY ET L'ABBAYE SAINT-MÉDARD

Column 1

Com sunt soutil z biau li trait
Que la soutils mere dieu trait
La mer dieu qui est la lune
Qui tot esclere z tout estime
E sauer dant z estimer
Pour ses miracles biau rimer
La langue gautier de consi
Qui pour samour comence ensi

...z quouurir uueille le grant liure
Q' mout me done z mlt me liure
Grant matere longue z plipse
E la pucele qui lectlipse
E grant broillat z loscurte
C eta du mont p sa purte
C hanter uous weil .u. chanconetes
M out uolentiers chant chancos netes
Q uant ala fors sent a meschief
M on las drceruel z mon chief
I a m aurai si mal pir mame
un prtit chant de nre dame
L ors ne resoie en mout bon point
P our samour qui au cuer me point
E t le courage me souticue
un prtiet si ne uous grieue
A inz que plus lise weil chanter
E n cest liure uorrai planter
E lus en lus chancons noueles
D e nre dame mout tresteles

Column 2

Des legieretes z de fors
Cier gist soulas z grs confors
A ceus qui lues buisent les chiers
Q ui a clugni z a ronchiers
O ut maintenant co leur a conte
E quau preu de lor ames a monte
S sermons a plus quas caroles
O u pitage de roncevoles
nemis si les en obie
lus que sauoir aiment folie
P our aus tollir leur ronchier
P our cest liure uorrai ronchier
z flourir do durant floretes
C ier de flones chanconetes
Q ui si tresdoucement flerront
P out li cuer ceus esclarront
Q ui la rose aiment tresche z bele
P ont diex daigna fere sa mere
P our ce que la tresdouce dame
E lamour de ma lasse dame
z de mon cuer a le cael
D es floretes de mon prael
E le sante me done z liure
P our enflorer uorrai cest liure
P ont le a fare mes presenz
z aus futurs et as presens
P ar maint prys mal diuers
N t gere touz mangiez diuers
a sainte fleurs la sainte rose
u est toute douceurs en close
C ouz ceus esclere p sa grace
Q ui saint liure de uie face
Q ui cest liure contre escrivont
z qui pour mame priront
N t le liront ou orront lire
r weil atant traire ma lire
z atrmper uueil ma uiele
E chanterai de la pucele
D ont li pphete tant chanterent
z qui .cl. anz auz la nuncierent
uien genre ne nee fust
e clofichez fust diex en fust

GAUTIER DE COINCY

Sa vie

Un écrivain se livre toujours dans son œuvre, surtout un poète et un ouvrier aussi personnel que Gautier de Coincy[1]. Il est heureux toutefois que les étapes de sa vie aient été notées avec une certaine précision dans les *Annales* de Saint-Médard, chronique du monastère écrite à la même époque par son parent Gobert de Coincy, moine de Saint-Médard lui aussi, venu après sa profession et son ordination le 3 novembre 1223 résider avec Gautier au prieuré de Vic[2].

Gautier serait de Coincy, aux confins du Tardenois et de l'Orxois. Les traits picards dont il agrémente sa langue, et qu'explique son séjour à Vic, ont surpris et égaré, semble-t-il, les philologues qui le font naître à Coincy près de Douai[3] ou à Conchy-les-Pots dans l'Oise[4]. Né vers 1177-1178, il se fit moine à Saint-Médard à l'âge de quinze ou seize ans[5], et y reçut les leçons de son oncle, le prieur Gui[6]. Il n'est pas impossible qu'il soit allé, jeune moine, étudier à Paris[7]. Un prieuré s'était organisé en 1194 à Vic-sur-Aisne que l'abbaye possédait depuis le IXᵉ siècle[8]. En août 1214, Gautier devint prieur de la petite communauté. Il rédige alors le premier livre des *Miracles* (1218). Exploitant un manuscrit latin de la bibliothèque de l'abbaye, nous dit-il, il transcrit en langue vulgaire et en vers les plus beaux de ces récits merveilleux. Un vol sacrilège des reliques que conservait l'église du prieuré, les reliques de sainte Léocadie, lui donna l'occasion, lorsque les reliques eurent été retrouvées quatre jours plus tard dans la rivière et replacées dans un reliquaire par l'abbé Milon de Bazoches (21-25 mai 1219)[9], de reprendre la plume. Il entreprit une *Vie de sainte Christine* et, reprenant le miracle de saint Ildefonse, en fit un long poème avec trois chansons en l'honneur de sainte Léocadie (1224). Malgré sa mauvaise santé – il se plaint de fréquents maux de tête –, mais avec les encouragements de ses amis – l'abbé Raoul de Saint-Éloi de Noyon[10] et surtout Robert de Dive, prieur de Saint-Blaise de Reims, puis abbé de Saint-Éloi après Raoul en 1230, qui se chargeait de la reproduction et de l'enluminure des manuscrits de l'auteur[11] –, Gautier écrivit un deuxième livre de *Miracles*, terminé vers 1227, et acheva le poème *De la doutance de la mort*. Le 19 juin 1233, il fut nommé grand-prieur de l'abbaye. Dès lors il fallait quitter le prieuré de Vic et abandonner la poésie. Il revint à Soissons et mourut trois ans plus tard, le 25 septembre 1236, à l'âge de cinquante-neuf ans[12].

Son œuvre

Elle tient en un recueil comprenant :
- les *Miracles Nostre Dame* en deux livres, avec une soixantaine de miracles[13], de plus de 30 000 vers. Chaque livre est précédé d'un prologue et de chansons notées, et suivi de pièces diverses ;
- une *Vie de sainte Christine*[14] ;
- deux grands poèmes moraux :
  • *De la doutance de la mort et de la chetiveté du monde* ;
  • *De la chastée as nonains* [15] ;
- le cycle de sainte Léocadie, composé d'un poème de plus de 2 000 vers et de trois chansons en l'honneur de la sainte[16].

Il y a en outre un certain nombre d'œuvres qu'on ne retrouve pas dans tous les manuscrits et dont l'attribution à Gautier de Coincy reste pour cela douteuse. La pièce « A Saint Maart ou grand livraire (C'est dou saint dent Nostre Seigneur) » semble bien être de lui. Il est plus difficile de le dire pour quelques autres[17].

Ses sources

Le recueil latin de miracles qu'utilisa Gautier de Coincy était un recueil composite et ce ne fut certainement pas le seul manuscrit qu'il exploita. On a pu séparer les différentes sources de presque tous les miracles de Gautier, bien qu'on n'en ait identifié qu'un petit nombre, les autres restant anonymes. Quatre miracles ont été empruntés à « Mestre Hue »,

Hugues Farsit[18], l'auteur du cycle des miracles de Notre-Dame de Soissons. Deux autres ont été empruntés au cycle de Notre-Dame de Laon, composé par Hermann de Laon[19]. D'autres miracles sont empruntés à des cycles étrangers : Rocamadour, Arras, Chartres, Clermont. Gautier donne une forme nouvelle au miracle de Théophile. Le cycle de sainte Léocadie fut remanié sous l'inspiration d'un recueil qui devait comprendre les *Vies* de saint Ildefonse : celle qui aurait été écrite par l'archevêque de Tolède Cixila ou l'*Elodius* dont parle Gautier, et celle de Julien de Tolède ainsi que le traité de saint Ildefonse « *De virginitate beatae Mariae*[20] ». On a pu aussi montrer que Gautier de Coincy connaissait un « *Sermo de conceptione beatae Mariae* » attribué à saint Anselme[21].

Son œuvre est un florilège de l'universelle bonté de Marie, qui ne s'est pas manifestée seulement à Soissons mais dans tous les pays, jusqu'à Constantinople et même en pays païen. Gautier rapporte plusieurs conversions miraculeuses de Sarrazins ou de Juifs. Il veut publier cette maternelle miséricorde de Notre Dame afin d'inciter ses lecteurs à la prier avec plus de confiance, et aussi substituer ses chansons et ses récits à la littérature de l'époque, celle des trouvères, trop païenne et licencieuse à son sens[22].

Son influence

L'œuvre de Gautier de Coincy s'imposa très vite comme supérieure à celle de ses prédécesseurs ou de ses contemporains dans le même genre littéraire. Elle fut très vite connue et répandue dans un public assez large. Déjà de son vivant, Gautier cherchait à la faire connaître. À peine terminé et recopié par Robert, l'abbé de Saint-Éloi de Noyon, son second livre devait être envoyé à la comtesse de Soissons, Ade de Grandpré, épouse de Raoul III de Nesle, et à la comtesse de Blois, Marguerite d'Avesne[23]. C'est pour les religieuses de Notre-Dame de Soissons qu'il a écrit « De la chastée as nonains[24] ». Il envoya le poème à l'abbesse Béatrix de Quierzy (1216-1236), mais de Soissons le manuscrit devait gagner Fontevrault dont l'abbesse Berthe (1217-1228) semble avoir été en relation avec Gautier[25]. On connaît vingt manuscrits reproduisant dans son intégralité l'œuvre de Gautier de Coincy et écrits à la fin du XIIIe ou au début du XIVe siècle, onze manuscrits moins complets écrits dans les cinquante années qui suivirent sa mort, une quarantaine de manuscrits partiels, en tout quatre-vingt-quatre manuscrits révélant une renommée qui a largement débordé son pays et son temps[26].

L'influence de Gautier de Coincy a marqué la dévotion mariale. Ce n'était pas tant ses miracles que ses prières à la Vierge[27], inspirées par un amour tendre et passionné s'exprimant avec candeur et délicatesse, qu'on recopiait. Elles servirent de modèle et sont à la source d'une longue inspiration littéraire, de la prière du clerc Théophile, par exemple, à la « Ballade pour prier Notre Dame » de Villon. Son œuvre est bien l'expression de sa dévotion à Marie : dévotion dans la tradition de saint Bernard[28] qui louait en Marie un idéal de beauté et sa miséricordieuse maternité à l'égard de tous les hommes, mais où la chanson d'amour des trouvères et l'idéal de chevalerie du XIIIe siècle ont laissé leur influence par une note courtoise et populaire à la fois.

D'ailleurs, si Gautier de Coincy voulait être lu, il lui fallait répondre à ce goût populaire. Son originalité fut non seulement de substituer au latin la langue commune comprise de tous, mais d'utiliser les procédés de la poésie pastorale – il en abusa même quelquefois – pour vulgariser une théologie trop abstraite et la transformer en images abondantes. Marie, « [...] c'est la grant fleur, c'est la grant rose [...] la grant esmeraude [...] ». Il rend cette Mère de miséricorde visible, familière, toute proche des hommes ses enfants, toujours prête à un miracle pour sauver un pécheur repentant, pour interdire Constantinople aux païens, pour délivrer d'un naufrage. Pour rendre la santé, elle nettoie des plaies purulentes. Plus simplement encore, pour agréer la prière d'un jongleur qui l'a bien chantée, elle fait descendre sur sa vielle un des cierges éclairant sa statue. La bonté maternelle de Notre Dame va jusqu'à s'opposer à une justice humaine qui nous paraît légitime : pendant trois jours, elle soutient un larron au gibet pour l'empêcher d'être pendu...

Gautier profite de ces histoires merveilleuses pour censurer les mauvaises habitudes et les mœurs de son temps. Il ne s'en prend pas seulement aux Juifs. Il rappelle au clergé que les autels et les statues de la Vierge doivent être propres. Il rappelle à la prière, à l'attention pendant l'office. Il rappelle à l'humilité tous ceux qui ne rêvent que d'une crosse d'abbé ou d'évêque. Il s'en prend aux mauvais moines. S'il reproche au clergé l'avarice, la gourmandise, il critique aussi les nobles, les chevaliers avec un franc parler qui ne redoute rien ni personne[29]. Dans la « Doutance de la mort », il reproche à tous l'attachement aux biens matériels.

Ceci montre avec quelle indépendance Gautier remaniait ses miracles. Chacun d'eux est devenu une création personnelle où le bon prieur de Vic a mis toute sa ferveur. C'est cet enthousiasme qui fatigue quelquefois par ses longueurs, par la surabondance des mots comme des idées. Gautier écrivait à une époque où on était moins soucieux de rigueur lo-

la loenge et a la gloire:
En ramembrance et en memoire

gique, où la pensée exigeait moins d'apprêt que de nos jours. Cette simplicité déconcerte peut-être, beaucoup moins souvent cependant qu'elle ne charme par le style clair, vivant, imagé, délicat et vigoureux, d'une franchise un peu bonhomme mais dont on ne doute pas.

GOBERT DE COINCY

Sa vie

Gobert de Coincy, plus jeune que Gautier, est lui un annaliste et un historiographe[30]. Ses *Annales* mentionnent les étapes de sa vie monastique. En 1208, à l'âge de sept ou huit ans, il prit l'habit (« *monachus efficitur [...]* »), sans doute comme oblat. En août 1219, il fut installé au chœur (« *positus super formas* »). Sa profession eut lieu en juin 1222. Ordonné diacre en mars 1223 à Valsery probablement chez les prémontrés, prêtre à Noyon en septembre de la même année, il vint résider le 3 novembre 1223 au prieuré de Vic près de son parent Gautier, le poète, qui en était le prieur, et commença à travailler tandis que celui-ci poursuivait son œuvre[31]. Prieur de Vic à son tour lorsque Gautier devint grand-prieur de Saint-Médard le 19 juin 1233, il exerça également plus tard la fonction de grand-prieur du 3 février 1254 au 8 juillet 1260, après Jérôme de Coincy. Mais son grand-priorat, précisément sous l'abbatiat de Jérôme de Coincy, fut une tâche moins facile qu'on eût pu le penser – si l'abbé Jérôme était vraiment son parent.

✠ *« Comment Nostre-Dame fut ferue d'un quarrel au génoil ». Miracles de Notre-Dame. Texte de Gautier de Coincy (vers 1177-1236), copie du XIVᵉ siècle. Paris, BNF Nouv. acq. fr. 24541, fol. 70 v.*

Il sembla peu préparé à cette tâche qui mit, en tout cas, un terme à ses loisirs et à son œuvre d'historiographe.

Ses sources

C'est donc à Vic-sur-Aisne que Gobert de Coincy composa l'essentiel des *Annales de Saint-Médard*. Il utilisa des chroniques antérieures. Waitz a relevé les sources des parties du texte qu'il a publiées dans les *Monumenta Germaniae Historica*[32], montrant leur dépendance non seulement des *Annales Laubienses et Floreffienses*[33], mais encore de la *Chronique* de Frédégaire, des *Gesta Regum Francorum*, des *Annales royales*, des *Annales Leodienses*, des *Annales Sancti Quintini* et de la *Vita Karoli* d'Eginhard[34]. Gobert de Coincy connut l'œuvre de Nithard dont le manuscrit, qui contient aussi les *Annales* de Flodoard, se trouvait peut-être encore à cette époque à Saint-Médard[35], et il explora sans doute la bibliothèque de l'abbaye qui conservait l'*Histoire ecclésiastique* d'Eusèbe, des œuvres de saint Jérôme[36] et bien d'autres certainement.

L'œuvre

C'est d'après ces sources que Gobert a établi les listes de papes et d'empereurs ou celle des persécutions telles qu'elles se présentent dans les premiers siècles de ses *Annales* : mentions trop rapides pour susciter l'intérêt, même quand elles sont entremaillées de quelques faits merveilleux.

Des origines de l'abbaye, il semble que le chroniqueur n'ait connu que les sources narratives. Encore en use-t-il avec une grande circonspection. Les origines de l'abbaye sont réduites à quelques citations brèves : en 556, la mort de saint Médard, la construction de la première basilique ; en 557, l'inhumation de Clotaire ; en 712, l'inhumation de Childebert à Choisy. En 741 et 750, Gobert insiste sur la relégation de Childéric et le sacre de Pépin par Boniface à Saint-Médard[37]. La plupart de ces renseignements, connus par Grégoire de Tours ou les annales en dépendant, et les autres, très maladroitement insérés dans une première rédaction des *Annales*, sont l'écho de la tradition du monastère. Pas une mention d'abbé de Saint-Médard avant 1049. La succession abbatiale n'est continue qu'à partir de 1121. Gobert n'a pas connu ou n'a pas utilisé les archives anciennes de l'abbaye. Mais il a utilisé celles de son prieuré, le diplôme attribué à Eudes[38], la confirmation du concile de Senlis en faveur de Saint-Médard[39], l'acte de 1049 contre Robert de Choisy[40]. Jusqu'au XIIᵉ siècle, Gobert de Coincy, prieur de Vic-sur-Aisne, semble faire plutôt l'histoire de son prieuré que celle de l'abbaye. Cet intérêt porté à Vic-sur-Aisne et à ses derniers prieurs persistera jusqu'à la fin de la chronique.

À partir du XIIᵉ siècle les *Annales* se font plus attachantes. Gobert se fait chroniqueur des croisades et le témoin, dans toutes ses diverses manifestations, de cet immense et irrésistible entraînement collectif vers l'Orient : il en est comme saisi. Il consacre à toutes les expéditions un certain développement, marque les succès de la Première Croisade, les insuccès de Louis VII et de Conrad III dans la deuxième, datée de 1146, la perte de Jérusalem de 1187 et l'expédition qui suit, les résonances de la prédication de Foulque et les aventures de Baudoin, comte de Flandre et de Hainaut, devenu empereur de Constantinople à la date de 1202. À partir du XIIIᵉ siècle, l'époque contemporaine

✝ *« Comment Nostre-Dame guérit un cler ». Miracles de Notre-Dame.*
Texte de Gautier de Coincy (vers 1177-1236), copie du XIVᵉ siècle.
Paris, BNF Nouv. acq. fr. 24541, fol. 84 v.

de l'auteur, le tableau devient précis, vivant, pittoresque par certains détails, émouvant comme cette croisade des enfants (« *innumera multitudo infantium et puerorum* ») vouée à la catastrophe et dont on devine que Gobert n'approuve pas l'odyssée. Le chroniqueur se fait l'écho des croyances de son temps, d'ailleurs sans vouloir les prendre à son compte ; de dix ans en dix ans, les poissons, les grenouilles, les papillons et les oiseaux s'en iraient eux aussi en croisade… Quant aux chiens – c'est une fable de vieillards atteints de décrépitude, affirme textuellement Gobert –, ils se seraient rassemblés de tous les points de l'horizon en Champagne, sans doute pour partir eux aussi en croisade…, mais avant de se mettre en branle, ils se seraient exterminés en une lutte à mort.

Puis, c'est la participation d'Albéric de Humbert, archevêque de Reims, à la croisade de Jean de Brienne, à la date de 1219, l'étrange expédition de Frédéric II parti en croisade excommunié et revenu excommunié, sa vengeance au retour sur les biens d'Église. À la date de sa mort, Gobert de Coincy lui façonne la même épitaphe qu'à Thomas de Marle : « *persecutor Ecclesiae pessimus* ». L'annaliste fait le récit détaillé des intrigues de Pierre Mauclerc déjà ainsi nommé, des déboires de Thibaud IV, comte de Champagne et roi de Navarre, et souligne ce qu'il en a coûté à Saint-Médard de sa soumission rapide à Blanche de Castille. La croisade des pastoureaux est notée en 1251. La dernière chronique (1254) est pour annoncer le retour de saint Louis « *cum Margareta uxore sua praegnante et tribus pueris in ultramarinis partibus generatis* ». La croisade des Albigeois occupe aussi une place importante, de la bataille de Muret (1213) jusqu'au traité de Paris et à ses derniers soubresauts en 1240.

Valeur historique

Le tableau est bien fidèle mais il reflète surtout des vagues d'émotion populaire qui se sont succédées : l'horreur devant les dévastations de certaines guerres seigneuriales, la frayeur des Mongols après leur avance en Europe orientale et centrale, l'édification devant l'attitude du roi lors du transport des Saintes Reliques de la Passion dans la Sainte-Chapelle, l'étonnement devant l'équipée de Bertrand de Rays l'imposteur, l'incertitude devant les menées d'hérétiques, livrés

† *« De la nonnain que Notre Dame délivra de grand peine ». Miracles de Notre-Dame. Texte de Gautier de Coincy (vers 1177-1236), copie du XIVe siècle. Paris, BNF Nouv. acq. fr. 24541, fol. 93.*

au bras séculier, mais devenus si nombreux… Les faits historiques sont exactement notés, mais ils ne le sont avec précision et détails que lorsqu'ils touchent à la région où écrit l'auteur, aux confins de la Champagne et de la Flandre. La chronique de Gobert de Coincy porte un caractère local assez sensible.

Elle est précieuse aussi par la succession abbatiale et au grand-priorat de l'abbaye, par certains mouvements administratifs qu'on ignorerait sans elle. Et comme la chronique s'attache visiblement à la famille des Coincy, à Gautier le poète, et au propre avancement de Gobert dans la hiérarchie, le lecteur est préparé à la conclusion des *Annales*, écrite plus tard par l'historien, qui révèle son drame spirituel.

Les notations allégoriques

† *« De la nonnain que Notre Dame délivra de grand peine ». Miracles de Notre-Dame. Texte de Gautier de Coincy (vers 1177-1236), copie du XIVe siècle. Paris, BNF Nouv. acq. fr. 24541, fol. 59.*

Ces notations, dont le style allégorique contraste avec tout ce qui précède, sont constituées par des citations bibliques ou

liturgiques à la suite d'une date et sans autre commentaire. On devine que l'auteur en fait l'application à sa propre vie. Il n'est pas toujours aisé d'en saisir le sens caché.

Il semble qu'en septembre 1236[41], à la mort de Gautier de Coincy, en juin 1240[42] lors de celle de Pierre de Milly, puis en avril 1244 à la démission de Guillaume de Missy[43], tous grands-prieurs de Saint-Médard, il ait été déjà question de Gobert pour cette fonction. Le prieur de Vic se sentait peu d'aptitudes pour cette tâche et en redoutait plutôt l'exercice. Quand Jérôme de Coincy fut élu abbé en septembre 1253, après la démission de Jean de Méricourt, la nomination de Gobert comme grand-prieur ne parut plus douteuse. Gobert le savait[44]. Dans le pressentiment des difficultés à venir, il s'y résigna avec peine.

Durant ses années de grand-priorat, il se compara à Job. Ses malheurs ne dureront pas plus de six années et demi[45]. Le dimanche 3 janvier 1255 (n.s.), Gobert assiste à la mort d'un saint personnage, sans doute l'ancien abbé Jean de Méricourt qui, pour raisons de santé, avait obtenu d'Innocent IV la permission de résigner sa charge[46] et dont on sait qu'il mourut peu de temps après sa démission du 11 août 1253[47], avec la réputation d'être resté un contemplatif malgré les soucis temporels de sa charge[48]. Gobert le compare au vieillard Siméon chantant le « *Nunc dimittis*[49] » quand la mort vint le toucher[50] : triomphe de la mort du juste qu'il faut, comme Jacob ou le prophète Habacuc, savoir attendre dans toutes les situations[51].

La fin de sa vie

Gobert avait moins d'amitié et de vénération pour son successeur Jérôme de Coincy[52]. On peut conjecturer aussi que Jérôme vit d'un plus ou moins bon œil cette admiration pour son prédécesseur, fût-elle la conséquence de relations déjà anciennes[53], et que ce put être une cause de leur désaccord dans la compétition familiale des Coincy autour des grandes charges de l'abbaye.

Grief plus grave : Jérôme de Coincy menait grand train de vie et sa gestion n'était pas sans imprudence. Elle lui procura avec l'évêque de Soissons, Nivelon II de Bazoches, des difficultés que le pape Alexandre IV tenta de régler[54], et naturellement des critiques. En 1269, son administration sera sévèrement blâmée lors de la visite de l'abbaye par le cardinal Raoul Grosparmi, qui lui retirera la direction du temporel[55]. Consciemment ou non, Gobert faisait résistance à cette poli-

tique de couvent qu'il ne pouvait approuver, même de la part de son parent Jérôme. Des intrigues se nouèrent autour de cette mésentente familiale et le grand-prieur, plus homme d'étude et de solitude qu'administrateur et chef de communauté, préféra se retirer. Le 8 juillet 1260, il démissionna « *causa conspiratorum contra ipsum et conjuratorum [...]* ». Ces mots trahissent beaucoup de lassitude, une certaine désillusion, un peu de rancœur aussi peut-être... Dès le lendemain il se retirait, loin des soucis de l'administration et du gouvernement d'un monastère, à La Siège près de Couvrelles, où Saint-Médard possédait une ferme et une prévôté. La date de sa mort reste ignorée.

Qu'est-ce qu'une vie d'homme, alors même qu'elle durerait soixante-dix ans ? Gobert n'avait pas soixante-dix ans en 1261 quand, en guise de conclusion, se sentant lui aussi près du terme, il écrivit cette dernière citation du psaume : « *dies annorum nostrorum in ipsis septuaginta anni*[56] », une soixantaine seulement, l'âge où dans la retraite l'on pénètre mieux certaine sagesse...

La famille des Coincy

Gautier, prieur de Vic et grand-prieur, son oncle, le « prieur Gui », qui avait peut-être été chapelain[57] avant de devenir prieur de Vic lui aussi et grand-prieur vers 1208[58], Gobert, prieur de Vic et grand-prieur jusqu'en 1260, Jérôme, grand-prieur puis abbé jusqu'en 1270, un Pierre de Coincy qui fut, selon dom Grenier[59], prévôt et aumônier de la prévôté de Marizy vers 1275-1276, ayant peut-être été mis en charge du vivant de Jérôme, et qui fut encore procureur des moines de Saint-Médard à l'élection de l'abbé Nicolas de Chivres en avril 1313[60], avant d'être inhumé dans l'église de Marizy : l'emprise sur l'abbaye Saint-Médard de Soissons de

cette famille des Coincy, dont on ignore toute autre chose[61], dévoile au moins les compétitions familiales qui se livrèrent autour de l'abbaye et de ses bénéfices : le prieuré de Vic, la prévôté de Marizy, le grand-priorat et l'abbatiat même. Tout en restant un refuge pour les âmes religieuses, Saint-Médard offrait aux familles de la région d'honorables carrières monastiques. Au XIIIe siècle, les Coincy semblent avoir été une de celles qui s'y intéressèrent le plus : ils servirent mieux la renommée religieuse et intellectuelle de l'abbaye soissonnaise que son avantage temporel.

EUSTACHE DE DOUAI

Eustache de Douai est un autre témoin de la vie intellectuelle à Saint-Médard à la même époque. À la prière d'une religieuse de Notre-Dame de Soissons, Julienne, ce moine de Saint-Médard composa le récit de miracles qui auraient eu lieu à Notre-Dame de Soissons en 1230. Mais ce fut encore en latin qu'il écrivit, faisant précéder son récit d'une lettre à la religieuse qui lui avait demandé ce travail, et d'un « *Tractatus in laudibus beate Virginis Marie* ».

L'œuvre n'a ni l'ampleur ni le charme des *Miracles* de Gautier de Coincy. Elle ne comporte qu'un *miraculum*. Le style est correct, d'une élégance un peu contrainte, farci de formules bibliques et liturgiques, et dénonce la recherche. L'auteur manque, au fond, de chaleur et de conviction[62].

Eustache de Douai fut procureur des moines de Saint-Médard à l'élection de l'abbé Renaud en 1237[63]. On ne sait rien de plus sur ce modeste écrivain.

[1] L'édition de base la plus complète, malgré toutes ses insuffisances, est encore celle de l'abbé A.-É. Poquet, *op. cit.* (v. note 153, C. I). Les travaux les plus poussés ont été réalisés à l'Université d'Helsinki par le professeur A. Långfors et ses étudiants, qui ont procédé à une édition critique de l'œuvre de Gautier. Cf. également les *Neuphilologische Mitteilungen*, publiés par le professeur Långfors depuis 1939 ; ils ont été publiés dans les *Annales Academiae scientiarum fennicae.* Consulter en particulier, avec leurs bibliographies détaillées : A. Ducrot-Granderye, *op. cit.*, B, XXXV, 2, p. 5 (v. note 156, C. V). *Nurmela Annales...* Helsinki, B, XXXVIII, 1937, p. 221. E. Vilamo-Pentti, *Gautier de Coinci. De Sainte Leocade*, Suomalainen Tiedeakatemia, Helsinki, 1950, B, LXVII, 2, p. 272, qui sont les meilleures études, à compléter par E. M. Szarota, *Studien zu Gautier de Coinci*, 1934, qui reconstitue avec bonheur le milieu spirituel de l'auteur et fait le point des travaux allemands sur Gautier de Coincy (cf. la bibliographie, p. 6). Récente mise au point bibliographique par R. Bossuat, *Manuel bibliographique de la littérature française du Moyen Âge*, Paris, Librairie d'Argences, 1951, p. 594. Bibliographie générale nᵒˢ 3148-3178, p. 293-296 ; sur les chansons, nᵒˢ 2306-2314, p. 212, 213.

Pour les sources, travail fondamental de A. Mussafia, « Über die von Gautier de Coincy benützten Quellen », dans *Denkschriften der Kaiserlichen Akademie der Wissenschaften Philologische und Historische Classe*, t. XXXXIV, 1896.

Les manuscrits ont été étudiés et classés par A. Ducrot-Granderye, *op. cit.*, p. 16 (v. note 156, C. V). Parmi ceux-là, faire une place à part à BNF fr. 25532, manuscrit du XIIIᵉ siècle qui vient de Saint-Médard, et au manuscrit dit du Grand Séminaire de Soissons, maintenant (coté) à la Bibliothèque Nationale de France : nouv. acq. fr. 23541 (cf. *B.E.C.* CXII, 1954, p. 244), l'un des plus beaux manuscrits français du XIVᵉ siècle par ses miniatures et sa décoration : H. Focillon, *Le peintre des Miracles Notre-Dame*, 40 miniatures photographiées par P. Devinoy, publ. P. Hartmann, Paris, 1950, qui en cherche l'auteur « dans l'entourage de Jean Pucelle, dans le même milieu historique et peut-être dans le même atelier » sans que l'exécution soit la sienne.

[2] A.S.M. 1223. S'il y a pour certaines chartes des confusions entre Coucy et Choisy (cf. *Cart. ant.* fᵒ 126 et 127' ; F. Soehnée, *op. cit.*, nᵒ 88, p. 91 (v. note 154, C. III) ; M. Prou, *op. cit.*, nᵒ 27, p. 79 (v. note 94, C. III), il n'y en a pas dans le manuscrit des *Annales de Saint-Médard* (BNF lat. 4998). Gautier, Gobert et l'abbé Jérôme sont nommés « de Coinssiaco » (A.S.M. 1193-1208-1214-1222-1223-1236-1252). L'abréviation parfois employée est « COISSIACO ». Dans la deuxième partie du manuscrit, qui est moins soignée et un peu plus tardive (fᵒ 32 A), on lit « Coiinsiaco » (A.S.M. 1253) et « Coinciaco » (A.S.M. 1260) ; mais ces formes ne peuvent créer

de doutes. Comparer avec les autres formes du mot Coincy dans les manuscrits de Gautier : A. Ducrot-Granderye, *op. cit.*, p. 158, nᵒ 2. Cf. A.-E. Poquet, *op. cit.*, p. XXXV et XXXVI, nᵒ 2 (v. note 153, C. I) ; et L. Allen, « The Birthplace of Gautier de Coincy », dans *Modern Philology*, t. XXXIII, 1936, p. 239.

[3] A. C. Ott, « Gautier de Coincy's Christenleben », dans *Beiträge zur Kenntniss der altfranzösischen hagiographischen Literatur*, vol. I, 1922, p. CXXXVI.

[4] L. Allen, *op. cit.*, p. 239-242 (v. note 2).

[5] A.S.M. 1193.

[6] A. Ducrot-Granderye, *op. cit.*, p. 143, nᵒ 3 (v. note 156, C. V). A.-E. Poquet en fait Gautier Balena, abbé de Saint-Médard de 1195 à 1197. Cf. Introduction, p. XXXV, et col. 98-99, v. 984 et 989.

[7] Koenig, « Further notes on Gautier de Coinci », dans *Modern Philology*, fasc. 4, 1938, p. 353-358.

[8] A.S.M. 1194.

[9] A.S.M. 1219.

[10] A.-E. Poquet, col. 124, v. 661.

[11] A.-E. Poquet, col. 683, v. 65-110.

[12] A.S.M. 1233 et 1236.

[13] Éditions critiques : E. Bouran, *Deux miracles de Gautier de Coinci*, Paris, 1935. V. Väänänen, « Gautier de Coinci, d'une « fame de Laon », dans *Annales...* Helsinki, B, LXVIII, 2, 1951. E. von Kroener, « Du clerc qui fame épousa et puis la lessa (miracle de Gautier de Coinci) », dans *Annales...* Helsinki, B, LXVI, 2, 1950, B, LXXXII 2, 1953.

[14] A. C. Ott, *op. cit.* (v. note 3).

[15] T. Nurmela, « Le sermon en vers de la chastée as nonains de Gautier de Coinci », dans *Annales...* Helsinki, 1937, B, XXXVIII, I.

[16] E. Vilamo-Pentti, *op. cit.*, B, LXVII, 2 (v. note 1). Compte rendu par Y. Lefèvre, dans *Le Moyen Âge*, 1952, LVIII, p. 408-415. B. de Gaiffier, *op. cit.*, p. 100-132 (v. note 109, C. I).

[17] A. Ducrot-Granderye, *op. cit.*, p. 157 (v. note 156, C. V). Cf. BNF franç. 25 532, fᵒ 265 B.

[18] Chanoine régulier de Saint-Jean-des-Vignes à Soissons, qui composa après 1144 le récit des miracles dont il avait été le témoin à Notre-Dame de Soissons, lors de l'épidémie du mal des ardents en 1128. Cf. A.-E. Poquet, *op. cit.*, p. 138 (v. note 153, C. I). Migne, P.L. 179, 1783-1786-1781-1799.

[19] Manitius, « Geschichte der christlich-lateinischen Literatur des Mittelalters », dans *Handbuch der klassischen Altertumswissenschaft*, vol. IX, fasc. 1-3, 1911, 1923, 1931, III, 535 ; il attribue le livre des miracles de Notre-Dame de Laon à Hermann de Tournai. Nous suivons l'opinion de A. Sracke, « Deken Herman vit den Reynart », dans *Tijdschrift voor Taal en Letterkunde*, t. XX, 1934, p. 257 *sq.*, qui attribue les *Miracles* à un autre Hermann. Celui-ci aurait écrit la relation du voyage des reliques (1112-1113) à l'occasion de la reconstruction de la cathédrale de Laon. A.-E. Poquet, *op. cit.*, p. 192 (v. note 153, C. I). Migne, P.L. 156, col. 975-1007.

[20] *Le Moyen Âge*, 1952, LVIII, p. 414.

[21] H. Kjellmann, « Sur deux épisodes de Gautier de Coinci », dans *Romania*, XLVII, p. 588.

[22] A.-E. Poquet, col. 383, v. 360 : « Lessons les chanz qui rien ne valent ».

[23] A.-E. Poquet, col. 684.

[24] A.-E. Poquet, col. 707.

[25] A.-E. Poquet, col. 709.

[26] A. Ducrot-Granderye, *op. cit.*, p. 16 (v. note 156, C. V).

[27] A.-E. Poquet, p. 757-761. A. Ducrot-Granderye, p. 36.

[28] V. Väänänen, « Saint Bernard », dans *Gloses marginales des miracles de Gautier de Coinci, Annales...* Helsinki, B, LIII, 2, 1945.

[29] E. Lommatzsch, *Gautier de Coinci als Satiriker*, Halle, 1913.

[30] Cf. Introduction.

[31] La parenté de Gobert et de Gautier ne semble pas faire de doute. L'intérêt que Gobert porte à son aîné se mesure aux citations qu'il lui réserve dans ses *Annales*, nous renseignant sur lui comme sur aucun autre personnage sinon sur sa propre personne.

[32] *M.G.H. SS.* XVI, p. 518.

[33] A. Molinier, *op. cit.*, II, nᵒ 1082, p. 34 (v. note 98, C. I).

[34] Sans doute par le manuscrit de l'abbaye maintenant à la Bibliothèque de Saint-Pétersbourg : collection Dubrowsky, L.F. Otd. IV, nᵒ 4. Cf. N.A., 19, 1894, p. 310 *sq.* : Kurze, « Über die karolingischen Reichsannalen von 741-829 ».

[35] BNF lat. 9768. Flodoard, *op. cit.*, p. 4 et 34 (v. note 104, C. I). A.S.M. 814 et 839.

[36] BNF lat. 8961.

[37] Cf. *supra.*

[38] A.S.M. 814 et 893.

[39] A.S.M. 814.

[40] A.S.M. 1031.

[41] « *Annuntiavi et locutus sum [...]* ».

[42] A.S.M. 1240 : « *datae sunt mihi induciae [...]* » en juillet, avant la nomination de Guillaume de Missy qui eut lieu en août.

[43] A.S.M. 1244 : « *vidit de tribus avibus [...]* » en mai, avant la nomination de Jean de Clamecy en juin.

notes

[44] A.S.M. 1244 : « *vidit de tribus avibus [...] due recedebant et una saltabat [...]* ».

[45] « *In sex tribulationibus eruet te, et in septima liberabit te [...]* » (février 1254 - juillet 1260).

[46] R.P. Innocent IV, 6578, 2 juin 1253.

[47] Un an après selon *G.C.* IX, 418. En 1254 : BNF lat. 11818, f° 128'. En 1257 : BNF Picardie 243, f° 231'.

[48] Épitaphe dans *G.C.* IX, 418 : « *qui cum Martha foret non desiit esse Maria* ».

[49] *Évangile selon saint Luc*, II, v. 26-29 *sq.*

[50] « *Apparuit caro suo Iohanni [...]* ».

[51] Genèse, 45, 28 et HABACUC, II, 3.

[52] Psaume 124, v. 5. La parenté de Gobert et de Jérôme, sans avoir pour elle la quasi-certitude de celle de Gobert et de Gautier, est assez probable.

[53] A.S.M. 1248 : « *vidit de abbate [...]* ».

[54] Bulle assez suspecte du 22 avril 1265. Cf. Compulsoire, *op. cit.*, n° XX (v. note 18, C. I).

[55] Compulsoire, *op. cit.*, n° XV : « *per incautam administrationem [...]* » (v. note 18, C. I).

[56] Psaume 89, v. 10.

[57] Vers 1171 : cartulaire de Saint-Léger de Soissons, L. PÉCHEUR, *op. cit.*, p. 83 (v. note 52, C. I).

[58] Cartulaire de Guise : BNF lat. 17777, n° 78, f° 58'. A.-E. POQUET, col. 98, v. 984.

[59] BNF Picardie 18, f° 36.

[60] R.P. Clément V, 9018. AN, J 345 A, n° 53 (1er avril 1278).

[61] ANDRY, « Coincy à travers le passé », dans *Annales de la société historique et archéologique de Château-Thierry*, 1912, p. 1-160.

[62] Bibliothèque Sainte-Geneviève, Paris : ms 546, daté de 1328, f° 72 A à 75.

[63] R.P. Grégoire IX, 3773, 11 juillet 1237.

notes

E par la mere dieu cent
mile foiz salu

✠ MIRACLES DE NOTRE-
DAME, texte de Gautier
de Coincy (vers 1177-
1236), copie du XIVᵉ
siècle. Paris, BNF Nouv.
acq. fr. 24541, fol. 232.

Fastes abbatiaux de Saint-Médard de Soissons

FASTES ABBATIAUX
DE SAINT-MÉDARD DE SOISSONS

1. DANIEL : mentionné dans la fausse bulle de Jean III[1] (11 mars 562).

2. GAIRALDUS : mentionné dans la fausse bulle de Grégoire Ier (27 mai 593)[2].

3. SANTELLIUS ? : « *cui inscribitur Chlotarii II charta Suessione data die 2 martii regni 32*[3] ».

4. GAIROLDUS : mentionné dans une confirmation de Dagobert (629-639)[4].

5. VULFADIUS ? : « *notatur in veteribus indicibus*[5] ».

6. AUTBERTUS ou AUDOBERTUS : mentionné dans une donation de Clotaire III (657-673)[6], mort quelques années avant la fin de l'épiscopat de saint Drausin à Soissons, qu'on peut fixer vers 668[7].

7. WARINBERTUS : successeur d'Audobertus dans la *Vita sancti Drausii* ; abbé et évêque de Soissons dans la *Vita sancti Medardi* carolingienne[8].

8. NOMEDIUS : connu par le ms. 1221 de la Bibliothèque royale de Bruxelles[9], mentionné dans une confirmation de Childebert III (694-711)[10].

9. HUGOBERTUS : abbé le 10 février 716[11], mentionné en outre dans une confirmation de Chilpéric II (715-721) et deux actes de Clotaire IV (718-720)[12].

10. MAURUS : mentionné dans un jugement de Thierry IV (721-737)[13].

11. CHILDEGAUDUS : « *episcopus et abba* » dans une charte de Carloman, maire du palais (741-747). Même personnage que HILDIGANGUS, évêque de Soissons présent au concile d'Attigny en 760-762[14].

12. VOSONUS ? : mort le 14 novembre 766 ? « *E vivis excessit XVIII cal. dec. anno XV Pippini regis, i. e. 766*[15] ».

13. URSION : mentionné dans la confirmation d'immunité par Charlemagne (769-774)[16].

14. HILDUIN Ier l'Ancien, dit de Saint-Denis : avant 823-830[17].

15. HILDUIN II le Jeune, dit de Saint-Martin : vers 831 – 19 novembre 860[18].

16. VULFADE : 860 – août 866[19].

17. CARLOMAN : août 866 – 870[20].

18. SIGEMOND ? : 871[21].

19. AUMAR : 899[22].

20. FOULQUES : 899 – 17 juin 900[23] (archevêque de Reims).

21. CONRAD : mentionné dans un acte de septembre 901 ou 906[24].

22. HERBERT Ier : 932[25].

23. RAOUL (le roi) : 932- 935[26].

24. HERBERT Ier (à nouveau) : 935-943.

25. HERBERT II : 943 – autorise une élection d'abbé régulier vers 970.

26. ODELÉE : vers 970 – encore abbé lors du synode du Mont-Notre-Dame (entre 977 et 983)[27].

27. BOSON : mentionné dans une charte de l'empereur Henri II du 5 mai 1005[28].

28. RICHARD : avant 1019 – encore en 1038[29].

29. RAOUL

30. TEODERICUS

31.– RENAUD : avant Noël 1047 – excommunié le 5 octobre 1049 et déposé[30] par le roi Henri Ier.

32. GÉRARD : avant le 4 mai 1057 – après le 23 mai 1059[31].

33. RENAUD (à nouveau) : avant août 1063 – 1076[32].

34. PONS : 1076-1077.

35. SAINT ARNOUL DE PAMÈLE : 1078-1079.

36. SAINT GÉRARD DE CORBIE : ancien abbé de Saint-Vincent de Laon, élu, mais non confirmé par le roi Philippe Ier (début 1079 ?).

37. PONS (de nouveau) : 1079.

38. EUDES : 1079 ? – se démet en 1094[33].

39. RAOUL : 1094 – novembre ou décembre 1119.

40. GEOFFROI COU DE CERF : déc. 1119 – août/septembre 1131[34].

41. EUDES : sacré le 30 septembre 1131 – 1er février 1133[35].

42. GAUTIER : 1135 – meurt le 24 février 1148[36].

43. INGRAN : mars/avril 1148 – se retire après le 1er octobre 1177[37]. Ancien prieur de Corbie et abbé de Marchiennes, serait mort un 6 juin[38] ou un 7 juillet, d'après l'obituaire de Prémontré[39], avant 1186.

44. GEOFFROI : janvier – février 1178 – se démet en 1185. Moine de Saint-Médard, ancien prévôt de Rivière[40].

45. GAUTIER : 1185- mort en 1186. Moine de Cluny, ancien abbé de Flavigny, meurt au bout de dix mois[41].

46. BERTRAND DE COUCY : 1186 – mort en 1195[42], le 14 février selon l'obituaire de Compiègne[43], le 17 mars selon ceux de Corbie et de Notre-Dame de Soissons[44].

47. GAUTIER BALENA : 1195 – mort le 17 mars 1198[45]. Moine de Saint-Médard[46].

48. ROGER FAUCILLONS : 1198 – se démet en 1204. Ancien prévôt d'Essômes[47], aurait encore vécu en 1214[48].

49. AUBRI DE BRAINE : 1204 – mort le 3 mai 1206. Ancien élève de l'école abbatiale[49], ancien prévôt de Saint-Médard[50].

50. MILON DE BAZOCHES : 1206 – mort le 25 octobre 1219[51]. Moine de Saint-Médard, prieur de Choisy[52], abbé de Marchiennes en 1202, puis de Saint-Martin de Tournai en 1203, de Saint-Remi de Reims en 1205, enfin de Saint-Médard[53]. Détenu à la prison royale de Rouen avant l'Ascension 1210, et libéré à cette date par l'intervention du chapitre de la cathédrale à l'occasion de la Saint Romain[54].

51. RAOUL DE BRAINE : élu fin 1219[55], béni après janvier 1220[56] – mort le 20 avril 1237[57].

52. RENAUD DE NANTEUIL : élu mai 1237[58], béni après le 11 juillet 1237[59] – mort le 4 juin 1246[60]. Moine de Saint-Médard, ancien prieur de La Croix-Saint-Ouen, avait pris en charge la gestion spirituelle de l'abbaye avant sa confirmation[61].

53. JEAN DE MÉRICOURT[62] : 1246 – se démet le 11 août 1253 après avoir obtenu du pape Innocent IV, le 1er juin 1253, la permission de résigner sa charge[63] (meurt le 3 janvier 1255[64]).

54. JÉRÔME DE COINCY[65] : élu le 4 septembre 1253[66], élection confirmée le 1er décembre 1253[67] – meurt en 1270, le 30 août, d'après le nécrologe de Corbie[68], le 1er septembre, d'après celui de Notre-Dame de Soissons[69], le 12 septembre d'après celui de Collinances[70]. Ancien grand-prieur.

55. ROBERT : 1270 – mort au plus tard le 1er avril 1278[71]. Ancien prévôt de Favières[72].

56. GÉRARD : 1278 – mort le 22 mars 1294[73].

57. PHILIPPE : 1294 – encore abbé le 25 avril 1308[74] ; mort avant le 22 mai 1309[75].

58. JEAN DE LESKIELEDI ET DE BRISMOUTIER : élu par les moines avant que n'intervienne la réserve pontificale du 22 mai 1309, non béni, mort le 31 juillet 1314[76].

59. PIERRE DIT « DE PARAY » : 15 juillet 1309 – meurt le 30 mai 1312. Premier abbé nommé en vertu de la réserve pontificale, ancien prieur de Manlieu au diocèse de Bourges[77].

60. NICOLAS DE CHIVRES : élu en 1312, élection confirmée le 4 avril 1313[78]. Moine de Saint-Médard, se démet après huit années d'abbatiat[79] le 21 juillet 1320[80] ; meurt le 7 septembre 1324[81].

61. ARTAUD FLOTTE : 10 novembre 1320 – 22 avril 1323. Ancien prieur de Coincy, nommé par Jean XXII[82] ; échange l'abbaye de Saint-Médard contre celle de Vézelay[83].

62. JEAN DE CONFLANS : 22 avril 1323 – 23 décembre 1327. Ancien abbé de Vézelay, échange cette abbaye avec Artaud[84] jusqu'au moment où il est nommé évêque d'Orléans[85].

63. GÉRARD DE VÉ : 15 juin 1328 – mort après septembre 1329[86] à Avignon[87]. Moine de Saint-Médard, prieur de La Croix-Saint-Ouen[88], puis prévôt de Marizy[89], prévôt à vie de Favières, nommé par Jean XXII[90] malgré son manque de culture intellectuelle, béni après le 12 juin 1329[91].

64. NICOLAS DE SOISSONS[92] : 11 décembre 1329 – avant le 21 avril 1344. Moine de Saint-Médard, trésorier de Soucy, nommé par expectative pontificale du 24 février 1328[93] au prieuré de Donchery[94], puis abbé par réserve pontificale à la mort de Gérard[95] ; cité à comparaître à Avignon pour simonie[96], obtient plusieurs prolongations, puis relaxation par le roi[97] puis procès avec Eudes de Chatillon[98], transféré abbé de Fécamp[99].

65. THOMAS : 21 avril 1344 – mort à Avignon avant le 20 octobre 1344. Ancien prieur dans le diocèse de Paris[100], nommé par Clément VI.

66. SIMON : 27 octobre 1344 – entre le 11 novembre 1363 et le 5 avril 1364. Abbé de Saint-Pierre de Latigny, nommé par Clément VI à Saint-Médard[101], était encore abbé le 11 novembre 1363[102]. L'abbatiat était vacant le 5 avril 1364[103].

67. GUILLAUME GAUTIER : mars 1365 – 1378. Ancien prieur de Notre-Dame de la Daurade à Toulouse, abbé de la Chaise-Dieu en Auvergne, transféré à Saint-Médard en mars 1365[104].

68. JEAN : entre le 20 septembre 1378 et le 2 janvier 1379 – novembre 1389. Ancien abbé de Notre-Dame de Mouzon dans les Ardennes, succède à Guillaume[105], nommé sur réserve pontificale au début du pontificat de Clément VII, à partir du 20 septembre 1378 et avant le 29 janvier 1379[106], abbé presque douze ans[107], plus ou moins déposé[108] démissionne dans les mains de Clément VII et se retire dans la prévôté de La Siège[109].

69. JEAN DE SAINT-AVIT : 1er au 6 novembre 1389 – 7 octobre 1391. Moine de Saint-Denis, confirmé abbé de Saint-Médard par Clément VII entre le 1er et le 6 novembre 1389[110], abbé vingt-deux mois[111], évêque d'Avranches le 7 octobre 1391[112].

D'après les *Obligationes et Solutiones* des Archives Vaticanes, il n'y a pas d'abbé entre Guillaume et Jean : O.S. 49, 73 et aussi Reg. Aven, 279,87. Les mauristes (G.C. IX, 420 et BNF Picardie 243, f° 237') ne donnent au premier qu'un abbatiat de quatre ou cinq ans et demi. Ce délai serait à allonger. Les registres des *Obligationes et Solutiones* témoignent de la succession : Guillaume, Jean, Jean de Saint-Avit, Pierre d'Essômes, et aussi très probablement : Foulques de Montaigu et Jean de Champluisant, et Jean, ancien abbé de Saint-Crépin-le-Grand.

70. PIERRE D'ESSÔMES : avant le 23 octobre 1391 – 10 janvier 1404. Moine de Saint-Médard, prévôt de Marizy, nommé abbé de Mouzon par Clément VII après la nomination de Jean à Saint-Médard[113], abbé de Saint-Médard avant le 23 octobre 1391[114], encore abbé le 13 février 1403[115], meurt le 10 janvier[116], 1404 probablement[117].

71. FOULQUES DE MONTAIGU : abbé avant le 18 novembre 1404[118], meurt en 1425[119] ou 1426[120].

72. JEAN DE CHAMPLUISANT : ancien prévôt de Favières[121], abbé avant le 24 janvier 1427[122].

73. JEAN GUYON : ancien abbé de Saint-Crépin-le-Grand transféré à Saint-Médard avant le 9 mars 1429[123], encore abbé de Saint-Médard en 1454[124], se serait démis en 1458[125].

74. JEAN BENOÎT : abbé avant le 17 décembre 1458[126], se démet en 1468[127] avant le 8 juin.

75. GÉRARD DE SULLY : 8 juin 1468[128] – meurt le 10 août 1484[129]. En même temps prévôt commendataire de Marizy[130].

76. ALEXANDRE DE BOURBON : moine de Cluny, prieur de Saint-Arnoul de Crépy, postule et accepte le 29 août 1484[131], confirmé par Innocent VIII le 19 octobre 1484[132], béni le 27 janvier 1485[133], meurt en 1501[134].

77. CHARLES DE LUXEMBOURG : évêque de Laon depuis 1473, abbé commendataire le 14 février 1502[135], meurt le 24 novembre 1509.

78. JEAN OLIVIER : moine de Saint-Denis, abbé régulier de Saint-Médard en 1510, abbé de Saint-Crépin-le-Grand le 26 janvier 1517[136], évêque d'Angers en 1531[137], échange l'abbaye de Saint-Médard avec François de Rohan[138] ; meurt le 12 avril 1540.

79. FRANÇOIS DE ROHAN : archevêque de Lyon, abbé commendataire par arrangement avec Jean Olivier cédant en sa faveur, confirmé par Paul III le 3 novembre 1534[139] ; meurt avant le 9 octobre 1536[140], probablement le 8 juin.

80. JEAN, CARDINAL DE LORRAINE : nommé par François Ier fin 1536[141] ; commende confirmée par Paul III le 20 juin 1537[142] ; cède la commende à Hippolyte d'Este, cession confirmée par Paul III le 29 octobre 1539[143].

81. HIPPOLYTE D'ESTE : cardinal de Ferrare ; commende confirmée par Paul III le 29 octobre 1539, meurt le 2 décembre 1572[144].

82. LOUIS, CARDINAL D'ESTE : prieur commendataire de La Croix-Saint-Ouen en 1542[145] ; commende de l'abbaye confirmée par Grégoire XIII le 2 décembre 1572, en prend possession le 30 janvier 1574[146] ; meurt le 30 décembre 1586[147].

83. MATHURIN VINCENT : commende confirmée le 7 septembre 1587 par Sixte Quint ; prend possession le 7 mars 1588, résigne en faveur de François Hotman.

84. FRANÇOIS HOTMAN : commende confirmée par Clément VIII le 10 décembre 1596[148], prend possession le 14 juin 1597, meurt le 15 mars 1636[149].

85. JULES, CARDINAL MAZARIN : né dans les Abbruzes en 1602, commende confirmée par Urbain VIII le 12 juin 1639[150] ; meurt le 9 mars 1661.

86. PHILIPPE DE SAVOIE : fils du comte de Soissons et d'Olympe Mancini, nièce de Mazarin, né en 1658, nommé par le roi en 1661, confirmé par le pape en 1667, prend possession en 1669, meurt le 5 octobre 1693[151].

87. HENRI-CHARLES ARNAULD DE POMPONNE : fils du marquis de Pomponne, né en 1669, nommé par le roi le 1er novembre 1693[152] et se démet de Saint-Maixent qu'il avait depuis le 8 septembre 1684, meurt le 26 juin 1756.

88. FRANÇOIS-JOACHIM DE PIERRE, CARDINAL DE BERNIS : abbé de Saint-Médard le 16 mars 1758, ambassadeur à Rome, meurt le 3 novembre 1794.

[1] J.-W., 1039.

[2] J.-W., 1239.

[3] *G.C.* IX, 410.

[4] Diplom., *op. cit.* (v. note 18, C. I).

[5] *G.C.* IX, 410.

[6] Diplom., *op. cit.* (v. note 18, C. I).

[7] *AA.SS.* juin, II,85.

[8] *AA.SS.* mars, I, 408, et *AA.SS.* juin, II, 85.

[9] L. DELISLE, « Notice sur un manuscrit mérovingien de la Bibliothèque royale de Belgique », dans *Notices et extraits*, XXXI, 35.

[10] Diplom., *op. cit.* (v. note 18, C. I).

[11] *Idem.*

[12] *Idem.*

[13] *Idem.*

[14] Ce qui confirmerait l'absence de l'abbé de Saint-Médard à ce concile alors que les autres abbés de la région y sont : E. AMANN, *L'époque carolingienne*, p. 30 ; L. DUCHESNE, *op. cit.*, III, 91 (v. note 10, C. II).

[15] *G.C.* IX, 410.

[16] *M.G.H. DD. Caroli Magni*, n° 75, p. 108. L'abbatiat de Hugues, fils de Charlemagne, parfois intercalé ici (*G.C.* IX, 410) et dont doutait déjà dom Grenier (BNF Picardie 243, f° 279) est une légende rapportée par la *Chronique* de Novalaise (C. CIPOLLA (éd.), *Monum. Novalic.*, t. II, p. 195).

[17] Saint Raoul, archevêque de Bourges de 840 à 866, est à rayer de la liste des abbés de Saint-Médard : *G.C.* II, 24, et VII, 1543. *AA.SS.* juin, IV, 117-124, en particulier le jugement de Mabillon sur Trithemius, p. 120. ZIMMERMAN, *Kalendarium benedictum*, 1934, p. 345.

[18] L. LEVILLAIN, dans *B.E.C.*, 108, p. 29.

[19] Cf. *supra*, p. 56.

[20] Cf. *supra*, p. 56.

[21] « Presbyter et abba » au concile de Douzy, dans M. GERMAIN, *op. cit.*, p. 434 (v. note 139, C. I). Mais il n'est pas certain qu'il fut abbé de Saint-Médard, comme le veulent les mauristes (BNF Picardie 243, f° 209 et 209', 251', et lat. 11818, f° 127'). Quant à Hugues, porté comme successeur de Sigemond, dom Grenier avait déjà remarqué qu'il s'agissait de l'abbé de Rethondes (BNF Picardie 253, f° 66 ; Picardie 243, f° 210, 251 ; lat. 11811, f° 12. Diplom., *op. cit.* (v. note 18, C. I).

[22] Cf. *supra*, p. 74.

[23] RICHER, I, 17, *op. cit.*, I, 43 (v. note 52, C. IV).

[24] Diplom., *op. cit.* (v. note 18, C. I).

[25] FLODOARD, *op. cit.*, a. 932, p. 53 (v. note 104, C. I).

[26] Cf. *supra*, p. 74.

[27] F. LOT, *Les derniers Carolingiens*, p. 70, n. 8.

[28] *M.G.H. DD.* Henri II, 96.

[29] Démêlés avec Foulques, évêque de Soissons, mort le 6 août 1019, et avec Gothelon duc de Lorraine. Il semble difficile de ne pas accepter la série complète des cinq abbés : Odelée, Boson, Richard, Raoul, Teodericus, énumérés sur le rouleau de Guifred ; cf. L. DELISLE (éd.), *Rouleaux des morts du IXᵉ au XVᵉ siècle*, n° XIX, p. 92, daté de 1051, encore qu'il n'y ait pas d'autre mention des deux derniers noms.

[30] F. SOEHNÉE, *op. cit.*, n° 75, p. 69 (Noël 1047) (v. note 154, C. III). A.S.M. S.1049. J-W, 4175. MIGNE, P.L. 142, 1436.

[31] D. BOUQUET, XI, 32, 594. F. SOEHNÉE, *op. cit.*, n° 108, p. 109 (v. note 154, C. III).

[32] Cf. *supra*, p. 118.

[33] *AA.SS.* octobre, X, 83. MIGNE, P.L. 162, 659.

[34] Encore abbé le 5 août 1131 ; A. LUCHAIRE, *Louis VI*, 472. A.S.M. a. 1121 = erreur : MCXXI pour MCXIX.

[35] BNF Picardie 243, f° 217. J-W, 7486.

[36] BNF Picardie 243, f° 218.

[37] P.U. Champagne - Lorraine, p. 26 et p. 308, n° 133 (lettre d'Alexandre III à Ingran du 1ᵉʳ octobre 1177).

[38] BNF Picardie 243, f° 220'.

[39] Cf. A. MOLINIER, *Les obituaires français au Moyen Âge*, Paris, 1890, p. 91.

[40] *Cart. nov.* f° 30 (1169).

[41] A.S.M. a. 1185. *G.C.* IV, 461.

[42] A.S.M. a. 1194 (a.s.).

[43] B N. Picardie 243, f° 222.

[44] BNF Picardie 63 bis, f° 2', et 243, f° 222.

[45] S.M. a. 1194 et 1197 (a.s.). *G.C.* IX, 417.

[46] *Cart. ant.* f° 13 (1171).

[47] *Cart. ant.* (Roger Faucillun, vers 1189-1190), f° 31.

[48] BNF Picardie 243, f° 223.

[49] *Cart. nov.* f° 147' (1157).

[50] *Cart. ant.* f° 31 (vers 1189-1190).

[51] A.S.M. a. 1219 ; obituaire de N.-D. de Soissons (BNF Picardie 63 bis, f° 7'). 24 octobre dans les obituaires de Prémontré (cf. A. MOLINIER, *op. cit.*, p. 91 (v. note 98, C. I)) et de Collinances (*Obituaires de la province de Sens*, t. IV, 1923, p. 202, 203), 26 octobre dans celui de Fontaines (*idem*, t. IV, 193).

[52] *Cart. ant.* f° 31 (1189-1190) et AN LL 1023, f° 80 (1201).

[53] U. BERLIÈRE, I, 279. *Monasticon belge*, 8 vol. Abbaye de Maredsons, 1890-1897.

[54] AD Seine-Maritime, G 3475. BNF nouv. acq. lat. 1363, f° 115' et 126'. ; nouv. acq. lat. 1975, f° 136. A. FLOQUET, *Histoire du privilège de saint Romain*, 1833, I. p. 29 et II, p. 601 et pièces justif. *AA.SS.* octobre, X, 87 (VAN ECKE, 1869).

[55] TEULET, *Layettes du Trésor des Chartes*, I, n° 1367, p. 490.

[56] R.P. Honorius III, 2314.

[57] BNF Picardie 243, f° 225'.

[58] A.S.M. a. 1237.

[59] R.P. Grégoire IX, 3773.

[60] *G.C.* IX, 418.

[61] R.P. Grégoire IX, 3773.

[62] Il y a, à la même époque, un Jean de Méricourt, abbé de Saint-Corneille de Compiègne (1242-1265) [*G.C.* IX, 438], alors dans le diocèse de Soissons. C'est lui qui reçut la cession de son homonyme de Saint-Médard.

[63] R.P. Innocent IV, 6578.

[64] Gobert de Coincy (cf. *supra*).

[65] Malgré *G.C.* IX, 418, il semble impossible, à cause du témoignage de Gobert de Coincy (A.S.M. a. 1253), de faire de cet abbé un Jérôme de Coucy : Gobert l'appelle « de Coinssiaco ».

[66] A.S.M. a. 1253.

[67] R.P. Innocent IV, 7091.

[68] *G.C.* IX, 418.

[69] BNF Picardie 63 bis, f° 5.

[70] *Obituaires de la province de Sens*, t. IV, p. 202.

[71] AN J 345 A, n° 53.

[72] BNF Picardie 243, f° 235.

[73] *Id.* f° 236'.

[74] AN J 414 A, n° 43.

[75] A.V. Reg. Vatic., 56, f° 34', n° 149. R.P. Clément V 3827.

[76] BNF Picardie 243, f° 237, et lat. 11818, f° 128'.

[77] R.P. Clément V, app. I, 110, n. 4, p. 225 et a. IV, 4415. *G.C.* IX, 419.

[78] R.P. Clément V, app. I, 247 et n° 2 p. 250.

[79] A.V. Reg. Vatic. 73, f° 331', n° 935.

[80] BNF Picardie 243, f° 237.

[81] BNF Picardie 243, f° 237'.

[82] R.P. Jean XXII, I, c. 12580.

[83] R.P. Jean XXII, I, c. 17218.

[84] *Idem*, 17220.

[85] *Idem*, 30851.

[86] AN JJ 66, n° 865.

[87] A.V. Regi. Vatic. 93, f° 218, n° 654.

[88] *Cart. nov.* f° 127 (1296).

[89] BNF Moreau 218, f° 165 (1305). AN J 414, n° 43 : délégué aux États de Tours (1308).

[90] R.P. Jean XXII, 1, c. 29320 et 41583.

[91] *Idem*, 45358.

[92] Cette appellation est préférable à toute autre : R.P. Jean XII, I, c. 24494 ; AN X1a 9, f° 158', et L 1009 A, n° 26 (original sur parchemin sans sceau).

[93] R.P. Jean XXII, I, c. 24494.

[94] *Idem*, 25748.

[95] *Idem*, 47728.

[96] *Idem*, 59887.

notes

[97] *Idem*, 50565, 61112, 61451.

[98] R.P. Benoît XII, 2404.

[99] L'abbé Pierre intercalé dans la *G.C.* IX, 419 entre Jean de Conflans et Nicolas de Hauteil, est une confusion avec le cardinal Pierre, du titre de Saint-Martin *in Montibus,* qui obtint Donchery le 15 mars 1330 : R.P. Jean XXII, I, c. 48902.

[100] A.V. Reg. Vatic. 161, 79, n° 61 et 163, 56, n° 37. AN X1a 8848, f° 95.

[101] A.V. Reg. Vatic. 163, 56, n° 37.

[102] BNF Moreau 235, f° 113.

[103] BNF Moreau 233, f° 157 *sq.* : le « vest » est reçu par le grand prieur Pierre de Reims (BNF Picardie 243, f° 237').

[104] A.V. *Inst. Miscellanea,* 2450.

[105] A.V. Reg. Aven. 215, f° 191' (30 juin 1379). Clément VII corrige l'erreur faite par lui en disant que l'abbé Jean succédait à Geoffroi au lieu de Guillaume.

[106] A.V. Reg. Aven. 215, f° 101'.

[107] A.V. *Instr. Miscellanea,* 3663.

[108] AN X1c 95A, n° 139.

[109] A.V. *Instr. Miscellanea,* 3663.

[110] BELLAGUET (éd.), *Chronique du religieux de Saint-Denis,* 1839, I, 625.

[111] AN X1c 95A, n° 139.

[112] EUBEL, I, 66.

[113] A.V. Reg. Aven, 205, 57. *Revue d'Ardenne et d'Argonne,* V (1897-1898) p. 18-20.

[114] A.V. O.S. 43, f° 144'.

[115] AD Oise, H 2313.

[116] *G.C.* IX, 265.

[117] Entre Pierre d'Essômes et Foulques, le *Gallia Christiana* mentionne Roger et Jean (*G.C.* IX, 420 ; BNF lat. 11818, f° 128'). Ces noms n'ont pas de place dans la succession des *Obligationes et Solutiones.*

[118] A.V. O.S. 143, 182.

[119] *G.C.* IX, 420.

[120] BNF Picardie 243, f° 238'.

[121] A.V. Annales, 3, 65.

[122] A.V. O.S 60, 182 et 3, 151.

[123] A.V. O.S. 64, 66, qui ont noté seulement un « Jean » transféré de Saint-Crépin à Saint-Médard. Serait-ce Jean de Servaville ? (*G.C.* IX, 402). Aucun renseignement dans dom Élie. Il semble préférable d'en faire le même personnage que Jean Guyon.

[124] Terrier de Vic-sur-Aisne : Bibliothèque de Compiègne, ms. 50, f° I.

[125] BNF Picardie 243, f° 239'.

[126] B .N. Moreau 253, f° 131.

[127] BNF Picardie 243, f° 239'.

[128] A.V. O.S. 4 174.

[129] BNF Picardie 243, f° 240.

[130] A.V. Annales 35, f° 161'.

[131] *Idem,* p. 240'.

[132] A.V. O.S. 83, 120.

[133] *G.C.* IX, 403.

[134] BNF Picardie 243, f° 241.

[135] A.V. Archiv. Consist. Acta Miscell. II, f° 207'. Oblig. Comm. 12, f° 155.

[136] A.V. GARAMPI 26. Ind. 470, p. 30'. U. BERLIÈRE, *Les élections abbatiales au Moyen Âge,* Bruxelles 1927, p. 71. A. VIDIER, *Bulletin de la société de l'histoire de Paris et de l'Île-de-France,* p. 144-146, qui ne fait de Jean Olivier qu'un prieur de Choisy.

[137] La référence manque dans le manuscrit de l'abbé Delanchy (note des éditeurs).

[138] BNF Picardie 243, f° 158'. Arrangement confirmé par Paul III le 3 nov. 1534 : A.V. Reg.Vatic. 1700, 31.

[139] A.V. Reg. Vatic. 1700, 51.

[140] AN L 1009 A, n° 29. EUBEL II, 182 et III, 230 : 13 octobre 1546. BNF Picardie 243, f° 243.

[141] BNF Picardie 243, f° 243.

[142] A.V. Reg. Vatic. 1494, 25'.

[143] A.V. Reg. Vatic. 1553, 17'.

[144] EUBEL, III, 28.

[145] BNF Picardie 243, f° 244'.

[146] BNF Picardie 243, f° 244'.

[147] EUBEL, III, 43.

[148] BNF Picardie 243, f° 245'.

[149] *G.C.* IX, 421.

[150] BNF Picardie 243, f° 246.

[151] *G.C.* IX, 421, d'après BNF Picardie 243, f° 284'.

[152] *G.C.* IX, 422, d'après BNF Picardie 243, f° 284'.

notes

LES PLUS ANCIENS DOCUMENTS DIPLOMATIQUES DE L'ABBAYE DE SAINT-MÉDARD DE SOISSONS

la dola la miele taittant
hasain lo que est salu bant

L e miracle coment nre dame
fu serue dun quvel on genoil.

N estoit trus que
pres dorliens
vn chastel a ou
mit de biens
fist une fois la mer
au roy.

Q u tost abviste

LES PLUS ANCIENS DOCUMENTS DIPLOMATIQUES DE SAINT-MÉDARD DE SOISSONS

Introduction de la thèse secondiare de l'abbé Delanchy.
La suite du manuscrit n'a pas été retrouveé (cf. *infra*, J. Barbier, p. 181).

La plupart des anciens documents diplomatiques intéressant Saint-Médard de Soissons avaient été copiés dans un *Epitome sive compendium priviliegiorum abbatiae Sancti Medardi Suessionensis a pontificibus, imperatoribus, regibus concessorum* qui a dû exister jusqu'à la Révolution française, puisque les mauristes l'ont connu et utilisé. Vrayet les transcrivit dans ses *Libri utriusque probationum*[1]. Gillesson, peu après, fit de même dans ses notes : c'est de ses papiers que sont extraits une bonne partie des textes qui suivent[2]. Dom Grenier à son tour l'exploita[3].

Une fraction notable de ces documents est constituée par des notices : d'où la forme brève et récrite de ces textes, souvent leur transposition à la troisième personne. Le compilateur a résumé des chartes. Il renvoie à des textes censés connus : « *unde privilegium…* ». Ce sont moins des actes au sens juridique ou diplomatique du terme que des mentions d'actes consignés à seule fin d'en garder le souvenir. Il y a néanmoins parmi ces documents quelques chartes et diplômes royaux.

Les documents ont été remis dans l'ordre chronologique. Un certain nombre, connus par d'autres sources et déjà édités, n'ont pas été reproduits : privilèges des papes Jean III et Grégoire Ier, acte du concile de Douzy, etc. Par contre, quelques autres pièces, antérieures aux premières années du Xe siècle, ont été ajoutées parce qu'elles étaient restées jusqu'ici inédites.

Il est inutile d'insister sur le caractère remanié de ces actes. L'identification des noms de lieux a été plus difficile : quelques identifications restent problématiques malgré de longues recherches. Mais le remaniement opéré, soit à l'occasion de la rédaction de l'*Epitome* en question, soit à l'occasion d'une reconstitution d'archives n'implique pas nécessairement une supercherie. Pour la quasi totalité des pièces, les possessions revendiquées sont restées dans le temporel de l'abbaye jusqu'à la Révolution française, ou ont été pendant un temps notable sous son domaine, comme les possessions du pays nantais, de la région du Maine ou du Vendômois, que leur éloignement rendait assez précaires. Les recherches pour préciser les biens de l'abbaye dans le Talou ont été moins

heureuses : on ne peut en conclure que ces biens n'ont pas existé. Leur existence est, au contraire, aussi probable que celle des précédents, ainsi qu'Abbeville dans le Ponthieu.

Quelques-unes de ces donations ou fondations sont également connues par la bulle d'Eugène II (824-827)[4], qui confirme la prééminence du monastère soissonnais sur les monastères du royaume qui aurait été jadis concédée par Jean III[5], et en même temps les possessions de l'abbaye. Mais cette bulle, comme celle de Jean III, se rattache visiblement au cycle des titres juridiques que l'abbaye s'est forgés à l'époque assez tardive où elle prétendait affirmer son exemption vis-à-vis de l'évêque de Soissons. Elle est frelatée.

La supercherie est moins flagrante dans l'ensemble des pièces qui suivent. Il ne semble pas qu'elle ait vieilli sensiblement le rattachement de Saint-Pierre de Rethondes et de La Croix-Saint-Ouen au monastère soissonnais. Il ne paraît pas qu'elle l'ait fait pour d'autres titres de propriété, sauf erreur, sur les noms de souverains, par exemple. Un bon nombre d'actes semblent avoir été reconstitués après les invasions normandes ou au début du Xe siècle. Le diplôme original de Charles le Chauve conservé aux Archives nationales (et daté de 866-870) a servi à refaire deux autres diplômes attribués au même souverain. D'autres éléments ont été naturellement utilisés. Ces remaniements ou ces reconstructions ont parfois donné aux textes une forme mensongère qui prévient défavorablement le diplomatiste. L'historien ne peut cependant les ignorer, ni les rejeter *a priori*, quand la critique de leur teneur en établit le bien-fondé et que d'autres renseignements corroborent leur témoignage.

Si la valeur historique de ces textes est donc limitée, mais réelle, encore qu'il faille l'apprécier sur chacun d'eux, l'intérêt de l'ensemble de ces documents, remaniés ou non, est indiscutable.

---

[1] Tables et résumés dans BNF Picardie 243, f° 161 et 311.

[2] BNF Franç. 18769, dans l'ordre f° 364-363-365-13-22.

[3] BNF Picardie 243, f° 319.

[4] J. RAMACKERS, *Papsturkunden in Frankreich, Picardie,* n° 2, p. 56. J.-W., 2562.

[5] 11 mars 562. J.-W., 1039.

✛ « *Comment Nostre-Dame fut ferue d'un quarrel au génoil* ». Détail de la fig. p. 160. Miracles de Notre-Dame. Texte de Gautier de Coincy (vers 1177-1236), copie du XIVe siècle. Paris, BNF Nouv. acq. fr. 24541, fol. 70 v.

Les actes mérovingiens pour Saint-Médard de Soissons : une révision

par Josiane Barbier

Suivi d'un catalogue des actes
royaux et privés pour Saint-Médard
de Soissons antérieurs à 751

✠ FONTAINE DE VIE. *Détail de la fig. p. 196. Évangiles de Saint-Médard de Soissons, copie de l'École de la cour de Charlemagne, début IXᵉ siècle (Paris, BNF lat. 8850, fol. 6 v.).*

On reconnaît sur ce détail un bassin surmonté d'un édicule à colonnes au toit conique rappelant les architectures représentées dans les scènes champêtres de la peinture murale antique.

a u début des années cinquante, Clovis Brunel publiait un catalogue des actes mérovingiens de Saint-Médard de Soissons, pour l'essentiel inédits[1]. Ses conclusions étaient
particulièrement pessimistes : « [...] les cinq actes dont le texte est conservé sont des
faux évidents [...]. Le soupçon d'imposture pèse sur les pièces dont le texte est perdu [...]. »
Et d'appeler à « une étude d'ensemble [...] pour éclairer l'origine [...] de tant de
supercheries[2] », qui n'ont pas plus épargné les privilèges carolingiens de l'abbaye[3].

Cette étude devait être réalisée par l'abbé Delanchy dans sa thèse publiée
aujourd'hui. Comme d'autres, et sans grande surprise, il a distingué deux époques
majeures de fabrication ou de remaniement de chartes. La première aurait suivi de
près les dévastations normandes de la fin du IXe siècle, l'incendie du monastère et
vraisemblablement de ses archives : au début du Xe siècle, le moine et historiographe
Odilon aurait procédé à une reconstitution des titres disparus. Deux siècles plus tard, le
fameux faussaire Guernon produisait sans vergogne nombre de privilèges mensongers en
une période de défense des droits seigneuriaux de l'abbaye et d'affirmation de son
exemption[4].

La thèse complémentaire de l'abbé Delanchy devait étayer, en rassemblant les éléments
de critique diplomatique et codicologique nécessaires, les résultats exposés dans sa thèse
principale. On n'en possède que le plan, en trois chapitres, et l'introduction du premier
chapitre, intitulé « Les plus anciens documents diplomatiques ». Ce texte livre l'appréciation
nuancée à laquelle l'examen de ces titres anciens avait conduit l'auteur. Bien qu'ils fussent à
l'évidence remaniés, ils ne devaient pas être rejetés a priori ni en bloc ; dûment critiqués, ils
apportaient en effet une information de valeur sur les premiers temps du monastère. Les
développements critiques font défaut, mais les divers passages de la thèse principale où il est
question des « plus anciens documents » de l'abbaye montrent que, pour l'abbé Delanchy,
l'essentiel des actes du haut Moyen Âge possédait un fond de vérité.

L'abbé Delanchy ne fut pas le seul à parvenir à cette conclusion. De manière
indépendante, plusieurs historiens ont utilisé la documentation san-médardienne, sans doute
parce qu'ils lui reconnaissaient un réel fondement[5]. Récemment encore, un historien belge se
décidait avec la plus haute vraisemblance pour l'authenticité d'un des actes aujourd'hui
perdus[6].

Cette convergence de points de vue rend d'autant plus regrettable la perte (?) du
manuscrit de l'abbé Delanchy, dont on suppose rétrospectivement tout l'intérêt. Tenter de
pallier cette lacune dans son ampleur chronologique et éditoriale était impensable. En
revanche, une mise au point, assortie des considérations critiques indispensables, sur ce que
peuvent nous apprendre les actes mérovingiens, royaux et privés, de Saint-Médard, nous a
paru souhaitable[7]. Elle sera suivie d'un essai d'évaluation des archives mérovingiennes de
l'abbaye. Nous reprendrons enfin, à la lumière d'une bibliographie récente, les grandes lignes
de l'histoire de la basilique sous la première dynastie.

Les textes

Des titres que l'abbaye soissonnaise avait reçus pendant le haut Moyen Âge, et qu'elle serrait dans ses *armaria* pour garantir droits et possessions, un seul original est parvenu jusqu'à nous, celui du précepte que le roi Charles le Chauve accorda vers 866-870 à la communauté soissonnaise[8]. À la fin du XVIIIe siècle déjà, hormis ce diplôme, « on ne rencontrait pas [dans le chartrier] de pièce originale au-dessus du XIe siècle[9] ». C'est dire que notre connaissance des documents antérieurs à l'an mil repose exclusivement, ou presque, sur des copies et des analyses médiévales ou modernes.

Singulièrement, les chartes mérovingiennes ne sont guère connues que par des extraits ou des analyses transmis par les érudits des XVIIe et XVIIIe siècles, à l'exception de cinq documents faux ou remaniés, cités ou édités par Clovis Brunel[10]. De la qualité de ces résumés dépend la critique que l'on en peut faire. Il n'est donc pas sans intérêt de revoir brièvement les bases manuscrites sur lesquelles ils ont été jusqu'ici éprouvés.

Tradition

Pour établir son catalogue, Clovis Brunel avait surtout mis à profit les notes rassemblées à la fin du XVIIIe siècle par dom Grenier, conservées aujourd'hui dans la collection de Picardie de la Bibliothèque nationale de France[11]. L'abbé Delanchy, à l'issue de recherches tendant à l'exhaustivité, aurait privilégié dans sa thèse complémentaire les matériaux collectés au XVIIe siècle par dom Gillesson, également conservés à la Bibliothèque nationale de France[12]. Pour lui, aucun doute : les textes copiés par l'érudit soissonnais sont supérieurs à ceux utilisés par Clovis Brunel. Son opinion ressort clairement du choix qu'il en fit pour publier « les plus anciens documents », et de sa remarque sur le catalogue de Clovis Brunel : « Il a manqué surtout à l'auteur de retrouver le manuscrit de dom Gillesson ».

Selon l'abbé Delanchy, les analyses des érudits modernes dérivent pour l'essentiel d'une source commune, l'*Epitome sive compendium privilegiorum abbatie sancti Medardi Suessionensis a pontificibus, imperatoribus, regibus concessorum…*, disparue à la Révolution. De fait, on trouve ce titre en tête des copies de dom Gillesson et dans des tables de « preuves » dressées vers la même époque[13]. Cette vaste compilation, d'époque moderne d'après l'abbé Delanchy, devait, si l'on en croit son titre, donner des abrégés des privilèges san-médardiens.

La confrontation de différents papiers érudits[14] montre qu'au milieu du XVIIe siècle les archives de l'abbaye ne gardaient pas trace d'autres actes mérovingiens que ceux aujourd'hui connus ; la très grande majorité des textes était réduite à l'état de fragments, peut-être parce qu'ils n'étaient plus transcrits que dans l'*Epitome* (elle-même compilée sur des copies ?). En fin de compte, entre les textes originaux et les lambeaux que nous en conservons, on doit placer deux intermédiaires (*Epitome* et érudits), peut-être, plus souvent, trois (copie antérieure à l'*Epitome*, *Epitome* et érudits). On imagine sans peine les erreurs produites par ces prismes successifs. Que reste-t-il des documents ? Les notes du Picardie 243, comme celles du *Monasticon Benedictinum*, analysent succinctement les actes, qui en français, qui en latin, tout en en reproduisant quelques mots ou passages jugés significatifs (ainsi des toponymes et de leur localisation, ou de certains termes techniques). Les résumés réunis par dom Gillesson sont bien différents : ils reprennent manifestement des pans entiers des chartes, préambule, dispositif, eschatocole. Encore convient-il de préciser que leur auteur (le compilateur de l'*Epitome* ?) a parfois modifié le libellé d'origine, passant sans transition d'une transcription textuelle à une analyse diplomatique ; d'où des incises étonnantes, ou des conclusions à la troisième personne du singulier de phrases commencées à la première du pluriel par l'auteur de la charte.

Ces confusions ne sont pas sans conséquences : outre les difficultés d'interprétation qui en découlent, il est délicat de distinguer, parmi les maladresses de style et les incohérences de formulation, ce qui reviendrait à un éventuel faussaire de ce qui incombe aux différents intermédiaires. Un exemple parmi d'autres : les suscriptions sont interpolées de précisions curieuses dont est responsable, dans certains cas, un copiste soucieux d'une bonne identification des protagonistes[15].

Un point positif est à relever dans cette tradition bien incertaine : la fidélité et l'attention prêtées par l'auteur de l'*Epitome* aux textes qu'il transcrivait ou résumait. Elles ressortent de la valeur des « abstracts » qu'il a donnés des deux diplômes de Clotaire IV dont on connaît le texte. Ces qualités, reproduites par dom Gillesson, autorisent plus qu'on ne pouvait l'espérer au premier abord une approche critique des actes mérovingiens[16].

Nombre

C lovis Brunel avait dénombré dix-sept documents d'époque mérovingienne, incluant privilèges pontificaux, royaux et chartes privées. Très exactement, il s'agissait des dix-sept documents dont le texte ou l'analyse étaient connus à la fin du XVIIIe siècle. On y comptait treize chartes royales (dont trois faux connus *in extenso*), une charte d'un maire du palais, une charte privée.

Le chartrier de Saint-Médard avait été sans conteste plus riche. Avec les *deperdita* cités dans les analyses conservées, on arriverait à dix-neuf chartes royales, une charte de maire du palais, deux chartes privées, soit vingt-deux documents antérieurs (ou prétendument) à 751, vingt-quatre si l'on y ajoute deux *deperdita* (un acte royal, un privilège épiscopal) identifiables à partir d'autres sources (cat. 8, 9).

Forme (documents royaux et privés)

S ur les quatorze documents (royaux et privés) analysés par dom Gillesson[17], un seul était encore pourvu d'une date à l'époque moderne, la charte délivrée au début du VIIIe siècle par *Flavia* (cat. 18). L'absence de datation constatée pour tous les autres actes suggère une très mauvaise conservation des originaux[18], des difficultés paléographiques… ou des textes réécrits mais restés inachevés, faute peut-être de modèles satisfaisants. La donation du maire du palais Carloman (cat. 24), telle qu'elle est rapportée, ne prête pas matière à critique diplomatique. Il en va autrement des onze diplômes royaux, dont deux, intitulés au nom de Clotaire [IV] (cat. 19, 20), sont par ailleurs connus en entier. Car titulatures, préambules, formules de notification et de corroboration en sont en partie conservés : toutes les suscriptions royales ont été notées, ainsi que deux préambules (en dehors de ceux de Clotaire IV) ; un tiers des analyses comprend une notification, un tiers, une annonce de validation.

Les souverains mérovingiens s'intitulaient *rex Francorum*. Sur les onze préceptes, trois échappent à cette règle : les deux diplômes de Sigebert Ier (cat. 1, 2) et celui de Théodebert II (cat. 5). L'acte de Sigebert pour *Letinas* (cat. 2) propose le prédicat *Dei gratia rex*, ce qui dénote une plume inspirée par la titulature de Charles le Chauve (840-877) au plus tôt. L'autre titre attribué à Sigebert est celui de *rex Austrasiae* ; c'est aussi l'épithète de Théodebert. Titre aberrant,

qui semble dénoncer un faussaire bien maladroit. Serait-ce le cas ? *Austrasiae*, « d'Austrasie », a pu être ajouté à un prédicat tronqué *(Sigebertus/Theodebertus rex)* fort tardivement, par exemple par un archiviste ou un érudit moderne, pour parfaire l'identification du souverain. C'est ainsi, en tout cas, que l'on doit comprendre l'insertion de *2ˢ* (« le deuxième ») entre le nom de Clotaire et son titre (cat. 10) – quant à lui parfaitement conforme – ou l'addition de *2 cognomento Justus* (« le deuxième surnommé le Juste ») entre le nom de Childebert et son épithète royale (cat. 13).

Des quatre préambules connus, ceux de Clotaire IV (cat. 19 et 20), reproduisent des canevas mérovingiens, alors que celui de Sigebert pour *Letinas* (cat. 2), et celui de Chilpéric Iᵉʳ pour *Buras* (cat. 3) sont plus insolites. L'auteur de la charte de Sigebert a procédé, semble-t-il, à un montage d'expressions carolingiennes. Celui de la charte de Chilpéric s'est gardé, quant à lui, de développer les *topoi* eschatologiques ou moraux usuels. Après une portion de phrase acceptable, il a dérivé sur l'idée que les largesses aux prêtres des monastères n'entamaient en rien le trésor public. Original par rapport aux préambules royaux connus, il semble un écho contradictoire aux célèbres propos de Chilpéric rapportés par l'évêque de Tours, Grégoire : « Voici que notre fisc est appauvri, voici que nos richesses sont passées aux églises ; seuls règnent les évêques[19]… » Si le rapprochement n'est pas erroné, il dénoterait chez le rédacteur un souci de cohérence avec le portrait de Chilpéric tracé par Grégoire et une ignorance de la diplomatique mérovingienne.

La notification des diplômes mérovingiens se caractérise, on le sait, par une forme épistolaire, et s'exprime le plus couramment par la phrase : *Cognuscat [magnetudo seu] utilitas/sollertia/industria vestra*. Les quatre formules connues sont conformes à cette construction et à ce vocabulaire, mais trois d'entre elles, celles des actes de Sigebert pour *Matualis* (cat. 1), de Chilpéric Iᵉʳ (cat. 3), de Clotaire IV pour Nouvion (cat. 20), sont de rédaction objective *(Cognoscat omnium/omnis solertia/industria)*, compatible avec les normes en vigueur à partir des Carolingiens. Quant à la quatrième, parfaitement orthodoxe, elle se lit dans le diplôme de Clotaire IV pour Berny (cat. 19).

Les signes de validation des préceptes mérovingiens sont généralement annoncés par une phrase du type : *Et ut hec praeceptio/auctoretas firmior habeatur, manus nostri subscriptionebus subter eam decrevimus roborare.* Deux diplômes pour Saint-Médard présentent des formules similaires ou identiques à ce schéma : celui de Dagobert confirmant la donation de Favières (cat. 16) et celui de Clotaire IV pour Berny (cat. 19). Un autre révèle une modification, celui de Sigebert Iᵉʳ pour *Matualis* (cat. 1) ; enfin, l'annonce de la validation dans le diplôme de Clotaire IV pour Nouvion-en-Ponthieu (cat. 20) *(sigillo nostro sigillavimus)* est franchement aberrante, et ne saurait être antérieure au XIIᵉ siècle.

Il n'y a donc pas lieu, à l'issue de cet examen, de douter du caractère remanié des actes – à tout le moins de certains d'entre eux (diplômes de Sigebert Iᵉʳ, Chilpéric Iᵉʳ et Clotaire IV pour Nouvion : cat. 1, 3, 20) –, remaniement qui remonterait au plus tôt à l'époque carolingienne, mais dont la poursuite à l'époque capétienne ne fait guère de doute, vu l'éventail des formules diplomatiques utilisées.

Au vrai, ce survol a surtout le mérite d'attirer l'attention sur les deux diplômes de Clotaire IV, relatifs à Berny et à Nouvion (cat. 19, 20), qualifiés par Clovis Brunel de « faux évidents ». Du premier, on a aperçu la bonne tenue des formules de notification et de corroboration, remarquable dans un ensemble documentaire généralement hétérodoxe à cet égard. Faut-il croire à un faussaire particulièrement adroit ? ou bien ne pas postuler une entière forgerie mais un texte retravaillé ? Quant au précepte concernant Nouvion, ses formules sont, l'une retouchée (notification), l'autre aberrante (corroboration) : il est donc peu probable qu'il ait été l'œuvre du même moine que celui pour Berny, ou qu'il ait été établi au même moment.

Auteurs et contenu juridique (documents royaux et privés)

Les souverains auteurs des diplômes avaient été identifiés par les érudits de l'Ancien Régime. Ces identifications ont à nouveau été examinées par Clovis Brunel et l'abbé Delanchy. Elles ne soulèvent pas de grandes difficultés, à trois exceptions près. Un roi nommé Clotaire, donateur d'une *villa* en Vermandois (cat. 10), aurait été, d'après Clovis Brunel, Clotaire II (584/613-629) ; dom Gillesson était du même avis. L'identification proposée dans le Picardie 243, au f° 319 r°, avec Clotaire III (657-673), reprise par l'abbé Delanchy, repose sur la mention connexe d'un abbé *Audobertus*, dont on sait par d'autres témoignages qu'il gouvernait Saint-Médard vers 660[20]. Il y a lieu de l'admettre, et d'abandonner l'hypothèse plus compliquée des éditeurs du *Gallia Christiana* supposant l'existence, au VIIᵉ siècle, de deux abbés *Audobertus* contemporains de deux rois Clotaire[21].

Un autre Mérovingien mal identifié est un Thierry, qui confirma à l'abbaye une possession dans le Maine (cat. 23). Clovis Brunel l'a donné pour Thierry III (675-691) mais, souligne-t-il, la généalogie à laquelle le souverain est rattaché dans l'analyse est fautive. Même si l'érudition des XVIIᵉ et XVIIIᵉ siècles a fait de ce roi un Thierry II (612-613 en Soissonnais) ou III, elle a situé le document après 721, ce qui renvoie en fait à Thierry IV (721-737), dont la généalogie correspond exactement à celle détaillée dans l'analyse conservée.

Il y a enfin un doute sur l'identité d'un Dagobert confirmant une donation en Soissonnais (cat. 16) : s'agit-il, comme on le pense généralement, de Dagobert Iᵉʳ (629-639), ou bien de Dagobert III (711-715) ? La mention d'un *Gairoldus* intervenant pour la basilique, personnage qu'il faut probablement identifier avec un abbé du début du VIIIᵉ siècle, oriente vers une identification avec Dagobert III[22].

Les auteurs de préceptes se répartissent dès lors en deux groupes : dans la seconde moitié du VIᵉ siècle, les fondateurs de la basilique ; à partir du milieu du VIIᵉ siècle, les rois qui se sont succédé depuis Clotaire III (sauf Childéric II et Thierry III), c'est-à-dire les bienfaiteurs d'une église majeure *(senior basilica)* du royaume. À Dagobert Iᵉʳ, qui ne s'insère dans aucun de ces groupes, revient un seul document, un faux dans lequel on ne peut discerner aucune base contemporaine (cat. 7). Cette liste d'auteurs d'actes est parfaitement vraisemblable. Une telle vraisemblance plaide pour l'existence de préceptes de ces souverains dans les archives de l'abbaye, à l'origine (originaux ou… modèles) des documents examinés ici.

De quoi parlent ces chartes anciennes ? Du temporel de Saint-Médard. Il a dû exister dans le chartrier du monastère d'autres actes, notamment royaux, puisque le diplôme de Charlemagne de 769-774[23], par exemple, mentionnait un privilège d'immunité d'un roi Clotaire, sans aucun doute Clotaire III (cat. 9). Mais ceux dont la teneur nous est parvenue concernent tous des biens de l'abbaye, que ce soit des donations ou des testaments (Sigebert Iᵉʳ, Brunehaut, Chilpéric Iᵉʳ, Dagobert Iᵉʳ, Clotaire III, *Flavia*, Clotaire IV, Carloman), des confirmations ou des jugements en faveur du patrimoine du monastère (Théodebert II, Childebert III, Dagobert III, Chilpéric II, Thierry IV). Ce n'est pas un hasard. Possessions éloignées, terres disputées ou de bon rapport, il était particulièrement important d'en préserver les titres ou, nécessité aidant, d'en forger de nouveaux.

DONATEURS ET DONATIONS AU VIᵉ SIÈCLE : LES FONDATEURS

SIGEBERT : LES DOMAINES LOINTAINS

Sigebert, fils aîné de Clotaire Iᵉʳ, était « roi de Reims » (561-575), d'Austrasie suivant une terminologie qui apparaît dans les sources narratives à la fin du VIᵉ siècle[24]. Selon son contemporain Grégoire, évêque de Tours, il acheva la basilique que son père avait entrepris d'édifier sur la tombe de saint Médard[25]. Sa profonde dévotion pour l'évêque de Noyon est célébrée par le poète de cour Fortunat, comme par l'auteur de la plus ancienne vie de saint Médard, composée au début du VIIᵉ siècle. L'Austrasien fut enseveli aux côtés de son père, dans l'église qu'il avait somptueusement décorée[26].

Tout cela campe un donateur plus que vraisemblable. De sa générosité, on pressent aisément les motifs : vénération à l'égard du saint, piété filiale – il s'agissait de faire de saint Médard l'auxiliaire de son père dans l'au-delà – ; enfin, plus prosaïquement, il fallait fournir aux desservants les moyens de vaquer convenablement aux offices et d'entretenir édifices et ornements. Les textes que lui attribue la tradition sont faux (cat. 1, 2). N'a-t-il pu pour autant être à l'origine des biens qui y sont cités ?

Pour résoudre ce problème, on ne peut guère qu'essayer de répondre à une série de questions sur la place de ces donations virtuelles dans la politique du roi. A-t-il eu la possibilité de les faire ? Est-il vraisemblable qu'il les ait faites ? D'autres que lui auraient-ils pu en être les auteurs ?

Matualis dans le Maine (cat. 1)

Le premier point à éclaircir est le suivant : le Soissonnais, le Maine firent-ils partie du royaume de Sigebert ? Ce dernier, à la mort de Clotaire Iᵉʳ, avait reçu en partage les régions orientales du *regnum Francorum*. Soissons et Saint-Médard étaient à l'origine dans le lot de son jeune frère Chilpéric. Après un épisode belliqueux contre celui-ci, vers 562, Sigebert s'empara de la cité des Suessions. Les travaux d'achèvement et d'embellissement de la basilique funéraire de Clotaire Iᵉʳ ne seraient donc pas antérieurs à cette date. Le Maine (*pagus Cenomannicus*) ne faisait pas plus partie de son héritage initial. Lorsque Caribert, dont dépendait l'ouest du *regnum*, mourut en 567, le *pagus Cenomannicus* revint à Chilpéric. Il n'y eut qu'un moment où le Maine put être dans le royaume de Sigebert : en 574-575, quand, après une nouvelle guerre contre Chilpéric, le souverain austrasien eut mis son frère en déroute et s'apprêtait à recevoir l'allégeance des Francs autrefois soumis à Childebert Iᵉʳ. Ce serait donc au plus tôt au troisième quart du VIᵉ siècle que Saint-Médard aurait obtenu ses premières possessions mancelles[27].

Puisqu'il n'y a pas d'impossibilité dirimante à la concession de *Matualis* par Sigebert, vérifions sa vraisemblance dans le cadre de la politique royale. Lucien Musset a dressé, voici quelques années, un bilan sur les domaines excentriques des églises pendant le haut Moyen Âge. On discerne deux raisons majeures à ces acquisitions, lorsqu'elles proviennent de concessions royales. D'une part, pourvoir l'église bénéficiaire de ressources inconnues dans sa contrée ; d'autre part, grâce à l'implantation du temporel d'églises associées au pouvoir en des territoires éloignés ou récemment soumis, créer entre les différentes parties du royaume des liens économiques, politiques et religieux[28].

Matualis obéirait-il à ce schéma ? Par chance, la possession mancelle de Saint-Médard est documentée par d'autres textes que celui de Sigebert. Un récit de miracle, rédigé à l'extrême fin du IXe siècle, fait mention des revenus fort importants que le monastère avait jadis perçus à *Matualis*[29]. C'était cependant de manière indirecte, grâce à l'argent tiré de la vente des produits de *Matualis*, que l'église soissonnaise se procurait le miel et le sel indispensables à l'alimentation, dont le Soissonnais, tout au moins en ce qui concerne le sel, n'était pas producteur[30].

Céder *Matualis* à Saint-Médard relevait donc plus probablement de considérations politiques. D'abord, qu'est-ce que *Matualis* ? On dispose de plusieurs témoignages sur ce *fiscus*[31], qui ne sont pas tous san-médardiens. Selon des documents manceaux, le monastère de Saint-Calais aurait été fondé en ses limites par le roi Childebert Ier (511-558). Ces pièces sont apocryphes, mais le monastère est attesté par une source digne de foi de la fin du VIe siècle[32]. L'étendue des terres que Childebert aurait données à l'anachorète *Carileffus* (Calais) a fait l'objet d'un faux diplôme du milieu du IXe siècle, qui en détaille les limites[33]. La *villa Matualis* apparaît par ailleurs en 834 : alors que l'empereur Louis le Pieux dispose à nouveau du pouvoir, son fils et compétiteur Lothaire, en fuite, tente de rejoindre ses partisans dans l'ouest de l'Empire et de la Neustrie, et se rend à *Matualis* ; il sera peu après battu dans la région[34].

Cette confluence de témoignages permet d'apercevoir jusqu'au IXe siècle, comme l'avait fait Ferdinand Lot[35], un fisc manceau concédé à deux églises. L'identification de *Matualis* avec Saint-Calais (pour le monastère manceau) et Saint-Gervais-de-Vic (pour le fisc du IXe siècle) n'est pas contestable ; mais ses limites initiales fort considérables, semble-t-il, ne sont pas déterminées, et la possession de Saint-Médard n'est pas précisément localisée, en raison sans doute de sa disparition précoce, peut-être avant la fin du IXe siècle[36].

La donation possible de Sigebert à Saint-Médard, comme la fondation du monastère de Saint-Calais, le passage de Lothaire en des circonstances bien particulières, tout cela suggère une réelle importance du fisc manceau. De fait, la région de Saint-Calais (les vallées de l'Anille et de la Braye) bénéficiait d'une situation remarquable aux confins sud-orientaux du Maine, aux limites du Vendômois. Elle contrôlait les communications Chartres-Tours et Le Mans-Orléans (par Vendôme ou Châteaudun). Autrement dit, *Matualis* commandait, pour qui venait du cœur du royaume franc (Soissons, Paris, Orléans), l'accès à l'Ouest neustrien, à la Touraine et à l'Aquitaine, au Maine et à la Bretagne[37]. *Matualis* avait de ce fait un rôle stratégique potentiel, qui pouvait se révéler déterminant, comme en 834, où Lothaire, soutenu par les moines de Saint-Calais comme par ceux de Saint-Médard[38], installa son camp dans la région, sans doute pour prendre à revers l'évêque du Mans fidèle à Louis le Pieux, et le couper des partisans impériaux arrivant de l'est. Cette position de choix n'était pas plus négligeable lorsque des troupes étaient dirigées vers l'ouest contre les Bretons, normalement contenus par le dispositif militaire du *ducatus limitis* (VIe siècle), puis du duché du Maine (VIIe-IXe siècles)[39]. En bref, *Matualis* était à la jonction de deux structures territoriales, le royaume normalement administré dans le cadre des *pagi*, et la zone fortement militarisée et défensive des duchés organisés contre les Bretons.

Peut-être faudrait-il rapporter la donation potentielle de Sigebert aux dissensions constantes entre les fils de Clotaire Ier ? *Matualis* constituait un carrefour entre Chartres, Tours, Le Mans et Orléans. Or, après 567, Le Mans dépendait de Chilpéric, Chartres et

Tours étaient austrasiens, Orléans appartenait au royaume de Gontran. Chilpéric, en possédant *Matualis*, contrôlait les relations les plus directes entre les cités chartraines et tourangelles de Sigebert, et pouvait de ce fait contrer les actions de son frère en cas de conflit avec lui. De son côté, Sigebert pouvait, en tenant *Matualis*, interférer sur les liaisons entre le royaume de Chilpéric et celui de Gontran. Nous l'avons vu, ce fut probablement en 574-575 que Sigebert put avoir prise sur ce fisc, en s'emparant du Maine. On conçoit aisément qu'il ait pu vouloir garantir, par l'implantation de son église soissonnaise, les communications entre les différentes parties de son royaume, et assurer face à Gontran, en tenant l'accès au Mans, la cohésion des cités (Chartres, Le Mans, Tours) qu'il prétendait dominer.

Résumons : Sigebert Ier a eu la possibilité de donner une partie de *Matualis* à Saint-Médard ; cette donation est vraisemblable dans le contexte politique du VIe siècle. Il reste à examiner si la possession mancelle de l'établissement n'a pu provenir d'un autre souverain. Il se trouve que le seul diplôme de Thierry IV (721-737) pour Saint-Médard dont on ait conservé la teneur concerne *Matualis* (cat. 23). Sur la plainte de l'abbé *Maurus*, le roi mit fin à un conflit dont la *villa* était l'enjeu, « en posant des marques et en rendant publiques les limites et les bornes dudit fisc », et en confirma la possession à l'abbaye, en se conformant à l'*ordinatio* de Clotaire III (657-673) et aux confirmations de Childebert III (695-711) et Dagobert III (711-715) (cat. 11, 14, 17). L'analyse de ce diplôme – un jugement comme le suggèrent quelques données rédactionnelles (particulièrement la mention technique de *contentio*, « litige ») – ne comporte que peu d'éléments laissant prise à la critique : la titulature royale est bonne, les généalogies mérovingiennes exactes et formulées de manière classique, le vocabulaire recevable. D'ailleurs, on imagine mal des faussaires inventer une histoire aussi alambiquée pour justifier les droits de Saint-Médard sur le territoire délimité de la sorte. On est donc enclin à croire sincère le diplôme de Thierry IV, ou, tout au moins, son exposé et son dispositif.

Une question se pose d'emblée : si Clotaire III est le premier roi cité par le diplôme de Thierry IV, n'était-ce pas parce qu'il était le véritable donateur de la *villa* ? On serait de prime abord tenté de répondre par l'affirmative. Il faut cependant remarquer que Clotaire III n'est mis en aucune manière en rapport avec une donation.

L'*ordinatio* intitulée à son nom, probablement produite par les religieux à l'appui de leur plainte, apporte, semble-t-il, un début de solution au problème. Connue surtout par des formulaires, l'*ordinatio* était un mandement adressé aux agents royaux (évêques, comtes, *domestici* – responsables des terres publiques –)[40]. Le mandement de Clotaire III avait dû concerner, soit la mise en possession de l'abbaye soissonnaise, soit les droits de cette dernière. Mise en possession ? Cela signifierait que Saint-Médard avait reçu *Matualis* du roi et ne conservait déjà plus au temps de Thierry IV le diplôme solennel de donation mais un texte administratif (le mandement). C'est assez improbable. L'hypothèse d'une injonction aux fonctionnaires royaux, de respecter ou de faire respecter les droits de Saint-Médard, ne doit donc pas être écartée ; en ce cas, l'*ordinatio* de Clotaire III dont s'inspirait Thierry IV devait-elle contraindre les agents du roi au respect de la possession mancelle, ou de l'immunité de celle-ci ? Il faut reconnaître qu'aucun élément explicite n'autorise à trancher en faveur de cette dernière interprétation. Cependant, celle-ci permet une lecture globale de l'action de Clotaire III, du conflit sous Thierry IV et des avatars subis par la possession san-médardienne. À ce titre, il nous semble intéressant de la retenir, en gardant présent à l'esprit son caractère conjectural.

Le mandement de Clotaire III pourrait être mis en relation avec la politique de ce dernier à l'égard des églises. Suivant en cela ses prédécesseurs, Clotaire III conféra à certains évêques la haute main sur l'administration séculière. Au Mans, il subordonna, entre 657 et 665, la

✛ *Page de droite et détail ci-dessus : ADORATION DE L'AGNEAU. Évangiles de Saint-Médard de Soissons, copie de l'École de la cour de Charlemagne, début IXe siècle (Paris, BNF lat. 8850 fol. 1 v). Ce livre a été offert par Louis le Pieux à Saint-Médard de Soissons en 827.*

nomination du duc ou du comte au choix préalable de l'évêque, et abandonna vraisemblablement à l'église du Mans la collecte et l'usufruit des impôts de la *civitas*, à charge d'en reverser une partie au trésor royal[41]. Ces concessions considérables faisaient de l'évêque manceau le seul responsable fiscal dans tout le *pagus Cenomannicus* (comté du Maine), à l'exception toutefois du temporel des églises bénéficiant de l'immunité, notamment Saint-Calais – dont Clotaire renouvela justement le privilège[42] – et Saint-Médard.

Clotaire III et sa mère Bathilde avaient en effet institué dans les basiliques majeures du *regnum* une communauté régulière vouée à la louange perpétuelle, et favorisé en contrepartie leur autonomie spirituelle et temporelle. Une des clés de ce dispositif était la cession de l'immunité, qui excluait les domaines de l'église concernée de la compétence administrative ordinaire. Saint-Médard, au nombre des *seniores basilicae* du royaume, bénéficia de cette réforme et reçut un diplôme d'immunité d'un roi Clotaire, sans aucun doute Clotaire III (cat. 9)[43]. Les agents monastiques établis dans la possession mancelle de Saint-Médard assuraient dès lors la collecte de l'impôt à *Matualis*, au profit semble-t-il de l'abbaye soissonnaise[44]. À l'occasion du transfert des compétences fiscales au sein du *ducatus Cenomannicus*, Clotaire III aurait ordonné à l'évêque du Mans de laisser l'abbaye percevoir les impôts publics dans l'étendue de sa terre de *Matualis*. Selon cette interprétation, le conflit auquel fait allusion le diplôme de Thierry IV aurait porté sur l'extension du ressort immuniste san-médardien.

Bien que la documentation soit muette sur les adversaires du monastère, on peut essayer de les identifier. À partir de 721-723, la puissante famille des Hervéides cumula, avec la complicité intéressée des Pippinides, le duché et l'évêché du Maine, et parvint même à mettre la main sur le monastère immuniste de Saint-Calais, jusqu'alors indépendant de l'évêque et du comte[45]. Or c'est précisément sous Thierry IV, dont le règne débuta en 721, que *Matualis* souleva un litige. Le rapprochement de ces éléments laisse entendre que la possession soissonnaise avait été menacée par les nouveaux maîtres du Maine en ce qu'elle comportait de l'exercice lucratif de droits publics, peut-être aussi en ce qu'elle constituait en un site stratégiquement important une enclave gênante pour la domination du comte Roger et de sa famille.

En résumé, les témoignages relatifs au domaine manceau de Saint-Médard montrent la vraisemblance d'une possession antérieure au milieu du VIIe siècle ; sa cession par Sigebert Ier n'a rien d'improbable : au contraire, elle s'inscrirait dans une politique de contrôle et d'intervention du pouvoir central en une région vitale. On peut donc créditer, au bénéfice du doute, le fils de Clotaire Ier d'une donation qui s'avéra également profitable à la royauté et au monastère. Car, si l'on en croit un récit de miracle de la fin du IXe siècle, *Matualis* aurait été deux siècles plus tôt d'un excellent rapport pour l'établissement (le domaine aurait été *censu praestans, censu plurimo ampla marsupia complens*[46]).

Ce récit prétend relater des événements survenus sous l'abbé *Warinbertus* – également évêque de Soissons –, qui gouverna le monastère pendant les règnes, croit-on, de Clotaire III, Childéric II et Thierry III (avant 667-avant 683). *Warinbertus*, avide de percevoir les revenus publics *(reditus et fiscalia)* normalement versés aux moines, subit le châtiment divin et capital pour avoir porté la cupidité à son extrême dans la captation illicite des ressources provenant de *Matualis*. Cette historiette devait mettre abbés et recteurs en garde contre tout détournement de biens ou de rentes conférés à la communauté[47] ; il est remarquable que *Matualis* en ait été le prétexte, et que la victime de ce récit édifiant ait commis son forfait vers l'époque où la basilique soissonnaise obtint en ce lieu le *census* royal.

Le nombre de textes parlant de *Matualis* et le contenu de certains d'entre eux laissent en fin de compte entrevoir une pièce importante du temporel san-médardien. Sa perte

probable avant la fin du IXe siècle n'en fut sans doute que plus durement ressentie par l'église soissonnaise, peut-être obligée de renoncer aussi à une autre possession lointaine, *Letinas*.

Letinas in pago Hanziacensi avec une mine de plomb et le *territorium Olfi* (n° 2)

D ans l'appréciation du faux de Sigebert, la question primordiale est l'identification de *Letinas*, qui dépend de celle du *pagus Hanziacensis* ou *Henziacensis*. Le nom du comté est en effet connu sous ces deux formes, la première transmise par dom Gillesson, la seconde par le Picardie 243[48]. Or ce *pagus* est inconnu : on aurait donc affaire à une cacographie. Celle-ci ne serait pas imputable aux érudits modernes, puisqu'ils ont indépendamment eu la même lecture. L'erreur serait en conséquence antérieure à leurs travaux.

Était-ce bien une erreur ? Le nom *Hanziacensis* rappelle celui d'Hanzinne, domaine donné à Saint-Médard par le maire du palais Carloman (cat. 24) et conservé par le monastère jusqu'à la Révolution[49]. Certes Hanzinne n'avait jamais été chef-lieu de *pagus*. Mais ce fut le centre d'une seigneurie et d'une prévôté, c'est-à-dire d'un district san-médardien qui pouvait être baptisé *pagus* à une époque où le terme avait perdu sa spécificité haut-médiévale[50]. On pourrait dès lors se demander si le diplôme n'avait pas été forgé pour justifier les prétentions ou les droits du monastère sur un *Letinas* proche d'Hanzinne (Lotinne ?)[51]. L'auteur du faux aurait été peu au fait de la terminologie administrative du haut Moyen Âge, et peu soucieux de morphologie latine (un adjectif forgé sur *Hancinas/Hanzinas* devrait être *Hanc/Hanzinacensis*) ; à moins qu'il n'ait utilisé en le modifiant légèrement (par exemple par adjonction d'un *h* initial au nom du comté) un document provenant des archives de son abbaye et faisant état d'un *Letinas* situé dans une circonscription nommée *Anziacensis* (Ancy-le-Franc dans l'Yonne ?) ou *Auziacensis* (Oizé dans la Sarthe ?). Quoi qu'il en ait été, aux XVIIe-XVIIIe siècles, le rapprochement avec Hanzinne avait été opéré : *Letinas prope Hanzienis*, c'est-à-dire *Letinas* près d'Hanzinne, pour dom Gillesson, tandis que l'on trouve, dans l'*Histoire chronologique*..., mention de la donation par Sigebert de « biens situés dans le territoire d'Hanzine au diocèse de Liège[52] ».

Pour autant, on ne doit pas rejeter l'hypothèse d'une véritable erreur de lecture. Cette erreur aurait été possible parce que *Letinas* était sorti du temporel monastique et n'était pas plus connu que ne l'était le *pagus Hanziacensis*. L'adjectif *Hanz/Henziacensis* suppose un toponyme tel que **Hanz/Henziacum*. Seul le radical étant significatif, ce sont des modifications apportées à sa graphie originelle qui ont pu changer le nom de la circonscription. La bourde a probablement affecté les lettres les plus caractéristiques de ce radical, actuellement *h* et *z*. Il est possible que l'erreur ait porté sur le *z* plutôt que sur l'initiale : par analogie avec Hanzinne, le copiste ne déduisit-il pas du début du mot qu'il déchiffrait *(Han/Hen-)* que la lettre suivante était un *z* ? En ce cas, il faudrait supposer un défaut de tradition survenu à l'époque moderne.

Un *r* médiéval (d'une caroline ou d'une gothique) pouvait en effet être confondu par un lecteur moderne avec un *z*, à condition qu'il fût mal tracé, ou que l'original fût endommagé. On trouverait le *pagus Hanriacensis/Henriacensis*, qui pourrait être l'équivalent latin de l'Einrichgau, entre Lahn et Main, dans le Taunus. Ce *pagus* n'est pas connu avant le IXe siècle, ce qui répondrait bien à un diplôme forgé au plus tôt sous Charles le Chauve. La donation de *Letinas* en ces régions austrasiennes pourrait avoir été le fait de Sigebert, mais ce n'est qu'une possibilité parmi d'autres. Son but aurait été de doter l'abbaye d'une mine de plomb, aspect écono-

mique sur lequel les faux san-médardiens s'attardent avec complaisance[53].

La confusion *z/r* n'est pas la seule possible. On envisagera celle qui conduit à lire un *z* à la place d'un *g*. Le tracé médiéval de cette lettre, notamment carolin, se rapprocherait en effet d'un *z* pour un habitué des écritures modernes. Il y a toutefois un argument de poids à l'encontre de cette hypothèse : le copiste a transcrit correctement les *g* dans le reste de l'analyse. Mais cette lettre entrait alors dans la composition de mots usuels ou d'un anthroponyme fort connu *(Sigibertus)*, non dans celle d'un toponyme ignoré ou incongru ; l'objection ne saurait donc être retenue. L'abbé Delanchy s'était manifestement arrêté à cette possibilité, puisqu'il identifiait le *pagus Hanziacensis* avec le Hainaut (**Haignoensis* ?), nom géographique attesté à partir du milieu du VIIIe siècle : cela nous ramène à un texte écrit au plus tôt à l'époque carolingienne. *Letinas* pourrait être Les Estinnes *(Lyptinas, Listinas, Lehtinas)*, aux limites de la Neustrie et de l'Austrasie[54]. De fait, une église dédiée à saint Médard, aujourd'hui non localisée, est signalée dans le secteur, tardivement il est vrai (troisième quart du XIIe siècle) ; quant au *territorium Olfi/Olsi* (?), serait-ce le territoire d'Haulchin[55] ? Semblable identification jetterait un jour plus vif sur les relations entre les Pippinides et l'abbaye soissonnaise dans la première moitié du VIIIe siècle : la confiscation probable des Estinnes avant 744, date à laquelle le domaine est devenu une résidence du maire du palais Carloman, illustrerait la manière dont la maison austrasienne utilisa le temporel san-médardien pour s'assurer la maîtrise du secteur clé du Soissonnais-Cambrésis[56].

Ce ne sont là cependant qu'hypothèses. En l'absence d'éléments permettant de décider entre les diverses identifications du *pagus* et du fisc, il convient de considérer le cas *Letinas* comme non résolu.

BRUNEHAUT ET THÉODEBERT : LA RIVE DROITE DE L'AISNE

La célèbre épouse de Sigebert Ier, Brunehaut (565-613), se devait de figurer au nombre des bienfaiteurs de la basilique. On lui attribuait deux donations. Plus précisément, les archives monastiques ne conservaient, à l'époque moderne, qu'une charte fragmentaire intitulée à son nom (cat. 6) ; l'existence de l'autre était rappelée dans le diplôme confirmatif de son petit-fils Théodebert II (cat. 5).

À la différence des concessions de Sigebert, toutes éloignées de Soissons, celles de Brunehaut étaient censées avoir prélucé à la domination carolingienne de Saint-Médard dans le proche Soissonnais, sur la rive droite de l'Aisne, à Cuisy-en-Almont et à Morsain.

Morsain (cat. 5)

Le document relatif à Morsain est intitulé au nom de *Theudebertus rex Austrasiae*[57]. Cette titulature est aberrante, mais on peut, au bénéfice du doute, l'attribuer à un copiste ou au rédacteur de l'*Epitome*. Quant au reste de l'analyse, il ne donne pas d'aliment à une critique négative, puisque rien d'anormal n'y apparaît. Le contenu du précepte laisse d'ailleurs quelque doute sur l'intérêt qu'un faussaire aurait eu à l'établir : un falsificateur eût plus volontiers rédigé un diplôme de donation au nom de Brunehaut. D'autres arguments confortent cette première impression favorable.

Théodebert, fils de Childebert II, roi d'Austrasie, fut investi d'un *ducatus* centré sur Soissons dès 589 ; après la mort de son père, en 596, il régna de 600 à 612 sur le

Soissonnais, où il résidait peut-être[58]. L'auteur de la plus ancienne *Vita Medardi*, écrite sous son règne, le cite en termes chaleureux, comme il se devait, d'ailleurs, du souverain[59]. Il fut, selon toute vraisemblance, un généreux protecteur de la basilique soissonnaise.

La mémoire monastique l'oublia pourtant : c'est son frère Thierry II qui est associé à Brunehaut, ainsi qu'à Cuisy et Morsain, dans les documents falsifiés du XIIe siècle[60]. Si le diplôme de Théodebert II était faux, il n'aurait par conséquent pu être forgé au XIIe siècle, ou du moins par les faussaires qui produisirent les bulles de Grégoire Ier et d'Eugène II, qui l'eussent plutôt intitulé au nom de Thierry. Il serait donc soit antérieur, soit postérieur à cette période, et aurait été sans doute confectionné pour étayer la propriété monastique à Morsain.

O r Morsain est connu comme domaine de l'abbaye par le diplôme original de Charles le Chauve [866-870]. Dès le règne de Louis le Pieux (814-840), cette terre avait appartenu au monastère, tout en étant affectée à l'abbé[61]. La possession san-médar-dienne est encore mentionnée à la fin du IXe siècle, puis, après un hiatus documentaire, attestée au XIIe siècle. Il ne semble pas qu'elle ait été remise en cause jusqu'au XVIIe siècle[62]. On voit mal quelles circonstances auraient fait juger nécessaire la confection d'un faux concernant cette *villa*. D'ailleurs, avec le précepte de Charles le Chauve, le monastère possédait un document solennel témoignant de la validité de ses droits sur Morsain ; de manière générale, l'origine des biens cités dans ce précepte n'est pas documentée par ailleurs (à l'exception de Morsain et de Berny), comme si on s'était surtout soucié de conserver les titres relatifs aux seuls biens qui n'y étaient pas cités. Quant à l'hypothèse selon laquelle les moines auraient pu revendiquer Morsain pour leurs usages, avant que Charles le Chauve ne leur attribue cette terre, elle ne se tient pas au vu de l'analyse de dom Gillesson : la confirmation de Théodebert II était faite à la basilique, à la demande de l'évêque – qui, à cette époque, gérait effectivement les biens de Saint-Médard, précision dont la cohérence historique est de très bon aloi –, et sans la mention, que l'on eût trouvée en pareil cas, d'une affectation aux religieux.

Le *vir apostolicus Ansericus*, cité comme demandeur, est connu comme évêque de Soissons à partir de 614. Il souscrivit en effet les décisions du concile solennel réuni à cette date par Clotaire II à Paris. Comme, d'autre part, *Ansericus* est mentionné jusqu'en 637/638[63], on peut penser qu'il fut en poste assez tard dans le règne de Théodebert II, plus près de 612 que de 600, et que c'est à l'occasion de son accession qu'il sollicita du roi la confirmation du legs de Brunehaut. Car l'expression *testamenti sui pagina* est au VIe siècle sans ambiguïté : elle désigne un testament[64]. Dans la mesure où l'on peut juger acceptable le diplôme de Théodebert II – ce serait le plus ancien document mérovingien conservé par l'abbaye aux XVIIe-XVIIIe siècles, sauf à montrer la sincérité de la donation de Cuisy (cat. 6) –, on découvrirait par son intermédiaire l'existence et le contenu partiel du testament de Brunehaut (cat. 4). En dépit de ses obscurités, ce fragment de charte apporterait un certain nombre d'informations.

Brunehaut avait probablement disposé de la *villa* de Morsain au titre de sa *dos ex marito*, prise comme de règle sur les terres du fisc. Il revenait logiquement à son petit-fils in-vesti du Soissonnais de confirmer un legs dont la validité requerrait l'aval du souverain[65]. Il est également possible que l'évêque de Soissons, en raison du conflit opposant Brunehaut à son petit-fils depuis environ 605[66], ait jugé prudent d'obtenir de Théodebert la garantie que le legs de sa grand-mère ne serait pas mis en cause. Le texte laisse entendre, d'autre part, que la ba-silique (ou les archives épiscopales ?) conservait un exemplaire non clos du testament de la reine, sans doute en tant que légataire privilégiée[67].

La situation excentrée, par rapport aux résidences austrasiennes de Reims et de Metz[68], d'une partie du « douaire » de Brunehaut ne doit pas apparaître comme extraordinaire : on ne

saurait en effet oublier la place remarquable de Soissons comme *sedes regni* du père de Sigebert et comme sépulture de saint Médard. Quant au legs à la basilique, on se souvient que l'évêque de Noyon était le protecteur de la dynastie de Clotaire Ier, et que Sigebert fut enterré à ses côtés. C'est d'ailleurs pour le repos de son époux que la reine aurait donné Cuisy à Saint-Médard.

Cuisy en Soissonnais (cat. 6)

On peut à peine tirer argument des termes ou des formules transmis par dom Gilleson pour conclure sur la véracité de la charte de Brunehaut, mais quelques éléments font soupçonner un acte remanié ou une adroite forgerie usant de formules mérovingiennes[69]. Il convient donc de s'interroger sur le fond, pour savoir si Brunehaut, légatrice fort probable de Morsain, a aussi cédé le fisc voisin de Cuisy à la basilique soissonnaise.

Le nom *Cusiacum* doit être rapproché de celui de la localité où Louis le Pieux délivra en août 835 un diplôme pour Saint-Benoît-sur-Loire[70]. D'autre part, selon un faux diplôme du roi Eudes, confectionné dans la première moitié du XIIe siècle, le *fiscus Cusiacum* aurait été donné à Saint-Médard par ce roi, en 893[71]. La documentation laisse donc perplexe. Il est certain que le faux d'Eudes cherchait, entre autres, à conforter les droits de l'abbaye sur Cuisy et ses dépendances ; par ailleurs, le fait que Louis le Pieux ait instrumenté à Cuisy ne préjuge en rien de l'appartenance de la localité au fisc impérial : l'empereur pouvait séjourner en un domaine de l'église soissonnaise. Enfin, les contradictions entre faux san-médardiens ne contribuent pas à clarifier la question : la fausse bulle d'Eugène II, forgée elle aussi au XIIe siècle, attribue à Brunehaut, ainsi qu'à son petit-fils Thierry II, la cession de Cuisy[72]. Ces témoignages divergents pourraient cependant être, de manière assez paradoxale, de bon augure.

Robert-Henri Bautier, en démontrant la fausseté du diplôme d'Eudes, n'en jugeait pas moins vraisemblable la donation du *fiscus* par le Robertien. On ne peut écarter l'idée selon laquelle le faux, dont l'objectif *principal* était « l'octroi de diverses abbayes[73] », avait pour base une réelle donation d'Eudes, tout au moins en ce qui concerne Cuisy ; que d'autre part la mention de Brunehaut n'était pas simple fabulation, mais s'autorisait d'un sentiment commun dans le monastère, peut-être étayé par des textes (charte ? obituaire ? liste d'anniversaires ?). Au reste, le faussaire qui a confectionné la bulle d'Eugène II a pu trouver plus utile de citer Brunehaut et Thierry, et de laisser de côté Eudes : à des esprits obéissant à l'autorité de l'*antiquitas*, l'antériorité des souverains mérovingiens sur Eudes prescrivait sans doute de les préférer à ce dernier.

Plusieurs scenarii pourraient rendre compte de cette multiplicité de donateurs. Ainsi, Cuisy aurait pu être donné à la basilique par Brunehaut et son petit-fils Thierry, en 612 ou 613[74], puis « sécularisé » sous les Carolingiens, enfin rendu à l'abbaye par Eudes sous couleur d'une donation. Le souvenir des deux Mérovingiens pouvait être attaché à Cuisy pour d'autres raisons, par exemple la célébration de leur anniversaire sur les revenus de cette *villa*[75]. Autre hypothèse : Cuisy aurait été, à l'époque de Brunehaut, une dépendance de Morsain ; les moines se seraient par la suite souciés d'établir leurs droits sur ce *fiscus* en inventant une charte de Brunehaut, dont l'existence aurait donc été entièrement supposée, mais le fond exact.

L'absence de documents complémentaires rendrait vaines ces conjectures si la vraisemblable cession de Morsain par Brunehaut ne militait pour une origine similaire de la possession voisine de Cuisy. L'étendue remarquable des domaines octroyés à la reine n'aurait rien d'inconcevable. L'abandon à Saint-Médard, où reposait Sigebert, ne serait guère étonnant. Enfin, les exemples de concessions aussi considérables faites par des reines ne manquent pas[76]. En conclusion, on admettra comme plausibles les donations de Brunehaut, sans accorder à la charte intitulée à son nom la sincérité admise pour celle de Théodebert II.

CHILPÉRIC

Buras (Buire ?) (cat. 3)

Comparé à Sigebert et Brunehaut, Chilpéric Ier (561-584) fait piètre figure : au XVIIe siècle, les archives monastiques conservaient le texte fragmentaire d'une seule charte de ce roi, celle qui concédait la *villa Buras* à Saint-Médard (cat. 3). Déjà au XIIe siècle, si l'on en croit la fausse bulle d'Eugène II, sa mémoire n'aurait été attachée qu'à deux autres biens, Augy, et Travecy en Vermandois[77].

Chilpéric, qui régna à Soissons, concurremment à Paris, en 561-562 et de 575 à 584, s'était pourtant, aux dires de Grégoire de Tours, montré d'une grande libéralité à l'égard de la basilique et de saint Médard, à la louange duquel il composa un hymne fameux[78]. Les préceptes qui garantissaient ses donations disparurent sans doute précocement, car la charte relative à *Buras* fut au moins révisée, sinon entièrement forgée.

Aucun élément du texte, ou extérieur au diplôme, ne permet de dépasser le constat de faux. Ainsi, l'absence d'abbé pourrait provenir soit d'une tradition réelle remontant à Chilpéric Ier (Saint-Médard étant alors placé sous l'autorité directe de l'évêque), soit d'une tradition tellement réduite (*Buras* avait été donnée par Chilpéric – Ier ou II ?) que toute conjecture est possible. En fait, *Buras* est à peine documenté par ailleurs dans les archives monastiques médiévales. Il apparaît dans l'une des deux versions du faux diplôme de Charles le Chauve relatif à la mense conventuelle, faux de la première moitié du Xe siècle – l'autre version donne *Brayum*/Braye[79] – et est également mentionné dans la fausse bulle d'Eugène II. Cela n'éclaire ni les modalités de son entrée dans le temporel, ni sa localisation.

Buras pourrait être identifié avec le hameau de Buire, sur l'actuelle commune d'Épaux-Bézu : outre l'argument philologique (le toponyme est plutôt rare en Soissonnais et dans les pays voisins), on peut noter la dédicace de l'église d'Épaux à saint Médard[80]. Cette identification ne saurait convenir pour le *Buras* qui apparaît dans le faux de Charles le Chauve, car les noms cités avant ou après lui sont identifiables avec des lieux bien plus proches de Soissons et de Braye[81]. Il semble dès lors fort vraisemblable que le toponyme *Brayum* donné par l'autre version du faux soit à retenir, et que la tradition citant *Buras* soit mauvaise.

Dans ces conditions, *Buras* ne serait connu, outre la charte commentée ici, que par la fausse bulle d'Eugène II. Rien n'autorise, en l'état actuel, à reconnaître en ce hameau une antique possession de Saint-Médard. On doit donc considérer comme parfaitement douteuse la donation de *Buras* par Chilpéric Ier, dont les concessions à la basilique soissonnaise paraissent ainsi vouées à l'anonymat.

Donateurs et donations
aux VIIe-VIIIe siècles :
Rois, maires du palais et aristocrates

LES ROIS

Clotaire III : Tergnier en Vermandois (cat. 10)

nous avons vu plus haut qu'il convenait d'attribuer à Clotaire III (657-673) la charte cédant à Saint-Médard la *villa Tarvaniaca in pago Veromandensi*. L'analyse du document a retenu la formule diplomatique *peculiaris patronus noster Medardus*, qui qualifie usuellement un saint protecteur de la dynastie et du souverain régnant. De fait, Clotaire III avait installé à Saint-Médard une communauté régulière, conféré l'immunité à la basilique et poussé à la création – juridiquement parlant – d'un temporel monastique dégagé de la tutelle épiscopale[82]. De toutes ces actions ne subsistent que des mentions plus ou moins lapidaires, à la différence de la donation de *Tarvaniaca*/Tergnier[83].

Comme en d'autres cas, les formules latines notées dans l'analyse n'autorisent pas une critique sérieuse, mais quelques expressions en sont pour le moins insolites[84]. On doit donc s'interroger sur la vraisemblance de la concession de la *villa* par Clotaire III. À l'imitation de ses prédécesseurs, et plus encore parce qu'il lui avait donné un nouveau statut, Clotaire III avait dû doter la basilique soissonnaise. Il est possible qu'il l'ait fait en Vermandois, *pagus* limitrophe du Soissonnais. Bien plus, quelques éléments de son règne suggèrent un intérêt particulier pour ce comté.

Il est ici nécessaire de rappeler brièvement les données politiques des années 650-660[85]. À la mort de Dagobert Ier, en 639, son royaume avait été divisé entre ses deux fils. Sigebert III avait reçu l'Austrasie, Clovis II les *regna* de Neustrie et de Bourgogne. Selon diverses sources, les territoires remis à Sigebert, amputés de plusieurs *pagi* occidentaux, n'auraient pas satisfait les grands austrasiens. Sans doute trouve-t-on là une explication aux incidents frontaliers qui opposèrent les deux royaumes vers 642-651. Toujours est-il que de 650 à 657 l'hostilité entre Erchinoald, maire du palais neustrien, et Grimoald, maire du palais austrasien, fut d'autant plus vive que ce dernier, ancêtre des Pippinides, parvint à faire adopter son propre fils par le Mérovingien d'Austrasie. Grimoald fut exécuté par les Neustriens, probablement en 657. Cette situation complexe, dont le détail et l'évolution partagent encore les érudits[86], se clarifie au moment où Ébroïn, le maire du palais neustrien (depuis 658) et la reine Bathilde, veuve de Clovis II et régente pour son fils Clotaire III (depuis 657), font accepter par l'aristocratie austrasienne le deuxième fils de Clovis II, Childéric II (661/662-673 en Austrasie, 673-675 dans l'ensemble du *regnum*). Il semble légitime de rapporter à ce contexte troublé le déplacement du centre du royaume neustrien en Soissonnais, aux frontières de la Neustrie et de l'Austrasie, sous Clovis II et Clotaire III. On y verra aussi un motif de l'installation d'Erchinoald à Péronne en Vermandois, ou d'Ébroïn à Soissons[87].

L'attention portée par le souverain neustrien à Saint-Médard et à son temporel prendrait dans ces conditions un net relief. Tergnier, tout spécialement, avait une situation de choix. Aux

✠ *FONTAINE DE VIE. Évangiles de Saint-Médard de Soissons, copie de l'École de la cour de Charlemagne, début IXe siècle (Paris, BNF lat. 8850, fol. 6 v).*

marges du Vermandois neustrien et du Laonnois austrasien, il était véritablement « en marche ». La *villa* contrôlait la voie romaine Soissons-Saint-Quentin à l'endroit où, au sortir de la forêt laonnoise de Coucy, elle parvenait en Vermandois après le franchissement de l'Oise à Condren. Bref, un point névralgique, dont la cession au monastère soissonnais assurait au roi neustrien la garde vigilante et des prières salutaires. Saint-Médard bénéficiait pour sa part des revenus de la *villa* et de la route toute proche pour le transport des marchandises vers Soissons, comme de la présence de l'Oise, moins pour sa navigabilité, hypothétique à ce niveau, que pour son « travers », probablement payant. D'ailleurs, depuis 623 environ, la basilique possédait, en vertu d'un legs de l'évêque du Mans Bertrand, une partie de la *colonica* devenue depuis Pont-Saint-Mard en Soissonnais[88]. Pont-Saint-Mard est situé sur la même route que Tergnier, au franchissement de l'Ailette, qui séparait alors Soissonnais neustrien et Laonnois austrasien. C'était donc le pendant de Tergnier par rapport au *pagus* austrasien de Laon. Cette symétrie semble plus qu'une coïncidence : le résultat d'une action concertée visant à confier à la basilique soissonnaise une voie de communication majeure aux marges de la Neustrie, tout en lui permettant sans doute de monnayer le passage des deux rivières.

L'importance de la voie Soissons-Saint-Quentin et de cette frontière entre *regna* est à mon sens confirmée par un document de 666/667. Cette charte, dont le fond n'est pas contesté, nous apprend que le *dux* austrasien *Fulcoaldus* possédait autrefois un *locellus* à Sinceny en Laonnois, de l'autre côté de l'Oise[89]. On peut raisonnablement penser, étant donné la configuration du terroir, que ce *locellus* surveillait lui aussi la même route – en Austrasie cette fois – jusqu'au passage de l'Oise. Le *dux Fulcoaldus*, détenteur d'un commandement militaire, est attesté dans l'entourage de Sigebert III, donc de Grimoald, dès 648/650. Horst Ebling, se fondant sur ce témoignage, a supposé que *Fulcoaldus* détenait sous Sigebert III et peut-être plus tard un *ducatus* en Champagne austrasienne[90]. En tout cas, ces éléments sporadiques conduisent à reconstituer un renforcement frontalier neustro-austrasien, aux limites des *pagi* de Vermandois-Laonnois-Soissonnais, sans doute lié à une tension accrue entre les deux *regna*. On pourrait le situer dans la période confuse où le fils de Grimoald semble avoir régné en Austrasie, à tout le moins entre 657 (assassinat de Grimoald, début du règne de Clotaire III) et 661/662 (début du règne de Childéric II en Austrasie). Ce serait dans ce contexte que Tergnier aurait été cédé à Saint-Médard, c'est-à-dire à un abbé dont le roi neustrien était sûr.

Cette hypothèse est-elle compatible avec les données du diplôme de Clotaire III ? Le seul élément susceptible de datation est la mention de l'abbé *Audobertus*. Ce prédécesseur de l'abbé *Warinbertus*, ce dernier également évêque de Soissons (après 667), aurait été contemporain de l'évêque de Soissons *Drauscius* (avant 659/660-après 667), et serait mort quelques années avant lui. Premier abbé, sans doute, de la communauté régulière établie par Bathilde (au plus tard en 660), il ne pouvait qu'être issu de l'entourage royal[91]. Tout cela suggère une donation vers 660, sans que l'on puisse réduire la fourchette chronologique proposée plus haut. On pourrait en revanche s'interroger sur l'absence de Bathilde aux côtés de Clotaire III, dont elle était alors régente. La reine dut se retirer au monastère de Chelles en 664/665 : la charte de Clotaire III serait-elle postérieure à cette date ? On ne peut, à mon sens, tirer grand-chose de cet argument *a silentio*. Si le compilateur de l'*Epitome* avait sous les yeux une charte authentique de Clotaire accompagné de Bathilde, il a pu ne retenir, dans une analyse somme toute succincte, que le nom du souverain qui figurait seul dans la suscription royale ; à plus forte raison, s'il a utilisé un document réécrit, ce texte pouvait omettre de citer Bathilde.

En résumé, la donation de Tergnier par Clotaire III s'accorderait avec les événements survenus sous son règne, aussi bien en matière de « politique extérieure » que de réforme monastique. Cette donation a pu trouver place vers 657-661/662 et être contemporaine du nouveau statut du monastère. Faute d'autres textes, elle reste hypothétique. Pour cerner plus complètement le problème, il convient de voir si Tergnier n'aurait pu être acquis par Saint-Médard ultérieurement. De plus, à supposer le diplôme de Clotaire III une entière forgerie, pourquoi les moines soissonnais auraient-ils élevé des prétentions sur cette *villa* ?

Au XIe siècle, Tergnier appartenait au comte de Vermandois, qui le céda, vers 1060, aux chanoines de Chauny[92]. Assurément, il y aurait là une circonstance expliquant l'établissement d'un faux par un ancien détenteur de Tergnier, ou tout au moins la réfection d'un document ancien. Encore faudrait-il que les moines aient eu sur la localité des droits antérieurs à ceux des comtes.

Les comtes de Vermandois avaient, du début du Xe siècle jusqu'au rétablissement d'un abbé régulier, en 970, tenu l'abbatiat laïque de Saint-Médard[93]. À ce titre, ils avaient disposé de la part du temporel réservé à l'abbé. On ne sait rien sur cette mense abbatiale, ce qui est courant, car seuls les biens affectés à la communauté étaient mis par écrit, de manière à en garantir l'usage aux religieux. La composition de la mense conventuelle de Saint-Médard, « photographiée » à deux reprises dans la seconde moitié du IXe siècle, montre que le monastère possédait des biens à quelques kilomètres de Tergnier, à Remigny, sans doute aussi à Liez[94]. Au milieu du Xe siècle encore, la *potestas sancti Medardi*, sous contrôle du comte et abbé Herbert, est attestée à *Ruminiacus*. Les Héribertiens avaient en outre des possessions, à la même époque, dans le village voisin de Quessy[95]. Enfin, au XIIe siècle, les moines de Saint-Médard attribuaient à la générosité d'un Chilpéric la donation du proche village de Travecy, dont l'église est dédiée à Saint-Médard et à celle d'un Clotaire, Chauny, qui relevait des comtes de Vermandois depuis le Xe siècle[96]. Il y eut manifestement, au Xe siècle, en ces confins du Vermandois et du Laonnois, un groupe compact de domaines de Saint-Médard et des comtes héribertiens, dont l'imbrication et les visées san-médardiennes ultérieures sous-entendent une commune origine, le temporel de Saint-Médard. Scindé entre biens de l'abbé et terres de la communauté, ce temporel finit sans doute par entrer en partie, au cours du Xe siècle, dans le patrimoine des Vermandois. Les biens monastiques durent particulièrement souffrir des appropriations commises par Herbert le Vieux, car les moines soissonnais se vengèrent de leur abbé en l'envoyant, tout au moins par écrit, expier ses turpitudes en enfer[97].

Les droits de Saint-Médard à Tergnier remonteraient donc au plus tard au IXe siècle, avant la dévolution à l'abbé, qui eut probablement lieu sous Hilduin dans les premières décennies du siècle[98]. Rien ne s'oppose à ce que ces droits proviennent d'une donation de Clotaire III. Bien que l'on dispose de fort peu de données explicites pour décider de la réalité de ce don, on incline à le juger vraisemblable, même si la sincérité de la charte de Clotaire III analysée par l'*Epitome* est douteuse.

Childebert III : la maison sur les remparts de Soissons (confirmation) (cat. 13)

L e diplôme de Childebert III (695-711) confirmait, à la demande de l'abbé *Nomedius*, un diplôme antérieur, perdu, de son frère Clovis III (691-695) (cat. 12). Ce *deperditum* avait concédé au monastère une maison construite à Soissons par le maire du palais Ébroïn († 680), et jadis propriété de son fils *Bobo*. Les données chronologiques (abbatiat de *Nomedius*, règnes de Childebert et de Clovis, majordomat d'Ébroïn) et historiques (situation d'Ébroïn à Soissons, existence de son fils *Bobo*) sont exactes[99]. L'affaire elle-même, donation et confirmation d'une maison soissonnaise, n'était pas de nature à susciter de litige quelques décennies ou quelques siècles plus tard. On doit donc tenir pour vrai le contenu de cette ana-

lyse, et considérer comme sincère le diplôme de Childebert relatif à cette maison. En revanche, l'analyse procurée par dom Gillesson de la donation de la maison par Ébroïn et *Bobo* est sujette à caution, car son libellé semble un extrait du diplôme de Childebert plus que le résumé d'une charte indépendante de ce précepte[100].

Ce serait minimiser l'intérêt du document que de le réduire à un texte de portée ponctuelle. L'emplacement topographique de la maison construite dans la ville par Ébroïn (sur un terrain patrimonial ?) était en effet remarquable. À cheval sur un des murs romains qu'elle dominait – on suit ici la description précise du diplôme de Childebert –, elle commandait de ce fait une portion de l'enceinte, un quartier de la cité et les abords de celle-ci. Grâce à cette position stratégique, le maire du palais neustrien s'était probablement assuré la maîtrise d'une partie de la ville, peut-être le sud-est du *castrum* où il avait fondé, avec sa femme et son fils, le monastère de Notre-Dame. Ce souci de sûreté méritait d'être noté, qu'on l'explique par les fortes oppositions qu'Ébroïn rencontra, ou par le contexte conflictuel avec l'Austrasie toute proche.

Que cette maison ait été ultérieurement donnée par Clovis III à Saint-Médard est d'autant plus intéressant. Le *regnum Francorum* avait alors retrouvé son unité sous l'autorité nominale du souverain mérovingien et le gouvernement de l'austrasien Pépin II. Dans ces conditions, la donation royale doit vraisemblablement être interprétée d'un point de vue local, comme une mesure visant à renforcer l'influence du monastère suburbain dans la ville (face à l'évêque, premier personnage de la cité ?). De ce point de vue, on notera que le texte analysé mentionne des travaux de « consolidation » de la maison d'Ébroïn, qui l'auraient de plus rendue attenante à une maison appartenant à Saint-Médard. Ces travaux ont dû intervenir entre la donation de Clovis III et sa confirmation par Childebert III. Aussi cette confirmation, sollicitée par l'abbé du monastère, visait-elle peut-être avant tout à faire entériner par le souverain des modifications constituant au profit de Saint-Médard un véritable bastion dans la cité.

Dagobert III : Favières en Tardenois (confirmation) (cat. 16)

Rien dans l'analyse du précepte de Dagobert confirmant la donation de Favières en Tardenois, que ce soit du point de vue formel ou du contenu, ne s'oppose à la véracité du document[101]. On admettra donc l'existence de ce diplôme dans les archives de Saint-Médard, et la disparition, avant l'époque moderne, d'une charte de donation de Favières provenant d'une aristocrate (cat. 15).

Selon toute vraisemblance, l'acte doit être attribué à Dagobert III (711-715), successeur de Childebert III[102]. Cette identification repose sur l'identité du *Gairoldus* qui intervint pour la basilique. Ce personnage est usuellement reconnu comme l'abbé qui régit Saint-Médard sous Dagobert Ier… sur la seule base du document examiné ici. Quelques éléments fort ténus mais convergents conduisent au contraire à voir en *Gairoldus* un évêque de Soissons, abbé de Saint-Médard, du début du VIIIe siècle.

La fausse bulle de Grégoire le Grand (590-604) pour Saint-Médard, forgée au XIIe siècle, cite un *abbas Gairaldus*, présenté en activité pendant son pontificat[103]. Le synchronisme entre un abbé *Gairaldus/Gairoldus* et un pape Grégoire a pu être repris ou déduit d'un document quelconque par le faussaire. On ne doit donc pas le rejeter a priori. Par ailleurs les listes épiscopales de Soissons mentionnent, immédiatement avant *Hubertus* – probablement identifiable à l'abbé de Saint-Médard *Hugobertus* en activité dans le monastère à compter de février 716 au plus tard – un certain *Gobaldus/Cerobaldus/Ghabaldus*[104] ; on peut rapprocher avec prudence ces différentes formes, de *Garibaldus*, dont *Gairoldus* est l'une des variantes : ce dernier aurait été évêque de Soissons vers 715-716 au plus tard. On rencontrerait ainsi trois *Gairaldus/Gairoldus*.

Un abbé de Saint-Médard contemporain de Grégoire Ier (590-604), ou de Grégoire II (715-731), voire de Grégoire III (731-741)[105]. Un évêque de Soissons prédécesseur de l'évêque-abbé *Hubertus/Hugobertus*, vers 715-716. Enfin, un personnage intervenant pour Saint-Médard (donc un abbé ou un évêque) auprès de Dagobert Ier (629-639) ou de Dagobert III (711-715). La solution la plus simple est évidemment d'admettre l'identité de ces trois personnes. *Gairaldus/Gairoldus* aurait été évêque de Soissons, soit après avoir résilié sa charge abbatiale, soit en cumulant les deux fonctions, au moins vers 715-716 ; il aurait obtenu de Dagobert III le précepte concernant Favières.

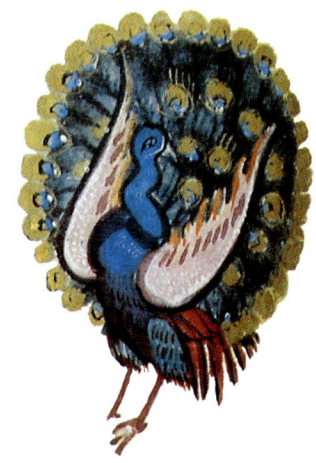

Dès lors, on doit insérer *Gairoldus* dans le catalogue abbatial, après (sinon à la suite de) *Nomedius* attesté sous Childebert III. En activité le 19 mai 715 (synchronisme avec le pape Grégoire II qui accéda à la chaire de saint Pierre ce jour-là), il aurait disparu avant le 10 février 716, date à laquelle apparaît *Hugobertus* (cat. 19).

Clotaire IV : Berny en Noyonnais et Nouvion en Ponthieu (cat. 19, 20)

C'est grâce à la mention de l'abbé *Hugobertus* que l'on peut identifier le roi Clotaire donateur de Berny et de Nouvion. On sait par deux autres documents que cet abbé fut en activité aux années 716-721 (cat. 18, 22). Le seul Clotaire contemporain d'*Hugobertus* est Clotaire IV, qui régna un an (printemps 717/718)[106]. Les deux diplômes de Clotaire IV sont encore connus en entier et apparaissent retravaillés. Nous ne croyons cependant pas devoir rejeter leur témoignage. Au contraire, il est presque certain que Clotaire IV a donné à Saint-Médard des diplômes lui concédant les deux *villae*. Pour soutenir ce point de vue, on partira du texte relatif à Berny[107].

Berny (cat. 19)

ainsi que nous l'avons vu plus haut, les formules de notification et de corroboration du document sont, dans le corpus mérovingien de Saint-Médard, exceptionnellement bonnes ; d'autre part, c'est le seul précepte mérovingien san-médardien, avec celui de Théodebert II (cat. 5), qui recoupe le contenu du diplôme solennel de Charles le Chauve[108]. Tout cela conduit à le ranger à part parmi les documents falsifiés de Saint-Médard et ne peut qu'aiguiser la curiosité sur cette falsification, sa date et ses raisons.

Le diplôme original de Charles le Chauve des années 866-870 cite Berny au nombre des *villae* affectées aux moines. Comme le reste du temporel monastique, elle devait être soumise au régime de l'immunité, que Charlemagne avait confirmée au monastère. En février 879, Louis le Bègue renouvelait le précepte de son père et mentionnait dans les mêmes termes la possession monastique de Berny[109]. L'abbaye devait rester présente en ce terroir au-delà du Moyen Âge[110]. Qu'aurait apporté à l'établissement soissonnais, passé le IXe siècle, la confection d'un faux de Clotaire IV concédant à la basilique Berny avec l'immunité ? Rien, à l'évidence. Par conséquent, le diplôme de Clotaire IV dut être reconstitué ou réécrit au IXe siècle au plus tard.

De fait, il faut le rapprocher de la donation de Charles le Chauve relative à Berny, datée de 841, jadis étudiée par Georges Tessier[111]. Ce dernier remarquait avec raison qu'un passage de ce dernier précepte, lui aussi remanié, faisait fort probablement référence au diplôme de Clotaire IV. En effet, Charles le Chauve restituait la *villa* au monastère sur la foi des titres fort « obscurs » *(abditissimorum)* qui en contenaient la cession antérieure. Georges Tessier a montré que le roi carolingien avait effectivement donné Berny à Saint-Médard, par un diplôme dont le texte actuel a conservé le dispositif ; l'allusion aux documents antérieurs serait reprise du diplôme originel de Charles le Chauve.

Dès lors, on peut avancer qu'un diplôme de Clotaire IV a été présenté à Charles le Chauve. Les moines avaient en effet tout intérêt à produire un document décidant le roi à leur céder Berny. Cette *villa*, qui était voisine de leurs possessions de Morsain et Cuisy, et qui avait été le palais soissonnais préféré de Chilpéric Iᵉʳ (561-584) – encore en 754, elle avait accueilli le roi Pépin –, devait sans nul doute être un florissant centre domanial, et peut-être, si le bourg routier voisin de Vic-sur-Aisne en dépendait comme cela semble fort probable, un point de passage de l'Aisne extrêmement rentable pour son propriétaire[112]. Le roi n'aurait cependant pas rendu le domaine au monastère sans s'être assuré de la validité des titres produits. Cela suppose que les textes présentés à Charles le Chauve étaient acceptables[113]. Cette impression est renforcée par la vraisemblance d'une cession de Berny par Clotaire IV.

Une évocation du contexte politique est ici nécessaire. Avec la disparition, en décembre 714, de Pépin II et de son fils Grimoald, débuta une période extrêmement critique pour la dynastie pippinide, qui détenait alors la réalité du pouvoir dans le royaume franc. L'aristocratie neustrienne, désireuse de retrouver son autonomie, en tira profit. Les Neustriens choisirent un maire du palais étranger à la famille austrasienne, *Raganfredus*. Après la mort de Dagobert III (715), ils établirent sur le trône un Mérovingien qui prit le nom de Chilpéric II. En 716-717, les Neustriens eurent l'offensive, mais le 21 mars 717, le bâtard de Pépin II, Charles Martel, arrêtait définitivement la progression neustrienne à Vinchy en Cambrésis. Chilpéric et *Raganfredus* en fuite, Charles entrait en vainqueur à Cologne. Dès lors en position de force, il pouvait contraindre Plectrude, la veuve de Pépin II, à lui remettre trésors et pouvoir paternels, et placer sur le trône un Mérovingien, Clotaire IV, pour garantir la légitimité de ses entreprises. Face à ce rétablissement spectaculaire, Chilpéric et *Raganfredus*, dont l'audience demeurait importante, ne manquèrent pas de chercher des appuis. Ils négocièrent l'alliance d'*Eodo*, duc d'Aquitaine, et levèrent avec lui une armée. Nouvelle victoire de Charles Martel, près de Soissons cette fois. *Eodo* se réfugia en Aquitaine avec Chilpéric. Après la mort de Clotaire IV (sans doute en avril ou au début du mois de mai 718), le Pippinide obtint d'*Eodo* la « restitution » de Chilpéric II, et le rétablit à la tête du *regnum*. Chilpéric régna jusqu'à sa mort, en 721[114].

S aint-Médard serait donc redevable de Berny et Nouvion au roi « de » Charles Martel. Dans la situation complexe que nous venons de rappeler, cela demande qu'un certain nombre de conditions aient été réunies. Il faudrait d'abord que le monastère soissonnais ait été sous le contrôle du maire du palais, autrement dit que l'abbé *Hugobertus* ait été son allié. En poste dès février 716, dans la cité dont dépendait au spirituel le palais de Chilpéric II, Compiègne, le religieux avait dû être agréé par Chilpéric et *Raganfredus*, s'il n'avait été nommé par eux. Les deux diplômes de Clotaire IV, comme le précepte de Chilpéric II pour Saint-Médard, également non daté (cat. 22) – mais qui pourrait aussi bien être postérieur au décès de Clotaire IV qu'antérieur à son accession[115] –, révéleraient la longévité politique de l'abbé soissonnais. Suivant la chronologie adoptée ici, *Hugobertus* serait passé du côté de Charles au plus tard dans la période qui va de la victoirc austrasienne de Vinchy (avènement de Clotaire IV après le 21 mars 717) à quelques semaines ou mois (?) après la bataille de Soissons (mort de Clotaire probablement avant le 18 mai 718). Josef Semmler a implicitement situé ce ralliement après la bataille de Soissons, et daté le diplôme de Clotaire de 718[116]. On peut cependant s'étonner que Charles Martel, après s'être imposé dans le secteur par la force,

ait conservé à la tête d'un des grands monastères du royaume un fidèle de Chilpéric II. En semblables circonstances, il était plus dans ses habitudes de placer à de telles fonctions des hommes à lui. On est donc enclin à penser qu'*Hugobertus* se trouvait du côté de Charles avant même l'affrontement de 718.

De fait, la victoire définitive de Charles près de Soissons constitue un indice sérieux selon lequel la cité épiscopale était un bastion pippinide. Cette interprétation va à l'encontre de celle de Josef Semmler, d'une ville pro-neustrienne[117]. Il serait pourtant remarquable et inhabituel que le combat entre Neustriens et Austrasiens ait eu lieu sur le territoire de l'attaquant, même si, aux dires des sources, Charles Martel s'était porté à la rencontre de ses adversaires[118]. Fort vraisemblablement, il arrêta l'armée neustrienne aux limites de ses terres. Soissons constituait sans doute l'avancée la plus occidentale et/ou méridionale de son influence en Neustrie. La situation politique de Soissons pourrait être liée à la personne de l'abbé *Hugobertus*. D'après les listes épiscopales, il y aurait eu à Soissons, vers la même époque, un évêque homonyme. Reinhold Kaiser a suggéré qu'*Hugobertus* avait uni les deux fonctions ; cela s'était déjà pratiqué au VIIe siècle, et devait l'être encore au VIIIe siècle. Le cumul exercé par *Hugobertus* pourrait certes être postérieur au règne de Clotaire IV mais fut sans doute effectif bien avant[119].

Dans cet ensemble de conjectures, on évoquera enfin la cession de Berny. La *villa*, nous l'avons vu, présentait un intérêt économique majeur. Les fils de Charles Martel n'hésitèrent d'ailleurs pas à la réunir au fisc, au plus tard en 754[120]. Il fallait donc, pour que Clotaire IV, donc Charles, aient songé à en faire don à Saint-Médard, que le souverain et son maire du palais en aient eu une contrepartie équivalente.

L'échange de biens temporels contre des avantages dans l'au-delà est le fondement des donations *pro anima* du haut Moyen Âge : aux termes du diplôme réécrit qui nous est parvenu, Clotaire aurait fait du salut de son âme la condition de sa donation soissonnaise. Il n'est pas impossible que le roi ait agi en un moment critique (avant la bataille de Soissons ?) – son rival Chilpéric II abandonna à l'autre grand monastère neustrien, Saint-Denis, une partie de l'ancien palais de Clichy peu avant la rencontre de Vinchy[121] –, ou bien en ses derniers instants – en ce cas, la donation aurait eu lieu après le combat décisif de 718.

La concession dut d'autre part recevoir l'agrément du maire du palais. Celui-ci dut considérer la valeur de Berny. La *villa* était avec Vic le point de passage obligé de l'Aisne par la voie romaine Senlis-Soissons-Noyon ; les deux localités surveillaient, avant que ne le fasse en amont la ville forte de Soissons, l'accès à la rive droite de l'Aisne et au Noyonnais, tout spécialement pour des troupes venant du Sellentois ou de Compiègne. Dès lors, céder la *villa* à Saint-Médard, qui gardait déjà la rive droite de l'Aisne près de Soissons et la route Soissons-Saint-Quentin[122], revenait à confier à *Hugobertus* un nouveau point stratégique. Après la victoire de Soissons, une telle concession ne devait plus guère mettre en jeu les intérêts austrasiens, bien que le contrôle de Berny fût probablement demeuré important pour Charles, pour maintenir son emprise sur la région. En revanche, pendant les mois où, bien que vaincus à Vinchy, Chilpéric II et *Raganfredus* s'étaient employés à rétablir la situation[123], cette donation revêtait un caractère éminemment politique : c'était associer étroitement *Hugobertus* aux destinées austrasiennes, rendre manifeste son revirement et le récompenser de son attitude. Rien ne permet de décider entre ces deux possibilités. On peut toutefois se demander si le rôle stratégique que l'abbaye soissonnaise était à même de jouer par l'implantation de ses possessions en Soissonnais et en Vermandois ne fut pas utilisé par Charles à son profit ; le maire du palais aurait complété ce dispositif par la cession de Berny. Le combat de Soissons n'aurait-il pas dû, entre autres, sa localisation et son issue à cette utilisation du temporel san-médardien, et notamment à la donation judicieuse de Berny ? Dans cette hypothèse, le ralliement d'*Hugobertus* à Charles se placerait tôt ; il aurait été rapidement suivi de la donation de Berny à Saint Médard, donation au confluent de multiples intérêts, donc de significa-tion complexe. En tout cas, la confiscation ultérieure et rapide de la *villa* indique a posteriori des liens étroits entre sa cession et des données très conjoncturelles.

En résumé, la véracité originelle du diplôme de Clotaire IV permettrait de rendre compte à la fois de l'histoire de Berny au VIIIe siècle et de resituer à sa juste place le « chaînon man-quant » du Soissonnais dans l'évolution géopolitique des années 717-718. On conclut donc à la donation de la *villa* par Clotaire IV en 717 ou 718, et à une réfection de son diplôme vers 841, sans intention de tromperie.

Nouvion (cat. 20)

L a question se pose de manière bien différente pour le précepte relatif à Nouvion en Pon-thieu. Nous avons détecté une époque de falsification postérieure au XIe siècle, en raison notamment de l'annonce du sceau royal dans la formule de corroboration[124].
À quelle occasion cette falsification serait-elle intervenue ? La possession san-médardienne de Nouvion n'a pas d'histoire avant ce faux. On est donc en droit de se demander si le document ne cherchait pas à défendre des droits d'acquisition récente. Un élément cependant a souvent conduit les historiens à créditer ce texte d'un fond de vérité : la mention du maire du palais Grimoald comme ancien possesseur de la *villa*. Ce *major domus*, fils de Pépin II, assassiné en décembre 714, fut effectivement maire du palais en Neustrie, en 697 au plus tôt[125]. La *villa* dont il aurait disposé, et qui serait probablement revenue au fisc après son décès parce qu'il s'agissait d'un domaine possédé ès fonctions, se trouvait à quelques kilomètres à peine du palais de Crécy-en-Ponthieu, encore fréquenté par Childebert III en 709. Or il semblerait que, sous ce roi notamment, les maires du palais aient tenu des domaines relativement voisins des palais où le Mérovingien *speciem dominantis effingebat*[126]. Ce sont là des données si cohérentes avec la chronologie, la géographie et les institutions politiques du début du VIIIe siècle, qu'il paraît certain qu'elles ne sauraient être issues de l'imagination d'un faussaire capétien. On doit donc juger réelle la donation de Nouvion par Clotaire IV.

D'ailleurs, les pêcheries affectées au IXe siècle à la mense conventuelle par Charles le Chauve n'auraient-elles pas été situées à Nouvion, qui se trouvait alors en bordure de Manche ? Simple possibilité cependant, qui, pas plus que l'existence d'une chapelle dédiée au martyr Sébastien à quelques kilomètres de Nouvion, ne peut faire figure d'attestation de possession san-médardienne dans le secteur[127].

En 1100, le comte de Ponthieu cédait au prieuré clunisien d'Abbeville ses droits et terres à Nouvion. Peu après, la fausse bulle d'Eugène II rappelait que Nouvion *in pago Pontio* apparte-nait au monastère soissonnais[128]. C'est sans doute au même moment que les moines de Saint-Médard forgèrent, sur une base réelle, la donation de Clotaire IV, pour réactiver, face au jeune prieuré favorisé par le comte, des droits latents depuis plusieurs décennies. À cet égard, il est probable que l'éloignement du monastère avait facilité la mainmise du comte local sur Nouvion, d'autant mieux qu'il avait hérité du fisc voisin de Crécy[129].

Il est difficile d'apprécier aujourd'hui la valeur de débouché maritime de Nouvion. De toute façon, le poisson tenait une place fort importante dans l'alimentation monastique, en raison des restrictions spécifiques au mode de vie régulier, comme de la possibilité de constituer de cette manière des réserves de nourriture par salaison ou fumage. On sait d'autre part que certaines abbayes armaient des navires en Manche pour la pêche aux cétacés, de manière à s'approvisionner en chair et en huile pour le luminaire[130]. À tous ces points de vue, l'acquisition de Nouvion dut être particulièrement bienvenue pour les moines soissonnais.

Nouvion offrait peut-être lors de sa donation un autre avantage : sa relative proximité (trente kilomètres, soit une journée de voyage) avec le port de Quentovic, lieu par excellence du trafic entre royaume mérovingien et îles britanniques[131], en pleine activité aux VIIe-VIIIe siècles. D'autres établissements ecclésiastiques reçurent, pendant la même période, des terres bien plus proches du *vicus* de la Canche, ce qui leur permettait d'entreposer commodément leurs denrées destinées au commerce en cet endroit[132]. Il est possible que Nouvion, bien que plus éloigné, ait été, pour les moines de Saint-Médard, un « pied-à-terre » comparable ou du moins un relais dans cette direction ; sa donation constituerait alors un indice de l'ouverture du monastère sur les échanges à moyenne et longue distance, notamment avec les mondes anglo-saxon et nordiques.

Quant à cerner l'époque de la cession de Clotaire IV, on ne peut que renvoyer à ce qui a été dit de Berny, sans souscrire cependant à un parallélisme de situation trop étroit. L'influence respective des Neustriens et des Austrasiens en Ponthieu en 717-718 est en effet trop peu saisissable[133] pour que l'on puisse situer cette donation dans la chronologie évoquée (avant ou après la bataille de Soissons).

Chilpéric II : *Arlatum* en Vendômois (confirmation) (cat. 22)

Le précepte de Chilpéric II (716-721) relatif à la *villa Arlatum* en Vendômois soulève plusieurs problèmes. En premier lieu, l'expression *usus fratrum* qui apparaît dans son analyse conduit à penser à un document au moins interpolé à l'époque carolingienne. Elle est en effet caractéristique d'un temps où le temporel monastique était divisé entre abbé et moines, comme cela semble avoir été le cas à Saint-Médard à partir du règne de Louis le Pieux[134]. À la réflexion, on peut douter de la valeur de cette induction. L'un des acteurs de l'affaire dont traitait le diplôme est l'abbé *Hugobertus*, qui n'est autre que l'évêque de Soissons homonyme[135]. La destination de la *villa* vendômoise à l'usage exclusif de la communauté sanmédardienne révélerait qu'*Hugobertus*, en tant qu'évêque, s'interdisait – à la différence de son prédécesseur *Warinbertus*[136] – de puiser dans la caisse du monastère. Une telle attitude n'aurait rien d'anachronique, car ici ou là certains contemporains d'*Hugobertus*, l'abbé *Hugo* de Saint-Wandrille en Roumois (vers 723-730), ou l'évêque *Rigobertus* à Reims († 730), ont ébauché une répartition des revenus de leurs églises[137].

Quoi qu'il en ait été, d'autres points méritent un éclaircissement, l'identification de la *villa Arlatum* sur le Loir, et celle de l'évêque *Ediculus*. En un sens, la cacographie manifeste sur le nom du prélat, comme l'absence d'autre mention du Vendômois dans les documents sanmédardiens conduisent à l'idée d'un texte sincère, ayant partiellement survécu à la possession vendômoise du monastère. La comparaison de l'analyse du diplôme de Chilpéric II avec trois jugements mérovingiens étrangers à Saint-Médard (deux de Childebert III, un de Chilpéric II)[138] montre une grande similitude de termes et de formules entre le diplôme pour Saint-Médard et ces derniers textes ; elle conforte la présomption de véracité du document étudié, et conduit à ranger le diplôme de Chilpéric parmi les jugements mérovingiens.

Venons-en à l'objet du litige : un évêque avait soustrait à l'abbaye la moitié de la *villa* (ou des revenus de la *villa*) qu'elle avait reçue(s) d'un certain Dagobert[139]. On est tenté de comparer la situation à celle que le monastère avait connue sous l'évêque et abbé *Warinbertus*, quelques décennies plus tôt. Mais *Ediculus* ne pouvait être évêque de Soissons : les listes épiscopales conservées pour le début du VIIIe siècle, quoique fort corrompues, ne signalent aucun nom s'en approchant de l'une ou l'autre manière[140] ; d'ailleurs, *Hugobertus* était, semble-t-il, évêque de Soissons. *Arlatum* se trouvant en Vendômois, l'évêque pourrait être celui de Chartres, diocèse dont dépendait au spirituel le *pagus Vindocinensis*.

✠ *SAINT MATTHIEU.*
Évangiles de Saint-
Médard de Soissons,
copie de l'École de
la cour de Charle-
magne, début IXe
siècle (Paris, BNF
lat. 8850, fol 17 v).

L'évêque de Chartres, qui avait, semble-t-il, cumulé, dès la seconde moitié du VIIe siècle, les fonctions comtale et épiscopale dans sa *civitas*[141], avait fort bien pu s'emparer de la *villa* à la faveur des troubles politiques des années 716-718 : les événements avaient très certainement perturbé, sinon interrompu, les relations entre l'abbaye d'*Hugobertus* et sa lointaine possession neustrienne. On s'explique mal, cependant, l'usurpation d'une moitié de la *villa*, dont l'abbaye recevait, en fin de jugement, confirmation de l'intégralité. En effet, si l'évêque avait pu mettre la main sur *Arlatum*, pourquoi se serait-il contenté de la moitié ? Dès lors, on doit déduire que l'évêque pouvait légitimement prétendre à une moitié d'*Arlatum*. Deux hypothèses sont envisageables : 1. le prélat, détenant les pouvoirs comtaux dans le territoire de sa cité, percevait sans doute à ce titre une partie des impôts et taxes collectés par ses agents[142]. Le conflit entre Saint-Médard et *Ediculus* pourrait alors avoir porté sur les impôts perçus dans le ressort de la *villa* plutôt que sur les revenus agricoles de cette dernière : l'évêque faisait lever la moitié des taxes au titre de ses fonctions comtales, au mépris de l'immunité dont le monastère soissonnais jouissait dans l'ensemble de son temporel ; en raison de ce privilège, Saint-Médard ne pouvait tolérer l'ingérence épiscopale, et entendait prélever ces rentes à son profit exclusif[143] ; 2. l'évêque de Chartres avait reçu antérieurement – et en contradiction avec la concession à Saint-Médard – la moitié d'*Arlatum* ; Chilpéric II aurait tranché le conflit qui avait inévitablement suivi au bénéfice de Saint-Médard et au préjudice de l'évêque – cela s'était déjà vu[144], profitant peut-être de l'occasion pour affirmer la présence royale dans la région.

Quoi qu'il en ait été, y eut-il entre 716 et 721 un évêque de Chartres dont le nom pourrait avoir été lu ultérieurement *Ediculus* ? C'est sous toutes réserves que l'on proposera l'évêque *Leudisbertus*, qui régit l'évêché chartrain à compter de 718/719. Le scribe qui aurait entrepris, avant les XVIIe-XVIIIe siècles (?), de copier (ou d'analyser ?) le diplôme de Chilpéric II, ne se serait pas efforcé de (ou n'aurait pas pu) reconstituer l'anthroponyme *[L] e [u] disb [ert] us*, se contentant de transcrire les lettres qu'il parvenait à déchiffrer : *.e.dicul… us*[145].

Selon ces conjectures, dont on ne se dissimule pas la très grande fragilité, le diplôme, sincère, aurait été délivré par Chilpéric II à la fin de son règne, peut-être à un moment où *Hugobertus* tentait de reprendre en main le temporel de son monastère tandis que Charles Martel consolidait son influence dans le *regnum* en direction de la Loire et de l'ouest.

Il resterait à identifier *Arlatum*. Une enquête dans les ouvrages de géographie historique concernant le Vendômois s'est montrée décevante[146]. Cependant, selon un phénomène courant, la possession d'*Arlatum* par l'établissement soissonnais a pu entraîner la transformation du toponyme en *Domnus Medardus* ou *Sanctus Medardus*. De fait, il y a actuellement à Vendôme, sur le Loir, un quartier appelé Saint-Marc. Ce nom remonte aux premières décennies du XIe siècle, époque où il y avait en ce lieu une église comtale nommée Saint-Médard *(que Sanctus Medardus nominatur)*[147]. Il pourrait s'agir des restes de l'ancienne *villa Arlatum* ; comme l'origine de ce nom était apparemment ignorée, la possession de l'église soissonnaise serait passée depuis longtemps aux mains du comte local. Toutefois la présence, à une trentaine de kilomètres au nord-ouest de Vendôme, de l'ancienne *villa* san-médardienne de *Matualis* – d'où la dévotion au saint soissonnais paraît avoir essaimé[148] – pourrait également rendre compte de l'existence de l'*ecclesia sancti Medardi* aux faubourgs de Vendôme. Aussi, loin de voir dans le toponyme de Saint Marc, exceptionnel en Vendômois, un indice probant en faveur de l'identification d'*Arlatum*, on en retiendra seulement la possibilité.

En résumé, plusieurs données nous semblent plaider pour la sincérité du jugement de Chilpéric II. Mais les lignes qui précèdent font intervenir trop d'hypothèses insuffisamment étayées pour que l'on puisse décider fermement sur son contenu.

Thierry IV : *Matualis* dans le Maine (confirmation) (cat. 23)

À l'instar de son prédécesseur Chilpéric II et dans le même contexte politique (remise en ordre des affaires ecclésiastiques perturbées par la mise en place de nouveaux pouvoirs), Thierry IV (721-737) arbitra un conflit relatif au temporel de l'abbaye dans les pays d'entre Seine et Loire, cette fois dans le Maine. Le précepte royal nous a paru vrai[149]. Nous n'y reviendrons pas. Avec Thierry IV, les rois mérovingiens disparaissent des archives du monastère (son successeur, le dernier Mérovingien, Childéric III, n'est crédité d'aucun diplôme). Ils sont relayés par les Pippinides, en la personne de Carloman.

MAIRES DU PALAIS ET ARISTOCRATES

Carloman : Hanzinne, Falisolle et *Ascutecas* dans le pays de Sambre (cat. 24)

On ne rappellera que pour mémoire la prétendue charte de donation du maire du palais Ébroïn et de son fils *Bobo*, son existence n'étant nullement certaine[150]. La charte du maire du palais Carloman (741-746) dissipe quelque peu l'impression, sans doute erronée, d'un sanctuaire favorisé par les rois mérovingiens à l'exclusion des plus hauts dignitaires laïques du royaume. Ce document, existant au XVIIe siècle à l'état de fragment, et dont Alain Dierkens a établi la sincérité, fit passer dans le temporel monastique, vers 741/746, les domaines d'Hanzinne, Falisolle et *Ascutecas* en Belgique actuelle[151].

La fortune ultérieure et diverse de ces terres lointaines – passage de Falisolle dans le temporel de l'abbaye de Fosses, constitution à Hanzinne d'une prévôté san-médardienne rattachée à l'office de l'hospitalier[152] – importe peu ici. Il est en revanche plus remarquable que Saint-Médard ait été, après Saint-Denis, la deuxième *senior basilica* neustrienne à bénéficier ainsi de la faveur pippinide[153]. Il faut voir là sans aucun doute la première manifestation « positive » de l'alliance entre Saint-Médard et les Carolides, dont on peut discerner les prémices dès la seconde décennie du VIIIe siècle[154]. De ce point de vue, l'*hapax* typologique que constitue cette charte isolée d'un maire du palais révèle le transfert du monastère soissonnais dans la *tuitio* des Pippinides.

Flavia : Longpont en Soissonnais (cat. 18)

Les traces archivistiques de donations aristocratiques antérieures à 751 sont peu nombreuses. En effet, bien que l'existence ancienne d'une autre charte privée, celle relative à Favières en Tardenois (cat. 15), soit connue grâce à sa confirmation par Dagobert III (cat. 16), une unique donation, celle de la noble *Flavia*, nous a été partiellement transmise[155].

De tous les documents mérovingiens, elle seule conserve ses dates de temps et de lieu. Cette exception s'explique aisément, car cette « donation » était en fait un testament, dont la place des éléments de datation – début de texte pour la date de temps, avant les noms du testateur et des témoins pour la date de lieu – les préservait assez bien en cas de détérioration de l'original. Il n'y a pas lieu par ailleurs de soupçonner une quelconque falsification, s'agissant d'un terroir, Longpont, où l'abbaye maintint sa présence jusqu'en 1138[156].

Grâce à ce document, le premier connu daté du règne de Chilpéric II, on a pu cerner un peu mieux la chronologie de ce règne, comme l'extension de l'influence neustrienne en 716[157]. Sa date de lieu, *Condato vico publico*, suscite aussi quelque intérêt.

Condatus, Condé, est un toponyme courant dans l'aire des parlers gaulois[158], ce qui ne facilite pas l'identification du *vicus publicus*, c'est-à-dire de la localité pourvue d'une église baptismale où *Flavia* fit mettre son testament par écrit. Josef Semmler a identifié *Condatus* avec Condé-sur-Escaut[159]. Comme il s'agit d'un legs à un monastère soissonnais, d'une *villa* elle-même en Soissonnais, il est plus logique de songer à un Condé proche de Soissons. Condé-sur-Aisne, à une dizaine de kilomètres à l'est de la cité épiscopale, paraît s'imposer. Saint-Médard aurait d'ailleurs eu quelques biens à Condé-sur-Aisne dans la première moitié du Xe siècle[160].

À la fin du IXe siècle au plus tard, sans doute dès la seconde moitié du VIIIe siècle, sous l'épiscopat de Remi (755-770), Condé-sur-Aisne était une possession de la basilique rouennaise de Saint-Pierre et Saint-Ouen. Si l'on ne peut affirmer que la *villa* était déjà au début du VIIIe siècle dans le temporel rouennais, la possibilité d'une dépendance ancienne de Saint-Ouen de Rouen n'est pas à exclure[161]. Elle soulèverait plusieurs questions : le lieu de passation de la charte dénoterait-il des liens privilégiés entre *Flavia* et Rouen – liens qui ne seraient pas sans rappeler les relations anciennes entre aristocraties rouennaise et soissonnaise, et qui pourraient ainsi s'avérer vivaces au début du VIIIe siècle[162] ? Ou bien ces rapports seraient-ils le fait d'*Hugobertus* ? Enfin, ne pourrait-on voir dans cette localisation le plus ancien témoignage sur les attaches que Saint-Médard eut avec Saint-Ouen, dès l'époque carolingienne selon l'abbé Delanchy[163] ?

Faute de documents, ces questions ne peuvent que rester sans réponse. Elles illustrent en tout cas l'intérêt que présentent, même défigurés et tronqués, les textes mérovingiens plus ou moins sincères que nous ont transmis les érudits de l'époque moderne ; textes sur lesquels il nous faut maintenant revenir, avant d'en relever les apports pour l'histoire de la basilique mérovingienne.

DES ARCHIVES À LA BASILIQUE : SAINT-MÉDARD SOUS LES MÉROVINGIENS

LES ARCHIVES MÉROVINGIENNES : ESSAI D'ÉVALUATION

Généralités

Sur les quatorze documents étudiés, six se sont révélés faux ou retravaillés (chartes de Sigebert Ier, Chilpéric Ier, Brunehaut, Clotaire IV, cat. 1, 3, 6, 19, 20) – soit la moitié des chartes royales –, un septième étant douteux (Clotaire III, cat. 10). Ces textes non sincères sont moins nombreux que ne le laissait entendre Clovis Brunel. Ils ne méritent pas d'être rejetés comme absolument mensongers, car les données factuelles qui ont servi à leur élaboration semblent dans l'ensemble recevables. Seuls les diplômes de Sigebert pour *Letinas* (cat. 2) et de Chilpéric pour *Buras* (cat. 3) n'ont pu, faute de documents complémentaires, trouver une place définie dans la haute histoire de la basilique. Finalement, à la base des quelque vingt-quatre docu-

✠ *Saint Marc. Évangiles de Saint-Médard de Soissons, copie de l'École de la cour de Charle-magne, début IXe siècle (Paris, BNF lat. 8850, fol 81 v).*

211

ments repérables (royaux et privés), on pourrait compter une vingtaine de textes vrais (deux des faux, les cat. 19, 20, étant construits sur des préceptes sincères), dont neuf sont entièrement perdus (près de la moitié). Ces chiffres doivent cependant être admis avec la plus grande circonspection, car la critique ne peut s'exercer que très imparfaitement sur des *fragmenta chartarum*. Rappelons à cet égard que la charte réécrite de Clotaire IV pour Berny (cat. 19) semblerait vraie, si elle n'était connue que par le résumé de dom Gillesson. Il est donc probable que des documents en réalité remaniés ont échappé à notre vigilance.

Les préceptes entièrement supposés seraient les plus anciennes chartes, celles de Sigebert Ier, Chilpéric Ier, Brunehaut (cat. 1, 3, 6). Les « fondateurs » des monastères, tout spécialement les souverains mérovingiens, parrainaient fréquemment les forgeries ecclésiastiques, qui se trouvaient ainsi parées de l'autorité de la royauté, alliée au prestige d'une incomparable antiquité. Il n'est donc guère étonnant que les frères et belle-sœur ennemis aient été utilisés de cette manière à Saint-Médard. Ce l'est d'autant moins que plusieurs témoignages fiables montrent en eux des donateurs fort généreux, dont les donations avaient été à coup sûr instrumentées. Le souvenir, sinon la réalité, de ces textes avait sans aucun doute perduré, ne manquant pas d'ajouter de la vraisemblance aux actes forgés.

Déperditions

La disparition radicale des titres antérieurs au milieu du VIIe siècle est un phénomène courant, délicat à dater et à interpréter[164]. Il n'est pas impossible que la situation de sujétion de Saint-Médard à l'égard de la cathédrale, jusqu'au milieu du VIIe siècle précisément, ait joué anciennement son rôle en la matière. Les archives de la basilique n'auraient-elles pas été conservées dans l'*archivium* épiscopal avec les autres titres du temporel soissonnais ? N'y seraient-elles pas restées même après que le clergé san-médardien eut obtenu, vers 660, la gestion de son temporel[165] ?

Simple conjecture. Avec une autre approche, l'auteur d'un mémoire sur les archives de l'abbaye concluait au XVIIIe siècle : « En général, la partie de l'Antiquité paroit avoir été très négligée jadis dans ce monastère[166]. » Cette carence pourrait remonter fort loin, si l'on en juge d'après la charte de Clotaire IV pour Berny (cat. 19). Sous sa forme actuelle, elle pourrait dater, nous a-t-il semblé, du milieu du IXe siècle et serait la reconstitution d'un original déjà abîmé. Or cet original n'avait après tout que cent vingt ans. Si nos hypothèses sont fondées, cela ne plaiderait pas pour une attention soutenue à la conservation archivistique. Bien entendu, les plus anciens documents auraient les premiers pâti de cette impéritie.

Il n'est pas douteux cependant, comme l'ont souligné Clovis Brunel et l'abbé Delanchy, que toute une série de désastres (tels l'incendie du monastère à la fin du IXe siècle, le pillage de l'établissement en 1567 ou l'intervention inopportune d'un archiviste du XVIIe siècle)[167] ont eu des répercussions considérables sur le chartrier san-médardien.

Ces laminages successifs et divers, dont on peut mesurer l'ampleur à la minceur des archives subsistantes, rendent sans doute compte du disparate des documents mérovingiens conservés au milieu du XVIIe siècle. Hormis les fausses bulles, composées au XIIe siècle, qui ne sont pas étudiées ici, on n'y trouvait plus de document de portée générale : les privilèges d'immunité de Clotaire III, de liberté de l'évêque *Drauscius* (cat. 8, 9), qui avaient défini la place de la basilique dans l'Église et dans le siècle, n'existaient plus. Ils étaient, il est vrai, devenus obsolètes dès les IXe-XIIe siècles : le premier, renouvelé par Charlemagne, n'était plus indispensable, et le second n'offrait guère d'intérêt dès lors que le monastère travaillait activement à son exemption[168]. Les chartes vraies qui avaient survécu, quoique toutes relatives au temporel, étaient de nature juridique diverse (donations, testament ou simples confirmations, en majorité), et avaient pour objet des biens répartis sporadiquement dans le *regnum*. Singulièrement, les préceptes royaux sincères se trouvaient tous être des confirmations ou des jugements (à l'exception de celui, douteux, de Clotaire III).

Falsifications

à cette conservation hasardeuse, où l'intervention humaine semble s'être limitée à sauvegarder, dans la mesure du possible, les pièces « utiles » (comme celles relatives au temporel non cité dans les privilèges de Charles le Chauve [866-870] et Louis le Bègue [879]), ont répondu, pour autant que l'on puisse en juger, des confections ou des réfections documentaires effectuées au coup par coup, au gré des besoins. À cet égard, il ne semble pas, contrairement à la suggestion de l'abbé Delanchy, que le moine Odilon, tout au moins en ce qui concerne les archives mérovingiennes, en ait entrepris une reconstitution[169].

Odilon pourrait être l'auteur du précepte de Sigebert Ier relatif à *Matualis* (cat. 1). Deux indices – les phrases démarquées, dans ce diplôme, de sa *Translation des reliques...*, et son intérêt pour l'histoire de *Matualis* et *Warimbertus*, reprise dans son *Sermon sur saint Médard*[170] – vont en ce sens. On ignore s'il s'agissait pour lui de refaire un document disparu lors de l'incendie du monastère à la fin du IXe siècle (?) ou de forger un titre qui avait dû exister puisque la tradition en faisait foi. Mais il ne semble pas avoir composé l'autre précepte de Sigebert Ier concernant *Letinas* (cat. 2), dont la rédaction, si différente, est contemporaine ou postérieure au règne de Charles le Chauve. Le moine soissonnais ne semble pas plus responsable des faux de Chilpéric et de Brunehaut (de date incertaine, cat. 3, 6). Quant aux diplômes de Clotaire IV, l'un, pour Berny (cat. 19), représenterait la plus ancienne trace de « rajeunissement » d'un document mérovingien (milieu du IXe siècle) ; l'autre, pour Nouvion (cat. 20), pourrait remonter sous sa forme actuelle au tout début du XIIe siècle. Enfin, s'il y eut remaniement du diplôme de Clotaire III (cat. 10), il pourrait dater du milieu du XIe siècle.

Ces travaux devaient être achevés, ou en passe de l'être, lors de la confection de la pseudo-bulle d'Eugène II, dans la première moitié du XIIe siècle. Celle-ci attribue en effet aux donations de Sigebert, *Matualis* et *Letinas*, de Chilpéric *Buras*, de Brunehaut et Thierry, Morsain et Cuisy[171]. Somme toute, le corpus des faux mérovingiens ici examinés aurait pris forme entre le milieu du IXe siècle et le début du XIIe, ce qui s'accorde à l'opinion, généralement avancée, de falsifications san-médardiennes aux Xe-XIIe siècles. Il est logique que ces temps de ruptures institutionnelles, de conflits subséquents et d'évolutions de la gestion monastique aient été, à Saint-Médard comme ailleurs, particulièrement favorables à un remodelage et à une adaptation du chartrier. Il convient néanmoins d'insister, en forçant un peu le trait, sur l'originalité de ces falsifications mérovingiennes, apparemment si peu concertées, face aux faux pontificaux et carolingiens, semble-t-il plus cohérents, et produits pour de plus nobles raisons – exemption, prestige et rayonnement du *caput monasteriorum totius Galliae*[172].

Valeur de la documentation conservée

Il est superflu de souligner les obscurités et les incertitudes qui entravent notre connaissance du chartrier mérovingien. Il n'est peut-être pas inutile, en revanche, d'insister à nouveau sur l'ampleur des pertes subies : sur la vingtaine de textes *apparemment* vrais que l'on peut apercevoir, près de la moitié est intégralement perdue. De cette forte proportion, on retire l'impression, renforcée par celle que produisent l'hétérogénéité des parties de chartes subsistantes et les témoignages des sources narratives, que les textes conservés ne sont qu'une frange exiguë d'une masse documentaire dont on peut à peine soupçonner l'importance.

Le tableau ne doit pas être exagérément noirci : le nombre d'actes connus est du même ordre que ceux relevés pour d'autres grandes basiliques mérovingiennes, comme Saint-Pierre de Corbie (quinze documents) ou Saint-Vincent-et-Saint-Germain de Paris (quatorze)[173]. Il était ordinaire, d'autre part, que les documents relatifs au temporel fussent de préférence conservés. Les textes san-médardiens ne constituent donc en rien une exception. Au contraire, parmi les actes conservés (en fragments ou non) se présentent des pièces d'un grand intérêt pour l'histoire politique (ainsi les chartes de Clotaire III, Clotaire IV et Carloman, cat. 10, 19, 20, 24). D'autres encore, si nos suggestions sont exactes, apporteraient quelques témoignages sur les problèmes soulevés par l'immunité monastique entre Seine et Loire au tournant des VIIe et VIIIe siècles (jugement de Thierry IV, cat. 23, et peut-être de Chilpéric II, cat. 22).

Cela étant, ces textes ne donnent pas une typologie exacte des bienfaiteurs de la basilique. À coup sûr, si Saint-Médard était par essence une église royale, les vertus thaumaturgiques de l'évêque de Noyon avaient aussi drainé les dons d'autres personnes que les souverains : à peine deux chartes du début du VIIIe siècle (cat. 16, 18) en témoignent-elles. Des rois eux-mêmes, avant le milieu du VIIe siècle, l'action ne se laisse guère entrevoir. Les derniers Mérovingiens, dont les diplômes forment la masse des chartes sincères, apparaissent, à l'accoutumée, comme de simples garants de « l'état de droit[174] » – à l'exception de Clotaire IV, qui enrichit le monastère, en des circonstances spéciales il est vrai (cat. 19, 20).

Reflétant très infidèlement les relations de la basilique avec le monde extérieur, ces documents sont également impropres à en décrire le temporel, à en dégager le rôle économique et social, à en éclairer la vie religieuse. En dépit de ces constats pessimistes, on peut percevoir, grâce à eux et avec l'appoint conséquent d'autres sources, quelques aspects, essentiellement politiques, de l'histoire de la basilique sous la « première race ».

SAINT-MÉDARD : UN MAUSOLÉE DYNASTIQUE, UNE BASILIQUE ROYALE

Dans les dernières décennies, les progrès de l'historiographie mérovingienne ont été remarquables. On ne s'étonnera donc pas que les textes san-médardiens et les sources complémentaires, ainsi que l'apport substantiel d'une bibliographie récente, nous aient conduit à appréhender l'histoire de la basilique mérovingienne d'une manière différente, à certains égards, de celle de l'abbé Delanchy.

Des débuts éclatants

Pour apprécier l'importance de Saint-Médard aux VIe-VIIIe siècles, on doit revenir sur les rapports entre la royauté mérovingienne, la cité de Soissons et saint Médard.

• SOISSONS : UNE VILLE MÉROVINGIENNE[175]

Soissons avait peut-être été la première « capitale » de Clovis. Elle trouva en tout cas sous son fils Clotaire Ier (511-561) une place centrale, qu'elle conserva, aux côtés de Reims, sous Sigebert Ier, de Paris, sous Chilpéric Ier. Pour des raisons et suivant des modalités qui

✠ *Saint Luc. Évangiles de Saint-Médard de Soissons, copie de l'École de la cour de Charlemagne, début IXe siècle (Paris, BNF lat. 8850, fol 123 v).*

importent peu ici, la ville fut délaissée par les descendants de Chilpéric. D'abord transféré à Clichy en Parisis, près du tombeau de saint Denis, le centre du royaume tendit à revenir, à compter des années 650, en Soissonnais, à Compiègne ; il se stabilisa dans la région (Compiègne-Montmacq-Quierzy), des années 680 jusqu'au-delà de 751[176]. La ville et le terroir de Soissons furent donc, si l'on peut dire, partie intégrante de la royauté mérovingienne, à telle enseigne que Pépin le Bref, premier souverain carolingien, se fit sacrer roi à Soissons.

• MÉDARD : UN SAINT ÉVÊQUE

Lorsque l'évêque de Noyon mourut, vers 560, Clotaire Iᵉʳ fit transporter sa dépouille jusqu'aux faubourgs de Soissons, sa « capitale », pour l'ensevelir à Crouy, peut-être dans une ancienne nécropole romaine[177]. La tombe fut dans un premier temps surmontée d'un oratoire de branchages, puis le roi entreprit d'y élever une basilique funéraire, dédiée à sainte Marie, saint Pierre et saint Étienne. L'édifice n'était pas achevé à sa mort, en 561, mais le roi put être enterré auprès du saint *(ad sanctum)*[178].

La signification de cet épisode a été particulièrement éclairée par Martin Heinzelmann, dans son étude sur la *Vita sanctae Genovefae* : « [le] roi [...] se réserv[ait] d'avance l'association ultérieure d'un personnage d'exception pour son futur mausolée[179] ». La translation d'un prélat défunt, dès son décès, était un événement rare : les évêques étaient ordinairement ensevelis dans un cimetière suburbain de leur *civitas*, tels les contemporains de Médard, Remi à Reims († vers 530) ou Germain à Paris († 576)[180]. Le parallèle avec la destinée du corps de sainte Geneviève († 502) lui donne tout son sens. Selon un « procédé identique », le lieu de sépulture de Geneviève avait été choisi par Clovis et Clothilde ; Clovis fit élever sur sa tombe un oratoire en bois, remplacé quelques années plus tard par une église dédiée aux Apôtres, où le roi et sa femme furent inhumés *ad sanctam*[181].

L a décision de Clotaire révèle l'influence et l'aura considérables de l'évêque de Noyon, comme l'ascendant et l'amitié qui l'unissaient au roi. Parce que l'homme s'était de son vivant tout particulièrement distingué par sa proximité avec la divinité, le roi pensait bénéficier, par le voisinage de leurs sépultures, de sa protection efficace et bienveillante dans l'au-delà. Ses restes, et tout objet mis en contact avec eux – ses reliques au sens le plus large du terme –, participaient, croyait-on, de cette relation privilégiée avec Dieu, ce qui leur conférait notamment un pouvoir thaumaturgique[182]. Très vite d'ailleurs, Médard confirma à cet égard le bien-fondé du choix de Clotaire[183].

Il n'était pas exceptionnel qu'un évêque mérovingien fût reconnu comme saint. Ces hommes, issus de la plus haute aristocratie gallo-franque, pourvus de ce fait d'un prestige indéniable, joignaient à leurs fonctions spirituelles d'importantes attributions civiles ; c'étaient les « patrons » et les administrateurs de leur cité, et les agents du roi, à côté ou même au-dessus du comte[184]. Placés par l'ordination hors du commun des mortels, ils étaient pour ainsi dire prédestinés à incarner le modèle de sainteté active présenté par Martin de Tours, pour peu que leur personnalité s'y prêtât. Ce qui distingue l'évêque de Noyon, c'est donc moins sa promotion à la sainteté, qui reflète autant sa position sociale que ses vertus personnelles, que son « appropriation » immédiate par le souverain. C'est là un point fondamental, qui a déterminé, au sens fort, l'histoire de la basilique.

Les Mérovingiens de Soissons construisirent en effet une basilique somptueuse, restée debout jusqu'au début du IXᵉ siècle[185], et c'est à l'initiative des rois et des évêques que le culte rendu à saint Médard se répandit dans le *regnum*, où le saint fut l'objet, dès le VIᵉ siècle, d'une grande vénération[186].

• UN MAUSOLÉE DYNASTIQUE

Nous avons vu que le corps de l'évêque avait été transféré à Soissons pour parrainer le mausolée que Clotaire, à l'instar de son père Clovis à Paris, entendait y élever.

Ce mode d'inhumation avait participé, chez Clovis, d'une imitation impériale. Premier roi franc chrétien, premier souverain germanique catholique, « nouveau Constantin », il avait rompu avec les traditions funéraires ancestrales en prenant pour modèle le premier empereur chrétien, Constantin. Celui-ci avait édifié à Constantinople une église dédiée aux Apôtres, où sa tombe et celles de ses successeurs avaient trouvé place. La construction parisienne glorifiait le prince mérovingien, protégé par la gallo-franque Geneviève, et la foi catholique, sous les auspices de saint Pierre[187].

Avec les mêmes références, les fils de Clovis (à tout le moins Childebert à Paris[188] et Clotaire à Soissons) élevèrent des églises où leurs sépultures devaient être aménagées. Clotaire suivit scrupuleusement l'exemple paternel dans son association avec le gallo-franc Médard. On ne sait si le projet du roi de Soissons s'étendait à ses descendants. En tout cas, l'inhumation de son fils Sigebert Ier à ses côtés (après 575, sinon après 584) fit de la basilique un mausolée dynastique[189].

L'édifice, achevé entre 562 et 575[190], exaltait l'ancrage du pouvoir de Clotaire et Sigebert à Soissons, et leurs relations hautement privilégiées avec saint Médard. C'était véritablement un instrument de propagande royale, qui devait servir au premier chef à son constructeur. Ce n'est donc pas sans arrière-pensées politiques que le roi de Reims, après avoir conquis Soissons sur son frère Chilpéric, avait poursuivi à grands frais les travaux de la basilique : en se posant en émule de son père, il escomptait sans doute, avec le soutien de saint Médard, annexer de manière définitive la prestigieuse cité de Soissons à son royaume.

Ces ambitions profitèrent à la basilique, qui en reçut un essor considérable, singulièrement en ce qui concerne son temporel.

• UN AFFLUX DE DONATIONS

Sigebert est le premier souverain dont les moines soissonnais ont prétendu conserver des diplômes. Rien de plus logique, car il fut le véritable fondateur de la communauté de clercs, celui qui dut consentir une dotation à la basilique. Son père n'avait pu que commencer le gros œuvre de l'église et, quoi qu'en ait dit la tradition monastique, il n'avait probablement pas dû concéder d'autres biens que le sol où s'élevait le monument[191].

Sur cette dotation initiale on ne possède que le témoignage de faux (deux diplômes de Sigebert, une bulle), et celui de sources littéraires, tel le *Supplementum ad vitam sancti Medardi* de la fin du IXe siècle. Sigebert aurait implanté les possessions san-médardiennes dans le Maine, dans le *pagus Hanziacensis*, et, d'après la pseudo-bulle d'Eugène II, en Auvergne[192].

Nous avons admis, au bénéfice du doute, la donation, par Sigebert, de *Matualis* dans le Maine, et, par Brunehaut, de Morsain et Cuisy en Soissonnais[193]. On sait par des sources narratives que Chilpéric donna à Saint-Médard des *villae* dans ce même *pagus*, sans qu'il soit possible de les identifier. Il est par ailleurs à présumer que Théodebert II n'avait pas négligé la basilique. En bref, l'établissement reçut certainement dès cette époque, de la générosité royale, des terres étendues, où allaient se profiler les orientations ultérieures de son temporel (Soissonnais et domaines lointains).

La dévotion à saint Médard eut sans nul doute pour effet d'attirer à sa basilique nombre d'autres donations. De celles-là ne sont connus que des legs épiscopaux, grâce à la conservation jusqu'à nos jours de testaments d'évêques des VIe-VIIe siècles, tels *Sonnatius* à Reims ou Bertrand au Mans. Au vrai, seul Bertrand légua à Saint-Médard des biens-fonds en Soissonnais. Les autres legs furent des espèces, comme c'était souvent le cas à l'époque[194]. On ignore si l'évêque de Soissons, qui gérait alors les biens de Saint-Médard, employa ces ressources à l'achat de terres, ou si cet argent alimenta le trésor de l'établissement, collection de reliques, d'espèces et d'objets en pierres et métaux précieux, de manuscrits et d'étoffes rares[195].

En tout cas, cinquante ans après sa fondation, la basilique soissonnaise avait à l'évidence un rayonnement qui la plaçait au premier rang des églises du royaume.

Une basilique majeure

au milieu du VIIᵉ siècle, la basilique, desservie jusqu'alors, suppose-t-on, par une communauté informelle de clercs sous l'autorité de l'évêque, devint un monastère gouverné par un abbé. Il serait erroné de croire que cette mutation avait été inspirée par des motifs seulement religieux. S'y ajoutaient des raisons plus politiques, tenant aux liens unissant le confesseur noyonnais aux Mérovingiens.

• SAINT MÉDARD : LE *PATRONUS REGIS*

Alors que Clotaire Iᵉʳ (511-561) avait recherché la protection du saint dans l'au-delà, son fils Sigebert Iᵉʳ (562-575), pour avoir achevé la construction de la basilique, prétendit au patronage du saint dès ce monde, comme en témoigne l'injonction de Fortunat à saint Médard : « protège selon ses mérites celui qui t'a donné un toit[196] ». Les descendants de Clotaire Iᵉʳ, fils, petits-fils, arrière-petits-fils, ont pensé bénéficier tout spécialement de cette protection sur leur personne et dans leur action. Ainsi Chilpéric Iᵉʳ (575-584 à Soissons) fit-il transporter son fils Clodobert auprès du tombeau de l'évêque, pour obtenir sa guérison ; ainsi céda-t-il à l'église les biens confisqués à *Godinus*, sans doute parce qu'il jugeait avoir reçu l'appui de saint Médard contre les entreprises du traître[197]. Plus tard, son fils Clotaire II (613-629 à Soissons) envoya son assassin potentiel jurer à Saint-Médard de Soissons et à Saint-Denis de Paris de rester fidèle au roi, parce qu'un parjure eût été particulièrement châtié par ces deux défenseurs personnels du Mérovingien[198]. De fait, Médard était manifestement un *patronus* dynastique dès le règne de Théodebert II (600-612 à Soissons) ; la *Vita Medardi* écrite sous son règne associe en effet à des prières pour le souverain défunt, Sigebert, des vœux pour son petit-fils régnant (reflet de la liturgie célébrée à la basilique ?)[199].

Ces précisions étaient nécessaires à deux points de vue. D'une part, la fonction originelle de basilique funéraire/mausolée royal, dévolue à Saint-Médard, s'était probablement doublée très rapidement de celle d'une église où l'on priait pour le souverain régnant : préfiguration de ce qui sera sa fonction essentielle à partir du règne de Clotaire III. D'autre part, la mise sur un pied d'égalité de saint Denis et saint Médard par Clotaire II est éloquente sur la place de protecteur éminent du roi que tenait Médard aux côtés du martyr parisien. Elle suggère en outre une comparaison entre les deux basiliques, d'un intérêt tout particulier lors du changement dynastique du VIIIᵉ siècle.

• UNE NOUVELLE LITURGIE : LA LOUANGE PERPÉTUELLE

La *Vita Bathildis* conduit à compter Saint-Médard au nombre des *seniores basilicae* (les basiliques les plus anciennes et les plus prestigieuses) auxquelles la reine Bathilde, avec son époux Clovis II ou son fils Clotaire III, imposa une vie régulière *(sanctus regularis ordo)*[200].

Cette réforme, qu'il faut replacer dans la spiritualité contemporaine valorisant fortement le monachisme sous l'influence de personnalités comme saint Colomban, avait à coup sûr plusieurs raisons : sans doute « régulariser » la vie des communautés qui se pressaient auprès des tombeaux des saints les plus vénérés, en assurant à ces derniers un service « décent » ; mais aussi rendre plus systématique la prière pour le roi, sa famille et le royaume, auprès d'intercesseurs privilégiés.

✢ *Saint Jean.*
Évangiles de
Saint-Médard de
Soissons, copie de
l'École de la cour
de Charlemagne,
début IXᵉ siècle
(Paris, BNF lat.
8850, fol 180 v).

La prière pour le roi et le royaume *(pro rege et stabilitate regni)* devint ainsi la fonction primordiale de Saint-Médard, comme elle l'était ou le serait sous peu à Saint-Denis, Saint-Germain d'Auxerre, Saint-Pierre-le-Vif à Sens, Saint-Aignan d'Orléans et Saint-Martin de Tours. Son efficacité était renforcée, croyait-on, par son caractère permanent. Aussi la *laus perennis*, la psalmodie perpétuelle, fut-elle instaurée dans les *seniores basilicae*, comme elle l'était depuis longtemps à Byzance, au tombeau des martyrs d'Agaune ou à Saint-Marcel de Chalon. Selon une tradition tardive, quarante moines en auraient été chargés à Saint-Médard[201].

Cette modification profonde de la fondation de Clotaire Ier s'accompagna de changements non moins considérables touchant l'organisation de la communauté et son statut juridique.

• UNE COMMUNAUTÉ DE MOINES

On discute encore du contenu de la règle monastique imposée aux *seniores basilicae* par la réforme de Bathilde. Des recherches récentes insistent sur la diversité des normes suivies, selon les traditions des établissements concernés. Si la règle de saint Benoît fut vraisemblablement adoptée à Saint-Médard, c'est sans aucun doute sous une forme mitigée, qui n'est pas obligatoirement celle de Colomban (même si la *regula mixta* fut reçue dans l'abbaye voisine de Notre-Dame vers 666/667[202]).

Le statut du nouveau monastère fut garanti vers 660 par un privilège épiscopal, aujourd'hui perdu, mais dont on peut reconstituer les grandes lignes d'après les privilèges délivrés à d'autres monastères à l'instigation de Bathilde. Il semblerait que l'ordinaire ait concédé à Saint-Médard une liberté restreinte. Le privilège devait ainsi préciser les limites de l'autorité épiscopale, en ménageant un équilibre entre l'autonomie accordée au monastère en matière d'élection abbatiale et d'administration temporelle, et la prééminence du diocésain qui conservait son pouvoir d'ordre et des possibilités d'intervention en matière disciplinaire[203].

A u vrai, après cette réforme, la vie de la communauté reste aussi obscure qu'auparavant[204]. On peut certes relever, dans les documents diplomatiques conservés (sous une forme plus ou moins remaniée), l'intervention de l'abbé (*abbas* au milieu du VIIe siècle [cat. 10], *abba rector monasterii* à la fin du VIIe siècle [cat. 13]) pour la *congregatio* (cat. 19 : cf. éd. Brunel, n° II, p. 81), autrement désignée par *fratres* (cat. 22), et pour les pauvres *(pauperes)* (cat. 19 : cf. éd. Brunel, n° II, p. 81) qui vivaient, semble-t-il, à ses côtés au début du VIIIe siècle. Compte tenu du caractère stéréotypé des termes, c'est fort peu.

L'adoption d'une règle d'inspiration bénédictine eut sans aucun doute pour effet de développer la méditation des textes divins. À Saint-Médard, comme dans tant d'autres grandes abbayes, furent créés à cet usage un atelier de copie et une bibliothèque. Un seul ouvrage nous en est parvenu, luxueux. Ce recueil de textes patristiques, composé sous le gouvernement de l'abbé *Nomedius* au tournant des VIIe et VIIIe siècles, est le plus ancien livre écrit dans la région qui soit conservé de nos jours[205]. Par son esthétique, sa qualité et son contenu, il laisse entendre que la basilique était alors un centre intellectuel florissant, où l'on goûtait la présentation des manuscrits de l'Antiquité tardive, soit que sa bibliothèque en possédât, soit que le monastère en ait eu en prêt d'un autre établissement[206].

• UN MONASTÈRE ROYAL

L'indépendance du nouveau monastère, recherchée par rapport à l'ordinaire, le fut aussi par rapport aux agents du roi. Saint-Médard obtint à cet effet, comme les autres basiliques réformées, un privilège de pleine immunité, dont le contenu est repris dans sa confirmation par Charlemagne[207]. Ses bâtiments et ses terres étaient soustraits à l'immixtion des fonctionnaires, particulièrement des comtes et de leurs subordonnés. Le monastère bénéficiait probablement de l'abandon du produit des impôts dans l'ensemble de son temporel ; à tout le moins était-ce expressément le cas des amendes de justice. L'abbé devenait l'interlocuteur administratif du comte ou du roi, comme le suggère, semble-t-il, l'exemple de *Matualis* dans le Maine, sinon celui d'*Arlatum* en Vendômois.

Prière pour le roi et le *regnum*, association à l'administration du royaume : Saint-Médard était pleinement un monastère royal, sans être pour autant directement dans la main du roi. Car la libre élection de l'abbé, accordée par le privilège de l'évêque *Drauscius*, devait, tout au moins en théorie, rendre le monastère indépendant du roi aussi bien que de l'évêque. Cette fragile garantie pouvait être tournée de bien des manières, par des pressions sur la communauté, sinon plus brutalement par ordre royal.

Il est probable que le premier abbé du monastère, *Audobertus* (vers 660 ?- avant 667), avait été nommé par le roi[208]. Quant au deuxième, *Warinbertus*, un ancien *domesticus* particulièrement efficient, il succéda à *Audobertus* sur ordre du roi. Quelques années plus tard, il fut désigné par le souverain comme évêque de Soissons. D'après l'anonyme du IXe siècle qui rapporte l'histoire, il se serait alors efforcé par tous les moyens – le versement d'une forte somme aurait été décisif – de conserver sa précédente charge. Selon le même auteur, *Warinbertus* détourna pendant son cumul les *reditus et fiscalia* du monastère à son usage et à celui des siens[209].

Traduisons : le cumul de fonctions avait été autorisé, sinon arrangé, par le pouvoir civil, et les revenus du monastère alimentaient les finances épiscopales. On revenait presque à la situation qui avait précédé la réforme des années 660, époque où le temporel de la basilique avait été de fait à la disposition de l'évêque. Avec une nuance de taille : c'était désormais par décision royale que l'évêque pouvait agir sur le temporel monastique. On mesure ici à quel point la réforme de Bathilde avait une portée politique, en introduisant un troisième partenaire, royal, dans l'ancien duo évêque-basilique.

L'absence de documents contemporains ou de sources complémentaires sur *Warinbertus* rend l'interprétation des faits particulièrement délicate. Spécialement, l'ignorance de la date d'accession de *Warinbertus* à l'épiscopat, comme de son décès, interdit de replacer sa nomination dans un contexte politique extrêmement mouvementé. Tout au plus peut-on conjecturer qu'ayant succédé à l'abbé *Audobertus* plusieurs années avant la mort de l'évêque *Drauscius* (après 667), sa désignation abbatiale dut se faire avec l'accord ou même à l'instigation du tout-puissant maire du palais Ébroïn, bien implanté à Soissons[210]. On est dès lors enclin à penser qu'Ébroïn favorisa aussi la promotion ultérieure de *Warinbertus* à l'épiscopat, et son maintien à Saint-Médard. Dans ce cas de figure, le Soissonnais, grâce à l'évêque-abbé, aurait été, en 673-675, quand Ébroïn chassé du pouvoir était enfermé au monastère de Luxeuil, un territoire où le maire du palais déchu pouvait bénéficier d'appuis.

La nomination politique de *Warinbertus*, tant à l'abbaye qu'à l'évêché, doit être rapportée à deux éléments structurels. D'abord, la situation du Soissonnais neustrien aux marges de l'Austrasie. Dans un contexte plus ou moins conflictuel entre les deux royaumes jusqu'en 687, le pouvoir neustrien s'efforça probablement de tenir la région, singulièrement l'abbaye et son temporel, sous son contrôle étroit. La nomination d'une même personne à l'évêché et à Saint-Médard en constitua sans doute le moyen extrême. Le second élément est le temporel san-médardien, si mal connu. L'affaire de *Matualis* sous *Warinbertus* suggère l'importance considérable de ses revenus[211]. On peut penser qu'il était étendu et implanté d'une manière que le pouvoir ne pouvait négliger (par exemple dans les pays limitrophes de l'Austrasie comme le Soissonnais et le Vermandois) – effet en retour de donations royales à visées politiques ?

En tout cas, il semblerait qu'après la disparition de *Warinbertus* (avant ou vers 683 ?), les fonctions d'évêque de Soissons et d'abbé de Saint-Médard aient été dissociées. Si ce changement

s'accompagna peut-être d'une concurrence ponctuelle entre l'abbé et l'évêque au sein même de la cité (comme pourrait le suggérer la donation au monastère de la maison citadine d'Ébroïn), des liens plus ténus n'en auraient pas moins subsisté entre les deux institutions, tel le choix de l'évêque parmi la communauté san-médardienne. C'est ce que de fort minces indices permettent de proposer au sujet du successeur de *Warinbertus* à la cathédrale, *Adalbertus* (avant ou vers 683-après 692)[212].

Au total, Saint-Médard apparaît, à la fin du VIIe siècle, comme un établissement dont la communauté avait pu mesurer les avantages et ressentir les inconvénients de sa situation privilégiée auprès de la dynastie mérovingienne. Ni la basilique cimétériale et épiscopale de Saint-Crépin-et-Saint-Crépinien, ni le monastère féminin de Notre-Dame, aristocratique, colombanien et pleinement indépendant de l'évêque, ne lui étaient comparables[213]. Cette spécificité san-médardienne allait être, au VIIIe siècle, cultivée par les Pippinides.

Une abbaye pippinide

plus de la moitié des documents mérovingiens san-médardiens datent de l'extrême fin du VIIe siècle et de la première moitié du VIIIe siècle. En dépit de cette relative abondance, l'histoire du monastère reste pratiquement impénétrable. Tout au plus peut-on deviner quelques jalons marquant le passage de l'abbaye aux mains des Pippinides et la « récupération » de saint Médard par les Carolingiens.

• LE SOISSONNAIS ENTRE NEUSTRIE ET AUSTRASIE (715-718)

Par un curieux paradoxe, c'est entre 687 et 751, durant la période où la région de Soissons fut le centre du royaume, avec les palais de Compiègne et Montmacq et la résidence pippinide de Quierzy[214], que son histoire a sombré dans l'obscurité. Car les sources concernant la région sont d'une manière générale indigentes. Ainsi les listes épiscopales sont-elles fort altérées après la prélature d'*Adalbertus* (mort après 692) ; comme elles ne sont suppléées en aucune manière, la personnalité, la famille et le gouvernement du principal acteur local semblent devoir rester insaisissables[215].

Reinhold Kaiser a suggéré qu'*Hugobertus*, abbé de Saint-Médard dès février 716, avait ajouté à cette fonction celle d'évêque de Soissons. Les listes épiscopales citent en effet un évêque portant le nom d'*Hubertus* (alias *Gerobertus/Gharbertus*), évêque que l'on peut situer dans la première moitié du VIIIe siècle : *Hubertus* ne serait autre qu'*Hugobertus*[216]. Cette hypothèse fort séduisante n'est apparemment pas confortée par les textes san-médardiens : aucun des actes où apparaît l'abbé *Hugobertus* (cat. 18, 20, 22) ne le qualifie d'*episcopus*, ce qui eût été de règle. Il y a cependant moyen de concilier ces éléments contradictoires, soit en proposant qu'*Hugobertus* devint évêque de Soissons *après* avoir été abbé de Saint-Médard, soit en supposant qu'*Hugobertus* avait administré le diocèse depuis son abbaye, sans recevoir la consécration épiscopale.

Quelques éléments assez ténus permettent de préciser sa date d'accession à l'abbatiat de Saint-Médard et de décider sur son épiscopat. *Gairoldus*, le prédécesseur de l'abbé *Hugobertus*, est attesté sous le règne de Dagobert III (711-715) (cat. 16), tandis qu'*Hugobertus* apparaît le 10 février 716 (cat. 18). On a vu plus haut que *Gairoldus/Gairaldus* était sans doute en activité le 19 mai 715, et qu'il avait pu cumuler sa charge abbatiale avec l'évêché de Soissons[217]. On doit admettre qu'il disparut entre mai 715 et février 716. Le nom de *Gairoldus* n'est qu'une des nombreuses variantes de l'anthroponyme *Charivaldus/Garibaldus*. On trouve des *Garibaldus/Gerbaldus* dans l'entourage pippinide au VIIIe siècle : en 726/727, le référendaire de Thierry IV, en 706, l'évêque de Toul[218]. Une parenté, plus ou moins proche, entre cet évêque et l'abbé de Saint-Médard n'est pas impossible. On est conduit à l'hypothèse que *Gairoldus* était issu de cercles aristocratiques austrasiens. De ses fonctions élevées à Soissons, il est permis de déduire que le Soissonnais fut particulièrement contrôlé par les Pippinides sous le règne de Dagobert III (711-715)[219], ce qui n'aurait rien d'étonnant puisque le centre politique du royaume se trouvait dans ce *pagus* (Quierzy).

Comment insérer ces données dans la trame événementielle des années 715-716 ? En septembre 715 eut lieu en forêt de Compiègne une bataille déterminante entre Neustriens et Austrasiens. Les Neustriens vainqueurs rejetèrent la tutelle austrasienne : ils destituèrent le personnel politique mis en place par les Pippinides dans les précédentes décennies, élurent le maire du palais *Raganfredus* et, à la mort de Dagobert III, établirent sur le trône le moine Daniel sous le nom de Chilpéric II[220]. Selon nos conjectures, *Gairoldus*, un proche des Austrasiens, aurait été remplacé à la tête de Saint-Médard entre mai 715 et février 716. S'il ne mourut pas à cette époque, il a pu être évincé à la suite de la défaite austrasienne de septembre 715. Après sa destitution, *Hugobertus* aurait été investi des deux prélatures par les Neustriens, sans consécration épiscopale.

Bien que le nom d'*Hugobertus* se rencontre au tournant des VIIe et VIIIe siècles dans l'entourage pippinide, il semble peu probable, dans un tel contexte, que l'abbé de Saint-Médard en soit issu, encore que l'appartenance à un même groupe familial ne signifiât point similitude d'opinions. On rappellera en revanche qu'un sénéchal de Clovis III (693), peut-être identique au comte du palais de Childebert III (697), se nommait *Hugobertus*. Identité ou affinité entre l'abbé san-médardien et un de ces hauts fonctionnaires neustriens semblent possibles, d'autant que le dernier cité, en particulier, avait fait partie de l'entourage du roi mérovingien écarté par les Pippinides vers 700[221].

Le cumul par *Hugobertus*, entre 715/716 et 720/721, des fonctions épiscopale et abbatiale, bien que peu canonique, n'aurait rien d'exceptionnel. Selon une logique identique, les Neustriens confiaient, en février 717 au plus tard, l'abbaye de Saint-Denis à l'évêque de Paris, *Turnoaldus*. Quand les Austrasiens furent parvenus à étendre leur influence sur le diocèse et le comté parisiens, l'évêque fut remplacé par le propre neveu de Charles Martel, *Hugo*, qui obtint aussi temporairement l'abbatiat de Saint-Denis — exemple parmi d'autres des destitutions et cumuls ecclésiastiques de cette période troublée[222]. À la différence de *Turnoaldus*, *Hugobertus* choisit dès 717 le camp de Charles Martel, et fit basculer le Soissonnais dans la mouvance du Pippinide.

Dès lors, l'histoire du centre du *regnum* durant les années 715-718, loin d'être linéaire (prépondérance austrasienne à partir de 718 seulement), serait faite des reflux alternés des influences neustrienne (forte en 715-717) et austrasienne (essentielle jusqu'en 715, et en 717-718). Cette histoire s'identifierait peu ou prou à la « trajectoire politique » de l'abbé de Saint-Médard. Comme l'a souligné Reinhold Kaiser, c'est avec *Hugobertus* que l'époque carolingienne a commencé à Saint-Médard[223]. Ajoutons : à Soissons, et de manière irréversible.

• U̇N TEMPOREL FLORISSANT ?

Les événements des années 715-721 eurent une incidence très concrète, quoique contrastée, sur le temporel de Saint-Médard.

Il y eut un regain de donations royales, que l'on ne saurait attribuer uniquement aux hasards de la conservation documentaire. Des trois donations (Augy et *Buras*/Buire en Soissonnais, Travecy en Vermandois) que la tradition monastique du XIIe siècle attribuait à Chilpéric I[er224], l'une au moins pourrait avoir été le fait de Chilpéric II. Son compétiteur Clotaire IV avait quant à lui cédé deux *villae*, Berny en Noyonnais et Nouvion en Ponthieu (cat. 19, 20). Enjeux politiques et stratégiques se mêlaient indubitablement, dans les motifs

qui y avaient présidé, à l'intention d'acquérir ou de conserver l'appui du saint noyonnais au parti du donateur, ce qui est révélateur de la situation instable du Soissonnais pendant la même période. Le monastère ne recueillit pas durablement les fruits de toutes ces libéralités, témoin Berny assez rapidement récupéré par le pouvoir civil.

Certaines possessions monastiques souffrirent particulièrement des troubles politiques, parce qu'elles étaient sises en des territoires éloignés. Ce fut probablement le cas d'*Arlatum* en Vendômois, où l'évêque de Chartres (?) prétendit étendre sa juridiction (?) (cat. 22). C'est également le cas de *Matualis* dans le Maine, où les Hervéides (?) empiétèrent sur les droits de l'église soissonnaise (cat. 23).

Le bilan est toutefois loin d'être négatif. L'accroissement indéniable du temporel s'accompagna probablement d'une gestion plus rationnelle sous l'abbé *Hugobertus*[225], qui ne manqua pas d'alerter les gouvernants pour sauvegarder les droits de son monastère. D'ailleurs, la protection intéressée des Pippinides eut raison des entreprises contre les terres lointaines ; à tout le moins provoqua-t-elle l'intervention des souverains, Chilpéric II et Thierry IV. La défense des biens de Saint-Médard offrait un prétexte commode au maire du palais pour affirmer son autorité dans des régions périphériques : les intérêts du monastère et du pouvoir central demeuraient, plus que jamais, inextricablement liés.

• UN MONASTÈRE LÉGITIMISTE ?

On aurait tort pourtant de réduire la basilique soissonnaise à un simple point d'appui politique pour Charles Martel. La vocation spirituelle et charitable du monastère ne s'était pas effacée, témoins les pauvres qui vivaient vers 717/718 à ses abords (cat. 19 : cf. éd. Brunel, n° II, p. 81). Sa fonction de prière pour la dynastie et le royaume avait aussi probablement perduré. De ce point de vue, Saint-Médard constituait un des piliers institutionnels de la royauté mérovingienne. Aussi est-il particulièrement intéressant que Richard Gerberding ait récemment proposé d'identifier avec l'établissement soissonnais le lieu de rédaction du *Liber historiae Francorum*[226].

Cette chronique politique fut composée en 727 dans un monastère neustrien, souvent identifié avec Saint-Denis, sans que l'on dispose à cet égard d'éléments absolument décisifs. Quelques-uns des arguments avancés par Richard Gerberding recoupent ce que nous avons entrevu de l'histoire de Saint-Médard. Ainsi, les deux seuls évêques dont l'auteur du *Liber historiae Francorum* évoque le décès sont saint Ouen de Rouen et saint Médard. Cette singularité avait, entre autres, porté Bruno Krusch à situer le *Liber* à Rouen. Pourquoi pas à Saint-Médard ? La basilique épiscopale de Saint-Ouen et celle de Saint-Médard pourraient avoir été en relation dès le début du VIIIᵉ siècle[227] : cela expliquerait les particularités relevées par Bruno Krusch. À l'idée développée dans l'ouvrage, selon laquelle Charles Martel aurait été l'instrument divin de la concorde entre Francs[228], répond dans les faits le ralliement de l'abbé de Saint-Médard au fils de Pépin II. Le thème politique essentiel, un gouvernement légitime et pacifique associant un roi mérovingien et un maire du palais austrasien, ne serait-il pas la transposition littéraire (la justification théorique ?) de l'attitude d'*Hugobertus* au cours des années 716-718 ? Saint-Médard pourrait dès lors convenir comme lieu d'origine du *Liber historiae Francorum*. Autant que de la continuité d'une tradition intellectuelle entrevue quelques décennies plus tôt, cette localisation témoignerait d'une idéologie légitimiste cultivée entre ses murs sous le règne de l'avant-dernier Mérovingien[229].

• SAINT-MÉDARD ET SAINT-DENIS

À la mort de Thierry IV (737), Charles Martel était assez puissant, son pouvoir suffisamment solide pour qu'il pût se dispenser de donner un successeur au roi. Bien qu'il fût installé en Soissonnais, à Quierzy, il ne s'intéressa pas à Saint-Médard ; du moins n'en conserve-t-on aucune trace. En revanche, il vénéra particulièrement le patron parisien des Mérovingiens, saint Denis, auprès de qui il se fit enterrer (741)[230].

À la suite des troubles qui agitèrent le *regnum* lors de sa succession, ses fils Carloman et Pépin rétablirent un Mérovingien en 743. Le roi Childéric III, déposé en 751, ne délivra apparemment aucun diplôme pour l'établissement soissonnais, alors que le maire du palais Carloman gratifia le monastère, entre 741 et 746, de biens éloignés (cat. 24) (compensation possible de confiscations comme Berny ?)[231]. Dès lors, la basilique mérovingienne devenait une basilique pippinide à part entière : ce n'était plus seulement l'abbé qui était nommé par le maire du palais, c'était le saint lui-même qui, par cette donation, était requis à ses côtés. Fort logiquement, le neveu de Carloman, Charlemagne (768-814), désignera saint Médard comme son *peculiaris patronus*[232].

Entre-temps, Pépin avait été sacré roi à Soissons, dans la cathédrale, croit-on, bien qu'une interpolation san-médardienne tardive ait localisé la cérémonie dans la basilique[233]. L'évêque de Soissons *Childegaudus* (alias *Hildegangus*) était à l'époque abbé de Saint-Médard. Le rôle de cet évêque-abbé n'est pas perceptible : s'agissait-il d'un cumul politique identique à ceux rencontrés à Soissons au VIIe et au début du VIIIe siècle[234] ? Sa double fonction pourrait en tout cas avoir entraîné le transfert à Saint-Médard des attributions de la cathédrale[235], et de son rôle dans des cérémonies comme le sacre. Quoi de plus emblématique, d'ailleurs, que de procéder à l'onction de Pépin auprès des reliques de saint Médard ? Lorsque Pépin fut de nouveau sacré, en 754, ce fut auprès des reliques de saint Denis[236]. Dans la logique du second sacre, le premier dut avoir lieu à Saint-Médard, les deux patrons de Clotaire Ier et de ses descendants étant spécialement appelés à protéger la royauté carolingienne naissante.

Pourtant, les premières *Laudes regiae*, ces acclamations liturgiques chantées à la gloire du souverain carolingien – composées avant 774 ou même dès la fin du règne de Pépin le Bref (mort en 768) –, ne citent pas Médard parmi les saints du royaume invoqués pour les fonctionnaires et l'armée francs, Hilaire, Martin, Maurice, Denis, Crépin, Crépinien, Géréon[237]. À part Hilaire et Martin, les autres noms sont ceux de martyrs, qui avaient préséance sur les confesseurs. Cette raison suffit-elle à expliquer la mise à l'écart du confesseur *Medardus*, et la supplication adressée à ses « concurrents » soissonnais, Crépin et Crépinien ? On peut en douter. En fait, on priait des hommes – évêques, militaires, fonctionnaires – qui, dans l'exercice de leur charge, s'étaient illustrés, la plupart jusqu'au martyre, dans la christianisation du *regnum*, notamment en des cités fondatrices de la royauté franque comme Paris, Soissons, ou Cologne[238]. Dans cette symbolique minutieusement pesée, associant l'État, ses serviteurs et l'Église en une même finalité spirituelle, il n'y avait pas place pour le « simple » *patronus regis* qu'était Médard. En revanche, dans une version bien postérieure (peu après 900) des *Laudes*, *Medardus* sera spécialement prié « pour le roi »[239].

On saisit là les fondements symboliques essentiels de la fortune de l'abbaye sous les Carolingiens, et ses limites. Sans doute, tel saint Denis, Médard était-il un protecteur royal par excellence ; mais il n'était « que » cela, à la différence du martyr parisien, évocateur de bien d'autres dimensions comme la christianisation du royaume ou le *regnum* lui-même. C'est ainsi que l'on peut expliquer, je crois, l'intérêt relativement modéré de Pépin et de Charlemagne pour la basilique soissonnaise, comparé à leur attrait si puissant pour Saint-Denis.

Louis le Pieux (814-840) fut quant à lui particulièrement dévoué à saint Médard, en vertu d'une affinité qui relevait très probablement d'un retour à la tradition mérovingienne. Celui-ci se manifesta, entre autres, par la diffusion de généalogies rattachant la lignée carolingienne aux

Mérovingiens et par la sublimation d'un certain nombre de lieux auxquels était lié le souvenir mérovingien : Reims, où Clovis avait été baptisé, où Louis le Pieux fut sacré par le pape, et dont il reconstruisit la cathédrale ; Compiègne, palais mérovingien majeur, où Louis le Pieux réunit d'importantes assemblées ; Soissons enfin[240]. L'empereur Louis jeta bas l'église de Sigebert Ier pour élever à sa place une construction grandiose ; il fit peut-être bâtir un palais contigu au monastère, comme l'abbé Fardulfe de Saint-Denis (792-806) l'avait fait pour Charlemagne, à côté de son abbaye[241]. En tout cas, il magnifia Saint-Médard en confiant la charge abbatiale au plus haut dignitaire de l'Empire, l'archichapelain Hilduin, également titulaire de Saint-Denis[242]. En bref, il rendit au confesseur sa place éminente auprès du souverain et de saint Denis.

C'est donc à juste titre (bien qu'au prix de quelques confusions) que l'auteur de la pseudo-bulle d'Eugène II, forgée au XIIe siècle, exaltait les fondateurs de sa basilique et l'empereur Louis[243], car celui-ci avait, comme ceux-là, donné à Saint-Médard un éclat jamais égalé depuis.

Paris, 1990.

INCIPIT EV
ANGELIVM SPOL
DVM MARCVM

NITIVM

EVANGELII

IHVXPIFILIDI

SICVISCRIP

TVMESTINE

SAIAPROPHE

TAECCEMIT

TOANGELVMMEVM

✠ *INITIALE DE l'. ÉVANGILE de Saint-Marc, Évangiles de Saint-Médard de Soissons, copie de l'École de la cour de Charlemagne, début IXᵉ siècle (Paris, BNF lat. 8850, fol 82 r).*

PIÈCE JUSTIFICATIVE

Catalogue des actes royaux et privés[244]
pour Saint-Médard de Soissons antérieurs à 751

Ce catalogue est établi d'après les papiers des érudits des XVIIe et XVIIIe siècles détaillés ci-dessous, à l'exception de deux actes (cat. 8, 9), connus uniquement par d'autres sources.

Manuscrits utilisés

B : Bibliothèque nationale de France, manuscrit français 18769 (titre au f° 1 r° : *Memorial des antiquitéz de la ville de Soissons faict par fr. Bonaventure Gilson religieux bénédictin demourant à St Crespin le Grand de Soissons. 1662*). L'*Epitome sive compendium privilegiorum abbatiae sancti Medardi Suessionensis a pontificibus, imperatoribus, regibus concessorum* (titre figurant au f° 364 r°) occupe, pour les parties qui nous intéressent, les f° 13, 20 r° et 22. Au f° 19 r°, on trouve une *Table des chartres des rois et roynes* ; en regard, les noms des abbés contemporains des documents. Aux f° 54 r° et 55 r° sont transcrits en entier les faux diplômes de Dagobert Ier (Brunel [v. *supra* n. 1] n° 9) et de Clotaire IV (Brunel, *op. cit.*, n° 14, 15).

C : Bibl. nat. Fr., collection de Picardie, t. 243, f° 161 et suiv. : *Libri utriusque probationum index generalis* (XVIIe siècle ? ; tables des cartulaires perdus 1 et 2) ; f° 163 v° - 167 v° : *Chartae et diplomata regia* ; f° 168 v° : *Miscellanea*, avec une référence au *Compendium privilegiorum abbatiae sancti Medardi* (cf. *B*) retranscrit dans ces *Libri*.

D : Bibl. nat. Fr., manuscrit latin 12684 : *Monasticon Benedictinum* (fin du XVIIe siècle). Aux f° 198 et suiv. est consigné le *Chronicon regalis monasterii sancti Medardi ab anno DCXI ad annum MDCLXXX*, utilisé ici pour ses analyses en latin (parfois des extraits des textes), groupées par abbatiats, et pour sa description succincte de l'état des textes.

E : Bibl. nat. Fr., collection de Picardie t. 243. À partir du f° 201 : notes rassemblées par dom Grenier (cf. Brunel, *op. cit.*, p. 74). f° 201 et suiv. : *Histoire chronologique de l'abbaye de S. Médard de Soissons*, avec analyses des documents ; f° 318 et suiv. : analyses des documents du haut Moyen Âge (d'après les cartulaires perdus 1 et 2, et l'*Epitome*).

Après l'analyse et le tableau de tradition, on trouvera l'édition des textes copiés par dom Gillesson *(B)*, éventuellement enrichis de données puisées aux manuscrits *D* et *E*. Les < > signalent les interventions attribuées, sauf mention contraire, au rédacteur de l'*Epitome* ou à dom Gillesson.

1
(Brunel n° 2)
FAUX
[574-575].- S. l.

Sigebert [Ier] donne à saint Médard, dont la basilique, commencée par son père Clotaire [Ier], a été achevée par ses soins, son fisc de Matualis *dans le Maine, pour l'entretien des desservants.*

Copie partielle dans *B*, f° 13 r° ; analysé dans *D*, f° 198 r° (*ex fragm. chartae*) et *E*, f° 202 r°, 318 v° - 319 r° ; signalé dans *B*, f° 19 r° (*Daniel. Chartre de Sigebert roy*),– à moins qu'il ne s'agisse de l'acte suivant – et *C*, f° 163 v° (*Diplomata regis Sigeberti duo*).

Le formulaire ne peut en aucun cas être antérieur à l'époque carolingienne (cf. *supra*, développement, p. 183-184). Le faussaire s'est inspiré du précepte de Charles le Chauve de 866-870 (éd. Tessier [v. n. 3], n° 338 : mention de *penuria*, formule de corroboration), peut-être à travers celui de Louis le Bègue du 8 février 879 (éd. Bautier [v. n. 62], n° 30), dont il reprend, en la modifiant, l'allusion au privilège pontifical et au diplôme synodal. La rédaction en prose rimée répond au goût des scribes des Xe-XIIe siècles. Comme l'exposé est démarqué dans une large mesure de la *Translation des reliques de saint Sébastien et saint Grégoire le Grand…*, du moine Odilon (début du Xe siècle), que le dispositif présente des analogies (moins décisives il est vrai) avec un passage du *Sermon sur saint Médard* du même auteur (éd. *Patrologie latine*, t. 132, à la col. 632 : *Hunc [fundum] Sigibertus rex Francorum […] perpetim sancto Medardo possidendum delegaverat*), il y a lieu de localiser la falsification au plus tôt au début du Xe siècle, et peut-être de l'attribuer à Odilon. Les dates sont celles de la domination de Sigebert dans le Maine (cf. *supra*, développement, p. 186).

Les italiques signalent les emprunts à la *Translation des reliques de saint Sébastien et saint Grégoire le Grand…* par le moine Odilon, éd. *Patrologie latine*, t. 132, Paris, 1853, col. 582 ; les termes et expressions soulignés sont repris du diplôme cité de Louis le Bègue.

Sigebertus rex < Austrasiae > +.

Cognoscat omnium industria quod *Clotarius* genitor noster *quondam rex in prospectu urbis Suession*icae divi *Medardi membra sacratissima tumulave*rit et desuper ecclesiam aedificandam curaverit. Verum ego ecclesiam illam quam iste coeperat *constru*ere implevi (a) quo potui opere. Nunc vero, ut aequum est, ne servi Dei cum penuria serviant Domino, sancto Medardo in pago Cinnomanico quondam (b) fiscum nostrum Matualem in perpetuum delegamus. Quam nostram auctoritatem apostolica auctoritate ac episcoporum astipulatione firmari decernimus et manus nostrae conscripserimus subter.

(a). complevi *corrigé par rature et surcharge, ainsi qu'en interligne, en* im-.- (b). *corr.* quendam.

2
(Brunel n° 3)
FAUX
[562-575].- S. l.

Sigebert [Ier] donne [à la basilique de Saint-Médard] son fisc de Letinas *dans le* pagus Hanziacensis, *avec une mine de plomb, et le territoire d'Olfi.*

Copie partielle dans *B*, f° 13 r° ; analysé dans *D*, f° 198 r° ? (*ex fragm. chartae*, à propos de donations de Sigebert ainsi décrites : *Sigebertus fiscos Maduallense aliaque praedia [...]*) et *E*, f° 202 r°, 319 r° ; signalé dans *B*, f° 19 r° ? (cf. n° 1) et *C*, f° 163 v° (cf. n° 1).

Le précepte n'est en aucun cas antérieur à l'époque carolingienne (cf. *supra*, développement, p. 183, 184). L'expression *regni gubernacula* que l'on trouve dans le préambule a pu être empruntée à l'*arenga* du diplôme de Charles le Chauve de 866-870 (éd. Tessier [v. n. 3], n° 338). Les dates sont celles du règne de Sigebert à Soissons.

Sigebertus Dei gratia rex. Cum constet totius regni gubernacula oportere Dei gratiam precibus sanctorum mereri, convenit ipsos sanctos praemiis honorare. Quapropter cum omni integritate Letinas fiscum nostrum situm in pago Hanziacensi cum mina plumbi etc. et etiam territorium Olfi delegamus.

3
(Brunel n° 4)
FAUX
[561-562] ou [575-584].- S. l.

Chilpéric [Ier] donne [à la basilique de Saint-Médard] la villa Buras *[Buire ?].*

Copie partielle dans *B*, f° 13 r° ; analysé dans *D*, f° 198 r° (*ex charta donat.*) et *E*, f° 202 r°, 319 r° ; signalé dans *B*, f° 19 r° (*Geraldus. Ch. de Chilpéric I*) et *C*, f° 163 v° (*Chilperici I'*).

La fausseté du diplôme ressort d'une partie du préambule et de la formule de notification (cf. *supra*, développement, p. 183). Le document a pu avoir pour base une ou plusieurs chartes mérovingiennes (la phrase : *villam [...] concessisse* est en effet acceptable). Les dates sont celles du règne de Chilpéric Ier à Soissons.

Chilpericus rex Francorum.
Quicquid serenitas nostra sanctorum locorum sacerdotibus largitur, non minuitur suo aerario. Idcirco cognoscat omnis industria villam nuncupatam Buras de fisco nostro plena voluntate concessisse.

4
(Brunel n° 5)
[562-575 ou 584-592, 600-612].- S. l.
Testament

Brunehaut lègue à la basilique de Saint-Médard la villa de Morsain.
Les dates sont celles de la domination austrasienne à Soissons, le *terminus ad quem* étant le décès de Théodebert II, qui a confirmé le legs.
Testament perdu mentionné dans le diplôme confirmatif de Théodebert II (n° 5).

5
(Brunel n° 7)
[600-612, sans doute vers 612][245].- S. l.

Théodebert [II], à la demande de l'évêque [de Soissons] Ansericus, *confirme à la basilique de Saint-Médard le legs de la* villa de Morsain *par son aïeule Brunehaut.*

Copie partielle dans *B*, f° 13 r° ; analysé dans *D*, f° 198 v° (*ex fragm. chartae*) et *E*, f° 202 v°, 319 r° ; signalé dans *B*, f° 19 r° (*Geraldus. Chart. du roy Tudebert*) et *C*, f° 163 v° (*Tudeberti regis Austrasiae*).

Theudebertus rex < Austrasiae >.

Idcirco igitur (a) gloriosa avia nostra Brunechildis regina villam Muricinctum (b) < fiscum nostrum > per testamenti sui paginam ad basilicam S. Medardi delegavit. Ideo vir apostolicus Ansericus a nobis petiit ut hoc ipsum locum deberemus plenius confirmare. Cujus petitionem libenti animo praestitisse cognoscit < ur > (c).

(a) *sic.-* (b) *corr.* Murocinctum.- (c) *restit.* cognoscite.

6
(Brunel n° 5)
ACTE REMANIÉ OU FAUX
[575-613, probablement entre 584 et 592, ou entre 600 et 613].-S. l.

Brunehaut donne à la basilique de Saint-Médard, pour la commémoration et le repos de son époux le roi Sigebert [Ier], la villa de Cuisy *[-en-Almont] en Soissonnais.*

Copie partielle dans *B*, f° 13 r° ; analysé dans *D*, f° 198 v° (*ex fragm. chartae*) et *E*, f° 202 v°, 319 r° ; signalé dans *B*, f° 19 r° (*Daniel. Chart. de Brunechilde royne*) et *C*, f° 163 v° (*Brunechildis regina*).

Le caractère remanié sinon artificiel de la charte ressort essentiellement d'un élément : si plusieurs termes (*territorium* au sens de *pagus*, *commemoratio*, *requies*, *jugalis*) sont bien attestés dans des documents diplomatiques des VIe et VIIe siècles, le mot *sepulchrum* étant plus littéraire (on peut cependant penser à une cacographie pour *sepulturam*, l'expression *ubi talis noscitur habere sepulturam* étant bonne), *auctoritatis seriem* ne convient qu'à un diplôme royal. Il est d'autre part étonnant que le défunt roi n'ait reçu aucun prédicat d'honneur (comme *gloriosus* ou *gloriosissimus*) – dont Brunehaut, par exemple, est gratifiée dans le diplôme de Théodebert II (n° 5), ce qui laisse entendre que le compilateur en aurait volontiers tenu compte pour la charte de la reine –, aucune épithète affectueuse (*carissimus*, *dulcissimus*), ou le désignant comme défunt (*gloriosae/bonae memoriae*). Les dates extrêmes sont celles des décès de Sigebert et de Brunehaut. La donation n'aurait pu intervenir que lors de la domination austrasienne à Soissons et la translation de Sigebert à Soissons n'eut sans doute pas lieu avant 584 (cf. *supra*, développement, p. 217 et n. 189).

Brunechildis regina, etc.

Igitur pro commemoratione vel requie jugalis nostri Sigeberti regis villam Cusiacum in territorio Suessionico sitam per hujus auctoritatis seriem ad basilicam S. Medardi ubi praefatus jugalis noster noscitur habere sepulchrum (a) perpetua largitate concedimus.

(a) *corr.* sepulturam ?

7

(Brunel n° 9)

FAUX

[Vers 633].- S. l.

Dagobert [Ier] fonde le prieuré de La Croix-Saint-Ouen.

Copie dans *B*, f° 54 ; analysé dans *D*, f° 199 r° (*ex charta Dagoberti et chart. nro*) et *E*, f° 203 r°, 319 r° ; signalé dans *B*, f° 19 r° (*Gairaldus. Ch. de la fondation du prieuré de La Cx-St-O*) et *C*, f° 164 r° (*Ejusdem [i.e.Dagoberti I] fundatio prioratus Scae Crucis Audoini*).

Édité par Pertz [v. n. 44], *Spuria*, n° 33, p. 152.

8

[Vers 660][246].-S. l.

Drauscius, évêque de Soissons, concède un privilège de « petite liberté » à la basilique de Saint-Médard.

Acte perdu connu par la *Vita Bathildis*, éd. Bruno Krusch, Hanovre, 1888 (*MGH. SRM*, 2), p. 475-508, au c. 9, p. 493, 494.

9

[Vers 660][247].-S. l.

Clotaire III concède l'immunité à la basilique de Saint-Médard.

Le privilège royal dut accompagner ou suivre de peu le privilège de l'évêque *Drauscius* (n° 8) : une datation vers 660 est dès lors hautement probable.

Acte perdu connu par la *Vita Bathildis* (*loc. cit.*, cf. n° 8) et cité dans le diplôme confirmatif de Charlemagne, éd. Mühlbacher [v. n. 23], n° 75. [769-774].

10

(Brunel n°8)

ACTE REMANIÉ ?

[657-avant 667, sans doute avant 661/662][248].-S. l.

Clotaire [III], en présence de l'abbé Audobertus, donne à la basilique de Saint-Médard la villa de Tergnier en Vermandois.

Copie partielle, biffée de trois traits verticaux, dans *B*, f° 13 r° ; analysé dans *D*, f° 198 v° (*ex fragm. chartae et ex charta*) et *E*, f° 202 v°, 319 r° ; signalé dans *B*, f° 19 r° (*Audobertus. Ch. de Clotaire 3*) et *C*, f° 164 r° (*Clotarii 3'*).

On a hésité à tenir pour faux le diplôme de Clotaire III. Plusieurs éléments en sont pourtant curieux, mais certains d'entre eux pourraient s'expliquer par l'intervention du compilateur, ou encore par un original détérioré. Ainsi de *concessimus* au lieu de *visi fuimus concessisse* (compilateur ?) ; *in praesentia Audoberti abbatis* au lieu de *ubi praeest A. abbas* (mauvaise lecture, sur un document peu lisible, de bouts de phrases tels que : *in praesenti ; A. abbatis* ?). *Sanctae ecclesiae Dei* désignerait plus, semble-t-il, une église cathédrale qu'une basilique : aussi ne peut-on écarter l'hypothèse d'une allusion à un évêque *Audobertus*, contemporain

de l'abbé de Saint-Médard, comme *A.* de Cambrai (vers 650-avant 670, peut-être 669 : Dierkens, *Abbayes* [v. *supra* n. 56], p. 94) ; en ce cas, il resterait à rendre compte de la mention *abbatis* (interpolation ?) et de la présence de l'évêque à cette donation.

Chlotarius < 2[s] > rex Francorum.

Concessimus basilicae peculiaris patroni nostri Medardi villam Tarvaniacam sitam in pago Veromadensi (a) in praesentia Audoberti abbatis sanctae ecclesiae Dei.

(a). *corr.* Veromandensi.

11

[657-673, peut-être avant 665][249].- S. l.

Mandement

Clotaire [III] mande [à ses agents (à l'évêque du Mans ?) de (faire ?) respecter les droits de Saint-Médard sur le fisc de Mantualis dans le Maine].

Acte perdu cité dans un jugement de Thierry IV (n° 23).

12

[690/691-694/695].- S. l.

Clovis [III] donne au monastère de Saint-Médard une maison construite à Soissons par le défunt maire du palais Ébroïn et possédée [autrefois] par le fils de ce dernier, Bobo.

Les dates sont celles du règne de Clovis III.

Acte perdu cité dans le diplôme confirmatif de Childebert III (n° 13).

13

(Brunel n° 12)

[694/695-711].-S. l.

Childebert [III], à la demande de l'abbé Nomedius, confirme le précepte par lequel Clovis [III] a donné au monastère de Saint-Médard une maison construite dans Soissons et débordant sur les remparts de la ville. Cette maison, construite [autrefois] par le défunt maire du palais Ébroïn, possédée [ensuite] par son fils Bobo, a été consolidée et rendue attenante à une maison du monastère.

Copie partielle dans *B*, f° 13 v° ; analysé dans *D*, f° 199 v° (*ex fragm. chartae*) et *E*, f° 203 r°, 319 r° ; signalé dans *B*, f° 19 r° (*Nomedius. Ch. Child. 2 roy*) et *C*, f° 164 r° (*Childeberti 2'*).

Les dates sont celles du règne de Childebert III.

Childebertus < 2 cognomento Justus > Francorum rex (a).

Nomedius abba rector monasterii S. Medardi suggessit nobis quod germanus noster Chlodovaeus quondam rex casam constructam infra muros Suessionicae urbis et supra ipsius urbis muro adhaerentem, quae solidata est et adjuncta ad casam ipsius monasterii S. Medardi, quam illustris vir Ebroinus major domus quondam construxit, filius suus Dobo (b) habuisse dignoscitur, per suam praeceptionem concessit. Cujus petitionibus favens < donationem viri Ebroini et filii sui Bobonis (c) et > germani nostri Chlodovei praeceptum confirmavimus.

(a). *restit.* rex Francorum.- (b). *corr.* Bobo.- (c). *D initial corrigé en* B.

14

[694/695-711].- S. l.

Childebert [III] confirme [les droits de Saint-Médard sur le fisc de Mantualis *dans le Maine] ou [le mandement de Clotaire III relatif au fisc de* Mantualis *dans le Maine].*

Les dates sont celles du règne de Childebert III.

Acte perdu cité dans un jugement de Thierry IV (n° 23).

15

Avant [711-715].- S. l.

Une aristocrate donne à la basilique de Saint-Médard la villa *de Favières en Tardenois.*

Acte perdu cité dans le diplôme confirmatif de Dagobert III (n° 16), qui permet d'en fixer le *terminus ad quem*.

16

(Brunel n° 10)

[711-715].- S. l.

Dagobert [III], à la demande de [l'abbé et/ou de l'évêque] Gairoldus, confirme à la basilique de Saint-Médard la donation, par une aristocrate, de la villa *de Favières en Tardenois.*

Copie partielle dans *B*, f° 13 v° ; analysé dans *D*, f° 198 v° et 199 r° (*ex fragm. chartae* et *ex charta eadem*) et *E*, f° 203 r°, 319 r° ; signalé dans *B*, f° 19 r° (*Gairaldus. Chartre de Dagobert I*) et *C*, f° 164 r° (*Dagoberti I*).

Les dates sont celles du règne de Dagobert III.

Dagobertus rex Francorum.

Ideoque (a) vir Gairoldus nostrae celsitudini suggessit quod illustris matrona villam cognominatam Faverias sitam in pago Tardensi (b) per donationis titulum ad basilicam S. Medardi delegavit et petiit ut nostra auctoritate consignaremus, quod nos praestitisse cognoscite. Quam auctoritatem manus nostrae subscriptionibus muniri decrevimus.

(a) *restit. ici* venerabilis *ou* apostolicus.- (b) *corr.* Tardanensi.

17

[711-715].-S. l.

Dagobert [III] confirme [les droits de Saint-Médard sur le fisc de Mantualis *dans le Maine] ou [le mandement de Clotaire III et/ou la confirmation de Childebert III relatif (s) au fisc de* Mantualis *dans le Maine].*

Les dates sont celles du règne de Dagobert III.

Acte perdu cité dans un jugement de Thierry IV (n° 23).

18

(Brunel n° 13)

716, 10 février.- Condé [-sur-Aisne ?].

Testament

Flavia lègue à la basilique de Saint-Médard dont Hugobertus est abbé la villa *de Longpont en Soissonnais.*

Copie partielle, biffée d'un trait vertical, dans *B*, f° 22 v° ; analysé dans *D*, f° 199 v° (*ex fragm. chartae*, à moins que cette mention ne

s'applique au jugement de Chilpéric II, n° 22) et *E*, f° 203 v°, 324 r° ; signalé dans *B*, f° 20 r° (*716. Cha. de Flavie matrona pour la donation de Longpont. 716*) et *C*, f° 165 v° (*Flaviae matronae donatio villae nuncupatae de Longo-Ponte. 716*).

Deux particularités, dont la coïncidence est significative, permettent de retrouver, sous ces bribes de texte « normalisées » par le compilateur, un testament : 1. l'expression caractéristique *compos mentis* (équivalente à « saine d'esprit » : cf. Nonn [v. *supra* n. 64], p. 63) ; 2. la datation de temps et de lieu, conservée par ce document à l'exclusion de toute autre charte mérovingienne de Saint-Médard (cf. développement, p. 183). Les testaments mérovingiens étaient datés chronologiquement en début de texte (Nonn, *op. cit.*, p. 60-61) ; la date de lieu intervenait quant à elle en fin de document (*ibid.*, p. 79-82), sans pour autant, à la différence des actes royaux, se trouver à la dernière ligne du texte ; en effet, elle était suivie des noms du testateur, des témoins, du scribe, éventuellement de clauses additionnelles (*ibid.*, p. 82-92). Dès lors, l'une et l'autre données étaient peu susceptibles de disparaître par suite de la détérioration du bord inférieur de l'original – détérioration que l'on doit supposer pour les chartes mérovingiennes de Saint-Médard.

Selon cette hypothèse, le rédacteur de l'analyse, sans se préoccuper de la forme diplomatique de l'acte, l'a recensé comme « donation », se fondant pour cela sur le verbe *donare* qui devait exister dans le texte (cf. par exemple son emploi dans le testament de l'évêque du Mans Bertrand, éd. Weidemann [v. *supra* n. 88]). Il a donc inséré la mention *donatrix* après le nom de la testatrice. Il a ensuite reproduit à sa place la date de lieu qui figurait encore dans le document selon la formule usuelle : *Actum N. sub die [et anno quo supra]* (Nonn, *op. cit.*, p. 79-82), mais il a explicité les données temporelles en remplaçant l'expression ici entre crochets par la date de temps qui se lisait au début du testament, probablement sous la forme : *sub die quod [ficit] mensis februarius dies X* [ou *decem*]… (à noter cependant l'emploi inhabituel de cette expression mérovingienne dans un testament, où l'on compte ordinairement les jours selon le système romain : *ibid.*, p. 60, 61).

Flavia matrona < donatrix > compos mentis donavit basilicae patroni sui Medardi ubi praeest Hugobertus abbas villam nuncupatam Longoponto (a) in pago Suessionico etc. Actum Condato vico publico sub die quod (b) mensis februarius dies decimus (c) anno primo regnante Chilperico rege.

(a) *corr.* Longoponte.- (b) *restit. ici* ficit.- (c) *corr.* decem (= X).

19

(Brunel n° 15)

ACTE REFAIT

[717, après le 21 mars - 718, avant le 18 mai][250].- S. l.

Clotaire [IV] donne, pour le salut de son âme, à la basilique de Saint-Médard sise hors les murs de Soissons, dont Hugobertus est abbé, sa villa *de Berny en Noyonnais, sur l'Aisne.*

Copie partielle dans *B*, f° 13 v° ; copie *in extenso*, *ibid.*, f° 55 r° ; analysé dans *D*, f° 199 v° (*ex chartis ejusd.*, le pluriel faisant allusion à cette charte et à la suivante [n° 20]) et *E*, f° 203 v°, 318 v°, ainsi que 319 r° ; signalé dans *B*, f° 19 r° (*idem [i.e. Hugobertus]. Ch. Clotaire 4*) et *C*, f° 164 r° (*Clotarii 4 […] et item duae ejusdem de villis Noviomo et Bernaca*).

Édité par Brunel, n° II, p. 80, 81.

Le rédacteur de l'analyse (ou dom Gillesson ?) a omis la clause relative à l'immunité de Berny, qui se lit dans le diplôme (cf. *B*, f° 55 r°, et éd. cit. de Brunel). Il est possible que ce soit dom Gillesson qui ait oublié ce passage, ou n'ait pas réussi à le lire (cf., de ce point de vue, le blanc qui suit le verbe *concessisse*, apparat critique note [c]).

Clotarius rex Francorum.

Vestra < inquit > cognoscat solertia, nos ad basilicam sancti Medardi sub oppido Suessionis (a) civitate constructam, ubi vir Hugobertus abbas praeest, pro animae nostrae remedio villam nostram Bernacham sitam in pago Noviomensi super fluvium Axonam (b) concessisse (c). Et ut haec praeceptio firmior habeatur, manus nostrae subscriptione decrevimus roborari.

(a) *finale* onis *peu lisible, restituée d'après le texte copié au f° 55 r°.* - (b) na *restitués.*- (c) *un blanc d'un à deux mots suit* concessisse.

20
(Brunel n° 14)
ACTE REFAIT
[717, après le 21 mars-718, avant le 18 mai][251].- S. l.

Clotaire [IV] donne à la basilique de Saint-Médard la villa de Nouvion *en Ponthieu, autrefois tenue par le maire du palais Grimoald et réunie au fisc depuis ; l'abbé* Hugobertus *et les moines la posséderont sous la protection de l'immunité.*

Copie partielle dans *B*, f° 13 v°, *in extenso, ibid.*, f° 55 r° ; analysée dans *D*, f° 199 v° (cf. n° 19) et *E*, f° 203 v°, 318 r°-v° ; signalé dans *B*, f° 19 v° (cf. n° 19) et *C*, f° 164 r° (cf. n° 19).

Édité par Brunel, n° I, p. 79, 80.

Clotarius rex Francorum.

Cognoscat omnis solertia nos villam Noviomum sitam pago (a) Pontio ad basilicam sancti Medardi tradidisse, quam vir illustris Grimoaldus major domus tenuit et ad fiscum nostrum pervenit, ita ut a die presenti Hugobertus abbas et monachi habeant, et cum omni soliditate sub immunitatis nomine habeant. Et ut haec praeceptio firmior permaneat, sigillo nostro sigillavimus.

(a) in *manque devant ce mot.*

21
(Brunel n° 16)
[629-639 ou 711-715, en tout cas avant 721][252].- S. l.

Dagobert [Ier ou III, ou un aristocrate] donne aux frères de la basilique [de Saint-Médard] la villa Arlatum *[Saint-Marc à Vendôme ?] en Vendômois, sur le Loir.*

Acte perdu cité dans un jugement de Chilpéric II (n° 22).

22
(Brunel n° 16)
[716-721, peut-être après le 18 novembre 718][253].- S. l.
Jugement

Chilpéric [II], sur la plainte de l'abbé Hugobertus, *met fin à l'usurpation de l'évêque [de Chartres ?]* Ediculus [Leudisbertus ?], *portant sur la moitié de la* villa Arlatum *[Saint-Marc à Vendôme ?] en Vendômois sur le Loir, et confirme l'intégralité de la* villa, *autrefois donnée par Dagobert aux frères de la basilique [de Saint-Médard].*

Copie partielle, biffée d'un trait oblique, dans *B*, f° 22 r° ; analysé dans *D*, f° 199 v° (*ex fragm. chartae*) et *E*, f° 203 v°, 319 v° ; signalé dans *B*, f° 19 r° (*Hugobertus. Ch. Chilper. 2 roy*) et *C*, f° 164 r° (*Chilperici 2'*).

Texte d'après *B*, avec des variantes de *D* et *E*.

Chilpericus rex Francorum.

Quicquid serenitas nostra sanctorum locorum sacerdotibus largitur (a). Igitur Hugobertus abbas clementiae regni nostri suggessit episcopum Ediculum (b) praejudicium facere et medietatem tollere de villa Arlato (c) sita (d) in pago Vindocinensi super fluvium Litto, quam fratres (e) ex munere Dagoberti tenebant. Cujus temeritatem repressimus et confirmavimus integram (f) villam usui fratrum praefatae basilicae profuturam (g).

(a) *Début de préambule, identique à celui de Chilpéric Ier (n° 3), cancellé.-* (b) *corr.* Leudisbertum ? *(cf. développement p. 209).*- (c) *B, E* ; villae de Arlato *D.-* (d) *D, E* ; sito *B.-* (e) *E* ; fratres *manque en B.-* (f) *D* ; dictam *B.-* (g) *D* ; futuram *B.*

23
(Brunel n° 11)
[721/723-737][254].- S. l.
Jugement

Thierry [IV], sur la plainte de Maurus, *abbé de la basilique de Saint-Médard, met fin à un grave litige relatif à la* villa Mantualis *dans le Maine, en faisant poser et en rendant publiques les limites et les bornes dudit fisc, et l'attribue perpétuellement auxdits religieux, au vu du mandement de Clotaire [III], et des confirmations de Childebert [III] et Dagobert [III].*

Copie partielle, biffée d'un trait oblique, dans *B*, f° 22 r° ; analysé dans *D*, f° 199 v° (*ex fragm. chartae*) et *E*, f° 203 v°, 319 v° ; signalé dans *B*, f° 19 r° (*Maurus. Cha. de Theoderic 2*) et *C*, f° 164 r° (*Theodorici 2'*).

Texte d'après *B*, avec des variantes de *D*.

Theodoricus rex Francorum.

Ad suggestionem Mauri abbatis basilicae S. Medardi abbatis (a), abortam non minimam contentionem super villam Mantualem (b) in agro Coenomanico (c) sedavit per impositionem et declarationem limitum et terminorum dicti fisci, et juxta ordinationem proavi sui Clotarii regis, confirmationem Childeberti avi sui et Dagoberti patris, statuit ut perpetuo dictis religiosis permaneret.

(a) abbatis *barré B.-* (b) *B* ; villa Mandualle *D.-* (c) *D* ; in agro Coenomanico *manque en B.*

24
(Brunel n° 17)
[741-746][255].- S. l.

Carloman, maire du palais, donne au monastère de Saint-Médard dont l'évêque Childegaudus *est abbé, sa* villa *Hanzinne, ainsi que Falisolle et Ascutecas dans le pagus de Sambre.*

Copie partielle, biffée d'un trait vertical, dans *B*, f° 22 v° ; analysé dans *D*, f° 199 v° (*ex fragm. chartae Carloman. fratris Pipini regis*) et *E*, f° 203 v°, 319 v° ; signalé dans *B*, f° 19 r° (*Childegaudus. Ch. de Carloman*) et *C*, f° 164 r° (*Charlomanni*).

Indiqué : Dierkens, *Saint-Médard* (v. supra n. 6).

Karlomannus major domus filius Charoli dedit monasterio sancti Medardi, ubi Childegaudus episcopus et abba praeest, villam nostram quae dicitur Hancinas et in alio loco Falitiolas et Ascutecas in pago Sambrio.

1. Clovis BRUNEL, « Les actes mérovingiens pour l'abbaye de Saint-Médard de Soissons », dans *Mélanges d'histoire du Moyen Âge dédiés à la mémoire de Louis Halphen*, Paris, 1951, p. 71-81.

2. *Ibid.*, p. 78, 79.

3. Ernst MÜLLER, « Die Nithard-Interpolation und die Urkunden-und Legendenfälschungen im St-Medardus-Kloster bei Soissons », dans *Neues Archiv*, t. 34 (1909), p. 683-722 ; Georges TESSIER, « Un diplôme inédit de Charles le Chauve pour Saint-Médard de Soissons », dans *Bulletin du Comité des travaux historiques et scientifiques*, années 1948-1950, p. 75-90 ; les dissertations critiques du *Recueil des actes de Charles II le Chauve, roi de France (840-877)*, éd. Arthur GIRY, Maurice PROU et Georges TESSIER, 3 vol., Paris, 1943-1955 (*Chartes et diplômes relatifs à l'histoire de France publiés par les soins de l'Académie des Inscriptions et Belles-Lettres*) [désormais cité : éd. TESSIER (n. 3)], pour les numéros 338, 462, 493, et du *Recueil des actes d'Eudes, roi de France (888-898)*, éd. Robert-Henri BAUTIER, sous la direction de Georges TESSIER, Paris, 1967 (*Chartes et diplômes...*) [désormais cité : éd. BAUTIER (n. 3)], au n° 52 ; abbé DELANCHY, *Thèse principale* [désormais cité : DELANCHY].

4. Travaux aboutissant aux mêmes conclusions que l'abbé DELANCHY : voir notes 1 et 3. DELANCHY, *ibid.* et p. 113-116. Dans la suite de ce travail, pour éviter de surcharger un apparat critique déjà conséquent, on ne renverra pas systématiquement à la thèse de l'abbé DELANCHY.

5. Voir par exemple : Reinhold KAISER, *Untersuchungen zur Geschichte der Civitas und Diözese Soissons in römischer und merowingischer Zeit*, Bonn, 1973 (*Rheinisches Archiv*, t. 89), aux p. 248-253, et *passim* ; Josef SEMMLER, « Zur pippinidisch-karolingischen Sukzessionskrise, 714-723 », dans *Deutsches Archiv für Erforschung des Mittelalters*, t. 33 (1977), p. 1-36, *passim* ; Michel ROUCHE, *L'Aquitaine des Wisigoths aux Arabes. 418-781. Naissance d'une région*, Paris, 1979, p. 244, 245 ; Lucien MUSSET, « Signification et destinée des domaines excentriques pour les abbayes de la moitié septentrionale de la Gaule jusqu'au XIᵉ siècle », dans *Sous la règle de saint Benoît. Structures monastiques et sociétés en France, du Moyen Âge à l'époque moderne*, Genève, 1982 (*Centre de recherches d'histoire et de philologie de la IVᵉ section de l'École pratique des Hautes Études, 5. Hautes Études médiévales et modernes*, t. 47), p. 167-182, discussion p. 182-184.

6. Alain DIERKENS, « Note sur un acte perdu du maire du palais Carloman pour l'abbaye Saint-Médard de Soissons (c. 745) », dans *Francia*, t. 12 (1984), p. 635-644.

7. Une nouvelle édition critique des diplômes royaux mérovingiens est en préparation sous la direction de Carlrichard BRÜHL, avec la collaboration de Hartmut ATSMA et de Theo KÖLZER.

8. Éd. TESSIER (n. 3), n° 338.

9. C. BRUNEL (n. 1), p. 71, d'après les *Archives du Cabinet des Chartes. 64. Intendance du Roussillon et de Soissons*, Bibl. nat. Fr., coll. Moreau, t. 348, f° 36-37 (*Archives de l'abbaye royale de Saint-Médard les Soissons*), au f° 36.

10. C. BRUNEL (n. 1), p. 79-81 : deux fausses bulles, de Jean III (11 mars 562) et Grégoire Iᵉʳ (25 mai 593), un faux diplôme de Dagobert Iᵉʳ (vers 633), deux faux diplômes de Clotaire IV (718-719), ces derniers édités par Clovis Brunel.

11. Bibl. nat. Fr., coll. Picardie, t. 243, f° 201-383.

12. Ce manuscrit porte la cote ms. fr. 18769 du Cabinet des manuscrits de la Bibl. nat. Fr. (titre en f° 1 : *Mémorial des antiquitéz de la ville de Soissons faict par fr. Bonaventure Gilson religieux bénédictin demourant à St Crespin le Grand de Soissons, 1662*). C. BRUNEL (n. 1), p. 73, 74, connaissait l'existence des *Mémoires des Antiquitéz* de dom Gillesson, « recueillis en 1664 (4 vol. in-f°)... qui semblent perdus ». Pour une présentation synthétique et récente des sources et de la bibliographie sur Saint-Médard, voir Dietrich LOHRMANN (éd.), *Papsturkunden in Frankreich. Neue Folge. 7. Band : Nördliche Ile-de-France und Vermandois*, Göttingen, 1976 (*Abhandlungen der Akademie der Wissenschaften in Göttingen, philologisch-historische Klasse, dritte Folge*, 95), p. 169-176.

13. Bibl. nat. Fr., respectivement : ms. fr. 18769, f° 364 r° ; coll. Picardie, t. 243, f° 168 v° (les f° 161-170 contiennent le *Libri utriusque probationum index generalis*) ; voir aussi *ibid.*, f° 201-304 r°, *passim*, et f° 318 et suiv., *passim*.

14. Outre les manuscrits cités en note précédente, on renvoie au mémoire sur les *Archives de l'abbaye royale...* (v. n. 9), et au *Monasticon Benedictinum* compilé à la fin du XVIIᵉ siècle (Bibl. nat. Fr., ms. lat. 12684, f° 198 et suiv. : *Chronicon regalis monasterii sancti Medardi ab anno DLXI ad annum MDCLXXX*).

15. Cf. *infra*, p. 185.

16. On se reportera, pour la justification des remarques qui vont suivre, au catalogue d'actes donné en pièce justificative.

17. Dom Gillesson ne donne pas d'analyse du faux diplôme de Dagobert Iᵉʳ (C. BRUNEL [n. 1], n° 9, p. 76), dont il a par ailleurs transcrit le texte (Bibl. nat. Fr., ms. fr. 18769, f° 54).

18. À l'appui de cette hypothèse, on notera que l'original de Charles le Chauve aujourd'hui conservé (éd. TESSIER [n. 3], n° 338) est très endommagé, que sa date « était certainement [effacée] en 1354 » (*ibid.*, dissertation critique). Cf. aussi l'expertise du chartier à la fin du XVIIIᵉ siècle (v. n. 9) : « Il [= le chartier] n'offre que des débris mutilés et des lambeaux d'instrumens ou informes ou récens. »

19. Grégoire de TOURS, *Histoire des Francs*, éd. Henri OMONT et Gaston COLLON, 2 vol., Paris, 1886-1893 (*Collection de textes pour servir à l'étude et à l'enseignement de l'histoire*), l. VI, c. XXXIII (46), t. I, p. 235

20. KAISER (v. n. 5), p. 251.

21. *Gallia christiana*, t. IX, col. 410.

22. Cf. *infra*, p. 200, 201.

23. *Die Urkunden Pippins, Karlmanns und Karls des Grossen*, éd. Engelbert MÜHLBACHER, Alfons DOPSCH, Johann LECHNER, Michael TANGL, Hanovre, 1906 (*Monumenta Germaniæ Historica* [= désormais *MGH*], *Diplomata Karolinorum*, 1), n° 75.

24. Fabienne CARDOT, *L'espace et le pouvoir. Étude sur l'Austrasie mérovingienne*, Paris, 1987 (Publications de la Sorbonne, *Université de Paris I, Histoire ancienne et médiévale*, 17), p. 183, 184.

25. Grégoire de TOURS (v. n. 19), l. IV, c. XII (19), t. I, p. 116.

26. *Venanti Honori Clementiani Fortunati presbyteri italici opera poetica*, éd. Friedrich LEO, Berlin, 1881, (*MGH, Auctores antiquissimi*, 4/1), l. II, c. XVI, p. 44-48, à la p. 48 (vers 161-164) ; *Venanti Honori Clementiani Fortunati presbyteri italici opera pedestria*, éd. Bruno KRUSCH, Berlin, 1885 (*MGH, AA.* 4/2), *opuscula V. F. male attributa : Vita sancti Medardi*, p. 67-73, c. XV (37), aux p. 72, 73 ; sépulture de Sigebert : Grégoire de TOURS (v. n. 19), l. IV, c. XXXVI (51), t. I, p. 141. Sur le problème du transfert du siège de l'évêché de Vermandois, de Saint-Quentin à Noyon (attribué par Radbod à saint Médard) : DELANCHY, p. 42.

27. Sur la trame événementielle et les partages mérovingiens : Eugen EWIG, *Die fränkischen Teilungen und Teilreiche (511-613)*, rééd. dans ses *Spätantikes und fränkisches Gallien. Gesammelte Schriften (1952-1973)*, éd. Hartmut ATSMA, 2 vol., Munich, 1976-1979 (*Beihefte der Francia*, 3/1-2), t. I, 1976, p. 114-171, aux p. 135-141.

28. MUSSET (v. n. 5), p. 169-174.

29. *Supplementum* [ad vitam S. Medardi] auctore anonymo Suessionensi seculi IX, dans *AASS, jun.* II, p. 82-87, c. II/18-22, aux p. 85-87. Sur la datation de ce texte : Ferdinand LOT, *Un faiseur d'étymologies bretonnes au IXᵉ siècle*, rééd. dans *Recueil des travaux historiques de Ferdinand LOT*, t. II, Genève, 1970 (*Centre de recherches d'histoire et de philologie de la IVᵉ section de l'École pratique des Hautes Études*, 5. *Hautes Études médiévales et modernes*, 9), p. 325-329, à la p. 326.

30. *Supplementum* (v. n. 29), c. II/19, p. 86 ; commentaire dans MUSSET (v. n. 5), p. 171.

31. *Fiscus*, fisc en français, désigne à l'époque carolingienne aussi bien le Trésor, ou le domaine public dans son ensemble, qu'une circonscription de gestion de terres et de revenus de l'État. C'est ce dernier sens qu'il faut retenir ici.

32. Julien HAVET, *Questions mérovingiennes. IV. Les chartes de Saint-Calais*, rééd. dans *Œuvres de Julien Havet (1853-1893)*, t. I, Paris, 1896,

notes

p. 103-190, aux p. 108, 120-132, 156-160. Le monastère existe dès 576/577, date à laquelle Chilpéric I y envoie son fils rebelle et tonsuré, Mérovée, pour être instruit dans la *sacerdotalis regula* : Grégoire de TOURS (v. n. 19), l. V, c. VII (14), t. I, p. 155.

³³. Édition dans HAVET (v. n. 32), p. 156-158.

³⁴. *Vita Hludowici imperatoris* [*dite de l'Astronome*], éd. Georg-Heinrich PERTZ, Hanovre, 1829 (*MGH, Scriptores*, 2), c. 53, p. 639. Sur les événements de 833-834 dans le Maine : Philippe LEMAÎTRE, « L'œuvre d'Aldric du Mans et sa signification (832-857) », dans *Francia*, 8 (1980), p. 43-64, à la p. 57 ; Jean-Pierre BRUNTERC'H, « Le duché du Maine et la marche de Bretagne », dans *La Neustrie. Les pays au nord de la Loire de 650 à 850*, colloque historique international publié par Hartmut ATSMA, Sigmaringen (*Beihefte der Francia*, 16/1-2), t. I, p. 29-126, aux p. 57, 58.

³⁵. Référence en note 29.

³⁶. HAVET (v. n. 32), p. 125, concluait du domaine possédé au IXᵉ siècle par l'abbaye de Saint-Calais (Sarthe, arr. Le Mans, ch.-l. cant.) : il « englobait au moins les territoires des cinq communes actuelles, Saint-Calais, Conflans [cant. Saint-Calais], Marolles [même localisation], Montaillé [même localisation], Rahay [même localisation] ». Un réexamen du faux diplôme de Childebert Iᵉʳ, sur lequel est fondée cette appréciation, conduit à évaluer le territoire confié à Saint-Calais à un peu plus de deux ou trois communes (Saint-Calais ; Conflans-sur-Anille ; Montaillé). LOT (v. n. 29), p. 328, remarquait que « la donation [...] de Childebert [...] ne portait pas sur l'ensemble du fisc » ; celui-ci, sans atteindre les dimensions proposées par l'historien (*ibid.* : 56 kilomètres de circonférence), n'en couvrait pas moins une étendue importante, car les terres qui, au IXᵉ siècle, appartenaient à l'État, avaient, selon lui, leur centre à Saint-Gervais-de-Vic (cant. Saint-Calais), à cinq kilomètres au sud de Saint-Calais (au lieu-dit « La maison du dimanche » ? [=? *Illa mansio de dominico*]). On ne dispose d'aucun élément (hormis l'étymologie bretonne étudiée par F. LOT, *op. cit.* : *Mat-ualis = Bona-vallis =* Bonneveau) permettant d'admettre l'identification de la partie du fisc concédée à Saint-Médard avec Bonneveau (Loir-et-Cher, arr. Vendôme, cant. Savigny) ou encore avec Cellé (même localisation), proposée par R. de SAINT-VENANT, *Dictionnaire topographique, historique, biographique, généalogique et héraldique du Vendômois*, t. I, Blois, 1912-1913, p. 164-166, 265-267, HAVET, *op. cit.*, p. 108, n. 1, LOT, *op. cit.*, p. 329, DELANCHY, p. 62. Une dense présence, à Saint-Calais et alentours, de toponymes et microtoponymes forgés sur le nom de Médard (forme locale : Saint-Mars ; cf. Eugène VALLÉE, *Dictionnaire topographique du département de la Sarthe*, revu et publié par Robert LATOUCHE, Paris, 1950, t. II, p. 842) est

certainement symptomatique d'une possession ancienne de l'abbaye soissonnaise ; on signalera tout particulièrement Saint-Mars, nom d'une chapelle située près de l'abbaye de Saint-Calais, attestée au XIIᵉ siècle. Il semble probable que le monastère soissonnais n'était plus présent à *Matualis* au moment où le *Supplementum* (v. n. 29) fut rédigé, car l'auteur de ce texte en parle au passé (cf. également DELANCHY, *op. cit.*). Peut-on dater la sortie de ce domaine du temporel san-médardien ? Il est possible que Louis le Pieux l'ait confisqué au monastère vers 836/838, au moment où il reprenait en main le Maine après la révolte de Lothaire (cf. LEMAÎTRE [v. n. 34], p. 57, 58 et développement ci-dessous). On pourrait s'appuyer, pour conforter cette hypothèse, sur les mentions de chapelles ou lieux-dits appelés Saint-Sébastien, dont on trouve quelques exemples à proximité de Saint-Calais et sur la commune même (VALLÉE, *op. cit.*, p. 2063, XIVᵉ siècle pour *La chapelle Saint-Sébastien* à Saint-Calais) ; la propagation du culte rendu au martyr a pu en effet suivre la translation de ses reliques à Saint-Médard en 826. Ce n'est cependant pas un élément décisif, car la dévotion à saint Sébastien a pu être introduite plus tardivement dans la région et emprunter d'autres canaux que la présence san-médardienne.

³⁷. LEMAÎTRE (v. n. 34), p. 55.

³⁸. Moines de Saint-Calais acquis à Lothaire : LEMAÎTRE (v. n. 34), p. 57 ; moines de Saint-Médard .

³⁹. Sur ces duchés : BRUNTERC'H (v. n. 34).

⁴⁰. Georges TESSIER, *Diplomatique royale française*, Paris, 1962, p. 16. Exemples d'*ordinatio* : *Chartae latinae antiquiores, part XIV : France II*, éd. Hartmut ATSMA et Jean VEZIN, Dietikon et Zurich, 1982 (désormais cité *ChLA XIV*), nᵒˢ 574 (691), 589 (716). Également les *Formulae merowingici et karolini aevi, pars prior*, éd. Karl ZEUMER, Hanovre, 1882 (*MGH, Legum sectio*, 5) : formulaire de Marculfe, I. 28, 32, 37, II. 70 ; formulaire de Tours, 33. Selon une pratique que l'on retrouve à l'époque carolingienne pour le mandement royal (*jussio*) et plus tard encore au Moyen Âge (BAUTIER [n. 3], p. 66, n. 4), l'*ordinatio* était remise à la partie qui l'avait sollicitée, à qui il appartenait d'en demander l'exécution. Cela permettait au demandeur de réitérer son intervention auprès du destinataire de l'ordre royal jusqu'à aboutissement de l'affaire.

⁴¹. En dernier lieu : Reinhold KAISER, « Royauté et pouvoir épiscopal au nord de la Gaule (VIIᵉ-IXᵉ siècles) », dans *La Neustrie* (v. n. 34), t. I, p. 143-159, aux p. 147-150 ; Margaret WEIDEMANN, « Bischofsherrschaft und Königtum in Neustrien vom 7. bis zum 9. Jahrhundert am Beispiel des Bistums Le Mans », *ibid.*, p. 161-192, aux p. 167-174.

⁴². Havet (v. n. 32), p. 139.

⁴³. Sur la politique de Bathilde, cf. *infra*, p. 220, 221. Il est exclu de citer ici les nombreuses études qui discutent de l'immunité ; on

se contente de renvoyer à la synthèse classique de François-Louis GANSHOF, « L'immunité dans la monarchie franque », dans *Recueils de la Société Jean Bodin, 1 : Les liens de vassalité et les immunités*, 2ᵉ éd., Bruxelles, 1958, p. 158-216.

⁴⁴. L'abbaye devait-elle reverser une partie des impôts qu'elle percevait à *Matualis*, au trésor royal, comme devait le faire l'église du Mans ? On n'en a pas de mention ; le diplôme de Charlemagne, qui confirmait la concession de Clotaire (référence en note 23), de « pleine immunité » *(integra immunitas)*, ne fait aucune allusion à une remise au fisc d'une partie des sommes perçues, alors que c'était expressément le cas pour l'église du Mans (références en note 41) ou pour Saint-Serge-et-Saint-Médard d'Angers (*Diplomata regum e stirpe merowingica et majorum domus e stirpe Arnulforum. Diplomata spuria*, éd. Georg-Heinrich PERTZ, Hanovre, 1872 [*MGH, Diplomata Imperii*, 1] : *Diplomata regum*, nᵒ 74). Sur la question des implications concrètes du privilège d'immunité, voir Élisabeth MAGNOU-NORTIER, « Étude sur le privilège d'immunité du IVᵉ au IXᵉ siècle », dans *Revue Mabillon*, t. 60 (1984), p. 465-512.

⁴⁵. WEIDEMANN (v. n. 41), p. 174-183.

⁴⁶. *Supplementum* (v. n. 29), p. 86 ; dans ces expressions, *census* a fort probablement le sens d'impôt ; voir le travail classique de Ferdinand LOT, « Un grand domaine à l'époque franque. Ardin en Poitou, contribution à l'étude de l'impôt », rééd. dans *Recueil des travaux historiques* (v. n. 29), p. 191-211, à la p. 201, et, tout récemment, Jean DURLIAT, *Les finances publiques de Dioclétien aux Carolingiens (284-889)*, Sigmaringen, 1990 (*Beihefte der Francia*, 21), *s. v.*

⁴⁷. *Supplementum* (v. n. 29), *loc. cit.* Sur *Warinbertus* : KAISER (v. n. 5), p. 233, 234, et *infra*, p. 221, 222.

⁴⁸. On ne peut retenir la lecture de C. BRUNEL (n. 1), p. 74, *pagus Henriacensis*, à l'examen du manuscrit qu'il a utilisé (Bibl. nat. Fr., coll. Picardie, t. 243, fᵒ 319 rᵒ).

⁴⁹. DIERKENS (n. 6), p. 639. Hanzinne : Belgique, prov. Namur, arr. Philippeville, comm. Florennes.

⁵⁰. En relation avec l'évolution institutionnelle, le terme *pagus* paraît de manière très générale avoir perdu son sens primitif dès le tournant des Xᵉ-XIᵉ siècles : Jean-François LEMARIGNIER, « La dislocation du *pagus* et le problème des consuetudines (Xᵉ-XIᵉ siècles) », dans *Mélanges... Halphen* (n. 1), p. 401-410, aux p. 401, 402 ; voir aussi l'excellente mise au point de BRUNTERC'H (n. 34), p. 82-87.

⁵¹. Lotinne est un lieu-dit à quelque quinze kilomètres au sud-est d'Hanzinne, en la commune de Surice.

⁵². Respectivement : ms. fr. 18769, fᵒ 13 rᵒ, note marginale ; coll. Picardie, t. 243, fᵒ 202 rᵒ.

⁵³. Sur l'Einrichgau : Hermann OESTERLEY,

notes

234

Historisch-geographisches Wörterbuch des deutschen Mittelalters, Gotha, 1883, p. 152. L'identification avec l'Einrichgau, comme la possibilité d'une donation de Sigebert dans cette région, ont été discutées à la suite de la lecture de Clovis C. BRUNEL (cf. *supra*, note 48) : Eugen EWIG, *Rheinischer Besitz westfränkischer Kirchen*, rééd. dans *Spätantikes*, (n. 27), t. II, p. 182-188, aux p. 182, 187, 188 ; KAISER (n. 5), p. 248 ; MUSSET (n. 5), p. 170. Aucune des identifications de *Letinas* proposées jusqu'ici ne peut s'appuyer sur la proximité d'une mine de plomb.

54. Sur le Hainaut : OESTERLEY (note précédente), p. 274 ; Auguste LONGNON, *Atlas historique de la France depuis César jusqu'à nos jours*, t. I : *de 58 av. J.-C. à 1380 ap. J.-C.*, Paris, 1907, p. 123, 124. Sur les Estinnes (Belgique, prov. Hainaut, arr. Thuin, comm. fus. Estinnes-au-Mont et Estinnes-au-Val) : LONGNON, *op. cit.*, p. 390 ; Maurits GYSSELING, *Toponymisch woordenboek van België, Nederland, Luxemburg, Noord-Frankrijk en West-Duitsland (voor 1226)*, t. I, [s. l.], 1960 (*Bouwsteffen en Studien voor de Geschiedenis en de Lexicographie van het Nederlands*, 6/1), p. 338.

55. Église Saint-Médard : Charles DUVIVIER, *Recherches sur le Hainaut ancien (pagus Hainoensis) du VIIᵉ au XIIᵉ siècle*, Bruxelles, 1865, nᵒ 139, p. 608 (1175) : les formes anciennes (IXᵉ-XIVᵉ siècles) sont *Halcinus, Haucin, Halcin* (GYSSELING [n. 54], p. 456).

56. Les plus anciennes mentions des Estinnes se trouvent dans *Folcuini gesta abbatum Lobiensium, a. 637-980*, éd. Georg-Heinrich PERTZ, Hanovre, 1841 (*MGH, Scriptores*, 4), p. 52-74, aux p. 56-58 ; voir aussi Alain DIERKENS, « Superstitions, christianisme et paganisme à la fin de l'époque mérovingienne. À propos de l'*Indiculus superstitionum et paganiarum* », dans *Magie, sorcellerie, parapsychologie*, éd. Hervé HASQUIN, Bruxelles, 1984, p. 9-26, à la p. 17 et n. 44 (références bibliographiques). Sur la politique d'implantation menée par les Pippinides entre Sambre et Meuse, entre 650 et 750 : ID., *Abbayes et chapitres entre Sambre et Meuse (VIIᵉ-XIᵉ siècles). Contribution à l'histoire religieuse des campagnes du haut Moyen Âge*, Sigmaringen, 1985 (*Beihefte der Francia*, 14), p. 318-327.

57. Morsain : Aisne, arr. Soissons, cant. Vic-sur-Aisne. Sur la titulature de Théodebert, cf. *supra*, p. 183, 184.

58. KAISER (v. n. 5), p. 165, 166.

59. *Vita Medardi* (v. n. 26), c. XV (37), p. 72, 73.

60. Fausses bulles de Grégoire Iᵉʳ (*Diplomata, chartæ, leges... ad res gallo-franciscas spectantia*, éd. Louis-Georges de BRÉQUIGNY et Jean-Marie PARDESSUS, t. I, Paris, 1843, nᵒ 49, p. 88-91), d'Eugène II (*Papsturkunden in Frankreich*, 4. Band : *Picardie*, éd. Johannes RAMACKERS, Göttingen, 1942, nᵒ 2, p. 56-62, aux p. 57, 58,

61) ; faux diplôme d'Eudes (éd. BAUTIER [n. 3], nᵒ 52).

61. Éd. TESSIER (n. 3), nᵒ 338.

62. *Recueil des actes de Louis II le Bègue, Louis III et Carloman II, rois de France (877-884)*, éd. Félix GRAT, Jacques de FONT-RÉAULX, Georges TESSIER, Robert-Henri BAUTIER, Paris, 1979 (*Chartes et diplômes... v. n. 3*) [désormais cité : éd. BAUTIER (n. 62)], nᵒ 30 : XIIᵉ s. : Arch. dép. Aisne, H 477, fᵒ 107 rᵒ, 108-110 vᵒ ; XVIIᵉ s. : *ibid.*, H 483 (*Arpentage général des domaines, deppendances de l'abbaye St Médard les Soissons, 1669*), fᵒ 11 rᵒ-16 rᵒ (*ferme de Forest, paroisse de Morsain*).

63. KAISER (v. n. 5), p. 230.

64. Ulrich NONN, « Merowingische Testament. Studien zur Fortleben einer römischen Urkundenform im Frankenreich », dans *Archiv für Diplomatik*, t. 18 (1972), p. 1-129, aux p. 121-128, particulièrement p. 127.

65. André VANDENBOSSCHE, *Contribution à l'histoire des régimes matrimoniaux : la « dos ex marito » dans la Gaule franque*, Paris, 1953, p. 107-136, et surtout p. 224-226.

66. *The Fourth Book of the Chronicle of Fredegar with its Continuations*, éd. et trad. John-Michael WALLACE-HADRILL, Londres, 1960, c. 27, p. 18.

67. Sur la conservation de copies de testaments par les principaux légataires : NONN (v. n. 64), p. 95.

68. Eugen EWIG, *Résidence et capitale pendant le haut Moyen Âge*, rééd. dans *Spätantikes* (v. n. 27), t. I, p. 362-408, aux p. 385, 386.

69. Cf. *infra*, catalogue nᵒ 6.

70. Cuisy-en-Almont : Aisne, arr. Soissons, cant. Vic-sur-Aisne. *Recueil des chartes de l'abbaye de Saint-Benoît-sur Loire...*, éd. Maurice PROU et Alexandre VIDIER, 2 vol., Paris, 1900-1937 (*Documents publiés par la Société historique et archéologique du Gâtinais*, 5-6), t. I, 1900, nᵒ 19.

71. Éd. BAUTIER (n. 3), nᵒ 52 ; sur le fisc de Cuisy : KAISER (n. 5), p. 203.

72. Éd. RAMACKERS (n. 60), nᵒ 2, p. 58.

73. Éd. BAUTIER (n. 3), nᵒ 52, dissertation critique.

74. Après la mort de Théodebert II, son frère Thierry II fut très temporairement, en 612-613, souverain en Soissonnais. Le rédacteur de la fausse bulle d'Eugène II a vieilli de manière systématique les souverains, mérovingiens et carolingiens, dont il recensait les libéralités, en attribuant celles-ci au premier roi ou empereur du nom : Clotaire, Chilpéric, Dagobert, etc. On peut donc penser que le nom d'un roi Thierry (II, III ou IV) était associé à celui de la *villa* de Cuisy dans la mémoire monastique, sans qu'il soit obligatoirement agi de Thierry II.

75. La fausse bulle d'Eugène II est manifestement démarquée, au moins en partie, d'une liste d'anniversaires royaux (éd. RAMACKERS

76. On rapprochera l'importance des domaines concédés à Brunehaut de celle des donations consenties par Chilpéric Iᵉʳ à Frédégonde (Grégoire de Tours [v. n. 19], l. VI, c. XXXII [45], t. I, p. 233), ou encore, au VIIᵉ s., de la cession de la *villa* de Lagny-sur-Marne par Dagobert Iᵉʳ à la reine Nanthilde (*Gesta Dagoberti*, éd. Bruno KRUSCH, dans *MGH, Scriptores rerum merowingicarum* [désormais cité *SRM*], 2, p. 399-425, c. 49, à la p. 423). Cette dernière légua la *villa* à la basilique de Saint-Denis, lieu de sépulture de Dagobert (*ibid.*).

77. Éd. RAMACKERS (v. n. 63), nᵒ 2, p. 58 (*Buras et Travatiacum in pago Veromandensi*), p. 61 (*Ogeium*). *Travatiacum* doit être identifié avec Travecy (Aisne, arr. Laon, cant. La Fère), situé dans l'ancien Vermandois, et dont l'église est dédiée à saint Médard (MELLEVILLE, *Dictionnaire historique, généalogique et géographique du département de l'Aisne*, t. I, Laon, 1865, p. 381). Quant à *Ogeium*, probablement identique à l'*Albiacum* cité dans le diplôme authentique de Charles le Chauve de [866-870] (éd. TESSIER [n. 3], nᵒ 338), c'est sans doute Augy (Aisne, arr. Soissons, cant. Braine) ; l'abbaye avait à proximité de ce village une exploitation assez considérable, à La Siège (lieu-dit de la commune limitrophe de Couvrelles), attestée au Moyen Âge et à l'époque moderne (Arch. dép. Aisne, H 477, fᵒ 62 vᵒ-65 vᵒ : *La Chieze* ; H 483, [v. n. 65], fᵒ 41 rᵒ-42 vᵒ : *La Siège en la paroisse de Couvrelles* ; cf. également le faux diplôme d'Eudes [éd. BAUTIER (n. 3), nᵒ 52], où apparaissent à la fois *Albiacus* [repris en fait du diplôme de Charles le Chauve] et *Coprella*/Couvrelles).

78. Règne de Chilpéric à Soissons : KAISER (v. n. 5), p. 161-164. Donations à Saint-Médard : Grégoire de Tours (v. n. 19), l. V, c. III, XXVI (34). Sur l'hymne composé par Chilpéric, en dernier lieu : Jacques FONTAINE, « Quelques vicissitudes des *carmina triumphalia* dans la littérature latine du haut Moyen Âge », dans *La Neustrie* (v. n. 34), t. II, p. 349-362, à la p. 354.

79. Éd. TESSIER (n. 3), nᵒ 493. Braye : Aisne, arr. Soissons, cant. Vailly-sur-Aisne.

80. Rareté de *Buras* en Soissonnais et pays voisins : Auguste MATTON, *Dictionnaire topographique du département de l'Aisne*, Paris, 1891. Dédicace de l'église d'Épaux (Aisne, arr. et cant. Château-Thierry, comm. Épaux-Bézu) : KAISER (v. n. 5), p. 278.

81. Tels que *Villaris* (= ? Vuillery, Aisne, arr. Soissons, cant. Vailly-sur-Aisne), l'église Saint-Vaast (faubourg de Soissons), Soissons.

82. Cf. *infra*, p. 220-222.

83. Tergnier : Aisne, arr. Laon, ch.-l. cant. L'identification de *Tarvaniaca* avec Tergnier repose, d'une part sur les formes anciennes du toponyme (*Terniacum*, XIIIᵉ s. ; *Tarigny, Targny*, XVᵉ s. : MATTON [v. n. 80], p. 268), d'autre part

notes

sur le fait que ce nom est le seul en Vermandois à être proche de *Tarvaniaca* (*ibid.*), enfin sur l'histoire de Tergnier au XIe s. (cf. *infra*).

84. Cf. *infra*, catalogue, n° 10.

85. Louis DUPRAZ, *Contribution à l'histoire du regnum Francorum pendant le troisième quart du VIIe siècle (656-680)*, Fribourg, 1948 ; Eugen EWIG, « Die fränkischen Teitriche im 7. Jahrhundert (613-714) », rééd. dans *Spätantikes* (v. n. 27), t. I, p. 172-230, aux p. 201-221.

86. Voir, par exemple, Richard A. GERBERDING, *The Rise of the Carolingians and the Liber Historiae Francorum*, Oxford, 1987 (*Oxford historical monographs*), p. 47-66, qui bouleverse la chronologie généralement admise.

87. Josiane BARBIER, « Le système palatial franc : genèse et fonctionnement dans le nord-ouest du *regnum* », dans *Bibliothèque de l'École des chartes*, t. 148 (1990), p. 245-299, aux p. 269-274.

88. Contrôle par Tergnier de la voie Reims-Thérouanne : après avoir traversé l'Oise, la route passait par Condren (Aisne, arr. Laon, cant. Chauny), localité mentionnée dès l'Antiquité (MATTON [v. n. 80], p. 75), puis par Voüel (comm. Tergnier) ; Voüel (= *vadum* + *-ellum* : « petit gué » : Albert DAUZAT et Charles ROSTAING, *Dictionnaire étymologique des noms de lieux en France*, 2e éd. revue et complétée par Ch. ROSTAING, Paris, [1978], p. 710) est un toponyme se rapportant à une caractéristique physique du terroir, à la différence de *Tarvaniaca villa*, qui désignerait un habitat (*ibid.*, p. 670 : Thérouanne = *Tarvenna* [nom d'homme gaulois + suffixe gaulois] ; d'où *Tarvaniaca* proviendrait par addition du suffixe *-iaca*). Très probablement Voüel, qui en dépend encore, n'était déjà au haut Moyen Âge qu'un écart de Tergnier. Legs de l'évêque du Mans : édition du testament et identification de la *colonica* léguée par Bertrand avec Pont-Saint-Mard (Aisne, arr. Laon, cant. Coucy-le-Château-Auffrique) par Margaret WEIDEMANN, *Das Testament des Bischofs Berthramn von Le Mans von 27 märz 616. Untersuchungen zu Besitz und Geschichte einer fränkischer Familie im 6. und 7. Jahrhundert*, Mayence, 1986 (*Römisch-germanisches Zentralmuseum. Forschungsinstitut für Vor- und Frühgeschichte. Monographien*, 9), p. 40.

89. Éd. BRÉQUIGNY-PARDESSUS (v. n. 60), t. I, n° 158, p. 247.

90. Horst EBLING, *Prosopographie der Amsträger der Merowingerreiches von Chlothar II (613) bis Karl Martell (741)*, Munich, 1974 (*Beihefte der Francia*, 2), n° 177, p. 152-153.

91. KAISER (v. n. 5), p. 251, a rassemblé les rares données disponibles sur *Audobertus* : on ignore tout de ses origines et de ses attaches familiales. Avait-il quelque consanguinité avec ses homonymes, les évêques de Cambrai (DIERKENS, *Abbayes* [v. n. 56], p. 94, vers 650-avant 670) et

de Senlis (Pius Bonifacius GAMS, *Series episcoporum ecclesiae catholicae*, Ratisbonne, 1873, p. 627, 652-vers 685) ou encore de Paris (dom Jacques DUBOIS, « Les évêques de Paris des origines à l'avènement d'Hugues Capet », dans *Bulletin de la Société de l'histoire de Paris et de l'Ile-de-France, 96e année, 1969*, Paris, 1971, p. 33-97, à la p. 59, [644 ? - 653]) ?

92. MELLEVILLE (v. n. 77), t. II, p. 366.

93. DELANCHY, p. 88-89 ; Michel BUR, *La formation du comté de Champagne, v. 950 - v. 1150*, Nancy, 1977 (*Mémoires des Annales de l'Est*, 54), p. 89, 97, 111, 112, 116.

94. Diplômes vrais de Charles le Chauve [866-870] et de Louis le Bègue (879) : respectivement éd. TESSIER (n. 3), n° 338, et éd. BAUTIER (n. 62), n° 30. Les noms de lieux cités dans ces deux textes soulèvent, pour une part, des problèmes d'identification. Les éditeurs ont identifié *Rominiacus/Ruminiacus* avec Romeny dans la Marne, alors que le rapprochement de ce toponyme avec la *villa Ruminiacus in pago Vermandensi*, où Saint-Médard était possessionné en 963 (*Recueil des actes de Lothaire et Louis V, rois de France* [954-987], éd. Louis HALPHEN et Ferdinand LOT, Paris, 1908 [*Chartes et diplômes...*], n° 19), conduit à l'identification avec Remigny (Aisne, arr. Saint-Quentin, cant. Moÿ-de-l'Aisne) ; on peut en conséquence se demander si les noms énumérés avant ou après Remigny n'étaient pas également en Vermandois, et proches de *Rominiacus* : *Boviniacicurtis, Rominiacus, Locogeium, Leugerivicinium* ? Nous suggérons pour *Boviniacicurtis*, Bouvincourt-en-Vermandois (Somme, arr. et cant. Péronne), pour *Locogeium*, Liez (Aisne, arr. Laon, cant. Tergnier : *Leie-villa* en 1130, église dédiée à saint Médard : MATTON [v. n. 80], p. 155).

95. Sur *Ruminiacus*, cf. note précédente. Sur Quessy (Aisne, arr. Laon, cant. Tergnier) : éd. HALPHEN-LOT (v. n. 94), n° 18 (6 janvier 962 ou 963).

96. Sur Travecy, cf. *supra* p. 195 et n. 77. Chauny (Aisne, arr. Laon, ch.-l. cant.) aurait été donné par un roi Clotaire d'après la pseudo-bulle d'Eugène II (éd. RAMACKERS [v. n. 60], n° 2, p. 61) ; présence des Vermandois à Chauny : Flodoard, *Annales*, éd. Philippe LAUER, Paris, 1905 (*Collection de textes pour servir à l'étude et à l'enseignement de l'histoire*, 39), année 949.

97. DELANCHY, p. 89.

98. Tergnier n'apparaît pas dans les listes de biens affectés aux moines (cf. diplômes de Charles le Chauve et de Louis le Bègue, références en n. 94) ; la *villa* aurait donc été incluse dans la mense abbatiale dès la première répartition du temporel san-médardien, sous l'abbé Hilduin Ier, contemporain de Louis le Pieux.

99. *Nomedius* est connu comme commanditaire d'un manuscrit encore conservé de nos jours : cf. *infra*, p. 40. Sur Ébroïn et *Bobo*, en dernier lieu : Ingrid HEIDRICH, « Les maires du palais

neustriens du milieu du VIIe au milieu du VIIIe siècle », dans *La Neustrie* (v. n. 34), t. I, p. 217-228, aux p. 218-222.

100. Dom Gillesson donne l'analyse suivante de la donation d'Ébroïn et *Bobo* (ms. fr. 18769, f° 22 v°) : *Ebroinus vir illustris et Dobo* [sic] *ejus filius dederunt casam constructam infra muros Suessionicae urbis et supra ipsius urbis muro adhaerentem, quae solidata est et adjuncta ad casam ipsius monasterii*. On peut se demander s'il ne s'agissait pas d'un extrait de l'analyse du diplôme royal, dont B. Gillesson était l'auteur ; le moine de Saint-Crépin aurait ainsi procédé afin de ne pas oublier Ébroïn et son fils dans la liste des bienfaiteurs de la basilique qu'il se proposait d'insérer dans ses *Antiquitéz*. À l'appui de cette hypothèse, on avancera l'absence de toute mention de cette charte dans les autres papiers érudits consultés (références en n. 13 et 14), ainsi que l'erreur sur l'initiale de *Bobo*, identique à celle rencontrée dans l'analyse du précepte de Childebert III (catalogue n° 13).

101. Cf. *supra*, p. 183-185. Favières : Aisne, arr. Château-Thierry, cant. Fère-en-Tardenois, comm. Sergy.

102. Le précepte royal permet peut-être d'éclairer l'origine d'une mention de la fausse bulle d'Eugène II (éd. RAMACKERS [v. n. 60], n° 2). Selon celle-ci, un roi Dagobert, certainement compris à l'époque de fabrication de la bulle comme Dagobert Ier, aurait donné à l'établissement soissonnais *Cerviacum*, aujourd'hui Sergy en Tardenois. Or Favières, qui n'est plus qu'une ferme, est actuellement en la commune de Sergy ; elle est éloignée de l'agglomération villageoise d'environ deux kilomètres. On suggérera que la donation de Favières au début du VIIIe siècle fut le noyau à partir duquel les possessions monastiques s'étendirent au village voisin de Sergy, où la gestion monastique aurait été transférée au détriment de Favières. D'où, sans doute, la mention préférentielle de Sergy dès le milieu du IXe siècle dans le diplôme authentique de Charles le Chauve (866-870) (éd. TESSIER [v. n. 3], n° 338), d'où aussi, probablement, le rangement du texte relatif à Favières dans le *scrinium* de Sergy, et une mention dorsale du type : **Dagobertus rex de Faveriis apud Cerviacum*. De là l'association ultérieure de Dagobert à Sergy.

103. Éd. BRÉQUIGNY-PARDESSUS (v. n. 60), t. I, n° 49, à la p. 88.

104. KAISER (v. n. 5), p. 235.

105. Le *Liber pontificalis*, éd. Louis DUCHESNE, t. I, Paris, 1886 (*Bibliothèque des Écoles françaises d'Athènes et de Rome, 2e série*), p. CCLXII.

106. Sur les dates de règne de Clotaire IV, voir *Traditiones Wizenburgenses. Die Urkunden des Klosters Weissenburg, 661-864*, préfacé par Karl GLÖCKNER et édité par Anton DOLL, Darmstadt, 1979 (*Arbeiten der hessischen historischen Kommission Darmstadt*), p. 530 : 717, vers le 21

mars - 718, avant le 18 mai.

107. Berny : Aisne, arr. Soissons, cant. Vic-sur-Aisne, comm. Berny-Rivière.

108. Cf. *supra*, p. 187.

109. Éd. TESSIER (n. 3), n° 338 ; éd. BAUTIER (n. 62), n° 30.

110. Arch. dép. Aisne, H 489 : terrier de Berny-Rivière (1690-1714).

111. TESSIER, *Un diplôme* (v. n. 3) ; éd. TESSIER (v. n. 3), n° 462, dissertation critique.

112. Sur Morsain et Cuisy, cf. *supra*, p. 192-195. Berny, palais de Chilpéric Ier : BARBIER (v. n. 87), p. 259, 262 ; passage de Pépin en 754 : *The Fourth Book* (v. n. 66), continuations, c. 37, p. 105. Vic-sur-Aisne : Aisne, arr. Soissons, ch.-l. cant. La haute histoire de Vic est obscure. Un diplôme d'Henri Ier pour Saint-Médard (*Recueil des actes des ducs de Normandie [911-1066]*, éd. Marie FAUROUX, Caen, 1961 [*Mémoires de la Société des Antiquaires de Normandie*, 36], n° 114, 23 mai 1048) attribue la donation du château de Vic à Berthe, sœur de Louis le Pieux, tandis que le faux diplôme du roi Eudes, forgé au XIIe siècle (éd. BAUTIER [n. 3], n° 52) rapporte l'édification de la forteresse à Charlemagne (?), à la demande de la même Berthe († 826), et la réfection de la *munitio* à Eudes, comme conséquence des invasions normandes. Berthe avait donné à l'abbaye la proche *villa* de Berneuil-sur-Aisne (Oise, arr. Compiègne, cant. Attichy ; *Recueil des historiens des Gaules et de la France*, t. VI, p. 661, 14 janvier 825), son neveu Charles le Chauve, Berny, à trois kilomètres de là. Dès lors, les traditions relatives à Vic et à Berthe pourraient être admises comme véridiques, ou du moins apparaître comme des réminiscences de l'origine royale de Vic. Selon des témoignages archéologiques, Vic avait été dans l'Antiquité un bourg routier (KAISER [v. n. 5], p. 91, 92) ; tôt pourvue d'une église, la localité avait eu sous les Mérovingiens une prééminence religieuse sur les habitats voisins (*ibid*, p. 204). On est enclin à se fonder sur l'importance de Vic à cette haute époque pour suggérer une relation étroite avec Berny, unissant un lieu de passage à une *villa* siège d'un palais, en une complémentarité constatée dans la région pour d'autres terres publiques, carolingiennes il est vrai (*ibid*, p. 214). Dans cette hypothèse, la donation de Berny aurait inclus le *vicus* voisin, dépendance de la *villa* royale ; Vic aurait accédé à l'individualité documentaire avec les raids normands, qui auraient rendu à ce bourg contrôlant le franchissement de l'Aisne par la voie Senlis/Soissons-Noyon une importance stratégique ancienne (nouvelle fortification par « Charlemagne », plus certainement par Charles le Chauve ou Charles le Gros, réparée par Eudes).

113. Les *monumenta testamentorum* dont parle le précepte de Charles le Chauve correspondaient-ils à deux (ou plusieurs) diplômes mérovingiens relatifs à Berny ?

114. *Liber historiae Francorum*, éd. Bruno KRUSCH, Hanovre, 1888 (*MGH, SRM*, 2), p. 215-

328, c. 51-53, p. 325-328 ; *The Fourth Book* (v. n. 66), continuations, c. 8-10, p. 87-89 ; SEMMLER (v. n. 5), p. 5-25 ; GERBERDING (v. n. 86), p. 116 145.

115. SEMMLER (v. n. 5), p. 19, suggère, sans argumenter, la fin 717 ou le début 718 ; *contra* : KAISER (v. n. 5), p. 252 (v. 719-720), et *infra*, p. 48.

116. SEMMLER (v. n. 5), 25.

117. *Ibid*, p. 19.

118. *Liber historiae Francorum* (v. n. 114), c. 53, p. 327 ; *The Fourth Book* (v. n. 66), continuations, c. 10, p. 89.

119. Listes épiscopales et cumul d'*Hugobertus* : KAISER (v. n. 5), p. 234-235 ; autres cumuls : cf. *infra*, p. 221, 222 ; accession d'*Hugobertus* à l'épiscopat : *infra*, p. 222-224.

120. À cette date, Berny est aux mains de Pépin le Bref : cf. *supra*, n. 112.

121. *ChLA XIV*, n° 593 (28 février 717) ; commentaire de Karl Ferdinand WERNER, « Saint-Denis et les Carolingiens », dans *Un village au temps de Charlemagne. Moines et paysans de l'abbaye de Saint-Denis du VIIe siècle à l'an mil*, Paris, 1988, p. 40-49, à la p. 42.

122. Rive droite de l'Aisne (Morsain et Cuisy), route Soissons-Saint-Quentin (Tergnier et Pont-Saint-Mard) ; cf. *supra*, p. 192-195, 197-199.

123. Chilpéric II était encore à Compiègne en juin 717 : *Diplomata regum*, éd. PERTZ (v. n. 44), n° 89.

124. Cf. *supra*, p. 183-185. Nouvion : Somme, arr. Abbeville, ch.-l. cant.

125. HEIDRICH (v. n. 99), p. 225, 226.

126. Crécy-en-Ponthieu : Somme, arr. Abbeville, ch.-l. cant. Palais de Crécy sous Childebert III, proximité du palais royal et de la résidence du maire du palais : BARBIER (v. n. 87), p. 279-281. Citation latine : ÉGINHARD, *Vie de Charlemagne*, éd. Louis HALPHEN, 4e éd., Paris, 1967 (*Les Classiques de l'histoire de France au Moyen Âge*), c. 1, p. 8.

127. Diplôme de Charles le Chauve : éd. TESSIER (v. n. 3), n° 338. La mention des pêcheries dans ce diplôme suit celle de *Malras*, non identifié (peut-être Marles-sur-Canche, Pas-de-Calais, arr. Montreuil, cant. Campagne-lès-Herdin ?) ; elle est elle-même suivie d'une énumération de localités sises en Vermandois, depuis les abords de Péronne jusqu'à ceux de Tergnier (cf. *supra*, n. 94) c'est-à-dire en allant du nord-ouest au sud-est. On peut donc conjecturer que les pêcheries se trouvaient en bordure de Manche, en Vimeu ou en Ponthieu, pourquoi pas à Nouvion, alors localité côtière (Robert FOSSIER, « Les eaux du Marquenterre », dans *Horizons marins, itinéraires spirituels [Ve-XVIIIe siècles]*. II. *Marins, navires, affaires*, études réunies par Henri DUBOIS, Jean-Claude HOCQUET, André VAUCHEZ, Paris, 1987 [*Université de Paris IV-Paris Sorbonne, Histoire ancienne et médiévale*, 21], p. 147-153, à

la p. 152, n. 2 : la *villa* voisine de Forestmontiers est atteinte aisément par les flots au milieu du XIIIe siècle). Chapelle dédiée à saint Sébastien sur la commune de Buigny-Saint-Maclou (Somme, arr. Abbeville, cant. Nouvion) à sept kilomètres de Nouvion : J. GARNIER, *Dictionnaire topographique du département de la Somme*, dans *Mémoires de la Société des Antiquaires de Picardie*, t. 21 (Paris-Amiens, 1867) et t. 24 (Paris-Amiens, 1868), au t. 24, p. 289 ; sur le patronage médiéval de saint Sébastien, cf. *supra*, n. 36.

128. *Recueil des actes des comtes de Ponthieu (1026-1279)*, éd. Clovis BRUNEL, Paris, 1930 (*Collection de documents inédits sur l'histoire de France…*), n°s VIII-IX, p. 10-20 ; éd. RAMACKERS (v. n. 60), n° 2.

129. Robert FOSSIER, *La terre et les hommes en Picardie jusqu'à la fin du XIIIe siècle*, 2 vol., Paris-Louvain, 1968, (*Publications de la Faculté des Lettres et Sciences humaines de Paris-Sorbonne, série « Recherches »*, 48, 49), au t. II, p. 472, 683.

130. Stéphane LEBECQ, « La Neustrie et la mer », dans *La Neustrie* (v. n. 34), t. I, p. 405-439, aux p. 410, 411. Pour FOSSIER (v. n. 127), p. 149, la côte voisine du Marquenterre est « hostile à la navigation ». L'économie locale faisait une large place à l'exploitation du sel (mentions plus tardives cependant, entre 1100 et 1280).

131. LEBECQ (v. n. précédente), p. 414-433.

132. *Ibid*., p. 426-428.

133. SEMMLER (v. n. 5), p. 18.

134. DELANCHY, p. 72 ; cf. aussi le diplôme de Charles le Chauve [866-870] dont un passage fait allusion aux *villae* du temporel tenues par l'abbé Hilduin Ier (éd. TESSIER [n. 3], n° 338).

135. Cf. *infra*, p. 222, 224.

136. Cf. *supra*, p. 190.

137. Sur *Hugo* : *Gesta sanctorum patrum Fontanellensis coenobii*, éd. dom Fernand LOHIER et dom Jean LAPORTE, Paris-Rouen, 1936, c. IV, p. 42. On a supposé que *Hugo*, neveu de Charles Martel, était la même personne que *Hugobertus*, abbé de Saint-Médard (KAISER [v. n. 5], p. 235, avec références aux travaux d'Eugen EWIG). Quelques similitudes entre les deux personnages – outre la ressemblance des noms – plaideraient en faveur de cette hypothèse : *Hugo*, comme *Hugobertus*, se rallia à Charles Martel après Vinchy (en dernier lieu, GERBERDING [v. n. 86], p. 137, 138) ; les relations d'*Hugo* avec le diocèse de Rouen (il fut, rappelons-le, évêque de Rouen, Bayeux, Paris, peut-être d'Avanches, Évreux, Lisieux (?), abbé de Saint-Denis, Saint-Wandrille et Jumièges : SEMMLER [v. n. 5], p. 29-31) pourraient se retrouver en la personne d'*Hugobertus* (cf. *infra*, p. 222-224). Cette hypothèse séduisante montrerait en *Hugo* un homme qui domina, pour Charles Martel, non seulement la province ecclésiastique de Rouen et une partie de celle de Sens (SEMMLER, *loc. cit.*), mais aussi, avec Soissons, une partie de celle de Reims. Il y a toutefois deux arguments à l'encontre de cette

identité : 1. les sources qui parlent d'*Hugo* (*Gesta sanctorum..., loc. cit.*, p. 37-42), si elles mentionnent ses pouvoirs étendus à Rouen et à Paris, ne soufflent mot d'une accession éventuelle d'*Hugo* à des charges soissonnaises ; 2. *Hugo* est sans doute un diminutif d'*Hugobertus*, mais l'évêque de Rouen et de Paris n'est jamais appelé autrement, tandis que l'abbé de Saint-Médard, évêque de Soissons, est toujours nommé *Hugobertus/Hubertus* (cf. *infra*, p. 222-224) ; cela ne laisserait pas d'être étonnant s'il s'agissait de la même personne. Il faut donc, en l'absence d'éléments plus probants, renoncer à identifier *Hugo* et *Hugobertus*. Sur Rigobert : FLODOARD, *Historia Remensis ecclesie*, éd. Pierre-Jacques-François LEJEUNE, Reims, 1854, l. II, c. XI, p. 285, 286.

138. Jugements de Childebert III : *ChLA XIV*, nᵒˢ 581 (14 mars 696, en faveur du monastère de Tussonval), 586 (13 décembre 709/710, en faveur de Saint-Denis) ; les dates sont données d'après Werner BERGMANN, *Untersuchungen zu den Gerichtsurkunden der Merowingerzeit*, dans *Archiv für Diplomatik*, t. 22 (1976), p. 1-186, respectivement nᵒˢ 16, p. 170, 171 ; 19, p. 173-175 ; 23, p. 178, 179 ; ces dates sont reprises par les éditeurs des *ChLA*, sauf pour le nᵒ 581 (697).

139. On ne peut préciser l'identité du Dagobert donateur d'*Arlatum* : il pourrait s'agir de Dagobert Iᵉʳ (629-639), Dagobert III (711-715), ou d'un grand de ce nom (deux exemples, *Dagobertus*, référendaire de Childebert III, est mentionné en 710 : Régine HENNEBICQUE-LE JAN, « Prosopographica Neustrica : les agents du roi en Neustrie de 639 à 840 », dans *La Neustrie* [v. n. 34], t. I, p. 231-268, à la p. 245 ; en 625, un *vir illuster Daobercthus* est donateur à l'abbaye de Saint-Denis : Alain STOCLET, « Le temporel de Saint-Denis du VIIᵉ au Xᵉ siècle », dans *Un village...* [v. n. 121], p. 94-103, à la p. 96). L'emploi du terme *munus* pour désigner la concession à Saint-Médard s'accorderait plutôt à un don royal (cf. la formule : *ex munere regum*).

140. KAISER (v. n. 5), p. 234, 235.

141. KAISER (v. n. 41), p. 150, 151.

142. L'étendue et l'exercice concrets des pouvoirs administratifs et fiscaux de l'évêque de Chartres à la fin de l'époque mérovingienne demeurent obscurs (KAISER [v. n. 41], p. 151, 154-156). Sur l'administration fiscale mérovingienne : DURLIAT (v. n. 46), p. 95-187. Selon cet auteur, l'antique division des impôts par tiers se serait généralement maintenue : « le tiers des ressources servant au fonctionnement de l'État, à côté d'un tiers affecté à l'armée et géré par le comte [...] et d'un tiers pour les dépenses locales dont le prélat [= l'évêque] était directement responsable » (*ibid.*, p. 106 ; voir aussi p. 138). Ces parts ne s'accordent cependant pas à la moitié [des impôts ?] levée par l'évêque à *Arlatum*. D'autres hypothèses seraient possibles (cf. *ibid.*, p. 150), mais l'absence de documents permettant

d'apprécier les particularités locales interdit de suggérer autre chose que cette direction de recherche. Une affaire peut-être similaire avait opposé quelques années plus tôt le comte de Paris au monastère de Saint-Denis : le comte avait indûment levé la moitié des tonlieux des foires de Saint-Denis qui devaient revenir intégralement à l'établissement parisien (*ChLA XIV*, nᵒ 586).

143. Sur l'immunité conférée à Saint-Médard, cf. *supra*, p. 190 et *infra*, p. 220, 221.

144. Cf. le jugement de Clotaire III en faveur de Saint-Bénigne de Dijon (éd. PERTZ [v. n. 44], nᵒ 41 ; sur la valeur de ce texte interpolé : BERGMANN [v. n. 138], nᵒ 5, p. 156-159, 24 octobre 664/665).

145. Quelques lettres de son nom sont communes avec celles d'*Ediculus*, et elles interviennent dans le même ordre (*e, d, i*) ; d'autres ont pu être mal lues sur un document mérovingien détérioré (-*icul*- pour -*isb*-). D'autres, il est vrai, sont absentes : l'initiale (*l*), le *u/o* de la première syllabe, les -*ert*- de la pénultième ; cela pourrait s'expliquer par des lacunes de l'original. *Leudisbertus* n'est connu que par une inscription donnant la concordance : XIIII *kal. dec... anno quinto ordinationis domno Leudisberto episcopo... in anno III. Rotrud regina Teheuderico rege* (*Gallia Christiana*, t. VIII, col. 1102 ; Louis DUCHESNE, *Fastes épiscopaux de l'ancienne Gaule*, t. 2, *l'Aquitaine et les Lyonnaises*, Paris, 1899, p. 425) : soit le 18 novembre, cinquième année suivant l'ordination de l'évêque, la troisième de la reine [mère] *Rotrud* et du roi Thierry [IV]. Thierry IV régna probablement à partir du printemps 721 ; dès lors, le 18 novembre de la troisième année se place en 723 ; *Leudisbertus* a été ordonné après le 18 novembre 718 et avant le 18 novembre 719.

146. SAINT-VENANT (v. n. 36) ; INSEE, *Nomenclature des hameaux, écarts et lieux-dits du département du Loir-et-Cher*, s. l. n. d.

147. Vendôme : Loir-et-Cher, ch.-l. arr. ; M. de TREMAULT, *Cartulaire de Marmoutier pour le Vendômois*, Paris-Vendôme, 1893, nᵒ XIII, p. 22-24, vers 1037.

148. Cf. *supra*, n. 36.

149. Cf. *supra*, p. 188.

150. Sur la question de la charte d'Ébroïn, cf. *supra*, p. 200 et n. 100.

151. Hanzinne : Belgique, près Namur, arr. Philippeville, comm. Florennes ; Falisolle : arr. Namur, comm. Sambreville ; *Ascutecas* : identification incertaine. On se reportera à l'étude de DIERKENS (v. n. 5), qui garde la datation proposée par les érudits de l'Ancien Régime (v. 744/746) ; en faveur d'une date antérieure (fin 741/début 742) : Hans Joachim SCHÜSSLER, « Die fränkische Reichsteilung von Vieux-Poitiers (742) und die Reform der Kirche in den Teilreichen Karlmanns und Pippins », dans *Francia*, t. 13 (1985), p. 47-112, à la p. 77.

152. DIERKENS (v. n. 5), p. 641.

153. Sur les *seniores basilicae* neustriennes sous Clovis II et Bathilde : cf. *infra*, p. 220, 221. Sur les donations pippinides à ces basiliques, voir les catalogues d'actes et de *deperdita* établis par Ingrid HEIDRICH, « Titulatur und Urkunden der arnulfingischen Hausmeier », dans *Archiv für Diplomatik*, t. 11/12 (1965/1966), p. 71-279, aux p. 236-277.

154. Cf. *supra*, p. 201-206 et *infra*, p. 224-225.

155. Il faut citer ici une troisième charte privée, attribuée au haut Moyen Âge par les érudits des XVIIᵉ et XVIIIᵉ siècles, sans qu'il soit possible d'être plus précis, comme le note Dom GRENIER dans son *Histoire chronologique...* (coll. « Picardie », t. 243, fᵒ 203 vᵒ) : « On ignore le tems de cette donation ». Dom Gillesson (ms. fr. 18769, fᵒ 22 vᵒ) en a transcrit l'analyse suivante : *Ersendis matrona illustris dedit monasterio S. Medardi villam quae dicitur Montiacus in pago Meldicensi* ; la *villa* donnée à Saint-Médard doit être identifiée avec Moussy-le-Vieux, Seine-et-Marne, arr. Meaux, cant. Dammartin-en-Goële (Moussy-le-Neuf, même localisation, était en Parisis : Michel ROBLIN, *Le terroir de Paris aux époques gallo-romaine et franque*, 2ᵉ éd. augmentée, Paris, 1971, p. 15), à quelque cinq kilomètres du village de Saint-Mard (= *Sanctus Medardus*, même localisation que Moussy), dont le nom est un bon indice d'une antique possession san-médardienne dans le secteur. Des recherches plus approfondies permettraient sans doute de situer chronologiquement la donation au monastère soissonnais, et d'identifier *Ersendis*. Notons que ce nom fut porté, entre autres, par l'épouse d'un des principaux vassaux du comte de Vermandois, Albert, dans la seconde moitié du Xᵉ siècle ; le père d'Albert, Herbert le Vieux, était abbé laïque de Saint-Médard (sur cette aristocrate : DIERKENS, *Abbayes* [v. n. 56], p. 174-187 ; abbatiat d'Herbert : BUR [v. n. 93], *loc. cit.*).

156. Longpont : Aisne, arr. Soissons, cant. Villers-Cotterêts. Ghislain BRUNEL, « L'implantation des ordres religieux de Prémontré, Cîteaux et Fontevraud dans la région de Villers-Cotterêts au XIIᵉ siècle : une réponse à de nouveaux besoins ? », dans *Mémoires de la Fédération des sociétés d'histoire et d'archéologie de l'Aisne*, t. 32 (1987), p. 197-224, aux p. 200, 202, 215. Sur le testament de Flavie, voir le commentaire critique du catalogue (nᵒ 18).

157. SEMMLER (v. n. 5), p. 8, n. 50, p. 18.

158. DAUZAT-ROSTAING (v. n. 90), p. 140, 141.

159. SEMMLER (v. n. 5), p. 18.

160. Condé-sur-Aisne : Aisne, arr. Soissons, cant. Vailly-sur-Aisne. Les possessions san-médardiennes à Condé sont citées dans le faux diplôme de Charles le Chauve, forgé dans la première moitié du Xᵉ siècle (éd. TESSIER [v. n. 3], nᵒ 493).

161. Condé-sur-Aisne apparaît comme domaine de Saint-Pierre et Saint-Ouen de Rouen, depuis le

VIIIᵉ siècle, dans le diplôme de Charles le Chauve pour cet établissement, donné le 26 mai 876 (éd. TESSIER [v. n. 3], n° 407) ; MUSSET (v. n. 5) pense que Condé appartenait à Saint-Ouen « sans doute depuis le VIIᵉ siècle » (sans référence).

¹⁶². KAISER (v. n. 5), p. 222 (saint Ouen, métropolitain de Rouen, mort en 684), p. 225 (Waratto, maire du palais, † 686).

¹⁶³. DELANCHY, p. 61.

¹⁶⁴. À Saint-Médard cependant, le diplôme de Théodebert II (n° 5) aurait survécu.

¹⁶⁵. Sur l'autonomie temporelle, cf. infra, p. 220, 221. Autant qu'une mauvaise gestion documentaire, ces disparitions révèlent peut-être le transfert de biens conférés à Saint-Médard dans le temporel de l'église cathédrale, voire leur cession à des tiers (sous différentes formes juridiques) par l'évêque de Soissons : cf. à titre de comparaison la destinée de terres et autres biens cédés à Saint-Denis aux VIᵉ et VIIᵉ siècles, cette basilique étant alors vis-à-vis de l'évêque de Paris dans la même situation juridique que Saint-Médard par rapport à celui de Soissons : STOCLET (v. n. 139), p. 94.

¹⁶⁶. Coll. Moreau (v. n. 9), f° 37 v°.

¹⁶⁷. C. BRUNEL (v. n. 1), p. 71 ; DELANCHY, p. 21. Pour plus de détails, cf. aussi coll. Moreau (v. n. 9), f° 36 v°-37 r°.

¹⁶⁸. Sur l'exemption du monastère : DELANCHY, p. 99 et suiv.

¹⁶⁹. DELANCHY, p. 64. À vrai dire, l'auteur ne détaille que des reconstitutions d'archives carolingiennes opérées par Odilon.

¹⁷⁰. Cf. le catalogue pour les emprunts à la Translation des reliques de saint Sébastien d'Odilon ; « Odilonis monachi sermones tres. Sermo de sancto Medardo », dans Patrologie latine, t. 132, Paris, 1853, col. 629-634, aux col. 631-634.

¹⁷¹. Éd. RAMACKERS (v. n. 60), n° 2. Cette bulle fait de ces « fondateurs » les donateurs d'autres biens, mais on ignore sur quelles bases travaillait à cet égard le faussaire, en particulier s'il disposait d'autres actes, sincères ou non, que ceux aujourd'hui connus.

¹⁷². DELANCHY, p. 101-102, et dissertations critiques des éditions de faux diplômes carolingiens (éd. TESSIER et BAUTIER, citées en n. 3). La citation latine est extraite des faux de Jean III (éd. Lohrmann [v. n. 12] n° 1) et d'Eugène II (v. n. 60). Le milieu du XIIᵉ siècle fut à Saint-Médard un moment privilégié dans la constitution d'une mémoire des origines. À l'époque même où les moines travaillaient sur les documents diplomatiques du haut Moyen Âge, faisant sortir de l'oubli ou du néant les diplômes de Sigebert Iᵉʳ et de Clotaire Iᵉʳ (voir aussi infra, n. 191, 192), ils commandaient deux statues de ces souverains représentés assis, en majesté (Alain ERLANDE-BRANDENBURG, Le roi est mort. Étude sur les funérailles, les sépultures et les tombeaux des rois de France jusqu'à la fin du XIIIᵉ siècle, Genève, 1975

[Bibliothèque de la Société française d'archéologie, 7], p. 119-120) ; ces statues subsistèrent au moins jusqu'au XVIᵉ siècle (cf. infra p. 325-327).

¹⁷³. Hartmut ATSMA, « Le fonds des chartes mérovingiennes de Saint-Denis. Rapport sur une recherche en cours », dans Paris et Île-de-France. Mémoires publiés par la Fédération des sociétés historiques et archéologiques de Paris et de l'Île-de-France, t. 32 (1981), p. 259-272, à la p. 264 (Saint-Denis constitue l'exception dans ces régions occidentales, avec cent cinquante documents).

¹⁷⁴. HEIDRICH (v. n. 153), p. 199, 200.

¹⁷⁵. KAISER (v. n. 5), p. 155-176.

¹⁷⁶. Sur le centre du royaume franc et/ou neustrien : BARBIER (v. n. 87), p. 263-296.

¹⁷⁷. La translation de Médard à Soissons est implicite dans le récit de Grégoire de Tours (v. n. 19), l. IV, c. XII (19), t. I, p. 116 : l'historien mentionne le décès du prélat (probablement en sa cité) et son enterrement à Soissons cum summo honore, par les soins de Clotaire Iᵉʳ. Nécropole romaine à Crouy (Aisne, arr. et cant. Soissons) : KAISER (v. n. 5), p. 246, 247.

¹⁷⁸. Oratoire de branchages : Gregorii episcopi Turonensis liber in gloria confessorum, éd. Georg WAITZ, Hanovre, 1885 (MGH, Scriptores rerum merowingicarum, 1), c. 93, p. 807, 808 ; basilique inachevée à la mort de Clotaire Iᵉʳ : Grégoire de Tours (v. n. précédente) ; dédicace de la basilique (caractère funéraire de l'association Marie-Pierre-Étienne) : Karl Heinrich KRÜGER, Königsgrabkirchen der Franken, Angelsachsen und Langobarden bis zur Mitte des 8. Jahrhunderts. Ein historischer Katalog, Munich, 1971 (Münstersche Mittelalterschriften, 4), p. 125-133 (Saint-Médard), spécialement aux p. 132 et 454 ; KAISER (v. n. 5), p. 246.

¹⁷⁹. Martin HEINZELMANN, « Vita sanctae Genovefae. Recherches sur les critères de datation d'un texte hagiographique », dans id. et Joseph-Claude POULIN, Les vies anciennes de sainte Geneviève de Paris. Études critiques, Paris, 1986 (Bibliothèque de l'École des Hautes Études, IVᵉ section, Sciences historiques et philologiques, 329), p. 3-111, à la p. 105.

¹⁸⁰. Voir par exemple KRÜGER (v. n. 178), p. 454.

¹⁸¹. HEINZELMANN (v. n. 179), p. 105, 106.

¹⁸². Sur le sens des inhumations auprès des saints : Yvette DUVAL, Auprès des saints corps et âme. L'inhumation « ad sanctos » dans la chrétienté d'Orient et d'Occident du IIIᵉ au VIIᵉ siècle, Paris, 1988.

¹⁸³. Témoignages sur la virtus de Médard réunis par DELANCHY, p. 41 et suiv.

¹⁸⁴. Place sociale et rôle des évêques mérovingiens : Martin HEINZELMANN, Bishof und Herrschaft vom spätantiken Gallien bis zu den karolingischen Hausmeiern. Die institutionellen Grundlagen, dans Herrschaft und Kirche. Beiträge zur Entstetung und Wirkungsweise episkopaler und

monastischer Organisationsformen, publ. Friedrich PRINZ, Stuttgart, 1988 (Monographien zur Geschichte des Mittelalters, 33), p. 23-82 ; KAISER (v. n. 41).

¹⁸⁵. Construction de la basilique par Clotaire Iᵉʳ et Sigebert Iᵉʳ : Grégoire de Tours (références en n. 177) ; reconstruction par Louis le Pieux : Supplementum (v. n. 29), c. II-16, p. 85. Sur les deux édifices, dans ce volume, Denis DEFENTE, p. 312-314.

¹⁸⁶. KAISER (v. n. 5), p. 247-250.

¹⁸⁷. KRÜGER (v. n. 178), p. 469-473 ; HEINZELMANN (v. n. 179), p. 41, 42, 52, 53, 105 ; Patrick PÉRIN, « La tombe de Clovis », dans Media in Francia. Recueil de mélanges offerts à Karl Ferdinand Werner…, Maulévrier, 1989, p. 363-378, aux p. 366-370.

¹⁸⁸. KRÜGER (v. n. 178), p. 103-124, 471-473.

¹⁸⁹. Sur la question des mausolées dynastiques : KRÜGER (v. n. 178), p. 447-450. Le récit de Grégoire de Tours sur le décès et la sépulture de Sigebert (références en n. 26) est peu explicite : assassiné à Vitry-en-Artois, Sigebert avait été enseveli, par Chilpéric, dans le village voisin de Lambres ; il fut par la suite (postea) transféré à Soissons. Il paraît peu probable que Chilpéric, qui avait pris soin d'enterrer son frère et compétiteur loin de Soissons, ait patronné une opération qui revêtait un caractère honorifique d'autant plus marqué que Sigebert fut placé aux côtés de Clotaire. La translation eut lieu plus vraisemblablement après l'assassinat de Chilpéric (584), à l'initiative de Childebert II, ou encore de Brunehaut (comme le suggère KRÜGER, op. cit., p. 130). Cette hypothèse semble toutefois difficilement conciliable avec la date de composition (vers 575, ou peu après) du livre IV de l'Historia, admise depuis l'édition de Bruno KRUSCH (dans MGH. SRM, 1, introduction, p. XXI) ; faut-il voir dans le passage en question une addition postérieure ?

¹⁹⁰. Cf. supra, p. 186.

¹⁹¹. Grégoire de Tours ne parle pas de concessions faites par Clotaire Iᵉʳ. Les sources diplomatiques ne font état du donateur Clotaire qu'au XIIᵉ siècle (faux pontificaux et royaux) tandis que les sources narratives présentent le roi sous ces traits à partir du VIIIᵉ siècle seulement : dans le Liber historiae Francorum (v. n. 114), c. 29, p. 288, à l'occasion de la translation de saint Médard, Clotaire est décrit comme tribuens illic multis facultatibus. Si l'hypothèse d'une composition du Liber historiae Francorum à Saint-Médard était confortée (cf. infra, p. 225), ce serait la première trace d'une tradition san-médardienne relative aux donations de Clotaire Iᵉʳ. Dans le Supplementum (v. n. 29) de la fin du IXᵉ siècle, Clotaire donne un fisc, celui de Crouy dans son intégralité : la villa Croviacus appartenait bien au monastère sous Charles le Chauve (éd. TESSIER [v. n. 3], n° 338), mais cette villa était-elle

notes

identique au *fiscus*, peut-être plus étendu ? Quoi qu'il en soit, il n'y a pas lieu de retenir (à part Crouy) les donations attribuées à Clotaire Ier par la fausse bulle d'Eugène II (éd. RAMACKERS [v. n. 60], n° 2). Leur intérêt réside dans ce que leur liste assez copieuse révèle sur les problèmes du temporel san-médardien dans la première moitié du XIIe siècle, et en ce qu'elles témoignent de l'épanouissement, au sein du monastère, d'une légende autour du prestigieux Mérovingien.

192. Il est remarquable que Sigebert ait été préposé, dans la mémoire monastique, aux terres excentriques. Sans doute faut-il voir, dans cette caractéristique, la conjonction du souvenir de faits réels (politique vraisemblable de Sigebert à l'égard de son église soissonnaise v. 574-575 : cf. *supra*, p. 186-192), et le souci des moines d'assurer, par l'autorité du fondateur de leur établissement, les droits de la basilique sur des possessions particulièrement fragiles. Dans le Maine, Sigebert aurait donné, outre *Matualis*, les lieux *Busidis* et *Lupila* (fausse bulle d'Eugène II, *éd. cit.*, p. 58). En Auvergne, il aurait concédé *Orlate*, qu'aussi bien KAISER (v. n. 5), p. 248, n. 114, que ROUCHE (v. n. 5), p. 245, n. 283, localisent à Orléat, Puy-de-Dôme, arr. Thiers, cant. et comm. Lezoux. Il n'y a aucune trace d'une possession ancienne de Saint-Médard en ces parages (Christian LAURANSON-ROSAZ, *L'Auvergne et ses marges [Velay, Gévaudan] du VIIIe au XIe siècle. La fin du monde antique ?* Le Puy-en-Velay, 1987), mais ROUCHE, *loc. cit.*, p. 239-248, admet la réalité d'une donation conforme à la politique royale contemporaine, confiant des terres méridionales aux églises et monastères du nord du *regnum*.

193. Sur les autres donations attribuées à Brunehaut et Thierry II par la fausse bulle d'Eugène II, C. BRUNEL (v. n. 1), p. 75.

194. FLODOARD (v. n. 137), l. II, c. V, p. 259 (testament de l'évêque *Sonnatius*, 600-637 : quinze sous d'or à Saint-Médard) ; c. VI, p. 263 (testament de l'évêque *Lando*, 651-655 : dons en argent, non précisés) ; sur le legs de Bertrand, cf. *supra*, p. 198.

195. Sur les trésors ecclésiastiques : Émile LESNE, *Histoire de la propriété ecclésiastique en France*, t. I. *Époque romaine et mérovingienne*, Paris-Lille, 1910 (*Mémoires et travaux publiés par les professeurs des Facultés catholiques de Lille*, 6), p. 200-204.

196. *Venantii Fortunati [...] opera poetica* (v. n. 26), l. II, c. XVI, p. 48.

197. Épisode relatif à Clodobert : Grégoire de Tours (v. n. 19), t. II, l. V, c. XXVI (34), p. 179 ; à *Godinus* : *ibid.*, l. V, c. III, p. 148.

198. *The Fourth book* (v. n. 66), c. 54, p. 45.

199. *Vita Medardi* (v. n. 26), c. XV (37), p. 72, 73. On notera l'absence, dans ce passage, de toute allusion à l'ennemi de Sigebert, Chilpéric Ier.

200. *Vita Balthildis. A*, éd. Bruno KRUSCH, Hanovre, 1888 (*MGH. Scriptores rerum*

merowingiarum, 2), c. 9, p. 493.

201. Sur la réforme de Bathilde, on se contentera de citer : KRÜGER (v. n. 178), p. 476-481 (références à la bibliographie antérieure) ; Eugen EWIG, *Das Privileg der Bischofs Berthefrid von Amiens für Corbie von 664 und die Klosterpolitik der Königin Balthild*, rééd. dans *Spätantikes* (v. n. 27), t. II, p. 538-583, aux p. 576-583 ; en dernier lieu : Alain DIERKENS, « Prolégomènes à une histoire des relations culturelles entre les îles britanniques et le continent pendant le haut Moyen Âge. La diffusion du monachisme dit colombanien ou iro-franc dans quelques monastères de la région parisienne au VIIe siècle et la politique religieuse de la reine Bathilde », dans *La Neustrie* (v. n. 34), t. II, p. 371-393, aux p. 388-392. Sur la louange perpétuelle et la tradition relative aux quarante moines : KRÜGER, *op. cit.*, respectivement p. 475-476, p. 132-133.

202. Diversité des modèles réguliers : DIERKENS (v. n. précédente), p. 388-390 ; *regula mixta* à Notre-Dame de Soissons : KAISER (v. n. 5), p. 254.

203. Sur les privilèges épiscopaux, voir la série d'études d'Eugen EWIG rassemblées au t. II des *Spätantikes* (v. n. 27), p. 411-426, 456-583 ; plus spécialement, sur la « kleine Freiheit » : « Beobachtungen zu den Klosterprivilegien des 7. und frühen 8. Jahrhunderts », *ibid.*, p. 411-426, aux p. 419-424 ; sur sa concession à Saint-Médard (datée d'entre 655 et 660) : « Das Formular von Rebais und die Bischofsprivilegien der Merowingerzeit », *ibid.*, p. 456-484, à la p. 471, et DIERKENS (v. n. 201), p. 392 ; compte tenu des dates d'activités connues de l'évêque *Drauscius*, (cf. *supra*, p. 198), on peut situer cette concession vers 660.

204. À titre de comparaison, on remarquera que la vie religieuse de la principale basilique royale, Saint-Denis, n'est pas plus saisissable : Josef SEMMLER, « Saint-Denis : von der Bischoflichen Coemeterialbasilika zur königlichen Benediktinerabtei », dans *La Neustrie* (v. n. 34), t. II, p. 75-121, aux p. 103-105.

205. E. A. LOWE, *Codices latini antiquiores. A Palaeographical Guide to Latin Manuscripts prior to ninth Century, part-X : Austria, Belgium, Czechoslovakia, Denmark, Egypt and Holland*, Oxford, 1963, n° 1547a, p. 31 (Bruxelles, Bibl. roy., 9850-52). Place du manuscrit parmi ceux de la région : Jean VEZIN, « Les *scriptoria* de Neustrie, 650-850 », dans *La Neustrie* (v. n. 34), t. II, p. 307-318, à la p. 314.

206. Florentine MÜTHERICH, « Les manuscrits enluminés de Neustrie », dans *La Neustrie* (v. n. 34), t. II, p. 319-337, à la p. 321.

207. Éd. MÜHLBACHER (v. n. 23), n° 75.

208. Sur *Audobertus*, cf. *supra*, p. 198 et n. 91.

209. *Supplementum* (v. n. 29), c. II-18-19, p. 86 ; cf. *supra*, p. 190.

210. Ébroïn à Soissons : HEIDRICH (v. n. 99), p. 219-221. La seule indication que l'on possède

sur *Warinbertus* est son ancienne fonction de *domesticus* ; aucun *domesticus* de ce nom n'est connu par ailleurs (EBLING [v. n. 90]). On peut remarquer la parenté de son nom, *Warin-bertus*, avec celui du frère de Léger, évêque d'Autun, le comte de Paris *Gaerinus/Warin-us* (*ibid.*, n° CLXXIX, p. 153-155), mais ce rapprochement, pour devenir opératoire – dénoter par exemple une consanguinité entre les deux personnages –, devrait être confronté à d'autres témoignages inexistants. Force est donc d'avouer l'impossibilité de « situer » le deuxième abbé de Saint-Médard.

211. Cf. *supra*, p. 190. Un des objets mérovingiens les plus prestigieux provenant de Neustrie est un reliquaire dit de *Warnebertus*, d'après l'inscription figurant sur le dessous du coffret et qui mentionne son commanditaire. *Warnebertus* a été identifié avec *Warinbertus*, sans élément décisif toutefois (cf. notice n° 29, par Patrick PÉRIN, dans *La Neustrie. Les pays au nord de la Loire...* [catalogue de l'exposition], éd. Patrick PÉRIN et Laure-Charlotte FEFFER, Créteil, 1985, p. 141) ; l'objet devait renfermer des reliques de sainte Marie et de saint Pierre, les deux premiers patrons de la basilique de Saint-Médard (cf. *supra*, p. 216). Ce reliquaire fut probablement exécuté dans un atelier d'Italie lombarde, dans la seconde moitié du VIIe siècle (PÉRIN, *loc. cit.*) : si l'attribution à *Warinbertus* se vérifiait, elle montrerait, de manière malheureusement trop impressionniste, à quel usage pouvaient être employés les revenus san-médardiens ; de même illustrerait-elle la richesse de l'abbaye (ou de l'évêché de Soissons), voire les relations entretenues par les églises soissonnaises (ou *Warinbertus*) à l'extérieur du royaume franc.

212. Sur *Adalbertus* : KAISER (v. n. 5), p. 234. *Adalbertus* souscrivit en juin 683 le privilège solennel accordé par l'évêque du Mans Aiglibert au monastère Notre-Dame, dirigé par sa sœur *Ada*. Celle-ci aurait été précédemment moniale à Notre-Dame de Soissons (WEIDEMANN [v. n. 41], p. 169), ce qui expliquerait la participation d'*Adalbertus* à la réunion du Mans, mieux peut-être que l'existence, dans le diocèse, de biens de Saint-Médard (sur cette dernière interprétation : KAISER, *ibid.*). L'évêque de Soissons portait un nom que l'on rencontre dans une famille austrasienne puissante en Alsace, celle des Etichonides (EBLING [v. n. 90], n° III, p. 28, 29) ; si l'on admettait une consanguinité entre le comte *Adalbertus* et l'évêque de Soissons, cela soulèverait nombre de questions sur l'implantation de l'aristocratie austrasienne en Soissonnais à compter d'environ 680, sinon avant (profession monastique de l'évêque de Soissons, antérieure à 683, à Saint-Médard ?). Mais tout cela est très hypothétique.

213. Sur ces basilique et monastère : KAISER (v. n. 5), respectivement p. 213-244, 253-256.

214. BARBIER (v. n. 87), p. 279-287.

215. KAISER (v. n. 5), p. 234, 235.

216. *Ibid.*

217. Cf. *supra*, p. 200, 201.

218. Karl Ferdinand WERNER, « Bedeutende Adelsfamilien im Reich Karls des Großen », rééd. dans *Vom Frankenreich zur Entfaltung Deutschlands und Frankreich...*, Sigmaringen, 1984, p. 22-81, aux p. 45-54 (nom *Charibaldus*, ses occurrences dans la famille aristocratique des Agilolfing, alliée aux Pippinides sous Charles Martel) et particulièrement p. 49 (référendaire) ; HEIDRICH (v. n. 153), actes recensés sous les nos A 2-3, p. 238, 239 (évêque).

219. Sur cette question du contrôle pippinide exercé en Soissonnais par l'intermédiaire d'un évêque ou d'un abbé de Saint-Médard appartenant à l'aristocratie austrasienne, cf. *supra*, n. 212, *Adalbertus* (cf. aussi, sur l'attitude pro-austrasienne de cet évêque vers 692 : EWIG [v. n. 53], p. 186).

220. *Liber historiae Francorum* (v. n. 114), c. 51-52, p. 325, 326 ; *The Fourth book* (v. n. 66), continuations, c. 8-9, p. 87, 88.

221. Le beau-père de Pépin II, mort avant 706, s'appelait *Hugobertus*, de même l'évêque de Tongres-Maastricht entre 703/706 et 727 ; sur les différents *Hugobertus*, voir les remarques pertinentes de Matthias WERNER, *Adelsfamilien im Umkreis der frühen Karolinger...*, Sigmaringen, 1982 (*Vorträge und Forschungen*, 28), p. 247-249. Sur le changement de l'entourage de Childebert III vers 700, en dernier lieu : GERBERDING (v. n. 86), p. 109-111, qui l'interprète comme l'abandon, par l'aristocratie neustrienne, d'un roi trop soumis aux Pippinides.

222. SEMMLER (v. n. 5), p. 14, 15, 29.

223. KAISER (v. n. 5), p. 252.

224. Cf. *supra*, p. 195.

225. Cf. *supra*, p. 207. À cette époque, le temporel de Saint-Médard devait, outre dans le Soissonnais, être présent en Vermandois, dans le Ponthieu, le Maine et en Vendômois, sinon en Auvergne (cf. *supra*, n. 192). Après le cas échéant vente sur place (cf. l'exemple de *Matualis*), diverses denrées (produits de l'élevage et de la pêche, miel, sel, plomb, etc.) étaient acheminées vers Soissons. Cette concentration assurait sans nul doute à la communauté une vie autonome, suivant l'idéal monastique (MUSSET [v. n. 5], p. 170, 171) ; elle devait aussi avoir des répercussions économiques et sociales en Soissonnais, par redistribution gratuite (charité) ou onéreuse (vente des excédents). Saint-Médard avait probablement un rôle économique majeur dans la région, mais l'absence de témoignages interdit d'en saisir les effets concrets.

226. Richard A. GERBERDING (v. n. 86), p. 146-159. Tout récemment, Janet L. NELSON, « Perceptions du pouvoir chez les historiennes du haut Moyen Âge », dans *La femme au Moyen Âge*, éd. Michel ROUCHE et Jean HEUCLIN, Maubeuge, 1990, p. 75-83 (discussion, p. 84, 85), à la p. 82, a mis en cause cette identification, et

proposé d'attribuer à « une moniale de Notre-Dame de Soissons » la paternité du *Liber historiae Francorum*. Ses arguments ne paraissent pas très convaincants au regard de ceux qui soutiennent l'origine san-médardienne du texte.

227. Cf. *supra*, p. 210.

228. GERBERDING (v. n. 86), p. 171.

229. Thème politique du *Liber historiae Francorum* : *ibid.*, p. 171, 172.

230. Références dans BARBIER (v. n. 87), p. 283-285.

231. Cf. *supra*, p. 205.

232. Éd. MÜHLBACHER (v. n. 23), n° 75.

233. DELANCHY, p. 34.

234. Sur *Childegaudus* (*Hildebaudus alias*, d'après le *Monasticon benedictinum*, ms. lat. 12684, f° 199 v°), Eugen EWIG, « Saint Chrodegang et la réforme de l'église franque », rééd. dans *Spätantikes* (v. n. 27), t. II, p. 232-259, aux p. 244, 250 ; KAISER (v. n. 5), p. 252. Ce nom est-il à rapprocher de celui du chancelier de Carloman en 747, *Childradus* (HEIDRICH [v. n. 153], actes recensés sous les nos A 13-14, p. 242-243) ? Sur les cumuls d'abbayes et d'évêchés particulièrement fréquents à la même époque : EWIG, *op. cit.*, p. 249-252 ; Josef SEMMLER, « Pippin III und die fränkischen Klöster », dans *Francia*, t. 3 (1975), p. 88-146, à la p. 89, n. 15.

235. EWIG (v. n. précédente), p. 250, n. 86.

236. *Liber pontificalis* (v. n. 105), p. 448.

237. Ernst KANTOROWICZ, *Laudes regiae. A Study in Liturgical Acclamations and Mediaeval Ruler Worship...*, 2e éd., Berkeley-Los Angeles, 1958 (*University of California publications in History*, 33), p. 12-64, particulièrement p. 15-16 (texte), 53-55 (date et origine).

238. Sur l'absence de saint Médard et la présence de Crépin et Crépinien : Eugen EWIG, « Le culte de saint Martin à l'époque franque », rééd. dans *Spätantikes* (v. n. 27), t. II, p. 335-370, aux p. 369-370 : « Il fallait faire un tri puisque le nombre de saints invoqués à chaque reprise était limité à cinq. Hilaire et Martin, les grands évêques-confesseurs de la Gaule romaine, se trouvent en tête. Ils sont suivis par Maurice [...], l'archi-martyr des Gaules, et par les martyrs des principales résidences de la haute époque carolingienne : Denis de Paris, Crépin et Crépinien de Soissons, Géréon de Cologne ».

239. KANTOROWICZ (v. n. 237), p. 116, 117 et appendice V, p. 243.

240. Références dans BARBIER (v. n. 87), p. 291, 292.

241. Le seul témoignage explicite relatif au palais impérial jouxtant la chapelle Sainte-Sophie est celui d'Odilon : *Odilonis monachi liber de translatione reliquiarum S. Sebastiani martyris et Gregorii papae in Suessionense sancti Medardi monasterium*, dans *Patrologie latine*, t. 132, Paris,

1853, c. XLIII, col. 616. Abbatiale édifiée sous Louis le Pieux : DEFENTE (v. n. 185), p. 312-314. Palais de Saint-Denis : Carlrichard BRÜHL, *Königspfalz und Bischofsstadt in fränkischer Zeit*, dans *Rheinische Vierteljahrsblätter*, t. 23 (1958), p. 161-274, aux p. 191, 192.

242. DELANCHY, p. 56.

243. Éd. RAMACKERS (v. n. 80), n° 2 ; le faussaire a systématiquement vieilli les souverains (cf. *supra*, n. 77) ; ainsi Charles le Chauve et Louis le Bègue ont-ils été confondus avec leurs ancêtres Charlemagne et Louis le Pieux.

244. On a également inclu dans ce catalogue l'analyse du privilège de l'évêque *Drauscius*, dont il est question à plusieurs reprises dans le texte.

245. Dates justifiées *supra*, p. 193.

246. Date justifiée *supra*, p. 198 et 222.

247. Date justifiée *ibid*.

248. Dates justifiées *supra*, p. 197, 199.

249. Dates justifiées *supra*, p. 188, 190.

250. Dates justifiées *supra*, p. 201 et n. 106.

251. Dates justifiées *ibid*.

252. Dates justifiées *supra*, p. 208 et n. 139.

253. Dates justifiées *supra*, p. 206-20 et n. 145.

254. Dates justifiées *supra*, p. 185, 188-190.

255. Dates justifiées *supra*, p. 209, 210 et n. 151.

notes

Les monnaies de Saint-Médard de Soissons

par Michel Dhénin

et Michel Hourlier

✠ *Monnaie Mérovingienne de Saint-Médard de Soissons (avers).*

LES MONNAIES ATTRIBUÉES À SAINT-MÉDARD ET SAINT-SÉBASTIEN

par Michel Dhénin et Michel Hourlier

Comme bien d'autres monastères et églises, l'abbaye Saint-Médard de Soissons était une puissance économique importante dès le haut Moyen Âge ; et parmi les signes mais aussi les instruments de cette puissance temporelle il convient de placer au tout premier rang la monnaie. Le monnayage de l'abbaye peut être historiquement divisé en trois périodes bien classiques : l'époque mérovingienne, l'époque carolingienne et l'époque féodale (pour ne pas dire capétienne puisque nous étudions un monnayage qui n'est pas royal) ; si l'on préfère les chiffres à cette division quasi dynastique, ces trois périodes couvrent le VIe siècle, le IXe siècle et les Xe-XIIIe siècles. Le monnayage de l'abbaye coexiste d'abord avec celui de la cité, qui porte le nom de la ville : SUESSIONIS suivi ou non de FIT (VR) à l'époque mérovingienne, puis à l'époque carolingienne SVESSIO, parfois accompagné du mot CIVITAS (dans la légende ou en monogramme dans le champ) ; par la suite il coexistera avec le monnayage du comté de Soissons, qui utilise toujours le génitif SVESSIONIS, en continuation de la titulature du comte qui figure au droit (IVO COMES, CANON COMES ou RADVLF'COM'), ou en complément déterminatif du mot MONETA inscrit en entier ou abrégé MON. Sur les monnaies de l'abbaye le nom de Soissons ne figure pas, à peu d'exceptions près ; mais leur attribution ne fait cependant pas de doute, puisqu'elles portent ou bien, au revers, soit le nom de Saint-Médard, soit celui de Saint-Sébastien, ou bien, sur les deux faces, les deux noms associés. Une émission porte le nom de Saint-Sébastien sous la forme de ses seules initiales. Une autre est à un type immobilisé, qui comporte une titulature royale et le nom de Soissons, tous deux déformés ; elle est attribuée à l'abbaye par une argumentation historique et non purement numismatique.

ÉPOQUE MÉROVINGIENNE (VIe SIÈCLE)

On ne connaît qu'une monnaie, par un unique exemplaire, qui atteste l'existence d'un monnayage de l'abbaye Saint-Médard de Soissons à l'époque mérovingienne, à la fin du VIe siècle, plus précisément, donc relativement peu après sa fondation. Cette pièce exceptionnelle à plus d'un titre a été trouvée à Vermand ; elle appartenait à la collection de M. Lebon de Soissons quand elle fut présentée à la réunion de la Société historique de Soissons du 4 janvier 1892. M. Prou la cite dans son introduction au catalogue des monnaies mérovingiennes de la Bibliothèque nationale (p. LVI-LVII) et O. Vauvillé la mentionne dans son article sur les monnaies de Soissons, dans la *Revue Numismatique* 1893 (p. 78, pl. II, 1). Elle fut acquise par la Bibliothèque nationale le 21 juin 1893 (n° 1061a). En 1894, A. de Belfort la décrit dans le supplément à sa *Description générale des monnaies mérovingiennes* (n° 6436), d'après Prou et donc comme encore dans la collection Lebon. A. Dieudonné dans la *Revue Numismatique* 1908 (p. 493, pl. XIV, 4) donne sa nouvelle localisation. Il s'agit d'un tiers de sou d'or, pesant 1,37 g malgré un léger manque de métal, et qui se décrit ainsi :

Figure 1

SVE [SSIO] NIS FITOR., buste diadémé et cuirassé à droite
MONETAE ST [I ME] DARDI, Victoire à droite, tenant une couronne, sur un piédestal triangulaire ; dans le champ à droite, une étoile.
Or, 1,37 g.
BN 1061a.

L'interprétation de la légende de revers en MONETA E*(cclesie)* S*(anc)*TI MEDARDI a été donnée par M. Prou, qui la rejetait d'ailleurs, et par O. Vauvillé, qui l'acceptait, malgré les problèmes qu'elle pose : on a généralement *Racio Ecclesie*, et non *Moneta Ecclesie*, et l'abréviation *E* pour *Ecclesie* ne semble pas attestée. M. Prou retient donc la lecture *Monetae Sti Medardi*, équivalent à *Officinae sancti Medardi*.

A. de Belfort esquive le problème en transcrivant la légende telle qu'il la lit : « MONETAEST DARDI » *(sic)*. A. Dieudonné suit l'interprétation de M. Prou, sans commentaire. Peut-être faut-il comprendre ces deux légendes comme une seule, commençant au revers par un locatif : *Monetae S[anc]ti Medardi Suessionis Fitor* (pour *Fitur*) = à l'atelier monétaire de Saint-Médard de Soissons [cette monnaie] a été faite. Des monnaies contemporaines de la cité de Soissons ont cette même légende *Suessionis fitur*, et il n'est pas impossible que l'on retrouve un jour un tiers de sou frappé avec le même coin de droit que celui-ci et portant le nom d'un monétaire. Le poids, assez élevé, et la typologie du revers, avec cette Victoire très proche encore des monnaies directement imitées des espèces impériales, ont permis à M. Jean Lafaurie de dater cette monnaie de 590 environ.

On ne connaît aucune autre monnaie de l'abbaye de la période mérovingienne, ni antérieure ni postérieure à 675, date à laquelle s'arrête la frappe des tiers de sou d'or et à laquelle commence celle des deniers d'argent. Il est vrai que ceux-ci sont souvent difficiles à attribuer : ce sont des petites monnaies pesant 1,20 g environ, dont les types et les légendes – quand elles existent – sont souvent peu explicites.

ÉPOQUE CAROLINGIENNE (IXᵉ SIÈCLE)

Au cours des VIIIᵉ et IXᵉ siècles, le denier mérovingien s'est transformé à la suite de réformes successives : le denier carolingien est plus grand, plus lourd et porte des légendes lisibles. Mais on ne connaît pas non plus de monnaie de Saint-Médard ou de Saint-Sébastien de Soissons des premiers rois (et empereurs) carolingiens : Pépin le Bref a pourtant frappé à Soissons, et un acte de Louis le Pieux, daté de 827, concernant le monnayage de l'abbaye, est cité au Xᵉ siècle par Odilon, moine de Saint-Médard, mais n'a pas été retrouvé.

Une de ces réformes est mise en place par l'édit de Pîtres, du 25 juin 864, sous le règne de Charles le Chauve : ce texte modifie considérablement l'organisation de la frappe de la monnaie dans le royaume ; de nombreux noms de lieux d'émission (plus d'une centaine) apparaissent alors sur les monnaies, qui sont cependant fabriquées dans une dizaine d'ateliers seulement. Parmi ces noms on relève, à côté de celui de Soissons (SVESSIO CIVITAS), ceux de Saint-

Médard et de Saint-Sébastien. Voici la description de ces deniers (on ne connaît pas d'obole, la moitié du denier, pour ces deux lieux d'émission, bien qu'on en ait retrouvé pour Soissons).

• Saint-Médard :

Figure 2

+ GRATIA D – I REX, monogramme de Charles (KRLS en croix autour d'un ◊)
+ S – CI MEDARDI M°II – T, croix
Argent
Berlin, 1,75, ex. coll. Gariel 1022, provient du trésor de Monchy-au-Bois (Gariel, I, pl. XVII, 34, et II, pl. XXXIV, 228 ; Morrisson-Grunthal, pl. XXVI, 811).
ANS, provient du trésor d'Ablaincourt, 1,62 g.
Collection privée = Vente Crédit de la Bourse 26-28 avril 1993, n° 185, provient du trésor d'Ablaincourt, 1,70 g.
Ces trois exemplaires sont des mêmes coins.

x RACIADIRE + (certaines lettres rétrogrades), monogramme de Charles déformé (KIRS en croix autour d'un ◊)
+ S – CI WEDARDOHT (certaines lettres rétrogrades), croix
ANS, provient du trésor d'Ablaincourt, 1,25 g.

• Saint-Sébastien :

Figure 3

+ GRATIA D – I REX, monogramme de Charles (KRLS en croix autour d'un ◊)
+ S – CI SEBASTIANI M –, croix
Argent
BN 287b, ex. coll. Meyer 302, acquis en 1903, 1,75 g (A. Dieudonné, *Revue Numismatique*, 1915, p. 216-217, pl. V, 287b).
BN 287c, acquis en novembre 1959, provient du trésor d'Ablaincourt, 1,83 g.

ANS, provient du trésor d'Ablaincourt, 1,75 g.

ANS, provient du trésor d'Ablaincourt, 1,65 g.

Berlin, 1,74 g, ex coll. Gariel (Gariel 240 ; Morrisson-Grunthal, pl. XXXVI, 1145).

BM 200, 1,30 g, ex. coll. S. S. Banks, acquis en 1818.

Cambridge 902, 1,80 g, acquis à Boutin le 6 octobre 1962 (P. Grierson et M. Blackburn, *MEC*, n° 902).

Douai 5 ex. provenant du trésor de Féchain, 1,78 g, 1,72 g, 1,69 g, 1,70 g, 1,61 g.

Collection privée = Vente Crédit de la Bourse 31 mai-1er juin 1988, n° 134, 1,73 g.

Vente Monnaies et Médailles, Bâle, 9-10 mai 1969, n° 513, provient du trésor d'Ablaincourt, 1,72 g.

Vente Monnaies et Médailles, Bâle, 9-10 mai 1969, n° 514, provient du trésor d'Ablaincourt, 1,56 g.

Vente Crédit de la Bourse 26-28 avril 1993, n° 186, provient du trésor d'Ablaincourt, 1,77 g.

Vente Vinchon 21-22 octobre 1963, n° 487.

Collection Dassy, 1,74 g (Poey d'Avant 6500, d'après Combrouse).

Les abréviations M°II ⁻ T et M ⁻ sont pour MONETA et non pour MONASTERIVM, comme l'a montré A. Dieudonné. Plusieurs exemplaires de ces types proviennent de trésors abandonnés dans le Nord de la France à cause des raids des Vikings dans les années 890 : on en comptait trois au nom de Saint-Médard et sept au nom de Saint-Sébastien dans le trésor d'Ablaincourt (Somme ; inédit), cinq au nom de Saint-Sébastien dans le trésor de Féchain (Nord ; inédit), et un au nom de Saint-Médard dans le trésor de Monchy-au-Bois, dit d'Arras (Pas-de-Calais ; Duplessy, I, 217).

L'examen minutieux de ces monnaies, et de celles dont la provenance n'est pas connue, a permis de repérer des liaisons de coins intéressantes : les trois exemplaires au nom de Saint-Médard à la légende correcte sont issus de la même paire de coins. Ce coin de droit a été utilisé également apparié avec un coin de revers portant le nom de Saint-Sébastien. Les monnaies au nom de Saint-Sébastien ont nécessité un assez grand nombre de coins pour leur fabrication et un autre de ces coins de droit a été utilisé avec un coin de revers au nom de la cité de Soissons. Cette observation montre bien que ces monnaies, qu'elles portent le nom de Saint-Médard, celui de Saint-Sébastien ou celui de la cité de Soissons, étaient frappées dans un seul atelier, qui ne devait d'ailleurs pas être à Soissons, si l'édit de Pîtres est effectivement entré en application.

Il faut mentionner pour mémoire un acte de 877 (*Recueil...* 462), qui confirme à l'abbaye le droit de frapper monnaie à son propre bénéfice ; mais il est considéré comme un faux par les éditeurs du *Recueil* et par Jean Dufour.

• Saint-Médard :

Un autre denier du IXe siècle porte lui aussi le nom de Saint-Médard ; en voici la description :

Figure 4

+ GRACIA D ⁻ I REX (D rétrograde), monogramme de Carloman (CRLM en croix autour d'un ◊ ; H et O dans le champ en bas)

+ S ⁻ CI MEDARDI M°H ⁻ T, croix

Argent

Leblanc ; Duby pl. XVI, 3 ; Combrouse XXXII, 4 ; Gariel pl. XXXIX, 14.

BN 287d = 1970-397 = Vente Monnaies et Médailles, Bâle, 9-10 mai 1969, n° 436 (à Charles le Chauve), provient du trésor d'Ablaincourt, 1,48 g.

Bien qu'il y ait eu un Carloman, fils de Charles le Chauve, qui fut abbé de Saint-Médard (874), il faut attribuer ce denier à Carloman, petit-fils de Charles le Chauve, roi de Bourgogne, Aquitaine, Septimanie, etc. de 879 à 882, puis de Neustrie et d'Austrasie de 882 à 884. Cette monnaie est connue par deux exemplaires. Le premier a été décrit par Leblanc en 1690, puis par T. Duby en 1790 ; en 1837, il appartenait à la collection J. Rousseau et fut dessiné dans un ouvrage de Fougères et Combrouse ; ce dernier le décrit à nouveau dans un autre livre en 1843 ; Poey d'Avant mentionne cette monnaie d'après Duby. Gariel la cite d'après Combrouse. Le second exemplaire appartenait au trésor d'Ablaincourt et a été acquis par la Bibliothèque Nationale en 1970.

On ne connaît pas de monnaies de Saint-Médard et de Saint-Sébastien attribuables aux derniers rois de la période carolingienne. Mais les premières monnaies féodales peuvent être contemporaines de leurs règnes.

ÉPOQUE FÉODALE (Xᵉ-XIIIᵉ SIÈCLES)

Le denier féodal se distingue du denier carolingien par son poids et son titre, tous deux en baisse, par l'absence de référence à l'autorité royale contemporaine et par une typologie renouvelée. L'attribution de monnaies à l'abbaye de Saint-Médard-Saint-Sébastien n'est pas toujours chose facile. On ne sait pas très bien, faute de documents, quelles autorités ont pu frapper monnaie à Soissons aux Xᵉ-XIᵉ siècles : l'abbaye certes, mais l'évêque également, avant qu'il ne cède le *comitatus* au comte laïc, qui commence à frapper monnaie à son nom dans la seconde moitié du XIIᵉ siècle. L'attribution à l'abbaye est simple pour les deniers et oboles qui portent les noms de Saint-Médard et de Saint-Sébastien, chacun sur l'une des faces. Mais ces légendes deviennent pratiquement illisibles très rapidement, au point que c'est la typologie seule qui permet l'attribution de ces monnaies à l'abbaye ; ce n'est qu'à la fin de cette période (XIIᵉ-XIIIᵉ siècles) que l'on retrouve une lecture assurée. Mais certaines séries monétaires utilisent des types immobilisés (monogramme d'Eudes, temple) et l'on hésite pour leur attribution entre l'abbaye et l'évêché. Nous avons jugé préférable de ne pas les exclure de cet article. On peut distinguer dix émissions différentes, six du Xᵉ-début XIᵉ siècle, deux du XIᵉ-début XIIᵉ siècle, deux du XIIᵉ-début XIIIᵉ siècle.

MILIEU Xᵉ – DÉBUT XIᵉ SIÈCLE

Il est difficile de classer entre elles les six émissions datées de cette période. Voici la description des monnaies qui les composent :

A- TYPE D'EUDES IMMOBILISÉ

deniers

Figure 5

+ CATIAGCISIX (lettres rétrogrades), dans le champ : deux O, un C, un ◊ et une croisette
+ SVESSEOR◊NS, croix cantonnée d'un oméga au 1ᵉʳ canton
1,395 g.
Dumas, Trésor de Fécamp 6636.

Figure 6

+ CATIAOD[…]CIX (lettres rétrogrades), dans le champ : deux O, un C, un ◊ et une croisette
+ SVESSAOI◊HS, croix cantonnée d'un oméga au 2ᵉ canton
1,235 g.
Dumas, Trésor de Fécamp 6637.

Figure 7

+ CATIAOCISIX (lettres rétrogrades), dans le champ : deux O, un S, un ◊ et une croisette
+ OP◊E [ICC] SVCSS, croix cantonnée d'un oméga au 1ᵉʳ canton
1,10 g.
Dumas, Trésor de Fécamp 6638.

Figure 8

+ ODOAIIIAIREX (rétrograde), dans le champ : deux O, un ◊ et une croisette
+ SOVOVIIISS, croix cantonnée d'un oméga au 3ᵉ canton.
Longpérier, *RN* 1859, pl. XXI, 1 ; Poey d'Avant 6503 ; Michaux pl. IV, 9.

Figure 9

+ XCRATIAORS (lettres rétrogrades), dans le champ : deux O, un ◊
et une croisette
+ S◊VO + […]R[…]ISS, croix cantonnée d'un oméga au 3ᵉ canton.
Barthélemy, *RN* 1901, p. 104 (trouvé dans le Soissonnais).
Dumas, Trésor de Fécamp 6639, 1,42 g.

Figure 10

+ XCRATIAORS (lettres rétrogrades), dans le champ : deux O, un ◊
et une croisette
+ ICIC […]SI + […]◊VO, croix cantonnée d'un oméga au 2ᵉ canton
1,17 g.
Dumas, Trésor de Fécamp 6640.

Figure 11

obole

[+]AIIAOCI, dans le champ : deux O, un ◊ et une croisette
+ [S]ASSICIVE' (rétrograde), croix cantonnée d'un oméga au 2ᵉ
canton
0,49 g.
Dumas, Trésor de Fécamp 6641.

Ce type est dérivé des monnaies d'Eudes (887-898)
(Morrisson-Grunthal 1279-1280). Les monnaies sont très
variées : au droit, il y a ou non un C ou un S dans le champ ;
au revers, l'oméga se trouve dans des cantons différents. Cela
indique-t-il des émissions différentes ? C'est vraisemblable
pour les lettres du droit, mais peu vraisemblable pour les
variantes du revers. Quelques exemplaires ont été trouvés
anciennement, mais seul le trésor de Fécamp permet d'avancer une datation : troisième quart du Xᵉ siècle. Mais il est plus

difficile de déterminer le responsable de ces frappes :
l'évêque, le comte ou l'abbaye ? Il n'y avait d'ailleurs peut-
être qu'un seul atelier, qui fabriquait pour l'une ou l'autre de
ces autorités au gré des changements de rapports de forces
(A. de Barthélemy, *RN* 1901, p. 107, 108). Madame
Françoise Dumas estime que l'influence de la famille de
Vermandois, à qui appartenait l'abbaye, peut justifier la
reprise du type d'Eudes. Serait-ce une raison suffisante pour
attribuer à l'abbaye ces monnaies ?

Le trésor de Fécamp a révélé un denier qui semble
dérivé de ce type et dont l'attribution à Soissons reste incertaine :

Figure 12

+ AIAAAAICTCAPII, dans le champ : deux C, un ◊ et une croisette
+ CRATIA DI REXI (R retournés), croix
1,405 g.
Dumas, Trésor de Fécamp 6642.

B- TYPE AUX INITIALES DE SAINT-SÉBASTIEN

denier

Figure 13

Légende illisible, ◊ lié à deux croisettes, une au-dessus et une au-
dessous ; de part et d'autre un S entre deux points
Légende illisible, croix cantonnée de deux S et de deux points.
Longpérier, *RN* 1859, pl. XXI, 2 ; Poey d'Avant 6502, pl. CLI, 18 ;
Michaux pl. IV, 8.

Les lettres SS présentes au droit comme au revers de
ce denier ont permis à Longpérier de l'attribuer à Saint-
Sébastien ; mais l'objection de Voillemier, que rapporte
Michaux, et selon laquelle ces deux S peuvent tout aussi bien
signifier *Suessio*, n'a pu être levée.

C- TYPE À LA TÊTE DE SAINT MÉDARD

deniers

Figure 14

SCI MEDARDI CAPAT, tête à droite
SIGNVM SEBSTN, étendard accosté d'une croisette.
Coll. Gagarine, Longpérier, *Mémoires des Antiq. de Picardie*, IX, pl. I, 6 ; Poey d'Avant 6505, pl. CLI, 21.

Figure 15

+ CAPV S [CI ME] DARDI, tête à droite
[SI] GNVM SEBSTN, étendard accosté de .TS
1,02 g ; trouvé dans la plaine de Soissons ; coll. Vauvillé (*RN* 1893, p. 83 et pl. II, n° 10).

Figure 16

SC – I MEDVR CAPAT, tête à droite
DGEBEDCEBE (en partie rétrograde), étendard accosté d'une croisette.
Coll. Charvet (6 var.) Poey d'Avant 6506-6511, pl. CLI, 22.
Coll Fillon (B. Fillon, *Études numismatiques*, pl. 2, 10).
Coll. Meyer 415.
BN 1594, 1,07 g ; BN 1595, 1,24 g ; BN 1596, 0,92 g ; BN 1597, 1,26 g ; BN 1600, 1,23 g ; BN 1601, 1,09 g ; BN 1602, 1,04 g ; BN R1124, 1,02 g ; Monnaie de Paris, reg. 10 : 14377, 1,27 g ; 17136, 1,20 g ; 14907, 1,16 g ; coll. particulière, 1,03 g.

obole

Figure 17

[SCI] MEDAR [DI] CAPVT, tête à droite
lettres liées illisibles, étendard accosté d'une croisette.
Poey d'Avant 6512, pl. CLI, 23.
Coll. Meyer 416.
Coll Fillon (B. Fillon, *Études numismatiques*, pl. 2, 11).
BN 1598, 0,49 g ; BN 1599, 0,52 g ; BN 1603, 0,59 g ; collection particulière, 0,49 g ; collection particulière, 0,49 g.

Ce type publié par Longpérier d'après un exemplaire de la collection Gagarine a suscité par la suite une certaine polémique, l'authenticité d'exemplaires nouveaux, aux légendes dégénérées, publiés par Benjamin Fillon (*Études Numismatiques*, p. 63 et 168) ayant été discutée. D'après ce dernier, il y aurait eu effectivement des faux modernes, mais les monnaies qu'il a publiées étaient authentiques (*Collection Jean Rousseau*, p. 115-116). L'attribution à l'abbaye est assurée, les légendes explicitent le type représenté : la tête de saint Médard, sans doute un reliquaire, au droit, et l'étendard (l'enseigne) de saint Sébastien au revers ; mais la légende de revers devient rapidement illisible, contrairement à celle du droit, qui se maintient presque intacte. On connaît un trésor trouvé à Château-Thierry (Duplessy, I, 89) ayant contenu 96 deniers et 12 oboles à ce type. Malheureusement, il ne contenait pas d'autres monnaies et n'est donc pas utile pour établir la place de cette émission dans la chronologie du monnayage de Saint-Médard.

D- TYPE À L'ÉTENDARD À DROITE

deniers

Figure 18

+ ME + D[...]+ RD + [...] (rétrograde), croix cantonnée d'un besant au 2e canton et d'un alpha (ou oméga ?) au 3e canton
[...]C + [...]I + N[...] (en partie rétrograde), étendard à droite ; dessous : trois besants.
Collection particulière, 1,12 g ; trouvée à Arcy-Sainte-Restitue ; ex. collection Frédéric Moreau (*Album Caranda*, pl. L ; Caron 607, pl. 25, 5 ; Maxe-Werly, *Revue Numismatique*, 1884, pl. III, 10).

Figure 19

+ ME + DA + [...], croix cantonnée d'un besant au 1er canton et d'un oméga au 4e canton

+ SE + BAS [+TIA] + NIS (rétrograde), étendard à droite ; dessous : trois besants

1,33 g ; trouvé à Ambleny ; Coll. Vauvillé (*RN* 1893, p. 82-83 et pl. II, n° 9).

E- TYPE À L'ÉTENDARD À GAUCHE

denier

Figure 20

+ ME + [...]+[...]D + VS (rétrograde), croix non cantonnée
+ SA[...]IS, étendard à gauche ; dessous : quatre besants
(Bretagne, *Revue Numismatique*, 1854, p. 122 ; Poey d'Avant 6504, pl. CLI, 20 ; Michaux pl. IV, 8 ; Maxe-Werly, *Revue Numismatique*, 1884, pl. III, 9). Trouvé dans le Laonnois.

Ces types à l'étendard, à droite ou à gauche, portent les noms de Saint-Médard et de Saint-Sébastien : leur attribution à l'abbaye est certaine. Ils semblent dériver du type à la tête de saint Médard, une croix ayant été substituée à la tête du saint. Le type du revers est resté pratiquement inchangé. Maxe-Werly avait voulu voir dans l'étendard une évolution du temple ; mais cette explication n'a pas été retenue par les numismates. Un exemplaire a été trouvé dans la région de Laon (Duplessy, I, 186), avec le seul exemplaire connu du denier de Soissons de Robert (996-1031). Bretagne l'attribuait à tort à Henri Ier (1031-1060), lisant + HE + [...]+[...]C + VS ; c'est en fait toujours le nom de saint Médard qui figure sur cette monnaie.

F- TYPE AU TEMPLE

deniers

Figure 21

SVES[...]VVIT, temple

+ HLVOTH[...]VRS en légende rétrograde, croix cantonnée de deux besants aux 1er et 4e cantons

Provient d'un trésor de monnaies arméniennes trouvé dans un fort en Cilicie (renseignement communiqué par Monsieur Bédoukian, USA).

Figure 22

SVESIO CIVIT, temple

VISVTINV, croix cantonnée de deux besants aux 2e et 3e cantons

(B. Fillon, *Lettres à M. Dugast-Matifeux*, pl. IX, 3 ; Michaux pl. 3, 12 ; Poey d'Avant n° 6481, pl. CLI, 8 ; Voillemier, pl. IV, 8 et V, 9 ; Mallet et Rigollot, pl. 7, 77 ; Maxe-Werly, *Revue Numismatique*, 1884, pl. III, 4 et 5 ; *Revue Numismatique*, 1893, pl. III, 5).

Collection Desains, trouvé à Soissons.

Figure 23

[...]VESIO CIVIT, temple

+ V[...]O[...]VTINTOT, croix cantonnée de deux besants aux 1er et 4e cantons

(Voillemier pl. III, 11 ; Poey d'Avant n° 6482, pl. CLI, 9 ; Maxe-Werly, *Revue Numismatique*, 1884, pl. III, 3).

Collection Mallet à Amiens.

Ce type est l'immobilisation de celui employé par Lothaire (954-986) (BN 287a ; Morrisson-Grunthal, 1658-1659), – notre n° 21 comporte encore dans sa légende des éléments de son nom – puis utilisé par Robert II (996-1031) (BN 205 ; Lafaurie 23 ; Duplessy 14). Sous le règne de ce dernier, Soissons n'appartenait pas au domaine royal, et cette monnaie est donc émise par une autorité locale. Le type immobilisé est soit la suite de l'émission au nom de Lothaire, sous Hugues Capet, avant l'émission au nom de Robert, soit la suite de cette dernière, sous le règne de Robert ou celui d'Henri Ier, par cette même autorité locale, qui reste à identifier. Des exemplaires étaient présents dans le trésor de Creil (Duplessy I, 117), malheureusement mal connu. Ce trésor est daté par des monnaies d'Henri Ier (1031-1060), ce qui incite à adopter pour l'émission la seconde hypothèse de datation.

XIe-DÉBUT XIIe SIÈCLE

G- TYPE À L'ÉTENDARD À GAUCHE, CROIX ÉVIDÉE

denier

Figure 24

[…]PEdFLtIDF[…] (en partie rétrograde), étendard à gauche ; dans le champ croisette et deux besants

[…]IITEHEDF (en partie rétrograde), croix au centre évidé, cantonnée de quatre besants.

(Mallet et Rigollot, pl. 7, 76 ; Michaux, pl. IV, 11).
Anciennement au Musée de Soissons.

obole

Figure 25

[…]L[…]VLEDE[…]CŒ (en partie rétrograde), étendard à gauche ; dans le champ croisette et deux besants

[…]E[…]LCŒD (en partie rétrograde), croix au centre évidé, cantonnée de quatre besants.

Coll. Meyer 595 (Maxe-Werly, *Revue Numismatique*, 1884, pl. III, 8). Caron 608.

H- TYPE AU TEMPLE, CROIX ÉVIDÉE

deniers

Figure 26

+ ŒCŒŒEUFCŒIŒ, temple

+ ŒPŒŒASFADD (en partie rétrograde), croix au centre évidé, cantonnée de quatre besants dans un carré.

Coll. Maxe-Werly (Poey d'Avant 6479, pl. CLI, 7 ; Maxe-Werly, *Revue Numismatique*, 1884, pl. III, 6) ; Michaux pl. 3, 8-10.

Coll. Meyer 399.

BN 1591, 0,65 g ; BN 1592, 1,13 g ; BN R 1124, 1,09 g ; collection particulière, 1,11 g ; collection Mallet (provenant du trésor de Creil), poids moyen, 1, 05 g, poids des exemplaires bien conservés : 1, 20 g.

Figure 27

+ ŒIŒŒENDŒŒOŒ (en partie rétrograde), temple

+ Œ. ŒŒŒŒŒŒŒŒ (en partie rétrograde), croix au centre évidé, cantonnée de deux besants aux 2e et 3e cantons et d'une croix au 4e.

Coll. Hoffmann (Caron 609, pl. XXV, 7).

obole

Figure 28

[…]DN[…], temple

[…]ŒŒŒ[…], croix au centre évidé, non cantonnée

BN 1593, 0,51 g (Poey d'Avant 6480 ; Maxe-Werly, *Revue Numismatique*, 1884, pl. III, 7) Caron 610. Vauvillé a fait un frottis d'un second exemplaire « A M. Florange » (coll. particulière).

Ces deux séries monétaires, à l'étendard et au temple, sont manifestement proches l'une de l'autre : le type de revers est identique ; les légendes, incompréhensibles, les rattachent au type à la tête de saint Médard (C). Le type à l'étendard est très rare et l'on n'en connaît pas de trouvaille ; il a certainement été émis par l'abbaye : l'étendard est une référence non équivoque à saint Sébastien. Le type au temple dérive du type au temple à la croix cantonnée de deux besants (F) et doit être attribué à la même autorité locale, mais quelle est-elle ? Il figurait dans le trésor de Longavesnes (Duplessy, I, 199) 1095-1108 : cinq deniers ; dans celui des environs d'Amiens (Duplessy, I, 8) 1100-1110 : nombre de deniers inconnu ; et dans celui de La Bouteille (Duplessy, I, 54) 1162-1175 : un denier. Il semble donc dater de l'extrême fin du XIe siècle ou du tout début du XIIe siècle.

XIIᵉ-DÉBUT XIIIᵉ SIÈCLE

I- TYPE AU BRAS TENANT L'ÉTENDARD

deniers

Figure 29

S'SEBASTIAN' (A inversés), bras tenant un étendard à droite ; dans le champ deux croisettes ; le bras coupe la légende
S – CS MEDARDVS, croix cantonnée de deux croissants aux 1ᵉʳ et 4ᵉ cantons et de deux annelets centrés d'un annelet aux 2ᵉ et 3ᵉ cantons.
Inédit.
Collection particulière 0,88 g.

Figure 30

: S'SEBASTIAN' (rétrograde), bras tenant un étendard à gauche ; dans le champ deux croisettes ; le bras coupe la légende
S – CS MEDARDVS, croix cantonnée de deux croissants aux 1ᵉʳ et 4ᵉ cantons et de deux annelets centrés d'un annelet aux 2ᵉ et 3ᵉ cantons.
Poey d'Avant, pl. CLI, 25 ; Michaux pl. IV, 12.
BN 1604, 0,81 g ; collection particulière 0,73 g.

Figure 31

8 S'SEBASTIAN' (rétrograde), bras tenant un étendard à gauche ; dans le champ deux croisettes ; le bras coupe la légende
S – CS MEDARDVS, croix cantonnée de deux croissants aux 1ᵉʳ et 4ᵉ cantons et de deux annelets aux 2ᵉ et 3ᵉ cantons.
RN 1841, pl. XXII, 3 ; coll. Poey d'Avant 1830 ; Poey d'Avant 6514, pl. CLI, 25 ; coll. Meyer 597, pl. XXV, 102.

Figure 32

8 S'SEBASTIAN' (rétrograde), bras tenant un étendard à gauche ; dans le champ deux croisettes ; le bras coupe la légende
S – CS MEDARDVS, croix cantonnée de deux croissants aux 1ᵉʳ et 4ᵉ cantons et de deux besants aux 2ᵉ et 3ᵉ cantons.
Faux d'époque.
Musée de Soissons ; provient des fouilles de Saint-Médard de Soissons de 1981.

Ce type n'apparaît pas dans les trésors et peut être considéré comme rare. Il semble qu'il y ait au moins trois émissions : la première, inédite, a la légende S'SEBASTIAN dans le sens normal de lecture (encore que les A soient tête en bas) et un étendard à droite ; les deux autres ont la légende rétrograde et l'étendard à gauche, comme si l'on avait reproduit sur les coins une monnaie de la première émission sans l'inverser ; ces deux émissions se distinguent par le signe initial, deux points ou deux annelets. Un exemplaire de faux-monnayeur, en laiton étamé, a été trouvé en 1981 en fouilles archéologiques à Soissons, sur le site même de l'abbaye Saint-Médard.

J- TYPE À LA CROSSE ENTRE DEUX ÉTENDARDS

deniers

Figure 33

S'SEBASTIAN' (rétrograde), crosse entre deux étendards
S – CS MEDARDVS, croix cantonnée de deux croissants aux 1ᵉʳ et 4ᵉ cantons et de deux besants aux 2ᵉ et 3ᵉ cantons.
1,07 g ; trouvé près de Soissons ; coll. Vauvillé (RN 1893, p. 84 et pl. II, n° 11).

S'SEBASTIAN', crosse entre deux étendards
S – CS MEDARDVS, croix cantonnée de deux croissants aux 1ᵉʳ et 4ᵉ cantons.
Coll. Poey d'Avant 1831 ; Poey d'Avant 6516.

Figure 34

S'SEBASTIAN', crosse entre deux étendards
S – CS MEDARDVS, croix cantonnée de deux croissants aux 2ᵉ et 3ᵉ cantons.
Claude Dormay, *Histoire de la ville de Soissons*, II, Soissons, 1664 ;
Duby p. 70, pl. XVI, 1 ; Poey d'Avant 6517.

Figure 35

SC SEBASTIAN' (rétrograde), crosse entre deux étendards
S – CS MEDARDVS, croix cantonnée de deux croissants aux 1ᵉʳ et 4ᵉ cantons.
Coll. de Boze et de Boullongne (Duby p. 70, pl. XVI, 2 ; Poey d'Avant 6518, pl. CLI, 27). Coll. Dassy (Vente Rollin-Feuardent, 3 mai 1869, lot n° 1568) ; coll. Meyer 699 et 596 (description erronée).
BN 1605, 0,86 g ; BN 1606, 0,95 g ; BN 1607, 0,95 g ; BN 1608, 0,94 g ; BN 1609, 0,89 g ; BN 1610, 0,85 g ; Monnaie de Paris, reg. 10, 14264, 0, 92 g ; collection particulière, 0,58 g ; collection particulière 0,98 g.

Le type à la crosse entre deux étendards est connu depuis longtemps : il est déjà reproduit dans l'*Histoire de la ville de Soissons* de Claude Dormay (1664) ; mais peut-on se fier à ce dessin, reproduit par Duby et accepté par Poey d'Avant, ainsi qu'à la description que donne ce dernier d'un exemplaire de la collection ? Ces deux monnaies auraient la légende S'SEBASTIAN' écrite dans le sens normal de lecture. De même il conviendrait de vérifier la présence des besants au revers de l'exemplaire publié en 1893 par Vauvillé : s'il s'agissait d'annelets, nous aurions là un cas de réemploi d'un coin de revers de l'émission précédente, au bras tenant l'étendard. Il est même possible que le coin ait été regravé : les annelets auraient été volontairement bouchés pour adapter le coin à la nouvelle émission. Ces monnaies apparaissent dans plusieurs trésors : celui de Pontoise (Duplessy, I, 262), vers 1180 : trois deniers ; celui de Compiègne (Duplessy, I, 103), 1204-1223 : un denier ; celui de Tripoli (Duplessy et Metcalf, *RBN*, 1962), vers 1222 : deux deniers. Le trésor de Noyon (Duplessy, I, 245), 1187-1211 comportait quelques deniers de Saint-Médard, mais le type n'est pas précisé. Quant au trésor d'Épage (Duplessy, II, 129), 1223-1245, il comptait un nombre inconnu de deniers de Saint-Médard de type non précisé selon A. de Barthélemy (« Chronique », *Mélanges de Numismatique*, II, 1877, p. 333). Mais la publication originale (A. Van Robais, « Les comtes de Ponthieu. Montreuil et son atelier monétaire », *Bulletins de la Société des antiquaires de Picardie*, XII, 1874-1876, p. 274-276) ne mentionne pas de deniers de Saint-Médard et donne 53 monnaies et non 72. Peut-être Barthélemy a-t-il eu des informations complémentaires. Si la datation du trésor de Pontoise donnée par J. Duplessy est exacte, les deniers à la crosse et aux deux étendards auraient été fabriqués dès la fin des années 1170. C'est la dernière émission de l'abbaye, qui circule à la fin du XIIᵉ siècle et au début du XIIIᵉ siècle.

✝ *Monnaie Mérovingienne de*
Saint-Médard de Soissons (revers).

Bibliographie

Toutes époques

Duby, T., *Traité des monnoies des barons*, Paris, 1790, I, p. 70, 71, pl. XVI, 3.

Duplessy, J., *Les trésors monétaires médiévaux et modernes découverts en France*, I, *751-1223*, et II, *1223-1385*, Paris, 1985-1995.

Hourlier, M., « Monnaies attribuées et attribuables à l'abbaye de Saint-Médard de Soissons », dans *Les origines de Crouy*, 1986.

Michaux, A., « Essai sur la numismatique soissonnaise », Soissons, 1880, extrait du *Bulletin de la Société archéologique de Soissons*, 1878.

Poey d'Avant, F., *Monnaies féodales de France*, Paris, 1858-1862, p. 344-348, pl. CLI.

Vauvillé, O.,« Monnaies de Soissons », dans *Revue Numismatique*, 1893, p. 78-84, pl. II.

Voillemier, Dr, « Essai pour servir à l'histoire des monnaies de la ville de Soissons et de ses comtes », Amiens, 1863, tiré à part des *Mémoires de la Société des Antiquaires de Picardie*, XIX.

Époque mérovingienne (VIe siècle)

Belfort, A. de, *Description générale des monnaies mérovingiennes*, n° 6436.

Dieudonné, A., « Récentes acquisitions du Cabinet des Médailles ; I, Monnaies mérovingiennes », dans *Revue Numismatique*, 1908, p. 493, pl. XIV, 4.

Prou, M., *Catalogue des monnaies françaises de la Bibliothèque nationale, les monnaies mérovingiennes*, Paris, 1892, p. LVI-LVII.

Société historique de Soissons, réunion du 4 janvier 1892.

Époque carolingienne (IXe siècle)

Depeyrot, G., *Le numéraire carolingien*, Paris, 1993, n° 947-949.

Dieudonné, A., « Acquisitions du Cabinet des Médailles ; monnaies carolingiennes », dans *Revue Numismatique*, 1915, p. 216, 217, pl. V, 287b.

Dolley, R. H. M. et Morrisson, K. F., *The Carolingian Coins in the British Museum*, Londres, 1966, n° 200.

Dufour, J., « État et comparaison des actes faux ou falsifiés, intitulés au nom des carolingiens français (840-987) ».

Fougères, F. et Combrouse, G. , *Description complète et raisonnée des monnaies de la deuxième race royale de France…*, Paris, 1837, p. 28 et pl. n° 147.

G. Combrouse, Atlas et Texte, 1843, pl. 27.

Gariel, E., *Les monnaies royales de France sous la race carolingienne*, Paris, 1883-1884, t. I, p. 110, pl. XVII, n° 34 et t. II, p. 247, pl. XXIV n° 240, p. 263, pl. XXXIX, n° 14.

Giry, A., Prou, M. et Tessier, G., *Recueil des actes de Charles II le Chauve (840-877)*, Paris, 1943-1955.

Grierson, P. et Blackburn, M., *Medieval European Coinage*, I, Londres, 1986, n° 902.

Le Blanc, *Traité historique des monnoies de France…*, Paris, 1690, p. 142, 143.

Morrisson, K. F. et Grunthal, H., *Carolingian Coinage*, New York, 1967, n° 811, 1145.

Prou, M., *Catalogue des monnaies françaises de la Bibliothèque nationale, les monnaies carolingiennes*, Paris, 1896, LXXXII et LXXXVI.

ÉPOQUE FÉODALE (X^E-XIIIE SIÈCLES)

Barthélemy, A. de, « Monnaies de Soissons », dans *Revue Numismatique*, 1901, p. 104-108.

Bretagne, A., « Denier frappé au nom du roi Henri Ier (1031-1060) par l'abbaye de Saint-Médard de Soissons », dans *Revue Numismatique*, 1854, p. 122-125.

Caron, E., *Monnaies féodales françaises*, Paris, 1882, p. 364-367, pl. XXV.

Collection Henri Meyer. Monnaies royales et féodales de France, Paris, 1890.

Dieudonné, A., *Manuel de numismatique française*, III, *Monnaies féodales françaises*, Paris, 1936, p. 230-232.

Dumas, F., *Le trésor de Fécamp*, Paris, 1971, n° 6636-6642.

Duplessy, J. et Metcalf, D. M., « Le trésor de Samos et la circulation monétaire en Orient latin aux XIIe et XIIIe siècles », dans *Revue belge de Numismatique*, CVIII, 1962, p. 173-207, pl. XII-XIII, p. 205.

Fillon, B., *Collection Jean Rousseau ; monnaies féodales françaises…*, Paris, 1860, p. 115-116.

• *Études numismatiques…*, Paris, 1856, p. 63, 64 et 168, 169, pl. II, 10 et 11.

• *Lettres à M. Ch. Dugast-Matifeux sur quelques monnaies françaises inédites*, Paris, 1853, pl. IX, 3.

Longpérier, A. de, « Description de diverses monnaies baronales », dans *Revue Numismatique*, 1859, p. 454, 455, pl. XXI, 1-2.

Mallet et Rigollot, *Mémoires de la Société des Antiquaires de Picardie*, XIX.

Maxe-Werly, L., « Numismatique soissonnaise », dans *Revue Numismatique*, 1884 p. 82-107, pl. III.

REMERCIEMENTS

Les auteurs remercient très chaleureusement M. Pierre Crinon et M. Richard Prot qui ont mis à leur disposition des documents leur appartenant pour description et photographie, ainsi que M. Denis Defente pour son infinie patience.

BIBlIOGRaphie

Patrimoine et économie d'un monastère bénédictin : Saint-Médard de Soissons aux XIe, XIIe et XIIIe siècles

par Ghislain Brunel

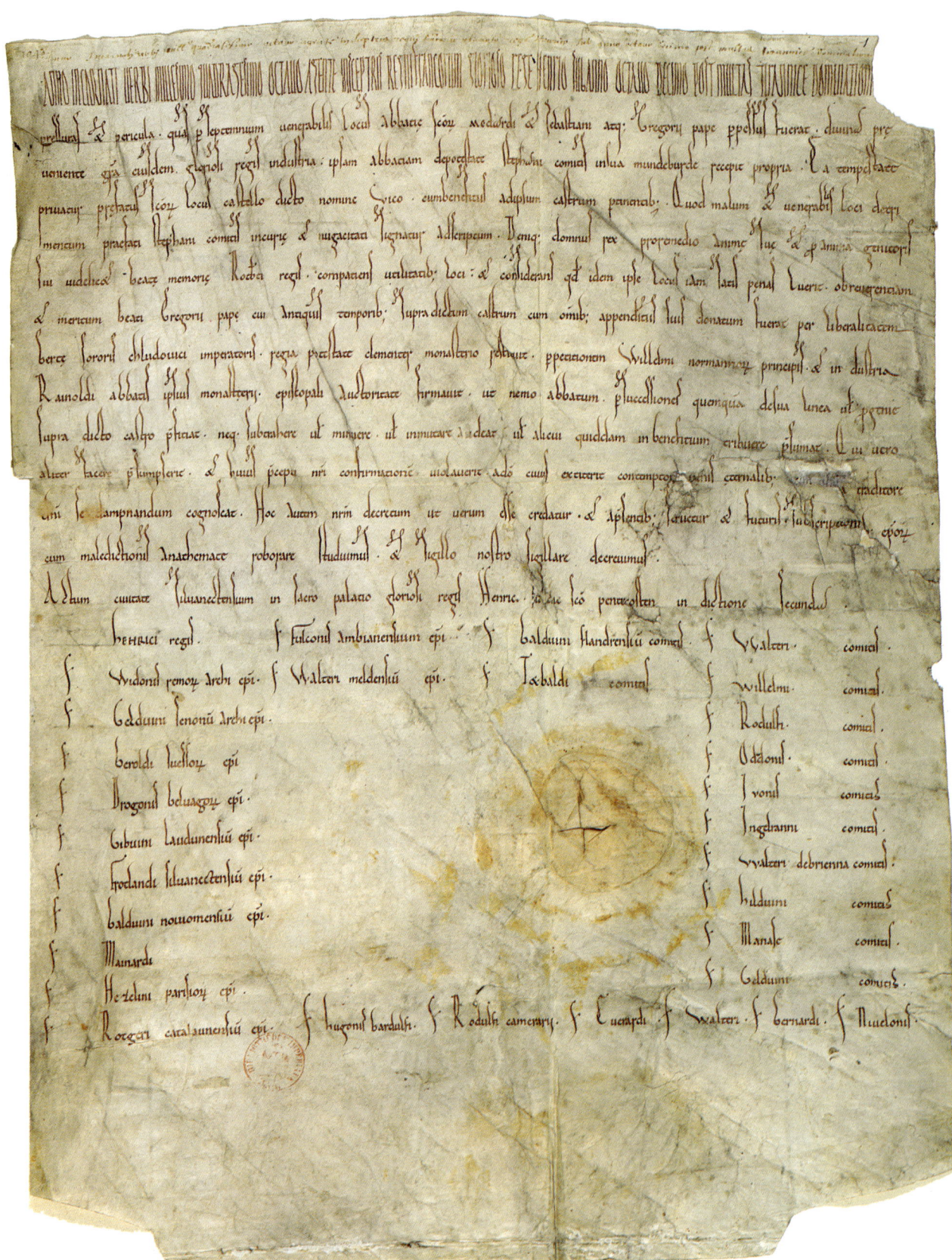

✝ *Diplôme d'Henri Ier
(23 mai 1048) resti-
tuant la forteresse de Vic
sur-Aisne à l'abbaye
(Paris, BNF Picardie
243, n° 1).*

Si les historiens ont depuis longtemps consacré leurs efforts à repérer et analyser les monuments san-médardiens demeurés debout, ou à retracer « la grande histoire » du monastère – celle de ses abbés et de ses protecteurs, celle des constructions et des réfections de son abbaye –, l'histoire économique de l'établissement et l'histoire de son influence sur la société rurale médiévale restent à entreprendre. L'examen des structures foncières et financières de Saint-Médard, toile de fond d'un passé plus directement visible et compréhensible, permettra peut-être la révision de jugements trop péremptoires quant à la richesse du monastère et à son omnipotence en Soissonnais. Pour initier cette histoire, sur laquelle les travaux manquent cruellement[1], les pages qui suivent ne feront que lancer des pistes de recherche, établir les bases de travaux à venir, livrer des premiers résultats.

Nous centrerons le propos sur les possessions soissonnaises au sens large (c'est-à-dire celles situées aujourd'hui dans les deux départements de l'Aisne et de l'Oise), dont la proximité géographique favorise la cohérence des comparaisons. Sur ces terres possédées parfois de toute ancienneté, il s'agira de mettre au jour les remembrements, les opérations de peuplement et de reprise des terres à la friche, les tentatives de colonisation conjointe avec d'autres seigneurs ou des communautés d'habitants. Évaluer le nombre et l'importance des exploitations agricoles relevant de l'abbaye – et déterminer leur mode d'administration et de faire-valoir –, préciser les types de production et le rôle de l'argent dans l'économie du monastère, approcher les relations entretenues entre Saint-Médard et le monde paysan, telles sont les questions qui nous retiendront également.

Pour appuyer cette démarche, les sources textuelles subsistantes sont volumineuses (près de quatre cents textes), mais inégalement réparties dans le temps : presque rien pour le XIe siècle, moins d'un tiers du total pour le XIIe siècle, la grosse majorité datant du XIIIe siècle. L'essentiel provient des deux anciens cartulaires de l'abbaye (rédigés à la fin du XIIIe siècle), conservés aux Archives départementales de l'Aisne (cote H 477) et à la Bibliothèque nationale de France (manuscrit latin 9986[2]) ; le reste, dispersé dans des chartriers ecclésiastiques divers, constitue un appoint de premier ordre pour l'histoire de l'abbaye. Les sources écrites san-médardiennes ne devenant loquaces qu'à partir des années 1130, on peut penser que l'abbaye est sous-représentée, archivistiquement parlant, par rapport à sa place réelle dans l'économie et la société soissonnaises. Entre l'époque de sa splendeur – politique, religieuse et économique –, c'est-à-dire les VIe-IXe siècles, et celle du redémarrage de la documentation la concernant, plus de deux siècles s'écoulent, où le temporel a inévitablement subi des bouleversements, des dilapidations, des réorganisations, des transformations volontaires qui nous échappent en très grande partie. Difficulté supplémentaire, le temps de l'essor de l'écrit (en gros, le XIIe siècle, dans la région[3]) est aussi celui du « triomphe » des ordres monastiques nouveaux (cisterciens, prémontrés, chanoines réguliers réformés) et de la multiplication de leurs implantations en Soissonnais : la construction et la gestion de leur temporel ont donné lieu à une profusion de textes qui étouffent parfois la réalité de l'économie san-médardienne. Cette vision déformée de l'histoire de l'abbaye s'améliorera au fil du temps et de la normalisation des attitudes économiques des différents protagonistes.

Protection politique et stabilité économique

Compte tenu du rôle du monastère dans la politique royale du haut Moyen Âge, on doit s'interroger sur les conditions générales de son développement économique à l'issue de la période carolingienne, après un Xe siècle difficile[4]. Bien que le XIe siècle san-médardien soit difficile à appréhender, par bonheur quelques moments sortent de l'ombre.

Après l'an mil. Des troubles à la « paix royale »

Afin de bien comprendre dans quel contexte politico-militaire s'insère l'économie san-médardienne – et, plus largement, soissonnaise – au temps des premiers Capétiens, il suffira de rapporter un épisode fameux dans l'histoire de l'abbaye : celui de sa reprise en mains par le roi de France Henri Ier, au détriment du comte de Champagne qui la contrôlait depuis la fin du IXe siècle, époque de l'ascension de la dynastie des Vermandois. On a affaire ici à l'une des péripéties de la lutte menée par le Capétien contre la puissance champenoise dans la région, après la mort de l'un de ses plus redoutables adversaires, le comte de Blois-Champagne Eudes II (1037)[5]. En son palais de Senlis, le jour de la Pentecôte 1048 (23 mai), Henri Ier rappelle solennellement qu'à la suite des périls graves que le comte Étienne, fils d'Eudes II, a fait endurer à l'abbaye pendant sept années (1038-1044 ?), il lui avait retiré le monastère pour le mettre sous sa propre protection. Du coup, il restitue à Saint-Médard la forteresse de Vic-sur-Aisne dont l'avait privée le Champenois, en même temps que les fiefs *(beneficia)* qui en dépendaient[6].

Cette opération révèle le contrôle serré des possessions et revenus de l'abbaye par les comtes de Champagne successifs, à leur profit ou... à celui de leurs fidèles. C'est ce que démontre, en effet, une autre charte d'Henri Ier, précédant de peu celle de Senlis et donnée à Laon le jour de Noël 1047[7]. Un puissant personnage du nom d'Hugues rend alors à Saint-Médard un fief *(beneficium)* constitué de plusieurs domaines tenus « héréditairement », et ce pour le repos de l'âme de son père Renaud et de son frère Albert. Non identifié jusque-là, Hugues nous semble devoir être considéré avec certitude comme le vidame de Chartres du même nom[8], connu à l'époque dans l'entourage des comtes de Chartres et de Champagne – Eudes II a réuni les deux principautés peu après 1019 ; Renaud, le père d'Hugues, reçut sans doute ce fief du comte Eudes II au début des années 1020 et le transmit à ses fils. On ne peut manquer de rapprocher l'implantation soissonnaise des vidames de Chartres de celle du comte Eudes II et de certains de ses fidèles en Beauvaisis, notamment des seigneurs de Milly et surtout des seigneurs de Breteuil, en même temps vicomtes de Chartres[9] ! Il se dégage, de la sorte, un axe stratégique Beauvaisis-Soissonnais-Champagne mis en place par Eudes et qui représente une menace directe pour le Capétien, encerclé par le nord comme il l'est par le sud (Blois et Chartres). Autre réflexion : la proximité chronologique des deux chartes royales de Noël 1047 et mai 1048 pousse à s'interroger sur les liens éventuels entre les deux interventions royales. Le « fief de l'abbaye des saints Médard et Sébastien » *(beneficium abbatie sanctorum Medardi et Sebastiani)* rendu par le vidame Hugues ne ferait-il point partie des « fiefs relevant du château de Vic-sur-Aisne » *(beneficiis ad ipsum castrum pertinentibus)* dont Henri Ier confirme la restitution à l'abbaye cinq mois plus tard ? La situation probable des localités citées, dans les proches environs de Vic, plaide en faveur de cette interprétation[10].

Quoi qu'il en soit, ce très beau témoignage d'une présence imposée des hommes du Chartrain, fidèles du comte de Champagne, au cœur du Soissonnais, pour le contrôler et en tirer des revenus, est loin d'être isolé. Henri Ier lui-même a disposé des biens de l'abbaye pour s'assurer des fidélités. Lors de sa lutte contre les fils d'Eudes II par exemple, il fit main basse sur le domaine de Donchery sur la Meuse, à défaut de l'abbaye elle-même, et le donna temporairement en fief au duc de Lorraine Gothelon[11].

L'intérêt d'Henri Ier pour le monastère reste donc très « carolingien ». Enjeu de pouvoirs, source de revenus et moyen de contrôle militaire par le biais de ses forteresses et de ses vassaux, l'abbaye fait l'objet d'une protection nécessaire. En interdisant, dans la charte de Senlis, aux abbés de Saint-Médard de disposer de quelque façon que ce soit du château de Vic, de l'attribuer à un membre de leur parenté ou d'en soustraire un bien pour le concéder en fief, le souverain garantit à l'avance un point fort de son dispositif militaire et politique. Par ailleurs, cette notice de 1048 rédigée par l'abbaye elle-même, mais souscrite par le roi et revêtue de son sceau[12], constitue le seul acte royal conservé en original pour Saint-Médard entre le règne de Charles le Chauve et le siècle de saint Louis ! Loin d'être un hasard de la conservation, cette transmission par-delà les siècles dit toute l'importance d'une telle rupture pour les moines. « En ce sens, c'était un retour à la protection royale, dont l'abbaye s'était toujours réclamée, qui manifestait le regain d'autorité de la nouvelle dynastie capétienne. Avec cette remise en ordre politique, s'effectuait la condition préalable à une nouvelle prospérité monastique » : la conclusion de l'abbé Delanchy prend ainsi toute sa valeur.

Une dynastie capétienne « discrète »

Une fois le pouvoir royal mieux assuré dans la région, notamment lorsque, à partir du début du XIIe siècle, la frontière se stabilise entre les influences capétienne et champe-

✝ *CARTULARIUM ANTIQUUM, XIIIᵉ siècle (AD Aisne, Laon, H 477).*
Détail de la Charte d'Enguerrand de Coucy et de Montmirail,
portant en marge une figure dessinée.

noise, les liens du roi avec l'abbaye se relâchent. S'il est vrai que Philippe Iᵉʳ reste un protecteur attentif (réglant au profit de l'abbaye deux conflits l'opposant successivement à Aubry de Coucy et au comte de Soissons Guillaume Busac[13]), Louis VI et Louis VII sont moins interventionnistes. Le premier sert de médiateur en 1112 entre Saint-Médard et le prieuré de Saint-Léger-aux-Bois à propos de biens relevant de Saint-Étienne de Choisy, dépendance de Saint-Médard : il ne s'agit cependant pas d'un diplôme royal, seulement d'une intervention relatée dans une charte de l'abbé Raoul[14] ; on ne connaît, sur quelque quatre cent cinquante numéros, qu'une charte de Louis VI pour l'abbaye, à propos d'une serve royale et de sa descendance[15]. Quant à Louis VII, en plus de quarante années de règne, il ne délivre au profit de l'abbaye que trois diplômes sur huit cents[16].

Le monastère joue davantage alors sa carte pontificale, tandis que le prestige royal s'exprime en d'autres sanctuaires. Il faut attendre un souverain plus soucieux de chaque élément de son royaume et de ses prérogatives, et dont l'administration mît en place des archives plus soignées, pour retrouver une trace concrète des liens de la royauté avec Saint-Médard : Philippe Auguste fait ainsi réparer l'enceinte et les tourelles de l'abbaye pour cinq cents livres de dépense, mais l'établissement religieux en tant que tel ne paraît pas avoir été l'une de ses préoccupations[17].

Néanmoins, placée sous cette haute protection, pas toujours visible mais efficace, Saint-Médard n'a guère à redouter, aux XIIᵉ et XIIIᵉ siècles, les pouvoirs locaux qui s'exercent à proximité de ses domaines : comtes de Soissons, seigneurs de Coucy ou de Bazoches, petits chevaliers de villages ne la gênent pas trop dans sa vie quotidienne. Dans ce contexte, le temporel n'a pu que bénéficier de la stabilité politique de la région, surtout après les années 1050 et l'éviction de l'ancienne dynastie comtale soissonnaise pro-champenoise au profit d'un Normand (Guillaume Busac) qui devait tout au Capétien.

263

Propriétés foncières, espaces boisés et défrichements

À la recherche de la terre. Saint-Médard face aux cisterciens et aux prémontrés

Par beaucoup d'aspects, la vie économique de l'abbaye au XIIe siècle n'est connue qu'en creux, grâce à des informations émanant d'autres établissements ecclésiastiques, notamment des communautés de moines et de chanoines installés depuis peu en Soissonnais : chanoines réguliers de Saint-Jean-des-Vignes (1076) ; moines cisterciens d'Igny – au diocèse de Reims – (1126), d'Ourscamp – au diocèse de Noyon – (1129), et de Longpont – au diocèse de Soissons – (1132) ; chanoines prémontrés répartis sur six couvents du diocèse de Soissons (années 1120/1140). L'arrivée des nouveaux venus a suscité conflits, arbitrages et accomodements qui ont laissé des traces écrites. C'est donc, en quelque sorte, le dynamisme des ordres nouveaux et leur désir de réussir leur implantation foncière qui, dans un premier temps, ont fait réagir les bénédictins et leur ont fait adopter les solutions les plus acceptables pour eux. Les années passant, les attitudes économiques et les pratiques de gestion domaniale se rapprochent ; le XIIIe siècle offre alors sur Saint-Médard des témoignages multiples et autonomes, véritable reflet d'une politique volontariste d'administration du temporel.

Au sein d'une région agricole déjà bien colonisée, fortement peuplée et desservie par un réseau routier assez dense, la recherche de la terre est vite devenue la priorité des nouveaux monastères, d'autant qu'ils ont souvent été amenés à accueillir de nombreux fidèles, prêts à se retirer du monde pour consacrer leur vie à Dieu, tels les convers des couvents cisterciens et prémontrés. Pressés par les abbés ou les puissants protecteurs des nouvelles abbayes, les religieux de Saint-Médard ont concédé des bois et des terres incultes à défricher, contre des cens fixes – en argent ou en grain – ou des redevances à parts de fruits, des « terrages » au neuvième le plus fréquemment (synonyme de « champart », le terrage est une redevance en nature perçue par le seigneur foncier sur les récoltes de ses tenanciers, dans une proportion allant du huitième au douzième). Ils concluent ainsi des accords avec les cisterciens de Longpont et d'Ourscamp. Les premiers

obtiennent de ne payer qu'un muid de grain par an pour tout leur travail de la terre à Longpont (sur des portions de la paroisse et du terroir relevant de Saint-Médard), et reçoivent à Soucy une terre qu'ils défrichent contre paiement du terrage et de la dîme[18]. Les seconds se voient concéder un bois à défricher, sur l'étendue maximale d'une « charruée », contre le versement annuel de la dîme et d'un terrage à la neuvième gerbe ; ils pratiquent également un échange de terres : Saint-Médard offre sept pièces de terre « assez boisées et presque incultes », situées à Puiseux (à proximité d'une grange d'Ourscamp), contre quatorze autres, « parfaitement cultivées et très fertiles », près de Touvent (site de la ferme de Saint-Médard)[19]. Autres exemples encore. Les prémontrés de Lieu-Restauré détiennent un petit bois de Saint-Médard contre sept sous et demi par an, puis les moines leur donnent la permission de le défricher et de rendre la terre cultivable en échange seulement du paiement des deux tiers de la dîme correspondante, le dernier tiers étant cédé pour prix du travail d'essartage[20] (c'est-à-dire pour le débroussaillage et le défrichage des terrains boisés). Les chanoines de Saint-Ferréol d'Essommes peuvent également pratiquer des essarts sur des terres de Saint-Médard à Essommes et Triangle (hameau d'Essommes), en promettant de ne pas dépasser les bornes prescrites et de ne pas empiéter sur la terre san-médardienne sans accord du chapitre[21]. Plus brutalement, un conflit avec les cisterciens d'Igny sur des champs et des bois se termine par l'abandon des réclamations de Saint-Médard et le versement de vingt-quatre setiers de grain à son bénéfice[22]. Cette première phase de la réaction san-médardienne, plutôt passive, est bien repérable dans le temps, elle date du deuxième tiers du XIIe siècle, en gros des années 1130/1170.

La part de Saint-Médard dans l'essor agricole du XIIe siècle

Plusieurs indices laissent supposer cependant que la vieille abbaye soissonnaise n'a pas échappé au mouvement séculaire de remise en culture des terres en friche et d'attaque des espaces forestiers. Elle y a participé pleinement lors d'une seconde phase qui coïncide avec les années 1155/1195, et se chevauche donc avec la première. Le cas d'Essommes – siège d'une prévôté de Saint-Médard – est révélateur à ce sujet : le seigneur de La Ferté-Gaucher obtient neuf livres d'argent pour laisser le moine de Saint-Médard, prévôt d'Essommes, et les hommes du village jouir en paix des portions de bois « labourées à la charrue ct coupécs à la faux » qui relevaient de sa justice. Le monastère va jusqu'à recevoir du comte de Champagne tout un bois limitrophe d'une forêt san-médardienne, entre Cointicourt et Marizy-Saint-Mard, pour l'essarter et en faire à sa volonté ; en outre, un règlement conclu avec le chapitre cathédral de Soissons du temps de l'abbé Enguerrand (1148-1177) semble avoir exempté de dîme les essarts opérés et cultivés en propre par les moines à Marizy[23]. À l'autre bout de la région, en Tardenois, le monastère était en conflit avec le seigneur de Bazoches qui n'avait pas permis aux hommes de Sergy, dépendant de Saint-Médard, d'essarter un bois de la localité ; le bois fut divisé et borné, l'essartage rendu possible[24]. En revanche, les véritables opérations de lotissement sont moins fréquentes. On ne peut guère mentionner que l'appel fait aux hommes d'Autrèches, et à ceux qui ne relèvent pas de Saint-Médard, pour lotir la terre de Pont-Buffard, en échange d'une exemption de taille et d'un loyer fixe, par résidence, de trois sous annuels[25] : toutes conditions avantageuses qui sont alors de règle en France du nord.

Enfin, agissant de façon plus détournée, les moines de Saint-Médard ne comptent pas laisser leur échapper les fruits de la croissance générale, notamment ceux tirés des défrichements des autres ; ils cherchent donc à garder la haute main sur les dîmes des « nouvelles terres mises en culture » (les *novalia*) lorsque sont en cause des portions de terroir anciennement soumises à leur dîmage. On pourrait énumérer les cas de ce genre, connus aussi bien sur des terres laïques (un bois essarté du comte de Soissons Ives de Nesle, les essarts des colons de la paroisse d'Épieds, des terres défrichées par les paysans de Tracy[26]) que sur des domaines ecclésiastiques

✠ *CHARTE DE L'ABBÉ DE SAINT-MÉDARD MILON, 1213 (AN Paris, L 1009A n° 12). Charte-partie portant la devise « cyrographum ».*

(terres du Translon relevant de Saint-Jean-des-Vignes, celles de Marizy relevant de l'autel et du chapitre cathédral de Soissons[27], etc.).

Ces exemples d'intervention directe ou indirecte de Saint-Médard sur le mouvement d'extension des terroirs cultivés ne se concentrent pas sur une zone particulière mais sur l'ensemble de l'aire foncière san-médardienne : aux abords de la forêt de Retz (Longpont, Soucy, Le Translon) ou de la forêt de Laigue (Touvent et Puiseux, Tracy), sur les rives de la Marne (Essommes) et de l'Ourcq (Marizy), en Tardenois (Igny)… Chronologiquement (les opérations datent des années 1130/1190) et géographiquement (lisières forestières, rives de vallées encore peu colonisées), l'action et les réactions du monastère sont un bon reflet de la situation générale en Soissonnais, c'est-à-dire une expansion rurale forte, caractéristique du plein XIIe siècle. Il convient par conséquent de relativiser le rôle des nouveaux ordres dans le succès de l'essor agricole et économique du XIIe siècle. L'image du moine cistercien défricheur est tout à fait partielle. Les quelques exemples cités montrent d'une part la pression des communautés rurales elles-mêmes sur le démarrage des essarts ; ils prouvent, d'autre part, que d'anciens monastères, comme Saint-Médard, ont pris leur part du mouvement de reconquête des terres et ont relancé leurs exploitations durant cette phase de défrichements généralisés.

Le siècle de saint Louis

La période la plus intense de mise en culture du Soissonnais demeure, sans conteste, le XIIe siècle, bien qu'elle se prolonge un peu sur le début du XIIIe siècle. L'abbaye acquiert encore, en effet, une dizaine d'hectares de bois à essarter en 1215 près de Marizy-Saint-Mard et entre en conflit avec les chanoines de Saint-Jean-des-Vignes, durant les années 1220-1240, sur les dîmes de terres récemment défrichées à Épieds[28]. L'attaque des forêts devient, malgré tout, de plus en plus rare après 1250. L'opération de défrichement menée par l'abbaye – de concert avec le roi de France Louis IX – sur l'espace forestier du Hazoy situé entre La Croix-Saint-Ouen et l'Oise est exceptionnelle. Il a d'abord fallu que l'abbé et les hommes des villages de La Croix et de Mercière-au-Bois convainquent saint Louis de la grande utilité de l'entreprise pour l'économie locale ; puis le roi, qui détenait là un droit de contrôle et de justice, fait arpenter, diviser et borner la forêt afin d'attribuer à chacun sa part : pour le roi et l'abbaye, cent vingt-six arpents chacun, pour l'ensemble des communautés villageoises, quatre-vingts arpents, soit quelque trois cent trente-deux arpents, c'est-à-dire près de cent quarante hectares de futures nouvelles terres cultivables[29].

Ce qui fait véritablement l'originalité de l'époque, c'est la multiplication des mutations foncières, par échange ou achat le plus souvent. Il y a là un « décollage » généralisé que l'on ne peut pas imputer seulement au changement de nature des sources et à l'irruption des contrats de vente dans notre documentation. L'essor démographique et économique des XIIe et XIIIe siècles a favorisé la circulation des propriétés ; il a aussi réclamé des procédures de concentration foncière pour rendre viables les exploitations agricoles morcelées par les successions. L'intensification de l'usage de la monnaie joue également son rôle. L'étude des archives de Saint-Médard en témoigne avec éclat.

LE RÔLE DE L'ARGENT ET LE DÉVELOPPEMENT DU COMMERCE

Monnaies et liquidités financières

La question des ressources financières de l'établissement est peut-être l'une des plus délicates. En l'absence de comptabilités, même fragmentaires, pour la période qui nous occupe, les données chiffrées que l'on peut rassembler à partir des actes de la pratique constituent une base de travail essentielle. Elles sont pourtant loin de répondre à toutes nos interrogations sur le volume des liquidités financières de l'abbaye et ses variations dans le temps.

L'argent, la monnaie, les deniers ont toujours été utilisés par les établissements monastiques, même pendant les périodes d'atonie monétaire supposée, comme le XIe siècle[30]. Lorsque l'abbé Renaud récupère en 1047 les biens de Saint-Médard se trouvant entre les mains du vidame de Chartres, il lui accorde quarante livres, pour éviter des contestations ultérieures et le dédommager de sa rétrocession[31]. L'utilisation de l'argent en Soissonnais n'est donc pas une rareté à l'époque, comme le prouve une cession de vigne par un chevalier soissonnais en 1053 contre une somme de huit livres et un cens annuel de douze deniers[32].

Dès le XIIe siècle, il est certain que les affaires d'argent ne manquent pas de préoccuper les moines de Saint-Médard, auxquels on réclame les deniers qui leur ont été prêtés. Si l'on sait peu de chose sur les raisons des exigences financières du comte de Soissons Ives de Nesle[33], l'entrée au monastère de Louis de Choisy nous en apprend davantage[34]. En effet, ce laïc apporta avec lui deux cents livres, une somme considérable à l'échelon local[35], qu'il destinait à l'achat d'une terre ; mais l'abbé l'utilisa pour payer les lourds intérêts *(graves usuras)* qu'il devait ici et là, en attendant de trouver une terre convenable, et il explique que son abbaye ne pouvait lui restituer la somme en deniers sans se mettre en péril financier *(sine magno gravamine et gravi usura)*. La solution de rechange fut de lui attribuer en compensation une somme annuelle de six livres, perçue sur les revenus du Bourg d'Aisne et du bourg Saint-Médard. Ces démêlés de l'abbaye avec ses prêteurs, les difficultés qu'elle a à mobiliser l'argent nécessaire en temps voulu sont symptomatiques de l'évolution économique : la circulation monétaire s'accroît, mais les églises ont du mal à disposer de grosses sommes.

Et il est vrai que tout au long du XIIe siècle les versements en nature au profit de l'abbaye sont prédominants, l'argent rare et les sommes faibles : deux, trois ou quatre sous. Mais, à partir des années 1170/1180, les exemples se multiplient de sommes déboursées pour les acquisitions de biens (fonciers ou mobiliers) et les rachats de rentes en nature. Entre 1171 et 1264, nous avons connaissance de plus de deux mille livres de dépenses faites par Saint-Médard, la moyenne des achats se situant entre vingt et quatre-vingts livres[36].

Les études faites par ailleurs sur d'autres églises soissonnaises confirment la nature et la chronologie de cette évolution. Saint-Médard se situe par conséquent dans la norme constatée : pensons que la petite abbaye prémontrée de Valsery a dépensé au moins mille livres entre 1150 et la fin du XIIIe siècle[37].

✝ PAGE À MOTIFS DÉCORATIFS. Missel provenant de Saint-Médard de Soissons, manuscrit du XIVᵉ siècle (Soissons, Bibliothèque municipale, ms. 89, fol. 7 v).

En revanche, il est impossible, dans l'état actuel des recherches, de faire le moindre rapprochement entre les émissions monétaires attribuées à l'abbaye et le montant des dépenses en argent de l'abbaye. Car les sources des XIe-XIIIe siècles ne font jamais mention de « monnaie de Saint-Médard », ce qui aurait permis de comprendre son utilisation. Seules quelques rares références aux mesures spécifiques de l'abbaye – et uniquement au XIIIe siècle – attestent une autonomie relative de l'établissement dans les instruments économiques : en 1237, la vente d'une vigne évaluée « à la perche de Saint-Médard de Soissons » est faite sur le terroir de Berny, au profit de l'abbaye Saint-Vaast d'Arras[38] ; en 1264, une rente en blé et en avoine, « à la mesure de Saint-Médard », est perçue sur le grenier abbatial à Saint-Médard[39].

La crise financière et la nouvelle conjoncture économique

Pour conclure sur cet aspect financier, voyons rapidement la situation du monastère au seuil de la guerre de Cent Ans. En parallèle des difficultés de conjoncture du XIIIe siècle finissant et du XIVe siècle, Saint-Médard est contraint d'emprunter en de multiples occasions.

L'étude menée par Pierre Desportes sur l'économie rémoise et les prêteurs issus de cette ville permet d'avoir quelques précisions, car les usuriers rémois prêtaient volontiers aux grands monastères, même si leurs archives conservent rarement la trace de ces obligations.

À l'occasion de litiges, les archives judiciaires révèlent que les deux Rémois Thibaud le Petit et Thibaud le Chastelain obtiennent du Parlement, le 16 janvier 1333, confirmation d'une sentence laonnoise contraignant le couvent de Saint-Médard à payer, par saisie de ses biens, aux deux bourgeois les rentes viagères qu'il leur avait vendues. Et, le 29 novembre 1345, la cour royale rend un jugement identique en faveur de Jean Bertremet contre l'abbaye[40]. Après 1350, Saint-Médard, « une autre bonne cliente des prêteurs de Reims », est accablée de dettes et se trouve dans la nécessité de vendre, entre 1358 et 1366, pour plus de cinq cents francs par an de rentes à vie à divers créanciers dont plusieurs habitants de Reims[41].

Mais nous sommes loin de « l'âge d'or » du siècle précédent, le contexte politique et économique a totalement changé.

Les circuits commerciaux

À côté de l'aspect financier de l'économie, le domaine commercial se révèle aussi un bon poste d'observation pour estimer les capacités de l'abbaye soissonnaise. On ne peut oublier, en effet, que les premières attestations de commerce dans la région, souvent citées par les historiens de l'économie, proviennent des archives de Saint-Médard. Dès 1066, le roi de France déboute Aubry de Coucy de ses prétentions à rendre la justice sur les marchands et les transporteurs de vin flamands qui se rendent jusqu'aux terres de Saint-Médard ; il en est de même des marchands des quatre comtés septentrionaux de Noyon, Vermandois, Amiens et Santerre ; un moine de l'abbaye est chargé de tout ce qui les concerne, et le sire ne parvient pas à substituer sa protection et son profit à ceux du monastère[42]. Le transit et le commerce du vin soissonnais (et laonnois) en direction des territoires picard et belge sont connus depuis l'époque carolingienne, mais il est intéressant de voir l'abbaye soissonnaise devenir un relais suffisamment actif pour susciter la convoitise du sire. L'insertion de Saint-Médard dans l'économie commerciale de son temps est d'ailleurs confirmée par une autre charte royale de 1066 qui récuse les prétentions du comte de Soissons à juger les charretiers en transit, jusque-là justiciables de Saint-Médard : les exemples invoqués nommément touchent un « Parvin de Saint-Quentin » et un « Gautier de Tournai », appuyant l'importance de cette aire septentrionale du commerce entrevue précédemment. En outre, la situation de l'abbaye sur les rives de l'Aisne la conduisit naturellement à prendre part au trafic fluvial, en concurrence avec d'autres pouvoirs, tel celui du comte[43].

Le développement des courants commerciaux aux échelons local et régional s'incarne surtout dans l'attention portée par les moines de Saint-Médard à la protection et au bon déroulement des marchés situés sur leurs terres. Un exemple typique est celui de Sergy, en Tardenois. L'abbaye et les hommes du village ont demandé à une puissance laïque supérieure, en l'occurrence le comte de Champagne, de s'associer à eux pour fonder un marché hebdomadaire (chaque samedi) et d'assurer la sécurité des allées et venues des marchands, autant que celle du marché lui-même. Les droits prélevés sur les transactions et les autres revenus du marché sont partagés par moitié avec le comte, ainsi que les revenus de la justice sur les « étrangers[44] ». Indice de l'essor économique du secteur et du rôle central joué par la bourgade au milieu du XIIe siècle, cette création de marché est un moyen supplémentaire d'assurer des revenus fixes à l'abbaye et d'écouler ses produits.

UNE ABBAYE PARTIE PRENANTE DE SON TEMPS

Au vu de cette première enquête sur la place de Saint-Médard dans l'économie des XIe, XIIe et XIIIe siècles, il paraît difficile de ne pas considérer la position de la vieille abbaye de Clotaire comme un fidèle reflet d'une situation plus générale. Tributaire du contexte politique, elle souffre autant des conflits opposant les autorités régionales et de la fragilité capétienne du premier XIe siècle, que du démarrage, au début du XIVe siècle, de la guerre franco-anglaise, de l'insécurité quotidienne et de l'instabilité économique qui s'en sont ensuivies.

Puissance financière à l'époque de la croissance sans nul doute, encore fragile avant 1170-1180, Saint-Médard nécessitera néanmoins une étude fine pour mieux comprendre sa politique économique. L'analyse de ses dépenses au cas par cas, la recherche exhaustive des traces de son utilisation de la monnaie permettront d'y voir plus clair. Les premières données publiées ici sur le monnayage propre de l'abbaye doivent nous encourager à progresser en la matière, où tout reste à faire. La reconstitution de l'ensemble du marché monétaire soissonnais nous y aidera également. Il faut dépasser ce qui demeure une « impression ». L'histoire des bâtiments monastiques, dispersés dans toute la région, y gagnera aussi. On évoque souvent, en effet, l'importance des ressources financières de l'abbaye pour expliquer la variété et le nombre de ses réalisations architecturales (églises, forteresses, fermes fortifiées) ; mais il convient de remarquer que, pour une bonne part, Saint-Médard disposait en propre des matériaux de base de ses constructions grâce aux carrières qui lui appartenaient (près de Vaubéron ou à Vez) ou auxquelles elle avait accès (Touvent[45]). L'évaluation de leurs aptitudes véritables et de la qualité de leurs pierres favorisera une meilleure appréciation du coût réel de cette architecture fameuse.

Sur le plan des profits tirés de la terre, nous nous sommes rendu compte qu'après une période d'adaptation aux nouvelles conditions de l'essor agricole, les moines de Saint-Médard ont participé en profondeur à la croissance agraire d'après 1150. Productions viticoles et céréalières de l'abbaye pourront, à l'avenir, être scrutées à la lumière de ce mouvement général de l'économie.

Quant aux « hommes de Saint-Médard » – ceux que l'on a vus, associés aux moines dans des revendications communes à Essommes ou à Sergy, pour gagner de nouvelles terres à la culture –, leur organisation communautaire paraît solide. Objets de protection réciproque entre établissements ecclésiastiques[46], parfois soumis à la pression des seigneurs laïcs de la région qui cherchent à étendre leur emprise judiciaire et économique[47], ils ont obtenu de l'abbaye des garanties et des avantages réglementés. Sans compter leur insertion dans le commerce régional (exemple du marché de Sergy), ils bénéficient d'une justice payante mais régulée par l'abbé, d'une représentativité épisodique dans les instances de décision du village, d'une fixation non arbitraire des redevances en fonction des trains d'attelage de chacun[48]. À travers l'histoire de l'abbaye, c'est bien celle des hommes et des femmes du Moyen Âge que l'on approche ; ne serait-ce que pour cela, Saint-Médard de Soissons mérite toute notre attention et tous nos efforts.

✢ *CÉRAMIQUE PROVENANT DES FOSSÉS DE SAINT-MÉDARD,*
XIIIe siècle (musée de Soissons, inv. 93. 14. 18).

[1] On ne peut guère citer que le mémoire de maîtrise, très énumératif, d'Annie BRACQ, *Le temporel de l'abbaye de Saint-Médard de Soissons d'après le cartulaire H 477 des Archives départementales de l'Aisne, au XIIIe et au début du XIVe siècle*, sous la direction de MM. Desportes et Godard, 1972-1973, 129 p. Des informations dispersées figurent également dans la thèse de Dominique BARTHÉLEMY, *Les deux âges de la seigneurie banale. Pouvoir et société dans la terre des sires de Coucy (milieu XIe-milieu XIIIe siècle)*, Paris, 1984, 599 p.

[2] Cf. abbé DELANCHY, « Les sources manuscrites : le *cartularium antiquum* et le *cartularium novum* », *supra*, p. 22-24. Le cartulaire du prieuré de Choisy-au-Bac (Arch. nat., LL 1023) présente aussi un grand intérêt.

[3] Après un vide terrible durant la plus grande partie du XIe siècle, l'écrit ne réapparaît, en Soissonnais, qu'à partir des années 1070-1080 ; mais le « décollage véritable » n'intervient pas avant les années 1110, le volume de textes conservés gonflant sans cesse par la suite, tout au long du XIIe siècle.

[4] Cf. abbé DELANCHY, *supra*, chapitre III, « Le siècle des *rectores* », et précisément sur le XIe siècle, « Le retour dans la main du roi ».

[5] Michel BUR, *La formation du comté de Champagne, vers 950-vers 1150*, Nancy, 1977, p. 194-201.

[6] Acte conservé en original : Bibl. nat. France, coll. Picardie, vol. CCXCIII, n° 1.

[7] Charte uniquement connue sous forme de copie : Arch. dép. Aisne, H 477, f° 66 v°-67.

[8] André CHÉDEVILLE, *Chartres et ses campagnes (XIe-XIIIe siècle)*, 1973, réédd. Jean-Michel Garnier, 1991, p. 259, 260. À la mort du vidame Renaud, lui succèdent ses fils Aubert (témoin d'un acte du comte Eudes II pour Marmoutier, 1031-1032 : abbé Ch. MÉTAIS, *Marmoutier. Cartulaire blésois*, Blois, 1889-1891, n° VII, p. 13) puis Hugues.

[9] Sur les droits comtaux d'Eudes II en Beauvaisis et sur la famille des Breteuil, vicomtes de Chartres : cf. Olivier GUYOTJEANNIN, *Episcopus et comes. Affirmation et déclin de la seigneurie épiscopale au nord du royaume de France (Beauvais-Noyon, X[e]-début XIIIe siècle)*, Genève-Paris, Droz, 1987 (*Mémoires et documents publiés par la Société de l'École des chartes*, XXX), *passim*.

[10] Il faut sans doute identifier les lieux cités dans cette charte de restitution avec : Violaine (Oise, comm. Moulin-sous-Touvent, cant. Attichy), Roche (Aisne, comm. Berny-Rivière, cant. Vic-sur-Aisne), Courtil (Aisne, comm. Osly-Courtil, cant. Vic-sur-Aisne, ou Moulin-sous-Touvent, Oise) et peut-être Villers-la-Fosse (Aisne, comm. Vaurezis, cant. Soissons) ou les Villers (Oise, comm. Saint-Pierre-les-Bitry, cant. Attichy).

[11] L'usurpation du Capétien (en 1038) est connue par un récit de miracle de reliques conservées à Saint-Médard et dont l'intervention permit la restitution de Donchery dès 1039 : cf.

Miraculum sancti Sebastiani, dans *Monumenta Germaniae historica, Scriptores*, XV/2, 1888, p. 771-773.

[12] Sur les actes d'Henri Ier établis par les destinataires, cf. Olivier GUYOTJEANNIN, « Les actes d'Henri Ier et la chancellerie royale dans les années 1020-1060 », dans *Comptes rendus des séances de l'Académie des Inscriptions et Belles Lettres*, 1988, p. 94-96.

[13] Maurice PROU, *Recueil des actes de Philippe Ier, roi de France (1059-1108)*, Paris, 1908, n° XXVII, p. 79-83 (Coucy), et n° XXVIII, p. 83-86 (Soissons), tous deux datés de 1066.

[14] Jean DUFOUR, *Recueil des actes de Louis VI roi de France (1108-1137)*, Paris, De Boccard, 1993, t. III, p. 84 : à propos d'un étang et d'un moulin situés sur la terre de Saint-Étienne de Choisy-au-Bac (Oise, cant. Compiègne).

[15] *Ibid.*, t. II, 1992, n° 304, p. 151, 152 (1131).

[16] Achille LUCHAIRE, *Études sur les actes de Louis VII*, Paris, 1885, n° 43 (1139/1140), 723 (1177/1178) et 751 (1178/1179).

[17] John BALDWIN, *Les registres de Philippe Auguste*, vol. I, Paris, De Boccard, 1992, compte O (1205-1212), p. 245. Sur les fortifications de l'abbaye, autre charte royale, de 1181 : Henri-François DELABORDE, *Recueil des actes de Philippe Auguste, roi de France*, 1916, t. I, n° 44. Si l'on veut avoir une idée de l'importance de cette dépense, rappelons que la taille du pain et du vin à Paris rapporte mille livres au roi en 1202-1203, que Philippe Auguste dépense plus de trente mille livres pour les fortifications de ses villes, dont sept mille pour la seule enceinte de la rive gauche de Paris : John W. BALDWIN, *Philippe Auguste et son gouvernement*, Paris, 1991, p. 196 et 380.

[18] Longpont (Aisne, cant. Villers-Cotterêts), vers 1132-1138 (acte de l'abbé Eudes) : Arch. dép. Aisne, H 692, f° 49 v°-50 r° ; et 1146 : *id.*, f° 50-51 (l'évêque de Soissons indique qu'il s'agit d'une clause de la fondation). Soucy (Aisne, cant. Villers-Cotterêts), 1158 : Bibl. nat. France, coll. Picardie, vol. CCLXXXIX, n° 3.

[19] Achille PEIGNÉ-DELACOURT, *Cartulaire de l'abbaye de Notre-Dame d'Ourscamp*, Amiens, Société des Antiquaires de Picardie, 1865, n° XCI, p. 63, 64 (*silvam ad dirumpendum*, sans doute proche de Puiseux, 1145), et n° XC, p. 62, 63 (échange entre Puiseux et Touvent, 1156) (Oise, comm. Moulin-sous-Touvent, cant. Attichy). La présentation inégalitaire de l'échange, au profit de Saint-Médard, est-elle une autojustification de l'abbé, devant son chapitre, pour des mutations foncières inhabituelles à l'abbaye, ou la traduction simpliste des avantages réels du marché passé avec les cisterciens : par exemple, une disproportion dans les superficies échangées, qui ne sont pas indiquées ?

[20] Lieu-Restauré (bois sans doute près de Soucy, Aisne), 1166 : Arch. dép. Aisne, H 477, f° 55 v°.

[21] Saint-Ferréol d'Essommes, 1181 : Arch. dép. Aisne, H 477, f° 18 v°-19.

[22] Igny (pour des terres en Tardenois non localisées), 1169 : Bibl. nat. France, latin 9986, f° 30 r°.

[2]. Essommes (Aisne, cant. Château-Thierry), 1166 : Arch. dép. Aisne, H 477, f° 16 v°-17. Cointicourt/Marizy-Saint-Mard (Aisne, cant. Neuilly-Saint-Front), 1173 : *ibidem*, f° 19 v°. Marizy-Saint-Mard (*de propriis novalibus que idem monachi excoluerant*), 1196 : Bibl. nat. France, coll. Picardie, vol. CCLXXXI, n° 12.

[24] Sergy (Aisne, cant. Fère-en-Tardenois), 1188 : Bibl. nat. France, latin 9986, f° 28.

[25] Autrèches (Oise, cant. Attichy) et Pont-Buffard : charte de l'abbé Enguerrand de 1172 (Arch. dép. Aisne, H 477, f° 103 v°) ; les nouveaux arrivants relèveront de la mairie de Nouvron (Aisne, cant. Vic-sur-Aisne).

[26] Essart d'un bois d'Ives de Nesle à Fresnoy-lès-Roye (Sommes, arr. Montdidier, cant. Roye) : William Mendel NEWMAN, *Les seigneurs de Nesle en Picardie (XIIe-XIIIe siècle)*, t. II, Paris, Picard, 1971, n° 22, p. 59 (1154) ; Épieds (Aisne, cant. Château-Thierry) : conflit avec Saint-Jean-des-Vignes et le prêtre d'Épieds, porté devant le pape Alexandre III en 1172 (Dietrich LOHRMANN, *Papsturkunden in Frankreich. Neue Folge. Band 7. Île-de-France und Vermandois*, Göttingen, Vandenhoeck und Ruprecht, 1976, n° 18) ; dîme sur les *novalia* des paysans de Tracy-le-Mont (Oise, cant. Attichy), 1167 : Achille PEIGNÉ-DELACOURT, *op. cit.*, n° XCII, p. 64.

[27] Dîme du Translon (Aisne, comm. Saint-Pierre-Aigle, cant. Vic-sur-Aisne), 1172 : Bibl. nat. France, latin 11004, f° 96 v°. Conflit à Marizy avec le chapitre Saint-Gervais : Arch. nat., L 1009 A, n° 10 (1188), et Bibl. nat. France, coll. Picardie, vol. CCLXXXI, n° 12 (1196).

[28] En 1215, la comtesse de Champagne cède à Saint-Médard vingt-quatre arpents (dix hectares environ) de bois à essarter sur sa haie de Marizy (Arch. dép. Aisne, H 477, f° 25 v°). À Épieds, les droits de Saint-Médard sur les dîmes des essarts d'un bois seigneurial sont assurés en 1228, et le conflit avec Saint-Jean-des-Vignes sur les dîmes d'autres essarts se prolonge jusqu'en 1240 (*ibid.*, f° 20 v°-24 v°).

[29] Le bois du Hazoy se trouve sur la commune de La Croix-Saint-Ouen, avec une trace toponymique au nord-ouest de Mercière-au-Bois, la bien nommée (Oise, cant. Compiègne). Les détails de l'opération sont longuement relatés dans une charte de l'abbé Jérôme (1262) et une charte de saint Louis (1268) : *ibid.*, respectivement aux f° 72 v° et 73 r°-74 r°.

[30] Cf. Michel DHÉNIN et Michel HOURLIER, « Les monnaies attribuées à Saint Médard et Saint Sébastien », *infra*, p. 242-257.

[31] Cf. *supra*, note 7.

[32] Arch. dép. Seine-Maritime, 14 H 754, n° 1. Dans ce même document, un bouclier est estimé à huit sous.

[33] Les réclamations du comte sont relatées très succinctement dans une lettre du pape Eugène III à Suger, abbé de Saint-Denis, en 1146 : abbé MIGNE, *Patrologie latine*, t. CLXXX, col. 1118.

[34] La charte de l'abbé Enguerrand, datée de 1157, explique que Louis est entré à Saint-Médard « de son temps », donc entre 1148 et 1157 : Bibl. nat. France, latin 9986, f° 147 v°-148 r°.

[35] À titre de comparaison, une vingtaine d'années plus tard, en 1180, l'abbaye reçoit un moulin en gage d'un chevalier d'Essommes contre cent livres de « forts » (Arch. dép. Aisne, H 477, f° 17 r°-18 v°).

[36] La majorité des dépenses (autour de 80 %) sont estimées (et faites ?) en monnaie parisis, le reste en monnaie de Provins et en deniers « forts » essentiellement ; la monnaie de nérets et la monnaie tournois sont peu employées.

[37] Sur les prémontrés : Ghislain BRUNEL, « Les activités économiques des prémontrés en Soissonnais aux XIIe et XIIIe siècles. Politique originale ou adaptation au milieu ? », dans *Actes du 14e colloque du Centre d'Études et de Recherches Prémontrées, Laon, 1988, Agriculture et économie chez les prémontrés*, 1989, p. 66-79 (cf. p. 76-78, sur l'utilisation de la monnaie).

[38] Louis RICOUART, *Les biens de l'abbaye de Saint-Vaast dans les diocèses de Beauvais, de Noyon, de Soissons et d'Amiens*, 1888, p. 62, 63 : *ad perticam Sancti Medardi Suessionensis*.

[39] Arch. dép. Aisne, H 477, f° 57 r° : *ad mensuram nostram Sancti Medardi*.

[40] Pierre DESPORTES, *Reims et les Rémois aux XIIIe et XIVe siècles*, Paris, Picard, 1979, p. 453, qui renvoie aux Arch. nat., X^{1a} 6, f° 285 (1333), et X^{1a} 10, f° 327 (1345).

[41] Pierre DESPORTES, *op. cit.*, p. 608 ; Pierre GASNAULT, « Les malheurs de l'abbaye Saint-Médard de Soissons au début de la guerre de Cent Ans », dans *Revue Mabillon*, t. L, 1960, p. 69-80.

[42] Maurice PROU, *op. cit.*, n° XXVII, p. 82.

[43] Maurice PROU, *op. cit.*, n° XXVIII, p. 85. L'abbaye contrôle d'ailleurs plusieurs îlots de l'Aisne, comme celui cédé à moitié aux chanoines de Saint-Léger avant 1139 (abbé PÉCHEUR, *Cartulaire de l'abbaye de Saint-Léger de Soissons*, Soissons, 1870, n° II, p. 17-19).

[44] Association conclue en 1169 à Sergy (Aisne, cant. Fère-en-Tardenois) : Bibl. nat. France, latin 9986, f° 29 r°.

[45] Vaubéron (Aisne, comm. Mortefontaine, cant. Vic-sur-Aisne), 1158 : Bibl. nat. France, coll. Picardie, vol. CCLXXXIX, n° 3. Achat d'une carrière à Vez (Oise, cant. Crépy-en-Valois) en novembre 1264 : Arch. dép. Aisne, H 477, f° 58 r°. Accès à la carrière cistercienne de Touvent (Oise, comm. Moulin-sous-Touvent, cant. Attichy), 1304 : Achille PEIGNÉ-DELACOURT, *op. cit.*, n° LXXXVI, p. 56-60.

[46] Vers 1000/1022, l'abbé de Saint-Médard, Richard, écrit aux dignitaires de Saint-Martin de Tours pour leur demander d'accorder leur protection aux hommes de la *familia* de Saint-Médard vivant sur les terres de Saint-Martin : beau document original conservé à la Bibl. nat. France, latin 12875, f° 609.

[47] Voir à ce sujet : Dominique BARTHÉLEMY, « Les sires de Coucy et Saint-Médard de Soissons », dans *Mémoires de la Fédération des sociétés d'histoire et d'archéologie de l'Aisne*, t. XXXI, 1986, p. 135-142.

[48] Deux chartes de l'abbé Bertrand sur ces questions : réglementation de la justice de Sergy, avec la participation d'un doyen, de deux échevins et de quatre villageois (Bibl. nat. France, latin 9986, f° 30 v°, 1190) ; fixation des redevances des hommes de Berneuil-sur-Aisne (Oise, cant. Attichy) en fonction de leur détention d'un cheval, de bœufs, d'une charrue, etc. (Arch. dép. Aisne, H 477, f° 30 v°-31 r°, s. d.)

notes

✠ *Perle mérovingienne prove-*
nant de Saint-Médard de Soissons
(fouilles de 1986). Musée de Sois-
sons, inv. 93.14.21.

Étude topographique et architecturale

par Denis Defente

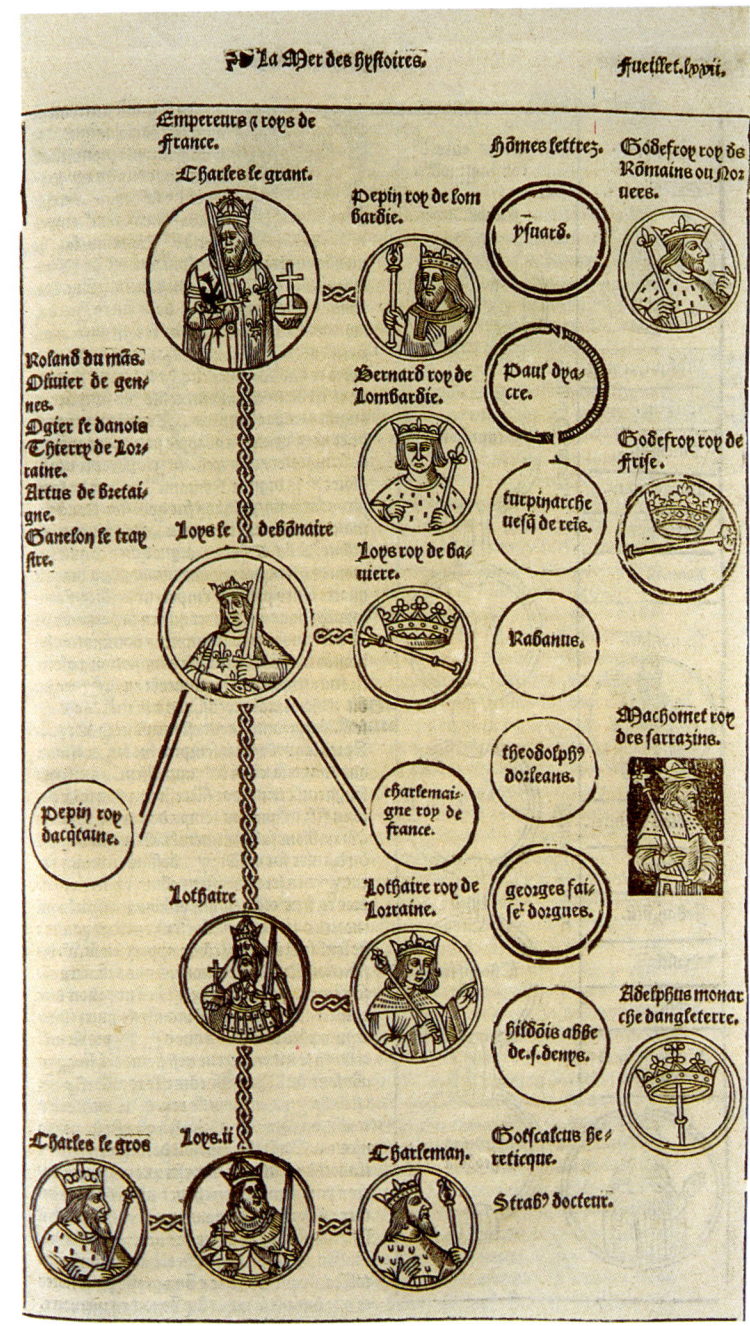

LA MER DES HISTOIRES, second volume, Paris,
1543, fol. 72 (Soissons, Bibliothèque municipale).

Introduction générale

*G*râce aux sources écrites et numismatiques, les précédentes contributions ont retracé l'histoire de l'abbaye Saint-Médard, de ses origines mérovingiennes à la fin du Moyen Âge classique. La guerre de Cent Ans et les guerres de Religion portent un coup fatal au prestigieux ensemble médiéval et la Révolution a finalement raison des efforts de reconstruction de la période moderne : il ne demeure aujourd'hui que quelques rares vestiges. Pourtant, à l'image de l'ambition de l'abbaye comme à celle des commanditaires, de nombreux programmes architecturaux, tant pour le monastère lui-même que dans les domaines les plus éloignés, ont jalonné les grandes heures de l'institution. Leur mise en place a été favorisée par des moyens financiers considérables mais également facilitée, dans le Soissonnais, par la présence de nombreuses carrières de pierres dont un certain nombre appartenait à l'abbaye.

Nous pouvons aujourd'hui encore évoquer l'architecture du monastère disparu et rendre vie aux derniers témoins en élévation ou retrouvés en fouille grâce à l'étude des représentations anciennes. Dans la présentation qui suit, les sources auxquelles il est fait référence pour la description et pour la datation de ces documents, déjà référencées dans les contributions précédentes, ne sont donc pas répétées.

À travers ces sources iconographiques, il faut bien sûr discerner les divers motifs de leur création, ne serait-ce que pour donner une idée de leur objectivité. Ce sont plans ou tableaux commandés par la communauté, plans liés à des reconstructions ou à des lotissements, plans commandés pour illustrer des ouvrages historiques afin de délimiter des droits, représentations spécifiques du monastère, vues générales de la ville de Soissons intégrant le domaine de Saint-Médard. La commande initiale conditionne très nettement la qualité de l'apport historique du document étudié qui, pris isolément, semble bien souvent incomplet, voire peu fiable, d'autant que, pour la plupart, ces documents n'ont bénéficié d'aucune recherche particulière et demeurent mal connus ; leur étude reste à faire. Mais, en dépit de l'apparente aridité de certaines représentations et malgré la fantaisie manifeste constatée pour d'autres, la comparaison de ces documents entre eux et leur confrontation avec les sources écrites et les derniers vestiges architecturaux qui, du fond du Moyen Âge, sont parvenus jusqu'à nous permettent de retracer au mieux l'évolution topographique et architecturale des lieux.

FIG. 1 :
Plaque funéraire
de Sigebert Ier,
détail de la figure 94.

ICONOGRAPHIE

LES PLUS ANCIENNES REPRÉSENTATIONS DE L'ABBAYE SAINT-MÉDARD

L'intérieur de l'enceinte principale

Ce plan présente l'organisation du monastère à l'intérieur de l'enceinte principale à la fin du XVIᵉ siècle (fig. 4). Les annotations sur le plan, comme le texte transcrit p. 279 auquel renvoient les numéros figurés sur le plan, indiquent l'usage et l'état de chaque bâtiment après les pillages de 1567-1568, liés aux guerres de Religion. Ce texte serait peut-être le « procès verbal des ruines condition et réparations des lieux réguliers de l'abbaye » du 26 février 1580 que dom Grenier signale dans son *Histoire chronologique de l'abbaye* (BNF Picardie 243, f° 245). Il est en tout cas antérieur à 1593, car il ne signale pas que le bloc-façade de l'église principale, représenté sur le plan, est détruit (BNF Picardie 243, f° 245'). Le style de l'écriture et le filigrane du papier sur lequel le plan a été tracé ne contredisent pas cette datation (fig. 3) mais ce plan, lui, révèle un état plus ancien, comme le suggère le titre du texte (cf. p. 279). C'est ainsi que certaines annotations signalent les variations entre l'état, voire l'emplacement des bâtiments et leur représentation. Par exemple, le moulin (fig. 4, 20) n'est plus à cet endroit, mais se trouve « à l'oposite, du costé d'orient » ; de même, les parloirs et les salles (fig. 4, 28-29) n'existent plus en entier, mais s'arrêtent dans l'alignement du réfectoire. L'église Sainte-Sophie (fig. 4, 24) est figurée selon un plan basilical à trois vaisseaux, c'est-à-dire telle qu'elle devait être avant l'incendie de 1436 et sa reconstruction selon un plan cruciforme (fig. 7 et 17).

Ce plan du XVIᵉ siècle, copie probable d'un document représentant l'abbaye avant 1436, serait donc la plus ancienne représentation actuellement connue du monastère de Saint-Médard. Si les systèmes de voûtement ici figurés témoignent de l'importance des aménagements gothiques, ce plan conserve aussi le souvenir de l'âge d'or de l'abbaye, qui fut la période carolingienne, les notes indiquant que « l'empereur Louis le Débonnaire occupait quelquefois 15, 16, 17 et 18 avec les dessus, outre le logis abbatial ». Enfin, ces deux documents permettent de comprendre les liaisons entre chaque espace, tout en restituant le cadre de la vie monastique.

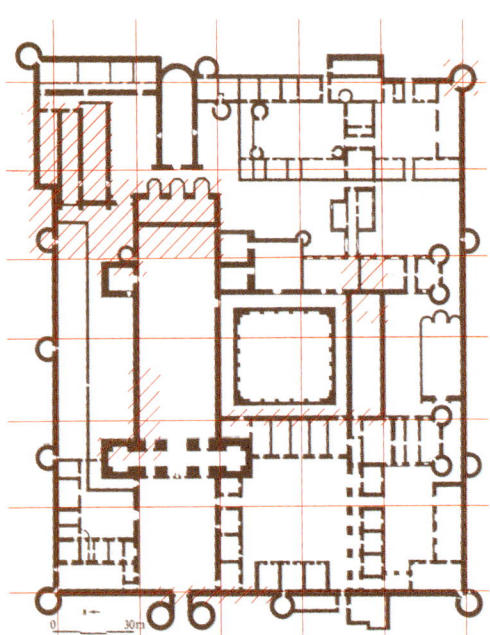

FIG. 2 :
Représentation schématique du plan de la figure 4 sur lequel un carroyage de 30 m de côté est superposé. En hachuré rouge sont figurées les zones où des vestiges ont été identifiés en élévation ou en fouilles.

FIG. 3 : Filigrane du papier (h. : 0,105 m) sur lequel est reproduit le plan de la figure 4. Motif de fleur de lys inscrit dans un cercle couronné (pour des comparaisons cf. C. M. Briquet « Les Filigranes », 1907, rééd. 1968, p. 379, 393, 397).

PLAN IDÉAL OU RELEVÉ PRÉCIS

La grande rigueur dans l'organisation des bâtiments a parfois fait penser qu'il s'agissait d'une représentation idéale du monastère. Cette rigueur a également été attribuée à la technique de réalisation du plan – la mise au carreau – dont témoignent de nombreux tracés préparatoires, trous de compas et tracés à la pointe sèche. On constate effectivement que le module utilisé est un carré dont le côté correspond à la différence entre la largeur et la longueur de l'enceinte (cf. fig. 2).

Si l'on transforme les toises en mètres, ce module correspond à un carré de 30 m de côté. L'enceinte mesure ainsi 180 par 150 m de côté et l'église principale, de 30 m de large, est à 30 m du rempart nord. L'espace claustral, qui la jouxte côté sud, s'inscrit dans un quadrilatère de 60 m de côté, lui-même situé à 30 m du rempart méridional et à 60 m des remparts est et ouest. L'aumônerie, la cour d'entrée et l'ancien « palais » reprennent la même organisation. L'église principale, d'environ 100 m de long, est à égale distance des remparts orientaux et occidentaux, soit à 40 m. L'église Sainte-Sophie, quant à elle, mesure 30 m de long et 15 m de large. En revanche, l'église de la Trinité, qui semble résulter de deux campagnes de construction, et le palais abbatial, pour lequel la faible épaisseur des murs témoigne d'une campagne de construction différente, ne reprennent plus ces critères. Certes, ce module n'est peut-être que celui utilisé pour la mise au carreau du dessin, mais les mesures constatées (fig. 10) sont finalement assez proches de celles que l'on connaît aujourd'hui sur le terrain pour les derniers vestiges de l'abbaye. On est donc en droit de se demander si ce module n'est pas celui d'un schéma directeur qui présida à la mise en place des bâtiments représentés, le dessinateur l'ayant peut-être repris ou retrouvé à son insu, pour réaliser ce plan. L'application d'un tel schéma directeur dans un contexte monastique si ancien suppose une très importante campagne de restructuration et de reconstruction. Seule une fouille extensive pourrait confirmer cette hypothèse et dater l'époque de la mise en place de ce schéma directeur.

Quoi qu'il en soit, ce document s'avère être un relevé d'une grande qualité pour son époque.

278

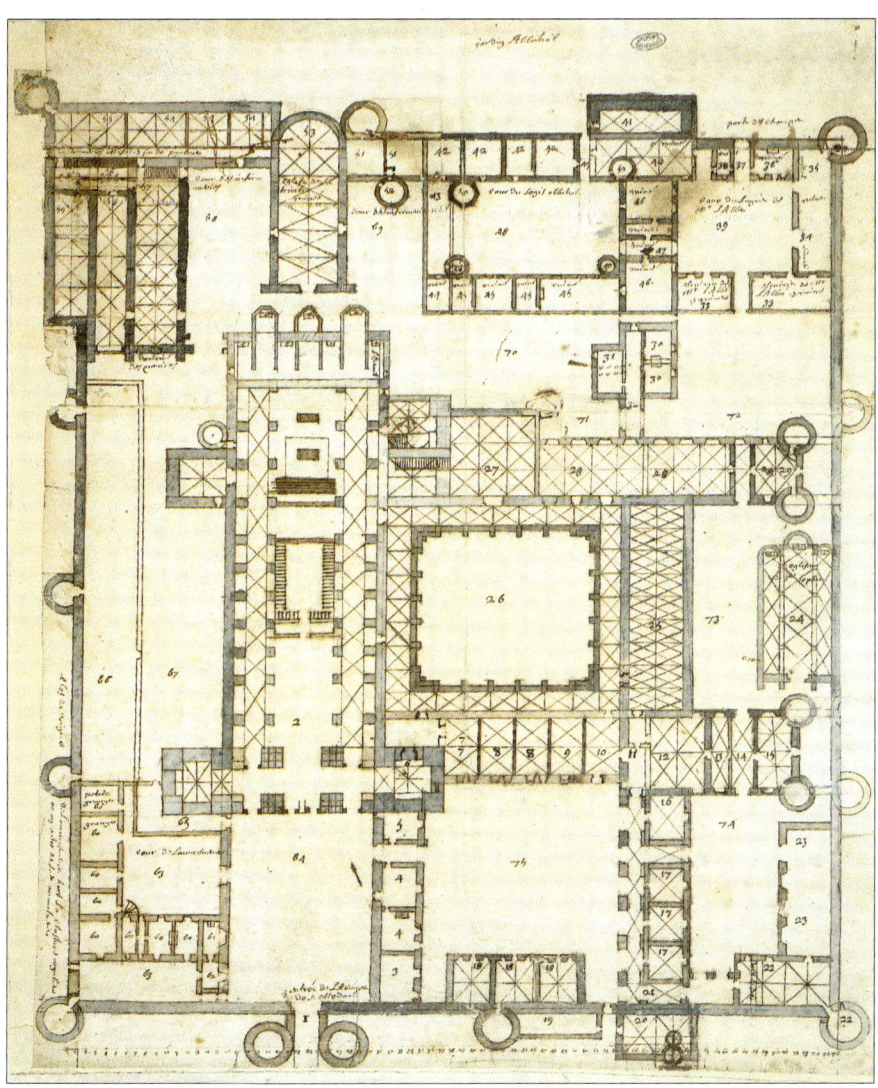

FIG. 4 : Plan de l'intérieur de l'enceinte principale de l'abbaye Saint-Médard signalant, après 1568, l'état des ruines consécutives aux guerres de Religion (Paris, AN, N, III, Aisne 67 (2), 0,66 x 0,52 m ; fonds de la Congrégation de Saint-Maur à laquelle l'abbaye Saint-Médard a été rattachée en 1636).

EXPLICATION DE L'ANCIEN PLAN DE L'ABBAYE DE SAINT-MÉDARD :

1 - L'entrée de l'abbaye. 2 - L'église. 3 - La prévosté dans le bas-estage de laquelle estoient la chapelle et auditoire de l'officialité cottez 4.4./4. 4 - La chapelle et auditoire de l'officialité. 5 - La chambre du portier. 6 - L'entrée pour aller au cloistre. 7. 7 - Une sale. 8. 8 - Deux chambres pour les officiers. 9 - Un réfectoire pour les fermiers. 10 - Le passage pour aller de la cour de l'entrée au cloistre. 11 - Passage pour le service du réfectoire et sale des hostes. Au dessoubs de 7, 8, 9 et 10 estoient les buscher et voultes et, au dessus, des chambres pour les serviteurs et hostes de basse condition. 12 - La cuisine. 13 - La descharge de la cuisine. 14 - Passage. 15 - Sale. 16 - Sale pour faire manger les hostes. 17.17.17 - Trois chambres pour les hostes ; au dessus estoient des autres chambres pour les hostes. 18.18.18 - Les escuiries des religieux et survenans. 19 - L'escuirie du moulin. 20 - Le moulin fourny de l'eau des fossez venant de Crouy ; à présent le moulin est à l'oposite, du costé d'orient. 21 - Passage. 22 - La boulangerie et four dans la tour. 23.23 - Pressoir et grange pour les tonneaux etc. L'empereur Louis le Débonnaire ocupoit quelque fois 15,16, 17 et 18, avec les

dessus, outre le logis abbatial. 24 - L'église de Ste Sophie ruinée. 25 - le réfectoir sans aucun logement au dessus. 26 - Le cloistre. 27 - Le chapitre. 28. 28 - Les parloirs. 29 - Une sale. Le dortoir large de 36 pieds dans oeuvre, estoit dessus 27, 28 et 29 ; à présent il ne va que jusqu'à l'alignement du réfectoir ayant esté racourci du surplus. 30. 30 - Les chaufoir et chambre comune. 31 - Les lieux communs. 32 - La galerie pour aller du dortoir à la chambre comune et lieux (communs). 33. 33 - L'escuirie du logis abbatial. 34 - La grange du département abbatial. 35 - Le pressoir. 36 - Logement des domestiques. 37 - Porte des champs. 38 - Chambre du portier. 39 - Cour de derrière. 40 - Une sale joignant la chapelle. 41 - La chapelle de Mr L'Abbé. 42. 42. 42. 42 - Quatre chambres du logis Abbatial et deux estages qui font 8 chambres, une desquelles n'a aucun pavé ny plancher. 43 - La bibliothèque. 44 - Antichambre joignant de la bibliothèque où on allait du dortoir par une galerie sur arcade. 45. 45. 45. 45 - Quatre chambres dudit logis abbatial du costé du dortoir. 46. 46 - Deux sales du logis abbatial. 47 - Le passage pour aller d'une cour à l'autre. 48 - Cour du logis abbatial aux trois (cf. n° 54) de laquelle il y avait trois escalliers tournans, le 4 au dedans du logement, celluy qui joint la bibliothèque du costé du

dortoir est entièrement ruiné. Tous les bastimens du département abbatial sont tout à faict ruinez, à la réserve des quatre 42 et une partie des 40 et 41. 49 - Le passage pour aller au jardin. 50 - Les 4 escalliers. 51 - Deux chambres d'infirmerie. 52 - L'escallier. 53 - L'église de la Trinité. 54. 54. 54 - Trois chambres d'infirmerie. 55 - Sale des infirmeries. 56 - Lieux communs. 57 - Dortoir des novices d'où on alloit à l'église par une gallerie. 58 - Une gallerie derrière le dortoir des novices. 59 - Les prisons régulières ou cachots qui estoit aussy au dessoubz de 58. 60. 60. 60. 60. 60. 60. 60 - Le logement de l'aumosnerie. 61 - La chapelle dédiée à S. Jacques. Les combles dudit logis fort malades et les planchers faibles. 62 - Entrée de la chapelle. 63 - Deux courts. 64 - Cour de l'antrée du monastère au devant de l'église. 65 - Passage pour aller autour de l'église et logis abbatial. 66 - Retranchement de cour mis en jardin par les antiens aprez l'establissement de la réforme et de présent en vigne. 67 - Cour de derrière l'église. 68 et 69 - Cours des infirmeries. 70 - Cour du chapitre. 71, 72, 73, 74 - Trois cours de la comunauté. 75 - Cour de l'entrée.

Le jardin potager estoit la closture dans clos apellé de l'horteil, entre l'église de Ste Sophie et la rivière d'Aine.

(Paris, AN, N, III, Aisne 67. 3)

Vue générale
de l'abbaye Saint-Médard
et de son bourg avant 1567

Sur ce tableau, le peintre a voulu figurer l'organisation générale de l'abbaye, de son bourg et de la ferme à la veille des pillages protestants des années 1567 et 1568 (fig. 7). Ce document a probablement été réalisé au XVIIᵉ siècle ainsi que le laissent supposer les architectures de cette époque, qui introduisent de flagrants anachronismes. Malgré des distorsions fantaisistes provoquées par le souci de présenter les églises sous leur jour le plus favorable, ce tableau corrobore de nombreux documents. Il illustre entre autres le système des trois enceintes que signalent N. Berlette puis M. Berthin, à la fin du XVIᵉ siècle (*Antiquités de la ville de Soissons*, Soissons, Bibliothèque municipale, ms. 233, f° 175). La plupart des éléments figurés sont identifiables et ceux subsistant encore en élévation ou retrouvés au cours des fouilles permettent de reporter sur le cadastre actuel le plan du domaine (fig. 6). L'existence de certains bâtiments connus par ce seul tableau, comme le second cloître au sud-est de l'église principale, reste cependant sujette à caution. Le peintre a pu travailler à partir de documents aujourd'hui disparus même si, dans son souci de magnifier le passé, l'artiste a parfois représenté ensemble des bâtiments qui n'étaient pas nécessairement contemporains. Ce tableau devait en tout cas satisfaire les moines car il pouvait être admiré autrefois dans l'abbaye.

FIG. 6 : Représentation du tracé des trois enceintes de la figure 7, reporté en rouge sur le cadastre actuel (dessin G. Nicolas).

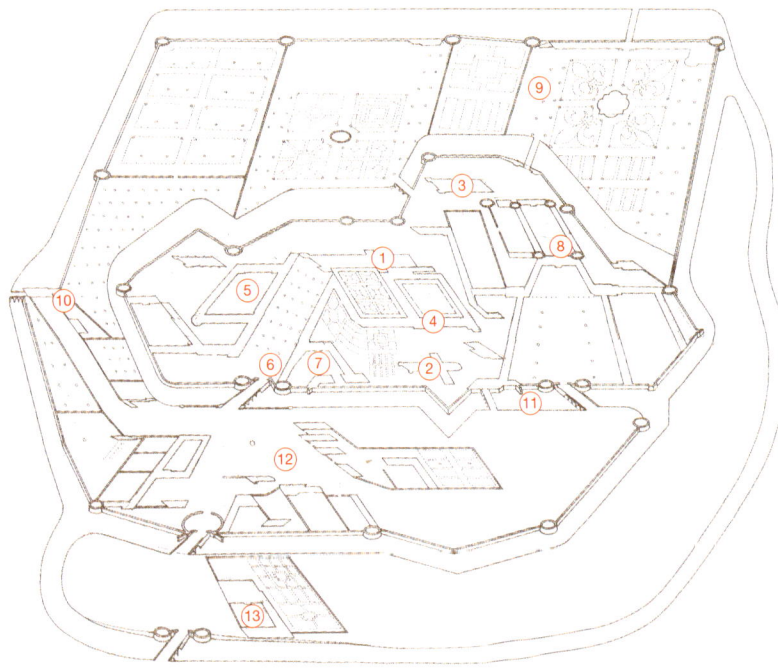

FIG. 5 : Identification des principaux bâtiments situés à l'intérieur des trois enceintes représentés sur le tableau figure 7 (dessin G. Nicolas).

1 Église principale. Consacrée dès l'origine à la Vierge Marie, à saint Pierre et à saint Étienne, elle fut plusieurs fois reconstruite. L'église représentée ici, probablement agrémentée de quelques fantaisies architecturales en élévation, est celle qui a été pillée au cours de la guerre de Cent Ans. Saccagée en 1567, elle est rendue au culte en 1582. En 1593, elle est amputée de son bloc-façade. L'église, restaurée à partir de 1602, s'effondre d'elle-même en 1621.

2 Église Sainte-Sophie. Déjà citée dans un texte de 826, un autel est de nouveau consacré en 1158. Elle a été détruite par un incendie lors du siège de 1436. Reconstruite selon un plan cruciforme figuré ici, elle est pillée en 1567 ; atteinte par la foudre en 1645, l'église est ruinée par une tempête en 1663 et à nouveau foudroyée en 1677. Cette chapelle « palatine » doit sa survie au collège de chanoines qui lui a été associé dès l'époque carolingienne.

3 Église de la Trinité. Construite en 824, elle est définitivement ruinée en 1568. Sur le plan

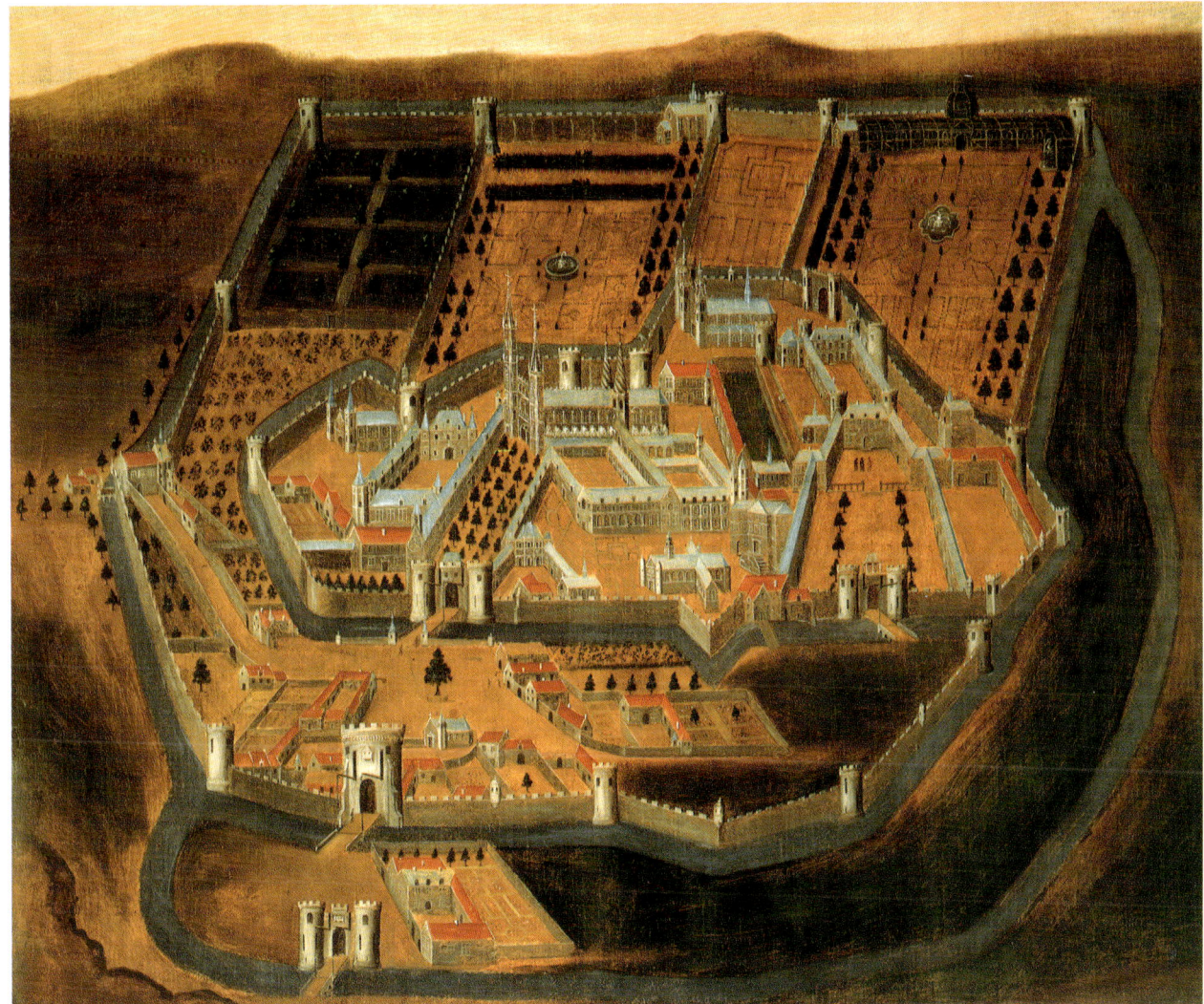

FIG. 7 :
« Vue à vol d'oiseau de l'ancienne abbaye Saint-Médard », anonyme (Musée de Soissons, 1,04 × 1,26 m, inv. 93.7.2723). Tableau restituant l'ensemble monastique dans sa plus grande extension avant 1567.

« Quant à ce qu'on voit maintenant de l'abaye dudict St Médard, des vestiges de grande forteresse, portes, ponts et fossez, il ne s'en fault estonner, attendu que c'estoit un Palais Royal » (*Antiquitez de la ville de Soissons recueillies de divers autheurs et croniques par Nicolas Berlette, Bourgeois dudict Soissons* (1575-1582), B. A. S., 2ᵉ s., XIX, 1891, p.109).

précédent (fig. 4), elle présente des variations de voûtements à l'intérieur de son unique vaisseau et un mur de façade plus large que cette nef. Sur ce tableau, l'architecture semble plus complexe avec deux clochers en façade et des bas-côtés.

4 Bâtiments claustraux. On constate que les bâtiments à tourelles (ou échauguettes), qui apparaissaient de part et d'autre de Sainte-Sophie sur le document précédent (fig. 4), ont disparu. Ils ont peut-être été ruinés en même temps que cette église. En revanche, le bâtiment à l'est des parloirs semble déjà identique à celui représenté sur le dessin de la figure 22. Ce bâtiment ayant théoriquement été construit à partir de 1661, sa présence sur ce tableau prouve que celui-ci a été réalisé après cette date.

5 Aumônerie et chapelle Saint-Jacques. Ces bâtiments sont présents sur les deux plans connus (fig. 4 et 17), mais l'édifice situé près de la façade de l'église principale n'est figuré que sur ce tableau.

6 Entrée principale avec son pont-levis. Ce châtelet donnait accès à l'intérieur de l'enceinte principale. On réparait encore le pont-levis en 1585. La porte, telle qu'elle a été aménagée au siècle suivant, subsiste place Saint-Médard.

7 Palais où séjournèrent plusieurs fois les empereurs et les rois, d'après le document précédent (fig. 4, 17), qui l'attribuait à l'officialité et aux hôtes. Bien que partiellement représentées sur la restitution de Barbaran (fig. 8 et 9), ils n'apparaissent par la suite sur aucun autre document. On les retrouve à nouveau restitués, sans doute de façon imaginaire, par Tavernier de Junquières au XVIIIᵉ siècle (fig. 30).

8 Palais abbatial avec sa chapelle à droite. De ce palais ruiné en 1568, quelques éléments seront conservés et entretenus au XVIIᵉ siècle (cf. fig. 17). L'ensemble sera finalement détruit.

9 Jardin. Cette représentation est proche de celle que Tavernier de Junquières a réalisée à la fin du XVIIIᵉ siècle (cf. fig. 31).

10 Châtelet dit du Belvédère. Celui-ci défendait, au nord, l'accès à l'intérieur de la deuxième enceinte. Les fossés des trois enceintes représentés ici, ainsi que les différentes portes fortifiées, sont souvent attestés en fouille, dans les textes et les plans anciens (cf. fig. 23 à 27). Les remparts de la deuxième et de la première enceinte ne sont connus que par ce document. Il ne reste aujourd'hui que les murs de clôture, peut-être reconstruits à partir du XVIIᵉ siècle, après comblement partiel des fossés.

11 Moulin. Il est représenté un peu plus au sud qu'il ne l'est sur le plan de la figure 4. Il s'agit peut-être du moulin établi par l'abbé Raoul en 1202.

12 Église Saint-Laurent. Elle était destinée aux habitants du bourg et entourée d'un cimetière.

13 Ferme Saint-Médard. Ce bâtiment subsiste encore en partie aujourd'hui au n° 1 de la rue Pépin-le-Bref (cf. *infra* p. 347).

Restitution de l'abbaye Saint-Médard au XVIᵉ siècle

Sur cette restitution de Soissons au XVIᵉ siècle, l'abbaye apparaît en haut. Ce plan est l'œuvre de Louis Barbaran, chanoine de Saint-Martin de Laon en 1673 et prieur de Missy ; il a été publié par Claude Dormay en 1663 dans son *Histoire de Soissons et de ses rois, ducs, contes et gouverneurs*. Selon ce dernier, cette vue devait représenter la ville cent dix ans plus tôt (Dormay, p. 33), c'est-à-dire après les terribles destructions de la guerre de Cent Ans et avant la construction des nouvelles fortifications, commencée vers 1550, à la veille des destructions de 1567-1568. Mais, comme pour la figure précédente, les anachronismes sont nombreux et l'analyse de la représentation de Saint-Médard laisse penser qu'il s'agit au mieux de l'abbaye à l'extrême fin du XVIᵉ siècle, voire au début du siècle suivant.

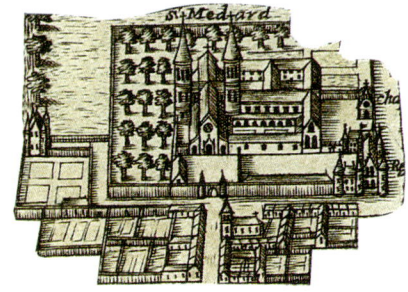

FIG . 9 :
L'abbaye Saint-Médard,
détail de la figure 8.

FIG . 8 :
« Le plan ancien
de la ville
de Soissons », sbg.
« Lud. Barbaran
delin. et sculpsit ».
Restitution de la ville
au XVIᵉ siècle réalisée
par L. Barbaran et
publiée par
C. Dormay en 1663
(Société Historique
de Soissons,
0,22 x 0,17 m ; fonds
B. Ancien).

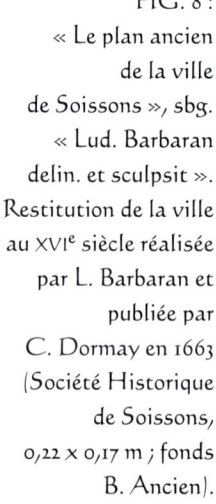

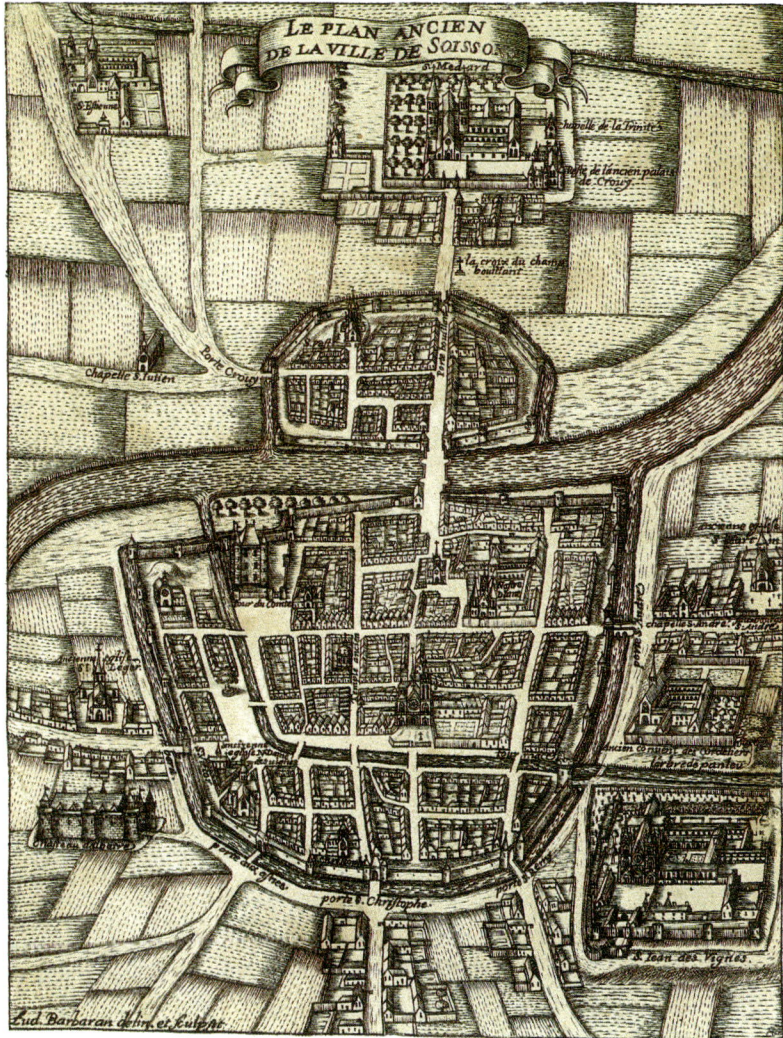

L'église principale, au centre, n'a plus son bloc-façade que l'on sait avoir été détruit à partir de 1593 ; une nouvelle façade est déjà reconstruite (BNF Picardie, 243, p. 245'). Ce plan figure donc l'abbaye après 1593 et non pas telle qu'elle pouvait être avant 1550. De plus, alors que le châtelet du Belvédère, à gauche, garde sa masse imposante, le système de défense des trois enceintes, magnifié dans le tableau de la figure 7, n'apparaît plus. En revanche, les vestiges de l'ancien palais royal, à droite, dans l'angle de l'enceinte principale ainsi que les deux tours de la porte d'entrée sont encore présents. On sait que les travaux de démolition de ces éléments ont eu lieu pendant la première moitié du XVIIᵉ siècle. L'église possède toujours deux clochers, de part et d'autre du chœur, ce qui évoque davantage l'ancienne église avant son effondrement en 1621 que celle reconstruite en 1630. L'état représenté restitue probablement les bâtiments entre 1593 et 1621.

Il faut remarquer que la chapelle Sainte-Sophie est dénommée à tort « chapelle de la Sainte-Trinité » sur ce document. L'orientation au sud de l'église paroissiale Saint-Laurent est exacte.

La croix du « Champ bouillant », représentée à l'extérieur de la première enceinte témoigne, quant à elle, du souvenir légendaire de l'effroyable bataille du 15 juin 923 entre les compétiteurs au trône, Charles le Simple et le roi Robert.

LES REPRÉSENTATIONS DE L'ABBAYE SAINT-MÉDARD AU XVIIe SIÈCLE

L'abbaye Saint-Médard en 1617

L'abbaye apparaît en haut de ce dessin représentant le siège de Soissons en 1617. Dès 1614, sous la régence de Marie de Médicis, la ville de Soissons, dont le gouverneur est le célèbre duc de Mayenne, devient le centre d'une nouvelle Ligue. Elle est assiégée en avril 1617 par le comte d'Auvergne, qui commandait l'armée royale. Il fait installer huit des plus grosses batteries à Saint-Médard. Celles-ci font taire la contre-batterie du bastion de Saint-Crépin et permettent d'ouvrir une brèche dans les remparts de Saint-Vaast afin d'engager l'assaut de la ville. Mais cet assaut n'a pas lieu car, à Paris, l'assassinat de Concino Concini met fin au conflit. Les tirs fournis avaient cependant tellement ébranlé l'abbaye que l'église principale, déjà en partie ruinée, s'effondrera d'elle-même quatre ans plus tard, en 1621.

FIG. 10 :
« *Siège de Soissons en 1617* »
(Paris, BNF, Est., coll. Lallement
de Betz, VX 18, M. 73663).

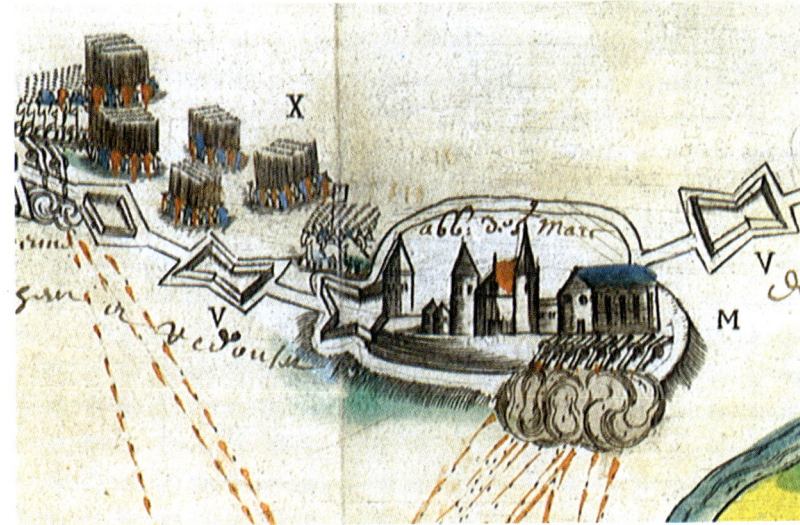

Par son aspect de forteresse, Saint-Médard se distingue des autres abbayes soissonnaises. L'église principale, dont le caractère religieux est peu marqué, possède deux tours. La troisième tour, à gauche, symbolise probablement le châtelet du Belvédère (fig. 7, 10), tandis que les deux petits éléments, au premier plan, doivent représenter les tours de la porte d'entrée principale. Les grandes tranchées réalisées de part et d'autre de l'abbaye pendant le siège, ont été retrouvées en fouilles au siècle dernier. Les archives notariales et les terriers signalent plusieurs maisons du bourg détruites à cette époque et reconstruites à partir de 1618.

FIG. 11 :
L'abbaye Saint-Médard,
détail de la figure 10.

Le chevet de l'église principale de l'abbaye Saint-Médard avant 1630

Le chevet de Saint-Médard apparaît dans l'angle de ce tableau, sous la main droite du personnage central. La scène, du début du XVIIe siècle, évoque un épisode de l'histoire des reliques de sainte Léocadie à Longpré.

Selon la tradition, les reliques de sainte Léocadie ont été rapportées d'Espagne par Hilduin, à la suite des expéditions menées contre les Sarrasins à partir de 815. Il les donna à Saint-Médard dont il était abbé. Une partie a été déposée par les moines dans leur prieuré de Vic-sur-Aisne et Gautier de Coincy en chantait les vertus au XIIIe siècle. Le curé d'Haramont, après les avoir sauvées du pillage de 1589, les fit porter à Longpré, un prieuré fontevriste voisin. L'établissement subit un incendie en 1622, puis une inondation en 1624, épisode que représente ce tableau. Il était placé autrefois dans le réfectoire du prieuré.

Cette église à chevet plat, flanquée de deux tours et prolongée par une structure probablement couverte d'une terrasse, animée par une série de fenêtres inscrites dans des embrasures en arcade, correspond à l'ensemble très caractéristique du chevet de Saint-Médard.

Contrairement aux documents précédents (cf. fig. 7), cette représentation laisse supposer qu'avant sa reconstruction en 1630 l'église de Saint-Médard conservait une architecture sobre, héritée des structures anciennes.

FIG. 12 : « Sainte Léocadie », anonyme (Musée de Soissons, 0,70 x 1,30 m, inv. 93.7.2724).

FIG. 13 : Le chevet de l'abbaye Saint-Médard, détail de la figure 12.

Vue de l'abbaye Saint-Médard vers 1650

L'abbaye Saint-Médard est représentée à l'extrême gauche de ce paysage. Cette vue de Soissons provient d'un ensemble de dessins, sans doute un carnet d'esquisses, réalisé par Jan Peeters au cours d'un voyage qui le mena d'Amsterdam à Angoulême. Tous ces dessins figurent des places fortes, celles du nord de la France, de l'Artois et de la Picardie étant les plus nombreuses. La place forte du château de Coucy, près de Soissons, est datée de 1651. On ignore le nom du commanditaire, mais on a supposé qu'il s'agissait d'une sorte d'enquête à but militaire, menée dans une région fortement marquée par les conflits liés à la régence d'Anne d'Autriche et au gouvernement de Mazarin.

FIG. 14 : Vue de Soissons vers 1651, de Jan Peeters (Anvers, 1624 - ?, après 1677). Dessin, plume et lavis bleu et brun (Musée de Soissons, 0,105 x 0,395 m, inv. 87.4.1). La spontanéité du trait laisse à penser que cette esquisse a été réalisée sur le motif ; ce dessin a été gravé et publié à Amsterdam en 1753 (Musée de Soissons, 0,19 x 0,38 m, inv. 90.9.16).

FIG. 15 :
L'abbaye Saint-Médard,
détail de la figure 14.

Il s'agit ici d'une simple silhouette représentant l'abbaye de Saint-Médard. On remarque que l'ensemble est dominé par un seul clocher, ce qui semble être la caractéristique de l'église reconstruite à partir de 1630 (cf. fig. 36 à 40). Grâce à dom Grenier, on sait que « le lundi 30 juin [1645] vers 10 h du matin tomba la flèche du clocher qui est entre le dortoir et l'église de Saint-Médard qui était d'une grosseur et d'une hauteur peu communes ». Nous sommes donc en présence du clocher rétabli un an plus tard sur ordre de l'abbé de Saint-Médard, le cardinal Mazarin (BNF Picardie 243, p. 246).

L'intérieur de l'enceinte principale vers 1650

Ce plan de Saint-Médard représente l'intérieur de l'enceinte principale et semble être un véritable relevé du bâti existant dans les années 1650 ; il appartient à la vaste série réalisée par la Congrégation de Saint-Maur dans ses établissements (à Soissons, le même type de document a été réalisé en 1657 pour Saint-Crépin-le-Grand, qui avait été rattaché à la Congrégation en 1647). La précision du document a pu être en grande partie vérifiée grâce aux fouilles archéologiques menées en 1980 et en 1981. Ce plan confirme, tout en les nuançant et en les complétant, les informations contenues dans les documents précédents (cf. fig. 4 et 7). L'opposition entre la mention « clocher », pour le côté sud, et la mention « chapelle sous le viel clocher », pour le côté nord, renforce l'hypothèse selon laquelle seul le clocher sud a été réédifié après 1630. De même, ce document nous donne de précieux renseignements sur les différences de niveau entre les bâtiments. On peut également noter que le lavabo représenté dans le préau du cloître correspond encore aujourd'hui à un puits. Bien que la précision de ce plan soit dans l'ensemble excellente, la représentation de l'angle nord-est de l'enceinte, en contradiction avec la plupart des autres documents et les derniers vestiges parvenus jusqu'à nous, est inexacte.

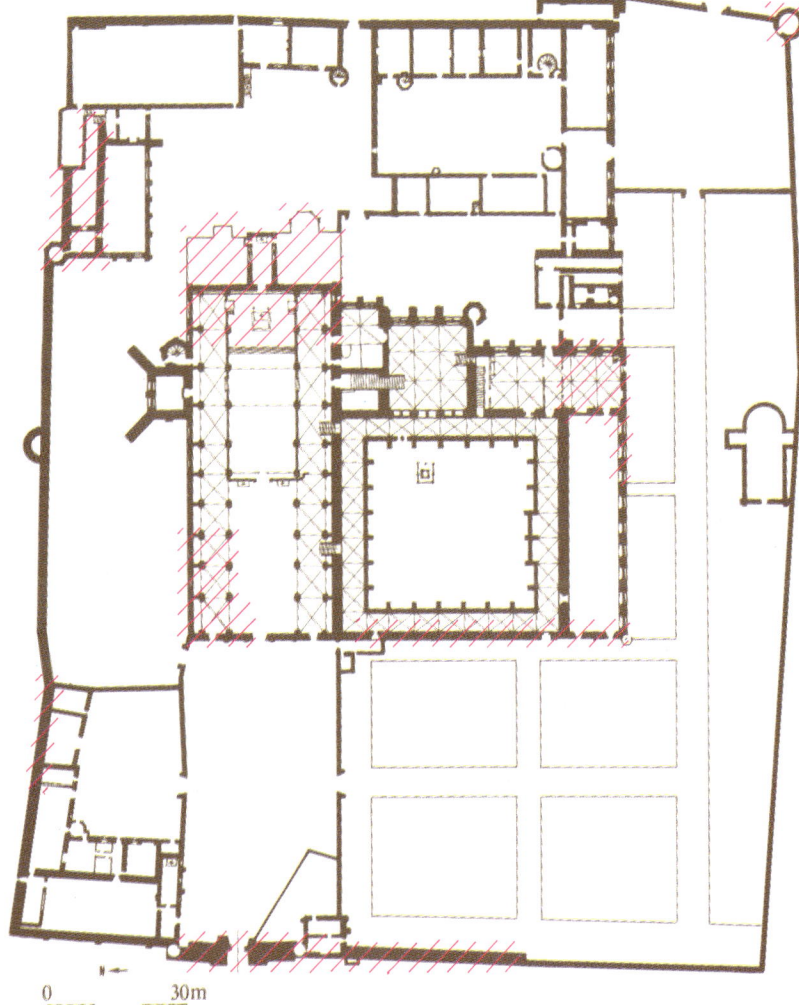

FIG. 16 :
Représentation schématique du plan de la figure 17. En hachuré rouge figurent les zones où des vestiges subsistent en élévation (dessin G. Nicolas).

0   30m

DATATION DU DOCUMENT

On constate que, sur ce plan, l'église principale a perdu son bloc-façade et les bâtiments situés à proximité. Or, grâce à dom Grenier, nous savons qu'en 1593 « le gouverneur de Soissons à fait ruiner le portail de la grande église de Saint-Médard avec les voûtes qui étaient dessus, et ensuite les autres bâtiments contigus, comme le cellier, les greniers, la cuisine, l'hotellerie ; a fait prendre et ôter toutes les pierres et grés dont étaient revêtus les fossés de l'abbaye et du bourg et dont il s'est servi pour faire bâtir un bastion au bourg Saint Waast » (BNF Picardie, 243, p. 245'). La nouvelle organisation intérieure du chœur liturgique et du chœur des moines, tout comme les nouveaux accès à la crypte, la largeur des murs du bas-côté nord, la forme des piliers et celle des contreforts intérieurs, la façade reconstruite dans l'alignement du mur occidental du cloître et les proportions de la première travée prouvent qu'il s'agit bien ici du nouvel édifice reconstruit à partir de 1630 à propos duquel dom Grenier nous donne quelques détails. « L'an 1621. Le 22 novembre la grande église de Saint Médard est tombée entièrement sur les 10 heures du matin. L'an 1622. Le 12 mars le roi a permis de vendre 60 arpents de bois de hautes fûtaies en la foret de Retz, au trésor de Saint-Médard dont le tiers appartient aux religieux pour la restauration de la grande église tombée l'an précédé, le jour de la sainte Catherine ; l'an 1630. Le 3 juillet fut mise la première pierre de l'église Saint-Médard pour laquelle furent mises les médailles que M. Hotman avait envoyées en la présence des seigneurs de Bussi [...] ensuite ils firent un festin qui coutât 60 livres 30 soles » (BNF Picardie 243, p. 246).

La présence du galetas neuf, destiné à l'hébergement des moines au-dessus du réfectoire, permet de dater cette représentation au-delà des années 1639. Grâce aux travaux de Y. Gueugnon, on sait qu'à cette époque les piliers de ce bâtiment ne sont pas encore achevés, un manœuvrier étant payé pour les recouvrir de paille en prévision de l'hiver. De même, la mention concernant les jardins indique qu'ils sont « nouvellement créés ». Or ces jardins doivent être postérieurs à 1642, puisque à cette date on signait encore des contrats d'évacuation de gravats. En revanche, le logis de l'abbé est encore en ruine et l'on sait que les contrats de réfection des couvertures ne seront établis qu'en 1657. Le nouveau bâtiment, reconstruit à partir de 1661 pour accueillir l'hôpital, l'infirmerie et la bibliothèque à l'emplacement de la boulangerie et de différents bâtiments, n'est pas encore signalé. On peut donc raisonnablement penser que ce plan a été réalisé vers 1650, époque à laquelle les jardins venaient d'être achevés, mais où le logis de l'abbé n'était pas encore restauré et où les nouveaux bâtiments cités n'existaient pas.

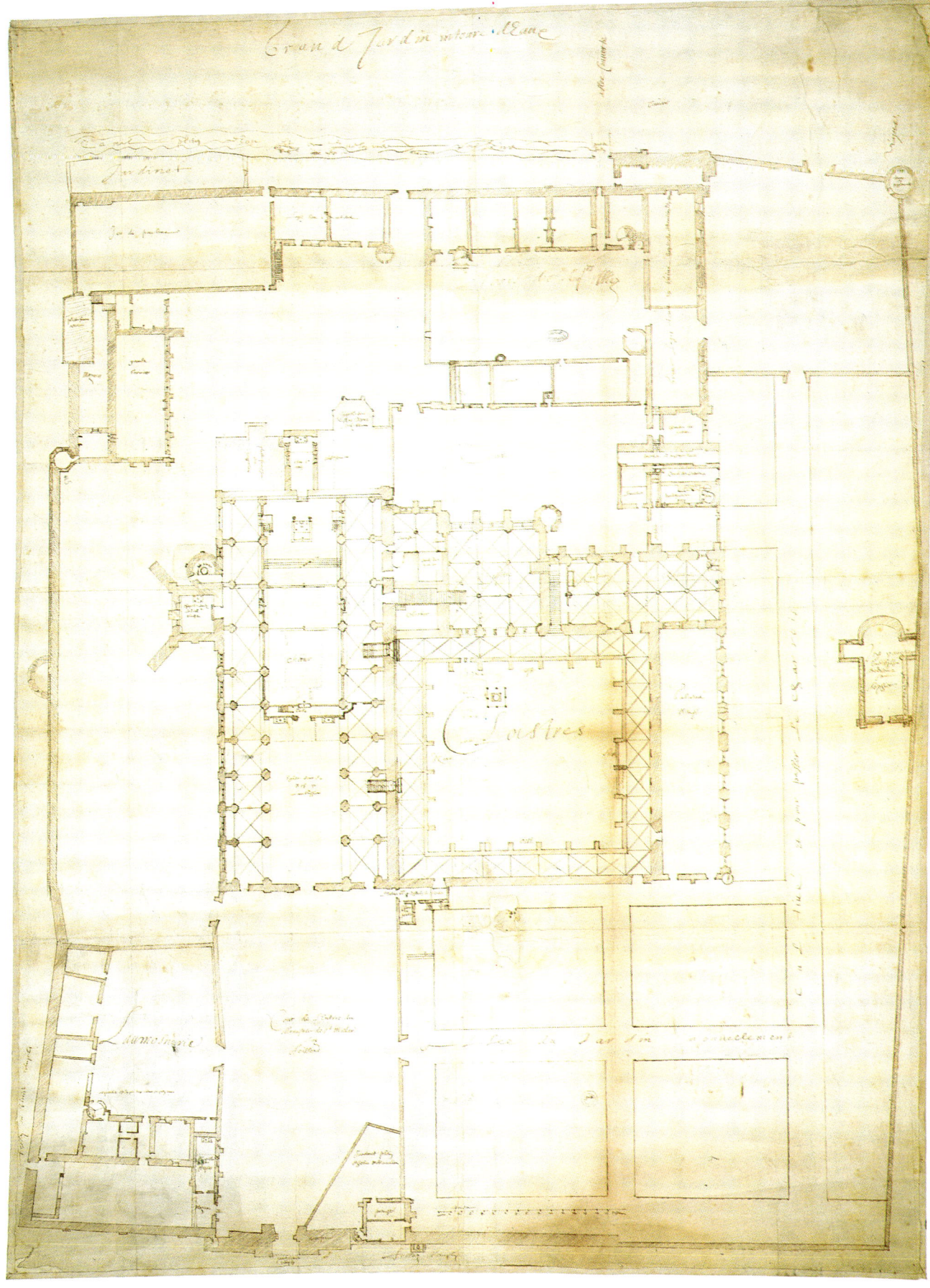

FIG. 17 :
Plan représentant
l'intérieur de
l'enceinte principale
et décrivant l'état
des lieux vers 1650
(Paris, AN,
N, III, Aisne, 67 (1),
1,50 × 0,78 m).

F. Lud Barbaran delin. et sculpsit.

L'abbaye en 1664

Sur cette vue de Soissons réalisée par Louis Barbaran et publiée en 1664 par Claude Dormay en tête du second tome de son *Histoire de Soissons et de ses rois, ducs, comtes et gouverneurs*, Saint-Médard apparaît partiellement représenté à gauche. Cette représentation de la ville est très connue par la version annotée que publia N.-A. Poincellier au siècle suivant sous le titre « Plan en élévation de la ville de Soissons et de ses environs, dédié à la Reyne ».

L'église construite à partir de 1630 est ici représentée. Il est difficile, à partir de ce document, d'affirmer que cette église n'a jamais eu qu'un seul clocher côté sud, comme nous l'avons supposé précédemment. Sur ce document, il est représenté côté nord, le clocher sud étant hors champ par effet de perspective. S'agit-il d'une erreur de restitution ? On notera par ailleurs que le rempart septentrional comporte une tour supplémentaire, à proximité de l'aumônerie. Pour les autres éléments, on retrouve les transformations constatées sur la figure 17, tels que le réaménagement de la porte d'accès (les deux tours ont été supprimées) et la disparition des ruines de l'ancien palais. Cette vue donne une bonne idée des élévations à l'intérieur de l'enceinte principale et dans le bourg groupé autour de l'église paroissiale Saint-Laurent.

FIG. 18 : « Soissons »,
sbg. « F. Luc Barbaran delin.
et sculpsit ». Représentation
de la ville réalisée par L. Barbaran,
publiée en 1664 par C. Dormay
(Bibliothèque de Soissons,
0,23 x 0,25 m, reg. 261).

FIG. 19 :
L'abbaye Saint-Médard,
détail de la figure 18.

288

L'environnement immédiat
du monastère de Saint-Médard
en 1670

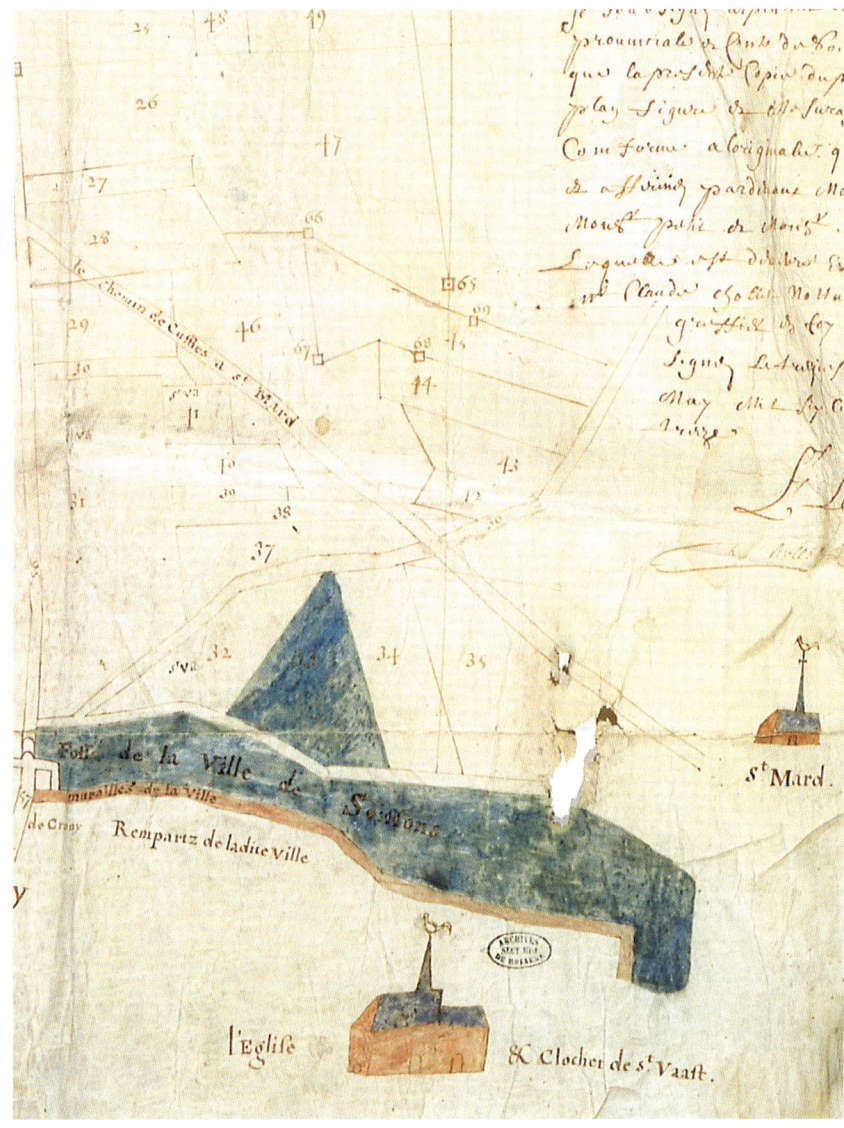

FIG. 20 : Les abords du bourg
Saint-Médard en 1670, détail du « Plan
de la mairie Savart » (cf. *infra* p. 25).

Le redressement institutionnel de l'abbaye au XVIIᵉ siècle a nécessité un inventaire des droits et des propriétés. De nombreux documents témoignent de cet effort de gestion qui a permis à l'abbaye Saint-Médard de se relever de ses ruines tout en continuant à pratiquer l'aumône (les aumones au XVIIᵉ siècle dans la grande « court » au devant de l'église, B. A. S., 2ᵉ s., IV, p. 105).

Le bourg monastique et ses abords immédiats ont souffert des exactions des protestants (1567-1568) comme des extensions militaires ; ici en l'occurrence, la mise en place, dans le faubourg Saint-Vaast, de bastions destinés à protéger la ville et son accès à la rivière d'Aisne, a nécessité le démantelement des fortifications de Saint-Médard à partir de 1593. Le siège de Soissons en 1617, pendant la Ligue, et celui en 1650, sous la Fronde, ont provoqué de nombreuses destructions et reconstructions dans ce secteur. Les repères topographiques constants que forment, dans les descriptions des terriers et des actes notariés, le système défensif de l'abbaye (fossé, rempart, châtelet du Belvédère, portes), l'église paroissiale Saint-Laurent et son cimetière, l'aumônerie et les fiefs, devraient permettre de retracer l'évolution des lieux, tandis que les références aux maisons, clos de vignes, allées d'arbres, abreuvoir, donnent une description assez précise du cadre de vie.

L'arpentage, partiellement reproduit ici, a été réalisé en 1670 aux abords de Saint-Médard, à la suite d'un conflit entre l'abbaye Saint-Paul et le chapitre de Saint-Vaast de Soissons. Le contentieux ne concerne pas directement Saint-Médard, mais donne de précieuses indications topographiques sur les limites septentrionales du faubourg de l'abbaye, complétant ainsi les nombreuses informations contenues dans les documents connus sur le bourg lui-même. On remarque, à ce propos, que le nom des établissements – ici Saint-Mard pour Saint-Médard – pouvait connaître de sensibles variations. C'est toute l'histoire récente de cette boucle de l'Aisne que l'on peut décrire grâce à ces documents.

Projet général de reconstruction de l'abbaye Saint-Médard au XVIIe siècle

Cette gravure représente un projet de réorganisation de l'abbaye, probablement entrepris après l'effondrement de l'église principale en 1621. Ce projet n'a jamais été mené à terme. Pourtant, à la fin du XVIIe siècle, on espérait encore le voir aboutir puisque ce document a été gravé pour illustrer le monumental ouvrage de dom Germain, le *Monasticon Gallicanum*.

Le dessin original n'a pas été retrouvé, mais plusieurs épreuves de la gravure existent encore. Celle-ci a souvent été reproduite pour représenter l'état du monastère à cette époque, tel quel et sans esprit critique. Pourtant, à la suite de L. Delisle, on sait que, parfois, « le désir qu'eut l'auteur (dom Germain) de donner l'état des monastères le plus récent possible et le plus actuel est rendu manifeste par la coexistence dans le *Monasticon* de différentes vues pour une même abbaye… Dans certains cas, pour que les graveurs fussent au courant des dernières modifications, on a été jusqu'à donner le dessin des bâtiments projetés ». L'étude de ce document confirme que tel est le cas pour le palais abbatial de Saint-Médard. Pour les parties réellement construites, cette gravure donne une parfaite illustration en élévation du plan de la figure 17 et confirme l'identification de bon nombre de vestiges parvenus jusqu'à nous.

UNE SAVANTE ÉQUIPE

Les chefs de la Congrégation de Saint-Maur, pour encourager la recherche historique diffusèrent un plan uniforme, « Avis pour ceux qui travaillent aux Histoires des monastères ». Les premiers résultats ne se font pas attendre dans le diocèse de Soissons : le *Recueil pour servir à l'histoire de Saint-Pierre d'Orbais*, *L'histoire de Saint-Crépin le Grand* de dom Élie, les *Mémoires pour servir à l'histoire de Saint-Médard* de dom Vrayet et *L'histoire de Notre-Dame de Soissons* de dom Germain (publiée en 1675) sont alors rédigés.

Cette émulation locale est peut-être due aux liens privilégiés qu'entretenaient les responsables de la savante équipe de la Congrégation de Saint-Maur à Saint-Germain-des-Prés avec la région : Mabillon avait fait sa préparation aux ordres à Nogent-sous-Coucy (où il fit des fouilles pour retrouver le tombeau de Guibert) et reçut son diaconat à Soissons. À Saint-Germain-des-Prés, il avait eu pour maître Luc d'Achery, né à Saint-Quentin en 1609. Le meilleur ami de Mabillon, dom Germain, était né à Péronne le 28 août 1645 et avait fait sa profession de foi à Saint-Remy de Reims.

C'est dom Germain qui a amassé les matériaux du *Monasticon Gallicanum*. Les gravures de cet ouvrage ont été réalisées à partir de dessins que lui envoyaient des correspondants ; dom Germain a sans aucun doute pu exercer sa critique sur le document représentant Saint-Médard (cf. fig. 22), car il connaissait bien les lieux où il avait séjourné plusieurs fois. Il mourut le 28 août 1694 avant d'avoir mené l'édition à son terme (BNF, ms. fr. 16861, p. 28). Le projet n'a pourtant pas été abandonné immédiatement, puisqu'en 1710 on faisait encore graver la carte qui devait être mise en tête de cette publication. L'ouvrage a finalement vu le jour en 1871 sous une forme légèrement différente, grâce aux soins de Peigné-Delacourt (*Monasticon Gallicanum*, M. Peigné-Delacourt avec préface de M. L. Delisle, Paris, 1871, rééd. « Les Humanités du XXe siècle », Paris, 1983. Consulter aussi les *Études iconographiques sur la topographie ecclésiastique de la France aux XVIIe et XVIIIe siècles. Le Monasticon Gallicanum*, L. Courajod, Paris, 1869, ainsi que les notices de L. Delisle à ce sujet).

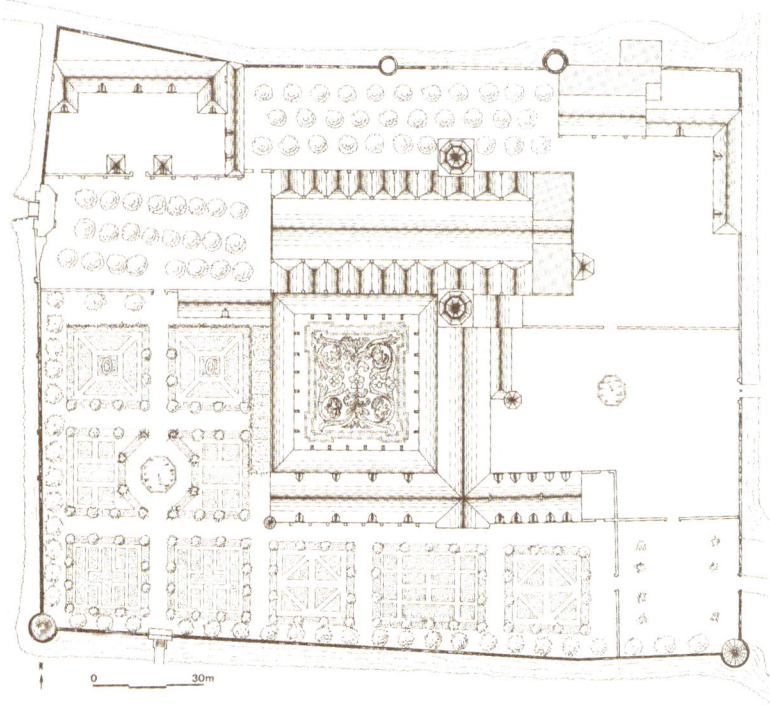

0   30m

FIG. 21 :
Plan de l'abbaye
Saint-Médard, restitué
d'après la figure 22.
(dessin G. Nicolas).

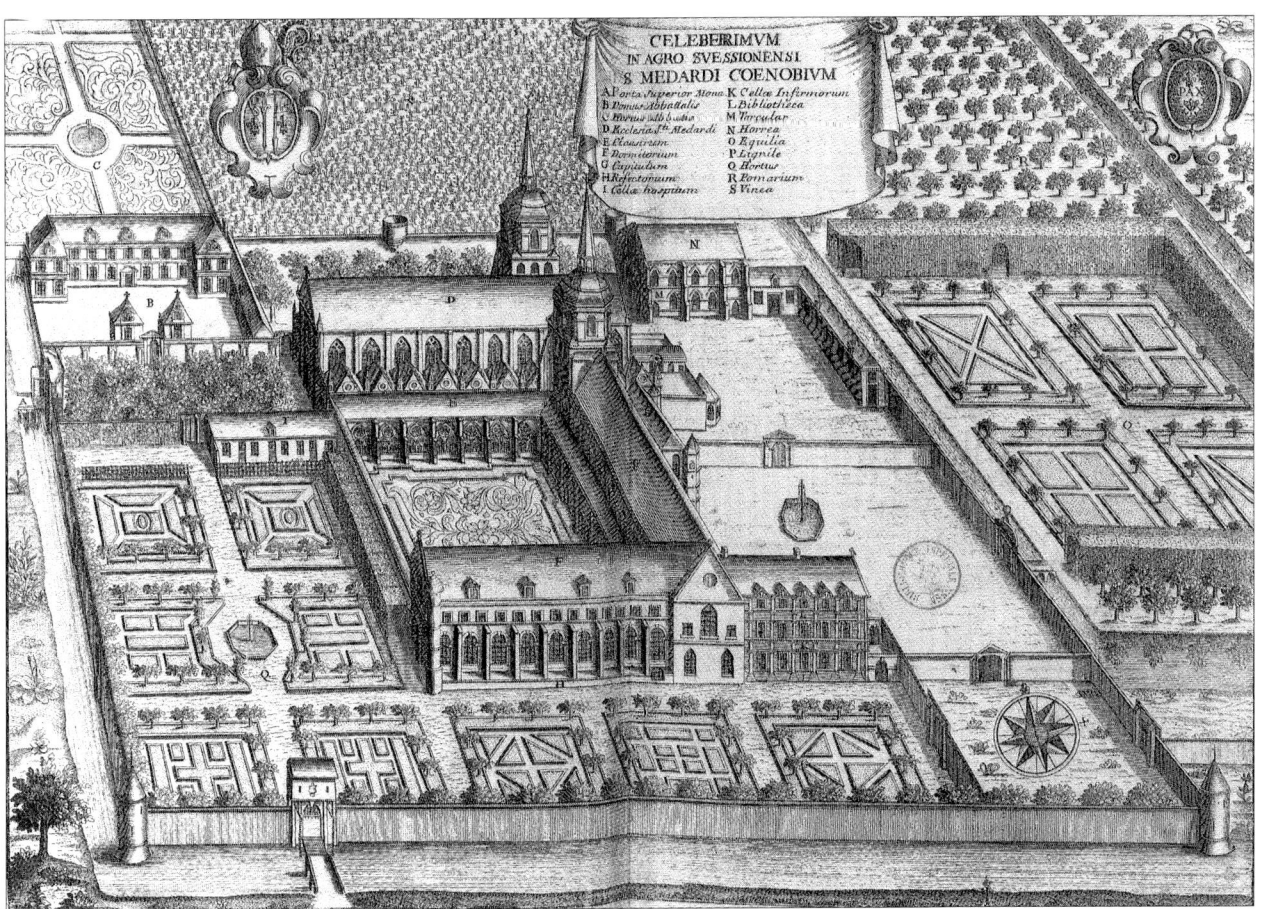

FIG. 22 :
« S. Medardi coenobium », gravure de la fin du XVIIᵉ siècle, réalisée pour dom Germain (1645-1694) afin d'illustrer son *Monasticon Gallicanum* (Paris, BNF, lat. 11820 c. 15, 0,40 x 0,55 m).

UNE RECONSTRUCTION DIFFICILE

Cette gravure met en évidence l'écart important qui existe entre la datation stylistique des bâtiments représentés et la date à laquelle ils furent effectivement construits. L'édifice, qui regroupait l'hôpital, l'infirmerie et la bibliothèque (I, K et L), présente un traitement de la façade par pilastres. Les clefs passantes des fenêtres d'attique et le mélange de pierres et de briques suggèrent que cette construction a été réalisée au début du XVIIᵉ siècle. Or, d'après les contrats de marchés parvenus jusqu'à nous étudiés par Y. Gueugnon, cet ensemble a été édifié, en 1661, à l'emplacement d'anciens bâtiments (boulangerie, écurie, bûcher, latrines, visibles sur le plan figure 17). Pour le réfectoire, on retrouve le même écart entre le style architectural et sa date de réalisation. Le

marquage net des clefs de voûte, ceux de l'encadrement et du bandeau d'imposte désignent le début du XVIIᵉ siècle, alors que les contrats nous disent que les travaux ne commencèrent qu'en 1638 et que, pendant l'hiver 1639, on y travaillait encore. Avec ses retours en ailes latérales, son absence d'avant-corps central, sa porte d'accès surmontée d'un fronton courbe encadré de pilastres, ses lucarnes à oculi et son fronton encadrés de volutes, son mur de clôture à pilastre, ses bandeaux d'allège marqués et ses pavillons carrés encadrant une porte classique à pilastres, le palais abbatial serait stylistiquement datable des années 1630-1640. Mais, à l'époque à laquelle le document a été gravé, il n'était pas encore construit. Il ne sera d'ailleurs jamais puisque l'aumônerie, à l'emplacement de laquelle il devait être édifié, a été conservée jusqu'à la Révolution. Sa représentation prouve qu'on envisageait encore sa construction à la fin du XVIIᵉ siècle. Les autres bâtiments posent

moins de problèmes d'interprétation. L'église est sans doute telle que Salomon de la Fond, l'architecte chargé de sa reconstruction, l'avait conçue à partir des ruines subsistant vers 1630. Nous avons vu que seul le clocher méridional a probablement été érigé à ce moment. C'est en tout cas le seul qui subsiste au XVIIIᵉ siècle. Le bâtiment représenté à l'emplacement de la chambre du portier (T) correspond probablement au bâtiment à mansardes décrit à la Révolution comme « servant de presbytère au cy-devant curé de Saint-Laurent ». Cette gravure témoigne des difficultés de l'abbaye à émerger de ses ruines et à réaliser un programme de reconstruction conçu au cours des premières décennies du XVIIᵉ siècle. Les nombreux imprévus, tels que la chute d'une flèche en 1645 ou l'effroyable tempête qui se déchaîna sur Saint-Médard le 25 avril 1676, que rappelle l'abbé Pécheur (« Annales du diocèse de Soissons », 1886, t. VI, p. 156), ont sans doute aggravé la situation.

LES REPRÉSENTATIONS DE L'ABBAYE SAINT-MÉDARD AU XVIIIe SIÈCLE

L'abbaye Saint-Médard en 1768

Ce plan de Soissons a été réalisé en 1768 par Lejeune, qui exerça son activité à Soissons de 1749 à 1773. Bien que peu détaillé, ce plan constitue un jalon intéressant pour comprendre l'évolution du site. On reconnaît aisément les grandes masses qui structurent le bourg (cf. fig. 25) : la ferme et son enclos (1), les maisons regroupées autour de l'église paroissiale Saint-Laurent (2), au nord, le châtelet du Belvédère (3), au sud, le grand clos de l'ortail avec une partie de l'ancien fossé de l'enceinte principale (4) et, à l'est, les étangs avec le moulin (5) ainsi que son faux ru bordé d'arbres menant l'eau à la rivière. Au centre, à l'intérieur de l'abbaye, apparaissent l'aumônerie, l'église principale et les bâtiments claustraux ainsi que le grand corps de logis que l'on sait avoir été construit en 1765. Le léger retrait de la façade de ce bâtiment dans son angle nord-ouest s'explique peut-être par la conservation temporaire de structures antérieures. Ce plan donne aussi quelques indications sur les voies de communication entre la ville et l'abbaye, tel le sentier (6) menant des fossés du faubourg Saint-Vaast aux abords de la deuxième enceinte de l'abbaye, ou encore ce trou d'eau à la pointe du faubourg Saint-Vaast appelé l'« Abîme » (7).

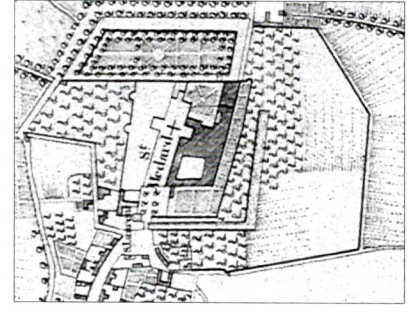

FIG. 24 :
L'abbaye Saint-Médard en 1768, détail de la figure 23. Pour conserver une orientation vers l'est aux documents concernant Saint-Médard, ce détail du plan a été reproduit tourné à 90°.

FIG. 23 :
« Plan de Soissons et de ses environs dédié à M. Le Duc de Chartres par S. le Jeune cy-devant Sous-Inspecteur des Ponts-ès-Chaussées dans la Généralité de Paris et autres du Royaume, Géomètre, Notaire et Arpenteur Royal à Soissons en 1768 » (Musée de Soissons, 0,505 × 0,345 m, inv. 93.7.461).

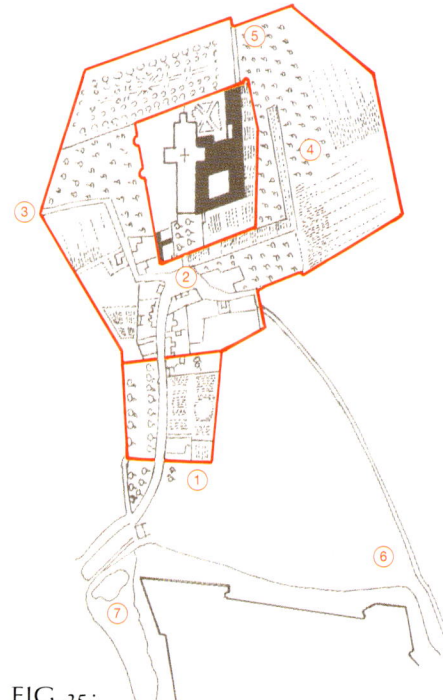

FIG. 25 :
L'abbaye Saint-Médard en 1768, schéma explicatif (dessin G. Nicolas).

Plan d'arpentage de l'ancienne ferme de l'abbaye Saint-Médard en 1771

Ce document précise l'organisation du parcellaire aux abords de l'ancienne ferme de l'abbaye et complète le plan précédent (fig. 23). Il confirme la présence des fossés représentés sur le tableau de la figure 7 et permet de mieux les situer sur le cadastre actuel. La partie basse du document figure les défenses de la ville autour du faubourg Saint-Vaast. Ce plan fait référence à de nombreux contrats. La mention la plus ancienne, 1651, se lit à gauche, près du fossé Quentin. La mention la plus récente, 1771, se lit en haut à droite, à côté du compte.

On observe, de bas en haut, les fossés de la ville (2), un autre trou d'eau appelé « fosse » (3), l'ancienne ferme de l'abbaye (1). À gauche, le fossé Quentin (4) limitait au nord la première enceinte et, au-dessus, les fossés de la Veuve Lemoine et le fossé à Saint-Médard (5) bordaient à l'ouest la deuxième enceinte ; en bas à droite, est signalée une parcelle dite « Terre du jeu d'Arc Saint-Sébastien » (6). Notons la représentation d'une échelle de 30 verges, mesure de Saint-Médard (7). La précision n'est pas superflue puisque, quelques années plus tard, un contrat d'arpentage précisera encore qu'il « sera distingué dans l'indication des quantités et nature des héritages les anciennes mesures telles quelles étaient autrefois en usage, savoir dans la plaine vers Crouy celle de St-Médard, dans la plaine de St-Crépin en Chaye, St-Crépin le Grand, Maupas et jouxte, celle du ci devant comté de Soissons, et à la porte St-Martin, rivière de Crise et Chevreux, mesure de quartier lévêque » (contrat entre la mairie et le citoyen Grandin en 1801 ; coll. part.).

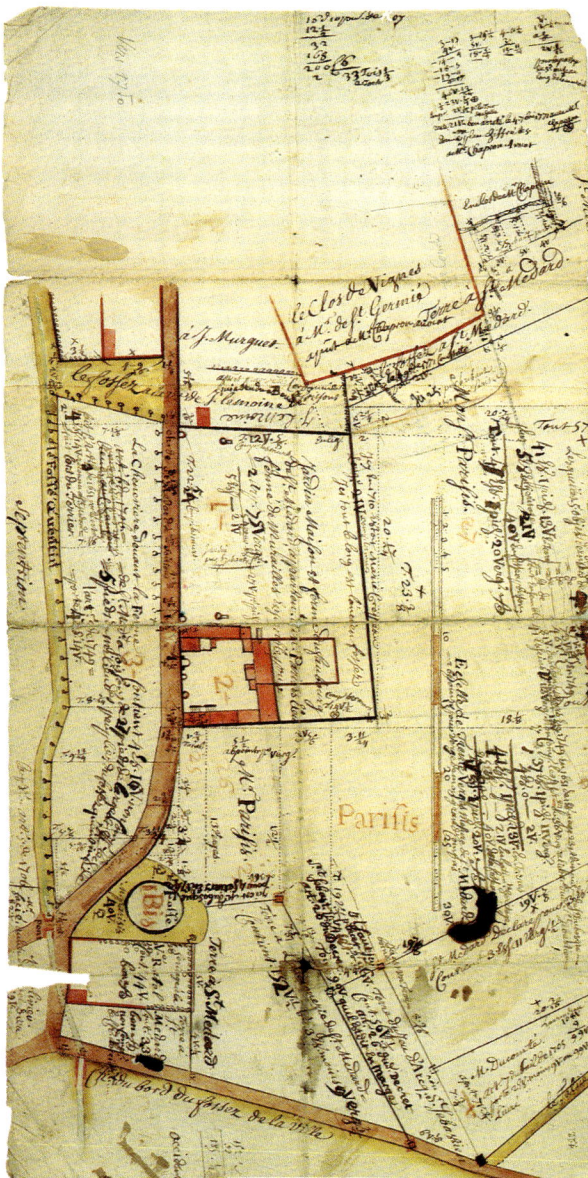

FIG. 26 : Plan d'arpentage attribué à Avite Charier (Ville de Soissons, coll. B. Ancien, 0,56 × 0,285 m).

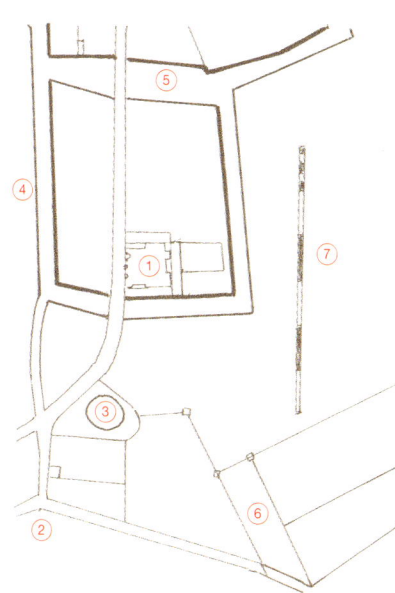

FIG. 27 : Plan d'arpentage attribué à Avite Charier, schéma explicatif (dessin G. Nicolas).

Vues de l'abbaye Saint-Médard
à la fin de l'Ancien Régime

Ces dessins ont été réalisés à la fin de l'Ancien Régime par Tavernier de Junquières (Paris 1742- ?). Ils sont surtout connus par les gravures de F.-D. Née (Paris 1732-*id.* 1817), publiées quelques années plus tard dans les *Voyages pittoresques de la France* (t. X) de Delaborde.

Tavernier est un artiste souvent cité pour le réalisme de ses représentations de bâtiments anciens. Pourtant, les figures 29 à 32 signalent des bâtiments qui n'existaient plus lorsque celui-ci les a dessinés. On peut donc s'interroger sur l'exactitude de ces documents.

Ces bâtiments sont, en plan, comparables à ceux représentés sur le tableau de la figure 7, bien que leur élévation présente quelques différences : à un siècle de distance, on a eu le même souci de glorifier une période brillante pour l'abbaye, sans s'inquiéter des anachronismes introduits par une mise au goût du jour des architectures disparues. Ces restitutions de Tavernier ont donc pu être faites soit à partir de ce tableau, qui se trouvait alors dans l'abbaye, soit à partir d'une source documentaire commune assez imprécise (peut-être un simple plan) pour permettre ces interprétations très libres des élévations. Ce lien entre les deux documents permet en tout cas de restituer les angles de vue théoriques de ces dessins (fig. 28).

La figure 29 représente la principale entrée de l'enceinte principale encore flanquée de ses deux tours. Elle se distingue des autres accès par l'existence de deux édicules de part et d'autre du pont-levis (cf. fig. 7). La construction qui apparaît dans la brèche du mur n'est pas identifiable, à moins qu'il ne s'agisse d'une représentation du bloc-façade de l'église principale, privé de flèche.

Le bâtiment du fond (adossé au cloître) est désigné sur le plan de la figure 4 comme « sale, chambres d'officiers et réfectoire des fermiers ». Derrière apparaissent les « tours » du palais telles qu'on les retrouve figure 30. Mais aucune de ces constructions n'est stylistiquement comparable à celles du tableau de la figure 7.

La représentation en élévation de la figure 30 correspond, en plan, à la figure 4. On reconnaît la clôture basse entre la première et la deuxième cour. Les quatre « tours » correspondent en fait aux quatre tourelles d'escalier qui se trouvent dans les angles de la cour du bâtiment suivant (encore partiellement représentées figure 17). Mais, là aussi, l'élévation est sujette à caution, car elle correspond à l'architecture en vogue à l'époque de la réalisation de ce dessin ; elle diffère donc de celle du tableau qui, selon le même principe, représente cette fois des architectures à bossages, caractéristiques du XVIIᵉ siècle, date probable de sa réalisation.

La figure 31 présente une vue des jardins de l'abbaye où les fontaines et les architectures végétales adossées au rempart sont presque identiques à celles du tableau de la figure 7.

La figure 32 représente l'église principale. Cette vue est « idéale » dans la mesure où tous les bâtiments jouxtant l'église ont été supprimés. Toutefois, le nombre de tours et le nombre de travées de l'église sont exacts. Cette architecture composite est difficile à interpréter, car elle diffère, notamment pour la façade, de celle du tableau de la figure 7.

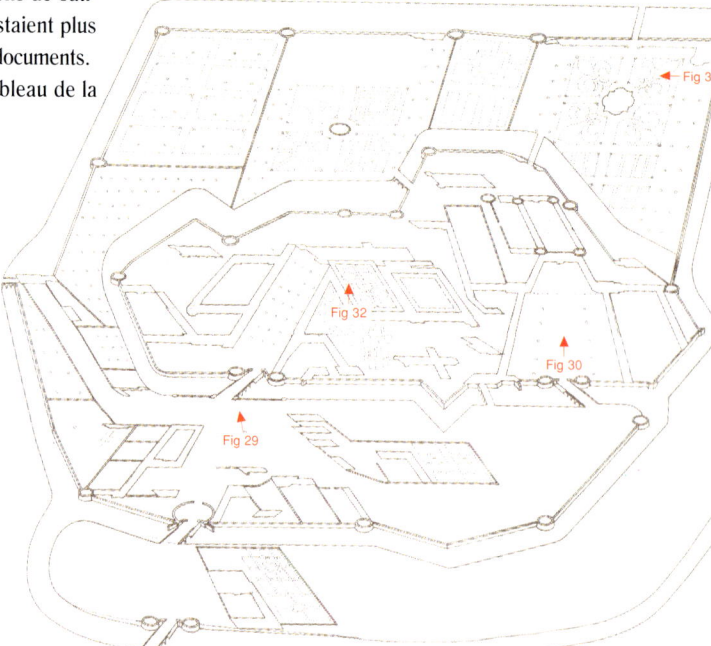

FIG. 28 : Restitution de l'angle de vue de l'abbaye Saint-Médard d'après les dessins reproduits dans les figures 30 à 35 (dessin G. Nicolas).

FIG. 29 : « N° 8. Vue d'une partie des ruines de Saint-Médard de Soissons, Soissonnais n° 1 » (Paris, BNF, Est., A. 31 397, f° 93 ; coll. Destailleurs).

FIG. 30 : « Vue du Palais des rois de Soissons à Saint-Médard, Soissonnais n° 2 », sbg. « Tavernier de Junquières » (Paris, BNF, Est., A. 31 404, f° 100 ; coll. Destailleurs).

FIG. 31 : « N° 10. Vue d'une partie des Jardins de Saint-Médard, Soissonnais n° 3 », s. b. d. « Tavernier de Junquières » (Paris, BNF, Est., A. 31 403, f° 99 ; coll. Destailleurs).

FIG. 32 : « C. Vue de l'église de Saint-Médard de Soissons n° 4 », sbg. « Tavernier de Junquières » (Paris, BNF, Est., A. 31 398, f° 94 ; coll. Destailleurs).

Les figures 33 et 34 marquent l'emplacement, dans les chapelles axiales de la crypte, des tombeaux royaux du fondateur, Clotaire, et de son fils, Sigebert, aux côtés de celui de saint Médard. Ces chapelles valorisent le parrainage royal, donnant des dimensions grandioses à cette crypte par rapport aux personnages. La pierre située au fond du caveau sur un piédestal (fig. 34) est le fameux « pas de Dieu » (cf. *infra* p. 313, « Les derniers vestiges ») ; cette pierre, autrefois vénérée dans l'église, a été descendue à cet emplacement par la suite.

On retrouve, avec la figure 35, un document fiable pour la représentation des architectures. L'élévation, conforme au plan de la figure 17, correspond à ce que l'on sait des bâtiments. Grâce aux textes (cf. p. 300-301, l'abbaye en 1791), on peut identifier, de gauche à droite, la salle du chapitre avec dortoir et chartrier à l'étage, la sacristie, l'église principale. Les trois baies aveugles (ou fausses fenêtres) du clocher semblent d'une architecture assez ancienne. On reconnaît la couverture en pierre de la crypte évoquée dans les contrats d'entretien, ainsi que la chapelle Saint-Ouen au-dessus de la chapelle axiale. Au fond, l'ancien dortoir des novices subsiste en partie ; on sait qu'il a été transformé en vendangeoir à cette époque. À droite, des grilles remplacent le rempart médiéval. Au premier plan, un jardin a été créé à l'emplacement du palais abbatial supprimé.

Il faut remarquer que la légende inscrite au dos de ce document fait référence à l'ensemble des éléments, magnifiés dans le tableau de la figure 7 (forteresse, églises et palais) et partiellement représentés dans les figures précédentes. On y appelle « cachot de Louis le Débonnaire » ce qui était une tour du XIVᵉ ou du XVᵉ siècle (cf. *infra* p. 354-355). La borne milliaire signalée dans la cour avait été trouvée en 1708 à une demi-lieue de Soissons. Elle date de l'époque de Caracalla (188-217 apr. J.C.). Cette borne est conservée au musée de Soissons (inv. 93.7.1292., don de Mr de Bussières, 2,00 x 0,58 x 0,63 m).

FIG. 35 : « Vue intérieure de la cour de l'abbaye de Saint-Médard, ordre de saint Benoît », s. b. g. « Tavernier de Junquières » (Paris, BNF, Est., A. 31 399, f° 94 ; coll. Destailleurs). Au verso : « Cette abbaye était une forteresse. L'on voit encore le reste des enceintes ; il y avait dans cette forteresse 7 églises et des palais qui ont été détruits. L'on voit dans cette cour une borne des romains sur laquelle l'on voit qu'il y avait une inscription, mais qui est si effacée qu'il n'est plus possible de rien déchiffrer. Le petit bâtiment qui est dans le fond du dessin contient les cachots où Louis le Débonnaire et son ministre furent enfermés ; il y a encore sur les lieux d'aisance de son cachot une lamentation écrite en gothique de la main de ces infortunés. »

FIG. 36 : « Vue générale de Soissons »,
s. b. g. « Tavernier de Junquières »
(Paris, BNF, Est., A. 31 381, f° 78 ;
coll. Destailleurs ; 0,25 x 0,40 m).
Le titre est indiqué au dos de cette
aquarelle avec le texte suivant :
« La situation de cette ville est
dans une superbe vallée très riante,
avec une rivière assez considérable et
très navigable ; elle est entourée de
fortifications modernes, il y a beaucoup
de monuments remarquables dont nous
allons donner la vue en détail. Nous
avons représenté son aspect général
sous le plus grand développement afin
d'apercevoir tous ses monuments. Il y a
beaucoup de choses à dire sur cette ville
qui est le berceau de plusieurs Rois
de France. »

FIG. 37 : Silhouette des monuments
représentés sur les figures 36 et 39.
Cette vue de Soissons a été prise
depuis Villeneuve Saint-Germain,
de l'autre côté de la rivière.

FIG. 38 : L'abbaye Saint-Médard,
détail de la figure 36.
Au premier plan, l'allée bordée d'arbres
allant d'ouest en est mène de la rivière,
en face de l'ancien couvent des Célestins (devenu par la suite le château de
La Rochefoucault), à Saint-Médard. En
haut de cette allée s'élèvent, à gauche,
le moulin et, à l'arrière-plan,
la tourelle d'angle de l'enceinte
transformée à cette époque en
pigeonnier (l'actuelle tour Charlemagne).
Derrière l'allée, apparaissent les
bâtiments claustraux et le grand corps
de logis de 1765, toujours visible
aujourd'hui. Viennent ensuite la
tourelle d'escalier adossée à la salle
du chapitre, l'unique clocher et enfin
l'église principale et son pignon oriental.

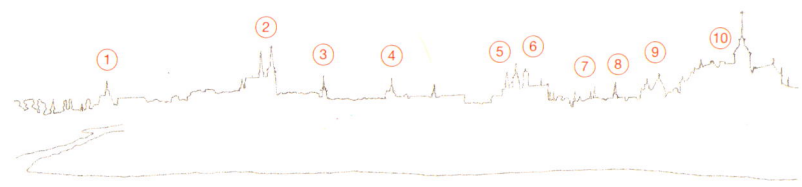

On reconnaît, de gauche à droite, l'abbaye Saint-Crépin (1), l'abbaye Saint-Jean-des-Vignes (2), l'église Saint-Martin (3), les Feuillants (4), l'abbaye Notre-Dame (5), la cathédrale (6), les Cordeliers (7), l'église Notre-Dame-des-Vignes (8), l'abbaye Saint-Léger (9) et l'abbaye Saint-Médard (10).
(dessin G. Nicolas)

Vue de l'abbaye Saint-Médard en 1788

FIG. 40 : L'abbaye Saint-Médard, détail de la figure 39.
L'angle de vue est quasiment identique à celui de la figure 38, mais, la vue étant plus plongeante, des détails architecturaux supplémentaires apparaissent, notamment pour l'ancien bâtiment des novices, à droite.

FIG. 39 : « Vue de la ville de Soissons, prise de l'ancienne Maison des Célestins à Villeneuve, 1788, *P.H. delineavit et pinxit* » (Paris, BNF, Est., Va 2, 13, H. 108198 ; don P. Blondel, 1924).

Description de l'intérieur de l'abbaye Saint-Médard en 1791

Pendant la Révolution, la vente des établissements religieux comme biens nationaux a été précédée de visites estimatives par des commissaires, au cours desquelles des descriptifs précis ont été établis. Celui de Saint-Médard nous donne une ultime image de l'abbaye en septembre 1791 : l'abbaye allait être détruite quelques années plus tard par les propriétaires désireux d'en vendre tous les matériaux afin de récupérer les sommes investies. Ce texte nous permet d'identifier facilement les différents bâtiments et il est même possible de retracer le parcours des commissaires (cf. fig. 42). Grâce à la description du bâtiment « neuf » construit vingt-six ans plus tôt, on imagine volontiers la qualité de vie des derniers moines.

FIG. 41 : Le bâtiment construit en 1765, partie supérieure du « très beau poêle de faïence » de la salle à manger encore conservé aujourd'hui (dessin G. Nicolas).

« L'an mil sept cent quatre vingt onze le 14 septembre, et jours suivants, nous Louis Duroché architecte et Jacques Henry Maitre charpentier et Jean Archin laboureur, experts nommés par le Directoire du District de Soissons, suivant la délibération du neuf octobre dernier à l'effet de procéder conjointement à l'estimation des biens nationaux dont le détail suit.

Nous nous sommes transportés en la cy devant abbaye de St Médard, où étant nous avons visité et estimé les batiments, cour et jardin ainsi qu'il suit.

1- Étant entrés dans la première cour par une grande porte cochère à deux venteaux, laquelle cour contient 27 to 2 pi (lire 27 toises 2 pieds, mesures de l'époque) de longueur sur 15 to 1 pi de largeur.

2- À droite en entrant est un batiment servant au portier de la longueur de 4 to 5 pi sur 2 to de largeur.

3- À gauche est une chapelle donnant sur la basse cour.

4- Au bout de ladite chapelle est un batiment appelée cy devant l'aumonerie, lequel batiment est loué au fermier à l'exception de la chapelle. Ce batiment contient 11 to 4 pi de longueur sur 4 to de largeur bien construit.

5- En retour d'équerre est une tourelle dans laquelle est un escalier en pierre,

6- à la suite est batiment de 10 toises sur 3 to 3 pi de largeur servant d'écurie et galatas dessus et grenier observant qu'il y a une bergerie du côté de la ferme contenant 4 to quarrées qui est occupé par le fermier, le tout couvert en tuille.

7- À la suite dudit batiment est un batiment servant de grange de 8 to 2 pi sur 3 to 2 pi de largeur.

8- À la suitte est un angard couvert en chaume soutenu par 5 piliers en pierre lequel a de longueur 8 to sur 2 to 4 pi de largeur.

9- Lad. basse cour contient 57 to de longueur sur 13 to de largeur.

10- À gauche de laditte basse cour est une tour voutée servant de buché de 14 to de diametre.

11- Au bout de laditte basse cour vers le levant est un cellier vouté en augive servant de vandangeoir lequel batiment a trois etages, a de longueur 10 to sur 4 to 3 pi avec pilliers butans dans lequel batiment sont des prisons avec un petit cellier vouté

12- dans lequel se trouve l'entrée d'une cave laquelle cave a 6 1/2 de longueur sur 14 pi de largeur.

13- En retour d'equerre dud. batiment vers le midy est une seconde basse cour de 20 to de longueur sur 10 to 1/2 de largeur dans laquelle est un angard pratiqué contre le mur de cloture vers le nord sur 20 to de longueur, le tout couvert en thuille.

14- À la suite est une cour faisant face au grand corps de logis côté du nord laquelle contient 26 toises de longueur sur 22 toises 1/2 de largeur.

15- Le corps de logis contient 33 to vu pi de longueur sur 6 to 1 pi de largeur or oeuvre. Le rez de chaussée composé d'un corridor de deux salles avec chacune une cheminée garnie de leur chambranle de marbre, la première est garnie d'un très beau lambris dans tout son pourtour. Le planché en planches de chêne, et fait à points d'hongrie et plafonné. La seconde est lambrissée d'un lambry d'apuis planchée en planches de chêne refondue et plafonnée.

À la suite est un vestibule, une salle à manger dans laquelle est un très beau poële de faillance, de même un lambris d'apuis le planché en planches de chêne refondue et plafonnée. À la suite est une chambre avec cheminée, à la suite de laquelle est un escalier en pierre jusqu'au pre-

mier et en bois jusqu'au second garni d'une belle rampe en fer. À la suitte dudit escalier sont trois chambres dont deux avec alcove et deux cabinets à côté, une avec un petit antichambre et deux cabinets à côté. Les cheminées sont revetues de chambranle de pierre peint. Le pourtour desd. chambres est garni de menuiserie en lambri d'apuis. Au bout du corridor est un mur séparant une pièce précédant les lieux d'aisance à côté desquels se trouve une pièce servant de réserve au jardinier dont la porte donne sur le jardin vis-à-vis un etang.

Premier étage. Au bout du corridor côté du levant est une chambre à alcove et un cabinet, et à côté des latrines. Ce premier etage est distribué en 8 chambres, savoir 3 avec alcove et cabinet à côté et 3 sans alcove mais un petit antichambre avec cabinet à côté. Celle du N° 1er est distribuée d'un antichambre, d'une chambre et d'un cabinet, six sont garnies en lambri d'apuis avec cheminée revêtue d'un chambranle en pierre marbrée. Au bout dudit corridor est un escalier montant au grand dortoir. Le second étage est composé de six chambres dont cinq avec cheminée sans chambranle. Au bout du dit corridor à gauche en montant est pratiqué 4 cloisons en bois et platre séparant 3 petites chambres de domestique et une cage d'escalier pour monter au grenier.

16- Le batiment faisant retour d'equerre sur l'eglise à la suitte du batiment neuf est distribué en un grand dortoir de 24 to 2 pi sur 6 to de largeur dans lequel est distribué 16 chambres de religieux et le chartrier qui se trouve dessous une de ces chambres du N° 41. Sous laquelle on y parvient par un escalier. Il se trouve un escalier dans ce corridor qui communique à la bibliothèque et en face un second dortoir. À coté de l'escalier pour monter aud. dortoir est un autre escalier pour communiquer au refectoire et au rez de chaussée. Ce dortoire est plafonné en planches. Au bout du réfectoire est un escalier pour descendre à l'eglise et le dessus vouté où se trouve le quarré du clocher. Le rez de chaussée est composé d'une cuisine, d'un office, d'une lavanderie et d'une pièce servant à manger les domestiques et à coté le buché de la cuisine. À la suitte est une salle voutée sur colonne avec cheminée.

17- À la suitte de la ditte salle est le chapitre aussi vouté et à côté dud. chapitre est l'escalier communiquant à l'eglise par le cloître.

18- Arrivé au second dortoire faisant marteau en face de la bibliothèque, il se trouve une distribution de droite et de gauche sur la longueur divisé en 24 célules ; chaque célule a 9 sur 10 pi au dessous de ces célules est le réfectoire. Dans les 24 celules il y en a 5 avec cheminée. Le plancher du dortoir est ceintré en bois et ils sont carrelés tous deux.

19- Au bout du dit dortoir est une tourelle dans laquelle est un escalier communiquant au jardin et avec le dit dortoir.

20- Un préaut vouté avec apenty au dessus tenant à l'eglise et au réfectoire côté du nord, lequel contient 123 to quarrée.

21- Au milieu dud. préaut est un puit.

22- À la suite du chapitre côté du levant est un batiment en apenty adossé à la tour du clocher servant cy devant de sacristie ayant son entrée par l'eglise laquelle sacristie contient 6 to sur 1 to 2 pi de largeur voutée dans laquelle est pris une cage d'escalier en pierre pour monter en une pièce aussi voutée servant cy devant de fruiterie,

23- à côté est le quarré du clocher lequel contient 1 to sur 3 to 1 pi. Dans œuvre, au dessin dud. quarré est un huit pand dessin duquel est un domme aussi à huit pand avec une flèche au dessus couvert en ardoise.

25- Église contenant 33 to 3 pi sur 6 to 2 pi de largeur, hauteur 10 pi vouté en bois. Les bas côtés ont de longueur 33 to sur 3 to 2 pi de largeur, hauteur 20 pi vouté en pierre.

25- Au bout de la d. eglise est une chapelle donnant côté du levant voutée en pierre : longueur 1 to 1 pi sur 1 to 3 pi hauteur 2 to 3 pi terrasse par dessus.

26- À droite de la cour d'entrée à côté de l'eglise est un batiment en mansarde donnant sur le jardin côté du couchant précédé d'une porte pour descendre au préaut, lequel batiment est composé d'un vestibule et de trois pièces savoir un cabinet servant d'office, une salle à manger et une chambre à coucher avec une garde robe. La mansarde au dessus d'une seule pièce à côté du vestibule est un petit batiment servant de chambre au portier. Ce batiment servant actuellement de presbitaire au cy devant curé de St Laurent, lequel batiment contient 9 to 2 pi de longueur sur 3 to 4 pi de largeur.

27- Sous le réfectoire est une cave de 20 to 3 pi de longueur sur 5 to de largeur, au bout de laquelle côté du nord est un caveau en retour d'equerre. Ensemble 24 pi de longueur sur 3 pi de largeur. À l'autre bout de la ditte cave côté du levant est un passage qui communique à quatre caves, lequel a de longueur 17 to 4 pi sur 6 pi de

largeur réduit. Les entrées de trois caves sont à droite du passage. Elles ont chacune 6 to 4 pi de longueur sur 9 pi de largeur. Au bout et en face dudit passage est une quatrième cave laquelle a de longueur 4 to 1 pi sur 14 pi de largeur. Les dittes caves et le passage sont très bien voutés, la principale entrée donne dans le jardin, en face du réfectoire côté du midy est un escalier pour y descendre journellement, donnant dans une dépense.

28- Dans le jardin, en face du grand batiment coté du midy un colombier en rond de 18 pieds de diamètre garni de pot et en bon etat,

29- au mur qui sépare ledit jardin d'avec le grand clos, est un petit pavillon couvert en ardoise, lequel contient 12 pi sur 10 pi de largeur.

30- Dans led. jardin en retour vers le couchant sont trois jardins séparés par des murs dans lesquels sont 2 petits batiments savoir

31- un de 13 pi de longueur sur 10 pi de largeur, le planché pavé en dalle de pierre dure vu plafond en platre,

32- le second batiment de 20 pi de longueur sur 8 pi 6 pouce de largeur, lequel est séparé en deux pièces par une cloison en pierre, le planché carlé en petit carreau de terre cuite un plafond en platre. À la suitte dud. batiment est un apenty en bois couvert en thuille de la longueur de 4 to sur 4 pi 6 pouce de largeur,

33- dans le jardin est une cave de la longueur de 3 to 5 pi sur 9 pi de largeur bien voutée, et

34- un puit, dans un jardin donnant sur l'étang. Côté du levant un batiment de 15 pi de longueur sur 10 pi de largeur, le planché carrelé en carreaux de terre cuite, un lambry d'hauteur dans le pourtour dud. cabinet, un plafond en platre, avec porte vitrée à deux vouteaux et deux croisées. Tous les dits batiments en très bon état et couvert en thuille.

Visite et examen faits des lieux et cour et batimens, nous les avons estimé en capital, en leur état actuel, déduction faitte des réparations à la somme de trente mille livres » (AD. Q. 816).

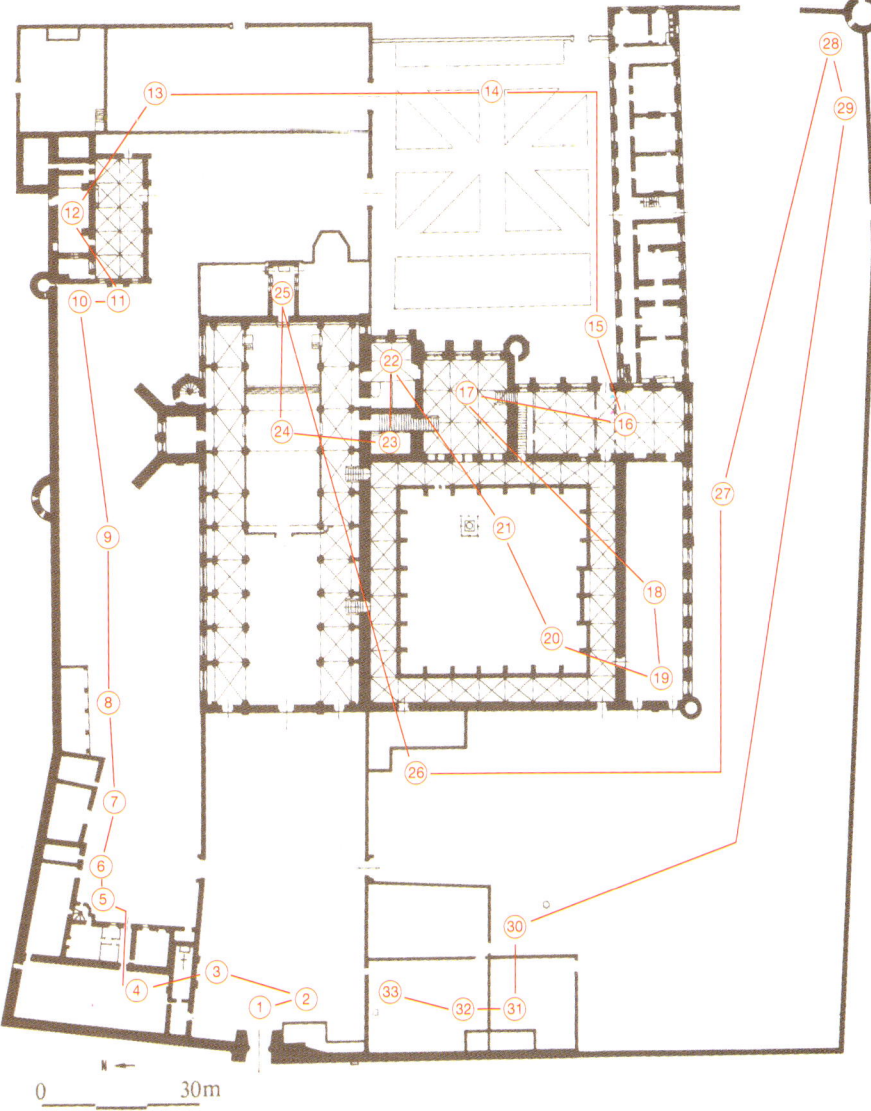

FIG. 42 :
Plan restitué de l'abbaye Saint-Médard à la fin de l'Ancien Régime. En rouge est figuré le parcours que la commission des experts nommée par le Directoire a réalisé le 14 septembre 1791 (dessin G. Nicolas).

Le lotissement de l'abbaye Saint-Médard : destruction et déstructuration d'un site

Le monastère a été vendu une première fois comme bien national le 2 novembre 1791. Il a été adjugé après des enchères de cinquante-neuf feux (bougies dont on faisait usage aux audiences des criées, leur durée déterminait le temps des enchères), pour cent quatre-vingt-huit mille six cents livres, à un groupe de onze acheteurs dirigé par un perruquier de Crouy, le citoyen Beaumé. Ce prix considérable – un monastère était vendu en moyenne pour trente mille livres – a entraîné la faillite des acquéreurs, qui n'ont pu satisfaire au premier paiement par la vente des matériaux des édifices détruits. Le 11 janvier 1792, on a procédé à de nouvelles ventes ; au cinquième feu, le site était adjugé aux citoyens Francois Marie Marchand, Adrien Ladague, Léonard Prache et Jean Deché, l'ensemble a alors été divisé en quatre lots. Par la suite, différents échanges ont eu lieu. Le plan de la figure 44 représente un état fixant le résultat d'un des nombreux procès-verbaux d'arpentage et de bornage du domaine lié à ces opérations successives. Y figurent la surface de chaque parcelle, le nom de son propriétaire et les conditions d'achat ou de location. Ce plan demeure un document essentiel pour comprendre l'évolution du parcellaire de l'Ancien Régime à nos jours.

« Les bâtiments dits de l'aumônerie consistant en une ancienne chapelle, écurie, grange, hangar, ancienne cuisine, chambres et grenier, cour et place en avant du côté de la rue, autre cour dans l'intérieur jusqu'à l'alignement de la cour du milieu, tirant droit sur le mur de clôture du jardin de la ferme, dépendant du quatrième et dernier lot ci-après en revenant au 5ᵉ pilier de la nef d'église supprimée à droite en entrant jusqu'au pilier de la grande porte de la ci-devant abbaye de Saint-Médard, icelle non comprise du côté de ladite chapelle, la démarcation de laquelle cour est figurée au plan ci-joint par les lettres E-D-C avec une portion en terre labourable et en fossés derrière lesdits bâtiments de l'aumônerie, aussi que va l'alignement de la tour et du jardin ci-devant désigné ». (coll. part., document du 25 Brumaire et autres jours de l'an Second, article 5).

Ce texte met en évidence les conséquences d'un partage en lots qui, en regroupant autour de l'ancienne aumônerie une partie de la ferme et de l'emplacement de l'église, aboutit à la création d'une nouvelle parcelle (cf. fig. 44, tracé jaune en E-D-C), effaçant complètement le souvenir de l'organisation monastique à cet endroit.

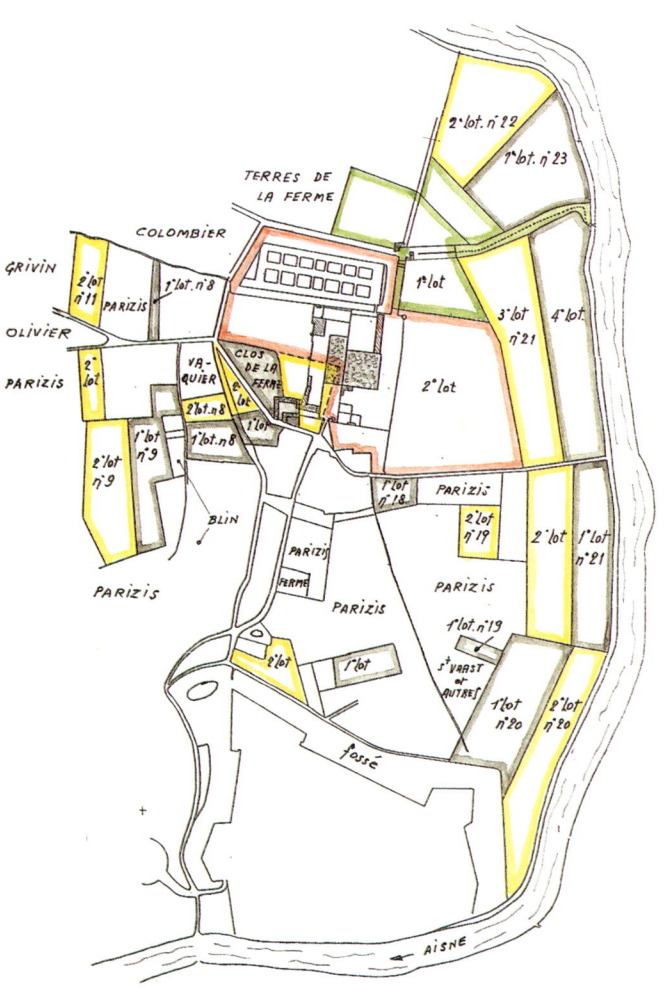

FIG. 43 :
Représentation schématique
de la figure 44 (dessin G. Nicolas).
En jaune, lots de L. Prache ; en gris, lots
de J. Deché ; en rouge, lots de terres du
moulin.

FIG. 44 :
Le lotissement du domaine
de l'ancienne abbaye Saint-Médard
après la Révolution
(coll. part., 1,31 x 0,75 m).

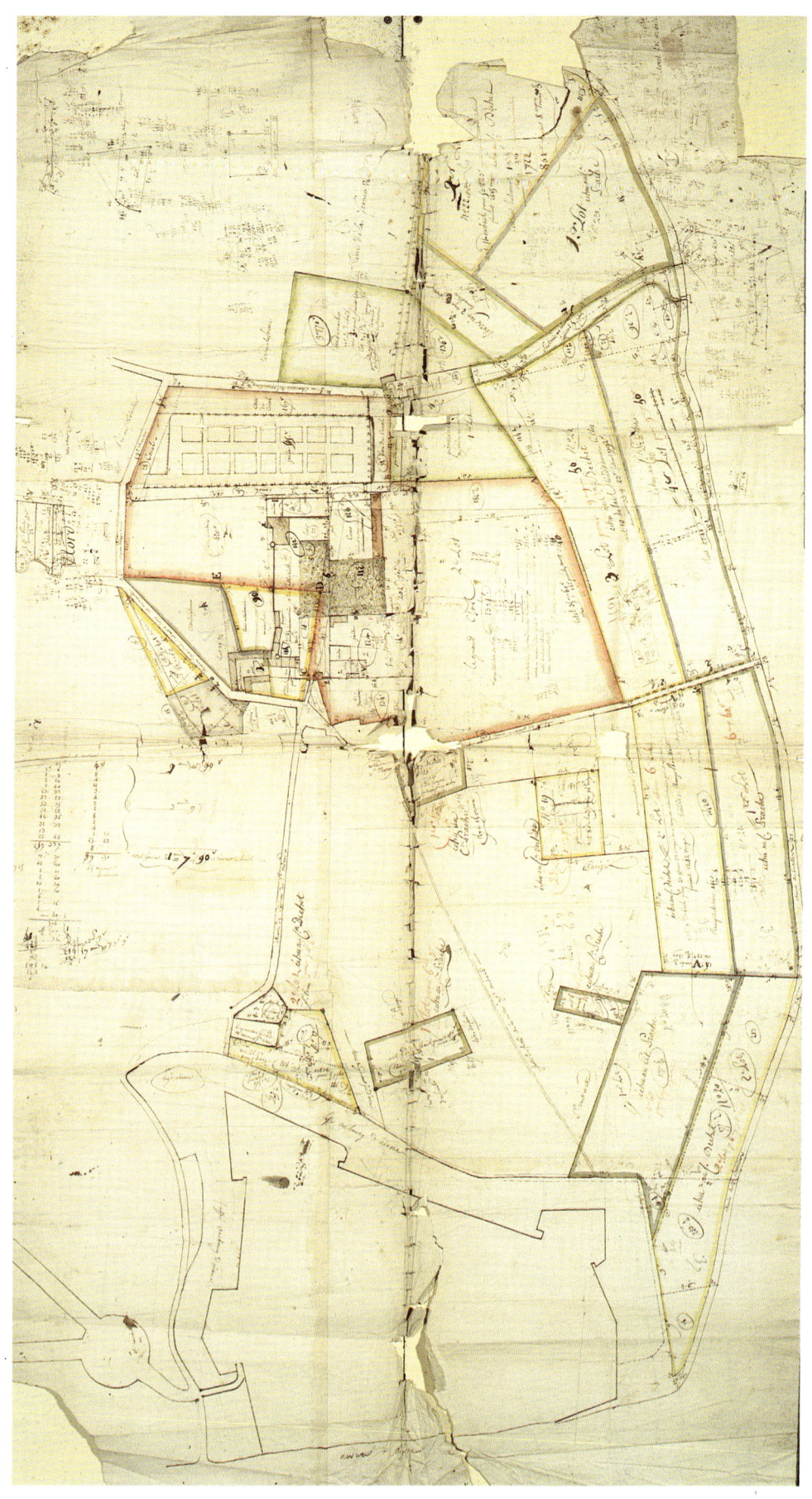

303

LE DEVENIR POST-RÉVOLUTIONNAIRE : DU "CHÂTEAU" DE NICOLAS GESLIN À L'INSTITUTION CARITATIVE DE L'ABBÉ DUPONT

Le « château » de N. Geslin

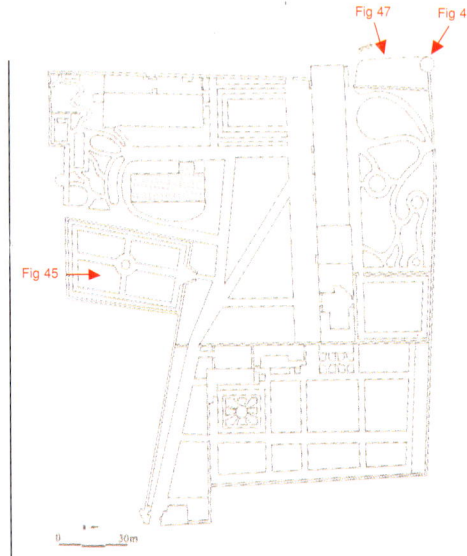

FIG. 45 : « Entrée des Jardins de M. Geslin à St-Médard près Soissons, dessinée en 1816 par L. V. Thiéry, âgé de 82 ans » (coll. part., *100 vues de Soissons et de ses environs, y comprises celles prises sur la route dans le voyage fait par Eau pour se rendre de Paris en cette ville en 1816*, dessin n° 53, 0,175 × 0,265 m).

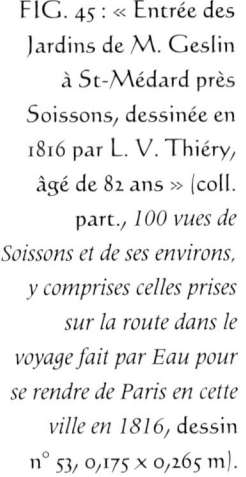

FIG. 46 : Restitution de l'angle de vue de l'abbaye Saint-Médard d'après les dessins reproduits aux figures 45, 47, 48 (dessin G. Nicolas).

FIG. 47 : « Vue de la Maison de M. Geslin Père à St-Médard près Soissons, dessinée par L. V. Thiéry en 1816 à l'âge de 82 ans » (coll. part., *100 vues de Soissons et de ses environs, y comprises celles prises sur la route dans le voyage fait par Eau pour se rendre de Paris en cette ville en 1816*, dessin n° 52, 0,175 × 0,265 m).

FIG. 48 : « Vue de partie du canal et de la maison de St-Médard prise près du moulin à Bled, dessiné par L. V. Thiéry à l'âge de 82 ans » (coll. part., *100 vues de Soissons et de ses environs…*, dessin n° 54, 0,175 × 0,265 m).

En 1803, Nicolas Geslin (1758-1832), tanneur du faubourg Saint-Vaast, installe son entreprise à Saint-Médard, dans l'ancienne aumônerie. Il rachète une grande partie des autres lots et fait du grand bâtiment XVIIIe son château. Consolidant et transformant les dernières ruines du monastère, il agrémente ainsi son parc à la mode du temps.

Réalisés en 1816, ces dessins de L. V. Thiery nous montrent le nouveau domaine. La figure 45 présente les jardins, tandis que l'on reconnaît figure 47 le grand bâtiment XVIIIe, vu depuis les étangs situés à l'est. Sur la figure 48 apparaissent, dans l'angle, la tour dite Charlemagne, témoin des fortifications médiévales, et le moulin. Les grilles, qui ont succédé aux remparts au siècle précédent (déjà visibles figure 35), ont été conservées.

FIG. 49

Le domaine de Saint-Médard en 1818 et en 1828

Sur ce plan réalisé par A. Gencourt en 1818, le domaine de Saint-Médard, qui apparaît ici entre le faubourg Saint-Vaast et la plaine de Saint-Médard, est devenu une vaste propriété privée. Les nombreux enclos monastiques ont d'ailleurs pratiquement disparu de Soissons ; ils sont à présent remplacés par les grands jardins de la nouvelle bourgeoisie. Ceux-ci marquent l'espace urbain et ses abords immédiats. La ville n'est pas encore enserrée dans le vaste système de fortifications qui sera mis en place à partir des années 1820.

En 1827-1828, N. Geslin fait réaliser un grand plan de son domaine. Ce document nous révèle admirablement la transformation de l'ancienne abbaye Saint-Médard. Cette nouvelle configuration structure encore aujourd'hui l'espace. En 1831, les époux Geslin font une donation entre vifs à leurs trois enfants. En 1832, les Geslin étaient décédés et le domaine passait à leurs héritiers.

FIG. 49 : « Plan de Soissons et ses environs par Gencourt, géomètre en la même Ville en 1818 » (Musée de Soissons, 0,66 x 0,96 m, inv. 93.25.1).

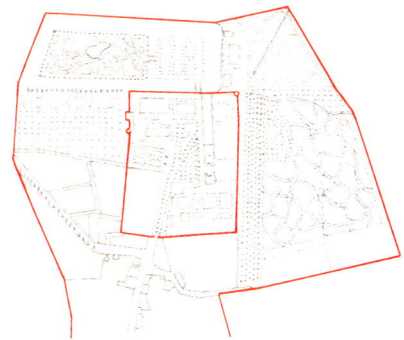

FIG 50 : Restitution de l'emplacement des enceintes de l'abbaye sur le plan de la figure 51 (dessin G. Nicolas).

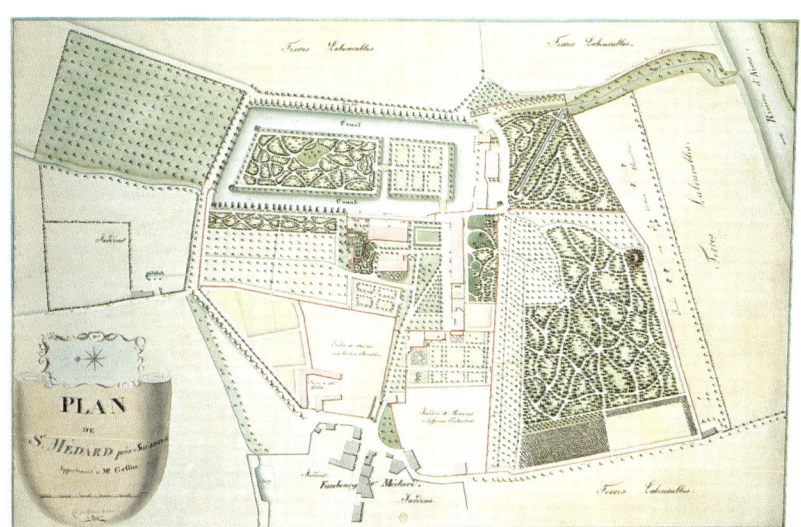

FIG. 51 : « Plan de St-Médard près Soissons, appartenant à Mr. Geslin », levé par Gencourt, géomètre à Soissons en 1827-1828 (Paris, BNF, Est., Va. 428, H. 186983, 0,70 x 1,00 m).

Soissons et le faubourg Saint-Médard en 1868

En 1868, Saint-Médard est devenu un modeste faubourg de Soissons, ville transformée en une véritable place de guerre destinée à protéger Paris. Ce plan militaire confirme la quasi-disparition de l'abbaye dans la topographie soissonnaise. Seul l'ancien système hydraulique hérité de l'abbaye, comme les étangs ou la canalisation de la Jossienne, marquent encore l'espace ; les courbes de niveau et les zones inondables, autour de l'ancienne abbaye, témoignent de l'emplacement de ses enceintes disparues.

FIG 53 :
Restitution de l'emplacement des trois enceintes de l'abbaye Saint-Médard, détail de la figure 52 (dessin G. Nicolas).

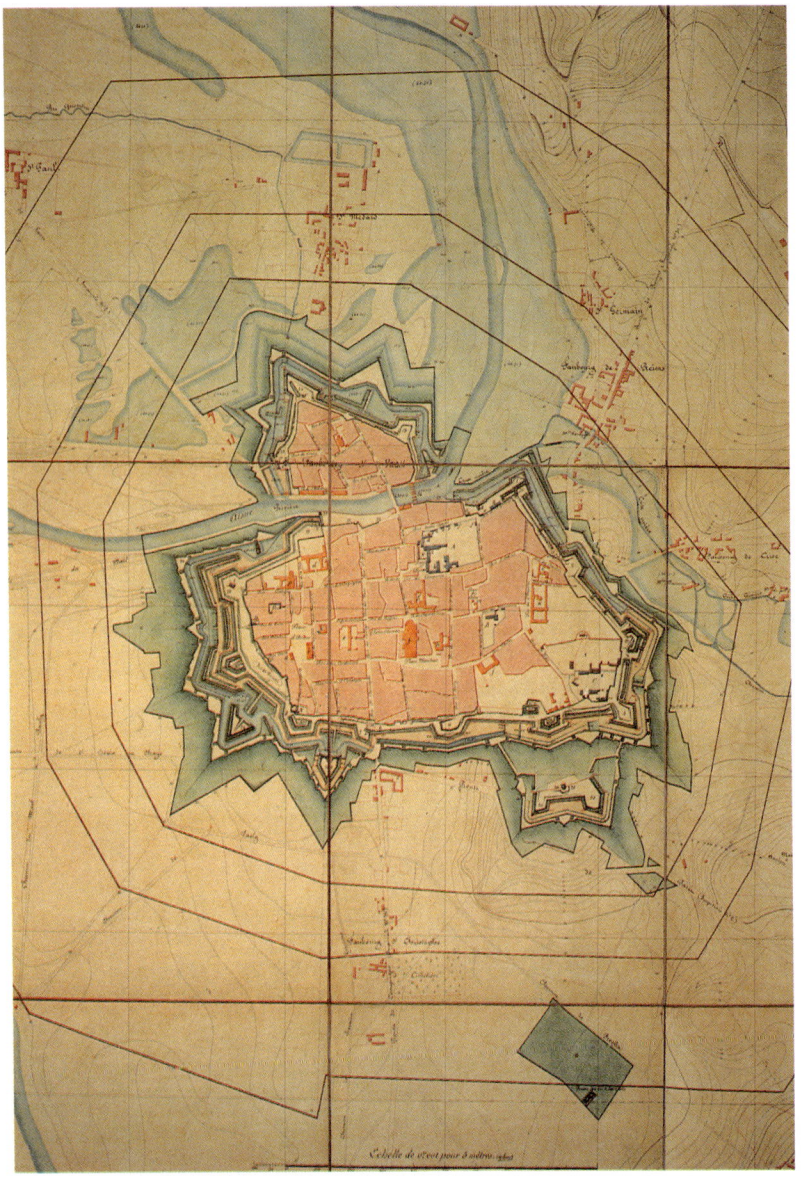

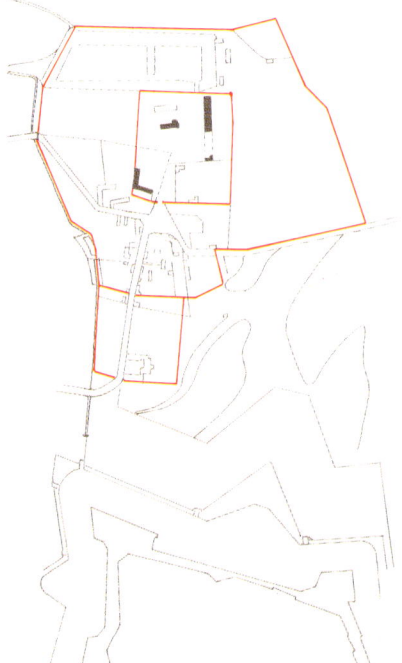

FIG. 52 : Soissons en 1868, plan du Génie (ministère de la Défense, service historique de l'armée de Terre). On reconnaît dans la boucle de l'Aisne, au-delà du faubourg Saint-Vaast, le faubourg Saint-Médard.

306

L'institut des sourds-muets
de Saint-Médard-lès-Soissons

Le 12 mars 1840, l'abbé Dupont achète aux héritiers Geslin une partie du domaine – environ sept hectares – pour la somme de quarante mille francs (ce qui correspondrait à peu près aujourd'hui à la somme assez modeste de huit cent cinquante mille francs). L'abbé Dupont y installe le groupe de sourds-muets qu'il avait réuni à Villeneuve-Saint-Germain alors qu'il était curé de cette paroisse. Pour assurer la renommée de son établissement, l'abbé sut exploiter au mieux le souvenir de la prestigieuse abbaye (fig. 54). Le succès de cet institut est total et, dès 1842, soixante handicapés fréquentent l'établissement. Le 14 avril 1843, à la mort de l'abbé Dupont, la propriété passe à l'évêché, qui accepte d'en assurer la gestion, bien que l'établissement soit alors grevé d'une dette de quatre-vingt mille francs. L'institut se développe encore et est reconnu d'utilité publique en 1877, époque à laquelle il passe dans les biens de la mense épiscopale. Il est repris par les frères de Cîteaux en 1880. Mais, en 1888, l'établissement sombre dans un scandale dont une partie de la presse nationale anticléricale se fait largement l'écho : les responsables de l'établissement étant accusés de mœurs particulières, neuf moines cisterciens ont dû comparaître devant le tribunal et cent trois témoins ont été appelés à la barre.

FIG 54 : Exemples de gravures éditées par l'institut des sourds-muets ; « Souvenirs de l'ancienne abbaye de St-Médard-lès-Soissons, aujourd'hui institution de sourds-muets », sbg. lithographie de Despaubaurg Suce d'Arnoult à Château-Thierry en 1841 (coll. part., 0,205 x 0,260 m). On observera que les anciens parloirs sont appelés à tort cloître ; « Loterie au profit de l'œuvre charitable des sourds-muets de St-Médard-lès-Soissons (Aisne), lith. Véret et C., rue St. Léger à Soissons, Ch. Montpollin del. » (Archives du diocèse de Soissons, *Mandements et circulaires 1825-1848*, t. III, f° 989, 0,155 x 0,240 m).

Saint-Médard aujourd'hui

Après la séparation des biens de l'Église et de l'État en 1905, l'immeuble est attribué au département de l'Aisne par décret le 7 avril 1924, mais l'institut conserve sa vocation caritative grâce à l'action du clergé soissonnais. Les responsables successifs poursuivent l'œuvre de recherche sur l'histoire de l'abbaye engagée par l'abbé Dupont et l'abbé Poquet au siècle précédent : le chanoine Barbier, qui a dirigé l'établissement après la Première Guerre mondiale, a fait faire de nombreuses fouilles. Après la Seconde Guerre mondiale, c'est en partie à Saint-Médard que le chanoine Delanchy développe ses recherches.

Depuis 1967, l'association « La Cordée », maison d'enfants à caractère social, occupe les lieux, dont le département est toujours propriétaire. La tannerie Henry qui appartenait à cette famille depuis le siècle passé, a fermé ses portes il y a quelques années. Les bâtiments ont été acquis par la Ville de Soissons. C'est à l'occasion d'un projet de construction d'école à cet emplacement que des fouilles de sauvetage ont eu lieu en 1980 et 1981 (fig. 59). En 1983, le Département cède à la Ville des terrains où s'élèvent différents vestiges de l'abbaye (ancienne porte fortifiée de l'enceinte principale, allée de tilleuls correspondant à l'ancienne cour d'entrée de l'abbaye, emplacement de l'église principale, crypte, ancien bâtiment des novices, tour Abélard et rempart attenant) afin de permettre une mise en valeur globale de ces vestiges.

FIG. 55 : « Institut de Sourds-Muets de Saint-Médard-lès-Soissons (Aisne) » (coll. part., 0,220 x 0,305 m).

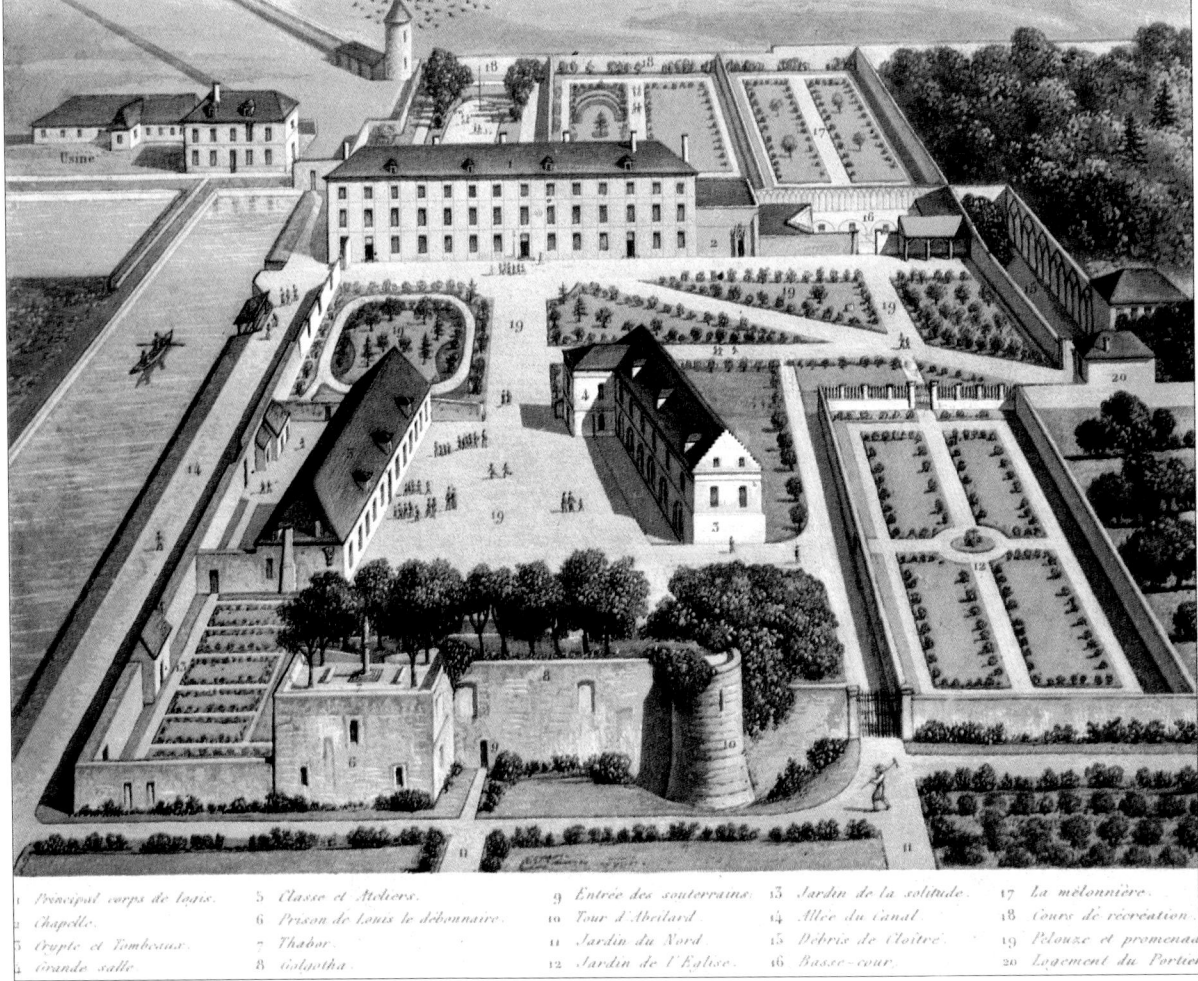

1 Principal corps de logis.	5 Classe et Ateliers.	9 Entrée des souterrains.	13 Jardin de la solitude.	17 La mêlonnière.
2 Chapelle.	6 Prison de Louis le débonnaire.	10 Tour d'Abeilard.	14 Allée du canal.	18 Cours de récréation.
3 Crypte et Tombeaux.	7 Thabor.	11 Jardin du Nord.	15 Débris de Cloître.	19 Pelouze et promenade.
4 Grande salle.	8 Golgotha.	12 Jardin de l'Église.	16 Basse-cour.	20 Logement du Portier.

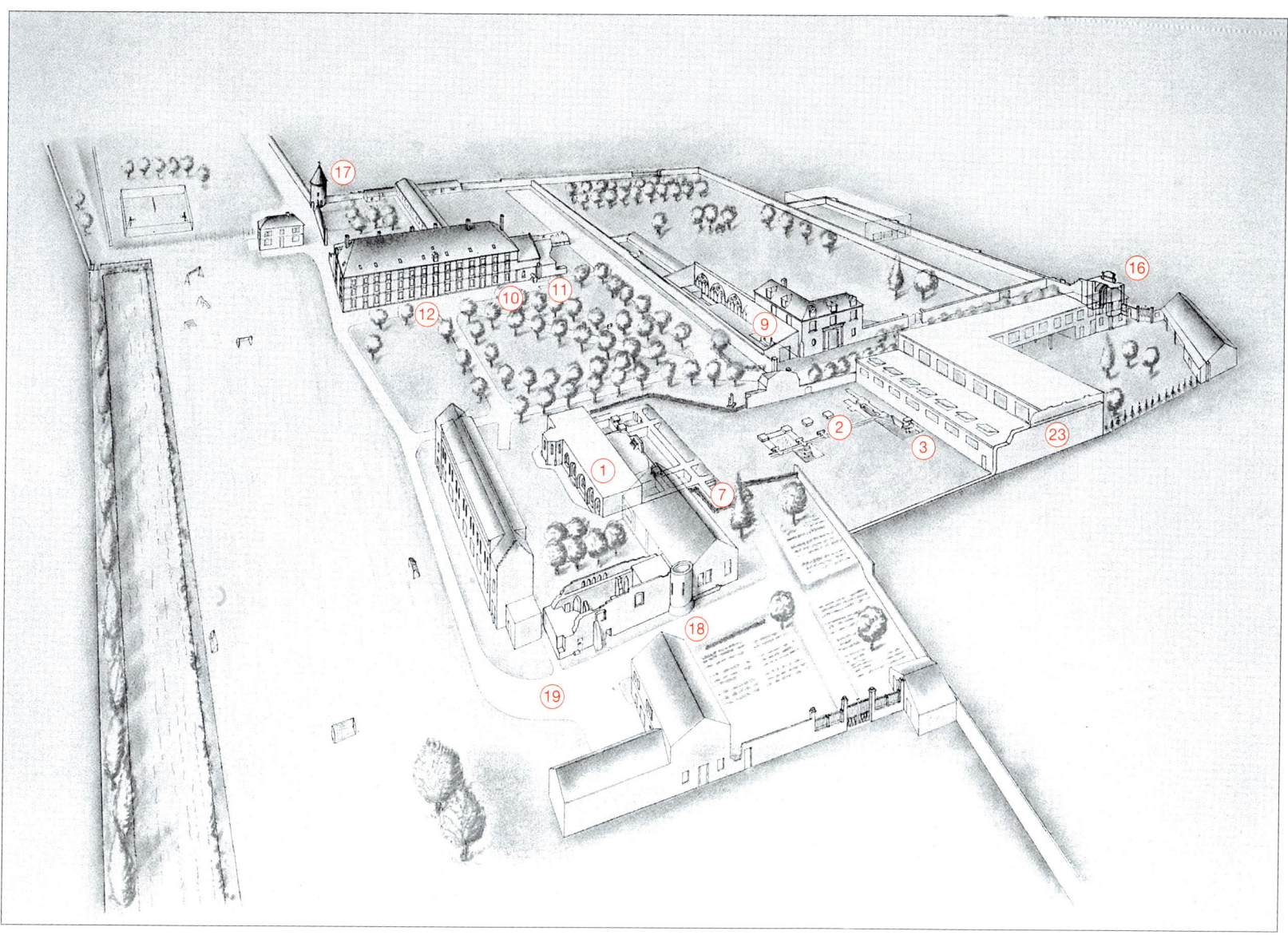

FIG. 56 : L'abbaye Saint-Médard, ensemble du site aujourd'hui d'après un angle de vue comparable à celui de la figure 55 ; la numérotation des vestiges est identique à celle de la figure 162 (cf. « Les derniers vestiges ») (dessin G. Nicolas).

1 Crypte.
2 Bas-côté nord de l'église.
3 Bloc-façade de l'église.
7 Base de la tour septentrionale de l'église.
9 Vestige du mur occidental du cloître.
10 Travées des anciens parloirs.
11 Vestige du réfectoire.

12 Batiment reconstruit en 1765.
16 Porte d'accès de l'ancien châtelet.
17 Tour « Charlemagne ».
18 Tour « Abélard ».
19 Vestige de la prison de Louis le Débonnaire.
23 Élément de rempart de l'enceinte principale.

FIG. 57 : Anciens parloirs,
détail d'un culot, XIIIᵉ siècle.

LES

DERNIERS

VESTIGES

L'église principale et sa crypte

Quelques descriptions de l'église principale

Depuis l'époque mérovingienne, quatre églises principales se sont succédé à Saint-Médard. Vers 560, la première église est édifiée par Clotaire sur le tombeau de saint Médard. C'est celle dont parlent Grégoire de Tours (cf. p. 313) et Venance Fortunat. La deuxième église date du règne de Louis le Pieux, alors qu'Hilduin, cousin de l'empereur, en était l'abbé. Cette reconstruction fait suite à la translation des reliques de saint Sébastien, qui eut lieu de Rome à Soissons en 826. En 841, Charles le Chauve participe à la dédicace de la crypte. Vers 930, Odilon, historiographe de l'abbaye, tout en nous donnant quelques informations sur l'édifice mérovingien disparu, évoque l'église carolingienne et nous la décrit en ruine après les invasions normandes (cf. p. 313). On ignore les conditions de réutilisation de cet édifice et il faut attendre l'année 1131 pour qu'une nouvelle dédicace solennelle, en présence du pape Innocent II, soit relatée. Cet édifice médiéval a subsisté jusqu'en 1621, date à laquelle il s'est écroulé. On en connaît le plan (fig. 4 et 63), différentes représentations (fig. 7 et 13) et descriptions (cf. p. 313). Une nouvelle église est reconstruite dès 1630 ; le plan mauriste (fig. 17) et la description qui en est faite en 1791 (cf. p. 313) permettent d'en connaître les mesures exactes. Cette église sera détruite peu après pour la vente des matériaux de construction. Seule la crypte est alors conservée ainsi que quelques éléments lapidaires (cf. « Le roman de deux colonnes »).

LE ROMAN DE DEUX COLONNES

Isolé entre la place Alsace-Lorraine et l'église Saint-Vaast, un portail de pierres est orné de deux colonnes de granit. Ainsi que le laisse entendre Dom Muley en 1772, elles ont peut-être servi de support aux reliques de saint Médard déposées dans la chapelle Saint-Ouen, au-dessus de la crypte .

De l'avis de chacun, ces colonnes sont romaines. Mais leur module est tellement courant dans l'Empire qu'il est impossible de savoir si ces colonnes ont orné un monument soissonnais dès l'Antiquité ou bien si ces mêmes colonnes proviennent de ruines italiques d'où elles auraient été importées par la suite afin d'orner un grand édifice selon la mode du temps. Quoi qu'il en soit c'est à Saint-Médard que l'architecte Duroché les récupère à la Révolution : il envisage de les réutiliser dans l'église Notre-Dame-des-Vignes, alors destinée à devenir une halle, place du Vieux-Marché (actuellement Grand-Place). Mais le projet ne se réalise pas. Sur cette même place, l'une des deux colonnes sera le support de l'une des premières Marianne de la République, tandis que l'autre colonne sera placée dans l'Hôtel de Ville tout proche.

Une fois la Révolution passée, le monument de la place est supprimé et la colonne va rejoindre sa compagne dans l'Hôtel de Ville. C'est là qu'elles ont été retrouvées après l'incendie qui a détruit ce bâtiment au cours du siège de 1814. Miraculeusement, elles ont « résisté à la violence du feu ». À nouveau, l'une des colonnes est réutilisée dans un édicule de la Grand-Place : il s'agit de la fontaine construite en 1829. En 1873, la fontaine cesse de plaire et est supprimée. On décide alors de réunir les deux colonnes dans un même portail, celui de l'école construite en 1877, au chevet de l'église Saint-Vaast près du quartier Saint-Médard. Au cours de la Première Guerre mondiale, l'établissement scolaire est entièrement détruit. À cet endroit, seul le portail flanqué de ses deux colonnes antiques est resté debout, comme une énigme offerte à la curiosité des passants (cf. « Le roman de deux colonnes », B. Ancien, Fédération des Sociétés d'Histoire et d'Archéologie de l'Aisne, t. VIII, 1962, p. 129-136).

FIG. 58 : Place Alsace-Lorraine à Soissons, colonnes antiques provenant de Saint-Médard de Soissons remployées dans ce portail.

LA PREMIÈRE BASILIQUE

« C'est aussi du temps du roi Clotaire qu'un saint de Dieu, l'évêque Médard, d'une sainteté exemplaire, mourut, après avoir accompli le cours de son œuvre bienfaisante plein de jours. Le roi Clotaire l'ensevelit avec les honneurs suprêmes dans la cité de Soissons et commença à construire sur son corps une basilique qu'ensuite Sigebert, son fils, acheva et termina. » (Grégoire de Tours, *Histoire des Francs*, Les Belles Lettres, 27, Paris, 1975, p. 202)

ÉVOCATION DE L'ABBAYE MÉROVINGIENNE ET DESCRIPTION DES RUINES DE L'ABBAYE CAROLINGIENNE VERS 930 :

« [...] jusqu'à ce que Louis Auguste (Louis le Pieux) prit en main la monarchie paternelle. Sous son règne, la dite cour (celle de l'église de Sigebert) qui était fermée par l'étroitesse d'un atrium intérieur, a été détruite depuis la base de telle sorte qu'il ne subsistait dans tout le bâtiment aucune pierre posée sur une autre.

En effet, le glorieux César avait déjà transporté dans cet endroit les membres plein de vertu du saint martyr Sébastien [...] En conséquence, à cause de l'affluence inhabituelle du peuple qui y accourait, affluence quotidiennement accrue par les innombrables miracles produits par les mérites du saint, le sus-dit prince abattit complètement la demeure précédente, qui avait très peu de capacité d'accueillir l'affluence de gens venus de partout vers un tel spectacle. Alors, grâce aux sommes déboursées en infinies donations, il entreprit une autre église d'une dimension beaucoup plus grande, propre à accueillir tous ceux qui arriveraient, église dont l'enceinte pouvait renfermer tout le monde...

Cette demeure a été autrefois incendiée par les Marcomans et tomba en grande partie du haut des degrés d'honneur où elle se trouvait, et comme ainsi dire pour le déshonneur de la postérité, seule en subsiste un immense tas abandonné de pierres accumulées. Elle subsiste ainsi jusqu'à aujourd'hui, elle qui, mesurée en trois intervalles, offre à tous son vaste corps, c'est-à-dire éminente par sa hauteur mais surtout remarquable par sa longueur et sa largeur. » (Odilon, *Serm.*, publié par Migne, PL, CXXXII, coll. 631)

LE PILLAGE DE L'ÉGLISE EN 1567

« L'ancienne et renommée abaye Saint-Médard fut audedans de l'église, pillée, robbée et devestue de toutes ses excellences, antiquitez et somptuositez, comme des reliquaires, joyaulx vaisseaux, vieilles et anciennes sépultures,

tombes et effigies de marbre, cuivre, airain et plusieurs métaux, de Roys et grands Seigneurs qui sont enterrez léans. Les vittres de ladicte eglise estoient d'une estimation incroyable, les grosses et merveilleuses cloches et orgues rompues et brizées. Le portail de ladicte église et galleryes estant audessus qui estoient de grosse et superbe maçonnerie furent du tout ruynée et desmolys. Les lieux manables de ladicte église, de grande beauté et excellence, du tout ruynez et desmolys. Toutefoys Dieu ne voulu permettre que les corps des benoits saints Sébastien, Grégoire et Medard, fussent perdus comme les aultres. Ainsi auroient esté saulvez secrètement par aulcuns serviteurs fidèles et catholiques de ladicte abaye, qui les auroient apportez et baillez en garde à Madame de Bourbon [...] » (N. Berlette, p. 136-137, *op. cit.* p. 281, fig. 7)

DIMENSIONS DE L'ÉGLISE EN 1791

« Église contenant 33 to 3 pi sur 6 to 2 pi de largeur ; hauteur 40 pi vouté en bois. Les Bascôtés ont de longueur 33 to sur 3 to 2 pi de largeur, hauteur 20 pi vouté en Pierre. Au bout de la d. Église est une Chapelle donnant du côté du levant voutée en pierre longueur 4 to 4 pi sur 1 to 3 pi hauteur 2 to 3 pi terrasse par dessus. » (AD Aisne, Q. 816)

L'AUTEL SAINT-SÉBASTIEN

« Ibi fuit lapis pirfireticus ante praedictum arcam, preciosissimus et valde lucidissimus in modum vitri. Et apertis ianuis, quae respiciunt ad ecclesiam beati Severi, intuisset quis illum lapidem, sicut in speculum tam homines quamque animalia sive volatilia vel qualiscumque res inde transissent enigma quasi in speculum videri potuisset. Sed pene annos 12, tempore Petronacis pontificis Lotharius augustus tollere iussit, et in capsam ligneam super lanam inclusit et Franciam deportavit et super altarium Sancti Sebastiani, mensam ut esset, posuit. » (*Agnellus, Liber Pontificalis*, MGH, SRLI : 352, c. 113)

QUELQUES AMÉNAGEMENTS LITURGIQUES :

« Les reliques estoyent audessus le Choeur en ung lieu fort éminent et eslevé, auquel il y avoit vingt cinq ymages toutes d'argent massif. Et y avoit au milieu dudict Choeur une grande couronne d'argent suspendue en l'air par des chaines et y avoit autour de ladicte couronne douze tours

« Le Pas de Dieu »,
détail de la figure 34.

et douze tournelles sur lesquelles estoient ymages eslevées, le tout d'argent excepté que les fonds et le hault n'estoyent que de cuivre doré. Il y avoit aussy plusieurs joyaulx d'or et d'argent sur l'autel de St Sébastien et aultres, que diverses villes avoient donnés à l'honneur de Mgr St Sébastien sur aulcuns desquels y avoit escrit : *Amiens, Abbeville, Montière.* La table de l'autel St Sébastien estoit d'une certaine pierre qu'on disoit estre plus riche que porphyre et jaspe, laquelle estoit toute garnie d'or à l'entour. Les marches et pas devant le maître autel estoient de porphyre, marbre, jaspe, alebastre de plusieurs couleurs. Quant à la fontaine d'huile qu'on dit avoir esté, on n'en seait rien sinon que le récit des anciens qui disoient l'avoir entendue dire de leurs ancêtres. Audessus du maistre autel St Sébastien, audevant d'une petite chapelle, on voit encore à présent un cercueil de pierre dure eslevé sur deux colonnes dans lequel fut premièrement inhumé St Médard, et contre la muraille derrière ledict cercueil, y avoit une escaboucle de six pouces de quarrure, laquelle resplendissoit et donnoit une lueur grande audict lieu. » (N. Berlette, p. 111)

LE PAS DE DIEU

« Dans l'église à côté de la porte collatérale qui conduit à la chapelle de Saint-Sébastien est un gros grès posé sur une colonne de pierres haute de 6 pieds qu'on appelait autrefois pas de Dieu, ramené de Terre Sainte du Mont des Oliviers.

Avant la chute de l'église, ce pas était en grande vénération, élevé sur un pied d'estal fort haut, où il y avait 15 degrés à monter, qui étaient fort usés, ce qui démontrait la dévotion d'un peuple à aller le vénérer. Il était enfermé dans une grille de fer et l'on y faisait toucher les chapelets et autres dévotions au travers de la grille. Il a été posé où il est actuellement en 1645. Ce n'est en fait que le pas de Saint-Médard, imprimé dans une pierre, pour finir la contestation d'un bornage dans un héritage. » (Paris, BNF Picardie 243, p. 276)

Les recherches archéologiques entreprises à Saint-Médard ces dernières années (en 1980-1981 et en 1985-1986) ont permis de retrouver deux états de l'église principale. L'état le plus récent concerne l'église reconstruite en 1630, dont la base des murs a échappé aux destructions révolutionnaires sur une ou deux assises ; le second état correspond à l'église antérieure, sur laquelle cet édifice de 1630 avait été reconstruit (fig. 59). Aucune structure de l'église mérovingienne n'a pour l'instant été retrouvée.

L'édifice le plus ancien, qui a servi de base à la reconstruction de l'église en 1630, est strictement contemporain de la crypte, la seule partie restée en élévation. La grande homogénéité des techniques de construction, le parfait alignement et le niveau d'arase identique entre les murs de cette église et ceux de la célèbre crypte permettent d'affirmer que tous ces éléments appartiennent à un même programme de construction, réalisé d'un seul jet, du moins en ce qui concerne les fondations (fig. 67). Les fouilles ont été trop partielles pour pouvoir dépasser le stade des hypothèses, cependant, en confrontant ces données aux documents les plus anciens, on peut proposer une restitution en plan de cette église (fig. 60).

L'église mesurait plus de 96 m de long (sous réserve d'une meilleure connaissance du bloc-façade) et 33 m de large hors œuvre. Le bâtiment était divisé en trois vaisseaux avec un vaisseau central (14,70 m entre les axes des piliers) deux fois plus large que les bas-côtés pour un bloc-façade de 45 m de large. Les sept premières travées, à partir de ce bloc-façade, avaient en moyenne 5,60 m entre les axes de piliers. Les cinq travées suivantes avaient respectivement 8,10 m entre les axes des piliers. Cette différence de longueur entre les travées orientales et les travées occidentales fait supposer un chœur plus haut que la nef. La densité du système de fondation de la crypte (75 % de sa surface) laisse penser que celle-ci était probablement surmontée d'un chevet complexe équilibrant à l'est, par son volume, la masse imposante du bloc-façade occidental. Les fondations des bas-côtés de l'église, beaucoup moins denses que dans la crypte (25 % de la surface), témoignent de la nécessité d'étayer le vaisseau central. La présence de gradins et de contreforts bas sur le mur gouttereau du bas-côté nord est une réponse technique à la nécessité d'établir une terrasse pour homogénéiser le niveau de circulation intérieur de l'église. Pourtant, si la technique des murs en gradins est connue depuis l'Antiquité, la présence des contreforts bas (fig. 68) donne une étonnante modernité à l'ensemble. Le rejet des organes d'épaulement à l'extérieur va toutefois dans le sens d'une architecture privilégiant, à l'intérieur, la muralité et ses décors associés. Cette esthétique est encore très sensible dans la crypte en dépit des transformations subies. Ce grand édifice reste difficile à dater car on ne peut guère déterminer stylistiquement si nous sommes en présence d'un édifice novateur de la période carolingienne ou d'un édifice archaïque du début de l'époque romane. On ne peut donc confirmer s'il s'agit bien de la grande basilique et de sa crypte qu'Hilduin fit construire à la suite de la translation des reliques de saint Sébastien en 826. De nouvelles fouilles seraient nécessaires pour cerner l'évolution du bâtiment dans son ensemble et identifier les églises antérieures (notamment la basilique mérovingienne).

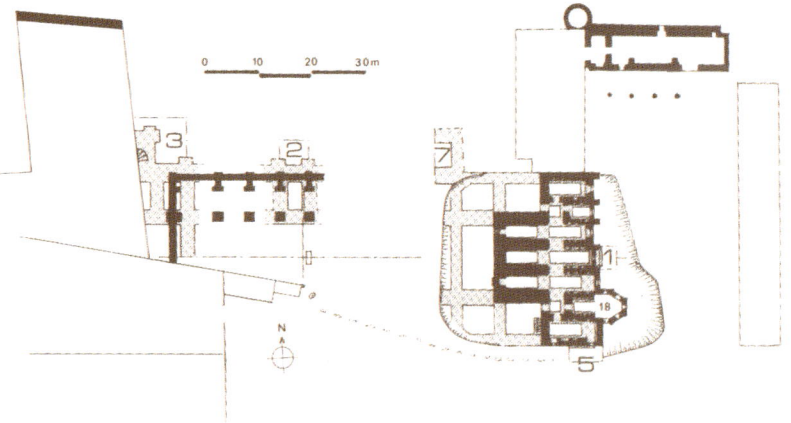

FIG. 59 : Plan-masse des fouilles archéologiques.
Principaux sondages : (1) chevet de la crypte ;
(2) et (3) intérieurs et extérieurs du bas-côté nord et du retour du bloc-façade ; (5) sondage à l'extérieur de l'angle sud-est de la crypte ; (7) sondage à l'intérieur de la tour édifiée contre le bas-côté nord (dessin G. Nicolas).

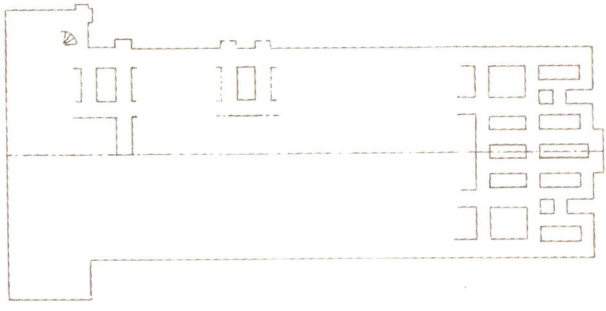

FIG. 60 : Hypothèse de restitution du système de fondation de l'église contemporaine de la crypte (dessin G. Nicolas).

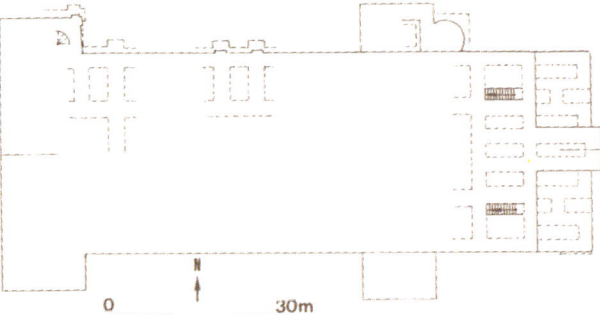

FIG. 61 : Hypothèse de restitution de l'église après création d'un chevet plat mettant une partie de la crypte hors-œuvre et adjonction de tours de part et d'autre du chœur (dessin G. Nicolas).

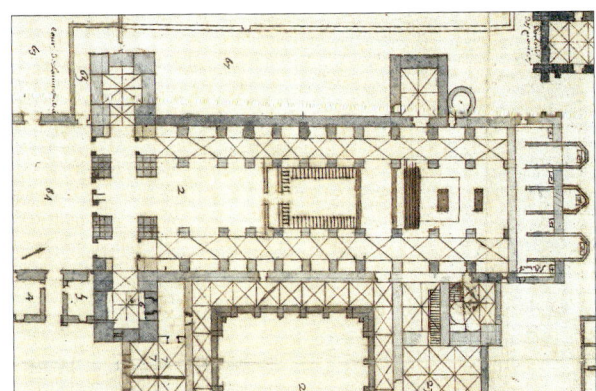

FIG. 63 : Plan de l'église principale à l'extrême fin du Moyen Âge, détail de la figure 4.

FIG. 62 : Représentation de l'église principale au XIIIᵉ siècle, détail de la figure 94. On reconnaît l'édifice à chevet plat flanqué de ses quatre tours.

FIG. 64 : Restitution de l'église principale avant 1568, détail de la figure 7.

FIG. 65 : Représentation de l'église d'après le projet de reconstruction extrait du *Monasticon*, détail de la figure 22. Il est possible que seule la flèche du clocher ait été construite.

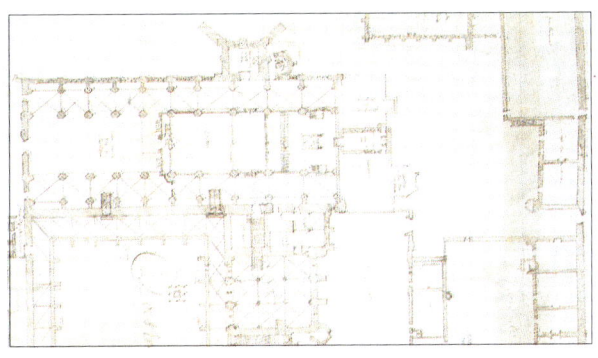

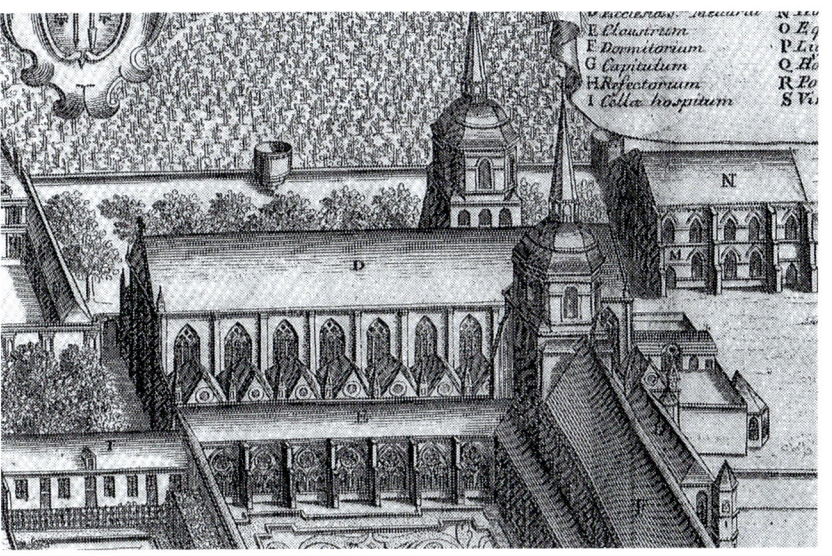

FIG. 66 : Plan de l'église principale reconstruite en 1630, détail de la figure 17.

Si l'on ignore le degré d'achèvement de cette grande église à l'époque de sa construction, on ne connaît pas davantage les transformations architecturales subies au cours des siècles. Il est donc difficile de dater les structures retrouvées en fouilles d'après les seules représentations en élévation parvenues jusqu'à nous.

Par exemple, le bloc-façade, qui apparaît d'une architecture très romane sur le tableau figure 64, semble, d'après une description du XVIᵉ siècle (cf. p. 313), avoir été construit en grand appareil, détail caractéristique de la grande église et de sa crypte. Faute d'éléments restés en élévation, on ne peut savoir s'il s'agit d'une reconstruction ou d'un simple aménagement des structures plus anciennes, à l'époque romane.

En revanche, pour les périodes plus récentes, l'étude des dernières structures corrobore ce que l'on perçoit, à travers les documents anciens, des transformations subies. Le chevet plat, qui a mis hors œuvre une partie de la crypte et dont la base est encore visible aujourd'hui, apparaît sur de nombreuses représentations (fig. 63, 66), tout comme les deux tours ajoutées de part et d'autre du chœur (fig. 61-66). L'analyse des parements dans la crypte prouve que ce chevet plat résulte d'une transformation de cet édifice ; un sondage réalisé dans l'une des tours flanquant le chœur (fig. 59, 7) a permis de montrer qu'il s'agissait bien de structures ajoutées ultérieurement contre les murs du bas-côté. D'après différentes représentations, et plus particulièrement celle de Tavernier (fig. 35), ce clocher méridional serait peut-être du XIᵉ siècle. On ignore la date de la mise en place des contreforts intérieurs et du voûtement de ces bas-côtés dont témoignent les renforts

FIG. 67 : Sondage réalisé en 1986 dans la crypte, à l'emplacement du tombeau de Sigebert. Le parement des fondations est en petit appareil, celui des murs en élévation est en grand appareil. Ces détails de construction caractérisent l'architecture de la grande église et de sa crypte.

FIG. 68 : Base du contrefort extérieur à l'emplacement du sondage (2) de la figure 59. Ce grand appareil provient en partie d'édifices gallo-romains. En bas à gauche, la zone cendreuse correspond au premier niveau de circulation extérieure. Dans le haut de la photo, la dernière assise de pierres appartient à la reconstruction de 1630.

FIG. 67

FIG. 68

d'angle en fondation ; on ignore de même la date des travaux, peut-être concomitants, qui ont entraîné l'uniformisation des volumes entre la nef et le chœur. En tout cas, ce sont ces travaux qui ont achevé de donner à l'église cette silhouette caractéristique, telle qu'elle apparaît dès la fin du XIIIᵉ siècle, voire au début du siècle suivant, sur les pierres tombales des deux rois fondateurs Clotaire et Sigebert (fig. 62). Si le tableau « Vue à vol d'oiseau » (fig. 64) laisse imaginer de nombreuses modifications postérieures, comme la réalisation du système de couverture des bas-côtés ou l'érection des flèches du bloc-façade, la représentation du bâtiment sur le tableau de sainte Léocadie ne donne pas à voir autant de modifications architecturales (fig. 13).

On ne connaît pas avec précision les premiers aménagements intérieurs de l'église principale et l'on est réduit à des déductions à partir des seules descriptions (cf. p. 313) et des plans (fig. 63). Le vaisseau central semble n'avoir jamais été voûté ; une large arcade près du grand autel, signalée dans plusieurs descriptions, structurait le chœur. Dans celui-ci trônait, sur un piédestal, une pierre appelée « pas de Dieu ». Une grande couronne d'argent donnée par Hilduin, de la dimension d'un lustre, a orné cet emplacement jusqu'en 1544, date à laquelle elle fut fondue par les soldats de Charles Quint. L'inventaire, réalisé le 29 novembre 1538 par Monseigneur Jean, cardinal de Lorraine, abbé commendataire de Saint-Médard, nous renseigne sur ce qui restait du trésor et des éléments mobiliers qui décoraient l'édifice, après la guerre de Cent Ans (cf. *infra*). L'ensemble a été détruit par les huguenots, le pillage dura du dimanche 28 septembre 1567 jusqu'au début de l'année suivante. Il faudra attendre 1582 pour que douze autels soient rétablis et que l'évêque vienne

FIG. 69 :
Pavement médiéval
du bas-côté nord
dans la 5ᵉ travée de la nef,
à l'emplacement du sondage (2)
de la figure 59.

les consacrer. Mais l'édifice, mutilé (le bloc-façade est détruit à partir de 1593), mal entretenu et dont les maçonneries ont été considérablement ébranlées par les fortes batteries établies à proximité lors du siège de Soissons de 1617, s'écroula de lui-même en 1621.

Les structures de l'église édifiée en 1630 retrouvées en fouilles ont démontré que la reconstruction du bas-côté nord avait été systématique. Les dégagements (fig. 59, 2-3) ont permis de constater que de nouveaux contreforts intérieurs destinés au voûtement des bas-côtés avaient été réalisés à l'emplacement des anciens. Toutefois, les sols médiévaux étaient en grande partie conservés (fig. 69). La façade a été construite sur de nouvelles fondations, réduisant la longueur de l'église à 70 mètres dans l'œuvre. Ces fouilles, en confirmant la grande précision du plan mauriste (fig. 66), ont permis de valider les nombreuses informations qu'il donne sur l'édifice. C'est ainsi que l'on peut comparer les nouveaux aménagements intérieurs de l'église, probablement liés à la réduction de longueur de l'édifice, à ceux du plan précédent (recul du chœur liturgique et du chœur des moines vers l'est, déplacement du « pas de Dieu », réaménagement des accès à la crypte, etc.) (fig. 63-66).

FIG. 70 :
Plan de la crypte
au XVIIe siècle, signalant
l'emplacement
des tombeaux royaux
(Paris, BNF,
lat. 17689, p. 24).

La crypte

La crypte est la seule partie de l'église principale à avoir échappé aux démolitions qui ont suivi la vente de l'abbaye comme bien national en 1791.

Toute une série de plans et de gravures illustre les différents aménagements des lieux et, plus précisément, les variations d'accès du XVIIe siècle à nos jours (fig. 70 à 77). Une partie de ces documents témoigne également des recherches entreprises sur le site au cours du XIXe siècle.

FIG. 71 : « Caveau Sépulcral des Rois de Soissons. Crypte de Saint-Médard. Picardie », par A. Dauzats, 1842, lith. de Thierry Frères (Musée de Soissons, 0,540 × 0,35 m, inv. 90.9.99, coll. Beauzée). La statue de gauche et l'ouverture gothique, avec quelques marches au fond, sont probablement dues à la fantaisie du dessinateur.

FIG. 72 : « Caveau Sépulcral des Rois de Soissons. Crypte de Saint-Médard. Picardie », par A. Dauzats, 1842, lith. Thierry Frères (Musée de Soissons, 0,540 × 0,35 m, inv. 90.9.98, coll. Beauzée). Le passage et l'escalier dans le mur sud sont également représentés sur le plan figure 77 mais la série d'ouvertures à gauche a vraisemblablement été imaginée.

FIG. 73 : Plan coté de la crypte de Saint-Médard, transmis par Monsieur Darcosse, imprimeur, à l'abbé Dupont pour correction entre 1840 et 1843 (Ville de Soissons, 0,21 × 0,27 m, coll. B. Ancien).

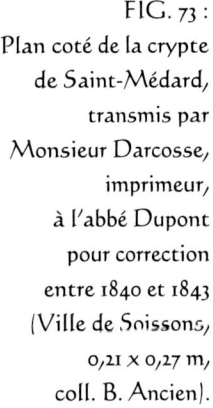

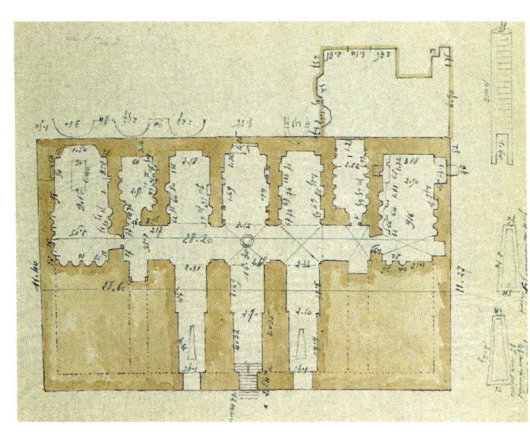

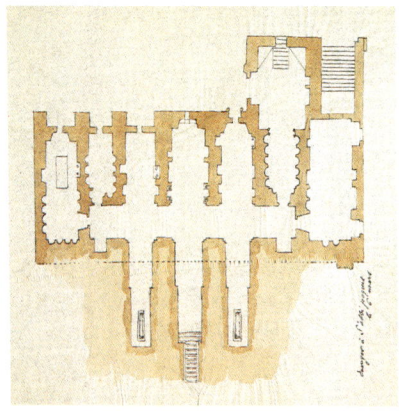

FIG. 74 : Plan de la crypte, « calque mis au net par Monsieur Souliac et envoyé à l'abbé Poquet le 6 mars », vers 1844 (Ville de Soissons, 0,21 × 0,27 m, coll. B. Ancien).
On remarque les accès aménagés dans l'angle sud-est et notamment dans l'ancienne chapelle polygonale.

FIG. 75 : « Cave sépulchrale des Rois de Soissons »,
par Vauzelle, imp. lithog. de F. Delpech (Musée de
Soissons, 0,30 x 0,215 m, inv. 58.3.2). En dépit du titre,
cette salle correspondrait plutôt à l'une des
chapelles situées de part et d'autre de la chapelle axiale
puisque les niches royales n'y sont pas représentées.

FIG. 76 : « Crypte de Saint-Médard et chambres
sépulcrales des rois de Soissons », par Danjoy,
E. De Laplante lith., lith. de Thierry Frères (Musée
de Soissons, 0,54 x 0,35 m, inv. 90.9.100, coll.
Beauzée). C'est l'une des rares représentations
des décorations murales (aujourd'hui disparues).

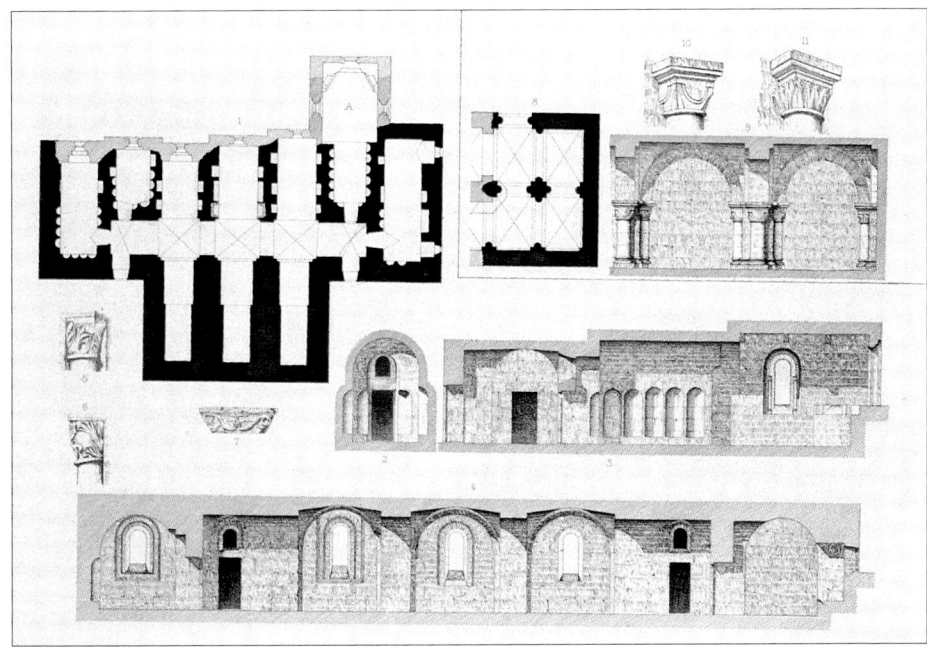

FIG. 77 : « Cryptes
de Saint-Médard »,
L. Guellier del.,
héliog. Dujardin,
document extrait
de *L'architecture
religieuse dans
l'ancien diocèse
de Soissons au
XIe et XIIe siècles* de
E. Lefèvre-Pontalis,
Paris, 1894, pl. I
(Musée de Soissons,
0,39 x 0,29 m,
inv. 96.16.1).
La partie en haut
à droite concerne la
crypte de l'ancienne
abbaye Saint-Léger
de Soissons.

FIG. 78 :
Vue du couloir central
et des chapelles orientales
vers 1930.

FIG 79 : Chevet de la crypte après la Première Guerre mondiale.
On aperçoit les ruines du bâtiment construit au-dessus
de la crypte au XIXᵉ siècle.

FIG. 80 : Chevet de la crypte vers 1930.
Un nouveau bâtiment a été construit au-dessus
de la crypte.

FIG. 81 : Chapelle située dans une ancienne partie rentrante du chevet (cf. fig. 84-16), avant l'explosion du dépôt de munitions à la fin de la Seconde Guerre mondiale. Ces anciens accès à la crypte ont été aménagés en chapelles, peut-être au cours du XIe siècle.

Plusieurs photographies nous renseignent sur le devenir de la crypte au XXe siècle. Le bâtiment construit au-dessus de la crypte au siècle dernier, détruit pendant la Première Guerre mondiale (fig. 79), a été reconstruit dans un style différent quelques années plus tard (fig. 80). Il a contribué à la bonne conservation des structures anciennes (fig. 78 et 81). L'explosion d'un dépôt de munitions à la fin de la Seconde Guerre mondiale a entraîné de graves dégâts dans l'angle sud-est de la crypte (fig. 82). Elle est aujourd'hui couverte par une toiture provisoire.

FIG. 83 : Plan de la crypte aujourd'hui, correspondant aux deux dernières travées du chœur de l'église haute. En gris, les fondations parementées en petit appareil ; en noir, les murs parementés en grand appareil (relevé et dessin C. de Mecquenem, J. Haquet, G. Nicolas).

FIG. 82 : Les chapelles après l'explosion du dépôt de munitions à la fin de la Seconde Guerre mondiale (cf. fig. 84-12, 16, 18).

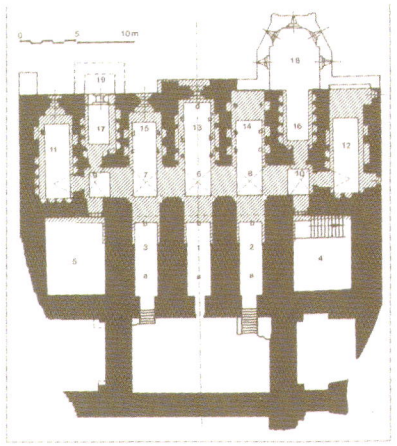

La crypte forme une masse compacte qui s'inscrit dans un rectangle de 33 m de large (ce qui correspond à la largeur de l'église) et de 26 m de long (fig. 84). L'analyse des maçonneries, associée aux sondages réalisés en 1985-1986, a permis de proposer une restitution du chevet primitif (fig. 60). Celui-ci est caractérisé par la saillie de la chapelle axiale et par les parties rentrantes en forme de U correspondant probablement à d'anciens accès (fig. 81 et 86). On entre aujourd'hui côté occidental par la porte qui donnait accès, depuis les anciens bas-côtés, au couloir transversal desservant les chapelles de la crypte. Cette porte a son exact symétrique dans le bas-côté nord (fig. 85). On ignore si ces portes, quoique fort anciennes (elles ont été comparées aux portes carolingiennes de la chapelle palatine d'Aix), sont d'origine ou si elles ont été aménagées à l'époque de la mise en place du chevet plat, laissant la partie orientale de la crypte hors œuvre. Les deux autres entrées, aujourd'hui condamnées, permettaient d'accéder à la crypte depuis le chœur par les caveaux occidentaux ; elles datent probablement de la reconstruction de 1630 (fig. 66).

Cette crypte se compose, à l'intérieur, d'une dizaine de chapelles desservies par un couloir transversal de 19,70 m de long orienté nord-sud et dont la hauteur sous voûte atteint 4 m (fig. 87). On retrouve, dans les parties les plus anciennes, les caractéristiques de l'église principale, c'est-à-dire de larges fondations (2,60 m à la base) en blocage de mortier, parementées en petit appareil et surmontées de murs de même nature, parementés en grand appareil de remploi gallo-romain (fig. 67).

Les niches semi-circulaires, creusées par la suite dans les parois (fig. 81 et 86), témoignent d'une adaptation du monument à un nouveau sens de l'espace, qui aurait peut-être été réalisée au XIe siècle. Le grand couloir transversal (fig. 87) date probablement de l'époque de la réorganisation générale du chevet, mettant hors œuvre une partie de la crypte. La chapelle polygonale, établie dans le prolongement d'une ancienne partie rentrante (fig. 84-18 et 82), dont il ne reste que la base des murs, est stylistiquement datable, d'après les représentations anciennes (fig. 77), du milieu du XIIe siècle. En revanche, les niches royales (fig. 96) et les statues qu'elles contenaient (fig. 97) sont caractéristiques de la première moitié du XIIIe siècle. La petite addition sur la seconde partie rentrante (fig. 83-19) n'a pu être datée. De ces fondations, on a extrait deux magnifiques chapiteaux romans, datables du milieu du XIIe siècle (p. 135, 139) et complétant la série déjà conservée au musée de Soissons (cf. p. 128, 136, 137, 138, 140, 141).

FIG. 85 :
État actuel d'une des deux anciennes portes d'accès à la crypte (cf. fig. 84-5).

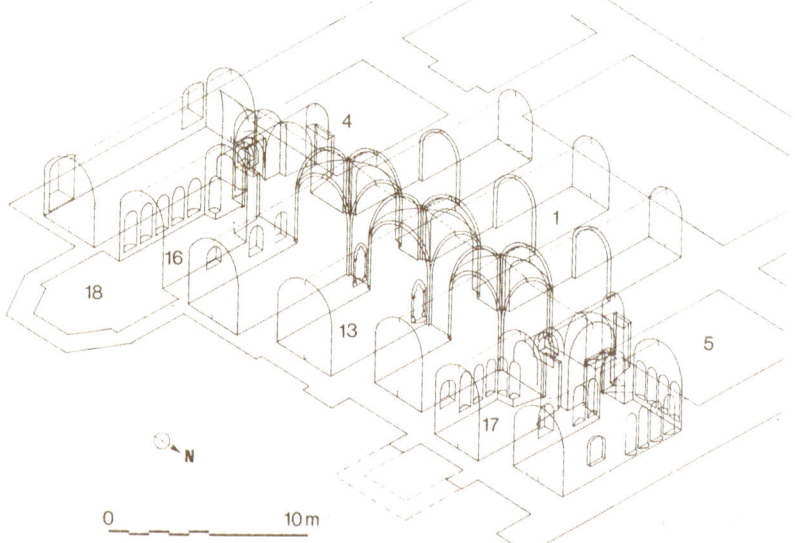

FIG. 84 :
Principaux volumes intérieurs de la crypte aujourd'hui (dessin G. Nicolas).

FIG. 86 :
Chapelle latérale orientale (cf. fig. 84-17), située dans une ancienne partie rentrante du chevet, et porte d'accès au couloir transversal.

FIG. 87 : Couloir
transversal de la crypte
vu depuis le nord en
direction du sud.
À gauche, parement
des murs en grand
appareil, à droite reprise
du parement, moins
régulier, témoignant
d'une campagne
de transformation
du couloir.

Les tombes royales de Clotaire et de Sigebert

On ignore ce que sont devenus les cénotaphes des deux rois fondateurs après la destruction de la basilique mérovingienne, puis lors de la construction de l'église carolingienne. Les fouilles archéologiques réalisées en 1655, par ordre de la reine Anne d'Autriche à l'occasion d'un séjour royal à Soissons (cf. p. 328), comme celles effectuées en 1791 avant la vente de l'abbaye, n'ont rien donné de probant. Dès le XVIIᵉ siècle, la tombe découverte sous la dalle représentant Sigebert, depuis longtemps pillée, ne pouvait plus être identifiée comme étant l'une des sépultures royales. Il en a été de même pour la sépulture de Clotaire, réputée ne pas être sous la dalle le représentant, mais aux pieds de saint Médard.

Nous ne connaissons pas davantage l'emplacement originel des statues de ces deux rois, datées du XIIᵉ siècle et représentées par Du Tillet au XVIᵉ siècle (fig. 90 et 91).

En revanche, les deux niches royales aménagées pendant la première moitié du XIIIᵉ siècle dans la chapelle axiale orientale de la crypte subsistent encore aujourd'hui (fig. 88). Les statues qui décoraient ces niches nous sont connues par deux dessins (fig. 92 et 93), tout comme les dalles funéraires installées à leur pied quelques décennies plus tard (fig. 94). La tête de la statue de Clotaire, retrouvée au siècle dernier dans le puits situé au centre de la crypte (fig. 95, 97), est aujourd'hui conservée au musée de Soissons.

Chapelle axiale orientale (cf. fig. 83, 13). On reconnaît de part et d'autre les deux niches gothiques qui accueillaient, à droite, la statue de Clotaire et, à gauche, celle de Sigebert.

Deux statues royales de Clotaire Iᵉʳ et de Sigebert Iᵉʳ nous sont connues grâce aux représentations du XVIᵉ siècle, celles de Du Tillet publiées dans son *Recueil des rois de France*. Peut-être en bois et peintes, ces deux statues siègent dans un trône vraisemblablement incrusté d'émaux ; les rois sont représentés tenant le sceptre de la main gauche et la tête couronnée. Ces statues sont proches de celles des souverains carolingiens Louis VI et Lothaire, présentées à Saint-Remi de Reims. Vraisemblablement contemporaines et stylistiquement proches de celles de Dagobert, ces statues ont été datées du milieu du XIIᵉ siècle (cf. A. Erlande-Brandenbourg, *Le roi est mort*, Genève, 1975, p. 119, 120).

FIG. 89 : Trois détails des figures 90 et 91.

FIG. 90 :
« Clotaire Iᵉʳ », statue
aujourd'hui disparue,
datée du XIIᵉ siècle
d'après cette représen-
tation par Du Tillet au
XVIᵉ siècle (*Recueil des
rois de France*, Paris,
BNF, ms. fr. 2848,
f° 20).

SIGEBERT · LE PREMIER

FIG. 91 :
« Sigebert Iᵉʳ »,
statue aujourd'hui
disparue, datée
du XIIᵉ siècle d'après
cette représentation
par Du Tillet au XVIᵉ
siècle (*Recueil des rois
de France*, Paris, BNF,
ms. fr 2848, fᵒ 23).

FOUILLES ROYALES À SAINT-MÉDARD EN 1655

« Le 14 juillet 1655, le roi étant à Soissons, l'archevêque de Sens, par ordre de la reine, accompagné de la princesse palatine, du comte d'Arpagon, et de plusieurs autres personnes de condition, s'est transporté au monastère de Saint-Médard pour y faire l'ouverture de sépultures des rois Clotaire Ier et Sigebert son fils. On commence par celui de Sigebert où après avoir fouillé trois à quatre pieds de profondeur, on trouva une grande pierre creuse en forme de bière, large de 6 pieds, profonde dedans de 18 pouces, large à la tête de 20 et au pied de 12, étant couverte d'une autre grosse pierre épaisse d'environ 8 pouces rompue en plusieurs endroits. Le cercueil était aussi un peu rompu vers le milieu, lequel était rempli de terre et de sable où s'est trouvé des charbons noirs, quelques morceaux d'ossements et de côtes, restes de la rage des hérétiques, lesquels en 1567, au mois de septembre, après avoir fouillé le monastère et brûlé les reliques des saints, ouvrirent les sépultures des deux rois, brûlèrent leurs ossements et pillèrent tout ce qu'ils trouvèrent dedans de riche et de précieux, comme les anciens l'avaient appris de ceux qui y furent présents. Il faut remarquer que Clotaire Ier n'a pas été inhumé sous la pierre où est la représentation, mais plus bas, au pied de celui de saint Médard. On remarque qu'il y a deux petits marbres en terre et, de fait, aux côtés de la pierre de Sigebert, où est la représentation de Clotaire, on n'a rien trouvé. On n'a point voulu fouiller celui de Clotaire, d'autant qu'on a cru qu'on ne trouverait rien davantage qu'en celui de Sigebert » (Dom Vrayet qui y était présent) (BNF Picardie 243, p. 247).

FIG. 92 : « Niche royale avec statue de Clotaire Ier » (Paris, BNF, Papier de Montfaucon, ms. fr. 15634, f° 17).

FIG. 93 : « Niche royale et statue de Sigebert » (Paris, BNF, Papier de Montfaucon, ms. fr. 15634, f° 18).

FIG. 94 : « Plaques funéraires de Clotaire Ier et Sigebert » (Paris, BNF, 243, f° 131).

VISITE DES COMMISSAIRES EN 1791

« Les commissaires s'étant ensuite transportés au ci devant Monastère de St Médard, et suivis d'ouvriers à suffisance, ont descendu dans les caveaux désignés par tradition historique comme renfermant les tombes de plusieurs des rois de la seconde race.

Le premier caveau a offert d'abord deux tombes sépulchrales au devant desquelles était un autel. Sur l'une de ces tombes on a pu lire Sigibertur Childerici Filius... Sur les côtés de ces tombeaux sous deux niches étaient deux statues grossières, en partie mutilées, mais caractérisées par quelques attributs de la royauté. Les inscriptions étaient effacées par le temps. Les tombes ayant été enlevées avec précaution après une excavation de plusieurs pieds de terre, on a découvert un cercueil de pierre commune dont le dessus était brisé et annonçait que les tombeaux avaient été fouillés. L'intérieur du cercueil était en partie comblé de débris et en les retirant avec le plus grand soin, on

FIG. 95 : La tête de Clotaire, gravure d'après un dessin de V. Petit et réalisée à la suite de sa découverte (publiée par E. Fleury, *Antiquités et monuments du département de l'Aisne*, t. IV, Paris, 1882, p. 147).

n'a pu découvrir aucun vestige des corps qu'il a pu contenir. Un très petit fragment de marbre ancien et un petit morceau d'une terre cuite rougeâtre semblable à celle qui formait les anciennes urnes funéraires ont pu faire présumer qu'en effet il a pu exister en ce lieu dans des temps très reculés, une inhumation et quelques ossements trouvés hors le cercueil peuvent faire croire que ces tombeaux avaient été fouillés soit lors de l'invasion des peuples du Nord, soit dans les dévastations qui ont eu lieu dans des guerres de religion dans les derniers siècles, et qu'alors il a été enlevé de ces tombeaux tout ce que leur haute antiquité avait pu y faire présumer de précieux. Les mêmes recherches ont eu lieu dans les caveaux suivants. Dans aucun on n'a trouvé ni inscription, ni trace de monuments intéressants. Plusieurs pierres d'une grosseur énorme ont été enlevées, soupçonnant qu'elles pouvaient servir de voûte à des caveaux souterrains. On n'a trouvé dessous que des ossements sans que rien put faire reconnaître à quel temps de l'histoire ces inhumations pouvaient être reportées. Dans l'un des caveaux une pierre grossière figurant une femme cou-

FIG. 96

chée et reposant ladite pierre sur un autel a été enlevée pour connaître si l'autel même n'était point un tombeau. Le résultat de la fouille a été que cet autel ne formait qu'un tas de débris au milieu desquels il se trouvait quelques ossements, ce qui prouvait que cet endroit avait été fouillé et tout ce qui pouvait intéresser enlevé. Ces travaux et suite de recherche n'ayant produit aucun résultat, ni médailles, ni inscriptions, qui put intéresser ou l'histoire ou les lettres, l'état des lieux a été rétabli à peu près tel qu'il était.

Que les pierres funéraires trouvées dans les caveaux portant pour inscription qu'elles couvraient les tombeaux des rois seraient enlevées et déposées à l'église cathédrale de Soissons avec une inscription qui renfermerait l'abrégé des recherches faites sur ces tombeaux.

Qu'enfin un bas relief en marbre blanc qui se trouve dans le cloître et qui est estimé devoir être d'une haute antiquité serait transporté en la maison de l'administration pour y rester déposé jusqu'à ce qu'il soit statué sur cet objet. Et ont les commissaires signé à Soissons le dix neuf octobre mil sept cent quatre vingt onze sept heures de relevée. Signé Le Tellier, Garnier, Commissaires, et Ger Quinquet premier syndic. » (AD. Q.816).

FIG. 96 : Niche royale de Clotaire Ier située dans la crypte de Saint-Médard autrefois dotée d'une statue peinte représentant ce roi. L'ensemble est décrit par Dormay en 1664 (*op. cit.*, p. 262, 263) (cf. fig. 84-13).

FIG. 97 : « Tête de Clotaire Ier » vers 1225 (musée de Soissons, inv. 93.7.2489). Cf. D. Sandron, catalogue de l'exposition « Paris, de Clovis à Dagobert », 1996, notice 128.

FIG. 97

FIG. 98 :
« Bas-relief d'un sarcophage antique provenant de Saint-Médard », dessin de Tavernier de Junquières (Paris, BNF, A31. 402, fol. 98).

Les autres sépultures célèbres

L'abbaye était un lieu privilégié pour le dernier repos des chrétiens. Au XVIIe siècle, dom Grenier cite, à propos de cette vaste nécropole, quelques noms célèbres :

« Outre celle de saint Médard, située dans la crypte immédiatement sous le grand autel, Clotaire au pied de saint Médard, Sigebert à l'endroit où est la tombe, sont signalées celles de Hilduin, retrouvé en habit sacerdotal en 1610 dessous l'arcade qui répondait au grand autel du côté de l'évangile avec une crosse d'ébène, de Hugues fils de Charlemagne, de Henri duc de Saxe, tué au cours de son expédition contre les Normands en 886, d'Herbert de Vermandois derrière l'oratoire de saint Tiburce ainsi que celle de la reine Ogive son épouse, la tombe d'une Coucy et celle d'Étienne Olivier mort en 1521. Aucune trace n'en subsiste à présent. »

Quelques fragments de l'élément de sarcophage antique, qui était fixé au-dessus d'une porte du cloître gothique et dont les moines faisaient grand cas, sont parvenus jusqu'à nous. On ignore si ce sarcophage a auparavant servi de sépulture dans l'abbaye, mais la scène subsistante, qui devait piquer la curiosité des amateurs, a connu bien des interprétations différentes (cf. encadré).

FIG. 99 :
Représentation d'un sarcophage découvert au XIXe siècle, portant l'inscription HILDEBOLDUS (coll. part.). Ce sarcophage, en partie mutilé, subsiste dans la crypte avec la mention « HILD » (Musée de Soissons, inv. 93.14.13, 2,30 × 0,94 × 0,68 m).

Les éléments de tombeaux visibles aujourd'hui dans la crypte ont généralement été exhumés au cours des fouilles réalisées après la destruction de l'abbaye, notamment par les responsables de l'institution caritative, l'abbé Dupont, puis l'abbé Poquet au XIXe siècle, le chanoine Barbier après la Première Guerre mondiale. L'un de ces sarcophages, qui portait l'inscription HILDEBOLDUS, connu par une gravure du siècle passé (fig. 100), est encore visible aujourd'hui dans une chapelle orientale (cf. fig. 84, 14).

Une dalle funéraire quasiment entière (cf. fig. 84, 17) porte une épitaphe du prieur Pierre en hexamètres léonins (fig. 101 et 102) ; on date l'ensemble de la fin du XIIIe siècle ou du début du XIVe siècle.

DESCRIPTIONS D'UN SARCOPHAGE ANTIQUE

Dormay, au XVIIe siècle, croyait qu'il était là pour rappeler l'aveuglement de nos pères ; il y voyait la représentation d'une idole païenne qui rendait ses oracles par le trou situé sous le médaillon.

Le Moine, au siècle suivant, y voyait l'apothéose d'Egidius ou de son fils Siagrius, le médaillon étant soutenu par deux Renommées, la rivière d'Aisne étant représentée par le vieillard tenant un roseau, la fertilité de la région par la jeune fille à la corne d'abondance et les collines autour de Soissons par les chèvres.

L'abbé Le Bœuf, à la même époque, plus prosaïque, y a vu le tombeau d'un jeune païen ayant quitté les délices de la terre pour rejoindre un séjour heureux où deux génies le transportent.

Les interprétations des grands historiens comme Mabillon et les dessins qui accompagnaient les publications de dom Marthenne, du comte de Caylus ou de Delaborde, ont participé à la renommée de ce fragment de sarcophage, dont l'antiquité reconnue a permis qu'il ait été soigneusement déposé à la Révolution. C'est alors que Brayer le garde un moment puis le cède à un grand collectionneur de la cité, Monsieur de Breuvery. C'est dans sa célèbre propriété, à l'extérieur des remparts Saint-Jean, que ce sarcophage est détruit pendant le siège de 1814. On l'a cru perdu, mais des fragments ont été retrouvés dans les maçonneries de bastions militaires construits à l'emplacement de cette propriété. Les principaux éléments retrouvés ont été donnés au musée de Soissons en 1861 et rejoints récemment par d'autres fragments grâce à B. Cl. Ancien, qui les tenait de son père.

FIG. 100 :
Ensemble de fragments
du sarcophage antique
subsistant aujourd'hui
représenté figure 98.
(Musée de Soissons,
inv. 93.7.1326, 88.2.1., 93.7.1327).
On reconnaît aujourd'hui,
dans ces vestiges, le côté
d'un sarcophage antique,
semblable à ceux produits
à Rome au cours de la deuxième
moitié du IIIᵉ siècle. Le visage
de la défunte – le jeune païen
décrit par l'abbé Le Bœuf était
une femme – est d'une
autre main, mais sa coiffure
est bien celle en vogue
au moment de la réalisation
du sarcophage. Il a pu être
sculpté sur place, au moment
de l'inhumation. On ignore
quand cet antique a rejoint
les collections de l'abbaye.

TRANSCRIPTION

[+] HUJUS : MOLE : PETRE : TER
[R]IS : PRIOR : INCLITE : PETR|E] +
[+I]GNE : STIGIS : TETRE : CARE
[R]IS : LUX : TE, MENS : MIRA
DULCEDINE : CLEMENS :
+COMMENDAT : JUSTE :
SEMPER : DARE : PROMPTA
MANUS : TE
+ TE : PIETAS : TE : SIMPLICI
TAS : TUA : FECIT : AMARI :
+SOBRRETAS : ET : DAPSI
LITAS : CUNCTIS : VENERARI
+PETRUS : T|E|STANDUS : SITUS :
: HIC : EST : VIR : DECORANDUS +
+ LAUDIBUS : I|M|ENSIS : PRIOR
: OLIM : DONCHERIENSIS+
+ LAUDIBUS : HUNC : DIGNUM
: FECIT : COR : VALDE : BENIGNUM
+ LARGE : DANS : HYLARI :
: VULTU : SE : FECIT : AMARI :

FIG. 101 : « Plaque funéraire de Pierre, prieur de Donchery », déposée dans la crypte (relevé et dessin M.-H. Dehollain).

Transcription

[+] Hūjŭs / mōlĕ : Pĕ/trē : tĕrĕ[r]īs prĭŏr / ĭnclītĕ / Pētre

[+] [ī]gnĕ stī/gīs tētrē cărĕ/rīs lūx / tē bĕĕt/ēthre +

[+] P[ăr]tĭcŭ/lāt tē / mēns mī/rā dūl/cē/dĭ/nĕ : clēmens /

+commendat jus/te sem/per dare / prompta ma/nus te

+ te pie/tas / te : simplici/tas tua / fecit / amari

+Sobrie/tas et / dapsi/litas cunc/tis vene/rari

+Petrus / testan/dus / situs / hic est / vir decor/andus

+ Laudibus immen/sls prior / olim / Doncheri/ensis

+ Laudibus / hunc di/gnum fe/cit cor / valde ben/ignum

+ large / dans hyla/ri vul/tu se / fecit a/mari

+ Ô éminent prieur Pierre, tu es broyé par la masse de cette pierre.

Tu échappes au flux du styx hideux, puisses-tu jouir de la lumière céleste.

Ton esprit bienveillant te distingue par son admirable douceur.

Ta main toujours prompte à donner te fait justement valoir.

Ta piété, ta simplicité, te rendent digne d'être aimé,

Ta tempérance, ta générosité d'être vénéré de tous.

Ici, repose Pierre, homme dont il faut rendre gloire et témoignage par

d'immenses louanges, jadis prieur de Donchéry.

l'extrême bonté de son cœur le rend digne de louange.

Il se fit aimer en donnant sans compter, le visage heureux.

Transcription ligne à ligne avec résolution des abréviations et traduction du texte figuré sur la dalle funéraire (cf. fig. 101 et 102). Les crochets sont imputables au traducteur. L'épitaphe est composée d'hexamètres léonins à rimes riches sauf les cinquième et sixième, couplés en distique par la même finale. La scansion vers à vers est donnée ici.

La restitution de *particulat* au début du cinquième hexamètre est due au fait que la première lettre dont on aperçoit la panse ne peut être qu'un *P* dont la haste était très certainement barrée. Le verbe *particulare* n'existe pas en latin classique mais son emploi est cité par Du Cange dans un vieux rituel de Soissons. Il est également repris dans le dictionnaire de Niermeyer.

L'épitaphe de Pierre appartient très certainement au dernier quart du XIIIe siècle ou aux premières années du XIVe siècle (étude réalisée par J. Michaud et B. Mora, *Corpus des Inscriptions de la France médiévale*).

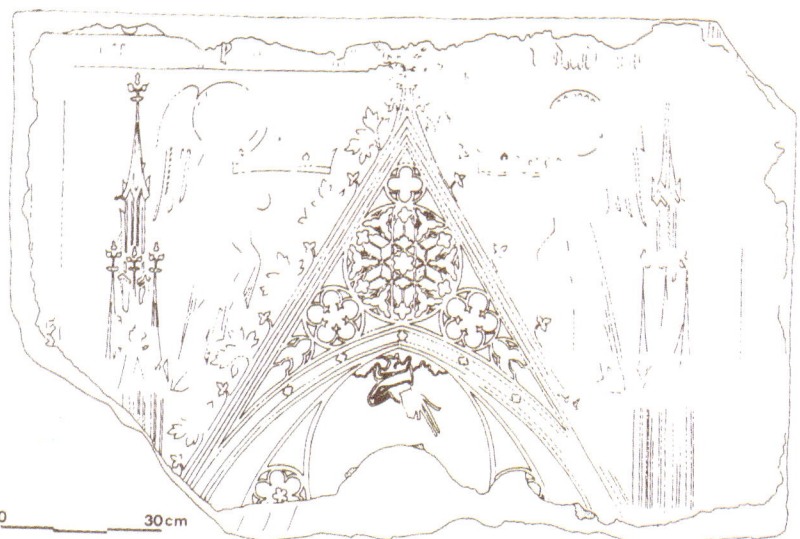

FIG. 102 : Détail de la dalle funéraire du prieur Pierre, aujourd'hui déposée dans la crypte (Musée de Soissons, inv. 93.14.14, 1,94 × 0,90 × 0,15 m).

FIG. 103 : Autre exemple de fragment de dalle tumulaire déposé dans la crypte (dessin J.-C. Beaube). L'inscription, peu lisible, date probablement du XVe siècle (Musée de Soissons, inv. 93.14.15, 0,98 × 1,46 × 0,14 m).

Les autres sépultures
récemment exhumées
au cours des fouilles archéologiques

D'autres sépultures ont été dégagées ces dernières années. On ne peut affirmer si les squelettes retrouvés aujourd'hui dans ces sarcophages datent véritablement de la première inhumation car ces cuves en pierre ont été constamment réutilisées. Les plus anciennes sépultures correspondent à deux sarcophages mérovingiens, découverts en 1986 lors d'un sondage réalisé dans la tour nord du chœur. Celui situé contre le mur de l'église contenait les restes d'un adulte. Le décor, en frises de demi-cercles s'entrecoupant situées à l'intérieur du couvercle, semble avoir été altéré par l'entaille destinée à adapter parfaitement le couvercle à la cuve, ceux-ci ayant été rendus solidaires par un joint de mortier. Un sarcophage d'enfant lui était accolé. Son couvercle de forme trapézoïdale dissymétrique, dont l'extérieur est en bâtière, présente, à l'intérieur, un champ creusé avec, côté tête, un motif gravé à la pointe. Ce motif rappelle un modèle de chrisme stylisé (deux croix superposées aux extrémités pattées : une croix latine et une croix de saint André). À l'intérieur, on a retrouvé les restes d'un enfant de moins de trois ans, ceux d'un adolescent et ceux d'un adulte. Le matériel associé à ces ossements se composait d'un élément de ceinture damasquiné d'argent (cf. p. 44), d'éléments de tissus, de galons brodés de fils d'or et d'un petit rivet de même métal. Il est impossible d'attribuer ces objets, témoins d'une tombe riche, à l'un ou à l'autre des individus car leur regroupement peut dater du déplacement de la sépulture, effectué au moment de la construction de l'église ou de l'édification de la tour (pour l'ensemble des éléments lapidaires datés du haut Moyen Âge, on peut consulter la thèse de M.-P. Flèche sur les monuments sculptés du haut Moyen Âge, Nouveau Doctorat, Sorbonne, Paris IV, 1990, p. 622-634).

Privilégiée par son exceptionnel emplacement, c'est-à-dire contre le chevet de la chapelle axiale, une belle tombe à cuve céphalique a été découverte en 1980 lors de travaux d'assainissement (fouille G. Cordonnier) ; elle a été redégagée en 1986 (fig. 105). Un autre sondage à l'extérieur de l'angle sud-est de la crypte (cf. fig. 59, 5) a révélé de nombreuses sépultures superposées (fig. 104). L'une d'elles, rectangulaire, était recouverte d'un couvercle trapézoïdal, donc en remploi, avec le dessus légèrement en bâtière et une inscription au revers sur deux lignes :

ETRA
HAC EC. PRECIOSIGALOMOMENTI.

FIG. 104 : Sondage à l'extérieur de l'angle sud-est de la crypte en 1986 (cf. fig. 59-5). Il y a plusieurs niveaux de sarcophages à cet emplacement ; on reconnaît, à gauche, les fondations de la crypte parementées en petit appareil.

FIG. 105 : Grand sarcophage à cuve céphalique, situé au chevet de la chapelle axiale et redégagé lors du sondage effectué en 1986.

Les bâtiments conventuels de l'abbaye Saint-Médard

L'ancien bâtiment des novices

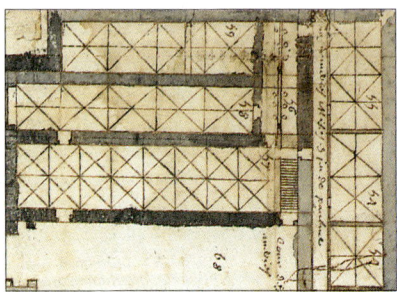

FIG. 106 :
Plan du dortoir des novices
à la fin du Moyen Âge,
détail de la figure 4.

On constate, sur le plan le plus ancien (fig. 106), que le bâtiment appelé « dortoir des novices » comportait, au rez-de-chaussée, huit travées, ce qui permet de restituer une surface au sol de plus de 35 m de long pour près de 9 m de large. Ce bâtiment semble réduit à cinq travées et ne plus être voûté d'ogives sur le plan mauriste (cf. fig. 17) où il est nommé « grand grenier ». Pourtant, à l'époque de la Révolution, il est décrit comme étant « un cellier voûté en augive servant de vandangeoir, lequel batiment a trois etages, a de longueur 10 toises sur 4 toises 3 pieds avec pilliers butans » (AD Q. 816). Ce bâtiment des novices est représenté en élévation sur la gravure du *Monasticon* (fig. 107) et sur le dessin de Tavernier (fig. 108). Il faut noter quelques différences de représentation de la façade méridionale entre ces deux vues.

FIG. 108 :
Le bâtiment des novices à la fin du
XVIIIe siècle, détail de la figure 35. Le bâtiment
est décrit, quelques années plus tard, comme
étant un « vandangeoir ».

FIG . 107 :
L'ancien bâtiment
des novices à la fin
du XVIIe siècle, détail extrait
du *Monasticon* (cf. fig. 22).

FIG. 109 :
Le bâtiment des novices aujourd'hui.
Les cinq fenêtres hautes ont été
construites au XIXᵉ siècle.

FIG. 110 :
Le bâtiment des novices, détail
architectural : culot du mur nord.

De cette ancienne salle gothique, seul subsiste aujourd'hui le mur septentrional, où les culots destinés à recevoir les retombées des voûtes ainsi que les bases des piliers centraux correspondant sont encore en place. Le système de voûtement s'inscrivait dans des carrés assez irréguliers d'environ 4,40 m de côté. Les vestiges d'une grande cheminée adossée sont encore visibles au centre de la paroi (fig. 109, 111). Cette cheminée reprend, dans ses dimensions, le module des travées et mesure 4,40 m de large. D'après les éléments de pied droit restés en place, son manteau était à 2,10 m du sol. Les cinq ouvertures qui apparaissent au-dessus de celle-ci sont une fantaisie des Geslin qui, selon la mode du temps, avaient accentué le caractère romantique des ruines. L'espace situé entre le mur septentrional où subsistent les deux contreforts extérieurs et le rempart a été, comme l'attestent quelques vestiges encore en place, voûté en plein cintre à une époque indéterminée (fig. 156, 157). L'ensemble du bâtiment peut être stylistiquement daté du milieu du XIIIᵉ siècle.

FIG. 111 :
Le bâtiment des novices, élévation
des vestiges subsistant aujourd'hui
et restitution en plan d'après les
documents anciens
(relevé et dessin C. de Mecquenem
et G. Nicolas).

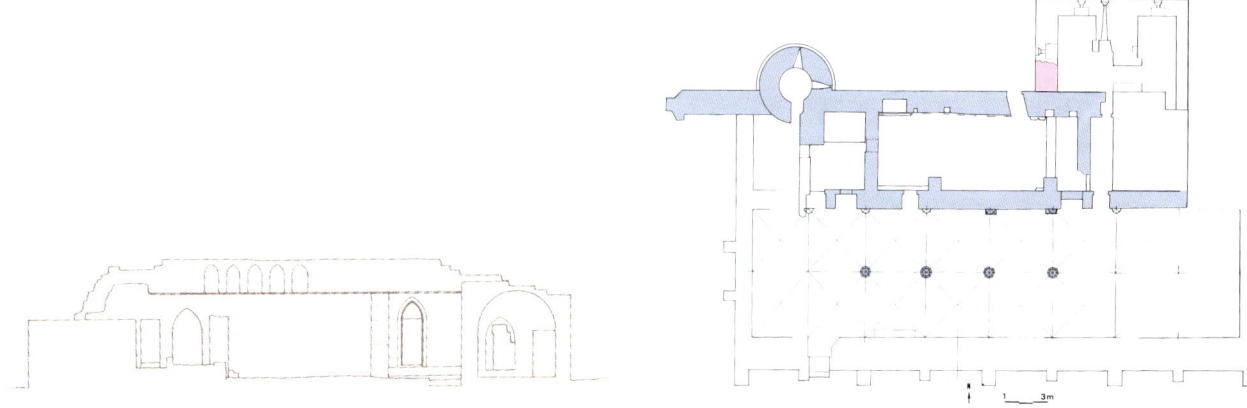

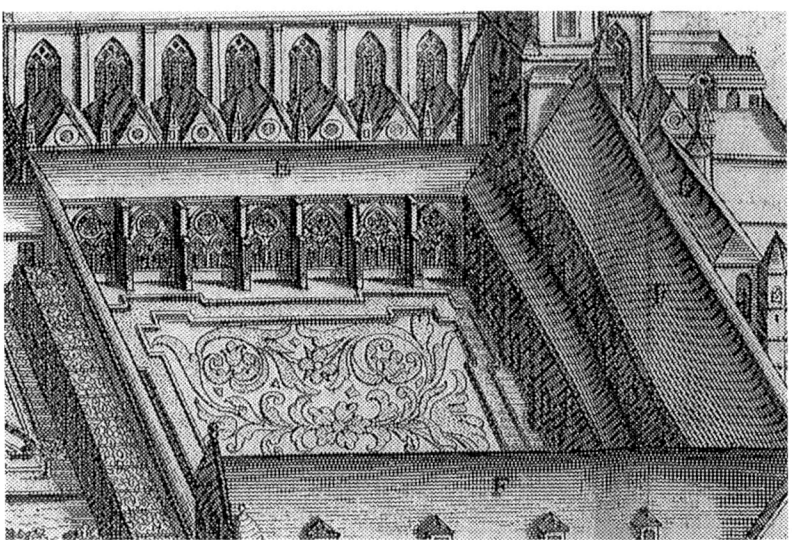

FIG. 112 :
Le cloître au XVIIe siècle, détail
de la figure 22. Les baies des galeries
présentent une architecture
typiquement gothique. Grâce à dom
Grenier, on sait que de nombreuses
dalles funéraires en pavaient le sol
(BNF Picardie, p. 274).

Le cloître

Nous ne possédons aucune trace du premier cloître, réputé dater de Charlemagne. Celui visible sur les documents anciens (fig. 7 et 112) est attribué, par la tradition, à l'époque de saint Louis (1226-1270). Sur les deux plans anciens (fig. 4 et 17), le bâtiment s'inscrit dans un espace de 45 m de large, délimité par deux larges murs, celui de l'église, au nord, et celui du réfectoire, au sud. En dépit de la longueur « idéale » de 45 m, disponible entre la base de la tour du chœur (contre lequel il s'appuie) et le retour du bloc-façade, le mur occidental a été construit à 42 m de son répondant oriental, formant ainsi un rectangle et non le carré parfait qu'on aurait pu attendre. D'après les vestiges encore en place aujourd'hui (fig. 114, 115 et 116), ce mur occidental est parfaitement datable du XIIIe siècle. Il est moins épais que les trois autres (fig. 17), que l'on sait plus anciens (en tout cas pour les murs de l'église et de la base du clocher du chœur). C'est ce cloître gothique qui a été détruit à partir de 1791.

Un sondage au pied du mur encore en place (fig. 114 et 115) a confirmé qu'à l'intérieur des galeries le niveau de circulation était identique à celui du parloir. Il est donc situé en contrebas de l'église comme le suggérait le plan mauriste ; on devait gravir seize marches pour accéder du cloître aux bas-côtés (cf. fig. 17). Le puits existant aujourd'hui sur le site correspond à l'emplacement du « lavabo » signalé sur ce même plan. Il faut noter que ce puits est au centre du quadrilatère que délimitent les remparts de l'enceinte principale.

FIG. 113 :
Vestiges du mur occidental du cloître
au XIXe siècle, détail de la figure 55.
La partie nord de ce mur subsiste encore
aujourd'hui (cf. fig. 114 et 115).

0 _____ 3m

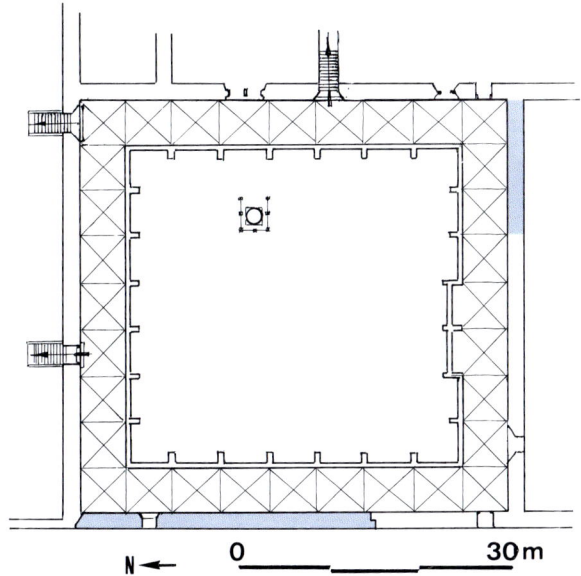

N ←   0 _____ 30 m

FIG. 114 : Relevé du mur occidental du cloître. On note l'appareil très soigné des arcatures aveugles qui rappellent l'organisation générale du décor (relevés et dessins C. de Mecquenem et G. Nicolas). Ce mur subsiste sur 30 m de long ; sa base est remblayée sur 1,75 m de haut.

FIG. 115 : Plan restitué du grand cloître. Il forme un rectangle de 45 × 42 m. En couleur sont figurés les murs gothiques restés en élévation ; (1) emplacement du sondage ; (2) ancienne porte murée à une époque ancienne, toujours visible dans une fosse ; (3) ancien lavabo dont l'emplacement correspond aujourd'hui à un puits ; (4) escaliers conduisant au bas-côté sud de l'église (dessin G. Nicolas).

FIG. 116 : Restitution d'une travée. Dans la mesure où elles reprennent l'organisation des baies, les dimensions des arcatures aveugles préservées permettent de restituer une hauteur minimum sous voûte de 6,50 m et une distance de 5,10 m entre deux axes de pilier pour cette galerie occidentale (dessin G. Nicolas).

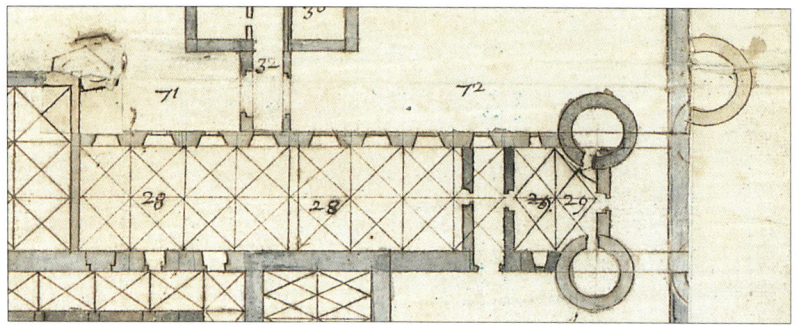

FIG. 117 : Plan des parloirs à la fin
du Moyen Âge, détail de la figure 4.

FIG. 119 : Porte d'accès
néo-gothique aujourd'hui disparue,
probablement réalisée à partir
d'éléments anciens au XIXe siècle .

Les parloirs

On peut constater sur le plan le plus ancien (fig. 117) que ces salles appelées les
« parloirs » comportaient sept travées. Il n'y a plus que cinq travées à l'époque où ce plan
est annoté, cette première amputation faisant peut-être suite aux destructions liées au siège
de Soissons en 1436. Ces salles sont ensuite appelées « cuisine » et « réfectoire » sur le
plan mauriste (fig. 17). La gravure du *Monasticon* (fig. 121), comme l'inventaire de 1791
(cf. *supra*), signalent encore la présence d'un étage. Ce bâtiment a été détruit à la Révolution, mais deux travées correspondant au réfectoire du XVIIe siècle ont été préservées. Une
chapelle est aménagée dans ces deux travées pour l'institut des sourds-muets (fig. 118) ;
l'entrée néo-gothique a peut-être été réalisée avec des éléments anciens (fig. 119).

FIG. 118 . Les deux travées
correspondant aux anciens parloirs,
transformées en chapelle
au siècle dernier.

FIG. 120 : Vue des anciens parloirs aujourd'hui ;
détail d'un des culots du mur oriental.

Ces deux travées jouxtent, à l'est, les vestiges de l'ancien réfectoire. Le niveau de circulation est situé 2,10 m plus bas que les pelouses extérieures (ce qui prouve l'important rehaussement des terres) et 2,90 m en-dessous du niveau de l'ancien réfectoire. La hauteur sous voûte de cette salle est de 7,30 m. La largeur actuelle de 10,50 m semble correspondre à un rythme régulier entre les piliers, chaque voûte s'inscrivant apparemment dans un carré de 5,25 m de côté. Lorsque les parloirs comportaient leurs sept travées, la longueur totale devait donc être de 37 m. Le mur oriental de cette salle gothique, réemployé comme pignon dans le bâtiment du XVIIIe siècle (fig. 130), est préservé sur toute sa hauteur, comme l'atteste la corniche sommitale extérieure restée en place à 14,50 m du dallage actuel.

On observe également dans ce pignon les vestiges des contreforts extérieurs et l'emplacement de fenêtres jumelées en plein cintre qui confirment l'existence d'un étage. Stylistiquement, cette corniche, les chapiteaux et les bases restées en place dans la salle, les culots, les doubleaux, les ogives et les formerets (fig. 118) autorisent à dater cette construction autour des années 1240-1250. Le mur occidental présente les traces d'une cheminée monumentale, de 2,80 m de large, dont le conduit est encore visible au-dessus des voûtes. Sous le dallage, subsistent deux caveaux voûtés en tiers-point (fig. 121, 133). Ils mesurent 3 m de large et, respectivement, 11 et 12 m de long. Leur niveau de circulation est à 5 m sous le sol extérieur actuel ; la hauteur sous voûte est de 1,70 m. Témoins d'une campagne de construction différente, il est difficile de les dater.

FIG. 121 :
Les anciens parloirs,
vue en coupe des deux
travées subsistantes
(dessin G. Nicolas).
Au fond, le pignon
médiéval avec ses
nombreuses ouvertures
dans la partie
supérieure qui a été
réemployé dans le
bâtiment construit
en 1765. Sous le sol
apparaît l'un des deux
caveaux.

FIG. 123 :
Le réfectoire, coupe des vestiges en place.
(relevés et dessins C. de Mecquenem et G. Nicolas).

Le réfectoire

Dans le plan le plus ancien (fig. 122), cette salle est signalée (cf. fig. 4, 25) avec la mention « Le refectoir sans aucun logement dessus ». On constate que cet espace se différencie par un système de voûtement plus sophistiqué que celui des bâtiments voisins. Les travaux de réfection réalisés au XVIIe siècle ont supprimé ces voûtes pour leur substituer un simple plancher et ajouter un étage. La gravure extraite du *Monasticon* (fig. 124) nous donne une idée de l'élévation de ce nouveau bâtiment appelé « galetas neuf » (cf. fig. 17). Dans l'inventaire de 1791, ce bâtiment abritait, au rez-de-chaussée, le réfectoire et, au-dessus, les dortoirs. Préservé jusqu'à hauteur des arcatures aveugles du mur sous-appui, le mur sud est encore représenté à la fin du XIXe siècle à l'emplacement nommé « basse-cour » (fig. 55, 16).

Des vestiges de ce mur subsistent toujours (fig. 125 et 126) ainsi que plusieurs travées du cellier, voûté d'ogives qui était sous ce réfectoire. Ce cellier a un niveau de circulation situé à 4,60 m sous le sol actuel. Ces travées permettent de constater que les voûtes s'inscrivent dans des carrés dont la dimension varie de 4,65 à 4,80 m de côté, et que, côté oriental, des culots sont encastrés dans le parement extérieur du mur des anciens parloirs. Les soupiraux en abat-jour, un moment agrandis et actuellement bouchés, en assuraient l'éclairage et la ventilation. La descente de cave (fig. 124) permettait de communiquer directement avec l'extérieur.

Les arcatures aveugles du mur sous-appui resté en place mesurent 3 m de haut, avec un espace entre deux bases de 1,10 m. La moulure à la base des colonnettes, 0,80 m au-dessus des pelouses actuelles, donne une indication sur le niveau minimum de circulation à l'intérieur du réfectoire. Stylistiquement, ces arcatures aveugles (fig. 126) et, surtout, le culot qui semble être resté en place sur le pignon oriental suggèrent que cette construction n'est pas antérieure à l'extrême fin du XIIIe siècle. Cette hypothèse de datation n'est pas en contradiction avec le style du cellier, dont l'architecture dépouillée a pu être réalisée très tardivement. Ce réfectoire correspondrait donc plutôt à une campagne de travaux postérieure à celles du cloître et des parloirs. Le système de voûtement représenté sur le plan (fig. 122) résulterait ainsi d'une réfection. D'après la position de ce culot sur le pignon oriental, à 6 m du niveau de circulation, cette salle pouvait atteindre, avec son voûtement d'origine, au moins 12 m de haut. Ce bâtiment, de neuf travées, devait mesurer 10,50 m de large pour 42 m de long, ce qui donnerait une surface au sol d'environ 450 m².

FIG. 122 :
Plan du réfectoire à la fin du Moyen Âge, détail de la figure 4.

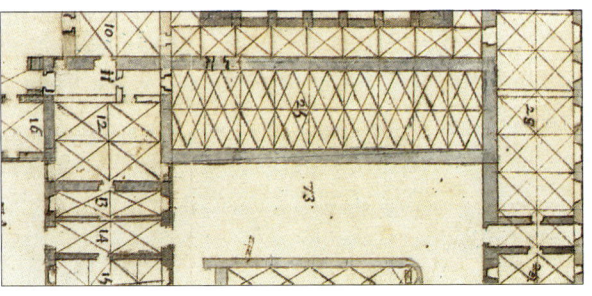

FIG. 125 :
Vestige du mur méridional du réfectoire subsistant
en élévation sur 4 m de haut et 19 m de long.
Sur la partie supérieure, le parement masque
l'empattement du mur et les anciens contreforts.

FIG. 126 : Face interne du mur
méridional du réfectoire. On reconnaît,
de bas en haut, les anciennes ouvertures du cellier
et les arcatures aveugles qui animaient
le mur sous-appui de cette salle.

Le grand bâtiment du XVIIIe siècle

FIG. 127 : Vue de Saint-Médard de Soissons (XIXe siècle). Le grand bâtiment du XVIIIe siècle, vu depuis l'est (coll. Paul Waendendries, 0,25 x 0,39 m).

Ce bâtiment a été construit en 1765. Décrit comme un « bâtiment neuf » à la Révolution, il est transformé en « château » par N. Geslin au début du XIXe siècle. C'est ainsi qu'il nous est parvenu pratiquement dans son intégralité (fig. 127). Les dispositions intérieures, presque identiques à celles décrites au moment de l'inventaire de 1791 (cf. *supra*), les éléments de décor et de confort qui ont survécu (les cheminées de pierre ou de marbre, les latrines, etc.) nous donnent une idée du cadre de vie des derniers moines.

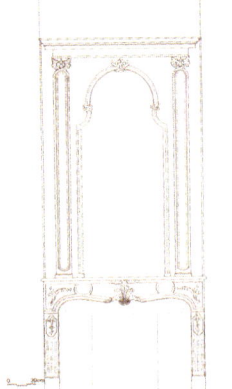

FIG. 128 :
Le grand bâtiment du XVIIIe siècle, exemples de cheminées en pierre et stuc toujours en place. Une dizaine subsistent encore dans l'ensemble du logis (relevé et dessin Th. Chalmin et G. Nicolas).

Ce bâtiment mesure 67 m de long et 13 m de large. Il présente trois niveaux (soit 2 600 m² au total). Le premier étage a la plus grande hauteur sous plafond (fig. 130) : la corniche sommitale du bâtiment est à 12,50 m du sol. Une analyse minutieuse des maçonneries permet de constater qu'une partie des structures antérieures a été réutilisée dans cette construction pourtant apparemment très homogène. Dans la moitié ouest, l'épaisseur inhabituelle des murs de refend prouve qu'ils ont eu une autre fonction, tandis que l'orientation des poutres signale une organisation différente des structures. La superposition des plans anciens permet d'identifier les murs des différentes constructions qui se sont succédé à cet emplacement. Les sous-sols sont, quant à eux, entièrement hérités des structures antérieures.

FIG. 129 :
Le grand bâtiment du XVIIIᵉ siècle vu depuis le jardin de l'ancienne tannerie Henry avant les fouilles de sauvetage de 1980-1981 (cf. fig. 59-2).

FIG. 130 :
Le grand bâtiment du XVIIIᵉ siècle vu en coupe, avec les bâtiments attenants encore visibles. On identifie, de gauche à droite, le grand bâtiment du XVIIIᵉ siècle, les vestiges des anciens parloirs et ceux de l'ancien réfectoire au-dessus du cellier. En violet, les éléments gothiques réutilisés à l'intérieur du corps de logis, en rouge, les éléments du XVIIIᵉ siècle. À l'extrémité orientale de ce bâtiment, on reconnaît les latrines utilisables au rez-de-chaussée et à l'étage (dessin G. Nicolas).

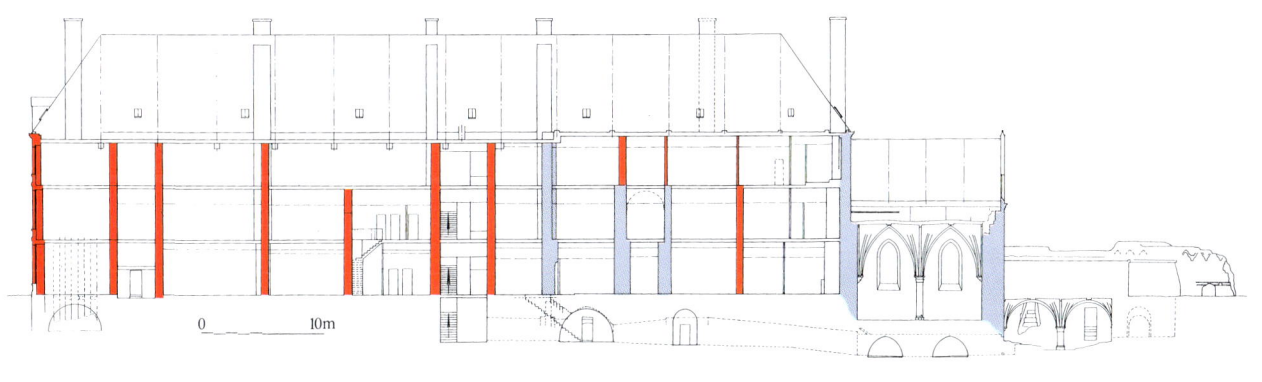

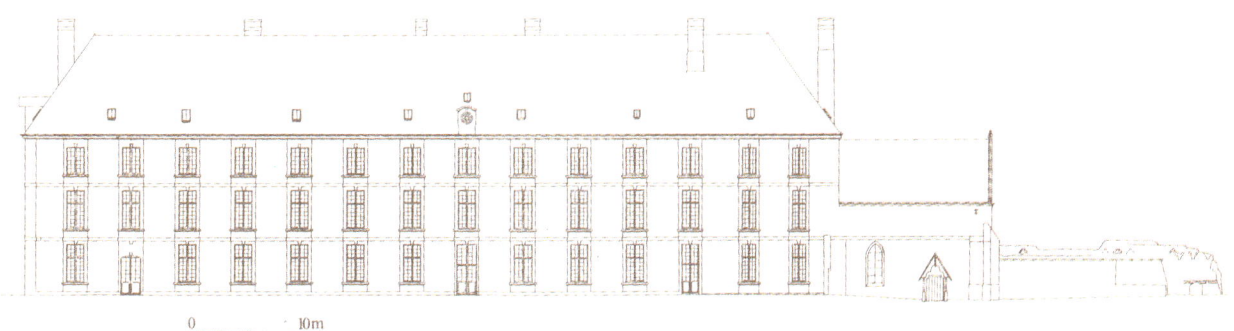

FIG. 131 :
Le grand bâtiment du XVIIIᵉ siècle avec les bâtiments attenants (face nord) (dessin G. Nicolas).

345

Les autres éléments bâtis de l'abbaye Saint-Médard

Les caves et les souterrains

Que ce soit dans l'abbaye ou dans le bourg attenant, le sous-sol de l'ensemble du site, en quinze siècles d'occupation, a été creusé par une multitude de souterrains et de caves dont l'inventaire est loin d'être exhaustif. Parmi les éléments bâtis encore visibles, outre les éléments du cellier, les caves signalées sous l'ancien réfectoire et les anciens parloirs, celui qui est le plus spectaculaire reste le grand collecteur (fig. 162). Orienté nord-sud, encore long de plus de 85 m aujourd'hui, il faisait se joindre d'anciennes latrines (celles des novices, celles du palais abbatial, celles du chauffoir sous l'actuel bâtiment XVIIIe, cf. fig. 4) et se prolongeait probablement au-delà du rempart méridional.

Parmi les différentes caves étudiées par B. Ancien ces dernières années, il faut citer celle située à l'ouest de l'ancien cloître et dont l'accès original est peut-être celui signalé sur le plan de la figure 17. B. Ancien a proposé de dater cet ensemble des XVe-XVIe siècles (fig. 132).

Près de la porte d'entrée principale, à l'emplacement de l'ancien jardin de plantes médicinales, une autre cave est encore accessible depuis l'intérieur de l'enceinte principale. Elle mesure 2,50 m de large et près de 10 m de long. De même, une cave ancienne, peut-être du XIIe siècle, a été récemment dégagée rue Pépin-le-Bref.

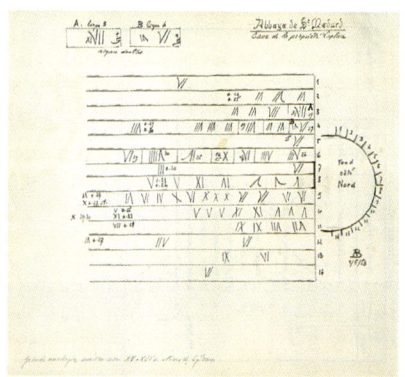

FIG. 132 :
Exemples de marques de pose relevées dans l'une des caves par B. Ancien en 1953, situées en 14 de la figure 162 (Ville de Soissons, coll. B. Ancien).

FIG. 133 :
Vue d'un des deux caveaux situés sous les anciens parloirs (cf. fig. 121).

La ferme de l'abbaye Saint-Médard

Ce bâtiment, représenté sur le tableau de la figure 7, a été étudié par Y. Gueugnon. D'après ses recherches, cette ferme aurait été achetée dès le XVIe siècle par un bourgeois de Soissons, Menault de la Salle, qui l'aurait revendue à son frère en 1573. Détruit lors du siège de Soissons en 1650, ce bâtiment aurait été reconstruit par la suite. C'est peut-être le « bâtiment neuf » cité dans un terrier de 1672. Le renouvellement de bail par P. A. Parisis à P. Muguet le 9 décembre 1760 donne une bonne description des lieux : « grand corps de logis, les voutes et bergerie dessous, fournil attenant, écurie à chevaux, chambre et grenier desus couvert de tuile, la grange à avoine couverte de chaume, jardin clos de murs derriere ladite grange étable à porc poulailler, cave à laiterie grange à blé, écurie à vaches et autre à poulains, colombier sans le dessous qui sert d'écurie à leger Brébant, jardinier du bailleur qu'il lui a loué avec l'ancienne écurie et grenier à foin dessus ».

Cette description est évidemment à rapprocher du plan de la figure 134, attribué par B. Ancien à Avite Charier et daté au dos de 1751 ; on peut également la rapprocher du plan du quartier reproduit figure 26, daté de 1771.

Aujourd'hui, seul le corps de bâtiment appelé « maison de la ferme » subsiste encore, avec ses salles du rez-de-chaussée voûtées en plein cintre et la partie centrale de son escalier qui permettait d'accéder à l'étage.

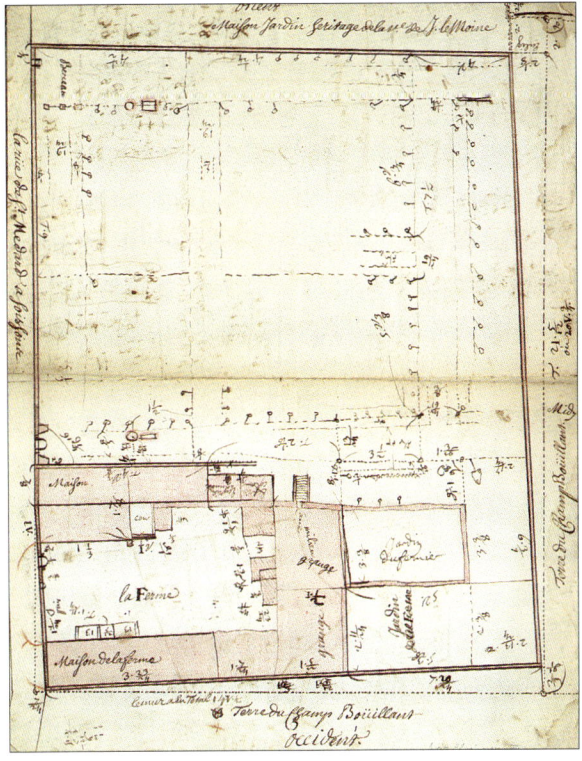

FIG. 134 :
Plan de la ferme Saint-Médard,
attribué à Avite Charier, arpenteur,
daté au dos de 1751 (Ville de Soissons,
coll. B. Ancien, 0,39 x 0, 30 m).

FIG. 135 :
Logis de la ferme de Saint-Médard.
Ce bâtiment a pu être reconstruit
dans son ensemble au XVIIe siècle,
même si l'architecture visible
aujourd'hui témoigne de plusieurs
époques. On trouve ici un type de
bâtiment fréquent dans les petites
exploitations agricoles –
20 à 50 hectares – de la vallée
de l'Aisne en Soissonnais
(dessin G. Nicolas).

Les systèmes de défense

Après les incursions normandes, en 893, le monastère est fortifié une première fois par le roi Eudes. L'abbaye Saint-Médard aurait peut-être été l'un des points d'appui dans la défense du royaume, comme l'a pensé J. Hubert. On ignore tout de ce premier système de défense qui n'empêche pas les moines de fuir devant la menace hongroise en 901 ; on ne sait pas non plus si la porte fortifiée, à hauteur du vivier, évoquée par Guibert de Nogent dans le texte écrit au début du XIIᵉ siècle, date effectivement de cette époque.

Philippe Auguste, à son tour, fait faire des travaux et, en 1210, un certain Garnier, connu par plusieurs commandes royales de ce type, est sollicité pour réaliser 100 m de murs neufs et en réparer 500 autres. Cette commande correspond à une totale réorganisation de l'ensemble de l'enceinte principale. Dans le contrat, il est spécifié que les murs doivent atteindre 8 m de haut et que quatre tourelles neuves seront disposées aux quatre coins, deux autres tourelles existantes devant également être réparées, le tout pour un budget de 500 livres (cf. *infra*). La tour Abélard et quelques éléments de remparts, qui subsistent aujourd'hui, datent de cette époque.

Au cours de la guerre de Cent Ans, des travaux sont de nouveau entrepris. On sait, par un document daté du 10 juillet 1366 (cf. *infra*), que 1 500 francs ont été consacrés à la réparation des fortifications du monastère. De cette époque date sans doute l'actuelle porte d'entrée principale.

Les textes ne nous renseignent pas sur la date de réalisation des fossés des trois enceintes qui ont enclos près de 18 hectares ni sur celle de la tour rectangulaire, dans l'angle nord-est de l'enceinte principale, nommée par la suite « prison de Louis le Débonnaire » (cf. p. 354-355).

En dépit de ces améliorations constantes, les qualités militaires du système restent modestes. D. Rolland, à la suite de son étude sur ce système de fortifications, a conclu que « la valeur défensive de cet ensemble tenait plus à la multiplicité des obstacles (plusieurs fossés et enceintes) et à la hauteur du mur de fermeture destinés à impressionner l'adversaire qu'à la puissance des ouvrages fortifiés. Il ne s'agissait pas de pouvoir soutenir un siège en règle d'une armée constituée mais d'empêcher le coup de main d'une bande armée » (D. Rolland, *Les Fortifications de Saint-Médard de Soissons*, études manuscrites, 1992, Musée de Soissons).

Au moment des guerres de Religion, la question d'une éventuelle défense ne se pose plus. C'est l'époque où l'abbaye est entièrement pillée par les protestants (1567-1568). Dès 1593, le gouverneur de Soissons entreprend le démantèlement des fortifications de l'abbaye. Celui-ci se poursuit au siècle suivant par les habitants du bourg, qui sont autorisés par les bénédictins à récupérer les matériaux pour reconstruire leurs maisons après les sièges de Soissons en 1617 et en 1650. En 1635, les fossés sont progressivement remis en bail pour être convertis en jardins. Sur les plans des XVIIᵉ et XVIIIᵉ siècles, la plupart des fossés ne sont plus en eau ; ils sont même parfois comblés. Les ouvrages fortifiés sont progressivement supprimés.

Aujourd'hui seuls subsistent la porte principale, la tour « Charlemagne », la tour « Abélard », un mur de la tour dite « prison de Louis le Débonnaire » et quelques éléments de remparts et de fossés.

« À Saint-Médard, il y avait semblablement un homme qui était chargé des mêmes fonctions pour cette abbaye. Il arriva une fois que, ayant passé sur la porte fortifiée, à hauteur du vivier, une petite partie de la nuit, en usant de la crécelle, de la voix ou de la trompe comme c'est l'habitude des guetteurs, pour finir il descendit sur la berge de la rivière pour s'y promener. Comme il se trouvait là, il crut voir apparaître devant lui trois femmes, et il entendit l'une d'elles dire : "Entrons chez cet homme." Une autre répliqua : "Il est pauvre, il ne saurait nous entretenir bien." Sur quoi la troisième ajouta : "Il y a ici un clerc nommé Hughes, gros et gras, qui regorge de richesses ; il nous nourrirait bien. C'est lui qu'il convient d'attaquer." » (Guibert de Nogent, Autobiographie : *Les Trois Fièvres vagabondes*, édition et traduction E.-R. Labande, 1981, p. 262, 263. Ce passage, extrait de la deuxième partie de cette autobiographie, a dû être écrit entre 1114 et 1121.)

« La dite abbaye est fermée et enclose de fortes et hautes murailles garnies de grosses tours et tournelles, environnée de profonds fossés remplis d'eau jusque au bord et que conservé davantage la force de ladite abbaye, il se trouvera que jadis il fallait passer trois portes garnies de ponts et profonds fossés avant que entrer en icelle. » (M. Berthin, *Antiquitez de la ville de Soissons*, copie de 1582 ; Soissons, Bibliothèque municipale, ms. 233, f° 175 ; d'après Y. Gueugnon, *Notices historiques*, 1992, p. 45)

348

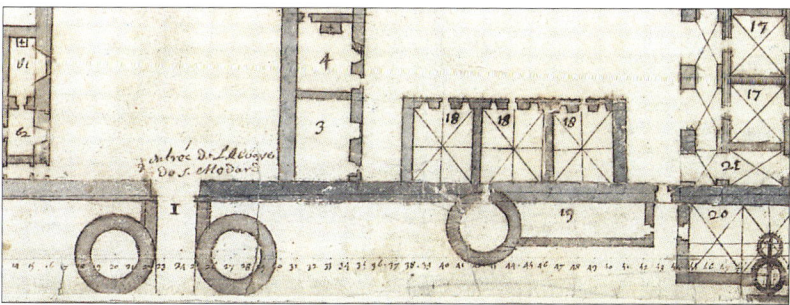

FIG. 136 :
Porte principale,
détail de la figure 4, avant 1568.

FIG. 137 :
Porte principale,
détail de la figure 7, avant 1568.

La porte principale

D'après le plan le plus ancien (fig. 136) et le tableau du musée (fig. 137), cette porte, à laquelle on accédait par un pont-dormant et un pont-levis, semble correspondre à un véritable châtelet flanqué de deux tours crénelées ; comme le dit D. Rolland, « la présence d'un châtelet ne semble pas contestable car la porte subsistante aujourd'hui ne comporte aucune décoration. On ne peut imaginer une abbaye de cette importance avec une entrée si modeste, alors même que l'entrée d'une de ses simples fermes, celle de La Perrière, à Crouy, était à la même époque très ornementée. On peut donc en déduire qu'une autre porte existait en avant de celle-ci. Elle a pu disparaître avec la façade avant du châtelet. » À partir de cette analyse, D. Rolland a conclu à l'édification de ce châtelet au XIVe siècle, à l'occasion des améliorations apportées au système de défense de l'abbaye et a pu proposer une restitution comportant les caractéristiques architecturales de cette époque (D. Rolland, *op. cit.*). Un contrat de réparation, daté du 19 avril 1585, atteste encore la présence d'un pont-levis à cette date. Au siècle suivant, le plan mauriste (fig. 138) et la gravure extraite du *Monasticon* (fig. 139) représentent une simple porte flanquée de deux forts massifs en maçonnerie. Ceux-ci encadrent encore la porte aujourd'hui et ne sont là que pour masquer les arrachements de maçonnerie consécutifs à la destruction de la façade du châtelet. On ignore la date à laquelle le pont-levis a été supprimé.

FIG. 138 :
Porte principale,
détail de la figure 17, milieu du XVIIe siècle.

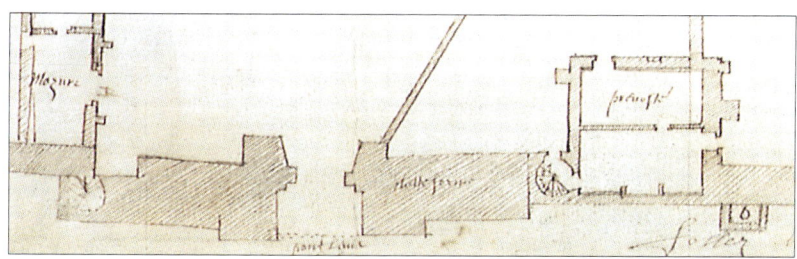

FIG. 139 :
Porte
principale,
détail de
la figure 22,
fin du XVIIe siècle.

FIG. 140 : Le revers de la porte principale tel qu'il est visible aujourd'hui. La trompe ogivale encore visible supportait probablement une échauguette.

FIG. 141 : La porte principale (relevé et dessin G. et A.-M. Nicolas). On remarque la poterne obstruée à droite de la porte, avant le contrefort, qui peut correspondre au passage piétonnier avant la reconstruction de la porte principale au XIVe siècle. À cette époque, on a pu lui substituer le passage coudé qui contourne par la droite la porte principale. Celle-ci mesure 3,20 m de large. À l'origine, le niveau de circulation se trouvait environ 1,20 m plus bas, ce qui permet de restituer un passage de 5 m de haut sous le tympan de la porte. La différence de niveau entre le fossé devant la porte et les fossés encore visibles au sud de celle-ci peut être justifiée par la présence du moulin à eau au-delà du contrefort (cf. fig. 4).

FIG. 142 : La façade de la porte principale telle qu'elle est visible aujourd'hui. Un édicule arborant les armes de Saint-Médard couronne l'ensemble. Au revers de cet édicule, des logements de poutres et des rebords de maçonnerie suggèrent l'emplacement d'une ancienne charpente probablement destinée au relevage du pont-levis.

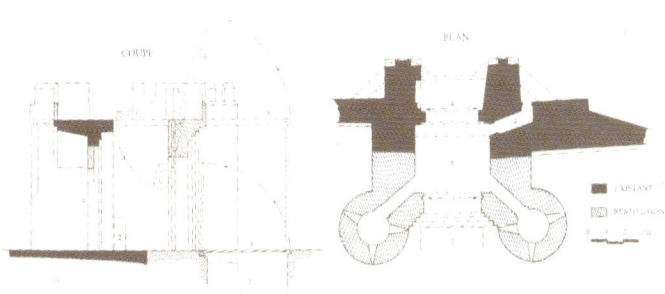

FIG. 143 : Hypothèse de restitution du châtelet par D. Rolland.

La tour Charlemagne

Cette tour, située dans l'angle sud-est de l'enclos, est intégrée aux remparts sur le plan le plus ancien (fig. 4). Elle est signalée comme simple pigeonnier sur le plan mauriste (fig. 17). La gravure extraite du *Monasticon* (fig. 144) signale que, dès cette époque, l'élévation de la tour était identique à celle que nous lui connaissons aujourd'hui. La base talutée pourrait dater des travaux commandés par Philippe Auguste. Le parement intérieur, très soigné, est peut-être plus ancien. Le parement extérieur de la partie supérieure de cette tour, en moellons de récupération, suggère une restauration postérieure aux guerres de Religion. La couverture a été refaite en tuiles plates en 1980. Le nom de Charlemagne est une attribution récente, destinée à rappeler les faveurs impériales dont bénéficia l'abbaye.

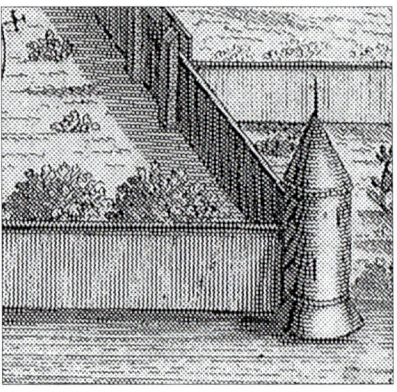

FIG. 144 : La tour « Charlemagne », détail de la figure 22.

FIG. 145 : La tour « Charlemagne » aujourd'hui.

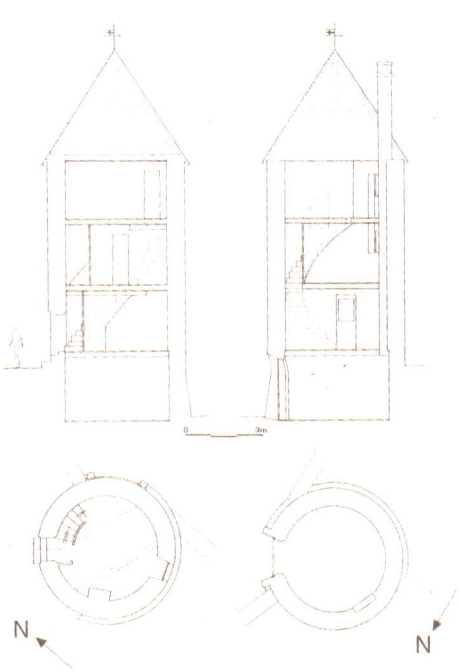

FIG. 146 : La tour « Charlemagne », coupe et plan (relevé et dessin G. et A. M. Nicolas). La tour mesure 10 m de haut de sa base à la corniche et 14 m jusqu'au faîtage. Son diamètre extérieur est de 5,35 m et son diamètre intérieur de 3,95 m.

La tour Abélard

Cette tour appartient à la courtine nord de l'enceinte principale. Elle apparaît sous des formes variées sur les différents documents que l'on possède : demi-circulaire sur le plan le plus ancien (fig. 4), octogonale sur le plan mauriste (fig. 17), on la retrouve dans son état actuel sur la gravure de l'abbé Poquet (fig. 55, 10). La chapelle (fig. 147), construite sur la tour par la suite, a été fortement endommagée pendant la Première Guerre mondiale. Elle est aujourd'hui disparue.

Cette tour, dont la base est talutée, a gardé quelques caractéristiques de sa fonction initiale. À l'intérieur, deux niveaux voûtés en coupole subsistent, l'étage inférieur ayant été transformé en fosse d'aisances. Des meurtrières à plan triangulaire éclairent le premier étage ; deux d'entre elles permettaient des tirs rasants le long des remparts. Dans son ensemble, la tour est assez homogène et les divergences entre les représentations doivent davantage être imputées à la fantaisie des dessinateurs qu'à de réelles transformations. Stylistiquement datable du début du XIIIᵉ siècle, cette tour correspondrait à la campagne de travaux commandée par Philippe Auguste. Ce bâtiment a bénéficié d'une restauration par les Monuments historiques après la Seconde Guerre mondiale.

Le nom d'Abélard lui a été attribué au siècle dernier afin de rappeler l'épisode fameux où, en 1121 à Saint-Médard même, le célèbre théologien a été condamné par ses pairs pour son ouvrage sur la Trinité.

FIG. 148 :
La tour « Abélard » aujourd'hui.

FIG. 147 :
La tour « Abélard »
avant 1914.
Construite à
l'étage au siècle
passé, la chapelle,
endommagée durant
la Première Guerre
mondiale, n'a pas
été reconstruite
(coll. B. Cl. Ancien).

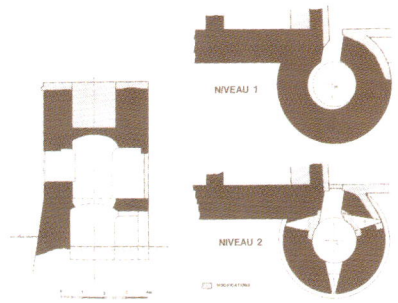

FIG. 149 :
La tour « Abélard », coupe et plan.
Cette tour mesure actuellement 6,50 m
de haut par rapport au sol actuel.
Sa base talutée présente des murs
d'1,50 m d'épaisseur enfermant un
espace intérieur de 2,20 m de diamètre
(dessin D. Rolland).

La prison de Louis le Débonnaire

Cette structure est représentée dans des proportions assez inexactes sur le plan le plus ancien (fig. 4), où elle est nommée « Prisons régulieres ou cachots qui estait aussy au dessous ». Cette même tour apparaît dans des proportions encore plus inexactes sur le plan mauriste (fig. 17). Sur ce dernier document, elle est figurée recouverte d'une plate-forme, ce qui laisse supposer que les salles étaient voûtées à tous les étages. De l'amalgame entre cette fonction de cachot et le souvenir de l'emprisonnement de Louis le Débonnaire à Saint-Médard par ses fils est née cette légende de prison de Louis le Débonnaire. Au XIXᵉ siècle, N. Geslin avait cru bon d'ajouter au mystère des lieux en créant de toutes pièces un long souterrain (fig. 150) pour donner accès à la célèbre prison. Les dessins de Souliac, envoyés au milieu du siècle dernier à l'abbé Poquet, nous donnent quelques détails sur l'organisation intérieure de cette tour. Une abondante iconographie s'est développée sur ce sujet à l'époque romantique. Le dessin de E. Pingret, gravé par G. Engelmann, en est un bon exemple (fig. 152). Il rappelle, dans une ambiance troubadour quelque peu anachronique, l'enfermement de l'empereur carolingien à Saint-Médard. Les détails architecturaux qui apparaissent sur l'ensemble des documents du siècle passé (fig. 153) suggèrent qu'il s'agit d'une tour carrée ajoutée au système défensif au XIVᵉ ou au XVᵉ siècle et dont il ne subsiste quasiment rien aujourd'hui (fig. 154).

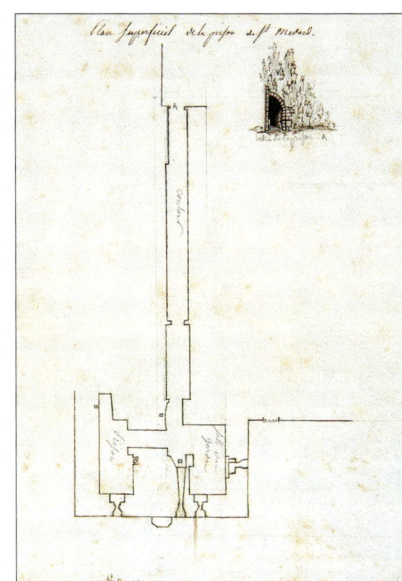

FIG. 150 : La prison de Louis le Débonnaire, plan envoyé par Souliac à l'abbé Poquet vers 1844 (Ville de Soissons, coll. B. Ancien, 0,23 x 0,18 m). En A du plan, l'entrée du souterrain créé par N. Geslin pour accéder à cette « prison ».

FIG. 151 : La prison de Louis le Débonnaire, relevé envoyé par Souliac à l'abbé Poquet vers 1844 (Ville de Soissons, coll. B. Ancien, 0,23 x 0,18 m). L'emplacement des latrines, sous l'inscription, permet d'identifier le même mur sur le plan précédent.

FIG. 152 : « Prison où fut détenu Louis le Débonnaire dans l'abbaye St-Médard près Soissons, Dépt. de l'Aisne », par E. Pingret, lith. de G. Engelmann (Musée de Soissons, inv. 90.9.25, coll. Beauzée, 0,54 x 0,35 m).

354

FIG. 153 :
« Extérieur de la prison de Louis le Débonnaire à St-Médard. Soissons.
(Picardie) », Danjoy del., Bichebois lith., im. par Lemercier, Bénard et c.
(Musée de Soissons, coll. Beauzée, inv. 90.9.96, 0,54 × 0,35 m).

FIG. 154 :
La prison de Louis le Débonnaire, son emplacement aujourd'hui.
Il ne subsiste qu'un fragment de mur
adossé au rempart médiéval.

Les éléments du rempart

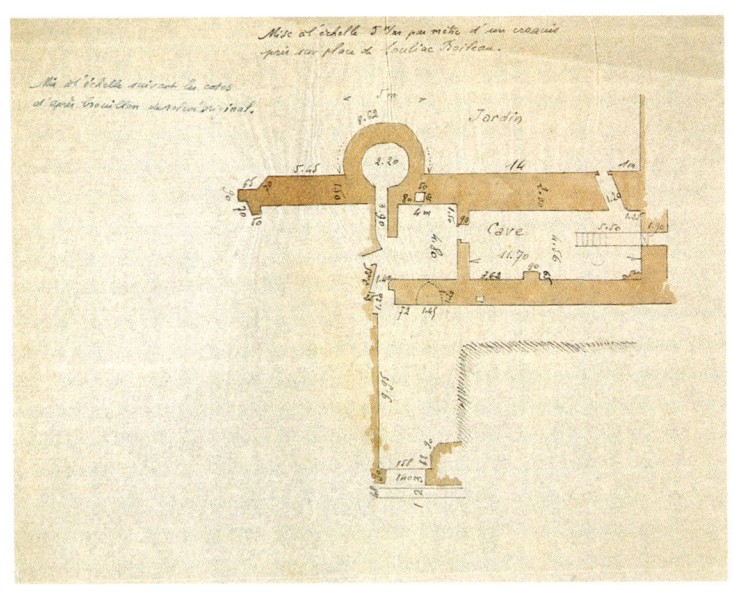

Des remparts médiévaux subsistent trois éléments en élévation. Le premier jouxte, au sud, la porte principale et correspond à la courtine occidentale. Le second jouxte, à l'est, la tour Abélard. Il appartient à la courtine septentrionale tout comme le troisième élément, réemployé comme pignon dans l'ancienne tannerie Henry. Celui-ci est légèrement orienté vers le nord, conformément à sa représentation sur le plan mauriste (fig. 17). Au sud et à l'est, quelques bases de rempart, qui ont servi de fondation aux murs de clôture encore visibles aujourd'hui, ont été identifiées par B. Ancien.

Étant donné la qualité des liaisons entre les maçonneries, le rempart qui jouxte la tour Abélard est contemporain de cette tour. Les ouvertures actuellement visibles ont été percées au cours d'aménagements ultérieurs. L'élément de la tannerie Henry présente des caractéristiques de construction identiques à celles du rempart de la tour Abélard : ils appartiennent tous deux à la campagne de travaux entreprise à l'époque de Philippe Auguste. Un sondage réalisé au pied du rempart de la tannerie Henry a permis de constater qu'il était faiblement fondé et qu'un second mur avait été édifié quelques mètres en avant de ces fondations, peut-être lors du creusement des fossés.

FIG. 155 : Le rempart de l'abbaye Saint-Médard et la tour Abélard, relevé du XIXᵉ siècle (Ville de Soissons, coll. B. Ancien, 0,21 x 0,27 m). À cette époque, le rempart subsiste encore à gauche de la tour sur plus de 5 m de long. Le mur parallèle appartient à l'ancien bâtiment des novices.

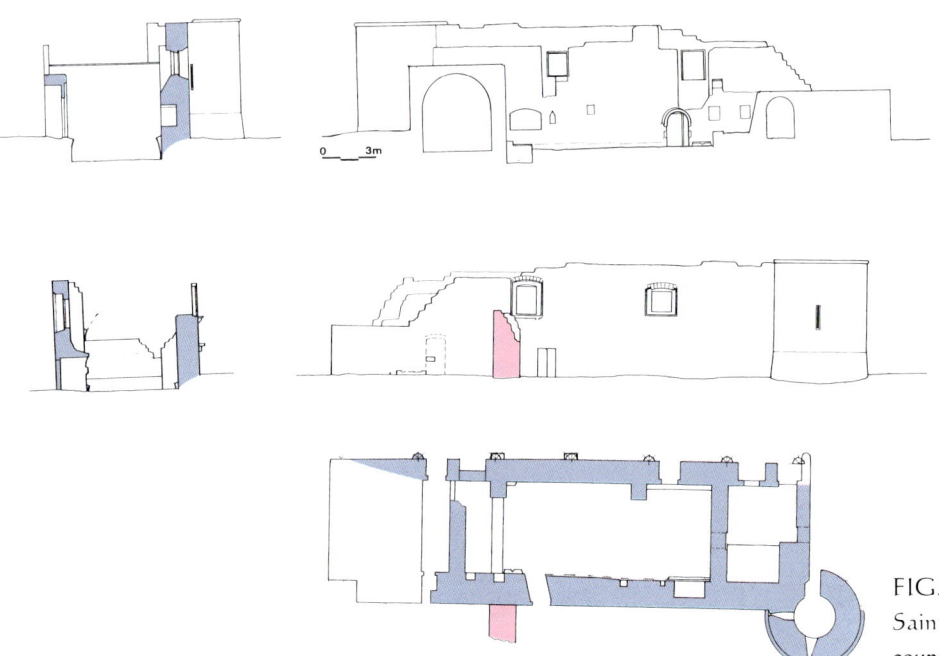

FIG. 156 : Le rempart de l'abbaye Saint-Médard et de la tour Abélard, coupe et plan (dessin G. Nicolas).

FIG. 157 :
À droite
le rempart Abélard
aujourd'hui,
à gauche
le bâtiment
des novices.

Les fossés

On ignore la date exacte du creusement des fossés comme celle du contrôle du cours de la Jossienne, petit ru venant de Crouy, pour leur mise en eau. En revanche, différents documents nous permettent de suivre la lente disparition des fossés. Sur le plan mauriste (fig. 17), on constate que certains fossés sont déjà « remply », notamment dans la partie nord-ouest de la première enceinte. Pourtant, la gravure extraite du *Monasticon* (fig. 22) persiste à représenter les remparts entourés de fossés en eau. Sur le plan dessiné par Le Jeune en 1768 (fig. 24), on ne voit plus que le système de fossés et d'étangs situé à l'est de l'enceinte principale, ainsi que le fossé méridional avec son retour d'angle devant la courtine occidentale. On notera que ce fossé semble être à une certaine distance du rempart.

Quelques années plus tard, le plan d'Avite Charier (fig. 27) mentionne avec précision l'emplacement de la plupart des anciens fossés disparus des deuxième et première enceintes. Il précise le tracé du faux ru, aménagé après leur comblement côté nord afin d'assurer l'écoulement des eaux de la Jossienne vers les fossés de la Ville, faubourg Saint-Vaast.

Au début du XIXe siècle, ces fossés étaient encore suffisamment visibles pour permettre à C.-P.-H. Martin-Marville d'en restituer le plan (fig. 158) – réalisé à partir d'un relevé fait sur le terrain – qu'il a confronté aux éléments du tableau de la figure 7.

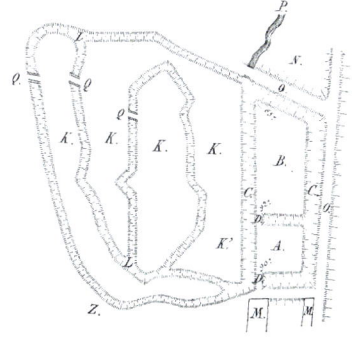

FIG. 158 : « Vestiges mérovingiens et carolingiens du fisc de Crouy, Croviacum, puis Saint-Médard », C.-P.-H. Martin-Marville, *Essai sur les châteaux royaux, villas royales ou palais du fisc des rois mérovingiens et carolingiens*, Amiens, 1873, p. 108.

Le tableau est légendé comme suit par Martin-Marville : « A. emplacement du palais carolingien ; B. basse-cour de ce palais ; C. canaux d'enceinte du même palais ; D. petites digues pratiquées pour la culture des carrés où s'élevèrent les bâtiments royaux ; K. emplacement de la villa mérovingienne donnée par Clotaire Ier à Saint-Médard ; en K'devait se trouver Sainte-Sophie, *quae palatio inhaerebat* ; L. canaux de cette villa, ainsi que l'indique assez leur forme barbare ; M. moulin et maison de maître ; N. ancien étang appelé le Carpière ; O. digues servant de chemin d'exploitation ; P. ruisseau d'alimentation ; Q. ponts qui se voyaient encore il y a deux ou trois siècles. Au sud-ouest de l'établissement de Saint-Médard, dans les champs en culture se voit encore très bien, au point Z, le canal barbare des Mérovingiens. Il traverse maintenant le hameau de Saint-Médard. »

L'étude des courbes de niveau – notamment celles relevées sur le plan du Génie militaire de 1841 (fig. 159) afin de déterminer les zones inondables du quartier pour la défense de Soissons – conforte l'hypothèse de l'emplacement de la deuxième enceinte côté méridional.

Vers 1920, B. Ancien a encore pu observer, devant l'ancienne ferme de l'abbaye Saint-Médard, le fossé de la première enceinte en cours de comblement.

Aujourd'hui encore, la maison située au n° 8 de la rue Pépin-le-Bref possède un jardin particulièrement encaissé. Cette dénivellation, qui correspond à l'emplacement du fossé de « la veuve Lemoine » représenté sur le plan d'Avite Charier (fig. 26), est le dernier témoignage visible des fossés qui ceinturaient l'abbaye.

Enfin, récemment, des observations archéologiques faites à l'occasion de travaux de construction d'immeubles rue Pépin-le-Bref ont permis de relever les dimensions de plusieurs fossés situés au nord de cette rue. Ils mesuraient 15 m de large et 4 m de profondeur et atteignaient le niveau naturel de l'eau. Toutefois, aucun élément n'a permis de les dater avec certitude. Les remparts associés à ces fossés (fig. 7) n'ont pas été retrouvés. Seules les fondations des murs de clôture postérieurs au comblement des fossés ont pu être mises en évidence.

C'est le report de toutes ces informations sur le cadastre actuel qui, associé à l'analyse des photographies aériennes, permet de restituer le tracé des fossés (fig. 163).

Le système hydrographique de l'abbaye Saint-Médard

Hormis la gestion des puits et celle des eaux pluviales, le système hydrographique de l'abbaye Saint-Médard est essentiellement alimenté par une petite rivière détournée à cet effet, à une époque indéterminée, la Jossienne (E. Gaillard, *Hydrographie du département de l'Aisne*, Soissons, 1877, p. 110, 111). Ce gros ruisseau venu de Crouy prend sa source près de Margival. Son débit paraît avoir suffi à alimenter en eau les fossés et le moulin de l'abbaye. Le tableau de la figure 7 nous a donné la représentation la plus spectaculaire de l'ensemble de ce système hydrographique. Une fois les fossés disparus, la création d'un faux ru, à l'emplacement de la deuxième enceinte, a permis de canaliser une partie de la Jossienne vers l'ouest, en direction du faubourg Saint-Vaast. Au siècle dernier, les militaires l'ont intégrée au système d'alimentation en eau des nouvelles fortifications de la Ville (fig. 159). L'autre partie du ruisseau desservait, à l'est, le canal alimentant le moulin de l'abbaye (fig. 160). Son trop-plein rejoignait l'Aisne en direction du sud.

Un système de vannes, chemin du Ponceau, permettait d'orienter les eaux de la Jossienne dans l'une ou l'autre des directions. Aujourd'hui seul subsiste le système alimentant l'étang situé à l'est.

FIG. 161 :
Vue des étangs de Saint-Médard en 1903 (coll. B. Cl. Ancien, 0,09 x 0,14 m). On reconnaît, à gauche, le moulin de la figure 160 et, au fond, le grand bâtiment construit en 1765.

FIG. 159

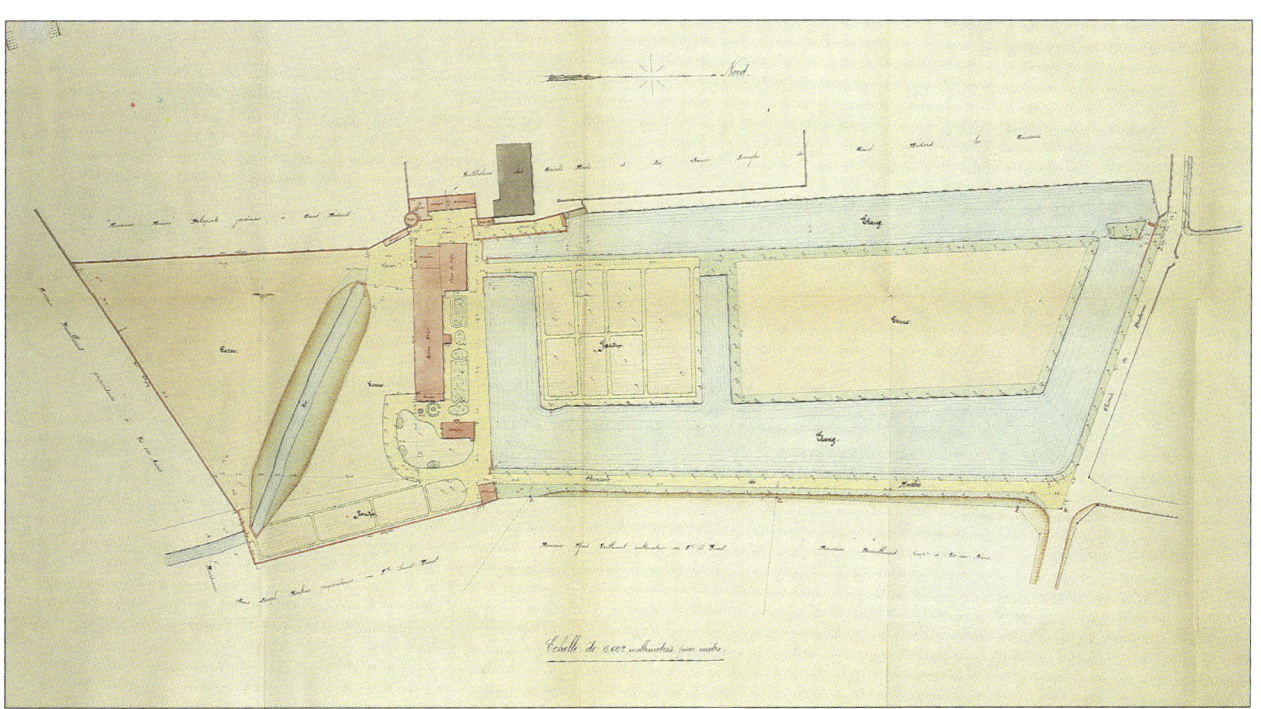

FIG. 160

Synthèse

FIG. 162 : Plan général des vestiges de l'ancienne abbaye Saint-Médard à l'intérieur de l'enceinte principale (relevés et dessins J. Haquet, C. de Mecquenem, G. Nicolas).

1, 2, 3, 5, 7 : principaux sondages archéologiques (1981-1986).
8 : emplacement du bâtiment des novices
9 : mur occidental du préau du cloître
10 : ancien parloir
11 : ancien réfectoire
12 : bâtiment reconstruit en 1765
13 : galerie souterraine (ancien égout)
14, 15 : cave
16 : partie occidentales d'un ancien châtelet
17 : tour Charlemagne
18 : tour Abélard
19 : emplacement de la prison de Louis le Débonnaire
20, 21 : rempart

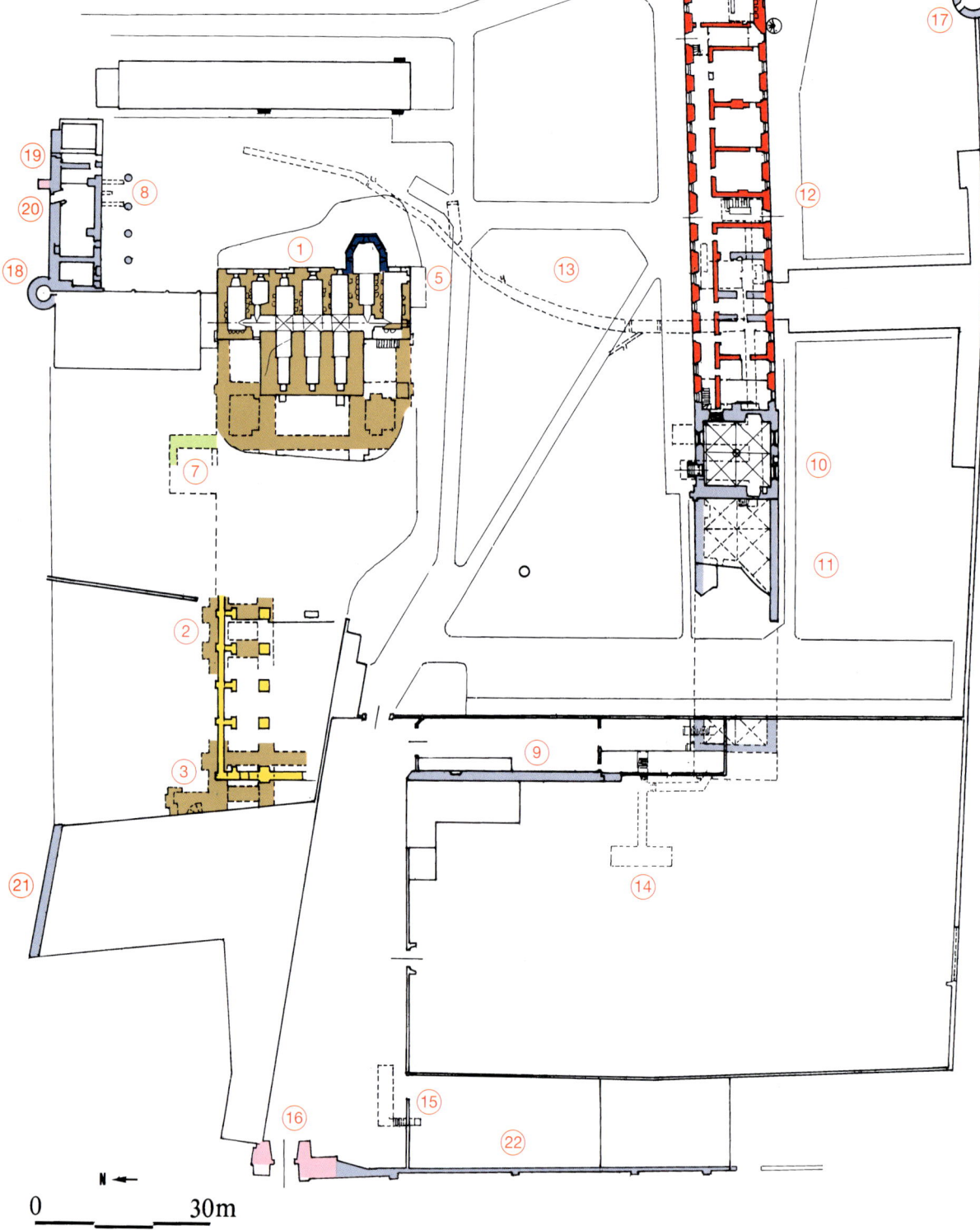

0   30m

FIG. 163 : Vue aérienne du quartier
Saint-Médard. Le filet rouge représente
l'emplacement des trois enceintes
(Institut géographique national, 1992).

1 : ancienne ferme
2 : ancien châtelet de défense
de l'enceinte principale
3 : emplacement du châtelet
du Belvédère
4 : ancien clos de l'ortail

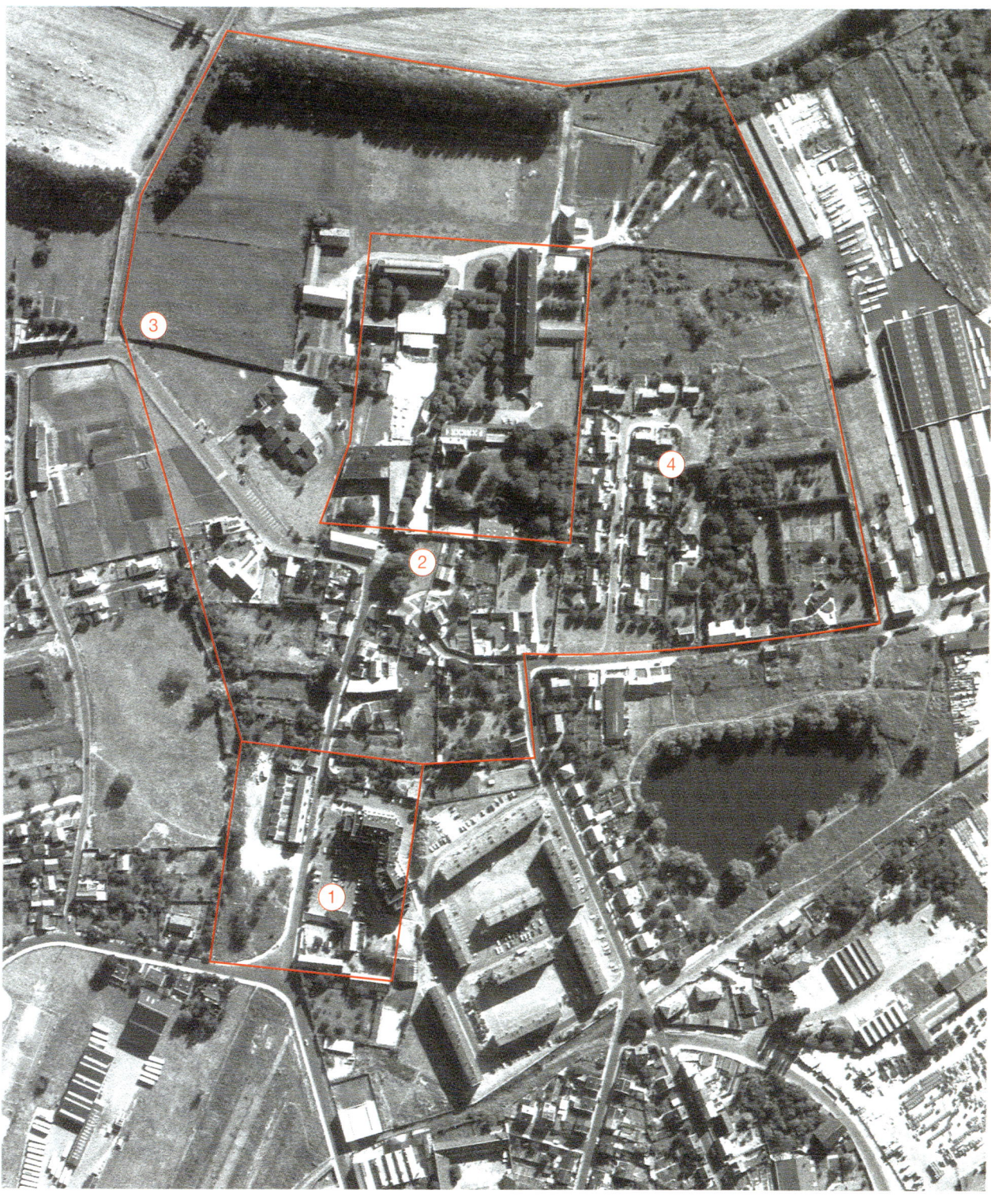

La prévôté de Marizy-Saint-Mard et son donjon

par Jean Mesqui

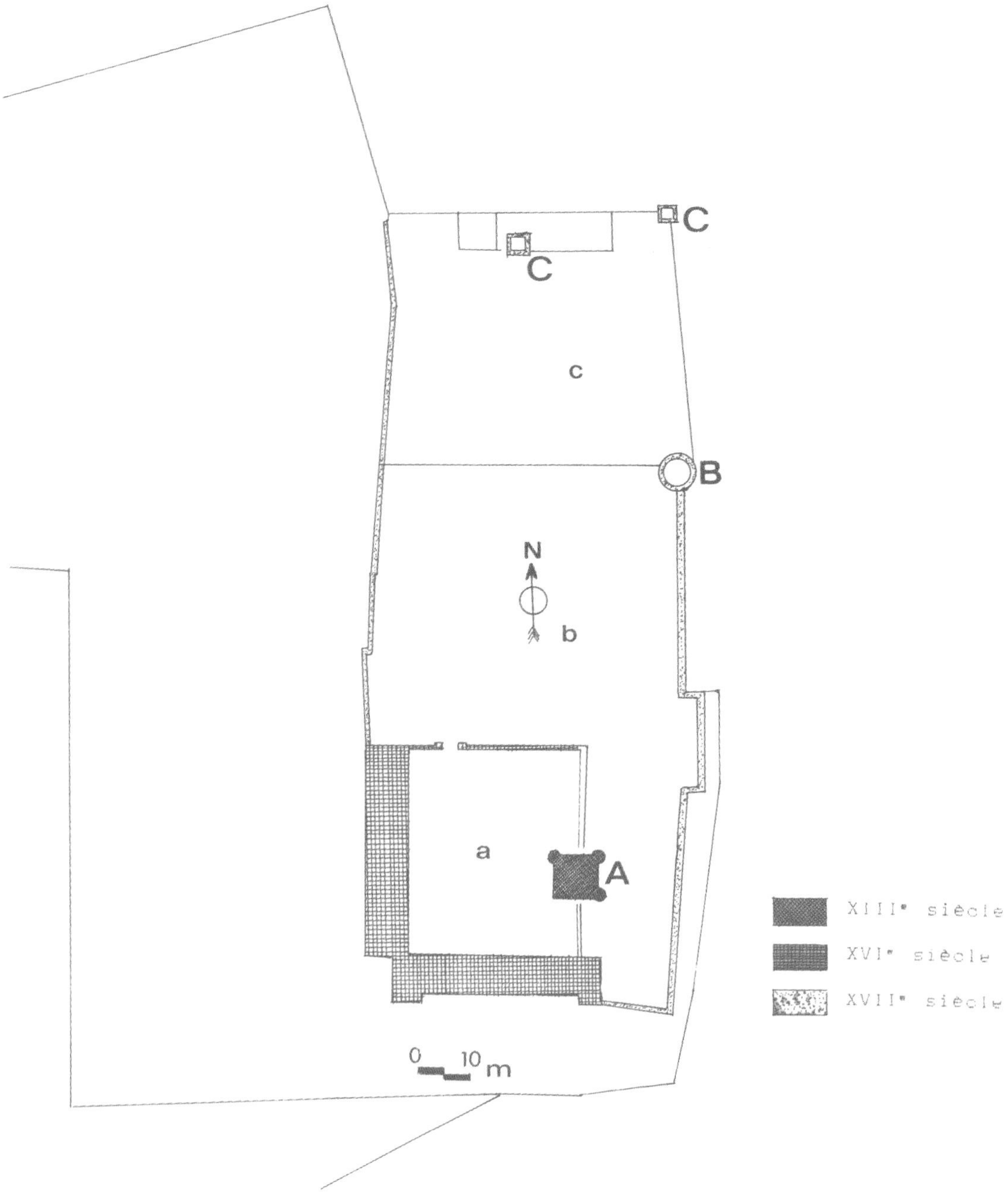

✝ MARIZY-SAINT-MARD :

a : cour noble ;

b : basse-cour ;

c : cour de ferme ;

A : logis-donjon ;

B : tour-pigeonnier ;

C : tours défensives.

XIII⁰ siècle

XVI⁰ siècle

XVII⁰ siècle

0 ___ 10 m

✝ LES CANONNIÈRES
des tours de la basse-cour.

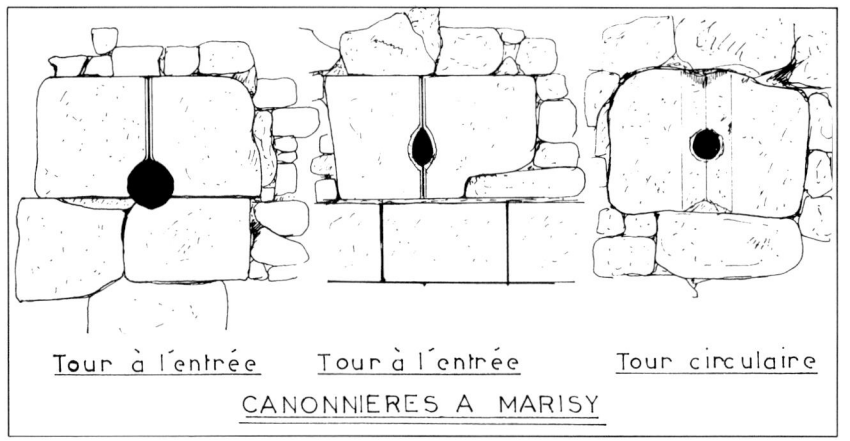

Tour à l'entrée   Tour à l'entrée   Tour circulaire

CANONNIERES A MARISY

364

LA PRÉVÔTÉ DE MARIZY-SAINT-MARD ET SON DONJON

L'abbaye Saint-Médard de Soissons étendait son emprise terrienne grâce à un certain nombre de points d'appui ou prévôtés : Favières, dans le canton de Fère-en-Tardenois, Rugny et Montgru dans celui d'Oulchy, Laval dans le canton de Vic-sur-Aisne, Donchery dans celui de Sedan, Hanzinne en Belgique, enfin Marizy-Saint-Mard dans le canton de Neuilly-Saint-Front, qui nous intéresse ici. Contrairement aux simples fermes, assez nombreuses, de l'abbaye, les prévôtés jouissaient de droits seigneuriaux qui, outre leur rôle agricole, leur conféraient une place particulière dans la géographie des pouvoirs.

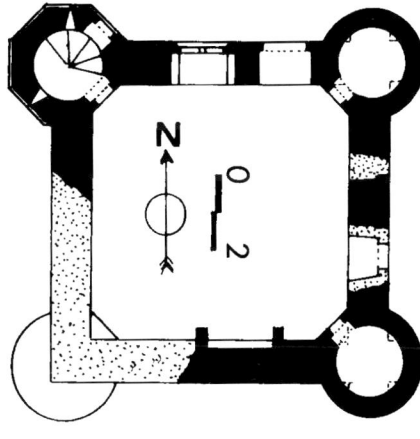

✝ *PLAN DU DONJON au premier étage.*

Aujourd'hui, on ne distingue plus guère la différence entre les restes de ces prévôtés et les autres fermes, dans la mesure où les destructions, volontaires ou non, ont laminé les anciens symboles du pouvoir seigneurial ; plus encore, les destructions de la guerre de Cent Ans, et tout particulièrement celles des années 1360-1365, conduisirent à une fortification générale des sites qui gomma les anciennes différences[1].

Marizy fait pourtant figure d'exception, avec son curieux donjon prévôtal unique en son genre, détonnant avec l'organisation classique de la ferme ou de la prévôté, avec enceinte, échauguettes, grange et logis.

L'histoire

La prévôté, comme tout établissement abbatial, n'est pas marquée par les événements qui émaillent la vie des grands édifices féodaux. Mentionnée pour la première fois en 1165, elle subit en 1358 une ruine et un incendie du fait de la garnison anglaise de Vailly[2].

Deux siècles plus tard, elle allait faire l'objet d'un rema-

niement considérable : le cardinal Philippe de Lenoncourt, prévôt de Marizy, fit en effet détruire l'ancienne chapelle et le logis pour reconstruire deux ailes qui demeurent aujourd'hui.

L'enceinte de la prévôté et le logis

Le site se présente comme un grand rectangle d'environ 150 m de longueur sur 60 m de largeur. Placé sur le flanc d'une vallée, il domine le village vers l'ouest par un grand soutènement ; vers l'est, au contraire, il est dominé par les terres cultivées.

Une enceinte clôturait autrefois l'ensemble ; elle a disparu presque totalement dans son élévation, sauf dans la partie sud-ouest sur laquelle s'appuient les bâtiments nobles conservés. Il s'agissait d'une fortification aux caractéristiques très médiocres (faible épaisseur de mur, faible hauteur également) ; elle était flanquée de tours carrées tout aussi médiocres dans leur apparence.

On reconnaît encore deux de ces tours : toutes deux sont marquées par un bandeau plat à la séparation entre rez-de-chaussée et premier étage, caractéristique du XVIᵉ siècle régional. Ces tours étaient dotées d'un couronnement de mâchicoulis dont subsiste la première assise au profil très classique (un quart-de-rond surmonté d'un bandeau).

De petites meurtrières pour mousquets, constituées d'orifices circulaires surmontés de courtes fentes, percent les murs de façon irrégulière et confirment la datation dans le XVIᵉ siècle. On peut admettre que ces fortifications datent du cardinal de Lénoncourt ou qu'elles furent édifiées durant les périodes incertaines qui marquèrent la seconde moitié du XVIᵉ siècle.

En outre, l'enceinte était flanquée d'un gros pigeonnier circulaire qui délimitait une première cour au sud du front à tours carrées. Cette tour est marquée par un larmier (petite corniche en saillie, généralement creusée par-dessous en gouttière pour écarter du mur les eaux pluviales) aux deux tiers de sa hauteur ; au-dessous, on peut voir des orifices pour armes à feu, l'un simple orifice circulaire taillé au fond d'un biseau dans une pierre, l'autre fente horizontale. Tous deux regardent l'avant-cour et paraissent plus tardifs que les meurtrières des tours carrées ; mais ceci ne suffit pas à dater la tour, car l'appareil irrégulier et peu soigné de celle-ci ne permet pas de déceler si ces meurtrières sont d'origine ou ont été ajoutées par la suite, au début du XVIIe siècle par exemple.

Quoi qu'il en soit, cette enceinte ne saurait être antérieure, dans sa forme actuelle, au XVIe siècle. Sans doute reprenait-elle le tracé d'une ancienne basse-cour, au moins jusqu'au niveau du colombier.

L'angle sud-ouest du grand rectangle est occupé par la cour noble, quadrilatère de 40 m sur 50. On y pénètre par une porte monumentale à bossages, surmontée d'un fronton, œuvre du cardinal de Lénoncourt ; à l'intérieur, la cour est bordée sur deux de ses faces par des bâtiments également attribuables à ce personnage. L'ordonnance de l'architecture en est tout à fait classique, avec deux bandeaux plats marquant l'étage, des fenêtres encadrées de pilastres, une porte à entablement au-dessus de laquelle figurent les armes du cardinal.

On ne s'attardera pas sur ces bâtiments, qui n'ont que peu à voir avec la vie de l'abbaye et sont plutôt une demeure campagnarde pour un riche prélat.

Le « donjon »

Au milieu de la face est de la cour noble demeure, en revanche, le seul reste de la prévôté médiévale, malheureusement très ruiné et mutilé par les bâtiments agricoles qui l'ont flanqué depuis des siècles. Il s'agit d'une tour carrée de 8,70 m de côté, encadrée autrefois à trois de ses angles par des tourelles circulaires sur contreforts orthogonaux et au

✛ *LE DONJON en 1895,*
vu depuis le nord-est par Truchy.

quatrième angle par une tourelle d'escalier polygonale. Les deux faces ouest et sud sont tombées depuis longtemps et ont été remontées sur une certaine hauteur en moellonage, sans tenir compte de l'ancienne tourelle sur contreforts ; quant à la tourelle du sud-est, elle est écroulée depuis la fin du XIXe siècle.

La tour est construite dans un bel appareil moyen calcaire ; elle comprenait autrefois quatre niveaux (dont celui du chemin de ronde), simplement séparés par des planchers. Les trois tourelles circulaires possédaient un niveau de moins ; leur plan circulaire s'amortit sur les contreforts par un encorbellement à trois assises en quart-de-rond marquées d'un filet. Sur son côté est, la base de la tour est maintenant cachée par des terres apportées lors de l'édification de l'enceinte du XVIe siècle.

Les deux façades qui subsistent, malgré les mutilations, conservent un décor architectural tout à fait remarquable, constitué par les ouvertures de la tour. Primitivement, on accédait à celle-ci au premier étage, la porte existant aujourd'hui à la base de la tourelle polygonale de l'escalier étant manifestement une reprise sur la date de laquelle on reviendra. Aussi la façade nord était-elle entièrement occupée au premier étage par un superbe ensemble constitué d'une porte et d'une fenêtre réunies sous une même archivolte ornée de fleurs. La porte sous arc brisé s'ouvrait sous un tympan décoré de quatre personnages portant deux écus malheureusement martelés ; quant à la fenêtre, s'ouvrant aussi sous un arc brisé, elle offrait deux baies jumelées à deux trilobes pleins, l'ensemble étant couronné par une rose à six lobes.

Ce bel ensemble a été malheureusement stupidement obturé, puis repercé. On peut sans crainte d'erreur l'attribuer au XIIIe siècle, ce type d'ouverture étant courant à l'époque dans la région jusqu'au début du XIVe siècle[3].

On avait ainsi accès à la salle du premier, dotée d'une cheminée au sud. Il en subsiste l'un des piédroits et une partie de l'entablement ; ces éléments sont décorés de fines moulures prismatiques qui traduisent très nettement le XVe siècle, mais l'on constate également qu'ils ont été insérés dans la maçonnerie du mur postérieurement à la construction de celui-ci.

Dans le mur est ne s'ouvrait, à ce niveau, qu'une baie rectangulaire de petite taille obturée plus tard. Postérieurement à l'état originel, une nouvelle fenêtre fut également ouverte dans ce mur amplement remanié ; transformée en porte, en partie murée au-dessus de son ancien meneau, elle n'offre plus guère d'éléments de datation, hormis son encadrement rectangulaire mouluré en quart-de-rond qui date au plus tôt du XVᵉ siècle.

Enfin, dans le mur ouest, près de la tourelle d'escalier, était percée une grande baie à archivolte dont subsiste seulement l'un des piédroits ; sa position très excentrée suggère qu'une seconde fenêtre s'ouvrait près de la tourelle sud-ouest disparue.

Des pans coupés séparaient la salle des minuscules sallettes ménagées dans les tourelles, entièrement aveugles à ce niveau ; on saisit mal la fonction que purent jouer ces petits locaux.

L'escalier en vis permettait, de là, de se rendre soit au rez-de-chaussée, soit au niveau supérieur. Le rez-de-chaussée, servant de cave, n'était éclairé que par quelques meurtrières dont une a été élargie sous arc brisé à une époque inconnue. Le deuxième étage, constitué comme le premier par une salle unique, était primitivement ouvert sur sa face est par une grande baie sensiblement identique à celle du premier – à deux différences près : les trilobes y sont en arc brisé et la rose n'a que trois lobes. Au moins une autre fenêtre éclairait ce niveau dans son état primitif, sur la face ouest, près de la tourelle d'escalier.

✝ *VUE ACTUELLE DU DONJON*
depuis le sud-ouest.

Sans doute jugea-t-on l'éclairage encore insuffisant puisque, postérieurement à la construction primitive, une belle fenêtre à meneau et croisillon fut repercée dans le mur nord, au-dessus de l'entrée. Cette fenêtre surmontée d'un petit arc de décharge est décorée de fines moulures se croisant, affirmant une datation assez tardive (sans doute de la seconde moitié du XVᵉ siècle).

À ce niveau, les tourelles circulaires étaient munies de trois petites fenêtres rectangulaires ; les sallettes des tourelles étaient séparées de la salle par des pans coupés, comme à l'étage inférieur.

Enfin, le sommet du donjon était couronné d'une ceinture de mâchicoulis manifestement ajoutés à la construction originelle, sans doute au moment où l'on perçait la fenêtre neuve. Avant de disposer ces mâchicoulis, il fallut placer au-dessus de l'ancienne maçonnerie une assise biaise pour rattraper l'horizontale…

Donjon, salle ou logis ?

Ainsi le petit édifice de Marizy révèle-t-il au moins deux campagnes de construction bien distinctes. Dans la première, au XIIIᵉ siècle, fut édifiée une tour à quatre niveaux, aux particularités tout à fait notables : le plan carré à tourelles sur contreforts, rare en ce que les tourelles montent dès le premier étage contrairement au cas le plus général où elles commencent plus haut en formant échauguettes, la qualité du décor des baies et le superbe ensemble d'entrée sont les traits majeurs de ce monument hors du commun.

✙ *RESTITUTION DE L'ENTRÉE DU PREMIER ÉTAGE.*

✙ *RESTITUTION DE LA FAÇADE ORIENTALE.*

Au XVe siècle, sans doute dans sa seconde moitié, la tour fut réaménagée. On disposa un accès au rez-de-chaussée dans la tourelle d'escalier, pour éviter le passage obligé par le premier étage ; on ajouta une cheminée (ou l'on remplaça celle qui existait) au premier ; on perça une nouvelle fenêtre, à la mode du temps, au second étage. Enfin, on dota la tour d'une couronne de mâchicoulis.

Contrairement à mes devanciers, je pense tout à fait impossible que la construction primitive date d'après les destructions de 1358-1365[4] : le décor architectural l'exclut tout à fait et, par ailleurs, tout montre que le souci défensif n'a pas été essentiel dans la construction de la tour. Les murs ont tout juste un mètre d'épaisseur et les ouvertures sont trop larges et nombreuses pour qu'il puisse s'agir d'un « donjon » défensif postérieur à 1360.

Mais, dans ces conditions, quelle put être exactement la fonction de cette tour, qui n'a pas d'équivalent régional ? Le fait que tous les autres bâtiments primitifs de cette prévôté aient disparu ne simplifie pas la recherche de la solution… La tour fut certainement un édifice d'apparat : son entrée suffirait à le prouver. On ne manque pas d'être intrigué, de ce point de vue, par les deux écus bûchés au-dessus de la porte : pourquoi y en avait-il deux ? Cette disposition était plus habituelle lorsque l'on avait affaire à un seigneur laïc marié, auquel cas un écu portait ses armes et l'autre celles de son épouse ; mais ici, les prévôts étaient religieux. Alors, doit-on penser qu'un des écus était celui de l'abbé en exercice et l'autre celui du prévôt constructeur de la tour ?

Deux solutions sont envisageables pour expliquer cette tour : soit salle, au sens médiéval du terme, soit logis. Dans le premier cas, il se serait agi de la salle seigneuriale, lieu de justice et d'apparat pour le petit seigneur local qu'était le prévôt : le premier étage aurait servi de salle publique, le second de salle de justice. Dans le second cas, il se serait agi du logis du prévôt, avec au premier étage la chambre d'apparat et au second la chambre privée. Les deux hypothèses peuvent se défendre : en faveur de la première plaident le décor et la présence des écus au-dessus de la porte ; en faveur de la seconde plaident les dimensions générales de l'édifice, peu propice à accueillir une assemblée nombreuse.

L'édifice qui, sur le plan stylistique, paraît le plus proche de Marizy est l'ancienne prévôté de Favières, où l'on trouve des baies de la même facture. Mais rien dans la structure de ce site ne ressemble à la tour de Marizy : à Favières, on trouvait une chapelle et un long bâtiment résidentiel dont l'étage ouvert de petites fenêtres jumelées reposait sur un rez-de-chaussée à arcades, l'ensemble étant généralement interprété comme le dortoir d'une petite communauté monastique.

✝ LE DONJON DE MORANCY (Oise), un édifice similaire à celui de Marizy.

Dans les autres prévôtés de Saint-Médard, rien d'équivalent non plus ; mais il est vrai que tous ces édifices ont fortement souffert et que l'on cherche souvent en vain des restes antérieurs au XIVe siècle.

Si l'on examine l'ensemble des fermes analysées par B. Ancien puis par M.-J. Salmon, la fonction de « donjon », qu'on l'interprète comme salle ou comme logis, semble inexistante tout au long de l'histoire de ces édifices ruraux ; tout au plus l'ancienne ferme de Confrecourt, analysée par B. Ancien, présentait-elle autrefois une tour carrée, dite « Logis du Prieur », qui aurait effectivement rempli ce rôle[5]. On pourrait citer aussi, encore que bien en dehors de la zone, l'ancien donjon-logis-salle de Morancy à Boran, dans l'Oise : ce donjon carré flanqué d'une seule tour circulaire, bien plus vaste que Marizy, possède toute une série de fenêtres du même type. Cependant l'absence d'informations quant à cet édifice empêche d'aller plus loin dans les comparaisons.

Marizy offre donc, dans le cadre d'une prévôté de l'abbaye Saint-Médard, un exemple tout à fait exceptionnel de ce que put être un donjon-salle ou donjon-logis, suivant l'interprétation qu'on retiendra. Quelle que soit la fonction exacte de l'édifice, il n'est pas inutile d'insister sur son côté symbolique, à la manière du donjon sur le plan défensif, tout en minorant les caractéristiques défensives, à la manière aussi du

logis ou de la salle seigneuriale, voire de l'église. Le mélange de genres n'est pas fortuit et traduit la volonté prévôtale d'affirmer le caractère particulier de sa seigneurie, dans une ère de prospérité de l'abbaye.

[1] En ce qui concerne ces destructions, voir P. GASNAULT, « Les malheurs de l'abbaye de Saint-Médard au début de la guerre de Cent Ans, 1365 », dans *Revue Mabillon*, n° 69, 1960, p. 80 ; B. ANCIEN, « La grande campagne de reconstruction rurale monastique », dans *Mémoires de la Fédération des Sociétés archéologiques et historiques de l'Aisne*, t. XVIII, 1970-1971, p. 83-96. Sur un plan général, voir M.-J. SALMON, *L'architecture des fermes du Soissonnais*, Presses des Mollets - Sazeray, 1971.

[2] Il n'existe pas d'historique publié de Marizy. Je me suis appuyé sur une étude manuscrite établie par Y. GUEUGNON, de Crouy, en janvier 1989, et aimablement communiquée par D. DEFENTE.

[3] Voir J. MESQUI, *Île-de-France gothique. 2, Les demeures seigneuriales*, Picard, 1988, p. 68.

[4] B. ANCIEN, *op. cit.*, p. 89.

[5] B. ANCIEN, *Confrecourt*, Soissons, 1959. Voir aussi B. ANCIEN, « La grande campagne », *op. cit.*, p. 90.

PROCESSION

*La procession de Soissons eut lieu le 30 juillet 1530 pour le retour des enfants de François Ier, roi de France,
car les enfants étaient retenus jusqu'alors en otage à Madrid.*
extrait de C. Dormay, Histoire de la Ville de Soissons, 1664, t. II, p. 429-437, d'après « la procession de Soissons deuote & memorable faicte à la louenge de Dieu pour la delivrance de nosseigneurs les Enfants de france » par
Jacques Petit, publié en 1530 par Geofroy Tory (rééd. P.-L. Jacob, Paris, 1877).

« Avant toutes choses, il faut sçavoir que l'on gardoit à S. Medard plusieurs Chasses remplies de Corps saints, où d'vne partie de leurs Reliques. Les Peres de cette Abbaye soustiennent qu'il y en eut autrefois 36. C'est à celuy qui a dessein d'en parler auec plus d'estenduë, de nous en donner plus de connoissance. Pour honorer ces pretieux deposts, & pour obtenir les graces necessaires à la Ville, & mesmes à tout le Royaume, on avoit accoustumé de faire vne Procession fort solemnelle de 50 ans en 50 ans, comme j'ay dit ailleurs. Tous ceux qui tenoient quelques fiefs de l'Abbaye de S. Medard, estoient obligez de s'y trouver, & d'y paroistre armez, ou de mettre quelqu'vn à leur place, lorsqu'ils ne pouvoient y estre en personne. On dit que ces fiefs estoient jusqu'au nombre de 220 & que ceux qui les possedoient, devoient estre avertis par vn Heraut d'armes, envoyé par celuy qui tenoit le fief Roland. En cette année 1530, ce fief appartenoit à M. Martinet Avocat du Roy en la Connestablie, Mareschaussée, & Amirauté de France & de Guyenne, Bailly du Palais, Maistre des Requestes ordinaires du Roy, & de la Reyne de Navarre. On ne pouvoit prendre vn temps ny vne conjoncture plus propre pour renouveller cette ancienne Ceremonie ; il y avoit 48 ans qu'on ne l'avoit faite, & s'il manquoit vne année ou deux pour achever le terme ordinaire, il y avoit assez de raisons pour l'avancer. La Paix faite entre les deux premieres Couronnes de l'Europe : le Mariage du Roy, le retour de Monseigneur le Dauphin & du Duc d'Orleans son frere, estoient de veritables sujets de rendre graces à l'Autheur de tous nos biens ; & d'vn autre costé la peste qui commençoit à menacer quelques Provinces voisines, excitoit la nostre à appaiser la colere de Dieu irrité par les pechez des hommes.

Pour ces causes Iean Olivier, qui de Religieux profez de S. Denys en France, estoit depuis vingt ans Abbé de S. Medard, proposa la chose à ses Religieux, aux Venerables Prevost, Doyen, & Chanoines de l'Eglise Cathedrale ; au Prevost, & aux Eschevins de la Ville, & à quelques-vns de ses amis particuliers. Tous persuadez par ses raisons, respondirent civilement à sa demande ; & sur leur response, on prit le 30 de Juillet, qui estoit vn Dimanche. Arthus de Iovengnes Prevost de la Ville, fit publier cette Procession trois semaines auparavant en tous les Marchez ; & l'on en fit

autant aux Villes voisines de Noyon, Laon, Compiegne, & autres. L'Abbé de S. Medard y invita les Abbez & la Noblesse de la Province, les Chapitres les Communautez, les Corps de la Ville, les Officiers de son Abbaye, & quelques-vns de ses amis.

La Ceremonie commença dés le Samedy à cinq heures du soir, les Chasses furent ostées d'vn lieu eslevé où elles estoient, & portées chacune par deux Abbez au milieu du Chœur, où estoient 24 Archers vestus de leurs casaques, tous aux mesmes livrées, & tenoient des torches prés des Tables rangées pour y mettre ces Saints Reliquaires. Tout cela se faisoit au son des Orgues & des cloches, & aux fanfares de huit Trompettes qui estoient dans la Tribune, entre la Nef & le Chœur. Cependant les Gentils-hommes estoient sur des sieges preparez assez prés des Tables : mais lorsque l'on voulut apporter la Chasse de S. Sebastien, ils allerent au devant en bel ordre. Quatre des premiers qui s'y trouverent portoient dessus la Chasse vn Dais de drap d'or ; c'est àsçavoir les Seigneurs de Longueval, Bailly de Vermandois, d'Estrées, de Haraucourt, & de Diseux. Le Seigneur de Commart Vicomte de Soissons marchoit devant eux, ayant d'vn costé le sieur de Hartenne Capitaine de la Ville, & de l'autre le sieur de Colombert Capitaire du Chasteau. La Ceremonie finit par le *Te Deum* qui fut chanté auec toute la solemnité & la joye que vous pouvez vous imaginer. Aussi-tost que les Abbez & les Gentils-hommes se furent retirez au logis Abbatial, 24 Archers qui gardoient la porte de l'Eglise, l'ouvrirent au Peuple qui y vint à la foule. Pendant toute la nuit, douze Religieux demeurerent auprés des Chasses pour les garder, & 24 Gentils-hommes vassaux de l'Abbaye, veillerent dans l'Eglise pour empescher le desordre.

Il ne falloit pas moins de prévoyance à la Ville pour recevoir vn grand nombre de Peuple, qui arrivoit à toute heure par terre & par eau. Toute la nuit les Portes de la Ville furent ouvertes, & des gardes posées aux Carrefours, & dans la Place. Il arrive souvent que dans vn concours extraordinaire d'estrangers, les vivres manquent ou encherissent notablement : toutefois le Prevost Ioveugne y mit vn tel ordre, que rien ne manqua de tout ce qui estoit necessaire, & que tout s'y donna à prix raisonnable, quoy qu'on assure qu'il y vint plus de trois cens mille personnes, des Provinces de Brie, Champagne, Vermandois, Picardie, Flandre, Artois & Haynaut. La campagne estoit pleine de tentes, la Riviere couverte de bâteaux, les Hostelleries, les Maisons bourgeoises, & les Abbayes toutes remplies de monde.

Le Dimanche à cinq heures du matin l'Abbé de S. Medard parut à la porte de son Eglise accompagné de son Bailly, de son Procureur, & de ses autres Officiers ; & fit assembler au son de la Trompette ceux qui tenoient des fiefs de son Abbaye. La plus-part s'y presenterent, les autres y avoient envoyé quelques-vns à leur place auec excuses. Tous s'offrirent à marcher armez suivant la coustume : mais l'Abbé les en excusa à cause de la chaleur, & voulut seulement que leurs hommes ou valets marchassent armez auprés de leurs Maistres.

Cependant le Chapitre de l'Eglise Cathedrale arriva auec les Communautez, les Magistrats, les Officiers, & le Peuple ; & apres avoir honoré les saintes Reliques, la Procession partit de S. Medard en cet ordre.

Les Escoliers marchoient à la teste, vestus auec vne despense extraordinaire ; & apres eux venoient 300 Pelerins ou Confreres de S. Iaques auec leur Banniere, & les marques de leur pelerinage.

Cette troupe estoit suivie de 400 jeunes hommes de la Ville, tous vestus de soye, ou d'estoffe tres-riche, & portoient chacun vne torche verte à la main, & sur la teste vn chapeau de fleurs. Le Prince de la Ieunesse parut le dernier, precedé de celuy qui portoit son Drapeau de taffetas vert, traversé d'vne Croix blanche. A ce nombre se joignirent 800 Bourgeois, qui portoient aussi des torches, ou les faisoient porter par leurs valets, outre les gros cierges & les flambeaux des Confreries qui les suivoient.

Apres ceux cy 400 Archers de la Ville & du Bourg marchoient vestus de leurs Hoquetons my-partis de blanc & de rouge, auec l'arc à la main, & la trousse de flesches au costé gauche.

Ensuitte les Croix, les Bannieres, les Communautez des Eglises Abbatiales, Collegiales & Conventuelles, à deux rangs, suivant l'ordre accoustumé : sur la fin les Chanoines de la Cathedrale à la droite, & les Religieux de S. Medard à la gauche, meslez auec ceux de S. Crespin, pour faire le nombre pareil. Au milieu le Souschantre de S. Gervais auec la chappe & le baston, ayant à sa gauche le Chantre de S. Medard. Derriere, entre les rangs des Chanoines & des Moynes, on portoit les douze Chasses, qui estoient soustenuës chacune par vn Abbé & vn Cha-

noine, aydez de deux Prestres vestus d'Aubes et de Tuniques. Devant chacune de ces Chasses on portoit quatre torches, & à costé marchoient quatre Gentils-hommes auec la hache & la pertuisane. Iaques Petit Procureur du Roy au Comté de Soissons, faisoit l'Office de Maistre des Ceremonies, & appelloit les Abbez & les Chanoines qui devoient porter les Chasses, & les Gentils-hommes qui avoient esté choisis pour les accompagner.

La premiere Chasse estoit celle de sainte Medresine Vierge, sœur de S. Medard. L'Abbé de Valsecret precedé de son Chapelain qui portoit sa Crosse, soustenoit cette sainte Relique auec le sieur l'Amy Chanoine & Pœnitentier de S. Gervais, & les deux Prestres vestus de Tuniques, les quatre torches, & les Gentils-hommes, comme j'ay dit : ce qui se fit aux suivantes, & qu'il faut remarquer icy, afin que ie ne sois pas obligé à tant de redites.

La seconde, qui estoit de deux saints Innocens, estoit portée par l'Abbé de Chartreuve & par vn Chanoine, auec les mesmes choses que nous avons remarquées à la premiere.

A la 3 qui estoit de S. Florean & de ses six freres, on nomma l'Abbé du Lieu-restauré, & vn Chanoine dont ie ne sçay point le nom.

Pour la 4 on appella l'Abbé de l'Isle & vn Chanoine comme aux autres.

A la 6 dans laquelle estoient enfermez les Os de S. Prot & de S. Hyacinthe, on mit l'Abbé de Val-chrestien & vn Chanoine, & c.

A la 7 de S. Marius, sainte Marthe, S. Audifax, & S. Abachum, l'Abbé d'Essomme. Et à la 8 l'Abbé de S. Nicolas aux bois auec vn Chanoine, comme aux precedentes.

Iusques-là toutes choses avoient esté semblables : mais aux suivantes il y eut vn peu de difference, qui m'obligera de marquer plus exactement toutes les particularitez.
La 9 de S. Tyburce, S. Marcellin, & S. Pierre exorciste, fut portée par l'Abbé de S. Iean du costé des Chanoines, & par celuy d'Igny de l'Ordre de Cisteaux, du costé des Religieux de S. Medard. Leurs Chapelains marchoient devant eux auec leurs Crosses, precedez de 4 Sergens qui portoient les torches, & accompagnez de 4 Gentils-hommes auec leurs Valets armez, comme nous avons dit.

L'Abbé de Ioyenval ayant la Mitre sur la teste portoit la dixiesme, qui estoit de S. Gildard, auec Monsieur Laffrené Chanoine de Saint Gervais.

Celle de S. Medard parut l'onziéme, & fut soustenuë par le Chanoine de la Cathedrale, & par l'Abbé de S. Barthelemy de Noyon, à qui ie croy qu'on defera cet honneur à cause de la Ville dont il estoit Abbé. Il avoit aussi la Mitre sur la teste, & son Chapelain devant luy auec sa Crosse. Sur la Chasse qui estoit d'yvoire aux fermoirs d'or, quatre Barons soustenoient vn Dais de drap d'or. Le premier des quatre estoit le Seigneur de Salency, Gouverneur de Chauny, & c. que nos Soissonnois croyoient alors estre de la Race de S. Medard, de quoy il n'y a point de preuves : mais il est vray qu'il estoit Seigneur de la Terre qui avoit appartenu à ce Saint. Les autres trois estoient les Seigneurs de Villers-Hellon, de Quadeleux et de Chevreux. Six Gentils-hommes armez marchoient à leurs costez, & devant six Porte-torches. Apres suivoit le Prieur de Belleval, ayant à sa droite le Prieur de S. Leger, & à sa gauche le Soûprieur. Tous trois estoient vestus d'Aubes tres-fines, & de Tuniques de drap d'or ; & chacun d'eux portoit le Livre des Epistres, couvert de lames d'argent, & de pierreries.

A la douziesme, de S. Gregoire le grand, on mit l'Abbé d'Orcamp, & Vualeran de la Haye, Doyen de la Cathedrale de Laon. Cette Chasse estoit garnie d'argent, & assez semblable à vne petite caisse : sur laquelle estoit escrit en Lettres Gothiques *Feretrum Sancti Gregorij Papæ*. Les Seigneurs de Nancet, de Diseux, du Fay, & de Bonnel portoient au dessus vn Dais de Drap d'or : devant six torches, & à costé six Gentils-hommes, comme à la precedente.

Icy marchoient trois Prestres vestus de Dalmatiques, portans le Livre des Evangiles à la couverture d'argent bien travaillée, & chargée de pierreries. Ces trois estoient le Prieur de S. Pierre à la chaux, le Prieur, & le Sousprieur de S. Iean.

Aussitost apres on vid paroistre la principale piece de cette marche triomphante ; je veux dire la Chasse de S. Sebastien, qui estoit toute d'argent, & pesoit 200 marcs. Rien ne la faisoit si bien reconnoistre que douze flesches d'vn merveilleux artifice, qui estoient fichées au dessus. L'Abbé de Premonstré Superieur general de son Ordre la portoit auec le sieur Vatin, Archidiacre de Tardenois, Vicaire general de Symphorien Balioud Evesque de la Ville. Le Dais de drap d'or estoit porté par le Seigneur de Longueval Bailly de Vermandois, Conseiller du Roy en ses Conseils d'Estat & Privé, & Maistre d'Hostel de sa Majesté ; par le Seigneur d'Estrées Capitaine general des Albanois qui servoient en France ; par le sieur de Haraucour, Capitaine du Chasteau de Coucy ; & par le sieur de Stavaye Guidon de la Compagnie du Duc de Vendosme Comte de Soissons. Ces quatre pourtant ne firent point cet office en leur nom. Le premier estoit à la place du

Duc de Rhetlois, qui tenoit le Fief de Donchery ; le second en avoit esté prié pour le Seigneur de Roye, à cause du Fief de Micy sur Aisne ; le 3 pour le Seigneur de Hausalize, qui possedoit le Fief d'Abecour sur Oyse. A la droite estoit le Capitaine de la Ville, & à la gauche le Capitaine du Chasteau. Devant eux ils avoient chacun 4 Trompettes, qui à l'entrée & à la sortie des Eglises, à la Porte, & aux Carrefours de la Ville faisoient vn agreable & harmonieux concert. A la teste de cette derniere trouppe, on voyoit le Segineur de Dompmart Vicomte de Soissons, qui portoit l'Estendart de S. Sebastien peint à ses Armes, qui estoient d'argent à la bende de sable semée de trois fleur-de-lys d'or. Il estoit precedé de son Escuyer armé, portant sa hache d'armes ; & avoit à ses costez quelques Gentils-hommes de la Province auec la chaisne d'or au col, couverts d'habits richement ornez d'or et de soye, tenans la pertuisane, & le baston à bec de faucon. Entre les Trompettes & le Vicomte, il y avoit deux hommes vestus de casaques aux couleurs de la Ville, qui semoient des fleurs sur le chemin où la Chasse devoit passer. Derriere la Chasse suivoient douze Archers du Duc de Vendosme couverts des livrées de ce Prince, qui n'avoit pû se trouver à cette Ceremonie, parce qu'il devoit estre à l'Entrée de la Reyne, & à la Reception du Dauphin.

Apres toutes les Chasses, marchoit sur la fin du costé de ses Religieux, l'Abbé de S. Medard, auec la Chappe de drap d'or, & la Mitre ornée d'vne riche broderie d'or & de pierreries. Devant luy deux Enfans vestus de Tuniques estendoient la serviete de gremial doré. Ses Chapelains ou assistans le suivoient : à sa droite on y voyoit l'Abbé de S. Vincent de Laon, couvert d'vne Tunique de veloux cramoisy semé de fleur-de-lys d'or : à l'autre costé, l'Abbé de Cuissy, auec vne semblable Tunique ; & ce qui semble extraordinaire, tous deux avoient leurs Mitres, quoy qu'ils deussent servir de Diacre, & de Soûdiacre, & leurs Chapelains portoient leurs Crosses devant eux, ayant au milieu le Porte-crosse de l'Abbé de S. Medard. M. Martinet marchoit devant eux, portat la verge de service, & devant luy son Heraut vestu d'vne cotte d'armes de taffetas blanc rayé de fils d'or. Sur cet habillement on voyoit les armes de l'Abbé, & d'vn costé vn bras qui tenoit des clefs, & de l'autre vn bras qui portoit vne espée nuë, pour marquer la Iurisdictio spirituelle & temporelle de cette Abbaye dans les lieux de son ressort. Ce Heraut avoit à ses costez deux Sergens qui portoient des masses d'argent doré auec leurs Habits de ceremonie ».

Trésor[1]
de l'abbaye en 1538

Édition du texte par G. Brunel

BNF Picardie 243, f° 124-130

Coppie de l'inventaire des reliques, ornemens et autres choses trouvées au trésor de ce monastère, faict le vingt neufiesme jour de novembre 1538 par l'ordonnance de monseigneur Jean, cardinal de Lorraine, abbé commandataire de ce monastère.

Inventaire fait par nous, Thomas de Mons, vicaire général de R.P. en Dieu monseigneur Jean cardinal de Lorraine, abbé commandataire de Saint-Médard lez Soissons, en la présence et du consentement des vénérables et discretes personnes dom Robert de Caulincourt, prieur, dom Pierre d'Arnouville, aumosnier, et dom Firmin Pucelle, trésorier, tous prestres religieux profez de ladicte abbaye, des reliques, joyaux et ornemens trouvez en icelle église à nous monstrez et exhibez par ledict Pucelle, trésorier et garde d'iceux, lesquelles reliques, joyaux, ornemens, avons fait inventorier par Adam des Maresz, greffier de la justice temporelle de la dicte église, an et jour et en la forme et manière qui s'ensuit.

Premièrement fut trouvé au grand reliquaire, un tableau de cuivre doré fait en cloche au-dessus en façon d'église et y (a) au devant ledict tableau deux images d'argent doré eslevées ; en l'une y a du sang miraculeux, en l'autre du laict de la Vierge.

Item un reliquaire d'argent doré fort riche et excellent en façon d'église où pose la coste de monseigneur sainct Sébastien. Item un reliquaire faict en façon d'un diacre d'argent doré, lequel tient en sa main la rouelle du genouil du premier martyr sainct Estienne enchassé en un petit tableau d'argent doré et ledict diacre posé sur un pied de cuivre doré esmaillé en façon de molette.

Item un autre reliquaire d'argent doré assis sur deux serpens de cuivre auquel est représenté sainct Jacques le mineur, eslevé en basse et y a escrit au costé senestre « duo dentes sancti Benedicti » et à l'autre costé « de sancto Andrea » et au pied de ladicte image « de sepulchro Domini ».

Item un bras couvert d'argent que l'on dict estre le bras sainct Christophe autour duquel il y a dix neuf esmailleures, trois huisseletz[2] devant et une palme en la main, le tout enrichy de plusieurs feuillages d'argent doré et de pierreries.

Item un autre bras couvert d'argent doré s'ouvrant à deux fenestres par devant, dedans lequel y a « de saint Cyesaire[3] ».

Item un autre bras couvert d'argent dedans lequel y a des ossemens d'un des Innocens.

Item un bras couvert d'argent esmaillé autour, devant et derrière, entrelacé d'esmaille de cuivre au lieu d'une d'argent, y a « de saint Ouyen[4] ».

Item deux bras de cuivre et les mains couvertes d'argent.

Item un reliquaire en façon de roze couvert d'argent, dedans lequel il y a une dent de monseigneur sainct Laurent.

Item un gorgeron d'argent dedans lequel il y a quelques ossemens de monseigneur sainct Cosme, sainct Damian, soustenu d'une chesne d'argent enrichy de trois grosses pierres.

Item une petite fierte[5] de bois couverte d'or par devant, excepté les huisseletz lesquelz ne sont que d'argent au costé senextre, deux roses de cuivre où il y a dessus deux pierres de blanc cristal et au dessus desdicts huisseletz il y a quatre évangélistes de fin or esmaillé et le Saint Esprit au milieu ; de même ladicte fierte est enrichie de plusieurs sortes de pierreries sans conter quatorze qui sont perdues ; le devant donc de ladicte fierte de fin or et les deux costez et le derrière d'argent dedans laquelle reposent des ossemens de sainct Laurent et du genouil de sainct Sébastien.

Item un autre tableau de bois couvert d'argent, eslevé en bosse, assiz dedans deux poteletz d'argent, enrichy de quelque(s) pierres telles quelles ; il y a une bourse où posent les dents de monseigneur saint Pierre et saint Grégoire.

Item une coupe de verrerie esmaillée à un pied d'argent et est ladicte coupe bordée d'argent avec le couverceau d'argent, dedans laquelle il y a deux bourses pleines de plusieurs dignitez, lesquelles n'ont poinct d'escriteau, et y a une jointure de sainct Sébastien avec un petit ossement de sainct Christophe.

Item un petit cristal enchassé en cuivre doré à quatre piedz, dedans lequel il y a quelques ossemens de sainct Crespin.

Item le hanap sainct Grégoire tout d'argent.

Item deux grands tableaux couvertz de verre où posent plusieurs dignitez.

Item la verge d'Aaron.

Item la crosse sainct Médard couverte du moulon jusques au milieu de fin or.

Item un petit coffre d'yvoire quarré, tout historié et à tous costez il y a une charte seellée de monsieur de Corinthe lequel approuve plusieurs grandes dignitez qui sont en la maison et abbaye de Sainct-Médard. Il y a aussy une corne de lanterne signée d'un scel de cire et y a dedans un escriteau en lettre d'or « et de la coste sainct Sébastien ».

Item un autre coffre d'ivoire en façon de fierte dedans lequel y a plusieurs dignitez.

Item le cornet Charlemagne.

Item un ongle de grifon.

Item cinq offrandes ou oblations soustenues d'une verge de fer posées sur une table :

Le premier tableau est un cigne d'argent couronné auquel est escrit « Boulongne », un estuy d'argent doré, deux flèches en croix bourguignonne.

Le second est escrit en huille en quatre lettres d'argent et quatre flèches d'argent en croix et deux arcs au milieu et les armes de la ville au dessoubz.

Item la troisiesme offrande est un plat d'argent où est la face de sainct Jean Baptiste ; au milieu une couronne, au dessus les armes de la ville, au dessoubz escrit Amiens.

La quatriesme est un cerf-volant couronné et deux arcs et est escrit Monstreuil.

Item la cinquiesme est un arc et une flèche en corde et pend à deux petites chesnes d'argent.

––––––––––––

Item en ladicte verge de fer pendent trois œufs d'autruche dont il y en a un qui a un pied d'argent.

Item en ladicte verge pendent aussy plusieurs bourses garnies de plusieurs dignitez comme de sainct Jacques apostre, de sainct Estienne, de sainct Laurent, du Sépulchre de la Vierge, de la Croix sainct Osroal, roy et martyr, des ossemens de saincte Justine, du Sépulchre de notre Seigneur, de Lazare et (de) plusieurs autres dignitez qui seroient trop prolixes à escrire.

Item à la verge de fer pendent plusieurs reliques et dignitez : premièrement un petit coffre quarré tapissé, dedans lequel y a des ossemens de sainct Luc.

Item un petit reliquaire de cristal à pied d'argent et bordé d'argent doré avec le couverceau où il y a des ossemens de sainct Leu, sainct Gilles.

Item un autre reliquaire de cuivre doré en façon d'une coupe, dedans lequel il y a « de digito sancti Marci et de capillis sanctae Ceciliae et ossibus ejusdem virginis ».

Item un autre reliquaire à pied d'argent couvert d'argent en façon de cloche, bandé de deux petites bandes d'argent qui tiennent le cristal, dedans lequel il y a « de sainct Gereom[6] ».

Item un autre reliquaire assez petit, le pied d'argent et les deux boutz faictz en façon de cloche, bandez de deux petites bandes d'argent qui tiennent le cristal. Il y a une dent de saincte Susanne et quelque ossement de son chef.

Item un autre reliquaire moyen lequel a un long pied d'argent et le couvert faict en façon de cloche, le tout d'argent, au milieu un cristalin, dedans lequel y a des cheveux de la Vierge et y a un gros cristal au milieu, retenu d'une bande de cuivre ; il y a deux grosses perles avec quelques deux autres pierres et plusieurs autres et il y a dedans « de[7], de cruce et de vestimento Domini ».

Item un autre reliquaire d'argent en façon de cloche à quatre petites bandes d'argent qui soustiennent le cristal avec pomme d'argent et y a dedans « de barba et sudario sancti Thomae ».

Item un autre petit reliquaire à pied d'argent en façon de cloche, un cristal au milieu, dedans lequel il y a « de sancto Clothoaldo[8] ».

Item une petite boete d'yvoire blanc fermée d'agrapins d'argent dedans laquelle y a du sang de sainct Paul et des vestemens de sainct Pierre.

Item un autre petit reliquaire d'argent et le cristal au milieu, dedans lequel y a « de sancto Joanne Baptista ».

Item un autre petite reliquaire d'argent, le pied et le dessus d'argent faict en façon de cloche, dedans lequel il y a « de sancto Stephano protomartyre ».

Item une petite boete d'argent dedans laquelle il y (a) « magna pars spongiae Domini ».

Item une petite boete de cuivre doré, un couverceau eslevé, un anneau dessus, où est de la pierre de la table de la Cène.

Item un autre petit reliquaire à pied d'argent et le dessus d'argent en façon de cloche, un cristal au milieu, dedans lequel y a quelques ossemens de sainct Ignace.

Item un tableau de bois où il y a un rond d'argent où est gravé(e) l'image de sainct Quentin eslevé d'un costé avec les armes de la ville de Sainct-Quentin.

Item un(e) affiche couverte de feuillage d'or devant et derrière, un gros cristal au milieu, enrichy de quelques pierres et est escrit à l'entour « de sepulchro Domini, de praesepio et vestimentis ejusdem ».

Item une petite boete de cuivre ayant une croix au dessus et il y a dedans « de sancto Cosma ».

Item une très belle affiche de fin or, enrichie de seize belles pierres, un cristal au milieu, soustenu d'une bande de fin or et y a en escrit « reliquiae sancti Thomae martyris ».

Item un autre coffret de cuivre doré à quatre petitz piedz, escrit à trois costez ces motz « reliquiae sancti Mathiae apostoli, de tunica Salvatoris, de sa(n)dalis ejus, de sancto Crispino » et autres.

Item un autre coffret couvert de drap tapissé et à quatre piedz et y a dedans une bourse de drap d'or en laquelle il y a de grandes dignitez, avec leurs escriteaux comme « du chef sainct Philippe, sainct Estienne, sainct Laurent », etc.

AUX PETITES RELIQUES

Premièrement un coffre d'ivoire élabouré de plusieurs figures, dedans lequel il y a six bourses pleines de dignitez.

Item encore deux coffres, l'un d'ivoire, l'autre de bois avec affiches de cuivre là où il y a plusieurs bourses pleines de reliques.

Item une image de Notre Dame, laquelle est d'ivoire et le pied de cuivre, fort belle, fermée à quattre huisseletz.

Item un grand chandelier de cuivre doré, là où il y a unze bras et l'arbre de Jessé figuré.

Item une couppe d'argent doré à pied de cuivre doré et garny de cinq bandes d'argent qu'on appelle le hanap sainct Thomas.

Item un chandelier de cuivre doré ; il a au pied Jessé et David au milieu.

Item une petite croix d'argent faicte à claire voie par devant et par derrière, garnie de trois perles.

Item une pomme d'argent en laquelle a esté trouvée la mamelle saincte Agathe, enchassée en argent, enrichie de pierreries.

374

AUX LAÏETTES DESSOUBZ
LES CORPS SAINCTS

Premièrement un très excellent tableau auquel plusieurs dignitez grandes sont enchassées richement et premier le sainct dent de laict de Notre Seigneur enchassée en fin or, enrichie à l'entour de trois rondeurs de pierreries dont la première rangée sont de grosses et grandes perles ; au dessus dudict dent et pierreries il y a dedans un beau cristal enchassé en fin or, soustenu d'une petite chesne d'or, une petite particule de l'un des cloux de Notre Seigneur ; ladicte chesne estoit enrichie à chasque boucle d'une perle mais maintenant il n'y en a plus que neuf et au bout de la chesne est une petite pomme d'or dedans laquelle est « de spongia Domini ».

Item y a une autre chesne à l'autre costé, auquel pend une enchassure d'argent et y a dedans une des pierres dont sainct Estienne fut lapidé, plus au dedans du tableau deux affiches de fin or et pierreries avec un esmail d'argent doré à l'entour de trois pilliers d'argent avec quelques affiches et pierreries.

Item un autre petit reliquaire d'argent en façon de cloche bandé par hault et par bas d'esmaulx d'argent doré qui sont chargez de plusieurs pierres et y a un grand cristal au milieu et quelques reliques dedans.

Item une couronne d'argent doré accompagnée de dix tours d'esmaulx de fin or, enrichie de unze pierres precieuses.

Item une croix d'argent doré, laquelle croix s'ouvre et se soustient dessus un pied rond de cuivre doré sur lequel pied il y a six esmaulx d'argent et y a dedans quelque portion de la vraye croix.

Item un autre reliquaire là où sont trois deniers de quoy Notre Seigneur fut vendu avec trois esmaulx tous couvertz de perles.

AUX LAÏETTES DE DESSOUZ
LE GRAND RELIQUAIRE

Il s'est trouvé plusieurs tapis servans au grand et petitz autelz faictz de broderie et drap d'or, de soye et autres.

Item unze pièces de tapisserie pour les chaises.

AU TRÉSOR

Deux grandes croix d'argent doré garnies de plusieurs perles et grande quantité de pierres précieuses jusques au nombre de plus de cent.

Item deux autres croix d'argent doré plus petites, l'une garnie de vingt-six pierres et l'autre de vingt et une pesans cinq marcqz trois unces.

Item deux grands bastons de bois argentez jusques au milieu avec les pommes.

Item deux autres d'argent doré servants à porter croix.

Item un grand benoistier d'argent doré pesant unze marcqs une unce moins, avecq l'asperge de bois revestu d'argent.

Item une petite croix couverte d'argent par devant et par derrière de cuivre doré avecq son baston.

Item deux masses de bois revestues d'argent et les fleurons de dessus de cuivre doré et les pommes d'alentour qui sont à chacun trois.

Item une navette d'argent à mettre encens, dorée par les bords et y sont gravées les armoiries de l'abbé Olivier[9] et pèze ladicte navette unze unces.

Item deux encensoirs d'argent garnis chacun de cinq chesnes d'argent, l'un pesant trois marqs cinq unces et demie, l'autre quatre marcqs trois quartz.

Item trois calices d'argent doré garniz de platine ; de mesme l'un semé de fleurs de lis avec les armoiries du couvent, le pied et la platine esmaillez, ledict calice pèze cinq marqs et demy, le second de mesme pesant trois marqs un quart d'unce moins, le troisiesme esmaillé d'escailles de poisson et de fleurs de lis pesant deux marqs six unces.

Item un autre calice d'argent doré pesant deux marcqs une unce trois quartz.

Item un calice d'argent doré pesant deux marcqs demye unce moins.

Item un autre calice verni avec la platine pesant un marcq et demy.

Item une boette à mettre pain à célébrer la messe d'argent doré, les armes de Monseigneur d'Angers jadis abbé religieux, pesant quatorze unces un quart moins.

Item la crosse de Monseigneur l'abbé qui est couverte d'argent doré qui se desmonte en cinq pièces garnies de trente et une pierres pesant quatre marcqs trois unces et demie.

Item une image de sainct Sébastien d'argent dedans une armoire fermée à quatre huisseletz tenant en sa main un reliquaire où il y a quelques ossemens du mesme sainct et à l'autre main des flesches.

Item une autre image de sainct Sébastien de cuivre argenté, avec deux autres images représentant les tyrans et y a dedans un croissant dans lequel y a quelque peu d'ossemens dudict sainct.

Item une autre petite image du mesme sainct eslevée dessus un pied de cuivre doré et y a au-dessus dudict pied de cuivre doré un chef de sainct Quentin d'argent attaché à un arbre de cuivre doré.

Item la mitre de monseigneur l'abbé toute couverte de perles et de pierres précieuses enchassées dedans plusieurs affiches d'argent doré, pèse trois marcqs et demy.

Item une autre mitre de soye blanche couverte de fleurons d'or garnie de dix grandes pierres et de plusieurs petites.

Item deux affiches esmaillées pesant ensemble trois unces et un quart.

Item un croissant d'argent servant à porter le sainct sacrement le jour de la feste de Dieu, pesant un quart d'unce.

Item plusieurs coussins.

Item un grand messel et pontificat, les couverceaux d'argent, figuré à un costé d'un crucifix d'argent doré avec deux images en bosses, l'autre costé de mesme garny de sept pierres à chaque costé.

Item un autre livre couvert de cuivre, un crucifix esmaillé, le résidu est d'argent.

Item un petit messel tout couvert d'argent doré ; à un costé est gravé un crucifix, à l'autre l'image sainct Grégoire.

Item un autre livre escrit en lettre d'or et tout historié des figures de l'apocalipse et a les couverseaux de fin or et gravé des portraictz de Notre Dieu, esmaillé de fin or avec quatre évangélistes, de mesme aux quatre coins à l'un des costez vingt pierres précieuses, à l'autre seize avec six perles.

Item un autre livre couvert d'argent en feuillage de plomb.

Item un livre historié sur ivoire.

Item plusieurs autres messelz que livres pour chanter, évangiles et épistres, les uns couvertz de cuivre doré, les autres de veloux.

Item deux bastons pour les chantres couvertz d'argent.

Item au revestiaire ont esté trouvées plusieurs chappes, chasubles, tunicques, bannières tant de drap d'or, de veloux de plusieurs couleurs, de damas que autres estoffes, chappes, vingt-sept chasubles, avec les tunicques et dalmatiques, dix à scavoir dix chasubles et quatorze tant tunicques que dalmatiques. Item plusieurs autres chasubles sans tuniques et plusieurs petites tunicques pour les novices faictes de diverses estoffes.

Le mardy treiziesme jour de décembre mil cinq cens trente huit fut continué l'inventaire, y assistans deux orfèvres de Soissons, scavoir Laurent de Marguemont et Jacques Pallier.

Premièrement fut visitée la grande couronne estant au milieu de ladicte église en laquelle ont esté trouvées douze tours et douze tourelles toutes couvertes d'argent et sont entre lesdictes tours trois images couvertes d'argent, le reste de cuivre doré.

Item furent visitez les devantures des corps saincts dessus le grand autel de saint Sébastien, là où ont esté trouvées vingt images en bosse d'argent doré tant grandes que petites, entre lesquelles il y a l'image de Dieu le Père avec quatre anges à l'entour, couchées en champ d'argent avec les diadèmes et les bordures tout d'argent doré.

LES GRANDES FIERTES DE LADICTE ÉGLISE

La première fierte de madame saincte Medrisme, vierge et sœur de monsieur sainct Médard, patron de ladicte abbaye.

La 2ᵉ fierte de deux saincts Innoncens qui souffrirent martyr en Bethleem.

La 3ᵉ fierte de monsieur sainct Florian et de ses six frères martyrs.

La 4ᵉ fierte de monsieur sainct Marian, sainct Pélage, saincte Maure, martyrs.

La 5ᵉ fierte des glorieux martyrs saincts Abdon et Sennen, vice rois de Perse.

La 6ᵉ fierte des glorieux martyrs Prothe et Hyacinte.

La 7ᵉ fierte de monsieur sainct Marin, saincte Marthe, sainct Audifax et Abacucq, martyrs extraitz de la lignée des rois de Perse.

La 8ᵉ fierte des glorieux martyrs saincts Marc et Marcelin frères jumeaux, compagnons de monsieur sainct Sébastien.

La neufiesme fierte des glorieux martyrs sainct Tiburce et sainct Marcellin, prestres, et sainct Pierre exorciste.

La dixiesme fierte de monsieur sainct Gildard, archevesque de Rouen, frère germain de monsieur sainct Médard ; y a aussi quelques ossemens de sainct Remy et sainct Romain, archevesque de Rouen, tous confesseurs desquelz l'église dudict lieu fait commémoration de leur advènement en ladicte abbaye Sainct-Médard le vingt-sept juin.

L'unziesme fierte est de monsieur sainct Médard, evesque de Noyon, patron de ladicte église et abbaye Sainct-Médard, ladicte fierte est faicte en forme de bahut tout d'ivoire enrichie de fin or.

La douziesme fierte de monsieur sainct Grégoire le Grand, pape de Rome et l'un des quatre docteurs de l'Eglise et est ladicte fierte toute d'argent faicte en forme de layette pesant deux cens marcs d'argent.

La treiziesme fierte de monsieur sainct Sébastien martyr, jadis chevallier romain, dedans laquelle reposent ses ossemens et est ladicte fierte d'argent faicte en forme de longue layette pesant comme celle de sainct Grégoire deux cens marcs et sur icelle est escript « feretrum[10] sancti Sebastiani martyris ».

notes

[1] Pour une meilleure compréhension de ce texte par les lecteurs, il a été accentué totalement, contrairement aux normes d'édition des documents du XVIᵉ siècle.

[2] Huisselet = petite porte.

[3] Saint Césaire d'Arles.

[4] Saint Ouen de Rouen.

[5] Fierte = châsse, reliquaire.

[6] Saint Jérôme.

[7] Le copiste a laissé un blanc dans son texte.

[8] Saint Cloud.

[9] Jean Olivier, abbé de Saint-Médard à partir de 1510 (cf. *supra*, p. 172).

[10] *Feretrum* (d'où « fierte ») = châsse.

Remerciements

La publication de cet ouvrage n'aurait pu être menée à bien sans le soutien de nombreuses personnes et institutions.

Pour l'étude archéologique de l'abbaye, à l'origine de cette publication, nous souhaitons exprimer toute notre reconnaissance à Jean-Marie Pesez ainsi qu'à la Ville de Soissons qui ont soutenu notre programme de fouilles de sauvetage. Nous remercions aussi toutes les personnes qui ont contribué aux recherches sur le terrain, parmi lesquelles Claude de Mecquenem, Georges Nicolas et Jérôme Haquet. Nous remercions également l'ensemble des membres de La Cordée et plus particulièrement Jean-Marie Gondry, Pierre Vercoliers et Gérard Choffart.

Nous exprimons toute notre gratitude à Monseigneur Guillaume, évêque de Saint-Dié, qui nous a permis de retrouver le manuscrit de la thèse de l'abbé Delanchy, ainsi qu'à Monseigneur Labille, évêque de Soissons, pour en avoir autorisé l'édition.

Nous souhaitons exprimer nos remerciements les plus chaleureux à Josiane Barbier, à Ghislain Brunel, à Michel Dhénin, à Michel Hourlier et à Jean Mesqui pour leur précieuse contribution et leur apport scientifique à cet ouvrage.

Pour l'édition de ce livre, nous exprimons notre sincère gratitude à Mariane Carré et à Virginie Challet pour leur collaboration ainsi qu'à Ghislain Brunel, qui a bien voulu assurer la relecture du manuscrit de l'abbé Delanchy, et à Patricia Bertholier, qui en a tapé le texte et en a réalisé les index.

Nous remercions les institutions qui nous ont aimablement autorisés à publier leurs collections : les Archives nationales, la Bibliothèque nationale de France, le Musée national du Moyen Âge, le Service historique de l'armée de Terre, la Bibliothèque Mazarine, la Bibliothèque royale Albert Ier de Bruxelles, le Trésor de Beromünster, la Médiathèque municipale de Cambrai, la Bibliothèque municipale de Poitiers et, à Soissons, les Archives et la Bibliothèque municipales, les Archives du diocèse et la Société archéologique, historique et scientifique.

Tous nos remerciements vont aux collectionneurs qui ont bien voulu nous donner l'autorisation de publier des documents inédits : Madame Paul Waendendries, Bernard-Clément Ancien et Yvan Brétillot.

Enfin, le Ministère de la Culture, le Conseil régional de Picardie, le Conseil général de l'Aisne, la Ville de Soissons et l'Association pour le Développement du Musée de Soissons ont permis, par leur soutien financier, la publication, dans les meilleures conditions, de cet ouvrage par les éditions Somogy.

LISTE DES PREMIERS SOUSCRIPTEURS

NOMS	LOCALITÉ
ABBAYE SAINT-PIERRE	Solesmes
ALLAG Claudine	Viry-Châtillon
AMIS DE LA BIBLIOTHÈQUE DÉPARTEMENTALE DE PRÊT DE L'AISNE	Soissons
ARCHIVES DÉPARTEMENTALES DE L'AISNE -	Laon
ARCHIVES DÉPARTEMENTALES DE VENDÉE	La Roche sur Yon
ARCHIVES DÉPARTEMENTALES DE LA VIENNE	Poitiers
ARNAUD Alain	Villers-Hélon
ASSOCIATION DIOCÉSAINE	Soissons
ASSOCIATION VÉZAPONIENNE POUR LA LECTURE	Vézaponin
BACHOUD Louis	Droizy
BARONE G.	Roma (Italie)
BAROTEAUX Emile	Soissons
BARTHELEMY Bernadette	Clamecy
BAVOILLOT-LAUDDADE Richard	Vatican (Italie)
BAUCHERON François	Grenoble
BELLANGER Bernard	Pleurs
BELLAU Jean-Pierre	Soissons
BENOIT Jean-Louis	Saint-Marc-le-Blanc
BERNARD Anne-Marie	Bucy-le-Long
BERT Marcel	St Pierre Aigle
BERTIN André	Soissons
BERTRAND Jean-Pierre	Soissons
BEUCHER Jérôme	Soissons
Bibliothèque Halphen Paris I	Paris
BIENCOURT Alain	Soissons
BILLOT Claudine	Paris
BLANCHARD Anne et Alain	Soissons
BOBIN Jean	Soissons
BOCQUILLON Michel	Lagny sur Marne
BONDE Sheila	Middletown (USA)
BORGHESE Denise	Soissons
BOUGARD Pierre	Bourg-la-Reine
BOUQUILLON Emmanuelle	Soissons
BOURNAZEL Eric	Paris
BRÉTILLOT Yvan	Fontenoy
BRINCARD Henri	Le Puy
BROGIOLO Gian Piertro	Polponazze (Italie)
BRUYERON Marie-Claire et Roger	Gagny
BUREAU Gonzague	Villers-Cotterêts
CAROZZI Claude	Aix
CARRÉ Jean-Marie	Septmonts
CENTRO STUDIO DOCUMENTAZIONE STORICA ED ECONOMICA DELL'IMPRESA	Roma (Italie)
CHALLET Virginie	Rome (Italie)
CHARANSONNET Alexis	Bagneux
CHAROY Jean-Marie	Blenod les Toul
CHASSEL Jean-Luc	Asnières-sur-Seine
CHERRIER Noëlle	Romorantin
CONGRÉGATION de l'ENFANT-JÉSUS	Soissons
CORDONNIER Geneviève	Soissons
COSSARD Christian	Vailly/Aisne
COUEDELO Rose-Anne	Nogent-sur-Marne
COUTIN Lucette	Soissons
COUVREUR Gérard	Missy-aux-Bois
CRÉPIN-LEBLOND Thierry	Paris
CRESP Jacques	Soissons
CRINON Pierre	Villepinte
CRISTANTE Yves	Soissons
DAUBREGE Jean	Soissons
DEBAISIEUX Gérard	Chauny
DEBORD Jean	Soupir
DE BUSSY Bernard	Leuilly-sous-Coucy
DECHAMPS Véronique	Soissons
DE FAŸ Hubert	Pont-Saint-Mard
DEFENTE Daniel	Chalons sur Marne
DEFENTE Denis	Paris
DEFENTE Henriette	Soissons
DEFENTE Maryse	Morsain
DELALEAU François	Confrécourt
DE LA RUPELLE François	Soissons
DELOUBERT Patrick	Soissons
DEMAUX Germaine	Paris
DEMOUY Patrick	Reims
DEPOUILLY Jacques	Soissons
DERLON Cécile	Soissons
DERRIEN Pierre-Yves	Soissons
DESHAYES Jacques	Soissons
DESPORTES PIerre	Paris
DEVILLE Alain	Soissons
DE VILLEROCHÉ Marie	Soissons
DIAZ-GROSS	Chicago (USA)
DRAC Picardie	Amiens
DUFOUR Annie et Jean	Colombes
DUFOUR Gilbert	Soissons
DUFOUR Jeanne	Soissons
DUHAMEL Michel	Soissons
ERBS Pierre	Paris
ERRASTI Marc	Soissons
FERTÉ Florence	Mortefontaine
FERTÉ Jean-François	Soissons
FLANDIN-BLETY Pierre	Brive
FOURNIER Marie-Claude	Soissons
GAILLARD Michèle	Coupvray
GALLOT Françoise	Reims
GENET Jean-Philippe	Paris
GÉNIER Marie-Thérèse	Villemomble
GÉRARD René	Commenchon
GONDRY Jean-Marie	Soissons
GRASSET Raymond	Soissons
GUEROUT Jean	Paris
GUEUGNON Yves	Crouy
GUILLAUME Paul-Marie	Epinal
GUILLEROT Michel	Soissons
GUT Christian et Marie-Josèphe	Passy-Grigny
GUYOT JEANNIN Olivier	Boulogne
HAQUET Jérôme et CARILLON Catherine	Reims
HEBERT Rémi	Hautebraye
HEBERT-SUFFRIN François	Metz
HEINZELMANN Martin	Saint-Cloud
HÉNON Jean-Marie	Senlis
HENRIET Patrick	Paris
HOURLIER Michel	Acy-en-Multien
HUBERT Marie-Clotilde	Paris
INSTITUT HISTORIQUE	

ALLEMAND	Paris	PAMART Marc	St-Christophe-à-Berry
INSTITUT DE PALÉOGRAPHIE		PASCARD Paul	Fère en Tardenois
ET DIPLOMATIQUE	Nancy	PERDEREAU Maurice	Soissons
JOLIDON Christian	Mercin-et-Vaux	PETIT Patrice	Confrécourt
JOLLIOT J-P	Soissons	PHILIPON Joseph	Saint-Aubin
JOURNOUD André	Soissons	PIERRE Pia	Bangkok (Thailande)
JUDAS-URSCHEL Jean-Pierre	Soissons	PITOIS-DÉHU Marie-Agnès	Soissons
JUDIC Bruno	Hellemmes-Lille	PODGORSKI Alain	Villemomble
KNEPPERT Lionel	Paris	POIDEVIN Frédéric	Laon
LABILLE Daniel	Soissons	POUPIN Marita	Ciry Salsogne
LANDRY Laurent	Soissons	QUERNEZ Pierre	Belfort
LAKKARI Khalil	Tergnier	RACINET Sabine	Compiègne
LAIRÉ Hugues	Estrebay	RADET-MANNERKORPI Françoise	Brecy
LE BIS Isabelle	Sèvres	RÉBÉROT Virginie	Cœuvres et Valsery
LECLERE Bernadette	Saconin	RICAUME Françoise	Soissons
LE MARCHAND Jean	Paris	RICAUME Sophie	Issy les Moulineaux
LEPAGE Bernard	Biesmeree (Belgique)	ROBERT Elisabeth	Le Mans
LEPERE Odile	Château-Thierry	ROCHAS Philippe	Tourcoing
LIETOIR Suzanne	Saint-Quentin	ROGER Lionel Mr et Mme	Soissons
LITOUX Jean	Pasly	ROQUIGNY SA	Soissons
LOIRE Florence	Soissons	ROY Elisabeth	Jumencourt
LUSSIEZ Jean-Michel	Margival	RUSSO Daniel	Cesson
LUSSIEZ Michel	Soissons	SANDRON Dany	Paris
MACHADO Marie	Miami (USA)	SANTONI Marielle	Paris
MAGNIEN Henri et Georgette	Gevrey	SAPIN Christian	Lantenay
MAIGRET Chantal	Villeneuve-les-Avignon	SCHNERB Bertrand	Paris
MAIGRET Claude-Henri	Chatou	SIDOROFF Marylène et François	Ecully
MAINES Clark	Middletown (USA)	SIMOËS Roger	Soissons
MAIRESSE Pierre Jean	Le Catelet	SOCIÉTÉ ARCHÉOLOGIQUE	
MAIRIE de Soissons	Soissons	HISTORIQUE ET SCIENTIFIQUE	Soissons
MALSY Jean-Claude	Champaubert	SOCIÉTÉ D'HISTOIRE ET	
MASCITTI Pierre	Villers-Cotterêts	D'ARCHÉOLOGIE DE SENLIS	Senlis
MASSELOT Suzanne	Cerny	STOPE Sylvie	Soissons
MATHIEU Mr et Mme	Grand-Rozoy	TACHOT Didier	Chatillon-sur-Oise
MATZ Jean-Michel	Avrillé	TAN ENG TENG Lucienne	Mercin et Vaux
MAUDUIT Sylvie	Soissons	THOUVENOT Sylvain	Soissons
MAURICE Jean	Violaine	TOUZOT Jean	Paris
MAVIC Denise	Paris	TREFFORT Cécile	La Rochelle
MAZARDS Noêl	St-Quentin	UFFICIO PUBBLICAZIONI	
MÉDARD Camille	Le Puy en Velay	ITALIANE ED ESTERE	Pisa (Italie)
MÉDARD Jean	Ales	UNIVERSITÉ de Franche Comté	
MÉDARD Jean	Paris	Centre Histoire Médiévale	Besançon
MÉDARD Paul	Bonnefamille	UNIVERSITÉ François Rabelais	Tours
MÉDARD Pierre	Sémur-en-Auxois	VANNOTTI Françoise	Paris
MENOT Jean-Paul et Marie-Thérèse	Soissons	VASSEUR Paulette	Soissons
METRY Jean-Pierre	Crouy	VENET René	Soissons
MILKO Mauricette	Villers-Cotterêts	VENTURINI Alain	Nimes
MOLLET Vincent	Gaillac	VERDUN Benoît	Longpont
MOYAT Bernadette	Brecy	VERY Gaston	Soissons
MÜLLER-LIEBENAU Dirk	Köln (Allemagne)	VIGNETTE Georges	Soissons
MUSSOT-GOULARD Renée	Condom	VULLIEZ Charles	Paris
NICOLAS Georges	Soissons	WILLAUME Hubert	Soissons
NORTIER Michel, Mr et Mme	Limeil-Brevannes	WILLOT Roland	Coeuvres-et-Valsery
OZANAM Yves	Paris	ZYKOV Nicolas	Saint-Petersbourg (Russie)
OZANEAUX Jacques	Vailly-sur-Aisne		
PAMART Jean-Luc	Confrécourt		

379

INDEX DES NOMS PROPRES

INDEX DES LIEUX ET COMMUNES

Cet ouvrage a été achevé d'imprimer en janvier 1997 sur les presses de Grafedit, Azzano San Paolo (Italie).
La photogravure a été réalisée par Omar, OK par K Graphique, Paris et le flashage par GPI, Juigné-sur-Sarthe.